D1721195

Wolfgang Heise
Hölderlin

Wolfgang Heise

HÖLDERLIN

Schönheit und Geschichte

Krkem—|

Aufbau-Verlag

Textredaktion: Rosemarie Heise und Magdalena Frank
Mit einer Nachbemerkung von Rosemarie Heise

Heise, Wolfgang :
Hölderlin: Schönheit u. Geschichte/[mit e. Nachbem. von Rosemarie
Heise]. – 1. Aufl.
Berlin; Weimar: Aufbau-Verl., 1988. – 592 S.

1. Auflage 1988
© Aufbau-Verlag Berlin und Weimar 1988
Einbandgestaltung Grischa Meyer
Offizin Andersen Nexö Leipzig
Betriebsteil Hildburghausen
Printed in the German Democratic Republic
Lizenznummer 301. 120/244/88
Bestellnummer 613 386 1
02180

ISBN 3-351-00641-1

Hegels These vom Ende der Kunst

Hegels These vom Ende der Kunst ist wohl das schockierendste Ergebnis seiner Ästhetik. Die erste philosophische systematische Ästhetik, welche die Geschichte der Künste in sich schloß, theoretisches System und Geschichte miteinander verschmolz, verabschiedet zugleich die Kunst „nach der Seite ihrer höchsten Bestimmung"[1]. Sie verabschiedet sie nicht in dem Sinne, daß sie verenden werde, spricht im Gegenteil die Hoffnung aus, sie werde weiter steigen und sich vollenden; aber als Bewußtseinsform, die mit der Religion und Philosophie „eine Art und Weise ist, das Göttliche, die tiefsten Interessen des Menschen, die umfassendsten Wahrheiten des Geistes zum Bewußtsein zu bringen und auszusprechen"[2], verliert sie ihre Relevanz. Sie gewährt „nicht mehr diejenige Befriedigung der geistigen Bedürfnisse . . ., welche frühere Zeiten und Völker in ihr gesucht und nur in ihr gefunden haben"[3].

Nun liegt hier schon der Widerspruch, daß diese früheren Zeiten weder ihre höchste Befriedigung in der Kunst als Kunst fanden noch daß sie einen Begriff „der Kunst" hatten und haben konnten. Dieser entstand als theoretische Reflexionskategorie erst im 18. Jahrhundert, als sich ein Ensemble von Künsten als selbständiger Bereich gesellschaftlicher arbeitsteiliger Tätigkeiten im Unterschied zur wissenschaftlichen Erkenntnis, zur kirchlichen Religion, zur materiellen Arbeit herausbildete im Kontext der werdenden bürgerlichen Gesellschaft, ihrer Kultur und ihres Kunstgebrauchs und der entsprechenden Vermittlung durch den Markt. Erst in diesem Prozeß konnten „der Kunst" höchste Bestimmungen zugesprochen werden; sie setzten ihre Autonomisierung voraus. Obwohl Hegels Ästhetik Jahrtausende der Kunstentwicklung reflektiert, antwortet seine

These doch auf theoretische Reflexionen, die mit der Renaissance wohl anhoben, ihre philosophische Bestimmtheit aber erst in der zweiten Hälfte des 18. Jahrhunderts und ihre Zuspitzung als Überordnung der Kunst über Wissenschaft und Religion erst um die Jahrhundertwende erhielten. Den Hintergrund bilden Krise und Autoritätsverlust der christlichen Religion als Weltanschauung, Sinngeber und Institution im Malstrom des Übergangs von der feudalen zur kapitalistischen Gesellschaft.

Das Ende der Kunst im genannten Sinne ist zwingende Konsequenz des Hegelschen Systems. Es ist in dessen systematischer Voraussetzung schon enthalten. Die Frage stellt sich, ob nicht sein Ursprung schon die Polemik gegen die Konzeption der Kunst als höchster Form menschlichen Bewußtseins enthält, ob es aus dem Gegensatz zu solcher Behauptung mit entstanden. Hegel hält an diesem Gedanken sowohl in den Veränderungen seiner Ästhetikvorlesung wie der letzten Bearbeitung seiner „Enzyklopädie der philosophischen Wissenschaften" fest.

Der Grund der These liegt in der idealistischen Verkehrung, in der Hegel den Menschen als geschichtlichen Produzenten seiner selbst theoretisch-philosophisch bestimmt, wodurch er einmal diesem Selbstproduktionsprozeß den Erkenntnis- und Selbsterkenntnisprozeß unterlegt, zum zweiten als Subjekt dieses Erkenntnisprozesses nicht die erkennenden Subjekte, sondern deren Tätigkeit und Produkt – als absolute Idee, als Geist, als Gott – unterstellt. Doch der gleiche Ansatz, der die idealistische Verkehrung bedingt, zwingt zum Durchdringen der geschichtlichen Realität.

Betrachten wir Hegels Bestimmung des allgemeinen Bedürfnisses, „aus dem die Kunst (nach ihrer formellen Seite) quillt": Es „findet seinen Ursprung darin, daß der Mensch denkendes Bewußtsein ist, d. h. daß er, was er ist und was überhaupt ist, aus sich selbst für sich macht. Die Naturdinge sind nur unmittelbar und einmal, doch der Mensch als Geist verdoppelt sich, indem er zunächst wie die Naturdinge ist, sodann aber ebensosehr für sich ist, sich anschaut, sich vorstellt, denkt und nur durch dies tätige Fürsichsein Geist ist. ... Das allgemeine Bedürfnis zur Kunst also ist das vernünftige, daß der Mensch die innere und äußere Welt sich zum geistigen Bewußtsein als einen Gegenstand zu erheben hat, in welchem er sein eigenes Selbst wiedererkennt."[4]

Hegels Gedankengang erreicht hier eine äußerste Grenze, deren Überschreiten zum historischen Materialismus führt – und zieht im gleichen Zuge die Konsequenz der idealistischen Voraussetzung, daß der Mensch wesentlich denkendes Bewußtsein sei. Der Mensch werde nicht nur theoretisch, sondern praktisch „für sich", erlange Bewußtsein von sich durch seine „praktische Tätigkeit . . ., indem er den Trieb hat, in demjenigen, was ihm unmittelbar gegeben, was für ihn äußerlich vorhanden ist, sich selbst hervorzubringen und darin gleichfalls sich selbst zu erkennen. Diesen Zweck vollführt er durch Veränderung der Außendinge, welchen er das Siegel seines Innern aufdrückt und in ihnen nun seine eigenen Bestimmungen wiederfindet."[5]

Hier scheint die wirkliche Gattungsgeschichte auf, die Geschichte des produktiven Arbeitens, der Veränderung der Natur durch den Menschen und darin seiner Selbstveränderung – aber dieser Zusammenhang ist wiederum aufgehoben in der Unterordnung unter den Zweck der Selbsterkenntnis. Das Subjekt dieser Selbsterkenntnis sind nicht mehr die wirklichen Menschen, sondern sie selbst sind nur Medium „des" Geistes: „Gott ist Geist, und im Menschen allein hat das Medium, durch welches das Göttliche hindurchgeht, die Form des bewußten, sich tätig hervorbringenden Geistes; in der Natur aber ist dies Medium das Bewußtlose, Sinnliche und Äußerliche . . ."[6] Derselbe Gedanke, der es Hegel ermöglicht, die Totalität der geschichtlichen Bewegung auf Kunst zu beziehen, in ihr sich spiegeln zu lassen, verkehrt zugleich die wirkliche Geschichte ins Prädikat der Geistesgeschichte, die Menschheitsgeschichte ins Medium der Gottesgeschichte, den wirklichen Geschichtsprozeß ins Medium der Selbsterkenntnis der Idee.

Dies ermöglicht ihm zugleich die historische Konstruktion: „Denn der Geist, ehe er zum wahren Begriffe seines absoluten Wesens gelangt, hat einen in diesem Begriffe selbst begründeten Verlauf von Stufen durchzugehen, und diesem Verlaufe

des Inhalts, den er sich gibt, entspricht ein unmittelbar damit
zusammenhängender Verlauf von Gestaltungen der Kunst, in
deren Form der Geist als künstlerischer sich das Bewußtsein
von sich selber gibt." Diese Entwicklung ist „selbst eine geistige und allgemeine, indem die Stufenfolge bestimmter Welt-
anschauungen als des bestimmten, aber umfassenden Bewußtseins des Natürlichen, Menschlichen und Göttlichen sich künstlerisch gestaltet".[7] Das Sein als Geist, als Erkenntnis- und
Selbsterkenntnisprozeß muß notwendig im rationalen Sich-
selbst-Begreifen im konkreten Denken die Kunst, die auch das
Höchste sinnlich darstellen muß, hinter sich lassen. In diesem
erkennenden Kunstprozeß geht Kunst über sich selbst hinaus.
„Die Kunst aber, weit entfernt . . ., die höchste Form des Geistes zu sein, erhält in der Wissenschaft erst ihre echte Bewährung."[8] Somit wird die Wahrheit, die in der Kunst geschichtlich
aufscheint, erst in der denkenden Betrachtung der Kunst, der
Kunstphilosophie, zu adäquater Bewußtheit gebracht: ihre
Wahrheit ist ihr selbst notwendig verborgen, Philosophie der
Kunst aber Selbstbewußtsein des Geistes, der über die Kunst
hinaus ist, über das, was er als Kunst getan.

Daher ist Ziel seiner denkenden Betrachtung der Ästhetik
nicht, „Kunst wieder hervorzurufen, sondern, was die Kunst
sei, wissenschaftlich zu erkennen"[9]. Sie wird in dem, was sie
nicht erkennt, erkannt und eingeordnet, ihr wird ein Platz zugewiesen im System bürgerlicher Bildung. Nun ist Hegels
Ästhetik ein philosophisches Fazit der Kunstproduktion und
-reflexion der bürgerlichen Aufstiegsepoche seit der Renaissance, das in der nachrevolutionären bürgerlichen Gesellschaft
gezogen wird. Sie zieht diese Bilanz in einer Zeit, in der die
Ideale, Träume und Illusionen der Vorbereitung und des Aufstiegs der kapitalistischen Gesellschaft, einschließlich der Revolution, von der Praxis ihrer siegreichen Verwirklichung des-
illusioniert werden, und zwar unter den Bedingungen des vorrevolutionären Deutschlands. Es ist „die zur Prosa geordnete
Wirklichkeit"[10] dieser Gesellschaft, die den Erwartungen und
Illusionen der schönen Revolution als Wahrheit ihrer Verwirklichung entgegentritt. Die soziale, die häßliche Revolution er-

schien Hegel als noch vermeidbare Gefahr. Des näheren aber ist Hegels Ästhetik ein Fazit der philosophisch-ästhetischen und künstlerischen Bestrebungen der unmittelbaren Revolutionsepoche selbst. Er wurzelt in ihr, ihre Bewegung war sein Ausgang. Sein Begreifen dieser Epoche wie ihres prosaischen Resultats steht hinter dem Diktum vom Ende der Kunst. Er hält das klassizistische Ideal als ästhetische Norm des Schönen fest – und konstatiert dessen Vergangensein und geschichtlich notwendige Vergänglichkeit.[11] Die Ästhetik selbst reproduziert den Widerspruch zwischen dem Festhalten dieses Ideals und dem realistischen Begreifen dessen, was ist, in seiner – ambivalenten – Vernünftigkeit. Ihre Apodiktizität aber, ihren polemischen Sinn gewinnt Hegels These gegen diejenigen Konzeptionen, die in der Kunst, speziell der Poesie, eine höchste Form des Bewußtseins, des Ergreifens und Aussprechens der Wahrheit, Ursprung und Ende allen Aneignens des „Göttlichen" erblicken und erblickten. Sie setzt Dialektik des Gedankens als wissenschaftliche Methode gegen intellektuelle oder ästhetische Anschauung, philosophische Wissenschaft als begreifendes Denken gegen die Träume einer neuen Mythologie. Die „schöne Kunst ist nur eine Befreiungs-Stufe, nicht die höchste Befreiung selbst. – Die wahrhafte Objektivität, welche nur im Elemente des Gedankens ist, dem Elemente, in welchem allein der reine Geist für den Geist, die Befreiung zugleich mit der Ehrfurcht ist, mangelt auch in dem Sinnlichschönen des Kunstwerks . . ."[12]

Wie zentral für Hegel diese These ist, relevant nicht nur für die Ästhetik, sondern sein Gesamtsystem betreffend, ergibt sich aus dem Grundprinzip: „Die Philosophie der Religion hat die logische Notwendigkeit in dem Fortgang der Bestimmungen des als das Absolute gewußten Wesens zu erkennen, welchen Bestimmungen zunächst die Art des Kultus entspricht, wie ferner das weltliche Selbstbewußtsein, das Bewußtsein über das, was die höchste Bestimmung im Menschen sei, und hiermit die Natur der Sittlichkeit eines Volkes, das Prinzip seines Rechts, seiner wirklichen Freiheit und seiner Verfassung, wie seiner Kunst und Wissenschaft, dem Prinzip entsprechen, welches die Substanz einer Religion ausmacht. Daß alle diese Momente der Wirklichkeit eines Volkes eine systematische Totalität ausmachen und *ein* Geist sie erschafft und einbildet, diese Einsicht liegt der weiteren zum Grunde, daß die Geschichte der Religionen mit der Weltgeschichte zusammenfällt."[13]

Dies Totalitätsprinzip bedingt, daß es sich für Hegel eben nicht nur um das Verhältnis von Kunst und Philosophie handelt, sondern um das Ganze geht, das in beiden zu Bewußtsein gebracht wird. Ist des Geistes Prinzip, „seine unvermischte Selbstheit", das Denken, die „Natur des Denkens selbst die Dialektik"[14] – so gewinnt Philosophie die hypertrophierte Bedeutung, daß in ihr „die ewige an und für sich seiende Idee sich ewig als absoluter Geist betätigt, erzeugt und genießt"[15]. Diesem Rausch steht gegenüber die nüchterne Anerkennung der modernen bürgerlichen Welt in ihrer Notwendigkeit, der „Prosa" in der Zerrissenheit ihrer Lebenszusammenhänge, der Unaufhebbarkeit ihrer inneren Antagonismen, die nur in der Illusion vom Staat als „Wirklichkeit der sittlichen Idee" zusammengehalten und gebändigt werden können. Ihr gegenüber ist das Schöne vergangen, als Resultat der Weltgeschichte. Als Begreifen dieses Resultats hat Kunst keinen wesentlichen Stellenwert mehr, löst sich in Humor auf, geht in ihm über sich hinaus. In der vermeintlichen Endgestalt der Weltgeschichte, eher eines weltgeschichtlichen Zyklus, ist diese Ästhetik philosophisches Begreifen der Kunst, Programm ihrer Integration in die bürgerliche Lebenskultur, aber kein Programm der Kunst mehr. Die Instanz, die sagt, was an und für sich ist, ist die Philosophie, die Wissenschaft.

Hegel kann auf seine These nicht verzichten, es sei denn, er verzichtete auf den Wahrheitsanspruch seines Systems. Nun ist es nicht mehr ergiebig, Hegels Idealismus zu kritisieren, das ist längst im produktiven Weiterschreiten von Feuerbach und Marx geschehen. Und es soll auch nicht der Übergang zur materialistischen Dialektik hier zum Thema werden. Die These vom Ende der Kunst soll Ausgangspunkt sein, über den historischen Kontext ihres Zustandekommens Aspekte ihrer Bedeutung zu erschließen.

Sie birgt vielleicht einen geschichtlichen Wahrheitskern, der unabhängig von Hegels Intention und Systemzusammenhang besteht, vielleicht läßt auch ihr Falsches, ihr Verabsolutieren eines Partiellen, Wirklichkeit erschließen – in bezug auf die Künste und die Welt, in der und für die sie produziert wurden und werden. Denn Hegel stellt doch die Frage der Wahrheit und weltanschaulichen Sinngebung an die Kunst, und diese Frage hat in unserer veränderten Welt nichts von ihrer Aktualität verloren, wenn auch geklärt werden muß, wonach da eigentlich gefragt wird. Hegel stellt diese Frage am Anfang einer Entwicklung der industriellen Umgestaltung der Welt mit allen ihren sozialen und kulturellen Konsequenzen: Sprach er Wesentliches aus, was für die Kunst in der neuen Weltära wesentlich ist – oder unterwarf er, was er seit dem Beginn der bürgerlichen Gesellschaft zu erkennen glaubte, dem Maßstab einer untergehenden Welt, der Sinn und Wahrheit letztlich religiös, wenn auch ins Begrifflich-Philosophische transformiert, begreift?

Gegenposition: Der Anspruch des Dichters

Wohl 1798 schrieb Hölderlin die folgende Kurzode:

AN UNSRE GROSSEN DICHTER

Des Ganges Ufer hörten des Freudengotts
Triumph, als allerobernd vom Indus her
Der junge Bacchus kam, mit heil'gem
Weine vom Schlafe die Völker weckend.

O weckt, ihr Dichter! weckt sie vom Schlummer auch,
Die jetzt noch schlafen, gebt die Gesetze, gebt
Uns Leben, siegt, Heroen! ihr nur
Habt der Eroberung Recht, wie Bacchus.

(I, 330)

Als Hegel 1797 durch Hölderlins Vermittlung aus Bern nach Frankfurt gekommen war, wurde er mit der in diesem Gedicht manifestierten Auffassung von der Rolle des Dichters und der Dichtung konfrontiert.

Hölderlin deutet den Vegetations- und Weingott, den Gott naturhaften Werdens und Vergehens, der rauschhaften Erneuerung und Verjüngung, als Freudengott. Er weckt die Völker vom Schlafe, verändert auf seinem Wege von Asien nach Europa ihren Gesamtzustand. Begeistert-rauschhaft ist das Erwachen.

„Erwachen der Völker" ist eine Revolutionsmetapher, „Begeisterung" der Zustand derer, die erwacht sind, sich befreien und befreit haben. Das durchzieht die zeitgenössische, mit der Revolution sympathisierende Poesie und Publizistik. Die Beschwörung des Mythos beruft die Gewalt, Unwiderstehlich-

keit und triumphale Bewegung dessen, der da die Völker
weckt.

Schlummern und Erwachen dienten vorher als Metaphern
der Aufklärung, ihnen entsprachen Finsternis und Licht, damit
Unheil und Heil. Als Metaphern charakterisieren sie Verhalten: in der Aufklärung den nur ideell gedachten Übergang von
Nichtwissen zu Wissen, von blindem Glauben zum Selbstden-
ken. Seit der Französischen Revolution werden sie Metaphern
des Verhaltens blinder Untertänigkeit, des Duldens und knech-
tischen Bewußtseins einerseits, der Aktion des Sprengens sozialer, politischer und ideologischer Fesseln, des Übergangs zur
selbstbestimmten Tat andererseits.

Auch wenn Hölderlins Revolutionsideal sich nicht mit der
Realität der Französischen Revolution deckt, so ist jene doch
in ihm mitberufen und -gedacht, aufgehoben und verallgemeinert, sie erscheint gewiß vager, aber den Zeitgenossen ist die
Metapher eindeutig.

Die lakonische Intensität dieser Ode gewinnt ihre innere
Spannung in der gestischen Bewegung vom Bild, ja von der
Botschaft aus mythischer Ferne zum beschwörend-fordernden
Aufruf. Das lyrische Ich verkündet – und fordert, bedrängt,
bittet; dies behauptet sich durch den festlichen Ton der Anru-
fung des Dichters als Heros, wodurch das Verhältnis zum wirklichen gelebten Leben transparent wird. Hölderlin konzentriert
hier sein Programm dessen, was des Dichters ist. Der Anruf
steigert sich vom Erwecker zum Gesetzgeber, wie einst der
orphische Mythos erzählte, mehr noch, zum „Gebt uns Leben"
als einem aus verzweifelter Lage des leblosen, nur scheinhaften,
des gestohlenen Lebens ausbrechenden Ruf an die, die „der Eroberung Recht" haben. Vorausgesetzt wird ihre Macht, die
Möglichkeit dazu.

Eine politische Pointierung gewinnt dieses Gedicht in den
letzten beiden Versen. Die beschwörende Bitte und Aufforderung findet ihre Begründung im Diktum: „. . . ihr nur / Habt
der Eroberung Recht, wie Bacchus." Niemand anders hat also
dies Recht. Das Erwachen als revolutionärer Prozeß kann und
soll nicht im Gefolge äußerer gewaltsamer Eroberung gesche-

hen, sondern als Selbsterneuerung der durch die Dichter ge-
weckten Völker. Die Dichter sind deren berufene Erwecker,
Gesetzgeber und Verkünder neuen Lebenssinnes.

Darin liegt Bejahung der revolutionären Umwälzung – und
Verkünden eines anderen Weges als Alternative: das Erwachen
der Völker durch der Dichter Ruf. In der Ausschließlichkeit ist
dies verzweifelte Hypertrophierung, Utopie einer geistigen Revolution, denkbar nur unter der Voraussetzung einer hochidea-
listischen Sicht der Triebkräfte der Völkerbewegung, säkulari-
siertes Modell des seelenerweckenden Propheten oder Messias.

Da mag die Enttäuschung über das Wirken der Revolutions-
heere eingeflossen sein, da hat die zunehmende Distanz zur
Weimarer Klassik ein Gegenbild des Dichters stimuliert; darin steckt der Ausbruch des Dichters, dem die reale Perspektive,
sein Publikum, nicht als eine seinem Gesang lauschende Gemeinde, als ein gläubiges Volk sich darstellt, sondern allein
als ein Literaturmarkt privater Poesiekonsumenten, die für
Erbauung und Unterhaltung zahlen, während auf dem Markte
die gängigste Ware sich durchsetzt.

Doch die Größe dieses Gedichts ist: allein auf die Beziehung
zur Revolution stellt Hölderlin den Dichter, allein auf die
große, die totale Revolution in seinem Sinne, auf den Übergang aus Schlaf und Erstarrung zu neuem, befreitem Leben.
Was er als der Eroberung Recht kündet, ist von seiten des
Dichters notwendig dessen Pflicht, Programm, Lebens- und
Sangesinhalt, jedenfalls solange das Erwachen aussteht – und
„noch" schlafen die Völker, aber im „noch" liegt, daß dieser
Zustand seinem Ende sich neigt.

Der Hintergrund dieses Gedichts ist also die wirkliche Revolution, die Hölderlin träumt und kündet. Er verweist auf sie,
sie ist als der große Erweckungs- und Erneuerungsumschlag
Kern und Zusammenhang allen Dichtens als eines bewußt geschichtlichen Tuns.

Der dies dichtet, weiß sich, weiß sein Volk in Schlaf und
Nacht. Der Ruf an die großen Dichter ist – mehr denn alles
andre – an sich selbst gerichtet, programmiert seine „Rolle" als
Dichter, mit der er sich identifiziert.

Eine weitere Standortbestimmung des Dichters geschieht in „Stimme des Volks".

> Du seiest Gottes Stimme, so ahndet ich
> In heil'ger Jugend; ja, und ich sag es noch. –
> Um meine Weisheit unbekümmert
> Rauschen die Wasser doch auch, und dennoch
>
> Hör ich sie gern, und öfters bewegen sie
> Und stärken mir das Herz, die gewaltigen;
> Und meine Bahn nicht, aber richtig
> Wandeln ins Meer sie die Bahn hinunter. (I, 322)

Das lyrische Ich ist der Dichter in seiner nur ihm eigenen Rolle. Er stellt sich dar, nimmt Stellung in dieser Epoche der Revolutionskriege und Völkerkämpfe. Das „Vox populi, vox Dei" mochte als Tradition antiker Republiken ihm erscheinen. Und Stellung nimmt ein Dichter, der – in seiner empirischen Realität – von den revolutionären Kämpfen und ihrer Logik der Macht politisch wenig begriff, dem vor der Gewalt geschaudert hatte, der sie nach dem Maße seiner politisch-moralischen Ideale wertete, dessen Gedanken lange um Volkserziehung gekreist hatten und der resignativ wie zukunftseuphorisch zugleich in wenigen eine stille Revolution, welche alle politische überholen sollte, reifen sah.

Doch empirische Person und das gedichtete Ich sind identisch und nichtidentisch. Das gedichtete Ich ist der Dichter in seiner öffentlichen Würde. Diese wiederum läßt die Person nur als Stimme des Allgemein-Bedeutsamen erscheinen. So geschieht die prinzipielle Bestimmung: daß Volkes Stimme Gottes Stimme sei, ahnte er in heiliger Jugend. Diese seine Jugend ist vorbei. Heilig war sie, weil heil, noch ungebrochen im Verhältnis von Ich und Welt, ungebrochen in Träumen und Streben. Daraus erwuchsen die Würde ihres Ahnens, die trauernd anerkannt wird, und die Distanz zum Geahnten. Das stumme Bedenken vor der erneuten Bekräftigung, das Widerstand überwindende „ja, und" wollen mitgehört werden. Doch das Bekräftigte gewinnt anderen Sinn. Die folgende Metapher spricht

ein verändertes, problematischeres Verhältnis aus: Die Wasser,
die um seine individuelle Weisheit unbekümmert rauschen,
ihren Gang zum Meere nehmen, setzen der Völker Gang als
objektiv, naturwüchsig-unbewußt, als „gewaltig" in ihrer un-
beirrbaren Kraft. Der Naturvorgang steht für die Geschichte.
Diese Objektivität wird als „richtig" bejaht und zugleich distanziert: „meine Bahn nicht". Bewegt der Wasser Gang auch
„öfters" des Dichters Herz, die begeisterte Identifikation der
Jugend ist vorbei. Die Anerkennung der Richtigkeit ist sehr
allgemein: sie kann sich nur aufs Ganze beziehen, nicht auf
einen bestimmten Weg, somit nicht auf den konkreten Zustand
und bestimmte Aktionen des Volkes, sondern eher auf den Zusammenhang, der im Weg der Wasser sich durchsetzt. Die
Metapher jener Wasser, die öfters – und das heißt auch: nicht
immer – gern gehört werden, nimmt die Stimme des Volkes
aus der Bewußtseinssphäre zurück in das naturhafte Tosen als
Begleitung des Strömens. Nicht die Stimme des Volkes, eher
das, was sie anzeigt, wird bejaht. So vereinen sich Distanz und
Bejahung, Entfernung vom Gang der Revolution und doch
Andeuten, daß des Dichters eigene Bahn auf jene sich bezieht,
die Äußerung einer in ihr sich betätigenden Natur ist, zu
der die Dichtung ein eigenes Verhältnis hat – das drängt dieses
Kurzgedicht über sich hinaus.

Sehen wir beide Gedichte zusammen! Beide beziehen sich
auf den geschichtlichen Gang der Völker, und zwar den Gang
in dieser Epoche der bürgerlichen Revolution. Im letzten erscheint dieser Gang in einer ambivalente Wertung ermögli-
chenden Weise in seiner Objektivität, Naturhaftigkeit, und im
Brausen des Stromes klingt zugleich ein Moment des Gewaltsamen und Chaotischen, willentlich nicht Steuerbaren an. Im
ersten Gedicht aber erscheint des Dichters Bahn derart mit
dem Gang der Völker verknüpft, daß er es ist, der sie weckt
und in Bewegung setzt. Anspruch, Erfahrung und Selbsterfahrung widersprechen sich. Dieser Widerspruch aber konstituiert
des Dichters „eigene" Bahn im Spannungsfeld zwischen objektivem Geschichtsgang, den er sich nicht aussuchen, in dem nur
er wirken kann, der zugleich eine Aufgabe für ihn darstellt,

und dem subjektiven Anspruch dessen, der Seher, Deuter – und auch dieses Ganges erweckender Initiator sein will. Darin verschmilzt notwendig das Problem des Verhältnisses von Wort und Tat, Dichter und Täter. In „Stimme des Volks" deutet sich an – und der „Hyperion" entfaltet es dann –, daß der Dichter nicht zur politischen Tat berufen sei, was auch Hölderlins Selbsterfahrung war, während er in „An unsre großen Dichter" gerade im geistigen Erwecken zur revolutionären Tat die Aufgabe sieht.

Die künftige Dichtung Hölderlins wird im Verhältnis des Dichters zum Gesamtprozeß der Epoche, zu der in diesem sich manifestierenden geschichtlichen „Natur", zu der ins Mythische gesteigerten weltgeschichtlichen Wende und Stunde den Hauptgegenstand und seine nie „gelöste" Problematik finden.

Der in dieser realen Geschichte wirken will, ist ihr Objekt, ein Betroffener, und ihr Gang ist unabhängig von subjektiven Wünschen, Erwartungen, Hoffnungen, er ist selbst irritierend:

AN DIE DEUTSCHEN

Spottet ja nicht des Kinds, wenn es mit Peitsch und Sporn
   Auf dem Rosse von Holz mutig und groß sich dünkt,
      Denn, ihr Deutschen, auch ihr seid
         Tatenarm und gedankenvoll.

Oder kömmt, wie der Strahl aus dem Gewölke kömmt,
   Aus Gedanken die Tat? Leben die Bücher bald?
      O ihr Lieben, so nimmt mich,
         Daß ich büße die Lästerung. (I, 326)

Die Erwartung wird von Zweifeln bedrängt, die Frage begehrt schon auf gegen die tatenlose Stagnation, und nicht eindeutig ist der Abgesang als rührender Gestus – voll Ironie und Verzweiflung.

Hölderlin erlebt, was der junge Marx hellsichtig aussprach: „Allein wenn das einzelne Individuum nicht gebunden ist durch die Schranken der Nation, ist die gesamte Nation noch weniger befreit durch die Befreiung eines Individuums."[16]

Mit welcher Autorität spricht hier der Dichter zu den Deutschen! Kein pathetischer Aufruf, sondern eine Frage, die er auch sich stellt. Die Kindmetapher ist vieldeutig. Die heilige Kindheit liegt darin, zugleich wird der Erwachsenen Überlegenheit umgekehrt. Was das Kind notwendig nur spielt, ist dem Erwachsenen der Gedanke ohne Tat. So wenig ohne Gedanke die Tat, so werden doch die Gedanken ohne Tat, die Bücher, die nicht leben, zum geschichtlichen Kinderspiel. Die Frage an die Deutschen betrifft das Gewicht auch des eigenen Tuns. Der Gedanke drängt zur Wirklichkeit – aber Hölderlin sucht verzweifelt die Zeichen dafür, daß Wirklichkeit zu diesen Gedanken drängt.

Die Kurzoden sind ebenso Ausdruck wie Medium der Wandlung, die Hölderlins Dichtung in den Frankfurter Schicksalsjahren erfährt. Es sind die Jahre der überwältigenden, erfüllenden und tragischen Liebe zu Susette Gontard, seiner Diotima, der Konfrontation mit dem ehernbürgerlichen", großbürgerlichen, seine Poesie nicht beachtenden Milieu, der Begegnung mit dem nach Frankfurt brandenden Koalitionskrieg, mit der nachthermidorianischen Revolution – zwischen überschwenglicher Hoffnung, Ernüchterung, Umorientierung auf die „größere", die Französische überholende Revolution als ideologisch-philosophischen Entwurf; Jahre der Verarbeitung aller dieser Erfahrungen und der Selbsterfahrung in der Arbeit am „Hyperion" – als epochenumfassender Selbstverständigung über den Weg zur Dichtung – unter der Voraussetzung des ersten, nach Hölderlins Ideal gescheiterten Anlaufs einer revolutionären Umwälzung. Diese Erfahrung als Objekt der geschichtlichen Kämpfe, der eigenen realen Ohnmacht, der Erfüllung und der Niederlagen – es ist die Erfahrung der Jahre des Selbstbehauptens und -findens als Dichter in der schmerzvollen Befreiung vom Vorbild Schillers und dessen rhetorisch-poetischer Weise, im Mord am künstlerischen Wahl-Vater mit seinen Ambivalenzen und Übertragungen als Bedingungen der eigenen Sangesweise; der Selbstbehauptung gegenüber dem „eigensinnigen Stolz der andern, die schon etwas sind"(IV, 310), womit die Weimarer wohl gemeint sind. Hölderlin wandte sich ab von der gereimten Hymnik, distanzierte sie als Dichtung einer Phase, „Da ich stolzer und wilder, / Wortereicher und leerer war"(I, 324), des heroisch-herakleischen Gestus. Die Kurzoden sind Erprobungen eines Neuansatzes, sie stecken Künftiges ab, gewinnen einen lyrischen Lakonismus, der in sich die Entfaltung zu größeren Gedichten birgt – was Hölderlin in den beiden Fassungen von „Stimme des Volks" und in „Dichterberuf" nach 1800 verwirklicht.

Doch ist nicht Hölderlins Lyrik mein Thema.

Der Anspruch der Poesie, den Hölderlin erhebt und dem er sich stellt, mußte Hegels philosophische Orientierung in Frage stellen. Sie wird konfrontiert mit dem diesen Anspruch begründenden philosophischen Konzept Hölderlins. Es schreibt der Poesie das zu, was Hegel der Kunst generell – in bezug auf die nachklassische, vor allem die moderne Zeit – bestreiten sollte. Das betrifft sowohl den Erkenntniswert von Poesie wie ihre eigentümliche Führungsfunktion im epochalen Umwälzungsprozeß.

Der Traum von der größeren Revolution und die Härte der Realität

Der Tübinger Freundesbund zwischen Hegel, Hölderlin und Schelling fand sich in begeisterter Aufbruchstimmung, allgemeiner Revolutionsbereitschaft und stürmischem Avantgardebewußtsein zusammen. „Ich bin gewiß, daß Du indessen zuweilen meiner gedachtest, seit wir mit der Losung – Reich Gottes! voneinander schieden" (IV, 148), erinnert Hölderlin im Brief an Hegel vom 10. Juli 1794. „Das Reich Gottes komme, und unsre Hände seien nicht müßig im Schoße! ... Vernunft und Freiheit bleiben unsre Losung, und unser Vereinigungspunkt die unsichtbare Kirche"[17], schrieb Hegel an Schelling im Januar 1795. Im gleichen Jahre schrieb Hölderlin an Johann Gottfried Ebel: „Sie wissen, die Geister müssen überall sich mitteilen, wo nur ein lebendiger Othem sich regt, sich vereinigen mit allem, was nicht ausgestoßen werden muß, damit aus dieser Vereinigung, aus dieser unsichtbaren streitenden Kirche das große Kind der Zeit, der Tag aller Tage hervorgehe ..."(IV, 211)

Im republikanisch gesinnten Frankfurter Kreis fand Hegel eine Fortsetzung des Tübinger Freundesbundes. Diese lockere Gesellung gehört in das Netz von Subgesellschaften, das von egalitären Freimaurergruppen, vom „Bund der freien Männer" in Jena bis zu solchen informellen Zirkeln reichte: es war die Form der Selbstverständigung der vorwärtsdrängenden, vor allem der intellektuellen Kräfte des Bürgertums, speziell der aufbrechenden jungen Generation. Diese Gruppierungen bildeten – jenseits der offiziellen Gesellschaft – den Boden für Informations- und Erfahrungsaustausch, Diskussion und Konzeptionsbildung, auch für politische Konspirationen.

Die Hochstimmung jugendlich-abstrakter Begeisterung mußte sich den nachthermidorianischen Erfahrungen der rückläufigen

Revolution, den Erfahrungen deutscher Bewegungslosigkeit, zunehmender politischer Repression und des ersten Koalitionskrieges stellen.

Hölderlin war an den Idealen der „schönen Revolution", an den Idealen der Girondisten orientiert. Das gilt auch für Hegel. Hölderlins Revolutionsenthusiasmus trug die Züge seiner Ausgangs- und Bildungsbedingungen: schwärmerische Unbedingtheit, abstrakte republikanische Tugendidealität, amalgamiert mit spiritualistischem Reinheitsideal, kennzeichnen eine Begeisterung, die aus Literatur sich nährt. Die materiellen Interessen, die in der Revolution und in den Kämpfen ihrer Fraktionen kollidierten, blieben Hölderlin so fremd wie die Handlungszwänge des politischen Kampfes. Daher schauderte ihm vor Marat und Robespierre; er begrüßte voller Illusionen den Thermidor, blieb ahnungslos gegenüber dem weißen Terror, verkannte den Beginn des retrograden Ganges der Revolution und hielt sich – bis um die Jahrhundertwende – um so fester an das Ideal der verklärten Polis Athen als Leitbild der Zukunft.

Für den jungen Hölderlin trifft zu, was Rebmann 1796 im Hinblick auf die „größte Begebenheit unserer Tage und, man kann wohl sagen, die größte Begebenheit aller Jahrhunderte, die fränkische Revolution", schrieb: „. . . mancher junge Mann, der sonst ein elendes Pflanzenleben fortgeschleppt hätte, erhielt dadurch einen entscheidenden Stoß, der alle seine Kräfte in Bewegung setzte. Schöner und größer, als es leider je zur Wirklichkeit kommen wird, stand das Ideal eines allgemeinen Brüderbundes vor der Seele des Menschen, der seine Mitbürger liebte; die unzählige Menge, welche bisher bloß einem einzigen und den vielen Kreaturen, die sich einen Kanal zur Teilnahme an seiner Macht zu bahnen wußten, zum Spielwerk und zur Befriedigung kleinlicher Leidenschaften gedient hatte, trat jetzt erst in den Besitz der Rechte und Ansprüche auf die Freuden und Zwecke des Lebens, welche ihr bisher entzogen waren ... Es schien, als ob künftig ... bloß Klugheit, Wissenschaft und Rechtschaffenheit die wahre Stärke ausmachen und nicht mehr Namen für Verdienst, konventionelle Laster für

Tugend, Schande, mit dem Ordensband geschmückt, für Ehre gelten sollte . . ."[18]

Der Traum blieb unerfüllt. Hölderlins Idealität, die sich zur Vision einer Mensch mit Menschen, Mensch und Natur umschließenden Allversöhnung steigerte, widersprach sowohl der politischen wie ökonomischen Realität der werdenden kapitalistischen Gesellschaft als auch den deutschen Zuständen und absolutistischen Herrschaftsverhältnissen. Das Festhalten am Gedanken der Revolution, den er als vaterländische Umkehr aller Vorstellungsweisen und -formen konkretisierte und historisierte, sowie die immer neu zu gewinnende, zu erleidende Erfahrung des Widerspruchs zwischen subjektiver Erwartung und Anspruch einerseits und Realität andererseits und die damit verbundene unsägliche Anstrengung, ebendieser Realität in ihrer Eigengewalt, ihrem Gang standzuhalten und sie zu begreifen – das charakterisiert Hölderlins Weg. „Und wer vermag sein Herz in einer schönen Grenze zu halten, wenn die Welt auf ihn mit Fäusten einschlägt?" (IV, 283)

Vom 10. Januar 1797 stammt ein programmatischer Brief Hölderlins an Ebel, der als Revolutionsanhänger nach Frankreich gegangen und nun vom Paris des Directoire tief enttäuscht worden war: „Es ist fast nicht möglich, unverhüllt die schmutzige Wirklichkeit zu sehen, ohne selbst darüber zu erkranken . . . Aber Sie halten denn doch es aus, und ich schätze Sie ebensosehr darum, daß Sie jetzt noch sehen mögen, als darum, daß Sie zuvor nicht ganz so sahn. [–] Ich weiß, es schmerzt unendlich, Abschied zu nehmen von einer Stelle, wo man alle Früchte und Blumen der Menschheit in seinen Hoffnungen wieder aufblühn sah." Fast resigniert klingt's: „Aber man hat sich selbst und wenige einzelne, und es ist auch schön, in sich selbst und wenigen einzelnen eine Welt zu finden." (IV, 256 f.) Daß zuerst in wenigen einzelnen die Welt sich neu gebiert, wird im „Hyperion" ausgesprochen.

Aber Hölderlin bleibt nicht bei solch scheinbarer Rückzugsposition stehen. Der unsichtbaren Kirche kleine Gemeinschaft ist selbst nur transitorisches Moment des Gesamtgeschehens: „Und was das Allgemeine betrifft, so hab ich *einen* Trost, daß nämlich jede Gärung und Auflösung entweder zur Vernichtung oder zu neuer Organisation notwendig führen muß. Aber Vernichtung gibt's nicht, also muß die Jugend der Welt aus unserer Verwesung wiederkehren." (IV, 257) Ein Argument des „Trostes", das Hölderlin sich selbst zuspricht, und es ist der Herdersche Erneuerungs- und Wiedergeburtsgedanke, den er hier aufnimmt: daß kein Tod in der Schöpfung, nur Verwandlung sei, was zugleich die Erneuerungskraft der Völker einschließt.

Hölderlin führt das Argument weiter: „Man kann wohl mit Gewißheit sagen, daß die Welt noch nie so bunt aussah wie jetzt. Sie ist eine ungeheure Mannigfaltigkeit von Widersprüchen und Kontrasten. Altes und Neues! Kultur und Roheit! Bosheit und Leidenschaft! Egoismus im Schafpelz, Egoismus in der Wolfshaut! Aberglauben und Unglauben! Knechtschaft und Despotismus! Unvernünftige Klugheit, unkluge Vernunft! Geistlose Empfindung, empfindungsloser Geist! Geschichte, Erfahrung, Herkommen ohne Philosophie, Philosophie ohne Erfahrung! Energie ohne Grundsätze, Grundsätze ohne Energie! Strenge ohne Menschlichkeit, Menschlichkeit ohne Strenge! Heuchlerische Gefälligkeit, schamlose Unverschämtheit! Altkluge Jungen, läppische Männer! – Man könnte die Litanei von Sonnenaufgang bis um Mitternacht fortsetzen und hätte kaum ein Tausendteil des menschlichen Chaos genannt. ... Dieser Charakter des bekannteren Teils des Menschengeschlechts ist gewiß ein Vorbote außerordentlicher Dinge." (IV, 257)

Was Hölderlin da aufzählt, ist gewiß kein System. Nebeneinander stehen pure Negativitäten – Despotismus und Knechtschaft, die Egoismen, Aber- und Unglaube –, zugleich Alternativen, die nur in der Vereinseitigung falsch sind und auf Synthese drängen: Empfindung und Geist, Philosophie und Erfahrung, Grundsätze und Energie, Menschlichkeit und Strenge, schließlich Gegensätze, die allgemein sind und auf Auflösung drängen: Kultur und Roheit. Er zielt auf den „bekannteren" Teil der Menschheit, einen allgemeinen chaotischen Zustand, von dem offenkundig die einzelnen, wenigen, die eine Welt in sich tragen, ausgenommen sind. Das Chaotische aber – das sind Gärung und Auflösung. Sie charakterisieren, was die

„Welt" jetzt auszeichnet: die Widersprüche stehen für ihre Un-
haltbarkeit. Die negativen Zeichen als Zeichen außerordentlicher Dinge machen ihr Vergehen kund. Doch das können sie
nur, wenn die Kontraste und Widersprüche energische, zur Auflösung treibende Verhältnisse sind oder auf diese hinweisen.
Nur deshalb kann das Chaos als Gärung gedeutet werden, somit als Vorbote. „Ich glaube an eine künftige Revolution der
Gesinnungen und Vorstellungsarten, die alles Bisherige schamrot machen wird." (IV, 257)

Was drängt da zur Wirklichkeit – als Alternative zu diesem
Chaos und zur schmutzigen Wirklichkeit? Welche Kraft soll die
Revolution in Frankreich überholen, die gerade nicht die Gesinnungen und Vorstellungsarten umgewandelt habe? „Und dazu kann Deutschland vielleicht sehr viel beitragen. Je stiller
ein Staat aufwächst, um so herrlicher wird er, wenn er zur Reife
kömmt. Deutschland ist still, bescheiden, es wird viel gedacht,
viel gearbeitet, und große Bewegungen sind in den Herzen der
Jugend, ohne daß sie in Phrasen übergehen wie sonstwo. Viel
Bildung, und noch unendlich mehr! bildsamer Stoff! – Gut-
mütigkeit und Fleiß, Kindheit des Herzens und Männlichkeit
des Geistes sind Elemente, woraus ein vortreffliches Volk sich
bildet. Wo findet man das mehr als unter den Deutschen?" (IV,
257 f.)

So euphorisch hat Hölderlin sonst nicht von den Deutschen
schlechthin gedacht; es ergänzt die Deutschenschelte des „Hyperion", den Brief an seinen Bruder vom 1. Januar 1799 und
die genannten Kurzoden. Hier gewinnt eine drängende Sehnsucht Sprache. Im „Gesang des Deutschen" sucht sie die eigene
Revolution:

> Doch, wie der Frühling, wandelt der Genius
>   Von Land zu Land. Und wir? Ist denn *einer* auch
>   Von unsern Jünglingen, der nicht ein
>   Ahnden, ein Rätsel der Brust, verschwiege? (I, 351)

Die Jugend, die Hölderlin im Brief an Ebel beruft, verallgemeinert die „wenigen", die eine Welt in sich finden, eine der ge-

genwärtigen wirklichen Welt entgegengesetzte ideale, die Zukunft entwirft – in machtloser Stille. Hölderlin kannte, als er den Brief schrieb, keine anderen Völker. Was er noch über die „infame Nachahmerei" sagt, ist schon Klischee gewordenes oppositionelles Traditionsgut. Wichtiger ist: „je philosophischer sie werden, um so selbständiger" (IV, 258). Als Jugend wäre somit die studierende, philosophisch bewegte Jugend zu begreifen. Und ihre Selbständigkeit durch Philosophie kann sich nur beziehen auf die Philosophie Kants und Fichtes und auf erste Ansätze, über diese hinauszugehen.

Als das Entscheidende dieser neuen Philosophie seit Kant, dem „Moses unserer Nation", sah Hölderlin, wie er zwei Jahre später an seinen Bruder schrieb, daß sie „bis zum Extrem auf Allgemeinheit des Interesses dringt und das unendliche Streben in der Brust des Menschen aufdeckt, und wenn sie sich schon zu einseitig an die große Selbsttätigkeit der Menschennatur hält, so ist sie doch, als Philosophie der Zeit, die einzig mögliche" (IV, 337).

Das Entdecken der großen Selbsttätigkeit war Leistung Fichtes, den Hölderlin in Jena gehört, kennengelernt und bewundert hatte. Und doch merkt er hier seine – schon in Jena vorkonzipierte – Kritik am subjektiven Idealismus an. Trotz aller Aneignung Platonischer Philosophie und der Transzendentalphilosophie bleibt für Hölderlin die Natur, freilich eine vergöttlichte Natur, bestimmender und übergreifender Zusammenhang, auch der Selbsttätigkeit. „. . . wir sind schon lange darin einig, daß alle die irrenden Ströme der menschlichen Tätigkeit in den Ozean der Natur laufen, so wie sie von ihm ausgehen." (IV, 364)

Das Konzept der Natur wird noch zu konkretisieren sein. Entscheidend ist, daß Hölderlin hier die politischen revolutionierenden Aspekte der Philosophie hervorhebt. Das „Allgemeininteresse" enthält den antifeudalen Gleichheitsgedanken, zugleich steht es gegen den „Egoismus" mit und ohne Schafspelz und umfaßt den eine künftige ideale Gemeinschaft begründenden Gemeingeist. Den Gehalt der Idealgemeinschaft vermittelt das „unendliche Streben", die große Selbsttätigkeit der

menschlichen Natur, ihre schöpferische Potenz als Subjekt der
Geschichte und menschlich-gesellschaftlichen Wirklichkeit im
Gegensatz zu einer bloß passiven Objektrolle gegenüber absolutistischen Staatsmaschinen und übermächtiger Not der Verhältnisse.

Der Brief an Ebel zeigt, daß Hölderlin an der Idee einer
künftigen Revolution in Deutschland festhält, diese aber nicht
nach französischem Modell sich vorstellt, auch nicht von einem
direkten Einwirken der Armee der Republik erwartet. Er er-
hofft, imaginiert und sucht in Deutschland, im deutschen Volk
selbst Quelle und Kraft der Umwandlung und begreift, da
keine reale revolutionäre Bewegung sich abzeichnet, allein in
der philosophischen Bewegung und in deren jungen Anhängern
und Akteuren – den wenigen einzelnen – deren Zeichen.

Analoge Gedanken, freilich politisch direkter und konkreter,
lassen sich in den gleichzeitigen Zeitschriften aufweisen. Die
Erfahrungen mit Regierung und den Armeen der Revolution in
absteigender Bewegung ließen die demokratischen und liberalen Kräfte sich intensiver der Perspektive einer deutschen Entwicklung aus eigener Kraft zuwenden und Ansätze eines demokratischen Nationalbewußtseins entwickeln, das nicht den Bestand, sondern die Umgestaltung der Nation intendierte. Der
Widerspruch, daß die antifeudale Revolution die bürgerliche
Gesellschaft, die bürgerliche Nation mit neuen inneren und
äußeren Antagonismen gebiert, wurde gespürt und reflektiert.
Daraus erwächst die außerordentlich intensive geistige Aktivität der zweiten Hälfte der neunziger Jahre: das Bewußtsein
einer Zeitenwende und werdenden Epochenwandlung, die nicht
nach vorgegebenem Modell sich vollzieht, deren Sinn und Perspektive erst erkundet und gefunden werden muß.

Vergleichen wir Hölderlins Gedicht „An die klugen Ratgeber"
(1796) mit seiner Bearbeitung „Der Jüngling an die klugen
Ratgeber" (1797), so wird seine Wendung deutlich. Das ver-
zweifelt-heroische Aufbegehren des Jünglings gegen jene guten
Ratgeber, die ihn ans „Reich der Not" fesseln, ihn darin integrieren wollen, wird in der zweiten Fassung – schon vom Titel
her – distanziert, mehr noch, umakzentuiert.

Hier soll kein umfassender Vergleich durchgeführt, nur jeweils die beiden letzten Strophen konfrontiert werden. Hölderlin steht am Ende seiner poetischen Schiller-Nachfolge, die wichtigsten Sentenzen und Metaphern finden sich in der gleichzeitigen „Hyperion"-Prosa.

AN DIE KLUGEN RATGEBER

. . .
Jetzt blüht die neue Kunst, das Herz zu morden,
Zum Todesdolch in meuchlerischer Hand
Ist nun der Rat des klugen Manns geworden,
Und furchtbar, wie ein Scherge, der Verstand;
Bekehrt von euch zu feiger Ruhe, findet
Der Geist der Jünglinge sein schmählich Grab,
Ach! ruhmlos in die Nebelnächte schwindet
Aus heitrer Luft manch schöner Stern hinab.

Umsonst, wenn auch der Geister Erste fallen,
Die starken Tugenden, wie Wachs, vergehn,
Das Schöne muß aus diesen Kämpfen allen,
Aus dieser Nacht der Tage Tag entstehn;
Begräbt sie nur, ihr Toten, eure Toten!
Indes ihr noch die Leichenfackel hält,
Geschiehet schon, wie unser Herz geboten,
Bricht schon herein die neue beßre Welt. (I, 294 f.)

Und nun die zweite, von Schiller ebenfalls nicht zum Druck gegebene Fassung:

DER JÜNGLING AN DIE KLUGEN RATGEBER

. . .
Und könnt ihr ja das Schöne nicht ertragen,
So führt den Krieg mit offner Kraft und Tat!
Sonst ward der Schwärmer doch ans Kreuz geschlagen,
Jetzt mordet ihn der sanfte kluge Rat;
Wie manchen habt ihr herrlich zubereitet
Fürs Reich der Not! wie oft auf euern Sand

Den hoffnungsfrohen Steuermann verleitet
Auf kühner Fahrt ins warme Morgenland!

Umsonst! mich hält die dürre Zeit vergebens,
Und mein Jahrhundert ist mir Züchtigung;
Ich sehne mich ins grüne Feld des Lebens
Und in den Himmel der Begeisterung;
Begrabt sie nur, ihr Toten, eure Toten,
Und preist das Menschenwerk und scheltet nur!
Doch reift in mir, so wie mein Herz geboten,
Die schöne, die lebendige Natur. (I, 296)

Die erste Fassung endet mit der furiosen Verkündigung des
Anbruchs der neuen, besseren Welt. Die zweite aber setzt als
entscheidende Gegenaktion gegen die klugen Ratgeber und ihre
Welt das innere Reifen der schönen, lebendigen Natur – und
dieser Natur gegenüber ist die bestehende Welt in ihrer Ordnung als „Menschenwerk" ohnmächtig. In der ersten Fassung
sind die Ratgeber dem Jüngling überlegen, er geht unter, ohnmächtig bleibt sein Aufschrei, die neue Welt bricht ohne ihn an
und ohne sein Zutun. Sie ist nicht seine Tat, sondern seine Sehnsucht und Gewißheit. In der zweiten Fassung ist er selbständiger, gegenüber solchen Untergängen hört er nicht auf die Ratgeber, ist sich seiner Unzerstörbarkeit, seiner und der Zukunft
sicher. Doch: in der ersten Fassung brennt die Gewißheit des
baldigen Anbrechens der neuen, besseren Welt. In der zweiten
Fassung spricht eine tiefere Selbstsicherheit gegenüber der alten
Ordnung als Menschenwerk aus dem Bewußtsein der stille reifenden Natur, eines fernen, künftigen Sieges. Die erste Fassung
ist hektischer Aufschrei der Ohnmacht, bezogen auf die Gewißheit des – woher? – kommenden Wandels. Die zweite verrät mehr Vertrauen in eigene Kraft, bezogen auf die allgemeine
Natur, die im Jüngling reift. Aber keine neue, bessere Welt
steht unmittelbar vor der Tür. In beiden Texten aber wird der
unversöhnliche Bruch mit der alten, eben der bestehenden Ordnung als Feudal- und bürgerlicher Ordnung ausgesprochen. Im
Lukas-Evangelium heißt es: „Laß die Toten ihre Toten begra-

ben; gehe du aber hin und verkündige das Reich Gottes!" Daß der Tage Tag mit dem Schönen identisch, spricht die innere Dynamik von Hölderlins Schönheitskonzept aus.

Den Unterschied beider Fassungen charakterisiert ein Perspektivwechsel, die zweite spricht Selbstgewißheit des Dichters aus, Konzentration auf sein Tun. Beide waren zu Schiller gesandt worden, freilich vergeblich. Inwiefern in den „klugen Ratgebern" Schiller mitgemeint ist, wir also Dokumente der ideologischen und poetischen Abnabelung Hölderlins von Schiller vor uns haben, sei hier nicht untersucht, es geht um anderes und mehr: um den explosiven Ausbruch aus der vorhandenen drückenden, bewegungslosen deutschen „bürgerlichen Gesellschaft" und ihrer aufgeklärten Untertanenideologie, zugleich um die Selbsterhaltung und -behauptung des Dichters in seinem Anspruch gegen sie. Der tödliche „Verstand" meint hier Bedenken des egoistisch verstandenen Nutzens, das Kalkül des Aufstiegs in der vorhandenen Ordnung, der „ehernbürgerlichen". Er steht nicht, wie manchmal zu lesen, für die Aufklärung schlechthin, Hölderlin mobilisiert vielmehr deren Emanzipatorisches gegen ihre Reduktion auf die Ausstattung des untertänigen praktizistischen privaten Bourgeois.

Die erste Fassung ist im Juli 1796, die zweite im August 1797 abgeschlossen. Von Anfang an stand Hölderlins Frankfurter Aufenthalt im Zeichen des Widerspruchs zwischen dem herakleischen Selbstverständnis und Anspruch des Dichters und seiner sozialen Existenz als intellektuellem Domestiken im reichsstädtischen Bankiers- und Handelsmilieu. Zugleich findet Hölderlin in der Liebe zu Susette Gontard neue Bestätigung und innere Befreiung. Im Juni 1796 begleitet er Susette auf der Flucht vor den Gefahren des herannahenden Krieges nach Kassel und Driburg. Was der Liebe zugute kommt, vermittelt zugleich Erfahrung über die eigene Möglichkeit politischen Handelns. Im Januar 97 erweitert Hegel, der „ruhige Verstandesmensch", den Frankfurter Kreis; Ostern erscheint der „Hyperion". Zwischen beiden Fassungen liegt die neue Selbsterfahrung Hölderlins als Dichter, als ohnmächtiger Hausangestellter, als Liebender – und die kollektive Erfahrungsauswertung des Ganges der Revolution im Kreise der Frankfurter Freunde.

Die erste Fassung spiegelt Hölderlins fieberhafte Erwartung angesichts der Revolutionsarmeen, die sich Frankfurt näherten. In dem ersten Brief, in dem er deren Nahen seinem Bruder meldet, spricht er davon, „all die Lumpereien des politischen und geistlichen Württembergs und Deutschlands und Europas" (IV, 239) auszulachen. Am 6. August heißt es gegenüber dem Bruder: „Dir . . . kann die Nähe eines so ungeheuern Schauspiels, wie die Riesenschritte der Republikaner gewähren, die Seele innigst stärken. [–] Es ist doch was ganz Leichters, von den griechischen Donnerkeulen zu hören, welche vor Jahrtausenden die Perser aus Attika schleuderten . . ., als so ein unerbittlich Donnerwetter über das eigne Haus hinziehen zu sehen." (IV, 243)

Aber schon im Oktober schreibt er: „Du wirst mich weniger im revolutionären Zustand finden, wenn du mich wiedersiehst . . . Ich mag nicht viel über den politischen Jammer sprechen. Ich bin seit einiger Zeit sehr stille über alles, was unter uns vorgeht." (IV, 246) Die Erwartung hat getrogen. Die französischen Armeen wurden zurückgedrängt, und sie brachten dort, wo sie wirkten, keine bessere Welt, erschienen nicht als Befreier, sondern als Eroberer. Der Verschleiß des einstigen demokratischen Enthusiasmus wurde an marodierenden Deserteuren sichtbar, die ihrerseits der multiplizierenden Schreckensfama und -propaganda Material lieferten.

Hölderlin mußte seine geschichtlichen Erwartungen überprüfen. Dies Überprüfen in Reflexion und Gespräch betrifft die geschichtlich-gesellschaftliche Realität im Verhältnis zu den eigenen Vorstellungen von ihr und zu den eigenen Idealen; es betrifft des Dichters Person in bezug auf die subjektiven Kräfte, dieser Realität gegenüber standzuhalten; und es betrifft, beide Aspekte vereinend, des Dichters Rolle in einem Geschichtsprozeß, von dem die große Wandlung und revolutionäre Umwälzung erwartet wurde, ohne daß sie „kam". Es ist das Realitätsproblem, das sich auf neue Weise dem philosophischen Dichter Hölderlin stellt, das seine größte und schmerzhafteste Anstrengung wird, als er nach der Frankfurter Katastrophe nach Homburg gegangen. Das mag der entscheidende Diskussionsgegenstand zwischen Hölderlin und Hegel in der letzten Zeit ihrer Freundschaft gewesen sein.

Daß es fast unmöglich sei, unverhüllt die schmutzige Wirklichkeit zu sehen, ohne darüber zu erkranken, ist Hölderlins Schicksalssatz. Im November 1798 schreibt er aus Homburg an seinen Freund Neuffer: „. . . ich bin nicht scheu, weil ich mich fürchte, von der Wirklichkeit in meiner Eigensucht gestört zu werden, aber ich bin es, weil ich mich fürchte, von der Wirklichkeit in der innigen Teilnahme gestört zu werden, mit der ich mich gern an etwas anderes schließe; ich fürchte, das warme Leben in mir zu erkälten an der eiskalten Geschichte des Tags, und diese Furcht kommt daher, weil ich alles, was von Jugend auf Zerstörendes mich traf, empfindlicher als andre aufnahm, und diese Empfindlichkeit scheint darin ihren Grund zu haben, daß ich im Verhältnis mit den Erfahrungen, die ich machen mußte, nicht fest und unzerstörbar genug organisiert war." Er will sich ebendiesen zerstörenden Erfahrungen stellen, muß sie „zum voraus als unentbehrlichen Stoff nehmen, ohne den mein Innigstes sich niemals völlig darstellen wird" (IV, 322 f.).

Diese Selbstkritik übt Hölderlin, der den „Hyperion" beendet hatte, um des Lebendigen in der Poesie willen. „Ich fühle so tief, wie weit ich noch davon bin, es zu treffen . . ." (IV, 321) Das Fazit ist tiefere Einsicht in die Dialektik des Poetischen, die weiter reicht, als er selbst realisieren konnte: „Das Reine kann sich nur darstellen im Unreinen, und versuchst Du, das Edle zu geben ohne Gemeines, so wird es als das Allerunnatürlichste, Ungereimteste dastehn, und zwar darum, weil das Edle selber, so wie es zur Äußerung kömmt, die Farbe des Schicksals trägt, unter dem es entstand, weil das Schöne, so wie es sich in der Wirklichkeit darstellt, von den Umständen, unter denen es hervorgeht, notwendig eine Form annimmt, die ihm nicht natürlich ist und die nur dadurch zur natürlichen Form wird, daß man eben die Umstände, die ihm notwendig diese Form gaben, hinzunimmt." (IV, 323)

Wie Hölderlin hier über sich als Dichter reflektiert und ein Fazit aus persönlicher und Arbeitserfahrung zieht, so treibt ihn die Einsicht weiter. Im November 1799 wohl – nur der Entwurf ist erhalten – schreibt er an Ebel: „Manche Erfahrungen, die mir nach meiner Sinnesart fast unvermeidlich begegnen mußten, haben mein Zutrauen zu allem, was mir sonst vorzüglich Freude und Hoffnung gab, zum innern Bilde des Menschen und seinem Leben und Wesen so ziemlich erschüttert, und die immer wechselnden Verhältnisse der großen und kleinen Welt, in der ich mich sehe, schrecken mich jetzt noch, da ich wieder etwas freier bin, bis zu einem Grade, den ich nur Ihnen gestehen kann, weil Sie mich verstehen." (IV, 414)

Wieder hatte Ebel ihm sein Urteil über Paris mitgeteilt. Inzwischen war Napoleon Erster Konsul geworden, hatte sich vielmehr dazu gemacht. „Ich begreife wohl, wie ein mächtiges Schicksal, das gründliche Menschen so herrlich bilden konnte, die schwachen nur mehr zerreißt, ich begreife es um so mehr, je mehr ich sehe, daß auch die größten ihre Größe nicht allein ihrer eigenen Natur, sondern auch der glücklichen Stelle danken, in der sie tätig und lebendig mit der Zeit sich in Beziehung setzen konnten, aber ich begreife nicht, wie manche große, reine Formen im Einzelnen und Ganzen so wenig heilen und helfen, und dies ist's vorzüglich, was mich oft so stille und demütig vor der allmächtigen, alles beherrschenden Not macht. Ist diese einmal entschieden und durchgängig wirksamer als die Wirksamkeit reiner, selbständiger Menschen, dann muß es tragisch und tödlich enden . . ." (IV, 415)

Hölderlin muß die „Not", die Macht der objektiven Verhältnisse, der Gewalt dessen, was ist, entdecken – nicht allein als längst akzeptierte Naturbedingung der Entwicklung menschlicher Größe und herakleischer Kraft. Sein alle Dialektik überwölbender Harmonismus wird problematisch, „ewiges, glühendes Leben" und schmutzige Wirklichkeit fallen auseinander. Die „reinen Formen" wie die Republik fungieren als Formen eines nicht beherrschten und begriffenen sozialen Inhalts, heilen und helfen darum, gemessen am Ideal der Revolution der Gesinnungen und Vorstellungsarten, nicht, und das Wirken „reiner" Menschen zerbricht an und ist abhängig von vorgegebenen Bedingungen, die unabhängig von Wünschen und Wollen sind.

Hier rührt Hölderlin an seinen eigenen Lebenswiderspruch, der seine Ästhetik aus einer Theorie des Schönen zur Theorie des Historisch-Tragischen, der sein philosophisches Denken vor die Dialektik des Widerspruchs und an die Objektivität des Geschichtsprozesses in seiner Notwendigkeit heranführt, der schließlich divinatorisch seine eigene Tragödie umschreibt. Und es ist die Undurchschautheit ebendieser geschichtlichen Mächte, daß er sie in ihrer Verselbständigung gegenüber den Menschen nur poetisch – als mythische – zu bannen vermag. Dies sei hier abgebrochen.

Hölderlins Tragödie ist die des Sängers und Propheten der ausbleibenden, nur ersehnten, als das andre einer entfremdeten Welt gesuchten Umkehr, der uneinlösbaren Utopie, des verzweifelten Erweckers einer ihn antwortlos lassenden Gemeinschaft, deren Individuen er doch als „schöngeboren" zu wissen glaubte. Seine Vision des Tags der Tage übergreift alle bürgerlich-politischen Möglichkeiten, schließlich die Klassen- und Völkerkämpfe der Epoche im Erfüllungstraum eines Zustands der Menschheit –

> Da Herrschaft nirgend ist zu sehn bei Geistern und Menschen.
> Das ist, sie hören das Werk,
> Längst vorbereitend, von Morgen nach Abend, jetzt erst,
> Denn unermeßlich braust, in der Tiefe verhallend,
> Des Donnerers Echo, das tausendjährige Wetter ...
>
> (I, 468)

Der aus tausendjährigem Kampfe geborene Friede, Erfüllung der Menschengeschichte in herrschaftsfreier, unterdrückungsloser Welt, in der

> ... nur der Liebe Gesetz,
> Das schönausgleichende gilt von hier an bis zum Himmel.
>
> (I, 470)

Diese neue Welt aber, die heute noch aussteht, glaubte er vom
Frieden zu Luneville erwarten zu können. Das Zeichen trog,
die Zeit enthüllte ihm seinen Glauben erbarmungslos als zerrin-
nenden Traum. Dieser aber bleibt – bei stets sich erneuernder
Erwartung und Orientierung, in immer erneuter Selbsterkenntnis des Dichters „in dürftiger Zeit", bei zunehmender Bewußtheit seiner Gefährdung – das Gesetz, nach dem er angetreten
und aus dem gerade durch seine Unbedingtheit und seine Unversöhntheit seine Wirklichkeitstiefe erwuchs.

> Aber weh! es wandelt in Nacht, es wohnt, wie im Orkus,
> Ohne Göttliches unser Geschlecht. Ans eigene Treiben
> Sind sie geschmiedet allein, und sich in der tosenden Werk-
>   statt
> Höret jeglicher nur und viel arbeiten die Wilden
> Mit gewaltigem Arm, rastlos, doch immer und immer
> Unfruchtbar, wie die Furien, bleibt die Mühe der Armen.
> Bis, erwacht vom ängstigen Traum, die Seele den Men-
>   schen
> Aufgeht, jugendlich froh, und der Liebe segnender Othem
> Wieder, wie vormals oft, bei Hellas' blühenden Kindern,
> Wehet in neuer Zeit und über freierer Stirne
> Uns der Geist der Natur, der fernherwandelnde, wieder
> Stilleweilend der Gott in goldnen Wolken erscheinet.
>
>   (I, 380)

Wenn Hölderlin eine andre, größere Revolution der Gesinnungen perspektivisch entwirft, so spricht daraus ein Bewußtwerden dessen, daß die reale bürgerliche Revolution und ihr Resultat nicht einlösen, was, als Menschheitsbefreiung gesucht und
geträumt, in der Philosophie vorgedacht ward. Das ist ein –
notwendig spontanes, sich über den eigenen Klasseninhalt täu-
schendes, praxisentfremdetes – Bewußtwerden des Widerspruchs zwischen dem, was durch die Negation der bestehenden
Verhältnisse an sozialen und humanen Entwicklungsperspek-
tiven, Möglichkeiten und Bedürfnissen in der Auflösung des
Feudalismus und der Morgendämmerung bürgerlicher Produk-

tionsweise freigesetzt wurde, und der Realität der gesellschaftlichen Praxis. In bezug auf die unmittelbare Formationsgeschichte ist Hölderlins Programm, ist seine Erwartung gewiß Illusion. Er kann nicht den Horizont des kleinbürgerlichen Utopismus theoretisch-ideologisch sprengen. Das hat er mit den Zeitgenossen analoger sozialer und politischer Intention gemeinsam, läßt sein Besonderes nicht begreifen. Jede wirkliche Revolution in dieser Epoche kann nur die kapitalistische Gesellschaft freisetzen. Doch gerade dieser Utopismus, die ihm verbundene Illusion ist vermittelnde Form, in der geschichtliche Wahrheit zur Sprache drängt. Um so mehr, als Hölderlin sein Programm nicht theoretisch fixiert bzw. das Fixierte von der Poesie überholt wird. Es ist auch nicht von ihm her theoretisierbar, sondern offen. Der Schmerz wird produktiv, und in der zerreißenden Spannung zwischen des Dichters erfahrener, betroffener Wehrlosigkeit und höchster geschichtsphilosophischer Reflexion angesichts des gelebten und erlittenen Geschichtsprozesses wird seine Poesie zum Sensorium der Entfremdung, der menschlichen Antagonismen und Depravationen gegenüber nur gefühlten Möglichkeiten. Daher ist sie produktiv im tiefsten Sinne, als sie dieser werdenden Gesellschaft ihre geschichtliche Relativität ansagt, Unruhe in ihr erhält, Unversöhntheit ihrer Repression und Entfremdung gegenüber, je mehr sie bei dem eigenen Inhalt ankommt.

In seiner Negation, in Schmerz und Vermissen, in der Weise des Sprechens und sprachlichen Fügens drückt sich ein neuer Inhalt aus, der seine geschichtlich-konkrete Ortung erst finden muß und noch längst nicht gefunden hat. Die durch geschichtliche Illusion bedingte und vermittelte Wahrheit wird erst durch die Permanenz der Nichterfüllung menschlicher Entwicklungsbedürfnisse, -notwendigkeiten und -intentionen in der Kontinuität der weiteren Geschichte, in der Akkumulation historischer Erfahrungen der Menschen von sich selbst entzifferbar.

„Hyperion" – Schönheit und Geschichte

Zur Ostermesse 1797 erschien Hölderlins „Hyperion oder der Eremit in Griechenland", erster Band. Im Herbst 1799 erschien der zweite Band. Die Auflagenhöhe betrug 360 Exemplare.

Im „Hyperion" wird die philosophisch-ästhetische und politische Position poetische Gestalt, deren Verneinung Hegels These vom Ende der Kunst impliziert.

Sein Grundthema ist, wie der „Tag aller Tage" als national-revolutionärer Aufstand notwendig gesucht, erstrebt, entfacht wird und scheitert, wie dies Scheitern für Hyperion, den Haupthelden und Hölderlins ideales Erzähler-Ich, des Lebens Gehalt in Nichts aufzulösen scheint und wie dieser im erinnernden Reflektieren des Getanen und Gewesenen neu gefunden wird: Im Aufarbeiten seiner Vergangenheit gewinnt Hyperion die ihm allein verbleibende, ihm allein gemäße Möglichkeit als Dichter. Sein erinnerndes Darstellen ist sein Werden zum Dichter, ein Bewußtwerden seiner Berufung und deren erste Bewährung.

Das dichterische Erinnern legt insofern einen Grund zur Zukunft, als dies Ideal eines Anderswerdens, die Ideale der Revolution und Wiedergeburt des Volkes, sowie die Einsicht in deren Notwendigkeit nicht zurückgenommen werden und in der Bestimmung des Schönen und der Rolle der Poesie die Aufgabe des Dichters in und für die kommende und gesuchte Revolution der Gesinnungen und Vorstellungsarten entworfen wird. Jedoch die konkrete Vermittlung zwischen dem Eremiten in Griechenland und der Zukunft fehlt. Das erzählte Geschehen ist zugleich ein Gegenbeispiel: die Revolution, die nicht aus der Umwälzung der Gesinnungen und Vorstellungsarten hervorgeht, muß scheitern bzw. steckenbleiben in verselbständigter Gewalt.

So ist die hochbewußt komponierte künstlerische Einheit des Romans Form, in der ein widerspruchsvolles, letztlich keinen realen Ausweg findendes Verhalten zur Wirklichkeit der Epoche sich artikuliert. „Hyperion" ist ein politischer und philosophischer Citoyen-Roman in nachthermidorianischer Epoche. Er hält die allgemeinen Ideale der Französischen Revolution fest gegen die halbfeudale deutsche Welt in ihrer Bewegungslosigkeit und Veränderungsunfähigkeit, behauptet sie gegen die prosaische Praxis der nachthermidorianischen Bourgeoisie: gegen die „schmutzige Wirklichkeit". Er bewahrt den Traum einer erneuerten Gemeinschaft in der desillusionierenden „eiskalten Geschichte des Tags". Aber er lehnt implizit auch die Diktatur der Jakobiner grundsätzlich und tief schockiert ab. Die Reinheit des Ideals findet keinen Weg in die brutale Wirklichkeit.

Dieser lyrisch-elegische Roman, dem das Ideale und begeistert Bejahte Vergangenheit ist und gesuchte, verborgene, zukunftstragende Möglichkeit, vereint Utopie und verzweifelte Resignation mit der Haltung des Nicht-Aufgebens. Aber er findet keinen Ansatz, die Wirklichkeit der doch „schöngeborenen" Menschen mit ihrer realen Existenz zu vermitteln – weder in der Erklärung des Zustandes noch im Entwurf seiner Veränderung. Wenn er schließlich vom „Menschenwerk" sich abwendet, die revolutionären Ideale in die Natur verschlüsselt, so spiegelt sich darin reale Aktionsunfähigkeit, die praktische Ohnmacht des vom Citoyen-Ideal erfüllten Intellektuellen, dem die wirklichen Triebkräfte und materiellen Interessen fremd sind. Die Natur als universeller Zusammenhang wird zur geschichtstragenden und -bestimmenden Macht, zum Akteur auch der unaufgegebenen „vaterländischen Umkehr", wie Hölderlin später formulierte. Dies ist Ansatz seines poetischen Mythisierens. Und verzweifelte Ironie ist's, daß der hohe Anspruch der Poesie und des Poeten sich realisiert als einzige Möglichkeit des praktisch-politisch Gescheiterten und Handlungsunfähigen: er wird Dichter in dürftiger Zeit, der Zeit der Zerrissenheit, Gemeinschaftslosigkeit, des sinnlosen Treibens und des Unfriedens. Erscheint in begeistert-enthusiastischen Aufschwüngen die geschaute Alternative und das gewesene Glück, so dominiert deren realer Mangel im Ausdruck von Schmerz und Sehnsucht.

„Hyperion" ist ein philosophischer Roman nicht nur insofern, als darin philosophiert, theoretisch entwickelt und verkündet wird, sondern weil er als Ganzes philosophisch hochreflektiert ist und diese Reflexion seine eigentliche innere Bewegung steuert. Er ist in Poesie aufgehobene Philosophie. Am Ende steht die gelebte Einsicht, daß Einheit und Harmonie der Natur nicht ein Jenseits der Antagonismen, Widersprüche, Dissonanzen des Lebens ist, sondern allein in und durch deren Prozessieren sich verwirklicht.

Darum enthält „Hyperion" die Schönheitslehre Hölderlins nicht nur, er ist sie, ist deren Darstellung. Sie reduziert sich nicht auf die theoretischen Aussagen, deren jede durch ihren Kontext poetisch relativiert ist; das Ganze ist immer mehr, wie das „Leben" jede besondre Gestalt transzendiert: Schönheit ist, wo seine Ganzheit aufleuchtet, wo es als Ganzheit bewußt wird, und der Weg dazu führt über die vereinigende Liebe. Platons „Symposion" vermittelte die Wegstruktur, die im spinozistisch gedachten Lebensbegriff dem Weg das Ziel immanent sein läßt.

Schönheit erscheint als das „Hen kai pan" und das „Heiligste", als objektives Sein und subjektive Erfüllung, als lebendige Natur, als Grund und Ziel menschlicher Geschichte. Als ruhendes Bild ist sie vergehendes Moment des Prozesses, der im Wechsel seiner Momente die Einheit des Widersprechenden ist, Harmonie, die in den Dissonanzen sich herstellt, das Unendliche im Endlichen als lebendiges Streben. Und hier ist Schönheit das schlechthin Bejahte, in dem das Subjekt sich aufgehoben und bejaht erfährt.

Ist der Schönheit historischer Fixpunkt das verklärte schöne Bild des klassischen Athen als Traum einer idealen menschlichen Gemeinschaft, so ist sie zugleich Alternative, weil Negation der häßlichen gegenwärtigen menschlich-gesellschaftlichen Wirklichkeit. Sie steht zugleich für deren verborgene Substanz; Revolution ist ihre schöne Aktion, sie gebiert sie wieder; Wiedergeburt des Volkes ist Wiedergeburt zu verklärter, vereinigender, weil wahrhaft vergemeinschaftender Schönheit, Herstellung der Einheit von Mensch und Natur. Im Gegensatz zu Nietzsches Konzept ästhetischer Rechtfertigung des Lebens ist für Hölderlin Schönheit sozial-idealen Gehalts, sie umgreift den Zusammenhang des Universums, das Hen kai pan, und eine nichtentfremdete Menschheit, die ihre Natur tätig entfaltet. So enthält sie alle Utopie Hölderlins und verallgemeinert sie zugleich weltanschaulich. Weil diese Utopie alle reale Möglichkeit der bürgerlichen Gesellschaft transzendiert, wird das gesellschaftlich nicht Vermittelte und Vermittelbare der „Natur" zugeschlagen, einer pantheistisch „göttlichen" Natur. Ihr entspricht im endlichen Subjekt die „Natur in mir", der „Gott in uns". Was seinem realen Gehalt nach das unterdrückte, nicht verwirklichte soziale Aktionspotential und -bedürfnis in der ideologisierten Form des idealen Anspruchs, gewinnt als „Gott in uns" im Individuum die Gestalt überindividueller Macht und Kraft, die ihrerseits den Anspruch des Individuums konstituiert. Daher kann der „Gott in uns" dem „Wurm" als Repräsentanten der bestehenden Lebensweise und Ordnung entgegengesetzt werden, er kann den Anspruch ihrer Alternative tragen: er legitimiert das revolutionäre Verhalten nicht nur, er artikuliert seine Notwendigkeit.

Die Formel vom „Gott in uns" ist uralt und weltweit verbreitet; in der europäischen Tradition dürfte ihre älteste Gestalt dem Umkreis des Dionysos-Kultes entstammen. Sie wandert sowohl in religiöser wie in philosophischer Tradition durch die vorchristliche Antike – vor allem in der orphischen Kultgemeinschaft und in platonisch-neuplatonischem und stoischem Ideenzusammenhang. Am Schnittpunkt jüdischer und griechischer Tradition kommt sie in die christliche Lehre. In der Mystik gewinnt sie das Oppositionsmoment gegen äußerliche Institutionen und verweltlichte Kirchenmacht, nimmt im Maße der Politisierung der Sektenbewegung soziale und politische Gehalte auf, bewahrt diese zum Teil in der pazifizierten mystischen und pietistischen Tradition als Potential und Anspruch. Über den Pantheismus speziell Spinozas verliert sie religiöse Gebundenheit und Emotionalität, verschmilzt mit der „Natur", bekommt im 18. Jahrhundert, vor allem durch Rousseau, den generellen Oppositionsgehalt gegenüber den herrschenden feudalen und auch bürgerlichen Verhältnissen. Herder hatte das „Est Deus in nobis!" als Motto für seine Schrift „Übers Erkennen und Empfinden in der menschlichen Seele" (in der 1. und 2. Ausgabe von 1774 und 1775) durchaus in seinem pantheistischen Sinne benutzt. Die Erkenntnisfähigkeit resultiert aus dem göttlichen Wesen des Menschen.

In das pantheistische Bedeutungsfeld gehört Hölderlins Sprachgebrauch, doch wird dieser gegenüber Herder erheblich modifiziert. Im „Gott in uns" vereinen sich sozial-politischer Anspruch und schicksalhafte Notwendigkeit, Ausdruck einer inneren Gewalt, die auch nicht begriffen sein kann. Und daneben benutzt er das allgemein verbreitete Mythologem des „Genius", speziell für heroische und poetische Intention, in der die göttliche Natur sich manifestiert im Gegensatz zur prosaisch entfremdeten Alltäglichkeit einer Welt von Herren und Knechten, wobei Genius sich auf Individuen und Völker beziehen kann, zugleich als individueller Schutzgott fungiert. Das schillert. Generell wurde „Genius" von den Zeitgenossen in vielfältiger, nicht eindeutig festzulegender Weise verwendet: als allegorische und metaphorische Vermittlungsvorstellung, denn Genius ist ebenso selbständiges Wesen wie das Innerlich-Persönliche, es kommt allen zu und zeichnet bestimmte Menschen aus, ist unsterblich im sterblichen Menschen, fiktive Gestalt real erfahrener Gewalt, kann Allgemeines personifizieren oder sich ganz auf eine Person beziehen, Persönlichstem allgemeinen Anspruch geben. Wichtig ist, daß „Genius" als charakteristische vieldeutige Phantasiefigur einer bürgerlichen Bildungspoesie fungiert, der die klassisch-humanistische Tradition selbstverständlich ist, die sie – als Gestalt einer fiktionalen Welt und poetischen Kommunikation – nutzt: im Nicht-mehr einer verbindlichen religiösen Glaubenstradition und dem Noch-nicht, die weltlich-wirklichen Dinge in ihrem eigenen Zusammenhang hinsichtlich des Verhältnisses von gesuchter, erträumter und idealer Wirklichkeit zur vorhandenen zur Sprache zu bringen, dennoch gesellschaftliche Erfahrung und Intention kommunikabel zu machen. Das gilt auch für Hölderlins „Gott in uns". Sosehr er Gott säkularisiert, erscheint das Kollektive und Allgemeine personalisiert, zugleich als allgemeine Kraft, als Anspruch und Müssen der Individuen, ihr Persönliches ins Allgemeine hebend.

Der Inhalt, auf diese Weise mit höchster Würde ausgestattet, wird wiederum vermittelt durch die philosophisch-weltanschauliche Konzeption: „Gott in uns" artikuliert ebenso fichteanische Selbstbestimmung, die zu heroischer Tat sich anschickt, wie pantheistische Allbeziehung bis zum Aufgehen, unendliches Vereinigungsstreben, das in Liebe – freilich einer hochsublimierten, entsinnlichten und vergeistigten – und Freundschaft im Ganzen der Natur die Erfüllung der ersehnten menschlichen Gemeinschaft nach dem Modell der personal-intimen findet. In der wirklichen, negativ erfahrenen Welt ist der „Gott in uns" einsam. Er konzentriert in der Subjektivität das zur Wirklichkeit drängende, sozial unterdrückte und auf Sprengen und Umgestaltung der vorhandenen Lebensweise drängende Leben – denn: „... es wohnt, wie im Orkus, / Ohne Göttliches unser Geschlecht. ..." (I, 380)

So ist „Gott in uns" Transzendenz im Diesseitig-Wirklichen. Doch ist es keine Formel, die Hölderlin auf Dauer festhält. Sie korrespondiert dem heroischen Verhalten. Sie verträgt sich schon nicht mehr mit „Hyperions Schicksalslied", dem die seligen Genien die utopische Folie des Fallens der leidenden Menschen ins Ungewisse abgeben. Je historischer Hölderlin Mensch und Natur faßt, je zerreißender die Widersprüche gedacht und erfahren werden, je widersprüchlicher sich geschichtliche Chaotik und Utopie in Natur verschlüsseln, je schmerzhafter die den Individuen gegenüber verselbständigten geschichtlichen Bedingungen und Prozesse reflektiert werden, je gefährdeter zugleich menschliches Selbstverständnis, besonders das des Dichters, erscheint, um so weniger ist das Selbstbewußtsein des „Gott in uns" anwendbar und angemessen.

„Hyperion" ist die Klimax der Hölderlinschen Schönheitslehre. Nicht wieder gewinnt Schönheit diese umfassend-zentrale Funktion. Indem Hölderlin Schönheit als höchste weltanschauliche Bestimmung behandelt, entzieht er sie sowohl der Religion wie der theoretischen Philosophie. In ihr wurzelt die Suprematie der Poesie über die Vernunft- und Verstandeserkenntnis. Norm ist zunächst die griechische Schönheit als Bild vollendeter Menschennatur. Deshalb gilt für die griechische Kunst: „In ihr verjüngt und wiederholt der göttliche Mensch sich selbst. Er will sich selber fühlen, darum stellt er seine Schönheit gegenüber sich. So gab der Mensch sich seine Götter. Denn im Anfang war der Mensch und seine Götter *eins*, da, sich selber unbekannt, die ewige Schönheit war." (II, 181) Religion aber ist „Liebe der Schönheit" (II, 182).

Das ist ganz diesseitig und aufgeklärt gedacht, ohne Transzendenz christlicher Tradition. In der Kunst „verjüngt und wiederholt" sich der Mensch, er stellt sich im Bilde dar. Er kann sich selbst nur „fühlen", ein fühlendes Selbstbewußtsein gewinnen durch dieses Produzieren des schönen objektiven Gebildes. Der Produktionsakt erzeugt das Bewußtsein in dieser wiederholenden Gegenüberstellung.

Doch was hier vom Menschen gesagt wird, gilt für die „ewige Schönheit" als ontologische Bestimmung. Auch sie hat kein andres Organ als Weltzusammenhang denn den Menschen, um den Zustand, da sie sich selbst unbekannt, zu überwinden. Ist die „ewige Schönheit" das objektive Hen kai pan, so bedarf es aktiver menschlicher Produktivität. Die ästhetisch-werktätige Verdopplung bringt ihm über die Menschen sein Selbstbewußtsein, das in den gemachten Göttern sich manifestiert.

Religion als Liebe zur Schönheit ist dann bewußtes liebendes Verhalten zum Ganzen, vermittelt durch diese gemachten Götter, die Kinder „der" Schönheit, der unendlichen und allumfassenden. Diese liebt der Weise, jene liebt das Volk, die einen direkt, die vielen indirekt in diesen gemachten Gestalten: „ohne solche Religion ist jeder Staat ein dürr Gerippe ohne Leben und Geist" (II, 182), sie konstituiert den Geist, den rousseauschen, der „allem gemein und jedem eigen".

Ist Schönheit oberste Wert- und Seinsbestimmung, identisch mit dem Heiligen, so ist sie nicht primär mit diskursivem Denken zu erfassen. Sie muß lebendig geschaut werden. Das Sein ist selbst „poetisch" strukturiert. „‚Die Dichtung', sagt ich, meiner Sache gewiß, ‚ist der Anfang und das Ende dieser Wissenschaft. Wie Minerva aus Jupiters Haupt, entspringt sie aus der Dichtung eines unendlichen göttlichen Seins. Und so läuft am End auch wieder in ihr das Unvereinbare in der geheimnisvollen Quelle der Dichtung zusammen.'" (II, 183)

Diese Dichtung eines „unendlichen göttlichen Seins" erst gibt, transformiert in das Ideal des Schönen, der Philosophie Voraussetzung und Ziel: „Aus bloßem Verstande kömmt keine Philosophie, denn Philosophie ist mehr, denn nur die beschränkte Erkenntnis des Vorhandenen. [–] Aus bloßer Vernunft kömmt keine Philosophie, denn Philosophie ist mehr, denn blinde Forderung eines nie zu endigenden Fortschritts in Vereinigung und Unterscheidung eines möglichen Stoffs. [–] Leuchtet aber das göttliche εν διαφερον εαυτω [das Eine, in sich selber Unterschiedene], das Ideal der Schönheit der strebenden Vernunft, so fodert sie nicht blind, und weiß, warum, wozu sie fodert." (II, 185 f.)

Damit ist Kants Grenzziehung der theoretischen Vernunft aufgehoben; Poesie, nicht Antivernunft, sondern höher denn alle Vernunft, kündet das Schöne, den Allzusammenhang des Hen kai pan – und dieser gibt Maß und Wert, weist das Wozu und Warum. Das statuiert nicht nur die Autorität des Dichters gegenüber dem „Verstandesmenschen", sondern zugleich seine soziale Funktion als Dichter des Volkes und „Priester der Natur", wie Diotima an Hyperion schreibt.

Diese Funktion aber erwächst aus einer ausgezeichneten Beziehung zum göttlichen Sein. Des näheren „ist" dieses und erscheint als Geschichte – und als eine „Natur", die ihrerseits, in Glanz, Geborgenheit und erschreckender fremder Gewalt, Soziales und Geschichtliches spiegelt und symbolisiert. Daher sind für Hölderlin theoretische ästhetisch-poetologische Bestimmungen zugleich geschichtsphilosophische, und das „Gedicht" ist auf Geschichte nicht nur bezogen, sondern sein Objekt wie sein Subjekt ist letztlich der Geschichtsprozeß selbst.

Das „Ideal" des Schönen als Sinngeber der strebenden Vernunft wird von Hölderlin selbst historisch begriffen, wie er sich

selbst als sentimentalischen Dichter im Sinne Schillers ortet.
Er hat sich Schillers Grundgedanken aus „Über naive und sentimentalische Dichtung" zu eigen gemacht, insofern dort das Verhältnis von Ideal und Wirklichkeit als historisches bestimmt
ist. Und – über Schiller energisch hinausgehend – hat er dessen typologische Wendung nicht mitvollzogen, den historischen
Gedanken aber politisiert.

„Von Pflanzenglück begannen die Menschen und wuchsen
auf, und wuchsen, bis sie reiften; von nun an gärten sie unaufhörlich fort, von innen und außen, bis jetzt das Menschengeschlecht, unendlich aufgelöst, wie ein Chaos daliegt, daß alle,
die noch fühlen und sehen, Schwindel ergreift; aber die Schönheit flüchtet aus dem Leben der Menschen sich herauf in den
Geist; Ideal wird, was Natur war, und wenn von unten gleich
der Baum verdorrt ist und verwittert, ein frischer Gipfel ist noch
hervorgegangen aus ihm, und grünt im Sonnenglanze, wie einst
der Stamm in den Tagen der Jugend; Ideal ist, was Natur war.
Daran, an diesem Ideale, dieser verjüngten Gottheit, erkennen
die Wenigen sich und *eins* sind sie, denn es ist Eines in ihnen,
und von diesen, diesen beginnt das zweite Lebensalter der
Welt . . ." (II, 164 f.)

Dieser Geschichtsentwurf wird im Fortgange des Romans
modifiziert, die Rede Hyperions über die Athener als erste Voll-
endungsgestalt der Menschheit reduziert diese nicht auf Pflanzenglück. Aber als Vorstellung eines gesetzlichen Ganges fundiert dies Konzept das geschichtliche Selbstbewußtsein der Helden des Romans, aber auch des Romans selbst als Medium und
Ruf, die Harmonie der Geister, der wenigen, die sich in ihm
erkennen, herzustellen und dadurch Zeichen einer neuen
Menschheitsperiode zu sein. Dies geschichtliche Selbstbewußtsein dessen, der dichterischer Sprecher des Ideals, in Schillers
Sinne „Rächer der Natur" ist, wird nicht zurückgenommen, auch
nicht angesichts des Scheiterns des revolutionären Aufstands.
Die furiose Kritik an den Deutschen erreicht ihren Höhepunkt,
wo deren Verhältnis zu ihren Dichtern zur Sprache kommt.

Trägt für Schiller schon das „Ideal" die Energie des Zukünf-
tigen, so wird es von Hölderlin als das, worum es geht, dem ge-

schichtlichen Realprozeß der Revolutionskämpfe unterstellt. Schillers gegenwartsresignative, aber weitperspektivische Emanzipationssicht wird von Hölderlin ungleich unmittelbarer, revolutionär praktischer genommen, als Handlungsprogramm und nahperspektivische Erwartung – mit freilich tragischem Scheitern und sich erneuernder Desillusionierung. Ist für Schiller der Gegensatz von naiv und sentimentalisch, von realistisch und idealistisch historischer Ausdruck einer durch Antagonismen zur Kultur strebenden Entwicklung in einseitigen Alternativen, deren Aufhebung in höherer Synthese erst der Menschheit ihren vollen Ausdruck verleihe, so fehlt Hölderlin das Realistische: es verschwindet hinter der Bestimmung als Negation des Ideals. Wo Schiller das Geschichtspanorama des „Wallenstein" entfaltet, ist Hyperion als erzähltes und erzählendes Ich ein zum poetisch-idealen Citoyen gewordener Max Piccolomini. Doch während dieser von Pferdehufen zerstampft wird, suchen Hölderlin und sein Held Hyperion gerade in Tod und tiefstem Leid die Dialektik des Weges, das Ganze in den Widersprüchen zu fassen, was ihnen für den Geschichtsprozeß nur gedanklich-lyrisch möglich ist.

Während traumhafte seelenspiegelnde und geschichtssymbolische Naturschönheit den ganzen Roman durchwirkt, entwickelt er in bezug auf die Menschen eine streng durchdachte Dynamik des Schönen, beginnend mit der elegischen Erinnerung Hyperions an die Jugendschönheit – von der Naivität des Kindes: „Es ist ganz, was es ist, und darum ist es so schön" (II, 108), über die jugendliche Schönheit des aufwachsenden Hyperion, der den ihn begeisternden und bildenden Lehrer Adamas findet; er vermittelt ihm die Begeisterung: „. . . Gebot und Zwang und Überredung braucht sie nicht; auf allen Seiten, in allen Tiefen und Höhen ergreift sie im Augenblick uns, und wandelt, ehe sie da ist für uns, ehe wir fragen, wie uns geschiehet, durch und durch in ihre Schönheit, ihre Seligkeit uns um." (II, 112) Adamas erschließt ihm an der griechischen Vergangenheit „des Menschen herrliche Natur", die „jetzt kaum noch da ist", denn: „Wer hält das aus, wen reißt die schröckende Herrlichkeit des Altertums nicht um, wie ein Orkan die jun-

gen Wälder umreißt, wenn sie ihn ergreift, wie mich, und wenn,
wie mir, das Element ihm fehlt, worin er sich ein stärkend
Selbstgefühl erbeuten könnte?" (II, 117)

So verleiht der Rückgriff auf die schöne und heroische Vergangenheit die Maßstäbe und Ziele der Künftigen – in der
Fremdheit einer Gegenwart, die eben nicht das „Element" bietet, in dem der „Gott in uns" seine Entsprechung findet, in dem
aus lebendiger Erfahrung das bestätigende Selbstgefühl erwächst. Hyperion geht nach Smyrna, bleibt allein, vereinsamt
in der Gesellschaft: „Es war mir wirklich hie und da, als hätte
sich die Menschennatur in die Mannigfaltigkeiten des Tierreichs
aufgelöst, wenn ich umher ging unter diesen Gebildeten." (II,
121) Der Widerspruch zwischen Innenwelt und äußerer Wirklichkeit des unheilbaren Jahrhunderts im von der Türkei unter-
jochten Griechenland ist damit gesetzt. Dieser Widerspruch
treibt zur Lösung.

Einen Weg scheint die Freundschaft mit Alabanda zu eröffnen. Sie wird zum Bilde antiker Heroenfreundschaft, stilisiert
zu höchster Weihe. „Nur in den ewigen Grundtönen seines Wesens lebte jeder, und schmucklos schritten wir fort von einer
großen Harmonie zur andern. Voll herrlicher Strenge und Kühnheit war unser gemeinsames Leben." (II, 129)

Doch diesen Weg bricht Hyperion ab. Alabanda verkörpert
fichteanisches Tätertum. Er gehört zu einem politischen Geheim-
bunde, dem „Bund der Nemesis", dessen nur destruktive Zielsetzung Hyperion erschreckt und empört. Aus Resignation und
Krise reißt ihn Diotima. Sie wird ihm zum Bild der Schönheit,
sie ist diese: „Ich hab es *einmal* gesehn, das Einzige, das meine
Seele suchte, und die Vollendung, die wir über die Sterne hinauf entfernen, die wir hinausschieben bis ans Ende der Zeit,
die hab ich gegenwärtig gefühlt. Es war da, das Höchste, in diesem Kreise der Menschennatur und der Dinge war es da! [–]
Ich frage nicht mehr, wo es sei; es war in der Welt, es kann wiederkehren in ihr, es ist jetzt nur verborgner in ihr . . . [–] O ihr,
die ihr das Höchste und Beste sucht, in der Tiefe des Wissens,
im Getümmel des Handelns, im Dunkel der Vergangenheit,
im Labyrinthe der Zukunft, in den Gräbern oder über den Ster-

nen! wißt ihr seinen Namen? den Namen des, das *eins* ist und *alles*? [–] Sein Name ist Schönheit." (II, 153)

Diotima ist – analog dem Kinde – „ganz", in sich harmonisch, eins mit ihrer Welt, „göttlich genügsam", naive Schönheit, Vollkommenheit, an der in dieser begrenzten Gestalt das „eins und alles" erscheint. Sie weckt die erfüllende Liebe und gibt sie, gibt dem Friedlosen Friede und innere Ruhe, ihn von seiner Zerrissenheit heilend. Hyperion will sich vergraben auf seiner endlich gefundenen seligen Insel im Schiffbruch der Welt. Diotima aber ist kein Bild. Als liebende Frau spürt sie, was in ihm liegt: „Es ist eine bessere Zeit, die suchst du, eine schönere Welt. Nur diese Welt umarmtest du in deinen Freunden . . ." (II, 168) Sie führt ihn über das Glück des beseligenden Augenblicks hinaus. Angesichts der Ruinen Athens bricht aus Hyperion die visionäre Rede von der Zukunft eines Volkes:

„Heilige Natur! du bist dieselbe in und außer mir. Es muß so schwer nicht sein, was außer mir ist, zu vereinen mit dem Göttlichen in mir. Gelingt der Biene doch ihr kleines Reich, warum sollte denn ich nicht pflanzen können und baun, was not ist? . . .

Es werde von Grund aus anders! Aus der Wurzel der Menschheit sprosse die neue Welt! Eine neue Gottheit walte über ihnen, eine neue Zukunft kläre vor ihnen sich auf.

In der Werkstatt, in den Häusern, in den Versammlungen, in den Tempeln, überall werd es anders! . . .

Du frägst nach Menschen, Natur? Du klagst, wie ein Saitenspiel, worauf des Zufalls Bruder, der Wind, nur spielt, weil der Künstler, der es ordnete, gestorben ist? Sie werden kommen, deine Menschen, Natur. Ein verjüngtes Volk wird dich auch wieder verjüngen, und du wirst werden, wie seine Braut, und der alte Bund der Geister wird sich erneuen mit dir.

Es wird nur *eine* Schönheit sein; und Menschheit und Natur wird sich vereinen in *eine* allumfassende Gottheit." (II, 191 bis 193)

Schönheit wird universell. Die Vereinigung von Menschheit und Natur ist Wandlung der Menschen, ihre Befreiung und Verjüngung dergestalt, daß ihre reale Existenz, ihr gesellschaftlich-politisches Leben ihrer – jetzt unterdrückten und deformierten – Natur entspricht und dadurch „der" Natur. Wie der Titel „Natur" das Menschliche, so nimmt Schönheit den ganzen Gehalt der politisch-sozialen Träume Hyperions in sich auf. In dieser Vision erscheint als zukünftige Wirklichkeit die totale Verwirklichung dessen, was im aktuell-gegenwärtig Schönen im Keim, als Antizipation, Verweis und Versprechen enthalten ist: im objektiv Schönen als Bild des Ganzen, im subjektiven Erfahren, Lieben, Getroffenwerden das der allgemeinen Wirklichkeit entbehrende, dennoch im Menschen vorhandene Potential von Beziehungen und Bedürfnissen der Liebe und Vereinigung.

Dies erscheint als das große Ziel, das seinem Inhalt nach eine totale Revolution ist, und zwar als Vorgang und Resultat. Hyperion beschließt – das ist Diotimas Idee –, Erwecker und Erzieher seines Volkes zu werden. Der Gedanke verweist auf des jungen Herder volkspädagogische Ideen, mehr noch auf Schillers Konzept der ästhetischen Erziehung, die freilich politisiert wird: im Erwecken des Volkes.

Die Frage, ob das Erziehen und Erwecken des Volkes ein reales Unterfangen, ob da nicht des Volkes Bedürfnis und Selbsttätigkeit zu bedenken, ob es nicht mehr als Rohstoff von oben kommender Bildung, nicht nur als Objekt zu behandeln sei, wird nicht gestellt. Zu selbstverständlich gilt das schlechthin gewisse Ideal der „wenigen". Spontan wird das politische Ideal ideologisiert, verabsolutiert und ontologisiert. Die Not einer isolierten und ohnmächtigen geschichtlich bewegten jungen Intelligenz in stagnierend-bewegungsloser Gesellschaft schlägt um in die Tugend der Berufung.

Doch Hyperion kann seinem Entschluß nicht folgen. Die Ereignisse stellen ihn vor eine neue Entscheidung. Der Ausbruch des russisch-türkischen Krieges scheint eine Befreiungschance zu bieten. Alabanda ruft, Hyperion kann sich nicht entziehen. „In den Olymp des Göttlichschönen, wo aus ewigjungen Quellen das Wahre mit allem Guten entspringt, dahin mein Volk zu führen, bin ich noch jetzt nicht geschickt. Aber ein Schwert zu brauchen, hab ich gelernt und mehr bedarf es für jetzt nicht. Der neue Geisterbund kann in der Luft nicht leben, die heilige

Theokratie des Schönen muß in einem Freistaat wohnen, und er will Platz auf Erden haben und diesen Platz erobern wir gewiß." (II, 200)

Der „Freistaat" der „heiligen Theokratie des Schönen" als Realziel: hier gewinnt Hölderlins Schönheitskonzept seine unmittelbare politische Inhaltlichkeit und Verbindlichkeit. Dieser Freistaat ist Bedingung des Schönen.

Wo Hyperion Fesseln zu zerreißen glaubt, ahnt Diotima den Untergang: „Du wirst erobern ... und vergessen, wofür?" Hyperions Argument: „Eine Macht ist in mir und ich weiß nicht, ob ich es selbst bin, was zu dem Schritte mich treibt", beantwortet sie resigniert und tragisch-ahnungsvoll: „Deine volle Seele gebietet dir's ... Ihr nicht zu folgen, führt oft zum Untergange, doch, ihr zu folgen, wohl auch." (II, 201)

Ungeheuer ist das Ziel Hyperions: „... es muß sich alles verjüngen, es muß von Grund aus anders sein; voll Ernsts die Lust und heiter alle Arbeit! nichts, auch das Kleinste, das Alltäglichste nicht ohne den Geist und die Götter! Lieb und Haß und jeder Laut von uns muß die gemeinere Welt befremden und auch kein Augenblick darf *einmal* noch uns mahnen an die platte Vergangenheit!" (II, 217)

In solchem Ausbruch tritt der Haß gegen den nationalen Unterdrücker zurück hinter den Haß auf das als quälend und unwürdig erfahrene gelebte Leben, auf den praktizierten sozialen Zustand, die bürgerliche gewohnte Alltagswelt und -banalität. Aber in ihm steckt vage der Gedanke einer totalen Umwälzung, die mit der politischen Form zugleich die Lebensweise ergreift und auf Lust und Arbeit zielt. Es ist das Bedürfnis eines andren Zustands und die Ahnung, daß dieser mit politischer Metamorphose nicht allein zu schaffen sei, eine Ahnung, die durch die Dominanz der Citoyen-Idealität an sozialer Konkretisierung gehindert wird. Gerade weil die Vermittlung zum materiellen Leben fehlt, gewinnt die Unbedingtheit des Strebens ihre Legitimation aus der ins Heilige gesteigerten Höhe des Ziels, aus der Abgrenzung von der „gemeinen Welt", der moralischen Erhebung der heroischen Kämpferschar, die eine neue Menschenwelt vorwegnimmt.

Um so tiefer sind dann Enttäuschung und Verzweiflung: „In der Tat! es war ein außerordentlich Projekt, durch eine Räuberbande mein Elysium zu pflanzen." (II, 223)

Hat das Schöne gelogen? Wie kann Hyperion weiterleben? In der Schlacht sucht er vergeblich den Tod. Diotima erlischt, nachdem die falsche Nachricht von Hyperions Tod ihren Lebensmut zerbrochen. Alabanda sucht und findet den Tod, indem er sich dem Gericht seines Bundes stellt. Beide wachsen angesichts ihres Endes, das sie bewußt auf sich nehmen, über sich hinaus: Diotima gewinnt heroische, Alabanda philosophische Züge. Beide stellen zugleich Möglichkeiten Hyperions dar: das schöne Dasein – und den heroischen Täter, die er beide nicht leben kann.

Der scheidende Alabanda spricht zu Hyperion: „Ich fühl in mir ein Leben, das kein Gott geschaffen ... Was lebt, ist unvertilgbar, bleibt in seiner tiefsten Knechtsform frei, bleibt *eins* und wenn du es scheidest bis auf den Grund ..." (II, 248 und 249)

Die scheidende Diotima schreibt: „Beständigkeit haben die Sterne gewählt, in stiller Lebensfülle wallen sie stets und kennen das Alter nicht. Wir stellen im Wechsel das Vollendete dar ... Sieh auf die Welt! Ist sie nicht, wie ein wandelnder Triumphzug, wo die Natur den ewigen Sieg über alle Verderbnis feiert? und führt nicht zur Verherrlichung das Leben den Tod mit sich ...? ... Dir ist dein Lorbeer nicht gereift und deine Myrten verblühten, denn Priester sollst du sein der göttlichen Natur, und die dichterischen Tage keimen dir schon." (II, 256 und 257)

Der Roman bricht ab. Hyperion emigriert nach Deutschland. Der Scheltrede auf die Deutschen folgt der Hymnus auf die Natur. Ist das Ende Resignation? Die Naturmystik Revolutionsersatz? Schwört Hyperion ab, wofür er gekämpft? Darauf deutet ja: „ich hab ihn ausgeträumt, von Menschendingen den Traum und sage, nur du lebst" (II, 267).

Doch sehen wir genauer hin: der Naturhymnus ist alles andre denn resignativ, und die Natur trägt selbst Züge der Utopie: „es gibt in ihr nicht Herren und Knechte", die Stichworte der

Freiheit und Gleichheit und der liebenden brüderlichen Vereinigung kennzeichnen sie. Mehr noch, die Sicht der Natur hat sich
gewandelt: die Harmonie ist Harmonie des Gegensätzlichen,
das Eine in sich Unterschiedene ist Prozeß, trägt den Wechsel
an sich, die Schönheit hat das Negative in sich aufgenommen.

„Ihr Quellen der Erd! ihr Blumen! und ihr Wälder und ihr
Adler und du brüderliches Licht! wie alt und neu ist unsere
Liebe! – Frei sind wir, gleichen uns nicht ängstig von außen;
wie sollte nicht wechseln die Weise des Lebens? wir lieben den
Äther doch all und innigst im Innersten gleichen wir uns."

Diese Natur ist unendliche Einheit, die das Negative, den
Schmerz in sich trägt und doch aufhebt in harmonischem Zu-
sammenklange: „O Seele! Seele! Schönheit der Welt! du un-
zerstörbare! du entzückende! mit deiner ewigen Jugend! du bist;
was ist denn der Tod und alles Wehe der Menschen? – Ach!
viel der leeren Worte haben die Wunderlichen gemacht. Geschiehet doch alles aus Lust und endet doch alles mit Frieden.
[–] Wie der Zwist der Liebenden, sind die Dissonanzen der
Welt. Versöhnung ist mitten im Streit und alles Getrennte findet sich wieder. [–] Es scheiden und kehren im Herzen die
Adern und einiges, ewiges, glühendes Leben ist alles." (II, 268)

Doch eine kurze Endpassage setzt das Fragezeichen: „So
dacht ich. Nächstens mehr."

Diese Vermächtnisworte sind maßgebend. Mit der Autonomie des Lebens, der Natur bewahren sie das Bewußtsein sowohl der Autonomie des Subjekts, seiner innersten unzerstör-
baren Freiheit, wie der notwendigen Endlichkeit. Im Wechsel
stellt sich das Vollendete dar, der „Triumphzug" des Lebens
schließt Tod, Verderben, Zerstörung ein: beides als Bewußtsein
des akzeptierten Todes, der Versöhnung mit dem Ganzen des
Lebens – und darin liegt primär die Gattung – und der Unversöhntheit mit dem gegebenen Zustand dieser Gattung. Der ab-
schließende Naturhymnus ist die Verallgemeinerung. Das „Tod,
wo ist dein Stachel? Hölle, wo ist dein Sieg?" ist als subjektive
Erhebung über die Lebensniederlage säkularisiert, ganz inner-
weltlich gefaßt, während die „dichterischen Tage" als positive
Lebensmöglichkeit des außerordentlichen, des nicht verknechte-

ten Daseins prognostiziert werden. Und dennoch: die ungeheure Anstrengung dieses Lebensglaubens, der eine Gattungs-
utopie bewahrt, dieses Festhaltens eines Sinnes gegen das Scheitern des gelebten und erstrebten Sinnes – in der äußersten Abstraktheit der nur zu bekennenden, nicht zu erkennenden und
zu konkretisierenden geschichtlichen Lebensdialektik – ist nicht
zu verkennen. Die „Natur" ist Utopie des Sinnes.

Das Ende des Erzählten ist Voraussetzung des Anfangs des
Erzählens. Das Ende des Erzählens aber bleibt offen.

Selige Selbstvergessenheit einer geträumten Wiederkehr in
die Natur, schwärmendes Sich-selbst-Vergessen und -Aufgeben
wird schon auf den ersten Seiten des „Hyperion" als begeisterte Stimmung, momentane erfüllende Seligkeit und als
reale Illusion gezeigt: „Ich denke nach und finde mich, wie ich
zuvor war, allein, mit allen Schmerzen der Sterblichkeit, und
meines Herzens Asyl, die ewigeinige Welt, ist hin..." (II,
107)

Er kann nicht fliehen. Und auch die Worte des Hymnus
selbst werden relativiert: sie sind Erinnerung, „sie waren, wie
des Feuers Rauschen, wenn es auffliegt und die Asche hinter
sich läßt" (II, 267).

Doch artikuliert und verallgemeinert die Naturerfahrung
eine neue Selbsterfahrung: „Ich hatt es nie so ganz erfahren,
jenes alte feste Schicksalswort, daß eine neue Seligkeit dem
Herzen aufgeht, wenn es aushält und die Mitternacht des
Grams durchduldet, und daß, wie Nachtigallgesang im Dunkeln, göttlich erst im tiefen Leid das Lebenslied der Welt uns
tönt." (II, 265)

Was für das individuelle Schicksal gilt, das zugleich ein kollektives ist, gilt für die Natur als Schönheit, Harmonie, als
ewigeiniges Werden, das Tod und Wehe der Menschen nicht
löscht, sondern einschließt. Schönheit umgreift gerade die Einheit der Dissonanzen, der tragischen und feindlichen Gegensätze, die heraklitische Formel zielt auf geschichtliches und
natürliches Leben. In diesen Gegensätzen ist die Einheit als
„Versöhnung", nicht, daß sie sich versöhnen und zu lauer Span-
nungslosigkeit erschlaffen, sie sind gegensätzliche Entfaltung

des einen, substantiellen Seins. Insofern gilt: „innigst im Innersten gleichen wir uns" (II, 268). Keine Rückkehr aber zum Pflanzenglück ist möglich.

Dieser Einheit aber wird erst die Erinnerung inne, die das Ganze ins Bewußtsein hebt, den Prozeß als „Wechsel", als Einheit seiner Gegensätze in Seligkeiten und Leid – die Verzweiflung des unbedeutend-tatenlosen Daseins, die geschichtliche Ausgangssituation, Liebe, Pläne, Aufstand, Kampf, Untergang und Tod umgreifend. Und erst das Bewußtwerden dieser Einheit macht das Lebenslied hörbar – und singbar, formt den Dichter – und ist des Dichters Werk. Die Erinnerung des Ganzen, und zwar des Ganzen als aus einheitlichem Grunde erwachsenden Widerspruchsprozesses, als Geschichte, ermöglicht des Dichters geschichtliches Wirken als „Wecken", als Vermittlung dieses Ganzen an diejenigen, die das konkrete Leben praktizieren. Diese seine Bestimmung erfährt Hyperion über die gelebte Tragödie der geschichtlichen Kämpfe. Als Dichter ist er nicht Täter, aber er weckt, erinnert und singt die Tat.

Dennoch ist das Grundthema des „Hyperion" und seine politische Konsequenz das Scheitern der Tat, der bestimmten Revolution, in Analogie zur Französischen Revolution, gemessen an den Idealen ihres Aufbruchs, an den Erwartungen ihrer Enthusiasten und analog gedachter Möglichkeiten und Pläne für Deutschland. Und doch bleibt der äußerste Schmerz des Widerspruchs zwischen dem bestehenden, der menschlichen Natur wie der Natur als Ganzem entfremdeten Zustand – und der Natur, die ist und im Ideale lebt. Das Ideal, als unmittelbares Programm der anstürmenden Tat genommen, zerschellt an der Wirklichkeit. Und doch ist der letzte Gedanke ein Naturhymnus, der die Natur als Einheit der Gegensätze, als Harmonie in allen Dissonanzen, als Totalität ewigen, glühenden Lebens feiert.

Der Schluß lautet: „So dacht ich." Er lautet nicht: So denke ich. Der Leser ist auf sich gestellt. Ihm präsentiert der Roman sich nicht in einzelnen Thesen, sondern als Ganzes. Das Werk ist die Botschaft. Im Erzählen gewinnt der Eremit in Grie-

chenland sich neu, reicht die Fackel weiter an den Deutschen
Bellarmin – darin liegt ein versteckter Hinweis auf die größere Revolution der Gesinnungen, die im stillen reift –, und
die Kritik an den Deutschen zeigt, was überwunden werden
muß. Hyperion spricht darin – und es ist das poetische Ich,
das erzählende und das erzählte – „für alle, die in diesem
Lande sind und leiden, wie ich dort gelitten" (II, 265). Sein
Dichtersein ist, das da tief leidet. Der Deutschen Barbarei,
Zerrissenheit, Unnatürlichkeit, Blindheit und Feindschaft
gegen das Schöne, gegen den Genius in den Künstlern, somit
gegen die göttliche Natur ist Negation genau dessen, wofür
der Dichter steht. Denn „wo ein Volk das Schöne liebt, wo es
den Genius in seinen Künstlern ehrt, da weht, wie Lebens-
luft, ein allgemeiner Geist, da öffnet sich der scheue Sinn, der
Eigendünkel schmilzt, und fromm und groß sind alle Herzen
und Helden gebiert die Begeisterung. Die Heimat aller Menschen ist bei solchem Volk und gerne mag der Fremde sich verweilen." (II, 264 f.)

Entscheidend ist hier die Bestimmung des „allgemeinen
Geistes" als Alternative zum egoistischen und isolierenden
Eigendünkel. „Wo aber so beleidigt wird die göttliche Natur
und ihre Künstler, ach! da ist des Lebens beste Lust hinweg,
und jeder andre Stern ist besser, denn die Erde. Wüster immer,
öder werden da die Menschen, die doch alle schöngeboren
sind; der Knechtsinn wächst, mit ihm der grobe Mut, der
Rausch wächst mit den Sorgen, und mit der Üppigkeit der
Hunger und die Nahrungsangst; zum Fluche wird der Segen
jedes Jahrs und alle Götter fliehn." (II, 265)

Hölderlin zeichnet da keine Sozialordnung, analysiert keine
Klassen- und Herrschaftsverhältnisse. Die kleinbürgerlich-
dumpfe Prosa des städtischen Lebens scheint auf. Er spricht
gegen die „allberechnenden Barbaren", gegen deren „gottver-
laßne Unnatur", er versammelt alle Vorwürfe darin, daß sie
die „Wurzel des Gedeihns, die göttliche Natur nicht achten,
daß bei ihnen eigentlich das Leben schal und sorgenschwer und
übervoll von kalter stummer Zwietracht ist, weil sie den Genius
verschmähn, der Kraft und Adel in ein menschlich Tun, und

Heiterkeit ins Leiden und Lieb und Brüderschaft den Städten und den Häusern bringt" (II, 264). Daher seien die Deutschen Handwerker, Priester, Denker, Herren und Knechte – aber keine Menschen. Hyperion expliziert, was Diotima ihm schrieb: „Ihr Joch ist ihre Welt geworden; Besseres, als ihren Knechtsdienst, kennen sie nicht ..." (II, 255)

Die Alternative ist die „Natur", ist der Dichter, der deren Botschaft bringt, die doch der Menschen eigene ist, da sie „schöngeboren", und er spricht den Gemeingeist, die Brüderlichkeit aus, er – der „Genius". Was in Natur politisch verschlüsselt, ist des Genius Botschaft. Es ist die Botschaft des Romans selbst. Der Änderungswille resigniert als Handlungsprogramm und bewahrt den Handlungsinhalt in der Hoffnung, im Vertrauen auf die „Natur". Eine Vermittlung zwischen dem, was „die Deutschen" sind, und dem, was kommen soll, ist unsichtbar, nur der Roman, der für die wenigen der Revolution der Gesinnung, für das Ideal, in dem Natur sich bewahrt, steht, bezeugt sich selbst.

Daher gewinnt der abstrakte Gedanke über die subjektive erinnerte Reflexion die Intensität gelebten und erlebten Lebens, die Unmittelbarkeit des innerlich Wirklichen unter Abstraktion von der äußeren Wirklichkeit. Das Sichselbstfinden des Dichters Hyperion-Hölderlin ist gelebte Praxis in der praktischen Ohnmacht. Auch in dieser Abstraktion siegt die Wirklichkeit: die künstlerische Gewalt des „Hyperion" liegt nicht in seinen Theorien, nicht in der blassen Handlungsdarstellung, sondern im Ausdruck des Widerspruchs zwischen ersehnter, gesuchter Idealität und der Realität als Schmerz, Verzweiflung, Einsamkeit. Die glühende Lebensbejahung aber ist der Traum einer Versöhnung, die nicht statthat, Selbstvergewisserung einer Perspektive, deren Vermittlung sich der Darstellung entzieht, somit Ausdruck einer subjektiven Haltung, die am Wirklichen nicht festzumachen vermag. Daher die Dominanz, die das Ausdruckshafte gegenüber dem positiv Weltanschaulichen und allgemein Ausgesprochenen gewinnt, die eigentümlich lyrisch-rhetorische Struktur, die dennoch in sich gebrochen ist, da auch das Rhetorische vom Lyrischen widerlegt wird; daher das Allegorische in der Inkommensurabilität des Stofflichen im Verhältnis zum philosophisch Intendierten wie beider zum Expressiven. Die suggestive Leuchtkraft eines Tagtraumes, der über die vorgestellte heroische Tat und deren Scheitern das Ertragen der eigenen Ohnmacht sich erarbeitet und daraus die Kraft des Widerstandes als produktive Haltung gewinnt, liegt über dem Roman, in der Gefühlsintensität des Jünglings, der zum Manne werden will; auch dies ein unterschwelliges Sehnsuchtsziel, das Hölderlin zugleich als Gegenstand des Romans faßt: „Der große Übergang aus der Jugend in das Wesen des Mannes, vom Affekte zur Vernunft, aus dem Reiche der Phantasie ins Reich der Wahrheit und Freiheit . . ." (IV, 159) Dieser „Gegenstand" ist nicht außer ihm, er ist es selbst, das Individualgeschehen integriert das Epochenverhältnis, jenes impliziert dieses, und der „Hyperion" ist dessen aktive, gestaltende „Vergegenständlichung". Was Hyperion als „Symphonie des Weltlaufs" beruft, gewinnt seine Sinnfälligkeit in einer sprachlichen Gestalt, die – wie Hölderlin an Schiller rühmte – „das Beste aus dem Gedankenreiche und dem Gebiete der Empfindung und Phantasie so in *eines* verschmolzen" (IV, 135) Klang werden läßt. Kein Zufall ist's, daß die Dialektik der heraklitisch-empedokleisch gesehenen Welt in musikalischen Begriffen ausgesprochen und daß dieser Hoffnungsgedanke in seiner Abstraktheit Hölderlin nicht realistisch, sondern nur musikalisch faßbar, dadurch sinnlich gewordene Utopie wird: „Wie der Zwist der Liebenden, sind die Dissonanzen der Welt." (II, 268) Dies erscheint als ein variiertes Zitat des Württemberger Pfarrers, mystischen Naturphilosophen und Pietisten Johann Ludwig Fricker, das Hölderlin der „Musikalischen Real-Zeitung für das Jahr 1789" entnehmen konnte: „Die Schönheit besteht eigentlich nur in der Auflösung der Dissonanz in die Konsonanz . . . Ein Bild . . ., wie sich endlich alle Dissonanzen der Welt in eine ewige Harmonie auflösen werden."[19]

Aber auch der „Ardinghello" Heinses mochte da ein Modell gegeben haben: „Liebe und Krieg ist ewig auf den Grenzen verschiedner Natur; jene nennen wir Ordnung, Leben, Schön-

heit, und wie die Namen alle lauten. Wie Kinder scheuen wir
Tod und Vergehen ... Die Natur hat sich aus eignen Grundtrieben dies Spiel von Werden und Auflösen so zubereitet, um
immer in neuen Gefühlen selig fortzuschweben; und unser
Beruf ist, dies zu erkennen und glückselig zu sein. Pythagoras
hatte recht: die Welt ist eine Musik! Wo die Gewalt der Kon-
sonanzen und Dissonanzen am verflochtensten ist, da ist ihr
höchstes Leben; und der Trost aller Unglücklichen muß sein,
daß keine Dissonanz in der Natur kann liegenbleiben."[20] Hölderlin hatte Heinse Juli/August 1796 in Kassel kennengelernt.
„Auch HE. Heinse, der berühmte Verfasser des ‚Ardinghello‘,
lebt mit uns hier. Es ist wirklich ein durch und durch trefflicher
Mensch." (6. August 1796 an den Bruder – IV, 243 f.)

Diese weit auseinander liegenden Zitate belegen, wie – in
heterogenen Zusammenhängen und Traditionen – das weltanschaulich-philosophische Denken daran arbeitete, zu einem
zunächst noch sehr alltags- und erfahrungsnahen halbpoetischen
dialektischen Verständnis der Natur und Welt zu gelangen,
das sich aus Traditionen der antiken Philosophie bestätigte.
Von beiden unterscheidet sich Hölderlins Naturhymnus durch
den Gedanken der Harmonie in den Dissonanzen und die ver-
schlüsselte politische Strukturierung der Natur.

Die universale Positivität – „ewiges, glühendes Leben ist
alles" (II, 268) – konnte nicht Hölderlins letztes Wort bleiben.
Der hymnische Gesang beantwortete nicht die Fragen des prosaisch Erzählten, das erzählende Subjekt deckte sich nicht mit
dem singenden. In der Zeit, da Hölderlin am zweiten Teil des
„Hyperion" arbeitete, vollzog er mit der Überwindung des
Rhetorischen in der Lyrik auch die Trennung der Elemente
der poetischen Prosa. Die Wendung zum reinen lyrischen Gesang wurde in der Sprachkonzentration und dem Lakonismus
der Kurzoden erreicht.

Die exzentrische Bahn
Die erste „Hyperion"-Fassung
(„Thalia"-Fragment)

Im „Hyperion" vermag Hölderlin nicht das Problem zu lösen, wie die Natur als unendliche prozessuale Einheit der wirklichen politisch-geschichtlichen Praxis zu vermitteln sei. Der zweite Teil nimmt – ungleich bewußter als der erste – die „Dissonanzen" in der Natur auf, aber die unendliche, in den Dissonanzen sich herstellende Harmonie des Ganzen steht unvermittelt neben der schlechten Endlichkeit des „Menschenwerks". Dennoch ist diese Natur im Menschen, sie ist, wenn auch gefangen und verschüttet, seine Anlage und Potenz und vermag in Diotima aufzuscheinen; dennoch ist sie Substanz und Gegenstand des Dichters als ihres „Priesters". Der Widerspruch zwischen dem unendlich Einen, das bejaht, und dem Negativen der Wirklichkeit, das verneint bzw. als wirkliche Negativität erfahren wird, drängt auf eine dialektische Lösung: den Prozeß des Seins der Natur als Widerspruch selbst zu denken, in ihn das Negative konsequenter einzubeziehen und dieses universale prozessuale Sein als geschichtlich und tragisch zu begreifen. Das ist nicht die Natur als Objekt naturwissenschaftlicher Erkenntnis, nicht Natur als objektiver Kosmos, sondern Natur in bezug auf den Menschen, genauer: die menschliche Gattungsgeschichte in ihrem objektiven Naturzusammenhange als intendierter Gegenstand in poetischer Spiegelung.

Dies wird Ansatzpunkt für Hölderlins entscheidende gedanklich-theoretische Leistung, durch die er eine wesentliche Rolle bei der Herausbildung der Dialektik als bewußter Methode spielt: für die Vereinigung von Geschichtsdialektik und Ästhetik. Der Kern liegt in seiner Bestimmung der dialektischen Struktur des „Lebens" wie der poetischen Leistung als dessen Reproduktion – die wichtigste Bestimmung in der Ortung der Dichtung im historischen Umbruchs- und Revolutionsprozeß.

Daß dies an eine äußerste Grenze des im Rahmen des pantheistischen Monismus Denkbaren führt, ist durch dessen Form noch verhüllt. Die Vergöttlichung von Mensch und Welt, die Befreiung von religiöser Transzendenz in noch religiös abhängiger Form impliziert einen Monismus, der vom Auseinandertreten von objektiver Dialektik der Natur und der „Welt in bezug auf den Menschen" gesprengt wird. Hölderlin läßt den Übergang schon inhaltlich spürbar werden innerhalb der poetischen Spiegelung der geschichtlichen Welt des Menschen, der Gattungsgeschichte in ihren inneren und äußeren Beziehungen, ohne zur systematisch-theoretischen Konsequenz kommen zu können. Hegel vermeidet diese Konsequenz durch seinen absoluten Idealismus. Wiewohl Hölderlin Natur absolut setzt als Allzusammenhang und er in der Zeit glücklichen Gleichgewichts seiner Kräfte Kunst und Natur als „harmonischentgegengesetzt" denkt, die Kunst als Blüte und Vollendung der Natur, spricht er in den „Anmerkungen zur Antigone" 1803 doch vom „ewig menschenfeindlichen Naturgang" (III, 454). Auch hier geht es nicht um die Natur der Naturwissenschaft, sondern um poetisch-weltanschauliche Objektivierung und Verallgemeinerung des menschlich Erfahrenen – vor allem auch der Erfahrung, die er gegen seine inneren zerstörenden Gewalten gewinnt. Das selige „Einssein mit allem" kehrt seine Individualität und Bewußtheit auflösende Seite hervor, und poetisch-mythisch benennt er Zeus dagegen als Gott des menschlichen Maßes und der Ordnung.

Blicken wir zurück: Einen Ansatz für ein dialektisches Entwicklungskonzept findet Hölderlin im Entwurf der „exzentrischen Bahn", der – als philosophisches Modell – seinen „Hyperion" von frühen Stadien an begleitet. Exzentrische Bahn bezeichnet ihm eine Grundgesetzlichkeit des individuellen Lebens, zunehmend der Völker und der Menschheit. Erinnert sei an Hyperions geschichtsphilosophische Rede vom Wege, der vom Pflanzenglück der Völker über die Gärung zu künftiger Wiedergeburt führe. Der erste Entwurf im „Thalia"-Fragment von 1794 setzt allein auf die menschlichen Kräfte; das Vorwort der vorletzten Fassung – 1795 in Nürtingen verfaßt – bindet diese in die Natur, das Hen kai pan als Grund und Ziel ein.

Die Vorrede zum „Fragment von Hyperion" legt dar: „Es gibt zwei Ideale unseres Daseins: einen Zustand der höchsten Einfalt, wo unsre Bedürfnisse mit sich selbst, und mit unsern Kräften, und mit allem, womit wir in Verbindung stehen, durch die bloße Organisation der Natur, ohne unser Zutun, gegenseitig zusammenstimmen, und einen Zustand der höchsten Bildung, wo dasselbe stattfinden würde bei unendlich vervielfältigten und verstärkten Bedürfnissen und Kräften, durch die Organisation, die wir uns selbst zu geben imstande sind. Die exzentrische Bahn, die der Mensch, im allgemeinen und im einzelnen, von einem Punkte (der mehr oder weniger reinen Einfalt) zum andern (der mehr oder weniger vollendeten Bildung) durchläuft, scheint sich, nach ihren wesentlichen Richtungen, immer gleich zu sein." (II, 7).

Die exzentrische Bahn führt vom Mittelpunkt weg – im Gegensatz zur konzentrischen. Sie enthält die Möglichkeiten äußerster Gefährdung, führt jedoch wieder zurück auf neuer Stufe. Der zweite ideale Zustand gewinnt die anfängliche Harmonie wieder durch bewußte Selbsttätigkeit der unendlich erweiterten und entwickelten Kräfte.

Die exzentrische Bahn gilt für die Individuen wie für die Völker bzw. die Menschheit „im allgemeinen und im einzelnen". Sie entspräche als Fortschrittsmodell einer Spiralbahn. Weder der vergangene harmonische Anfangszustand noch das unerreichte Ende, sondern das Zwischenstadium der „Gärung" und Disharmonie, in dem die Bedürfnisse den Kräften und „allem, womit wir in Verbindung stehen", widersprechen, ist Ausgangspunkt dieses Entwurfs: als Perspektive der Versöhnung der Antagonismen. Eindeutig ist die Zukunftsorientierung: allein die Organisation, die wir mit den neu entwickelten Kräften uns selbst geben, und keine Rückkehr zur Vergangenheit gibt dem Zwischenstadium eine Perspektive und läßt die schmerzenden Disharmonien überwindbar erscheinen.

Das „Fragment von Hyperion" kreist um die innere Wende Hyperions, sein Sich-selbst-Finden. Der Akzent ist jedoch anders gesetzt als in der theoretischen Abbreviatur des Vorworts. Hyperion stellt in erinnernden Briefen sein Werden dar. Er scheint anders konzipiert als der Held der letzten Fassung. Nicht ein gescheiterter Aufstand ist der Ausgangspunkt, sondern eine vergebliche Suche nach „Wahrheit", mit dem unbedingten Maßstab: „Was mir nicht *alles*, und ewig *alles* ist, ist mir *nichts*." Doch dies leitet sofort über zu: „Mein Bellarmin! wo finden wir das Eine, das uns Ruhe gibt, Ruhe? Wo tönt sie uns einmal wieder, die Melodie unsers Herzens in den seligen Tagen der Kindheit?" (II, 8) In unruhiger Jugendwirrnis, charakterisiert durch den Wechsel zwischen dem vorwiegenden Gefühl der Nichtigkeit und Lebensleere und kurzen Aufschwüngen zu flammender Begeisterung, erfährt Hyperion die Liebe zu Melite, einem Vorentwurf Diotimas: „wie eine Priesterin der Liebe stand sie da vor mir". Als „Augenblick der Befreiung" (II, 11) erlebt er diese Begegnung mit einem Wesen, das ätherisch verklärte, ideale Traumfigur ist, Gemälde der Sehnsucht, sich hinzugeben, abstrahiert von aller Sinnlichkeit. Hyperion gerät in tiefere Widersprüche, verzehrt sich in bis zum Wahnsinn treibender Sehnsucht und beugt sich schließlich ihrem „Du mußt anders werden" (II, 20).

Mittelpunkt des Fragments ist der Bericht über Besuch und Feier am Grabe Homers. Diese Feier transformiert die pietistische Zirkeltradition, sie vereint, vergemeinschaftet, ergreift, ekstatisiert – „mit majestätischem Jubel brach die Musik nach kurzen Dissonanzen hervor. Wir sangen heilige Gesänge von dem, was besteht, was fortlebt unter tausend veränderten Gestalten, was war und ist und sein wird, von der Unzertrennlichkeit der Geister, und wie sie *eines* sei'n . . ., und aller Augen gingen über vom Gefühle dieser Verwandtschaft und Unsterblichkeit." Diese Totenfeier vermittelt die Gewißheit der Wiedergeburt: „Ich war ganz ein andrer geworden." (II, 25)

In Begeisterung spricht Hyperion die allgemeinste Gewißheit künftiger Wiedergeburt aus – als geschichtlich-natürlichen Gang. Die Gespräche „vom vergangnen und künftigen Grie-

chenlande", die nur benannt, nicht dargestellt werden, deuten
die Richtung an, in der das individuelle Suchen seinen Inhalt
finden kann. Diese Gewißheit ist nicht praktiziertes Leben.
Melites Verschwinden stürzt Hyperion wieder in tiefste Verzweiflung, aus der er sich nun – ihrer einstigen Mahnung gemäß – aus eigener Kraft ermannt, auf Reisen geht, das „Wahre"
sucht, ohne es zu finden. Die Rückkehr, von der das Fragment
ausgeht, verweist auf den Ort möglichen künftigen Anderswerdens. „Wir sind nichts; was wir suchen, ist alles." Doch das
Gesuchte bleibt noch in Dämmerung: „Noch ahnd ich, ohne
zu finden" (II, 29), dennoch eine Vorabendstimmung: „Es muß
heraus, das große Geheimnis, das mir das Leben gibt oder den
Tod." (II, 30)

Ausgangspunkt ist Hyperions Sehnsucht nach Gemeinschaft,
nach Vereinigung: „Ach! einst sucht ich sie in Verbrüderung
mit Menschen. Es war mir, als sollte die Armut unsers Wesens
Reichtum werden, wenn nur ein Paar solcher Armen *ein* Herz,
ein unzertrennbares Leben würden, als bestände der ganze
Schmerz unsers Daseins nur in der Trennung von dem, was
zusammengehörte." (II, 8) „Ach! der Gott in uns ist immer
einsam und arm. Wo findet er alle seine Verwandten? Die
einst da waren, und da sein werden? Wenn kömmt das große
Wiedersehen der Geister? Denn einmal waren wir doch, wie
ich glaube, alle beisammen." (II, 12)

Das letzte Wandlungserlebnis, von dem her er seine Verzweiflung zu beherrschen vermag, verweist – vage gewiß – auf
die Natur, die hier als Echo des Menschlichen erscheint: „Aus
dem Innern des Hains schien es mich zu mahnen, aus den Tiefen der Erde und des Meers mir zuzurufen, warum liebst du
nicht *mich*?" (II, 29)

Das Fragment zeigt auch nur ein Fragment jener Bahn, die
auf der Feier am Grabe Homers Adamas, hier ein reiferer
Freund, vorzeichnet: „So müssen . . . die Ahndungen der Kindheit dahin, um als Wahrheit wieder aufzustehen im Geiste des
Mannes. So verblühen die schönen jugendlichen Myrten der
Vorwelt, die Dichtungen Homers und seiner Zeiten, die Pro-
phezeiungen und Offenbarungen, aber der Keim, der in ihnen

lag, gehet als reife Frucht hervor im Herbste. Die Einfalt und Unschuld der ersten Zeit erstirbt, daß sie wiederkehre in der vollendeten Bildung, und der heilige Friede des Paradieses gehet unter, daß, was nur Gabe der Natur war, wiederaufblühe, als errungnes Eigentum der Menschheit." (II, 25 f.)

Diese Worte folgen dem Begeisterungsausbruch Hyperions: „Laßt vergehen, was vergeht . . ., es vergeht, um wiederzukehren, es altert, um sich zu verjüngen, es trennt sich, um sich inniger zu vereinigen, es stirbt, um lebendiger zu leben." (II, 25)

Verjüngung könnte Hyperion nur gewinnen, wenn er findet, was er zu tun hat, wenn er Zielgewißheit und Übergang zum Handeln erlangt. Bislang kreist er in seiner Innerlichkeit. Verjüngung kann Griechenland nur finden in einem Aufstand gegen die Fremdherrschaft. Und dieser erst könnte Hyperion – zunächst mindestens – ein Ziel ergreifen lassen.

Das aber zeigt, daß der Weg von der Einfalt zur Bildung, wie ihn die Vorrede als Weg menschlicher Selbsttätigkeit theoretisch zeichnet, im erzählenden Fragment inhaltlich schon überholt wird. Diese Selbsttätigkeit wird in weitere Zusammenhänge eingebunden, zumindest andeutungsweise. Das theoretische Schema der Vorrede deckt nicht die Dynamik von Vergehen und Wiederkehr, Altern und Verjüngung, Trennung und Vereinigung. Die Feier am Grabe Homers bringt – bei allem Sentimentalismus, aller Inszeniertheit ästhetisch organisierter Gefühlsbewegung – in Hyperions Ausbruch den Entwurf eines andren Lebensmodells, das in der organischen Natur sein Vorbild findet. Er entwirft einen naturalen Geschichtsrhythmus, der im „um – zu" eine immanente Teleologie artikuliert: einen Hymnus auf das sich erneuernde Leben. Die auf Selbsttätigkeit orientierte Vorrede deckt nicht ab, was in Hyperions Vereinigungssehnsucht, in seiner Liebeserfahrung, im „Gott in uns" und im Verjüngungsgedanken angelegt ist.

Hölderlin steckt mitten in der Gärung seiner weltanschaulichen Gesamtkonzeption. Der Griechenlandtraum, der auf Verjüngung drängt und die eigene, die deutsche Zukunft

suchend meint, begegnet dem Stoßseufzer auch nur geträumter
resignierter beruhigter Einsicht: „Tief unter uns rauscht dann
der Strom der Vergänglichkeit mit den Trümmern, die er
wälzt, und wir seufzen nicht mehr, als wenn das Jammern derer,
die er hinunterschlingt, in die stillen Höhen des Wahren und
Ewigen heraufdringt." (II, 26) Doch ist das aus dem „Heilig-
tum der Wahrheit" gesprochen, dem ersehnten? Ein Dualismus
von ewigem Ideenreiche und quälender Vergänglichkeit? „Wohl
dem, Bellarmin! wohl dem, der sie überstanden hat, diese
Feuerprobe des Herzens, der es verstehen gelernt hat, das
Seufzen der Kreatur, das Gefühl des verlornen Paradieses. Je
höher sich die Natur erhebt über das Tierische, desto größer
die Gefahr, zu verschmachten im Lande der Vergänglichkeit!"
(II, 9) Aber das Kindheitsparadies ist vergänglich, und Wiedergeburt ist nur, weil Vergänglichkeit ist. Wie ist dann Natur
im Vergänglichen wie Unvergänglichen zu denken, die doch
identisch bleibt in und durch Metamorphosen? Das Gefühl des
verlorenen Paradieses aber ist vom Konzept der exzentrischen
Bahn gekontert, was nicht gegen die Realität des Gefühls
spricht, wohl aber gegen seinen inhaltlichen Anspruch.

Im gleichen „Thalia"-Hefte veröffentlichte Hölderlin das
„Schicksal". Es ist eine Hymne heroischer Schicksalsbejahung:

> Es kann die Lust der goldnen Ernte
> Im Sonnenbrande nur gedeihn;
> Und nur in seinem Blute lernte
> Der Kämpfer, frei und stolz zu sein;
> Triumph! Die Paradiese schwanden,
> Wie Flammen aus der Wolke Schoß,
> Wie Sonnen aus dem Chaos wanden
> Aus Stürmen sich Heroen los.

> Der Not ist jede Lust entsprossen,
> Und unter Schmerzen nur gedeiht
> Das Liebste, was mein Herz genossen,
> Der holde Reiz der Menschlichkeit;
> . . .

. . .

> Wohl ist Arkadien entflohen;
> Des Lebens beßre Frucht gedeiht
> Durch sie, die Mutter der Heroen,
> Die eherne Notwendigkeit. – (I, 269–271)

Im furiosen Aufschwung steigert sich die Hymne zum Bekenntnis und Selbstgelöbnis des heroischen Opfers; was es als notwendige Bedingung des subjektiven Reifens akzeptiert, beflü-
gelt einen sich ins Unendliche verschwendenden Gestus:

> Es reife von des Mittags Flamme,
> Es reife nun vom Kampf und Schmerz
> Die Blüt am grenzenlosen Stamme,
> Wie Sprosse Gottes, dieses Herz!
> . . .
>
> Im heiligsten der Stürme falle
> Zusammen meine Kerkerwand,
> Und herrlicher und freier walle
> Mein Geist ins unbekannte Land!
> Hier blutet oft der Adler Schwinge;
> Auch drüben warte Kampf und Schmerz!
> Bis an der Sonnen letzte ringe,
> Genährt vom Siege, dieses Herz. (I, 271)

Der Verlust des Paradieses ist Bedingung der Menschlichkeit.
Wohl wird fürs jugendliche Elysium gedankt, doch des Mittags
Flamme erst läßt zum Manne reifen, der heroisch-herakleische
Kampf wird als Aufgabe leidenschaftlich bejahend angenom-
men, er erst, den die eherne Notwendigkeit erzwingt, führt zu
ekstatischer Lebenssteigerung –

> Beflügelt von dem Sturm, erschwinge
> Mein Geist des Lebens höchste Lust . . . (I, 271)

Kampf ist Befreiung, Opfer unendlicher Sieg, das Schicksal,
die Meisterin Not schlechthin bejaht im überströmenden, ja er-

hitzten Gefühl. Von der Darstellung geht die Hymne über
zum Bekenntnis, zur hinreißend-hingerissenen Antizipation
einer Erfüllung, die gesucht und ersehnt wird. Und ersehnt wird
zugleich die Not als geschichtliche Notwendigkeit:

> Mit ihrem heil'gen Wetterschlage,
> Mit Unerbittlichkeit vollbringt
> Die Not an *einem* großen Tage,
> Was kaum Jahrhunderten gelingt . . . (I, 270)

Die Not ist nicht nur Bedingung des Heroentums und damit
der Steigerung des Menschlichen, sie ist eigentlicher Akteur.
Der ersehnte Aufbruch zu Befreiung und Erfüllung schlägt um
in Bejahen seiner Bedingung, in Bejahen dessen, wogegen der
Kampf geführt werden muß – sein Wofür bleibt ungenannt.
Eine Andeutung mag die Nennung der Dioskuren bieten.

Die Not, die hier berufen wird, ist gerade nicht die Not,
unter der Hölderlin leidet, nicht der bewegungslose, erstik-
kende, in tausend Abhängigkeiten die Kerkerwand webende
Zustand. Die geschichtliche Notwendigkeit, die Heroen gebiert, wird als erlösende Gewalt berufen, der heroische Aufschwung ist Befreiung, Sinngebung und Erfüllung für „meinen
Geist" und läßt ihn im Siegesrausche seinen Wert gewinnen.
Eine eigentümliche Umkehrung findet also statt: Befreiung zu
wirklicher Selbsttätigkeit erfolgt aus dem Zwang durch die
übermächtige Not; nicht das Umgestaltende, sondern das subjektiv Erfüllende, genauer, die Antizipation solcher Erfüllung,
gibt der Hymne Gefühlsinhalt und Schwung. Von hier aus wird
dem gegenwärtigen quälenden Zustand, der zum Ausschnitt
aus dem Reich der Not wird, Sinn und Perspektive abgewinn-
bar. Doch nicht zu übersehen ist, daß dem Heroentrotz das
Produktive der prometheischen Rebellion abgeht. Gründet
diese in der Selbstgewißheit der eigenen Produktivität, so ist
jener auf die Sinngebung durch die eherne Notwendigkeit angewiesen.

Das Gefühl des verlorenen Paradieses ist stark, zeitweise
übermächtig, für Hyperion – und Hölderlin. Es vermittelt ein

universales Fremdheitsverhältnis gegenüber Umwelt, Zeit und
eigenem Dasein. Das Konzept der exzentrischen Bahn ist ein
theoretischer Gegenentwurf, ein aktives Weltverhältnis zu finden. Das „Hyperion"-Fragment sucht dies Verhältnis konkreter zu gewinnen und zu bestimmen, sosehr es im Allgemeinen
bleibt. Seine poetische Kraft lebt im Ausdruck der Sehnsucht,
diesen Weg zu finden. Offen bleibt, wie die exzentrische Bahn,
der gemäß der Mensch Täter seiner Geschichte, Produzent seiner Vollendung sei, gedanklich mit dem Konzept der Natur zu
vereinen sei.

Harmonie und heroisches Streben
Frühe Hymnen

Betrachten wir die Hymne „Das Schicksal" im Zusammenhang der ihr vorhergehenden Hymnen zwischen 1791 und 1794, so stellt sie zweifellos den Höhepunkt dar, freilich keinen Abschluß, vielmehr als konsequenteste Gestalt der heroischen Tendenz. Denn von der „Hymne an die Göttin der Harmonie" bis zur Hymne „Das Schicksal" zeichnen sich in der Richtung des Gefühls und des in diesem sich äußernden Verhaltens zwei Extreme ab: der begeisterte Aufschwung zu alleinender und menschheitsverbrüdernder Harmonie als Vereinigung von Mensch und Natur – und der Aufschwung zu heroischem Tun bis hin zum Opfer in sich steigernder unendlicher Lebensbewegung. Hölderlins Dichtweise demonstriert noch eine Geistesbildung, die Leben erst sucht: Gegenstand sind allgemeine Begriffe, die als Götter, als objektive Mächte besungen werden, wiederum recht vage und unbestimmt. Wirklichkeit erscheint als deren Mangel und der hymnische Aufschwung als phantastische Beschwörung seiner Überwindung. Das dreistufige Geschichtsmodell ergibt sich aus der vorausgesetzten anfänglichen Identität, Trennung und späterer Überwindung der Trennung. Die Weltsicht trägt den Stempel der Stiftserziehung. Die Weihe ergibt sich aus der Hingabe an das Göttliche, Reine, das als selbständige Sphäre über der kaum zur Kenntnis genommenen, nur am Mangel des Idealen bewerteten konkreten Wirklichkeit als existent behauptet wird: eine platonisierende Hypostasierung idealer Begrifflichkeit; das Gelesene, Imaginierte verdeckt noch das Erfahrene, und der griechischen Traumwelt als dem ideal Eignen im Bewußtsein ihres Gestorbenseins steht die eigene Wirklichkeit, aber als Fremde, gegenüber.

Ein dreistufiges Geschichtsbild tritt uns zuerst in der ersten
„Hymne an die Freiheit" (I, 227–230), die 1792 publiziert
wurde, entgegen. In der Göttin Selbstdarstellung wird das Gesetz als Ordnung- und Sinngeber der Phase der verlorenen
Harmonie bestimmt, die in idyllischer Verklärung aufscheint:

> Als die Liebe noch im Schäferkleide
> Mit der Unschuld unter Blumen ging,
> Und der Erdensohn in Ruh und Freude
> Der Natur am Mutterbusen hing . . .

Ein geträllertes Arkadien der Idyllendichtung, zwischen Abstraktion und schiefem Bilde. Doch dann wird frevelhaftem
Übermut das Gesetz entgegengesetzt:

> Vor dem Geist in schwarzen Ungewittern,
> Vor dem Racheschwerte des Gerichts
> Lernte so der blinde Sklave zittern,
> Frönt' und starb im Schrecken seines Nichts.

Die Göttin aber entfloh mit der Unschuld und der Liebe in
die Himmel, doch – folgen wir ihrer Ansprache:

> Kehret nun zu Lieb und Treue wieder –
> Ach! es zieht zu langentbehrter Lust
> Unbezwinglich mich die Liebe nieder –
> Kinder! kehret an die Mutterbrust!

Hier freilich ist nicht mehr einzusehen, inwiefern diese Hymne
an die Freiheit gerichtet ist. Das ist die Interpretation derer,
die ihre Botschaft empfangen. Verkündet die Göttin:

> Liebe hat den langen Zwist geschlichtet,
> Herrschet wieder! Herrscher der Natur!

so gewinnt dies erst in der Antwort eine revolutionäre Bedeutung als Wandel in der irdischen Welt: „Schon beginnt die

neue Schöpfungsstunde", und „in königlicher Ferne" erstrahlt das freie kommende Jahrhundert, freilich erscheint auch dies allein moralisch-politisch konturiert. Hölderlin singt Menschheitsverbrüderung – und grenzt sorgfältig die versöhnende und vereinigende Liebe von der Sinnlichkeit ab:

> Froh verhöhnt das königliche Leben
> Deine Taumel, niedre feige Lust!

Dieser ausschließende Gestus bewahrt die Liebesidealität des Sentimentalismus im moralischen Dualismus; nicht die sinnliche Natur, das Bild der idealen Natur ist gemeint; hier schlägt die christlich-pietistische Tradition durch. Wie der geträumte Citoyen den Bourgeois, so verdrängt die moralische Person das körperliche Individuum, und das eigentliche Leben bewegt sich in der Identifikationssphäre des politisch-moralisch Allgemeinen, so in der revolutionären Konsequenz und heroischen Geste dieser Freiheitshymne:

> Dann am süßen heißerrungnen Ziele,
> Wenn der Ernte großer Tag beginnt,
> Wenn verödet die Tyrannenstühle,
> Die Tyrannenknechte Moder sind,
> Wenn im Heldenbunde meiner Brüder
> Deutsches Blut und deutsche Liebe glüht,
> Dann, o Himmelstochter! sing ich wieder,
> Singe sterbend dir das letzte Lied.

Das überschwengliche Gefühl, das berauscht im Selbstopfer den höchsten Ausdruck der Hingabe findet, verrät die fiebrige Sehnsucht einer jugendlichen Begeisterung, die das Leben erst träumt. „. . . ich hoff und harre des Tages, / Wo in erfreuende Tat sich Scham und Kummer verwandelt" (I, 233), endet „Kanton Schweiz".

Kantischer klingt die zweite „Hymne an die Freiheit", ein Jahr später, und ist dennoch ganz unkantisch. So spricht hier die Göttin:

> Doch es winkte der Vernichtungsstunde
> Zügelloser Elemente Streit;
> Da berief zu brüderlichem Bunde
> Mein Gesetz die Unermeßlichkeit. (I, 244)

Dies Gesetz, das zartes Leben, kühnen Mut und bunte Freude nicht töte, ist Naturgesetz, von dem die Menschen abgefallen, im Ganzen unaufhebbar und objektiv: „Hemmt Tyrannenspruch der Sterne Lauf?" (I, 245), und es siegt in der Perspektive des Aufrufs, welcher der Göttin Klage folgt:

> Wenn ihr Haupt die bleichen Sterne neigen,
> Strahlt Hyperion im Heldenlauf –
> Modert, Knechte! freie Tage steigen
> Lächelnd über euern Gräbern auf. (I, 246)

Und wieder ist das neue Vaterland der letzte Gedanke, eine erneuerte heimatliche Welt: „Und des Vaterlandes Rächer wallen / Im Triumphe nach der bessern Welt." (I, 247) Kontrapunktisch verhält sich zu solcher Erwartung die Trauer von „Griechenland": „Denn mein Herz gehört den Toten an!" (I, 266)

Gedanklicher und poetischer Höhepunkt dieser hymnischen Dichtung ist „Das Schicksal". In dieser Hymne gelingt dem jungen Hölderlin die intensivste Verschmelzung von Ich und Traumrolle, subjektivem Gefühl und mythischer Gestalt, von gedanklicher Klarheit und sprachlichem Gestus. Durchsichtig ist die Bewegung von der philosophisch-poetischen Darstellung des Herakles zur Identifikation: Dem Dank ans Schicksal für die glückliche Jugend folgt in grandiosem Aufschwung das Gelöbnis. Und es ist nicht ein Aufschwung in alleinende Liebe und unendliche Verbrüderung, sondern zu bedingungsloser Bejahung des Schicksals der ehernen Notwendigkeit, damit des Widerstreits als Bedingung, selbst groß und göttlich zu werden, Bedingung auch der Menschlichkeit.

Im Gestus bedingungsloser Selbstbefreiung bis zur Selbstpreisgabe, der unbedingten Lebensbewegung und -steigerung,

deren Eruptivität mitreißt, wird ein Anspruch angemeldet. Es
ist der Anspruch des Dichters. Freilich: der Anspruch nur, nicht
das Wofür, nicht der Inhalt wird Wort – und dadurch freilich
die Negation all dessen, was diesen Ansturm hindert, einengt,
ins Alltägliche zerrt, dem Gewohnten eingemeindet. Das Gedicht bedarf des gleichgestimmten Lesers, gewinnt aus dem
historischen Kommunikationszusammenhang erst die Bedeutung seines bedingungslosen Nein zu dem, was ist. Und erst
hier wird das Brüchige der Worte von der „Tugend" Sieges-
lust und dem asketischen Versprechen kargen Glücks mit positivem Gehalt verbindbar: dem des idealisierten republikanischen Citoyen, freilich in einer Situation, da Handeln nicht ein
Ziel hat, sondern selbst Sehnsuchtsziel ist.

Polar sind die Motive: die gesuchte unendliche Vereinigung
mit dem Ganzen, einem menschheitlichen Wir, das die Universalität der Natur an sich trägt – und das heroische, herakleische
Streben und Kämpfen, das im Bewährungsdruck der Notwendigkeit seine Größe gewinnt – die heroische Tat als Gedan-
kentraum –, und beide haben Bezug auf das zu gewinnende
Vaterland, jenes als dessen Realität, dies als Opfer – beide in
unerträglicher Spannung zu einer Wirklichkeit und einem gelebten Leben, das dem Höhenflug der Innerlichkeit nur momentane Existenz gestattet, das die Vereinigung ebenso verweigert,
wie es den heroischen Anspruch im Alltag leer laufen läßt.

Doch auffällig bleibt, daß die Vermittlung der beiden von
Hölderlin ganz abstrakt nur gefaßten Bestrebungen und Realitätsbeziehungen ausbleibt. Dem heroischen Handeln ist Wirklichkeit Objekt der Veränderung, ein Gegner, an dem es
wächst, Widerstand, der Kräfte weckt. Die liebende Vereinigung aber bedarf des antwortenden Partners. Je radikaler
die heroische Verhaltensweise ausgeprägt wird, desto mehr
trägt sie ihren Wert in sich. Sie hat kein Ziel im historischen
Sinne, das noch in der Hymne „Dem Genius der Kühnheit"
ausgesprochen wird:

  Bis aus der Zeit geheimnisvoller Wiege
  Des Himmels Kind, der ew'ge Friede geht. (I, 262)

Doch dieser Friede ist nicht Resultat schlechthin der Entzweiung, des heroischen Kampfes, er wird nicht oder nicht nur genommen und gewonnen, sondern auch gegeben. Wie in den hypostasierten Begriffen, den Gegenständen der Hymnen, Menschliches zu selbständiger Macht über und jenseits der Menschen stilisiert, von Menschlichem abstrahierte Begriffe (Liebe, Kühnheit, Jugend etc.) zu objektiven Wesenheiten hypostasiert werden, so erscheint auch die große Vereinigung der Menschen hier als gnaden- und wunderhaftes Natur- und Himmelswirken, diese Natur letztlich als Partner, der Utopisches umrißhaft in sich aufgenommen hat. Doch wie ist die Natur, die als eherne Notwendigkeit Heroen bildet, mit der liebenden harmonischen Natur zusammenzudenken?

Die Hymne „Das Schicksal" entstand in einer Phase höchst widerspruchsvoller Lebensstimmungen. Hölderlin träumte mit Schillers Don Carlos und ward von der Verurteilung der Girondisten völlig irritiert; er bekannte: „Wir leben in einer Zeitperiode, wo alles hinarbeitet auf bessere Tage", in der Haltung: „Ich liebe das Geschlecht der kommenden Jahrhunderte. Denn dies ist meine seligste Hoffnung, der Glaube, der mich stark erhält und tätig, unsere Enkel werden besser sein als wir, die Freiheit muß einmal kommen . . ." (IV, 111) Er war selbst im Übergang, trat bald seine Hofmeisterstelle in Waltershausen bei Frau von Kalb an, richtete sich zunächst passabel ein, bis ihm seine erfolglose Tätigkeit zur Qual wurde, studierte Kant, griff nach Schiller, Fichte, suchte sich klarzuwerden – auch und gerade im Schreiben am „Hyperion" – über sich und die Welt angesichts der unvermittelten Widersprüche, die sich ihm im Verhältnis zu sich selbst, seiner Umwelt, zum Weltzustande und -gange im Ganzen auftun. „Friedsames innres Leben ist doch das Höchste, was der Mensch haben kann", schreibt er, dem es fehlt, an Neuffer. Unfähig, sich „im Horizonte des Unmittelbarnützlichen" (IV, 130) einzurichten, ja ihn auch nur hinreichend zu verstehen, ist er seiner selbst ungewiß. „Ich werde nie glücklich sein. Indessen ich muß wollen, und ich will. Ich will zu einem Manne werden. Würdigen Sie mich zuweilen eines aufmerksamen Blicks!" (IV, 133 f.) Der so

schreibt, kann Schiller, dem großen Vorbilde, gegenüber nicht
das Gefühl der Armut und Inferiorität, ja selbst des Sohnes
loswerden und muß sich um der eigenen Produktivität willen
davon befreien. Der Ehrgeiz ist nicht gering. „Ich möchte ins
Allgemeine wirken", verrät Hölderlin seinem Bruder, und er
will es als Dichter in dem hohen Verständnis, das er von dichterischer Aufgabe hat. Darin beschreibt er sich selbst – „aber
doch leben wir nicht so mit ganzer Seele für das Einzelne, wenn
das Allgemeine einmal ein Gegenstand unserer Wünsche und
Bestrebungen geworden ist" (IV, 112).

Was Hölderlin hier ausspricht ist seine Lebens- und Dich-
tungsproblematik. Im Poetischen führt sein Weg vom Allgemeinen zum Konkreten – und er hat ihn noch nicht gefunden.
Der Enthusiasmus des Allgemeinen aber entfremdet von der
wirklichen Welt, aus deren Entfremdung er resultiert, aus
deren Bindungen institutioneller, familiarer Art zu befreien er
ein Versuch ist. Die liebende Vereinigung und Menschenbrü-
derschaft bezieht sich auf ideale, im Gegenwärtigen nur als
Potenzen vorhandene Menschen jenseits der wirklichen und
entfremdet sich zum Universum als Ganzem; das heroische
Streben aber träumt den berauschenden Traum der Tat, welcher die Wirklichkeit wesentlich Material ist. Beide idealisieren die Dialektik von Vereinzelung und Vergesellschaftung
der realen deutschen Gesellschaft ins Imaginäre. Wird in der
Idealwelt Gemeinschaft, Wert, Geist im Allgemeinen aufgehoben, bleibt die Realwelt als das Nur-Einzelne, als das
Schlechte menschlicher Vereinzelung und äußerlicher Bindung,
als Welt beschränkter Egoismen und versteinerter Zufälligkeit
zurück, was durch den christlich-spiritualistischen Gegensatz
von Geist und Fleisch, Reinem und Unreinem verstärkt wird.
In der Befreiung reproduziert sich die Abhängigkeit.

Hölderlin spürt, wenn auch vage, daß in diesem Verhältnis
Poesie als bloße Phantasie zu Zwecken der Kompensation und
Wunscherfüllung fragwürdig wird. Der ihr in der „Hymne an
die Freundschaft" dankt

Für des Trostes Melodien,
Für der Hoffnung Labetrank (I, 250),

spricht in der „Hymne an den Genius der Jugend" doch die Kompensationsfunktion aus:

Mit der Balsamtropfe kühlen
Hoffnungen die Wunde doch,
Süße Täuschungen umspielen
Doch die dürren Pfade noch. (I, 254)

„Das Schicksal" ist ein Versuch, ein Ansatz, ohne Balsam, die Wunde bejahend, die „eherne Notwendigkeit" anzuerkennen, aber er bedarf der heroischen Toga; der Anspruch übertönt, daß mit dürren Pfaden fertig zu werden ist, die Not erlöst sich in der Tugend des heroischen Opfers als höchster Lebenslust des Geistes, das überwältigende Sichverströmen des Heros ist glühender Tag- und Tattraum des Handlungsunfähigen. Noch hat er seine „Rolle" nicht gefunden. Das bejahte, gesuchte „Ganze" mit dem als Schmerz erfahrenen Antagonismus, mit dem Widerstreit von Selbst und Welt, worin Hölderlin den historischen Widerspruch von Individuum und Gesellschaft allgemein reflektiert, als einheitlichen Zusammenhang zu denken wird für sein philosophisch hochreflektiertes Selbst zum dringlichen Bedürfnis. Gerade weil des Selbstgefühls Gewißheit des Unendlichen nicht als süße Täuschung, sondern als aktive Selbstgewißheit gegenüber einer Welt, die ihm nur die Objektrolle gestattet, behauptet werden muß. Hölderlin gewinnt seine weltanschaulich-philosophische Grundposition in der Aneignung von und vor allem der kritischen Auseinandersetzung mit Kants, besonders aber mit Fichtes und Schillers philosophischem Denken.

Notwendigkeit des Antagonismus
und Kindheitsharmonie

Das Konzept der exzentrischen Bahn im Vorwort zum „Thalia"-
Fragment und der poetische Text dieses Fragments zeigen Hölderlin auf dem Wege weltanschaulicher Selbstverständigung.
Der Gedanke menschlicher Selbsttätigkeit, wie er von Kant
und seinen Nachfolgern vorangetrieben wurde, und der Gedanke der einen allumfassenden, sich selbst bewegenden Natur,
der ihm besonders in der pantheistischen Philosophie entgegen-
getreten war, in Spinoza, in Herder, finden noch nicht zueinander. Dem Konzept des Subjekts war Natur Objekt, dem pantheistischen Konzept der übergreifende Zusammenhang beider.

Wie ist das Verhältnis von Natur und Mensch, von Welt und
Ich, von Subjekt und Substanz zu denken, und zwar für den
wirklichen, in einer geschichtlichen Welt als Objekt und Subjekt sich erfahrenden Menschen – angesichts der Revolution in
Frankreich und der Versteinerung in Deutschland, angesichts
auch des Widerspruchs von Absicht und Resultat im Handeln,
das an der Revolution erkennbar wird, und des Widerspruchs
von Handlungsbedürfnis und -ohnmacht in Deutschland?

Die Natur in ihrer materiellen Objektivität, Selbstbewegung
und Totalität und den Menschen als Schöpfer seiner Welt materialistisch zusammenzudenken konnte nicht gelingen, solange
der objektive Zusammenhang von Natur und Gesellschaft, solange die materielle Arbeit als Vermittlung des Stoffwechsels
von Mensch und Natur nicht begriffen und in ihrer bestimmenden Rolle erkannt war. Die historischen Voraussetzungen dieser
Erkenntnis – die objektiven und die subjektiven – befanden
sich erst in ihrem geschichtlichen Produktionsprozeß. Doch was
objektiv noch nicht lösbar, bestimmte dennoch die philosophische Grundproblematik. Bürgerlicher Progreß ist angewiesen

auf die Anerkennung der objektiven Natur und ihrer wissenschaftlich erkennbaren Gesetzmäßigkeiten, mithin auf die Anerkennung der Wahrheit naturwissenschaftlicher Erkenntnis, unabhängig von subjektiver Willkür. Und er ist angewiesen auf Formierung seines emanzipatorischen Anspruchs, gegen die feudale Gesellschaft und ihre Herrschaftsinstitutionen und -ideologie die neue bürgerliche Gesellschaft als Ordnung der Vernunft, der Befreiung und des Freisetzens der subjektiven menschlichen Kräfte durchzusetzen.

So vielfältig im einzelnen, abhängig vom vorgefundenen Ausgangspunkt und vom jeweiligen Stand der Naturwissenschaft und Sozialproblematik, hatte die Unlösbarkeit des Arbeitsproblems eine aus der sozialen Arbeitsteilung von Kopf und Hand resultierende Voraussetzung: eine ideologische und ideologisierende Denkform, welche gemäß dem Modell des bewußtseinsvermittelten Handelns Produktivität, Aktivität allein der geistigen Subjektivität zuschreibt – in philosophisch-allgemeiner Begriffsbildung. Ihre Kehrseite ist, daß die spezifisch bürgerliche Formbestimmtheit der Arbeit als ihre Naturform, daher die bürgerlichen Eigentumsverhältnisse als ahistorisch-natürliche gesetzt und fetischisiert wurden. So ergab sich innerhalb der philosophischen Abstraktion von der Sache her der Zwang, auf seiten der Subjektivität wie der Objektivität Natur und Vernunft in Beziehung zu setzen: der Subjektivität als verselbständigter Geistestätigkeit die eigene physische Natur als Gegensatz zuzuordnen, umgekehrt der Natur und ihrer Selbstbewegung die menschliche Geschichte ebenso zu integrieren wie Momente dieser ideellen Tätigkeit auf ihre Totalität zu übertragen. Daher der Gegensatz von pantheistischer und transzendental-idealistischer Tradition, in die Hölderlin sich gestellt sah, während seinem poetischen Weltempfinden der mechanische Materialismus als Weltanschauung unannehmbar war: er erklärte ihn nicht, ja, er negierte seinen gelebten und als Hauptproblem empfundenen Grundwiderspruch zwischen im subjektiven Geiste, im Gemüt Empfundenem, Gewolltem und Gedachtem – und der bestehenden äußeren Wirklichkeit.

Diese allgemeine ideologisch-philosophische Prämisse bedingt: 1. daß innerhalb der idealistischen Systeme der Materialismus direkt oder indirekt zur Geltung gebracht wird – in Gestalt des Schwankens zwischen Materialismus und Idealismus oder unmittelbar materialistischer Momente; 2. das Flüssigwerden der abstrakten philosophischen Bestimmungen, ihr inneres In-Widerspruch-Geraten angesichts der auf Entwicklungstheorie drängenden Naturwissenschaft und angesichts der geschichtlich-gesellschaftlichen Praxis; 3. den ständigen Druck des Widerspruchs zwischen philosophischer Reflexions- und Systemform und der realen praktischen Erfahrung; 4. die aus diesem Druck erwachsende Rolle der Poesie, das, was sich den bestehenden theoretischen Möglichkeiten zu entziehen schien, zu artikulieren, zu verallgemeinern und zu deuten, wodurch die Poesie ihrerseits einen historisch neuen Grad an philosophischer Reflektiertheit und zugleich an weltanschauungsbildender Qualität gewann; weshalb 5. die Ästhetik zu einem Organ geschichtsphilosophischer Ortsbestimmung wurde. Das gilt vor allem für jene Ästhetik, deren Motiv die Fundierung und Orientierung der künstlerischen Produktion selbst ist, während in der Summa der philosophischen Ästhetik dieser Übergangsepoche, der Hegelschen, die Kunst vom Gesichtspunkt der philosophischen Epochenbestimmung her interpretiert und gewertet wird.

Das Konzept der exzentrischen Bahn liegt, sofern die Organisation, die wir uns selbst geben, ihr Ziel, auf der Linie Kantischen Denkens. Das Konstrukt, das eine allgemeine Analogie zwischen der Bahn der Individuen und der Bahn der Völker setzt, verweist auf ein organologisches Naturdenken, das im 18. Jahrhundert zwar oft genug verwendet wurde, das aber von der Geschichtstheorie und der Anthropologie der Aufklärung längst widerlegt worden war durch die Theorie des gesellschaftlichen Fortschritts, die nach Rousseaus Kritik dialektische Züge entwickelte.

Hölderlin knüpfte an Herder an, der das organologische Modell auf die Völker angewandt hatte und es dennoch aufgab, doch in seiner Hochschätzung historischer Frühstadien als Modellen unentfremdeter Gesellschaftszustände seiner absolutistisch-bürokratischen Gegenwart eine rousseauistisch orientierte

Alternative entgegenstellte und erst unter dem Eindruck der Französischen Revolution den Fortschrittsgedanken konsequent festhielt. Auf Herder ist noch einzugehen.

Zugleich knüpfte Hölderlin an Kants philosophisch-begrifflich ungleich schärfer präzisierte Theorie an. Kant hatte mit seiner „Allgemeinen Naturgeschichte und Theorie des Himmels" von 1755 nicht nur einer historisch-genetischen Betrachtung der Natur, speziell des Kosmos, die Bahn gebrochen und in seinen geschichtsphilosophischen Aufsätzen Konturen eines dialektischen Fortschrittskonzepts gezeichnet. In Auseinandersetzung mit Rousseau benutzte er den Verlust einer ursprünglichen paradiesischen Harmonie als anschauliches Paradigma, um das, was kirchlich als Sündenfall gewertet, als Ausgang der Menschwerdung des Menschen zu bestimmen.

In der Abhandlung „Idee zu einer allgemeinen Geschichte in weltbürgerlicher Absicht" von 1784 stellt er die Frage nach einer verborgenen Gesetzmäßigkeit oder „Naturabsicht", die sich in dem widersinnigen Gang menschlicher Dinge im und durch das anarchische Verhalten der Individuen im Ganzen der Geschichte realisiere. Diese Überlegungen führt er in dem Aufsatz „Mutmaßlicher Anfang der Menschengeschichte" fort (1786). Kant postuliert einen ausschließlich innerweltlich-natürlichen Gattungszusammenhang der Geschichte, der durch das Handeln der Menschen hergestellt wird. „Am Menschen (als dem einzigen vernünftigen Geschöpf auf Erden) sollten sich diejenigen Naturanlagen, die auf den Gebrauch seiner Vernunft abgezielt sind, nur in der Gattung, nicht aber im Individuum vollständig entwickeln." Vernunft aber bestimmt er hier als „Vermögen, die Regeln und Absichten des Gebrauchs aller seiner Kräfte weit über den Naturinstinkt zu erweitern": sie „kennt keine Grenzen ihrer Entwürfe". Sie ist jedoch nur Anlage. Naturabsicht aber sei, „daß der Mensch alles, was über die mechanische Anordnung seines tierischen Daseins geht, gänzlich aus sich selbst herausbringe und keiner anderen Glückseligkeit oder Vollkommenheit teilhaftig werde, als die er sich selbst, frei von Instinkt, durch eigene Vernunft verschafft hat".[21]

Das Mittel der Natur aber, die Menschen aus sich herauszutreiben zur „Entwickelung aller ihrer Anlagen . . ., ist der Antagonism derselben in der Gesellschaft, sofern dieser doch am
Ende die Ursache einer gesetzmäßigen Ordnung derselben
wird". Antagonism aber meint die „ungesellige Geselligkeit der
Menschen, d. i. den Hang derselben in Gesellschaft zu treten,
der doch mit einem durchgängigen Widerstande, welcher diese
Gesellschaft beständig zu trennen droht, verbunden ist"[22]. Die
Anlage dazu liege in der menschlichen Natur – im Widerspruch
zwischen der Neigung, sich zu vergesellschaften, und dem Hang,
sich abzutrennen, herrschen zu wollen, gegen andre sich zu behaupten, gegen deren Willen Widerstand zu leisten. Dieser
Widerstand sei es, der den Menschen dazu zwinge, seine Faulheit zu überwinden, durch Ehr-, Herrsch- und Habsucht angestachelt, sich einen Rang in der Gesellschaft zu erobern, der ihn
treibt, nicht in gemächlich-vergnügtem Leben zu versinken, sondern seine Kräfte zu entwickeln durch Arbeit und Mühsal und
durch das Finden von Mitteln gegen diese. So wird die „nicht
zu befriedigende Begierde zum Haben und auch zum Herrschen"[23] zum Motor der Kultur. Doch das geschieht in der Gesellschaft: Der Mensch könne vom Menschen nicht „lassen",
daher die Kultur „eigentlich in dem gesellschaftlichen Wert des
Menschen" bestehe, und in diesem Mit-, das ein Gegeneinander ist, bilden sich praktische Prinzipien, eine „pathologisch-
abgedrungene Zusammenstimmung zu einer Gesellschaft",[24]
die dann erst in ein moralisches Ganzes verwandelt werden
könne. Zum wichtigsten Problem wird die „Erreichung einer
allgemein das Recht verwaltenden bürgerlichen Gesellschaft . . ., die die größte Freiheit, mithin einen durchgängigen
Antagonism ihrer Glieder, und doch die genauste Bestimmung
und Sicherung der Grenzen dieser Freiheit hat, damit sie mit
der Freiheit anderer bestehen könne" durch „eine vollkommen
gerechte bürgerliche Verfassung".[25] So treibt der Antagonismus
durch die Not, die Menschen einander bereiten, zur idealen
bürgerlichen Verfassung und schließlich auch die Staaten über
Verheerungen und Katastrophen zu einem analogen Staatenbund.

So lautet das nächste Fazit: „Alle Kultur und Kunst, welche die Menschheit zieret, die schönste gesellschaftliche Ordnung, sind Früchte der Ungeselligkeit, die durch sich selbst genötigt wird, sich zu disziplinieren und so, durch abgedrungene Kunst, die Keime der Natur vollständig zu entwickeln."[26]

Das aktive, treibende Moment ist der Antagonismus. Kant pointiert: der Mensch wolle Eintracht, die Natur aber Zwietracht.

Das Besondre dieses Ansatzes liegt darin, daß Kant die menschheitliche Gattungsgeschichte als Resultat des menschlichen Handelns begreift, dadurch Natur und Gesellschaft quantitativ unterscheidet. Dabei ist das geschichtliche Handeln in seiner verwirrenden Erscheinung von einer inneren Notwendigkeit bestimmt, die sich in der anarchischen Zufälligkeit der Handlungen als „Naturabsicht" der Entfaltung der menschlichen Kräfte durchsetzt: als Fortschritt, der auf deren optimale Entwicklung und optimale sozialpolitische Entfaltungsbedingungen zielt.

Die Höherentwicklung ist nicht Absicht des individuellen Handelns, sondern aus dem Antagonismus erwachsendes Resultat. Sie ist daher auch nicht am Individuum, sondern nur an der Gattung zu messen. Dem Widerspruch in der menschlichen Natur entspricht ein Widerspruch zwischen Absicht und Resultat, individuellem Interesse und Gesamtinteresse. In diesem Zusammenhang fragt Kant nicht nach technologischer und sozialer Arbeitsteilung, sondern geht von Modellen egoistischen Handelns – bei Hobbes und Mandeville – aus. Indem er eine Gesellschaft konkurrierender Egoismen voraussetzt, verabsolutiert er Grundbeziehungen einfacher Warenproduktion; er versenkt die Materialität, die Objektivität sozialer Beziehungen in der Ausstattung der menschlichen Natur, ihrer ungeselligen Geselligkeit, die von den historisch produzierten Leistungen unberührt bleibt.

An diesem Punkt ist eine Gegenposition zu Rousseau gewonnen. Dessen Kritik wird akzeptiert – als Bestimmung der notwendigen Widersprüchlichkeit der fortschreitenden, durch den Widerspruch vorangetriebenen Kultur der Gattung: Rousseau

hätte recht, wenn man „diese letzte Stufe, die unsere Gattung
noch zu ersteigen hat, wegläßt", nämlich den friedlichen Bund
der Staaten als weltbürgerlichen Zustand öffentlicher Staats-
sicherheit. Bis dahin erdulde „die menschliche Natur die härtesten Übel, unter dem betrüglichen Anschein äußerer Wohl-
fahrt".[27] Bezogen aber auf die angenommene Gattungsbestim-
mung erscheint dies als Mittel, die Naturabsicht, die innere
Notwendigkeit zu verwirklichen. Indem Kant den Antagonismus zur Entwicklungstriebkraft macht, die als Natur – hinter
dem Rücken der Akteure – den Fortschritt vom Schlechteren
zum Besseren bewirkt, gibt er einerseits dem spezifisch gesellschaftlichen Antagonismus den Schein der Natur, andererseits vollzieht er einen ersten Schritt zu einem produktiven
Denkansatz, um dem Naturgesetz der kapitalistischen Forma-
tion auf die Spur zu kommen.

Von hier aus erfolgt die rigorose Abwertung der Paradiesvor-
stellung. Für Kant ist „der Ausgang des Menschen aus dem ihm
durch die Vernunft als erster Aufenthalt seiner Gattung vorgestellten Paradiese nichts anderes als der Übergang aus der Ro-
higkeit eines bloß tierischen Geschöpfes in die Menschheit, aus
dem Gängelwagen des Instinkts zur Leitung der Vernunft, mit
einem Worte: aus der Vormundschaft der Natur in den Stand
der Freiheit"[28]. Nicht ohne Ironie erklärt er: „Die Geschichte
der Natur fängt also vom Guten an, denn sie ist das Werk
Gottes; die Geschichte der Freiheit vom Bösen, denn sie ist
Menschenwerk."[29] Und diese Geschichte der Freiheit ist der
Gang von Arbeit und Zwietracht, der Weg des Antagonismus
der Kräfte in einem unabsehbaren Fortschreiten als Weg der
und zur Kultur. Schiller nimmt diesen Gedanken in „Etwas
über die erste Menschengesellschaft nach dem Leitfaden der
mosaischen Urkunde" von 1791 auf. Dort interpretiert er den
Sündenfall als „erste Äußerung seiner [des Menschen – W. H.]
Selbstthätigkeit, erstes Wagestück seiner Vernunft, erster Anfang seines moralischen Daseyns". Der Mensch solle als „Schöpfer seiner Glückseligkeit ... den Stand der Unschuld, den er
jetzt verlohr, wieder aufsuchen lernen durch seine Vernunft,
und als ein freier vernünftiger Geist dahin zurück kommen,

wovon er als Pflanze und als eine Kreatur des Instinkts ausgegangen war".[30]

Hölderlin steht Schiller näher, insofern dieser ein Moment der Rückkehr hervorhebt, der anfänglichen Einfalt und Unschuld und ihrer bewußten Wiederherstellung. Kant war kein Romantiker der „Einfalt". Und doch verweist sein Gedankengang auf eine analoge Struktur: Er interpretiert Rousseau dergestalt, daß er „ganz richtig den unvermeidlichen Widerstreit der Kultur mit der Natur des menschlichen Geschlechts, als einer physischen Gattung, in welcher jedes Individuum seine Bestimmung ganz erreichen sollte", gezeigt und dann untersucht habe, „wie die Kultur fortgehen müsse, um die Anlagen der Menschheit, als einer sittlichen Gattung, zu ihrer Bestimmung gehörig zu entwickeln, so daß diese jener als Naturgattung nicht mehr widerstreite". Zumal „die Kultur, nach wahren Prinzipien der Erziehung zum Menschen und Bürger zugleich vielleicht noch nicht recht angefangen, viel weniger vollendet ist". So entspringen aus diesem Widerspruch „alle wahre Übel . . ., die das menschliche Leben drücken, und alle Laster, die es verunehren".[31] Der Widerspruch liegt zwischen der auf Erhaltung der Menschengattung als Tiergattung abzielenden organischen Gesetzmäßigkeit und der – ebenfalls natürlichen – Anlage und den daraus sich ergebenden Notwendigkeiten der Menschen als sittlicher Gattung, die auf eine vollkommene bürgerliche Gesellschaft abziele. Beide bedrängen, negieren, unterdrücken sich wechselseitig – „bis vollkommene Kunst wieder Natur wird; als welches das letzte Ziel der sittlichen Bestimmung der Menschengattung ist"[32].

In dieser Formel ist mehr angedeutet und entworfen, als von den theoretischen Voraussetzungen Kants her möglich. Wenn vollkommene Kunst wieder Natur werden könnte, ist vorausgesetzt, daß der Dualismus, der dem Gegensatz von Natur und Kultur zugrunde liegt – der Gegensatz von mundus sensibilis und mundus intelligibilis, der Gegensatz zwischen den empirischen, leidenschaftlichen, bedürftigen körperlichen Menschen und der Vernunft als Gattungsvernunft, die freilich seine natürliche Anlage ist –, aufgehoben würde, somit auch der Gegen-

satz zwischen dem realen Individuum und der Gattung. Doch
das aus praktischer Vernunft fließende Sittengesetz verlangt in
seiner Unbedingtheit die Unterordnung des Sinnlichen, damit
der menschlichen Natur, sowenig es die Macht der materiellen
Gestaltung in sich trägt und ein Sollen bleibt. Daher die ideale
bürgerliche Ordnung nicht den Antagonismus der Kräfte aufhebt, sondern nur human-gesetzlich regelt, daher auch die
„menschliche Kunst, unter welcher die der Geselligkeit und bürgerlichen Sicherheit die ersprießlichste ist", im Herausarbeiten
aus der Roheit der menschlichen Naturanlagen nur zu einer
„nach vielen mißlingenden Versuchen" historisch spät und zu-
künftig erwerbbaren „Geschicklichkeit"[33] führt, die Bedürfnisse, Naturanlagen etc. hinreichend zu berücksichtigen, nicht
wider sie zu verstoßen. Der Widerspruch wird nicht aufgehoben, sondern bewahrt; er ist − bei vorausgesetzter Konstanz
der menschlichen Natur − auch nicht aufhebbar, wodurch die
Vernunftordnung zur rationalen Form eines irrationalen Inhalts wird.

Der antagonistische Charakter des gesellschaftlichen Fortschritts und damit auch die Härte des Übergangs von der feudalen zur bürgerlichen Gesellschaft wird von Kant bedingungslos bejaht: „Indessen ist dieser Gang, der für die Gattung ein
Fortschritt vom Schlechteren zum Besseren ist, nicht eben das
nämliche für das Individuum."[34] Der Übergang zur modernen
bürgerlichen Gesellschaft bringt mit der Befreiung von feudaler Abhängigkeit die Unterordnung unter die bürgerlichen
Verhältnisse und schließt eine universale Disziplinierung des
„natürlichen" Menschen ein, deren Härte im Rigorismus des
Kategorischen Imperativs ihren verinnerlichten und morali-
sierenden Widerschein findet. Der Widerspruch zwischen Pflicht
aus vernünftiger Einsicht und Neigung, die aus empirischer Natur folgt, ist unaufhebbar.

Doch diese philosophisch-moralische Bestimmung, die in der
„Kritik der praktischen Vernunft" entwickelt wird, ist in den
geschichtsphilosophischen Reflexionen eigentümlich aufgehoben,
insofern die übergreifende Gesetzlichkeit eine Naturgesetzlich-
keit ist, die zur Entwicklung der Vernunft als menschlicher An-

lage zwingt. Vehikel ihrer Ausbildung sind die menschlichen Leidenschaften, Interessen, Bedürfnisse – der Gegensatz zur Vernunft. Die Natur, die hier vorausgesetzt wird, ist nicht die Natur, welcher nach der „Kritik der reinen Vernunft" der Verstand die Gesetze vorschreibt – und vorschreiben kann, wenn sie ebendiesen Verstand zu seiner Ausbildung gesetzlich zwingt. Hier setzt sich trotz der immanenten Teleologie spontan das materialistische Moment in Kants Naturbegriff durch. Die Sachproblematik führt Kant auf einen Denkweg, den der junge Schelling dann weiterführt und den Hegel, freilich konsequent idealistisch, zum geschichtsphilosophischen System ausbaut.

Fichte folgt und radikalisiert Kant. Im Kontext seines subjektiven Idealismus entwirft er als letztes Ziel der Menschheit ihre völlige Identität, ihre Verwandlung in ein Subjekt – als unendliche Aufgabe, die auf dem Wege eines ewigen Kampfes von Vernunft und Natur, eines stetigen Fortschreitens der Kultur und der menschlichen Kräfte zu erfüllen sei. In diesem Zusammenhang kritisiert er äußerst achtungsvoll Rousseaus Konzept des Naturzustandes. In der fünften seiner „Vorlesungen über die Bestimmung des Gelehrten" heißt es:

„Wird dieser Zustand als idealisch gedacht – in welcher Absicht er unerreichbar ist, wie alles Idealische, – so ist er das goldene Zeitalter des Sinnengenusses ohne körperliche Arbeit, den die alten Dichter beschreiben. *Vor* uns also liegt, was Rousseau unter dem Namen des Naturzustandes, und jene Dichter unter der Benennung des goldenen Zeitalters, *hinter* uns setzen. (Es ist ... überhaupt eine besonders in der Vorwelt häufig vorkommende Erscheinung, daß das, was wir *werden* sollen, geschildert wird, als etwas, das wir schon *gewesen* sind, und daß das, was wir zu erreichen haben, vorgestellt wird als etwas Verlorenes ...) [–] Rousseau vergißt, daß die Menschheit diesem Zustande nur durch Sorge, Mühe und Arbeit sich nähern kann und nähern soll." Denn der Mensch soll „aus einem bloßen Naturproducte ein freies vernünftiges Wesen" werden; „er bricht auf jede Gefahr den Apfel der Erkenntniß, denn unvertilgbar ist ihm der Trieb eingepflanzt, Gott gleich zu seyn. ... Es ist kein Heil für den Menschen, ehe nicht diese

natürliche Trägheit mit Glück bekämpft ist, und ehe nicht der
Mensch in der Thätigkeit, und allein in der Thätigkeit seine
Freuden und all seinen Genuß findet." Rousseau „berechnete
das Leiden; aber er berechnete nicht die Kraft, welche das
Menschengeschlecht in sich hat, sich zu helfen".[35]

Diese Gedanken trug Fichte im Sommerhalbjahr 1793 vor,
1794 wurden sie gedruckt. Erst seine Radikalisierung und Verallgemeinerung des Tätigkeitsprinzips schuf die Voraussetzung
zu einem dialektischen objektiven Idealismus. Wird die spekulative Form gesprengt und nach dem realgeschichtlichen
Gehalt gefragt, so führt dieser Ansatz auch dazu, nach dem
historischen Prozeß menschlichen Handelns und Erzeugens zu
fragen, in dem die Bedingungen allein produziert werden können, unter denen in der Tätigkeit Genuß und Freude, Glück –
im Gegensatz zu einem nur konsumptiven Glücksideal – zu
finden wären.

Hölderlin hätte von Schiller mehr Anstöße historischen Denkens gewinnen können, als für ihn tatsächlich fruchtbar wurden. Doch der Schiller, den er kennenlernte, war nicht mehr
der Schiller der historischen Studien, und als dieser sich wieder
dem Geschichtsdrama zuwandte, hatte sich Hölderlin schon von
ihm innerlich getrennt.

In der 1786 erschienenen Einleitung zur „Geschichte des Abfalls der vereinigten Niederlande" konnte er lesen: „Das Volk,
welches wir hier auftreten sehen, war das friedfertigste dieses
Welttheils, und weniger als alle seine Nachbarn jenes Helden-
geists fähig, der auch der geringfügigsten Handlung einen höheren Schwung giebt. Der Drang der Umstände überraschte es
mit seiner eigenen Kraft, und nöthigte ihm eine vorübergehende
Größe auf, die es nie haben sollte, und vielleicht nie wieder
haben wird. Die Kraft also, womit es handelte, ist unter uns
nicht verschwunden; der glückliche Erfolg, der sein Wagestück
krönte, ist auch uns nicht versagt, wenn die Zeitläufte wiederkehren und ähnliche Anlässe uns zu ähnlichen Thaten rufen. Es
ist also gerade der Mangel an heroischer Größe, was diese Begebenheiten eigenthümlich und unterrichtend macht, und wenn
sich andre zum Zwecke setzen, die Überlegenheit des Genies

über den Zufall zu zeigen, so stelle ich hier ein Gemählde auf, wo die Noth Genies erschuf, und die Zufälle Helden machten."[36]

Schiller fragt nach den objektiven Bedingungen der Revolution in den Niederlanden und sucht analoge Bedingungen in seiner Gegenwart. Der Frage immanent ist die nach einer Revolutionierung der deutschen Verhältnisse. Zugleich prägt sich hier Schillers Revolutionsmodell aus, in dem nationale und soziale Befreiung zusammenfallen – später wird er es am „Wilhelm Tell" exemplifizieren. Ebendies Modell, wofür er historische Beispiele anführt, verhindert dann das Verständnis der Revolution in Frankreich.

Die großartigen Sätze Schillers zeigen nicht nur den realistischen Blick – eine im Kern materialistische Fragestellung –, sie zielen darauf, die revolutionäre Kraft als permanente Möglichkeit zu bestimmen, die nur der Bedingungen bedarf, um Wirklichkeit zu werden. Sein gedankliches Schema ist freilich einfach: „Die Geschichte der Welt ist sich selbst gleich, wie die Gesetze der Natur, und einfach wie die Seele des Menschen. Dieselben Bedingungen bringen dieselben Erscheinungen zurück."[37] Doch was als zu mechanisches Modell der Geschichtsbetrachtung bezeichnet werden könnte, vermittelt gerade die tief historische Zielsetzung, im Vergangenen gesetzmäßige Möglichkeiten der Gegenwart zu erfassen.

Die Vorlesung „Was heißt und zu welchem Ende studiert man Universalgeschichte" von 1784 zeigt, daß der Akzent sich zu verlagern beginnt: vom revolutionären Kampf – für den Schiller keine Bedingungen, die seinem Konzept entsprachen, ausmachen konnte – auf den allgemeinen kulturellen Fortschritt auf der Grundlage eines hohen antifeudalen bürgerlichen Selbstbewußtseins: „Selbst, daß wir uns in diesem Augenblick hier zusammen fanden, uns mit diesem Grade von Nationalkultur, mit dieser Sprache, diesen Sitten, diesen bürgerlichen Vortheilen, diesem Maaß von Gewissensfreyheit zusammen fanden, ist das Resultat vielleicht aller vorhergegangenen Weltbegebenheiten: die ganze Weltgeschichte würde wenigstens nöthig seyn, dieses einzige Moment zu erklären. ... Städte mußten sich in

Italien und Teutschland erheben, dem Fleiß ihre Thore öffnen, die Ketten der Leibeigenschaft zerbrechen, unwissenden Tyrannen den Richterstab aus den Händen ringen, und durch eine kriegerische Hansa sich in Achtung setzen, wenn Gewerbe und Handel blühen, und der Überfluß den Künsten der Freude rufen, wenn der Staat den nützlichen Landmann ehren, und in dem wohlthätigen Mittelstande, dem Schöpfer unsrer ganzen Kultur, ein dauerhaftes Glück für die Menschheit heran reifen sollte."[38]

Dies kulturorientierte intellektuelle Selbstbewußtsein rückt ab von unmittelbar politischer Fragestellung, resigniert in bezug auf eine bevorstehende politische Umwälzung; die ideologische Emanzipation rückt in den Vordergrund – im Bewußtsein einer Mittelstandskultur, der keine politische Macht entspricht, die aber allein der Boden ist, auf dem das dauerhafte Menschheitsglück reife.

Damit ist der Ausgangspunkt sowohl für die Konzeption der ästhetischen Erziehung wie für geschichtsphilosophische Überlegungen gegeben, die, an Kant anknüpfend, auf den Geschichtsprozeß als Ganzen zielen und dabei zu tiefen Einsichten in das Verhältnis von Freiheit und Notwendigkeit kommen: „Der Mensch verwandelt sich und flieht von der Bühne; seine Meynungen fliehen und verwandeln sich mit ihm: die Geschichte allein bleibt unausgesetzt auf dem Schauplatz, eine unsterbliche Bürgerin aller Nationen und Zeiten. Wie der homerische Zeus sieht sie mit gleich heitern Blicke auf die blutigen Arbeiten des Kriegs, und auf die friedlichen Völker herab, die sich von der Milch ihrer Heerden schuldlos ernähren. Wie regellos auch die Feyheit des Menschen mit dem Weltlauf zu schalten scheine, ruhig sieht sie dem verworrenen Spiele zu: denn ihr weitreichender Blick entdeckt schon von ferne, wo diese regellos schweifende Freyheit am Bande der Nothwendigkeit geleitet wird. Was sie dem strafenden Gewissen eines Gregors und Cromwells geheim hält, eilt sie der Menschheit zu offenbaren: ‚daß der selbstsüchtige Mensch niedrige Zwecke zwar verfolgen kann, aber unbewußt vortrefliche befördert.' "[39]

Ebendiese Geschichte „heilt uns von der übertriebenen Bewunderung des Alterthums, und von der kindischen Sehnsucht nach vergangenen Zeiten; und indem sie uns auf unsre eigenen Besitzungen aufmerksam macht, läßt sie uns die gepriesenen goldnen Zeiten Alexanders und Augusts nicht zurückwünschen"[40].

Der Realismus, der jedes Zurückwünschen in vergangene Zeiten ablehnt, trägt in sich wohl ein teleologisches Moment – als „planvolle" Entwicklung der menschlichen Kräfte zeichnet sich der Gesamtzusammenhang ab. In „Etwas über die erste Menschengesellschaft nach dem Leitfaden der mosaischen Urkunde" folgt Schiller dem Kantischen Gedanken: daß der Verlust des Paradieses ein „Riesenschritt der Menschheit" war, durch den der Mensch „aus einem Sklaven des Naturtriebes ein freihandelndes Geschöpf, aus einem Automat ein sittliches Wesen" wurde; „mit diesem Schritt trat er zuerst auf die Leiter, die ihn nach Verlauf von vielen Jahrtausenden zur Selbstherrschaft führen wird".[41]

Was Schillers Ausführungen auszeichnet, ist ein näheres Eingehen auf die Arbeit, ein stärkeres Hervorheben des Kampfes, in dem allein Vernunft und Sittlichkeit ausgebildet werden können, schließlich ein stärkeres Betonen der sozialen Gegensätze von Arm und Reich, der Stände, der Lebensweisen.

Hölderlins Versuch, in der exzentrischen Bahn einen Zusammenhang begrifflich zu fassen, der ebenso allgemein wie individuell ist, ist ein gedanklicher Entwurf, der eigenen Lebensbahn eine allgemeine Richtung, der eigenen Lebenskrise eine allgemeine Lösung und Perspektive zu geben. Die Gestalt Hyperions ist er und ist es nicht – als Gestalt seiner Möglichkeiten, Wünsche, Ansprüche ist er zugleich Gestalt seines Sich-Probierens, seiner Selbstkritik, seines Sich-Entwerfens. Die religiöse Tradition, aus der Hölderlin kommt, ist weniger dort auszumachen, wo er weltlichen Gehalten religiöse Formulierung verleiht – Reich Gottes –, sondern eher in der Unbedingtheit, der eigenen individuellen Lebensorientierung zugleich die Würde des Heils und diesem Heil wiederum eine menschheitliche und epochale Allgemeinheit zuzuschreiben, woraus wiederum der öffentliche, missionarische Anspruch erwächst.

Dahinter pulsiert das eigene Entwicklungs-, Orientierungs- und Selbstbehauptungsbedürfnis dessen, der seinen Anspruch an sich selbst nicht mit seiner Lebensverletzlichkeit und -unsicherheit vereinbaren kann. Gewiß ist das Individuelle kein Derivat des Allgemeinen und Hölderlin nicht aus seinen allgemeinen Bildungsbedingungen, die er mit Hegel und Schelling gemeinsam hat, zu „erklären". Alles Erklären muß schon die poetische Individualität voraussetzen. Dennoch sind Mittel und Richtung, durch die Hölderlin in der Poesie die ihn bedrängenden Probleme zu lösen suchte, nicht ohne seine theologische Herkunft und Bildung zu begreifen, so wenig sie ohne die Kindheitsbindungen und ihre permanenten Abhängigkeitsbeziehungen – Bindung an die Mutter, Suche des Vaters – zu verstehen sind. Die Sicherheit und Befreiung, die Hölderlin sucht, hat immer auch die Bedeutungsschicht der Befreiung von familiärer Abhängigkeit. Das wiederum privatisiert nicht, was er erfuhr und tat, sondern ist gerade ein Medium, in dem ihm gesellschaftlich Allgemeines, die erstickende soziale Beziehungsform der Kleinbürgerwelt, empirisch entgegentrat.

Daher die permanente Qual seiner Selbstbehauptung als Dichter gegen die Ansprüche, Lebensplanungen und Werte seiner Herkunft. Daher kann Hölderlin weder an die geschichtliche Konkretheit Schillers noch an Fichtes heroisch-perspektivische Konzeption unmittelbar anknüpfen, sondern hält, auch unabhängig von weltanschaulich-allgemeinen Grundüberzeugungen, an der Identität des individuellen und allgemein-historischen Ausgangspunkts der exzentrischen Bahn zunächst – wenn auch nur innerhalb der poetisch-philosophischen Konzeption – fest, was endgültig erst in den Reflexionen der Homburger Zeit überwunden wird und in den geschichtsphilosophischen Überlegungen um 1800 überwunden ist. Es ist zugleich die Kehrseite seiner gewonnenen Selbstgewißheit als Dichter.

Herder – der politische Gehalt des „Werdens"

Die umfassendste und anschauungsreichste Geschichtskonzeption aber erfuhr Hölderlin nicht von der philosophischen Richtung des transzendentalen Idealismus, sondern aus den Schriften Herders. Dieser vermittelte ihm vor allem den Gedanken der unendlichen, organisch einheitlichen, ewig werdenden Natur, den Gedanken ihrer Bewegung in immer erneuerter Verjüngung. Hyperions begeisterte Naturgedanken im „Thalia"-Fragment tragen Herdersches Gepräge, das seines zwischen Bild und Begriff schillernden Denkens.

Herders im Historisch-Konkreten so genaue, im Philosophisch-Allgemeinen oft nur metaphorische Darstellungs- und Denkweise kontrastiert der logischen Präzision und methodischen Konsequenz Kants. Sein sensualistisch-empirisches und zugleich spekulatives Philosophieren aber hält gerade den Gegensatz gegen die Wendung zum transzendentalen subjektiven Idealismus fest, beharrt auf der objektiven Einheit der Natur, ist in seinem Kern ein entwicklungsgeschichtlich dynamisierter, von Leibniz und Lessing herkommender, Individualität und Geschichte einbeziehender Spinozismus, der freilich idealistisch-leibnizianischer und theologischer Konstruktionselemente bedarf, doch in der sensuell-konkreten Gegenstandserfassung die eigene Spekulation beiseite schiebt. Gegenüber Kant bewahrt er ein ungleich tieferes soziales und demokratisches Grundverhalten in theoretischer Erkenntnis und politischer Bewertung, wobei die Rebellion gegen die bestehende Ordnung, gegen die eigene öffentliche Rolle immer wieder durchbricht. Nach dem Auftreten Kants war es gewiß leicht, nachzuweisen, wo Herder die Natur moralisiert und die Gesellschaft naturalisiert, und dennoch wurzelt dies in einem universalen Naturkonzept, das,

aller Transzendentalität ungeachtet, auch bei Kant eine Hinter-
grundsvorstellung und -gewißheit bleibt.

Den Sensualismus Herders vermochte Hölderlin nicht produktiv zu machen, doch war ihm dessen Historismus zur kaum
noch diskutierten Voraussetzung geworden: „daß die Poesie
als eine Stimme der Zeit unwandelbar dem Geiste der Zeit"
folge, war ihm selbstverständlich. In wesentlichen Grundzügen
folgte er Herders Gedanken, als er, wie er 1799 an Schelling
schrieb, glaubte, „den Gesichtspunkt der sogenannten Humanität ... fester und umfassender gesetzt zu haben, als mir bisher
bekannt war" (IV, 382).

1793 erschienen die „Briefe zu Beförderung der Humanität",
in deren zweiter Sammlung Hölderlin lesen konnte: „Denn
die Natur des Menschen ist Kunst. Alles, wozu eine Anlage
in seinem Dasein ist, kann und muß mit der Zeit Kunst werden. ... Niemand ist, der ihm hierin Grenzen setzen könne,
selbst der Tod nicht; denn das Menschengeschlecht verjünget
sich mit immer neuen Ansichten der Dinge, mit immer jungen
Kräften." Doch: „Nur stelle man sich die Linie dieses Fortganges nicht gerade, nicht einförmig, sondern nach allen Richtungen, in allen möglichen Wendungen und Winkeln vor. ...
Denn für den Menschen ist alles in der Natur verbunden, eben
weil der Mensch nur Mensch ist und allein mit seinen Organen
die Natur siehet und gebrauchet", woran sich der Gedanke vom
Wettkampf menschlicher Kräfte und vom notwendigen Kampf
mit den Elementen der Natur anschließt.

Herders große Leistung der „Ideen zur Philosophie der Geschichte der Menschheit" war die Zusammenschau von Natur
und Gesellschaft, Natur- und Menschheitsgeschichte als einem
universalen genetischen Zusammenhang, in dem die Natur als
geschichtlich und die Geschichte als natürlich begriffen wurde.
Trotz aller Inkonsequenzen, Spekulationen und Theologismen
war das eine entscheidende Aufklärungstat. Diese Ideen gehörten zur Bildungsausstattung der jungen Intelligenz, sie waren
von tiefer und allgemeiner Wirkung. Hier hatte Hölderlin, als
er sich von der kirchlichen Bindung innerlich emanzipierte, von
Herder gelernt – direkt und indirekt.

Sosehr sich Hölderlin auch von Herder unterscheidet – er teilt nicht dessen Harmonismus und Naturmoralismus, faßt die Widersprüche, die im Geschichtsgange wirksam werden und den einzelnen bedrängen, tiefer und zerreißender –, mit Herder insistiert er auf Individuum und Individualität, die er dem Ganzen in seinem geschichtlichen Gange zu vermitteln sucht; mit Herder gibt er nicht die monistisch-ontologische Grundüberzeugung zugunsten der transzendentalphilosophischen Argumentation preis, wenn er auch im Gegensatz zu Herder die Transzendentalphilosophie für sich produktiv macht, über sie das Bewußtsein der großen Selbsttätigkeit gewinnt sowie die Möglichkeit, die Dialektik des Widerspruchs zu denken, während ihm Herders historischer Horizont eher in der Rezeption, in den Themen seiner Gedichte, weniger in der Reflexion produktiv wird. Vom Menschen als dem sinnlich-körperlichen Wesen hatte der Weimarer Oberkonsistorialpräsident ein erheblich konkreteres Bewußtsein als der Stiftsschüler, und Herders plebejisch-demokratische Tendenzen gehen Hölderlin trotz aller revolutionären Gestimmtheit ab.

Hölderlin hat nicht nur Herders Werke gekannt, er hat Herder auch besucht. Hier sei nur auf den Aufsatz „Tithon und Aurora" verwiesen, aus dem Hölderlin im Juli 1794 in einem Brief an Neuffer zitiert. Dieser Aufsatz enthält nicht nur weltanschauliche Grundideen Herders, er zeigt zugleich anschaulich, wie dieser im Kreise der Herrschenden im Weimar das Revolutionsthema, die Sache der Revolution zur Sprache brachte.

Herder geht von dem auch ihn selbst bewegenden Thema des Sich-selbst-Überlebens aus, leitet von hier aus zum Politisch-Allgemeinen über: „Nicht nur einzelne Personen überleben sich; sondern noch viel mehr und länger, sogenannte politisch-moralische Personen, Einrichtungen, Verfassungen, Stände, Corporationen. Oft steht Jahrhunderte lang ihr Körper zur Schau da, wenn die Seele des Körpers längst entflohn ist, oder sie schleichen als Schatten umher zwischen lebendigen Gestalten." Und plaudernd führt Herder die Beispiele solchen Überlebens an, wie man sie auf Reisen kennenlernen könne: „Wer ists, der in ein altes Schloß, in einen verjährten Rittersaal, in ein Archiv

alter Diplome und Verhandlungen, alter Waffen und Putz-
werke, in alte Rathhäuser, Kirchen, Klöster, Palläste und Reichsstädte eintritt, und sich nicht in ein abgelebtes Jahrhundert versetzt fühlte? Bei einer Reise durch Deutschland findet man oft
im Bezirk weniger Meilen alte, mittlere, junge und die jüng-
sten Zeiten bei einander; hier haucht man noch die Luft des
zwölften, dort singt man Weisen des sechzehnten, zehnten, vier-
ten Jahrhunderts; auf einmal steigt man in Cabinette, die unter
dem üppigen Herzog-Regenten angeordnet, in Galerien, die unter Ludwig 14. gesammlet, und endet mit Anstalten, die fürs
zwanzigste Jahrhundert ersonnen zu seyn scheinen. So unterrichtend dies Chaos für einen Reisenden seyn mag; so verwirrend und unterdrückend müßte es für den Bewohner seyn, wenn
sich die menschliche Natur nicht an Alles gewöhnte."[42]

Dann wechselt das Thema: nicht der Verfall, sondern Verjüngung ist gefragt. „Wie geschieht diese? Durch Revolutionen?" In der neueren Modesprache sei dies Wort ihm zuwider
geworden. Sein reiner Sinn sei: „eine nach Maas und Zahl und
Kräften bestimmte, in sich zurückkehrende Bewegung der großen Weltkörper". – „Auch, wenn wir vom Himmel diesen Begrif der Revolutionen auf die Erde ziehen wollen, kann er nicht
anders als der Begrif eines stillen Fortganges der Dinge, einer
Wiederkehr gewisser Erscheinungen nach ihrer eigenen Natur,
mithin des Entwurfs einer fortwirkenden Weisheit, Ordnung
und Güte seyn … Scheußlich aber hat sich die Bedeutung dieses Worts verändert, da man in den barbarischen Jahrhunderten von keiner andern Revolution als von Eroberungen, von
Umwälzungen, Unterdrückungen, Verwirrungen ohne Absicht,
Ziel und Ordnung wußte. Da hieß Revolution, wenn das Unterste zu Oberst gekehrt ward, wenn durch das sogenannte Recht
des Krieges ein Volk sein Eigenthum, seine Gesetze und Güter
mehr oder minder verlohr, oder durch das Recht der Monarchie
alle die sogenannten Rechte geltend gemacht wurden, die St.
Thomas, Macchiavel und Naudé aus wirklichen Begebenheiten nachher aufnahmen und in Capitel brachten. Da hieß Revolution endlich, wenn Minister thaten, was die Fürsten selbst
nicht mehr thun mochten; oder wenn hie und da das Volk das

unternahm, was es selten so geschickt als Könige und Minister ausführte. ... Revolutionen dieser Art, sie entspringen von wem sie wollen, sind Zeichen der Barbarei, einer frechen Macht, einer tollen Willkühr; je mehr die Vernunft und Billigkeit der Menschen zunimmt, desto seltner müssen sie werden, bis sie sich zuletzt ganz verlieren."[43]

Man wolle auf dem Wege der heilenden Natur, nicht tötender Gewaltsamkeit bleiben. „Nicht Revolutionen, sondern Evolutionen sind der stille Gang dieser großen Mutter, dadurch sie schlummernde Kräfte erweckt ..." Zweck der Natur könne nichts sein als „Entwickelung ihrer Kräfte in allen Gestalten, Gattungen und Arten". Diese Entwicklung sei periodisch, man müsse sie je im Ganzen der wechselwirkenden Kräfte betrachten. Der Mensch lebe in einem eigenen, unendlich weiten Elemente. „Seine Vernunft hängt mit der Vernunft andrer, seine moralische Bildung mit dem Betragen andrer, seine Anlage sich als ein freies Wesen selbst und mit andern zu constituiren, hangt mit der Denkart, der Billigkeit und der wirksamen Unternehmung Vieler so genau zusammen, daß er außer diesem Element ein Fisch auf trocknem Lande, ein Vogel in Luftleerem Raum seyn muß. Seine besten Kräfte ersterben ..."[44]

Diese Entwicklung der Kräfte aber sei gesetzlich, natürlich. „Glaube doch niemand, daß wenn alle Regenten auf der Erde vom stolzesten Negerkönige an bis zum mächtigsten Khan der Tatarn sich zusammen verbänden, das Heute zum Gestern zu machen, und die fortgehende Entwicklung des gemeinsamen Menschengeschlechts, sie möge zur Jugend oder zum Alter führen, auf immerhin zu hindern, daß sie damit jemals zum Zweck kämen." Ein weiser Fürst – Herzog und Herzogin gehörten zu den Zuhörern – könne sich „nicht als einen Gegner der Natur betrachten". Denn: „Alle Stände und Einrichtungen der Gesellschaft sind Kinder der Zeit ... Wer also sein Daseyn mit der Dauer eines Standes oder einer Einrichtung verwechselt, macht sich selbst eine unnöthige Plage ... Der Stand als solcher macht nur Puppen; Persönlichkeit macht Werth und Verdienst."[45]

Diese genau adressierte plaudernde Seelsorge des Weimarer

Oberkonsistorialpräsidenten sei hier nicht weiter ausgeführt. Fazit in bezug auf Geschichte ist: „Daß Land und Volk nie oder sehr spät veralten; daß aber Staaten, als Einrichtungen der Menschen, als Kinder der Zeiten . . . Alter und Jugend, mithin eine immer fortgehende unmerkliche Bewegung zum Wachsthum, zur Blüthe, oder zur Auflösung haben. Daß endlich, um jenen fürchterlichen Anfällen, die man Staatsumwälzungen nennet und die dem Buch der Menschenordnung ganz fremde werden sollten, zuvorzukommen, der Staat kein andres Mittel habe, als das natürliche Verhältniß, die gesunde Wirksamkeit aller seiner Theile, den muntern Umlauf seiner Säfte zu erhalten oder wiederherzustellen, und nicht gegen die Natur der Dinge zu kämpfen. Früher oder später muß die stärkste Maschine in diesem Kampf unterliegen; die Natur aber altert nie; sie verjünget sich periodisch in allen ihren lebendigen Kräften."[46]

1791 – ein Jahr des „zerbrechlichen Gleichgewichts" im Gange der Französischen Revolution, großbürgerlicher Herrschaft und labiler konstitutioneller Monarchie, des Gesetzes Le Chapelier, des gescheiterten Fluchtversuchs des Königs und des Blutbades auf dem Marsfelde, des königlichen Eides auf die Verfassung von 1791 und der königlichen Konspiration, der Pillnitzer Erklärung – ein Jahr des Heranreifens der unausgetragenen inneren Spannungen in Frankreich und der Vorbereitung des Krieges der Feudalmächte gegen die wiedergeborene und sich wiedergebärende französische Nation. Herder lebte mit Maske: die Sympathien mit der Französischen Revolution mußte er verschweigen. Charakteristisch ist, wie es in einem Briefe an Johann Georg Müller vom 4. April 1791, den Zusammenhang unterbrechend, aus ihm hervorbricht: „. . . es ist sonderbar, wie langsam bei uns eine Revolution reift, und noch ist kein Zeugnis in der deutschen Geschichte, daß sie dadurch besser oder auch nur gut geworden wäre. Wir sind so erbärmlich gutherzig und indolent, daß wir uns, wenn's nun sein muß, alles gefallen lassen. Gnade Gott die Deutschen!"[47]

Herders Rede ist auf ihre Art „Fürstenerziehung", sie rechnet mit dem Herzog und der Herzogin von Weimar als Zuhörern. Sie ist zugleich eine Selbstverständigung der Weimarer

Bildungselite über die Bedeutung der Revolution. Der oberste
geistliche Beamte des Kleinstaates erklärt die notwendige
Vergänglichkeit der Standesordnung, in und von der er lebt;
er erklärt die Unaufhaltsamkeit des Ganges der Natur im geschichtlichen Menschheitsfortschritt, die notwendige Verjüngung und Erneuerung der Völker, woran unvermeidlich jede
entgegenstrebende Staatsmaschine zerbrechen muß. Dem gewaltsamen Gang der Revolution, vor dem Herder zurückschreckt und warnt, ist nur dadurch zuvorzukommen, daß man
ihm entgegenkommt. „Natur" nimmt somit den Gehalt des
geschichtlichen Fortschreitens und der Umwälzungen in sich
auf – als Bestätigung der Natur der Menschheit und der Völker. Angesichts der unerwähnten, in jedem Bewußtsein an-
wesenden Revolution in Frankreich gewinnt die höhnische
Schilderung der deutschen Zustände und die spürbare Verachtung derer, die sich an sie gewöhnen, ihr politisches Gewicht.
Die Menschheit erscheint dem Naturgesetz des Werdens und
Vergehens, des Alterns und der Verjüngung, damit der Neugestaltung ihrer Verhältnisse unterworfen: gegenüber der ver-
alteten Standesordnung altert die Natur und altern die Völker
nicht. Das ist eine eindeutige Front, die Herder – verbindlich
in der Form – markiert, noch von der Illusion befangen, die
Revolution könne auf dem Wege der Konstituante in „gesetz-
lichem" ruhigem Fortschreiten ihr Ziel erreichen. Hinter dieser
Rede scheinen die gerade abgeschlossenen „Ideen zur Philosophie der Geschichte der Menschheit" auf.

Hölderlin hat im gleichen Jahre seine Revolutionsbegeisterung hymnisch ausgesprochen, liest intensiv Rousseau, schwärmt
mit seinen Studiengenossen von der Revolution. Als er Herders Aufsatz liest, ist längst der Krieg ausgebrochen; er bewundert das revolutionäre Heer wie dessen Sache, identifiziert sich
mit der Gironde, schaudert vor Marat und dem jakobinischen
Terror. Die Lektüre Herders aber vermittelt ihm die Sicht auf
den unaufhaltsam in Altern und Verjüngung sich durchsetzenden Gang der „Natur", läßt ihn die geschichtliche Umwälzung
als Naturprozeß und -notwendigkeit erscheinen und vermittelt
ihm die Gewißheit der notwendigen und sieghaften Erneue-

rung, weil Selbsterneuerung der Völker. Was Hyperion auf
der Feier an Homers Grab verkündet, ist dies – in abstrakter,
weltanschaulich allgemeiner Form.

Die Grundüberzeugung eines objektiven unendlichen Naturzusammenhangs von „göttlicher", alles Menschliche übergreifender Qualität hatte sich Hölderlin längst an Herder bestäti-
gen können – freilich nicht den Erlösungstraum inniger Verschmelzung. Zu philosophischer Bewußtheit aber gelangte er
erst 1795 in der Auseinandersetzung mit Fichte.

Exkurs über Schillers Konzept
der ästhetischen Erziehung

I

Am wichtigsten wurde für Hölderlin neben Fichte Friedrich Schiller – ihn verehrte er, und von ihm riß er sich los. Als er 1794/95 in dessen persönlichen Bannkreis trat, traf er nicht mehr den politischen Rebellen. Schiller sah weder eine reale Möglichkeit nahperspektivischer Umwälzungen in Deutschland, noch vermochte er den Verlauf der Revolution in Frankreich zu verstehen; ihn schockierte die revolutionäre Massengewalt, er sah nur einen Wechsel der Despotismen. Im Programm der „Horen" entwickelte er eine Strategie, „über das Lieblingsthema des Tages ein strenges Stillschweigen" zu bewahren und „die politisch geteilte Welt unter der Fahne der Wahrheit und Schönheit wieder zu vereinigen". Eine solche politische Enthaltsamkeit scheint ihm nicht dem Ziel zu widersprechen, „wahre Humanität zu befördern. Man wird streben, die Schönheit zur Vermittlerin der Wahrheit zu machen und durch die Wahrheit der Schönheit ein dauerndes Fundament und eine höhere Würde zu geben."[48] Die Theorie dieses Programms entwarf er in den Briefen „Über die ästhetische Erziehung des Menschen" als Kulturkritik der Epoche und Konzept der Kunst als Raum und Organ, den Antagonismen zu begegnen und deren Aufhebung durch ästhetische Erziehung vorzubereiten.

Schillers Programm war illusionistisch, als Alternative zur Revolution ein Rückzug, bürgerlicher kulturideologischer Reformismus. Kants Haltung gegenüber der Revolution war positiver – die Begeisterung für die Revolution galt ihm als Beweis der moralischen Anlage im Menschen; sie war auch politisch aktiver im ebenso kühnen wie utopischen und doch zugleich revolutionär-realpolitisch gedachten Entwurf „Zum ewigen Frieden" aus dem Jahre 1795.

Dennoch stellt Schillers Konzept nicht nur einen Rückzug dar. Es entsprach insofern der historischen Situation und dem realen Kräfteverhältnis, als sich keine politische gesellschaftliche Kraft als Akteur einer revolutionären Umwälzung abzeichnete, die in einem Zuge mit den Leibeigenschaftsverhältnissen und der feudalen Zersplitterung hätte fertig werden können. Schillers Entwurf war zugleich ein Vorstoß, innerhalb der kulturellen Sphäre – praktisch der obengenannten Kultur des Mittelstandes – die Entwicklung so energisch und weit als möglich voranzutreiben. Was realhistorisch eine Illusion, war zugleich Medium der Entwicklung einer weitgreifenden, Probleme auch der neuen bürgerlichen Gesellschaft kritisch angehenden, notwendig Utopisches bergenden Kultur- und Dichtungsprogrammatik, nicht einfach ein Ausweichen von der Geschichtstheorie auf die Ästhetik, sondern die Historisierung der Ästhetik.

Nicht Rückkehr zur idealisierten Polis ist Schillers Zielpunkt – diese fungiert als Folie, von der aus er methodisch eine Alternative zur Zerrissenheit und Barbarei der Gegenwart sucht, gerade nicht im Sinne einer Nachahmung. Mehr noch gilt dies für einen idealen Naturzustand. Daß es keinen Weg zurück gibt, nur nach vorn, ist Kern von Schillers Kritik an Rousseau, dem er so viel verdankt, vor allem den epochenkritischen Ansatz: „Jene Natur, die du dem Vernunftlosen beneidest, ist keiner Achtung, keiner Sehnsucht werth. Sie liegt hinter dir, sie muß ewig hinter dir liegen. Verlassen von der Leiter, die dich trug, bleibt dir jetzt keine andere Wahl mehr, als mit freyem Bewußtseyn und Willen das Gesetz zu ergreifen, oder rettungslos in eine bodenlose Tiefe zu fallen."[49] Zugleich hält Schiller am triadischen Konstruktionsprinzip fest, das auch Hölderlin verwendet: der Bahn von ursprünglicher Harmonie über deren notwendige Zerstörung und antagonistischen Widerspruch zu erneuerter Harmonie der Vereinigung des Widersprechenden.

Die Zukunftsorientierung verbindet Schiller mit der Aufklärung als ideologischer Emanzipationsbewegung, und seine Kritik an der am Nützlichkeitsprinzip orientierten bloßen Verstandesaufklärung des Bourgeois über sich selbst ist Ferment jener totaleren, zugleich politischeren Aufklärung, mit der er beginnt, wissenschaftliche Einsicht und Gefühlsbefreiung suchend: der frühe Freundschaftsrausch antizipiert universale Gemeinschaft, das große Ziel, eines Freundes Freund zu sein, verallgemeinert sich zum Freudentaumel, in dem sich Millionen verbrüdern.

In das Zukunftspathos Schillers stimmte Hölderlin ein; es stimmte ihn ein: „Meine Liebe ist das Menschengeschlecht, ... ich liebe die große, schöne Anlage auch in verdorbenen Menschen. Ich liebe das Geschlecht der kommenden Jahrhunderte." So bekennt er sich in Schillers Worten, betrachtet das Gespräch Marquis Posas mit dem König als sein „Leibstück". Dies ist seine „seligste Hoffnung, der Glaube, der mich stark erhält und tätig, unsere Enkel werden besser sein als wir, die Freiheit muß einmal kommen, und die Tugend wird besser gedeihen in der Freiheit heiligem erwärmenden Lichte als unter der eiskalten Zone des Despotismus." So schreibt Hölderlin im September 1793 an den Bruder. Charakteristisch ist sein Bekenntnis: „Dies ist das heilige Ziel meiner Wünsche und meiner Tätigkeit – dies, daß ich in unserm Zeitalter die Keime wecke, die in einem künftigen reifen werden." (IV, 111) In dem Brief deutet sich auch eine Differenz zu Schiller an: Wo jener meint, daß die Tugend die Voraussetzung der Freiheit sei, im Gegensatz zur wirklichen Revolution, setzt Hölderlin wie selbstverständlich die Freiheit als Entwicklungsbedingung der Tugend. Er ist sich über diese Differenz gegenüber dem verehrten Vorbilde wenig klar – und gerät zugleich angesichts des Kampfes der Bergpartei gegen die Girondisten selbst in Verwirrung und Bitterkeit.

Zurück zu Schiller. Seine Weltanschauung läßt sich nicht in eine griffige Formel pressen. Dominant ist gewiß in theoretischer Beziehung der Idealismus, doch hatte dieser für ihn wesentlich eine praktische Funktion. Die theoretische Gestalt wechselte von einem in der Tradition Shaftesburys stehenden harmonischen Weltsystem, in dem dennoch der Dualismus von Materie und Geist unbewältigt war, zum Kantianismus, über

den er zugleich intensiv hinausstrebte. Die Einheit seiner Weltanschauung ist nicht die Einheit ihrer theoretischen Artikulation: sie ist reicher und widersprüchlicher, manifestiert sich zugleich in Schillers Poesie, im dort Gesagten und im Sagen
selbst, in dem, was er glaubt sagen zu müssen. Theorie und
Poesie sind Verhalten in und zu der konkreten sozialen und
historischen Welt, zwiespältig in ihrem Ja und ihrem Nein.
Die Funktion des Dichters, ihre hohe Norm − erinnert sei an
die Bürger-Rezension − ist Programm auch gegen sich selbst,
Aufgabe und öffentliche Rolle, die Schiller mit einer Willens-
kraft ohnegleichen auch gegen sich realisiert. Zugleich steckt
darin die Sehnsucht, aus der Ohnmacht herauszukommen,
Macht über die Gemüter zu gewinnen, denen der Theaterdich-
ter eine artifizielle Welt baut, und indirekt ihre „Veredelung"
zu bewirken. Kalkulierte Wirkungsstrategie verbindet sich mit
der idealen Zielsetzung einer anderen Welt. Der im „Wallenstein" die Logik politischer Macht entfaltet und das Scheitern
des Schönen auf Erden zeigt, träumt im „Wilhelm Tell" eine
„schöne" Revolution und bringt, gewiß verfremdet und ins
Moralisch-Peinliche abgesichert, dennoch den Sturm auf die
Bastille auf die Bühne: daß ein Volk sich selbst befreien kann,
wovor er in der „Glocke" so bürgerlich-ordentlich gewarnt.

„Er predigte das Evangelium der Freiheit", schrieb Goethe,
„ich wollte die Rechte der Natur nicht verkürzt wissen…
Diesem Konflikt verdanken wir die Aufsätze ‚Über Naive und
Sentimentale Dichtung'… Er legte hierdurch den ersten
Grund zur ganzen neueren Ästhetik: denn hellenisch oder ro-
mantisch, oder was sonst noch für Synonymen mochten auf-
gefunden werden, lassen sich alle dorthin zurückführen, wo
vom Übergewicht reeller oder ideeller Behandlung zuerst die
Rede war." Und es war die Rede von einem historischen Verhältnis zur Wirklichkeit. Goethe würdigte Schiller zugleich als
Initiator und Modell der „Epoche der forcierten Talente":
„Schiller, der ein wahrhaft poetisches Naturell hatte, dessen
Geist sich aber zur Reflexion stark hinneigte und manches,
was beim Dichter unbewußt und freiwillig entspringen soll,
durch die Gewalt des Nachdenkens zwang…"[50]

Im „Epilog zu Schillers Glocke" finden wir die Zeilen:

> Indessen schritt sein Geist gewaltig fort
> Ins Ewige des Wahren, Guten, Schönen,
> Und hinter ihm, in wesenlosem Scheine,
> Lag, was uns alle bändigt, das Gemeine.[51]

Über alle Bedingtheiten hinaus, alle nachweisbaren und oft beschriebenen Schranken, alles leer laufende Pathos – in Schillers dichterischer Lebensleistung ist etwas gelungen, das das „Gemeine", das immer wieder neu seinen Inhalt gewinnt, mit neuem geschichtlichem Inhalt erfahren und gedeutet werden muß, bändigt und in dieser Prozessualität eine zwingende Lebendigkeit, eine maßstabsetzende Größe gewinnt, der die Einsicht in Quellen und Schranken eines Idealismus, in politische Brüche, moralische Borniertheit, in seine Bürgerlichkeit kaum etwas anhaben kann.

Goethe hat einmal, in einem Fragment zu Tiecks Behandlung des „Wallenstein" in bezug auf die von diesem sorgsam vermerkten poetisch fragwürdigen Stellen, notiert: „Hätte nicht Schiller an einer langsam tötenden Krankheit gelitten, so sähe das alles ganz anders aus." Die Korrespondenz mit Schiller aber solle „unsre Ästhetik immer inniger mit Physiologie, Pathologie und Physik vereinigen, um die Bedingungen zu erkennen, welchen einzelne Menschen sowohl als ganze Nationen, die allgemeinsten Weltepochen so gut als der heutige Tag unterworfen sind".[52] Sowenig Goethe an eine Reduzierung der Ästhetik auf Naturwissenschaften dachte und so anders die Wissenschaften sich entwickelten, als er erwarten konnte: diese materialistische Forderung stellt bis heute unbeantwortete Fragen.

Das Gemeine ist vor allem eine moralische Wertung. Es ist Gegensatz zu menschlicher Freiheit und Würde, bezeichnet Verhalten blinder Bindung, Unterwerfung, Knechtschaft gegenüber physischer und sozialer Gewalt einschließlich der eigenen egoistischen Interessen. Es ist nicht identisch mit dem physischen Dasein. Sosehr des jungen Schiller philosophische Posi-

tion als objektiver Idealismus zu bezeichnen ist, der diesseits-
orientierte Jünger der Aufklärung hatte einen enormen Sinn
für Gewicht und Funktion der physischen Lebensbedingungen
wie der materiellen sozialen Existenz einschließlich der körperlichen Bedingtheit seelischer Prozesse. Das physische Dasein
ist ihm notwendige Voraussetzung und Bedingung jeder
menschlichen Vervollkommnung. Und früh beginnt sein Bemühen, die entgegengesetzten Positionen in einer idealistischen
Synthese aufzuheben. Schon der junge Physikus der Karls-
schule unternimmt es, „den merkwürdigen Beitrag des Körpers
zu den Aktionen der Seele, den großen und reellen Einfluß
des thierischen Empfindungssystemes auf das Geistige in hel-
leres Licht zu sezen"[53]. Ohne die im Dualismus von Körper
und Seele liegende Abstraktion vom gesellschaftlichen Wesen
der Menschen zu erkennen, sucht er die notwendige wechselseitige Bedingtheit, das Zusammenwirken beider Seiten zu begründen – im Gegensatz zum mechanischen Materialismus, der
den Menschen auf den Körper reduziere, und mehr noch gegen
den religiösen Spiritualismus, der „uns in den Rang idealischer
Wesen erheben will, ohne uns zugleich unserer Menschlichkeit
zu entladen; ein System, das allem, was wir von der Evolution
des einzelnen Menschen und des gesammten Geschlechts historisch wissen und philosophisch erklären können, schnurgerade
zuwider läuft"[54].

Diesen Satz hätte auch der Schiller der Briefe „Über die
ästhetische Erziehung des Menschen" unterschrieben. In deren
Vorentwurf, den Augustenburger Briefen, stellt er 1793 fest:
„Der Mensch ist noch sehr wenig, wenn er warm wohnt und
sich satt gegessen hat, aber er muß warm wohnen und satt zu
essen haben, wenn sich die beßre Natur in ihm regen soll."[55]

Der Mercier studiert hatte, der im Kammerdiener in „Kabale
und Liebe" einen derer, die alles zahlen, die große, die Kaba-
lenhandlung sprengende dramatische Anklagerede halten ließ,
traf dann in den Briefen die Verallgemeinerung. In der Auf-
zählung der Widersprüche, welche aus der Auflösung einer ursprünglichen Gemeinschaft resultieren, bringt er als ersten die
Trennung der Arbeit vom Genuß, der Anstrengung von der

Belohnung. Dabei geht es ihm nicht um historische Genesis, sondern um das, was überwunden werden muß. Schiller empfindet, sieht und bedenkt mehr, als in seine philosophisch-ästhetische Konzeption eingeht, als er – dank ihrer ideologisch-theoretischen Voraussetzungen – direkt verarbeiten kann. Es wirkt sich indirekt aus, bricht als angeschlagenes Thema, als soziale Wertung, in der Konzipierung von Volkshelden, im zunehmenden Interesse auch für den Mechanismus der bürgerlichen Gesellschaft durch, kontert schließlich die hochgemute Konzeption ästhetischer Erziehung und macht sich in einem stärker werdenden Bewußtsein der Diskrepanz zwischen verfügbarer theoretischer Begrifflichkeit und Erfahrung bemerkbar.

Doch dies Moment ist nicht stark genug, sich gegen den inneren Vorbehalt, den Schauder vor der Massenaktivität der Französischen Revolution durchzusetzen. Der bürgerliche Ideologe besteht auf der normativen Geltung bürgerlicher Ideologie, so spontan dies auch geschieht. Was er den niederländischen Freiheitskämpfen zugestanden, verweigert er den Franzosen, um im „Tell" ein bejahenswertes, weil unmittelbar die nationale Problematik einbeziehendes Modell einer „schönen" nationalen Revolution zu entwerfen.

Und doch weiß und sieht er, die Wirkungsbedingungen der Poesie bedenkend: „Der Geisteszustand der mehresten Menschen ist auf Einer Seite anspannende und erschöpfende Arbeit, auf der andern erschlaffender Genuß." Doch gilt eben darin, daß „vor allen Dingen erst die Natur befriedigt seyn muß, ehe der Geist eine Foderung machen kann". Vor diesem Problem bleibt Schiller stehen. Die Erwägung „einer Klasse von Menschen . . ., welche ohne zu arbeiten thätig ist",[56] bleibt Spekulation. Zugleich beleuchtet diese seine Wertung des Geisteszustands der meisten Menschen, warum die obern und untern Klassen moralisch depraviert seien, wie Schiller es als allgemeinen Zug des Zeitalters, speziell sichtbar geworden in der Revolution, behauptet.

Doch Schiller fragt nicht, ob und wie die wirkliche Arbeit sich ändern könnte und müßte, wie sie in „Tätigkeit" zu ver-

wandeln wäre. Die Tätigkeit sieht er allein möglich im kleinen
intellektuellen Zirkel. Folglich siedelt er die ästhetische Erziehung gänzlich in der Sphäre jenseits der materiellen Produktion
an, denkt Selbsttätigkeit allein als intellektuelle, ja künstlerische Tätigkeit, vermag keine Vermittlung zwischen seinem
Ideal schöner Menschlichkeit und der materiellen Produktion
zu finden. Obwohl Schiller auf Änderung des – in seiner eigenen Erkenntnis zumindest materiell bedingten – Zustands
drängt, in dem das Ganze der Gesellschaft sich befindet, obwohl der Gedanke vom Menschen als Akteur seiner Geschichte
immer wieder anklingt, rutscht in der theoretischen Analyse
die wirkliche empirische Geschichte doch unter das Entfrem-
dungsetikett der Natur, die ändernde Subjektivität, statt vermittelt durch Bewußtsein, reduziert sich auf den Geist. So
wesentlich also der Hinweis auf den Arbeitsprozeß ist – Schiller kennt hauptsächlich bäuerliche, handwerkliche und Tage-
löhnerarbeit –, er bleibt äußerlich dem, was die ästhetische
Erziehung betrifft, er betrifft höchstens deren äußere Voraussetzung.

An Marx' Feuerbach-Thesen sei erinnert. Für Schiller ist der
Idealismus unvermeidlich, solange er die materielle äußere
Realität nur unter der Bestimmung des Objekts und blinder
Zwangsläufigkeit denken, die gesellschaftsverändernde Tätigkeit nur als geistige Tätigkeit begreifen kann, die materielle
Tätigkeit aber undialektisch als Naturobjektivität erscheint.
Schiller stieß bei seiner Problemstellung auf Sachverhalte und
Zusammenhänge, deren rationales Begreifen und Erklären
innerhalb des historischen Idealismus unmöglich ist. Ihre ihm
empirisch erst in keimhafter Gestalt entgegentretende Widersprüchlichkeit drängt auf praktische Lösungen, die außerhalb
der kapitalistischen Gesellschaft liegen, in einer neuen Forma-
tion, in der auf der Basis des gesellschaftlichen Eigentums die
materiellen Bedingungen dieser Lösungen produziert und sie
selbst wiederum zur Bedingung der fortschreitenden Entwicklung werden.

II

Im Konzept der ästhetischen Erziehung wird die sinnlich-geistige Doppelnatur des Menschen vorausgesetzt. Schillers Fragestellung zielt jetzt auf die Überwindung ihrer wechselseitigen Entfremdung und der daraus resultierenden Deformierung beider. Die Kantische Transzendentalphilosophie, die Schiller seit 1791 studierte, läßt ihn diesen Dualismus komplexer fassen: er reproduziert sich im Welt- und Wirklichkeitsverhältnis, reißt Welt und Selbst, Ideal und Wirklichkeit auseinander; er ist für Schiller Grund, Ausgangspunkt und Strukturform eines ganzen Systems von Antagonismen. Zugleich haben Geschichtserfahrung und Kants Kritik der Metaphysik seine Gewißheit der aus Gottes planendem Verstand resultierenden Weltharmonie schwinden lassen. Schiller kann nur noch auf die Menschen, ihre Kräfte und ihre Geschichte rechnen.

Drehpunkt seiner geschichtsphilosophischen Konstruktion ist, daß er – Kant folgend – das System der Antagonismen als historisch notwendig – und notwendig zu überwinden begreift und nun im Schönen das Erscheinen der aufgehobenen Entfremdung, Freiheit und Totalität menschlicher Subjektivität erblickt. Das Schöne gewinnt den Inhalt erfüllter Menschlichkeit, umgreift im Zusammenstimmen, in der Harmonie von Sinnlichkeit und Vernunft das Verhältnis von Individuum und Gattung, Einzelnem und Allgemeinem. Darin liegt eine geschichtsperspektivische Intention: Schönheit ist utopischen Gehalts. Schiller geht vom Kantischen Dualismus von Natur und Freiheit, theoretischer und praktischer Vernunft aus. Kant hatte ihm die Idee der Selbstbestimmung als Inhalt der Freiheit vermittelt. Schiller zielt auf Aufheben dieses Dualismus. Im Widerspruch zum Wirklichen, wie er ihn mit Kantischen Begriffen faßt, liegt einmal die Tendenz, diesen zu verabsolutieren, zum anderen, ihn als energisches, nach Auflösung strebendes Verhältnis zu fassen, was wiederum über die Kantischen Voraussetzungen hinausdrängt.

Das ideale Modell der griechischen Polis veranschaulicht, worauf Schiller hinauswill. In die idealisierte Polis wird die aufgehobene Entfremdung projiziert: als Einheit und Harmonie von Individuum und Gesellschaft, als daraus erwachsende innere Harmonie und Ganzheit der individuellen Subjektivität, deren Sinnlichkeit und Geist noch nicht auseinandertraten: „... noch hatte kein Zwiespalt sie gereizt, mit einander feindselig abzutheilen ... So hoch die Vernunft auch stieg, so zog sie doch immer die Materie liebend nach, und so fein und scharf sie auch trennte, so verstümmelte sie doch nie."[57]

Das Schöne ist das Aufgehobensein der Trennung von Sinnlichkeit und Vernunft, schöne Menschlichkeit ihre Totalität. Auf den Staat übertragen, hebt Schönheit die Verselbständigung des Staats gegenüber den ihm subsumierten Individuen auf. Auch hier gilt die in den „Kallias"-Briefen entworfene Formel von der Schönheit als Freiheit in der Erscheinung. Während der „ethische Staat" den einzelnen Willen dem allgemeinen Willen, der Rousseauschen volonté générale, unterordnet, vollziehe der ästhetische Staat „den Willen des Ganzen durch die Natur des Individuums", was freilich dessen schön gewordene Natur voraussetzt. Das ist eine Alternative zum asketischen Citoyen-Ideal Rousseauschen Gepräges. Dieser „schöne Staat" ist Schillers Utopie. Als ästhetischer Staat ist er kein unmittelbar realisierbares Programm. Er ist – in einer Epoche der Antagonismen – nur möglich als Sphäre des Spiels, des Scheins, der Kunst. Was im Bilde der Polis unwiederholbare Vergangenheit, gebiert das ästhetische Spiel als Schein, doch in einem Doppelsinne: als Möglichkeit, die, vom Wirklichen unterdrückt, hier freigesetzt wird, als Möglichkeit dessen, was werden soll, oder als Alternativbild, das gegenüber der bedrängenden und zerrissenen Wirklichkeit Balsam, Kompensation, ein Fluchtraum ist. Vorschein noch machtloser Zukunft, die nicht anders denn durch menschliches Handeln wird, oder Versöhnung, die, im Geist vollzogen, das Fleisch geduldig macht – oder vielleicht doch ungeduldig, sie herzustellen? Schiller produziert beide Tendenzen.

Die historischen Antagonismen, gegen deren System er rebelliert und die Schönheit denkt, sind kein zufälliger Mißstand. Im Gefolge Kants erkennt er sie als Entwicklungsnotwendigkeiten an: „Die mannichfaltigen Anlagen im Menschen zu entwickeln, war kein anderes Mittel, als sie einander entgegen zu setzen. Dieser Antagonismus der Kräfte ist das große Instrument der Kultur, aber auch nur das Instrument; denn solange derselbe dauert, ist man erst auf dem Wege zu dieser."[58] Der sechste der Briefe „Über die ästhetische Erziehung" vom Januar 1795 entwirft eine umfassende Phänomenologie der Entzweiung, der Antagonismen, welche die Widerspruchserfahrung der jüngeren Generation, die um die Mitte der neunziger Jahre antritt, am Maßstabe der idealisierten Polis gleichsam vorformuliert – zum Teil umfassender, als jene sie aufzunehmen vermochte.

„Jene Polypennatur der griechischen Staaten, wo jedes Individuum eines unabhängigen Lebens genoß, und wenn es Noth that, zum Ganzen werden konnte, machte jetzt einem kunstreichen Uhrwerke Platz, wo aus der Zusammenstückelung unendlich vieler, aber lebloser Theile ein mechanisches Leben im Ganzen sich bildet. Auseinandergerissen wurden jetzt der Staat und die Kirche, die Gesetze und die Sitten; der Genuß wurde von der Arbeit, das Mittel vom Zweck, die Anstrengung von der Belohnung geschieden. Ewig nur an ein einzelnes kleines Bruchstück des Ganzen gefesselt, bildet sich der Mensch selbst nur als Bruchstück aus, ewig nur das eintönige Geräusche des Rades, das er umtreibt, im Ohre, entwickelt er nie die Harmonie seines Wesens, und anstatt die Menschheit in seiner Natur auszuprägen, wird er bloß zu einem Abdruck seines Geschäfts, seiner Wissenschaft."[59]

Schiller konfrontiert idealtypisch zwei Systeme. Jedes wird vom Verhältnis der Individuen zu ihrer Gesamtheit charakterisiert. Der historische Idealismus setzt sich darin durch, daß von dieser Bestimmung die materiellen Klassenverhältnisse nicht erfaßt werden können. Sie verschwinden hinter ideologischen Beziehungen.

So werden konfrontiert organische Einheit der Individuen im und mit dem Ganzen und sich selbst – und eine mechanische Einheit der zerrissenen und atomisierten Individuen. Dort Einheit von Arbeit und Genuß, Anstrengung und Belohnung, Ge-

setz und Sitte, Individuum und Staat – hier deren Zerrissensein
bei sozialer und psychischer Entsprechung; also Verselbständigung des Staates gegenüber den Individuen, Arbeitsteilung,
Ausbeutung, Konkurrenz. Es wäre jedoch falsch, Arbeitsteilung, das Arbeit-Genuß- und Anstrengung-Belohnung-Verhält-
nis auf die kapitalistische Gesellschaft allein zu beziehen.
Zunächst ist der Gegensatz des dritten Standes zu den
feudalen Ständen intendiert, während die inhaltliche Bestimmung schon tiefer und allgemeiner greift, aber keineswegs das
Kapitalverhältnis pur meint. Die individuelle Subjektivität erscheint als treibhausartige Entwicklung einzelner Kräfte bei
Verkümmerung ihrer Ganzheit, gespalten in Sinnlichkeit und
Verstand, Gefühl und Denken als feindliche Gegensätze.

Aus dieser Struktur leitet Schiller auch die philosophischen
Parteiungen ab: die Trennung des spekulativen Geistes von
der Sinnenwelt mit der Tendenz, das Wirkliche nach dem
Denkbaren zu modeln, die subjektiven Bedingungen seiner
Vorstellungskraft zu konstitutiven Gesetzen für das Dasein
der Dinge zu erheben; wohingegen ein bornierter Empirismus
als praktizistischer Geschäftsgeist, der beschränkte Erfahrung
vom Bewußtsein des Ganzen trennt, Erfahrung überhaupt nach
einem Fragment von Erfahrung modelt. Schiller zielt hier auf
den Gegensatz von Empirismus und Rationalismus. In „Über
naive und sentimentalische Dichtung" erscheint parallel der
Gegensatz von Ideal und Wirklichkeit als poetisches Wirklichkeitsverhältnis in Entsprechung der antagonistischen Struktur.

Gewiß angeregt von Rousseau, Herder, Ferguson, bewährt
Schiller einen erstaunlichen Blick für Gesamtzusammenhänge,
nicht in kausal entwickelnder, sondern in funktionaler Hinsicht. Und eben hierin übergreift er seine eigene philosophische
Position als historisch entstandene: er historisiert und relativiert sie. Ihm gelingt es, die philosophischen Grundpositionen
in vordialektisch-bornierter Gestalt zum praktischen Verhalten
in Beziehung zu setzen. Seine erkenntnistheoretische Schwäche,
daß er nie gnoseologische Probleme in ihrer eigenen Logik der
erkenntnismäßigen Aneignung der Wirklichkeit untersucht,
wird zu einer Stärke: indem er sie als Verhaltensprobleme der

erkennenden Individuen in bezug auf ihre eigene praktische Wirklichkeit, die ja immer eine soziale und geschichtliche ist, zu erfassen sucht. Ohne daß Schiller über die materiellen Grundlagen, Eigentumsverhältnisse etc. reflektiert, stellt er in einem gleichsam phänomenologischen Entwurf Verhältnisse persönlicher Abhängigkeit und Verhältnisse sachlicher Abhängigkeit einander gegenüber: erstere nur in der idealen Gestalt einer polisartigen Gemeinschaft mit unentwickelten inneren Gegensätzen, während letztere für ihn die spezifisch bürgerliche Arbeitsteilung mit der Verselbständigung des bürokratischen absolutistischen Staates und der feudalen Ungleichheit zusammenfaßt. Die Zerstörung der ursprünglichen Einheit aber ist ein irreversibler Prozeß.

Diese Analyse hat ihr eigenes Schwergewicht, auch unabhängig vom unmittelbaren Kontext. Sie umreißt, was zu überwinden – wogegen Schiller denkt. Sie spricht aus, wie ihm die realen historischen Bedingungen seiner Dichtung und seines Denkens erscheinen. Ins Auge fällt, wie „modern" sie ist. Sie umfaßt einen Komplex dessen, was Marx ein halbes Jahrhundert später zunächst unter dem Begriff der Entfremdung zusammenfaßt und dann in der materialistischen Analyse von der Untersuchung der entfremdeten Arbeit weiterführt bis hin zur Objektivität der Produktionsverhältnisse. Doch ist es nicht dasselbe. Weder von der empirischen Basis her, die da auf den Begriff gebracht wurde, noch von der Beziehung zu dieser, noch in bezug auf die Konsequenzen. Schiller träumte in der Übergangsphase von der feudalen zur bürgerlichen Gesellschaft eine friedliche Alternative des Weges zur idealen Gestalt der bürgerlichen Gesellschaft, und der Weg der ästhetischen Erziehung zielt auf geistige Herstellung ihrer subjektiven Bedingungen. Marx, den siegreichen Kapitalismus vor Augen, suchte in dessen innerer materieller Dialektik die Bedingungen eines Sturzes in Gestalt einer realen, gewaltsamen, materiellen Umwälzung. Schiller suchte den Kern dieser Entfremdung idealistisch im Verhältnis von Sinnlichkeit und Vernunft; Marx entdeckte ihn im unmittelbaren Arbeitsprozeß, im Verhältnis der lebendigen Arbeit zu ihren Bedingungen und Produkten.

Schillers Konzept der Aufhebung von Entfremdung – im Grunde ist der Begriff nicht zureichend für die von ihm anvisierten komplexen Antagonismen – schwankt zwischen dem Reich des schönen Scheins, wo sie geistig vollzogen wird und das reale Entfremdung voraussetzt, und einer Zukunft als utopisierter „schöner" bürgerlicher Revolution, zu der er keine reale Vermittlung von der Gegenwart her finden kann. Marx sieht den Beginn dieses Prozesses im Selbstbewußtwerden der Arbeiterklasse, ihrer Organisierung als Klassenbewegung, in der proletarischen Revolution und der Errichtung einer kommunistischen Gesellschaft, die in einem langen Prozeß der Entfaltung ihrer Kräfte und Beziehungen Entfremdung aufhebt. Der Gegensatz zwischen Materialismus und Idealismus, sozialistischer und bürgerlicher Ideologie ließe sich hier systematisch weiterführen.

Uns kommt es an dieser Stelle jedoch darauf an, in der Diskontinuität das Kontinuierliche zu sehen: die Elemente des Künftigen, die in Schillers Entwurf stecken und die selbst schon Resümee der Kulturkritik seit Rousseau sind; die Leistung, die darin liegt, innerhalb der bürgerlichen Ideologie und mit ihren Mitteln Bedürfnisse zur Sprache zu bringen, die zunächst nur als Entwicklungs- und Aktionsbedürfnisse intellektueller Individuen zu Bewußtsein kommen und innerhalb der bürgerlichen Gesellschaft nicht verwirklicht werden können. Es stimmt eben nicht, daß der reale Kapitalismus ihre Wahrheit sei und sie nur dessen antizipierende Verklärung ausdrücken: sie werden schon gegen die bürgerliche Wirklichkeit erfahren, drücken ein Leiden aus, das nicht ausgedacht ist. Die Freisetzung von den feudalen Bindungen ließ Entwicklungsmöglichkeiten und entsprechende Bedürfnisse der Individuen zu Bewußtsein kommen, die nur in antagonistischer Weise, also nicht ihrer Intention nach, verwirklicht werden konnten.

So utopisch das Ideal, so hypertroph der Anspruch der Kunst: Schiller brachte in dieser Weise den komplexen gesellschaftlich-geschichtlichen Gehalt zur Sprache, der im Schönen und in der Kunst Gestalt gewinnt. In idealistischer Form wird Kunst als aktives ideelles Verhalten in der und zur Gesellschaft begriffen, das sich – wie auch konkret vermittelt – auf deren Gesamtzusammenhang bezieht – mindestens der Möglichkeit nach –, als Form, in der Menschen sich ihres Verhältnisses zu ihrer eigenen geschichtlichen Wirklichkeit bewußt werden.

III

Der Preis der Erkenntnis ist hoch. Schillers Entfremdungskritik hat zum Kontext das Nein zur Revolution. Gemessen am Ideal, müsse in diesem Zeitalter jede Revolution Schimäre bleiben. Er wendet sich ab und der privaten, vorpolitischen Lebenssphäre zu, will weder der Revolution noch feudaler Konterrevolution dienen. Das Zeitalter – und darin der Anblick der Revolution – zeige bei den „niedern und zahlreichern Klassen ... rohe gesetzlose Triebe ..., die sich nach aufgelöstem Band der bürgerlichen Ordnung entfesseln, und mit unlenksamer Wuth zu ihrer thierischen Befriedigung eilen. ... Die losgebundene Gesellschaft ... fällt in das Elementarreich zurück." Zugleich „geben uns die civilisirten Klassen den noch widrigern Anblick der Schlaffheit und einer Depravation des Charakters, die desto mehr empört, weil die Kultur selbst ihre Quelle ist".[60]

Der Schauder des handlungsunfähigen intellektuellen Kleinbürgers vor der Gewalt der Massen und vor drohender anarchischer Auflösung verbindet sich mit rousseauistischer Kritik an den zivilisierten Klassen. „Aus dem Natur-Sohne wird, wenn er ausschweift, ein Rasender; aus dem Zögling der Kunst ein Nichtswürdiger." Die Aufklärung des Verstandes habe den Egoismus legitimiert. „Mitten im Schooße der raffinirtesten Geselligkeit hat der Egoism sein System gegründet, und ohne ein geselliges Herz mit heraus zu bringen, erfahren wir alle Ansteckungen und alle Drangsale der Gesellschaft."[61]

Diese moralische Entrüstung ist Kritik an der materialistischen Theorie der Holbach und Helvétius. Ist deren Theorie, wie Marx und Engels in der „Deutschen Ideologie" entwickelt haben, „die historisch berechtigte, philosophische Illusion über

die eben in Frankreich aufkommende Bourgeoisie, deren Ex-
ploitationslust noch ausgelegt werden konnte als Lust an der
vollen Entwicklung der Individuen in einem von den alten
feudalen Banden befreiten Verkehr"[62], so sucht Schiller die
volle Entwicklung der Individuen im Gegensatz zu deren in
der Befreiung vom Feudalismus einzig möglichen, historisch
beschränkten Form der freien Konkurrenz. Er sucht sie als
Ideologe eines noch ständisch gefesselten und abhängigen Mittelstandes, in dem sich die Bourgeoisie verbirgt, angesichts der
wirklichen Revolution in Abstraktion von den wirklichen ökonomischen Interessen in der Form des ins Moralische zurück-
genommenen Citoyen-Ideals.

Schillers Negation betrifft mit der Feudalordnung als Ganzem die kapitalistische Praxis in ihrem profan aufgeklärten
moralischen Habitus, die Praxis des Bourgeois, zugleich die
politische Praxis des revolutionären Citoyens, obwohl diese –
als Form, die bürgerliche Gesellschaft politisch durchzusetzen
und zu sichern – in ihrer Tugendidealität und ihrem politischen
Illusionismus ebenso notwendig war wie notwendig scheitern
mußte. Schiller wird dabei nicht zum Preissänger der herrschenden „zivilisierten" Klasse: „Die Kultur, weit entfernt,
uns in Freyheit zu setzen, entwickelt mit jeder Kraft, die sie
in uns ausbildet, nur ein neues Bedürfniß, die Bande des physischen schnüren sich immer beängstigender zu, so daß die
Furcht, zu verlieren, selbst den feurigen Trieb nach Verbesserung erstickt, und die Maxime des leidenden Gehorsams für die
höchste Weisheit des Lebens gilt." Dieser Hohn zeigt, daß die
kleinbürgerliche Angst vor der aufbrechenden Massengewalt
Schiller nicht zum „leidenden Gehorsam"[63] bekehrt, daß sein
Ausweg subjektiv ein Ausbruch ist, dessen Idealismus die geschichtliche Ohnmacht reproduziert, die seine Voraussetzung ist.

Schiller bestreitet nicht die Notwendigkeit und das Recht
der Revolution, nur, daß trotz der günstigen Lage, da der
Naturstaat wanke, die subjektiven moralischen Bedingungen
nicht gegeben seien, „das Gesetz auf den Thron zu stellen, den
Menschen endlich als Selbstzweck zu ehren, und wahre Freyheit
zur Grundlage der politischen Verbindung zu machen"[64].

Die Revolutionsfeindlichkeit ist nicht zu bestreiten, aber auch nicht der Wille zur Verbesserung, auch nicht, daß gerade dem bestehenden Staat politischer Barbarei die Fähigkeit abgesprochen wird, moralisch zu bilden. Schiller versucht in der deutschen Situation, die nicht revolutionär war, eine eigene bürgerliche Linie dennoch zu realisieren. Was in politischer Hinsicht notwendig Illusion, denn der Rückzug ins Vorpolitisch-Kulturelle stärkt die bestehende Macht, ist zugleich eine Strategie der ideologischen Emanzipation: vorzubereiten, daß eben eine ideale Situation die moralischen Subjekte fände, den Vernunftstaat zu errichten.

Doch Schiller hat die heroische Illusion der bürgerlichen Revolution, die eine sie demontierende umwälzende Praxis vermittelt, mit der bürgerlichen Illusion als Alternative zur Praxis der Ohnmacht, als deren ideale Ergänzung vertauscht. Die reale bürgerlich-deutsche Praxis, die sich auf ihn berief und mit ihm sich schmückte, demontierte sie ungleich barbarischer.

Die Situation in Deutschland war nicht revolutionär. Schiller wußte dies. Er hatte vorher resigniert. Am 26. Mai 1794 schreibt er an Johann Benjamin Erhard: „Möchte nun auch Ihr Schicksal Sie glücklich führen, geliebter Freund, daß Ihre Geisteskräfte sich nicht im Kampf mit den Umständen zu verzehren brauchen. Vor allem folgen Sie meinem Rath und lassen Sie vor der Hand die arme, unwürdige und unreife Menschheit für sich selbst sorgen. Bleiben Sie in der heitern und stillen Region der Ideen, und überlassen Sie es der Zeit, sie ins praktische Leben einzuführen."[65] Und Schiller warb um Mitarbeit an den „Horen", die Erhard auch zusagte.

Erhard gehörte zu den deutschen Jakobinern. 1795 erschien seine Abhandlung „Über das Recht des Volkes zu einer Revolution", worin er kantianisch und gut jakobinisch das Recht auf Revolution begründete. Er war nicht nur Theoretiker, sondern versuchte praktisch revolutionär zu wirken, Schillers Rat winkte er ab: „Ob ich mich aber werde enthalten können nicht an der Realisierung der Ideen zu arbeiten, wenn ich kann – das glaube ich nicht." Er wollte und konnte sich nicht enthal-

ten: war organisatorisch, konspirativ und propagandistisch
tätig, fand aber – die Unruhen in seiner Heimatstadt Nürn-
berg waren bloße Emeuten – angesichts der Verfolgung der
Wiener Jakobiner wie der zunehmenden allgemeinen Repression keinen praktischen Wirkungskreis. Er suchte eine Chance
in der Zusammenarbeit mit Frankreich 1796, um „wirkungs-
voller zum Sieg der Humanität über den Despotismus und den
Aberglauben beitragen zu können".[66]

Besonders interessant ist eine Beilage zu seinem ersten
Agentenbericht, in dem Erhard eine Lagebeurteilung gibt. Er
argumentiert durchaus als „Republikaner", somit als Mann des
Directoire. Als Grund, warum von den Deutschen wenig zu
erwarten sei, gibt er an, daß sie keine Nation seien, dazu zu
sehr territorial, religiös, im Entwicklungsstand aufgesplittert,
insgesamt phlegmatischen Charakters. Die Massen seien an die
Abhängigkeit von Vornehmen und Geistlichkeit gewöhnt,
durch religiöse Erziehung eingeschüchtert, was durch die konterrevolutionäre Propaganda verstärkt worden sei. Die Fakul-
tätsgelehrten aber seien in der Regel unaufgeklärte, intrigie-
rende Speichellecker, insgesamt der „Druck, den sie leiden, in
den meisten Ländern so ziemlich im Verhältnis mit der Stu-
pidität des Volkes"[67]. Doch habe zugleich das Betragen der
Franken in manchen Gegenden selbst viel dazu beigetragen,
mißtrauisch zu machen. Er hebt hervor, daß die meisten die
Republik – als Regierung der Gesetze – mit der Demokratie, der „Regierung des Eigensinns der Volksmasse"[68], verwechseln.

Erhard war ein treuer Anhänger der Revolution auch in der
Zeit ihres Höhepunkts 1793/94 gewesen; er erhoffte sich vom
Directoire Unterstützung der Bestrebungen, in Süddeutschland
republikanische Verhältnisse durchzusetzen, sah sich enttäuscht
und resignierte.

Ein Grundproblem der revolutionären Ideologienbildung in
Deutschland liegt in dieser Epoche darin, daß die Revolutions-
bejahung und -begeisterung die Identifikation mit den heroischen Illusionen der bürgerlichen Revolution einschloß, die vom
retrograden Gang dieser Revolution, über das Directoire zu

Napoleon, öffentlich zerfetzt wurden, während das prosaische Resultat, die kapitalistische Gesellschaft in ihren antagonistischen Zügen, nach innen wie außen um so erkennbarer zutage trat.

Schiller teilt nicht die heroische Illusion, insofern diese ihre unmittelbare politische Praktikabilität behauptet. Er sucht die Citoyen-Idealität als moralisches Ideal mit nur perspektivischem Realisierungsversprechen gegen die Realität, die aus der Französischen Revolution hervortreten sollte, zu bewahren, entwirft ein illusionäres Konzept künftiger Umgestaltung bzw. ihrer Vorbereitung nach analog illusionärem Modell. Er sucht eine politische, soziale und nationale Problematik zu synthetisieren – das Modell der schönen Revolution als poetisches Ideal gegen die Machtlogik der empirischen Geschichte. In Wirklichkeit praktiziert er ein Programm der ideologisch-kulturellen Emanzipation unter Verzicht auf politische, wodurch die Not als Tugend behandelt, aber auch ein Äußerstes des kulturell Machbaren, eine ungeheure Konzentration geistiger Produktivität Geburtsstätte der nationalen Literatur wird. Sie wurde dies nicht, weil Schiller so programmierte; vielmehr ist sein Programm die ideologische Verabsolutierung einer Situation, in welcher der „feurige Trieb nach Verbesserung" real allein in geistiger Produktivität und darin antizipierend sich betätigen konnte, unter der Voraussetzung der Einsicht: „Deutsches Reich und deutsche Nation sind zweierlei Dinge. Die Majestät der Deutschen ruhte nie auf dem Haupt seiner Fürsten."[69] Als unter Napoleons Stiefel das Deutsche Reich zerbrach, verkündete Schiller – nicht zufällig hat er das Gedicht dann nicht beendet –: Er, der ideale Deutsche, „ist erwählt von dem Weltgeist während des Zeitkampfes an dem ewigen Bau der Menschheit zu arbeiten"[70]. Solange dies ideell möglich war, gerade weil die bürgerliche Praxis als politische noch ruhte, entstand daraus eine Riesenleistung von Ideen und Werken. Als aus der Ohnmacht Macht wurde, ging das Menschheitsideal im chauvinistischen und imperialistischen Herrschaftsanspruch unter.

IV

Die These, daß der „Naturstaat" wanke, nimmt Schiller nicht zurück. Ein feudaler Staat steht grundsätzlich nicht mehr zur Diskussion. Das Eigentümliche des Schillerschen Staatsideals aber ist, daß es die Utopie eines aufgehobenen Staates enthält, der nicht selbständige Macht gegenüber den Individuen ist. Einerseits weiß er um die Notwendigkeit einer staatlichen Organisation, dem Idealisten ist der Staat das Band der Gesellschaft. Andererseits will er kein Repressionsverhältnis des Allgemeinen gegenüber dem Individuellen. Aber er sucht nicht die liberale Synthese des Staats des egoistischen Bourgeois, der als Staatsbürger idealer Citoyen zu sein meint.

„Jeder individuelle Mensch ... trägt, der Anlage und Bestimmung nach, einen reinen idealischen Menschen in sich ... Dieser reine Mensch ... wird repräsentirt durch den Staat; die objektive und gleichsam kanonische Form, in der sich die Mannichfaltigkeit der Subjekte zu vereinigen trachtet." Und hier setzt nun seine Differenz ein: „Nun lassen sich aber zwey verschiedene Arten denken, wie der Mensch in der Zeit mit dem Menschen in der Idee zusammentreffen ...: entweder dadurch daß der reine Mensch den empirischen unterdrückt, daß der Staat die Individuen aufhebt; oder dadurch, daß das Individuum Staat wird, daß der Mensch in der Zeit zum Menschen in der Idee sich veredelt."[71] Schillers Weg ist der zweite: „Der Staat soll nicht blos den objektiven und generischen, er soll auch den subjektiven und specifischen Charakter in den Individuen ehren, und indem er das unsichtbare Reich der Sitten ausbreitet, das Reich der Erscheinung nicht entvölkern."[72]

Wie in einer Nußschale faßt dies Schillers ideologisierende Problemstellung und ihre Lösungsmöglichkeiten zusammen. Voraussetzung ist die Spiritualisierung von Rousseaus volonté générale zur Bestimmung der praktischen Vernunft, die Kant vorgenommen. Der ideale Mensch strebt, geleitet vom kategorischen Imperativ, nach Gleichheit und Freiheit, gesellschaftlicher Harmonie und Einheit. Ihm entspricht der Staat als Verkörperung des Allgemeinen, Gerechten, Sittlichen. Der empirische Mensch ist der sinnlich-körperliche, das egoistische Individuum, zugleich die je von anderen sich unterscheidende Individualität. Die Idealität schließt die Individualität aus: sie stört des Gesetzes Reinheit. Gegenüber dem Allgemeinen repräsentiert der empirische, der wirkliche Mensch das Individuelle, gegenüber der Einheit des Staats die Mannigfaltigkeit, gegenüber der Idealität das Natürliche, gegenüber der zeitlosen Normativität die Historizität.

Schillers Konzept, die Verwandlung des „Menschen in der Zeit" zum „Menschen in der Idee", ist in sich zwiespältig. Denn einerseits ist der ideale Mensch die Negation von Physis, Individualität und Zeitlichkeit, zum anderen ist des Menschen Natur sinnlich und geistig, und Schiller sucht die veredelte Einheit beider. Ästhetische Erziehung erscheint daher als Mittel zum Zweck der Moralisierung des natürlich-fleischlichen Menschen, zugleich als Formung des Menschen, wie er sein solle und könne. Im ersten Falle ist sie Exekutivvorgang der idealen Allgemeinheit, im zweiten, wenn es glückt, Befähigung der Individualität zur Freiheit, zur Selbstbestimmung und Selbsttätigkeit. Sosehr Schiller aufs zweite hin denkt und sucht, gelingt ihm die gedankliche Vermittlung nicht, weil er letztlich epochenbestimmende Realität der Entfremdungsantagonismen und Möglichkeit ihrer Aufhebung über eine Selbstbewegung der Gesellschaft nicht vermitteln kann. Sosehr also Schiller gegen den Dualismus denkt, so sehr muß er ihn reproduzieren.

Und doch liegt hier ein wichtiger Vorstoß. Mit der Individualität insistiert Schiller auf den Anspruch der Sinnlichkeit und darin indirekt der sozialen Bedürfnisse, wenn sie auch im Abstrakten verborgen bleiben. In diesem Konzept wird zugleich das mit den bürgerlichen Verhältnissen produzierte Bedürfnis nach individueller freier Entwicklung der Kräfte gegen den Formalismus des Gesetzes und der Gleichheit, indirekt die Entwicklung der produktiven Kräfte gegen die politisch-juristische Form als deren Inhalt reflektiert, der von jenen ins Private gedrückt wird.

Umgekehrt wird Schiller diese Problematik gerade angesichts

der Struktur des poetischen Kunstwerks, der Einheit von Anschaulichkeit und Gedanke, von Allgemeinem und Individuellem, bewußt, eben von seinen Produktionsbedürfnissen her. Darin ist ein weiteres wesentliches Moment wirksam, das sich ihm als Poeten aufdrängt, welcher der subjektiven Totalität bedarf und auf das Konkrete in seiner poetischen Darstellbarkeit orientiert ist. Weder die formelle Gleichheit noch die egoistische ökonomische Bourgeoispraxis bieten Raum und Inhalt für persönliche Gemeinschaftsbeziehungen, die, von feudaler Repression frei, als eigentliche Sphäre humaner Entfaltung erscheinen, jenseits der Arbeitszwänge, jenseits der Eigentumsinteressen, als deren Instrument vielmehr Ökonomie sich darstellt. Ihr Modell findet er, der die Tradition pietistischer Zirkel kennt, in Freundschaftsbeziehungen, geselligen Kreisen bis hin zum Traum einer universalen Brüderlichkeit im Sinne des „Lieds an die Freude" als der „Tochter aus Elysium", dem Ziel menschlicher Befreiung und Vollendung: eine Gleichheit, die in inniger brüderlicher Bindung, in der sich entfaltenden Individualität als Gemeinschaft sich herstellt. Sie ist das, was in der politischen Öffentlichkeit des Absolutismus abgestorben, in der bürgerlichen Geschäftspraxis erstickt, in der repressiven bürgerlichen Öffentlichkeit, wie sie neu sich herstellt, nicht vorhanden ist.

Hier setzt Schillers ästhetische Erziehung an. Sein Konzept ist nicht reformistisch in dem Sinne, daß er vom absolutistischen Staat eine Verbesserung der Verhältnisse durch Reformen von oben erwartet. Ästhetische Erziehung, also die Herstellung der moralischen Möglichkeit eines Vernunftstaates, eines schönen Staates, wird gerade den bestehenden barbarischen politischen Verhältnissen verweigert. Sie richtet sich ja gegen diese. Insofern ist die Wendung zur privaten Sphäre durch ihren perspektivischen Anspruch indirekt politisch.

Wurde durch die Entwicklung der menschlichen Kräfte auf dem Wege ihrer antagonistischen Entgegensetzung die moralische Möglichkeit eines schönen Staates zerstört, Natur und Vernunft, Gattung und Individuum, Allgemeines und Einzelnes feindlich gegeneinandergetrieben, so muß „diese Totalität in unsrer Natur, welche die Kunst [Schiller meint hier das Gesamt des von Menschen Gemachten – W. H.] zerstört hat, durch eine höhere Kunst wiederherzustellen"[73] sein. Diese Totalität aber ist innerhalb der Arbeitsteilungs-, Ausbeutungs-, Konkurrenz- und Machtverhältnisse der bürgerlichen Gesellschaft nicht zu gewinnen. Das Bewußtsein menschlicher Bedürfnisse nach freier Entwicklung der Individualität und ihrer sozialen nichtantagonistischen Vereinigung, das mit dem Freisetzen der Individuen aus feudalen Bindungen sich regte und rebellisch entfaltete, ist ungleich weitgespannter, prinzipieller als das, was unter den Bedingungen dieser Gesellschaft des Privateigentums verwirklicht werden kann, obwohl es ebendiesem Privateigentum entsprang. Und Schillers Einsicht reicht so weit, daß er – in aller idealistischen Hypertrophierung – allein in dem, was Menschen bewußt machen, einen Ausweg aus dem Dilemma sucht, ohne Hilfe von einer vorgegebenen Natur oder einem fernen Gott oder einem gleichsam automatischen Fortschritt zu erwarten.

Schiller wußte genau um den Zirkelcharakter seiner Argumentation, die er nicht zufällig schließlich abbrach. „Die theoretische Kultur soll die praktische herbeyführen und die praktische doch die Bedingung der theoretischen seyn? Alle Verbesserung im politischen soll von Veredlung des Charakters ausgehen – aber wie kann sich unter den Einflüssen einer barbarischen Staatsverfassung der Charakter veredeln?"[74] Daher die Kunst als Instrument dieser Veredlung berufen wird. Da dies wiederum nicht empirisch nachweisbar ist, wendet sich Schiller der transzendentalphilosophischen apriorischen Konstruktion zu, weil empirisch „man beynahe in jeder Epoche der Geschichte, wo die Künste blühen und der Geschmack regiert, die Menschheit gesunken findet"[75].

Doch diesem widerspricht: „Die Menschheit hat ihre Würde verloren, aber die Kunst hat sie gerettet und aufbewahrt in bedeutenden Steinen; die Wahrheit lebt in der Täuschung fort, und aus dem Nachbilde wird das Urbild wieder hergestellt werden. So wie die edle Kunst die edle Natur überlebte, so schreitet sie derselben auch in der Begeisterung, bildend und erweckend, voran. Ehe noch die Wahrheit ihr siegendes Licht in die Tiefen der Herzen sendet, fängt die Dichtungskraft ihre Strahlen auf, und die Gipfel der Menschheit werden glänzen, wenn noch feuchte Nacht in den Thälern liegt."[76] Dies klassisch humanistische Bekenntnis zur geschichtlichen Funktion der Kunst als Erinnerung, Bewahrerin und antizipierende Erweckerin ist die Voraussetzung des philosophischen Gedankenganges. Schiller will diese antizipierend-erweckende Funktion begründen durch einen „Vernunftbegriff der Schönheit", der „schon aus der Möglichkeit der sinnlichvernünftigen Natur gefolgert werden" müsse, um das theoretische Ziel zu gewinnen: „die Schönheit müsse sich als eine nothwendige Bedingung der Menschheit aufzeigen lassen".[77]

V

Schillers spekulativer „reiner Begriff der Menschheit" stellt als Wesensbestimmung „des" Menschen die Synthese einander negierender Begriffe dar, die letztlich den Kantischen Dualismus von Intelligiblem und Sinnlichem reproduzieren. Auf der einen Seite steht das Übersinnliche, Vernunft und Geist, auf der anderen das Sinnliche, Materie: jenem entsprechen Bestimmungen der Form, des Allgemeinen und der Einheit, dieser des Stoffs, des Einzelnen, der Mannigfaltigkeit; jenem die Selbsttätigkeit, gestaltende Aktivität, dieser das Leiden, Empfangen; jenem Freiheit als Selbstbestimmung, Subjektivität, diesem Fremdbestimmung, Abhängigkeit, Objektsein. Jenem als dem Logischen und sich selbst verleugnenden Ontologischen entspricht das Moralische, d. h. Gesellschaftliche, insofern das Allgemeine die allgemeine gesellschaftliche Übereinstimmung, der Gemeinwille ist, während auf der anderen Seite das egoistische Individuum bzw. dessen Egoismus, sinnliches Interesse und Selbstbehauptung stehen.

Die Bestimmung der „Menschheit" sucht die Einheit, das In- und notwendige Mit- und Füreinander beider Seiten, deren Vereinigung und Harmonie ebenso den idealen Menschen charakterisiert, während der empirische Mensch von dem Auseinanderfallen, der Gegensätzlichkeit und dadurch Deformierung der beiden Seiten seiner sinnlich-geistigen Natur geprägt ist. Voraussetzung ist die erkenntnistheoretische Bestimmung Kants, der Erkenntnis auf die Einheit von Sinnlichkeit und Verstand, von Sinnesempfindungen, die gegeben, und apriorischen Verstandeskategorien und Anschauungsformen und die Einheit beider auf die formende Tätigkeit gegenüber dem gegebenen Material gründete. Daher beziehe sich Erkenntnis nur auf Erscheinung im Unterschied zum unerkennbaren Ding an sich in seiner Übersinnlichkeit. Der empirische Mensch ist bei Schiller der wirkliche physische, der sittliche Mensch nur der mögliche; der ideale aber soll den sittlichen zur empirischen Erscheinung bringen. Daher die sinnlich-geistige Natur zur harmonischen Einheit zu bringen, zur „nicht wirklichen" Erscheinung, Aufgabe des Spiels, des ästhetischen Zustands, des ästhetischen Scheins ist.

Ästhetischer Schein und Spiel haben zur Welt der Antagonismen als gegenwärtiger, d. h. sinnlich gegenwärtiger Wirklichkeit ein ambivalentes, widersprüchliches Verhältnis. In dieser Wirklichkeit produziert, sind sie einmal deren Bestandteil, sie distanzieren sie aber zugleich für ihre Akteure, negieren sie im Schönen; sie sind ihr gegenüber physisch machtlos, ein abgesondertes Reich, und wirken dennoch über sich hinaus auf den realen Menschen. Sie fungieren als Bedingung des Übergangs vom sinnlichen zum sittlichen Menschen und lassen in der Schönheit eine künftige Wirklichkeit antizipieren und einüben. Die philosophischen Kantischen Voraussetzungen, ihre starren Alternativbildungen müssen aufgebrochen, die ahistorischen Setzungen historisiert werden. Der geschichtsphilosophische Ausgangspunkt – die Feststellung der Antagonismen und das Verhältnis zu ihnen – drängt auf eine perspektivische Lösung.

Daher Hegels rühmende Einschätzung Schillers: „Es muß Schillern das große Verdienst zugestanden werden, die Kantische Subjektivität und Abstraktion des Denkens durchbrochen und den Versuch gewagt zu haben, über sie hinaus die Einheit und Versöhnung denkend als das Wahre zu fassen und künstlerisch zu verwirklichen."[78] Was Hegel als Versuch auf einem Wege, der in seiner Ästhetik gipfelt, einschätzt, erscheint dadurch freilich in einseitigem Lichte. Die „Versöhnung" geschieht für Schiller nur im Schein und soll das Wahre erst werden. Sie ist gerade nicht die verborgene Wahrheit einer unversöhnten Wirklichkeit. So richtig also die Charakterisierung ist, Schiller habe die Einheit des „Allgemeinen und Besonderen, der Freiheit und Notwendigkeit, der Geistigkeit und des Natürlichen" als „Prinzip und Wesen der Kunst" wissenschaftlich erfaßt „und durch Kunst und ästhetische Bildung ins wirkliche Leben zu rufen unablässig"[79] sich bemüht, so fehlt darin die Differenz. Die fertige Welt Hegels ist für Schiller offen zur Zukunft hin; nicht zufällig vermißte Hegel am „Wallenstein" die „Versöhnung", ins Sein ist nicht die Theodizee dialektisch hineingenommen, und im Behaupten des Ideals gegen die Wirklichkeit liegt ein heroisches „Trotzdem".

Diese begrifflich nicht geklärte und philosophisch nicht in ihren Konsequenzen zu Ende gedachte Dynamik durchdringt Schillers philosophische Deduktion. Er konfrontiert zunächst „Person" und „Zustand" als polare Begriffe: Person ist zeitlose Intelligibilität, das Selbst, das identische „Ich" in allen Veränderungen – Zustand das weltliche Bestimmtsein, der wirkliche Mensch somit Person im Zustand. Schiller leitet von hier aus die Aufgabe ab, „das Nothwendige in uns zur Wirklichkeit zu bringen und das Wirkliche außer uns dem Gesetz der Nothwendigkeit zu unterwerfen", was Denken und Handeln übergreift. Die entgegengesetzten Funktionen bestimmt er – im Gefolge Fichtes – als „Kräfte" und nennt sie, „weil sie uns antreiben, ihr Objekt zu verwirklichen", „Triebe".[80] Dementsprechend setzt er dem Formtrieb den sinnlichen Trieb entgegen, und beider Dialektik konstituiert – wie bei Person und Zustand – des Menschen Sein in der Welt.

Der sinnliche Trieb geht vom physischen, der Formtrieb vom absoluten geistigen Dasein aus; jener will Veränderung, dieser Aufhebung der Zeit; der eine betrifft und treibt uns als Individuen, die Herrschaft des anderen läßt uns als Gattung handeln;

jener betrifft einzelne Fälle, Gegenstände im zeitlichen Fluß, dieser gibt Gesetze für jedes Urteil und jeden Willen – eben als theoretische und praktische Vernunft. Doch „da alle Form nur an einer Materie, alles absolute nur durch das Medium der Schranken erscheint, so ist es freylich der sinnliche Trieb, an dem zuletzt die ganze Erscheinung der Menschheit befestiget ist. Aber, obgleich er allein die Anlagen der Menschheit weckt und entfaltet, so ist er es doch allein, der ihre Vollendung unmöglich macht. Mit unzerreißbaren Banden fesselt er den höher strebenden Geist an die Sinnenwelt, und von ihrer freyesten Wanderung ins Unendliche ruft er die Abstraktion in die Grenzen der Gegenwart zurücke." Stets tritt in ihm „die unterdrückte Natur wieder in ihre Rechte zurück, um auf Realität des Daseyns, auf einen Inhalt unsrer Erkenntnisse, und auf einen Zweck unsers Handelns zu dringen".[81]

Diese Argumentation zeigt schon erhebliche Pendelausschläge. Der empirische Realismus trumpft auf gegenüber dem moralischen Idealismus, dessen Vollendungsbegriff unklar bleibt, während offen ist, wie denn „Erscheinung" und „Ding an sich" in bezug auf das Erwecken und Entfalten menschlicher Anlagen zu denken wären.

Hier beginnt Schiller – radikaler denn in „Über Anmut und Würde" – die „moralische Weltanschauung", wie Hegel Kants Position nannte, hinter sich zu lassen, ebenso – zum Teil mit Fichtes gedanklichen Mitteln – Fichtes asketischen Rigorismus. Beide setzten einen Antagonismus von Vernunft und Sinnlichkeit, der nur die Unterordnung des Sinnlichen unter die Vernunft gestattete. „Daraus aber kann bloß Einförmigkeit, aber keine Harmonie entstehen, und der Mensch bleibt noch ewig fort getheilt."[82] Eine solche Argumentation zeigt, daß dem Harmoniebegriff selbst eine Idealvorstellung von Menschenbildung und zwischenmenschlicher Beziehung zugrunde liegt, die ebenso den Antagonismus wie die „Einförmigkeit" ausschließt, vielmehr Gleichheit und Individualität, inhaltlich die Entfaltung der Kräfte des Individuums zum harmonischen Ausgleich zu bringen sucht.

Antagonistisch verhalten sich die beiden Triebe aber nicht

von „Natur" aus. Schiller begreift sie als einander gleichsam organisch subordiniert und koordiniert. Sie in ihren jeweiligen Gebieten zu halten sei Aufgabe der Kultur; zwischen ihnen walte, wie es Fichte entwickelt habe, Wechselwirkung, „wo die Wirksamkeit des einen die Wirksamkeit des andern zugleich begründet und begrenzt, und wo jeder einzelne für sich gerade dadurch zu seiner höchsten Verkündigung gelangt, daß der andere thätig ist"[83]. Diese Einheit im Wechselverhältnis beschreibt nicht etwas Gegebenes, sondern eine unendliche Aufgabe der Vernunft, die aber für den Menschen „im eigentlichsten Sinne des Worts die Idee seiner Menschheit"[84] ist. Denn: „Je vielseitiger sich die Empfänglichkeit ausbildet..., desto mehr Welt ergreift der Mensch, desto mehr Anlagen entwickelt er in sich; je mehr Kraft und Tiefe die Persönlichkeit, je mehr Freyheit die Vernunft gewinnt, desto mehr Welt begreift der Mensch, desto mehr Form schafft er außer sich. ... Wo beyde Eigenschaften sich vereinigen, da wird der Mensch mit der höchsten Fülle von Daseyn die höchste Selbstständigkeit und Freyheit verbinden ..."[85]

Hier wird ein Ziel fixiert, eine Idee dessen, was „Menschheit", Menschsein wäre als Maximum an Selbsttätigkeit und Souveränität. Damit aber ist keine Wirklichkeit beschrieben, sondern eine Möglichkeit und eine unendliche Aufgabe, deren Erfüllung nur im Prozeß der Annäherung möglich wäre.

Doch bleibt Schiller dabei nicht stehen. Er fragt nach der Möglichkeit einer Anschauung, somit einer Erfahrung, die der Mensch von seiner vollen Menschheit, von seiner Totalität als Subjekt gewinnen könnte. Dies könne nur in der Einheit der gleichzeitigen Befriedigung beider Triebe möglich sein, in ihrem Zusammenwirken in einem neuen „Trieb", der den beiden anderen je entgegengesetzt sei: im Spieltrieb. Dieser Spieltrieb wird für Schiller zum entscheidenden Fundament der Kunst und des Schönen. Was als Kern der Antagonismen – als Antagonismus von Sinnlichkeit und Vernunft – vorher dargestellt war, findet im Spieltrieb seine Aufhebung, freilich nicht im Sinne einer Aufhebung in der Realität als praktiziertem Lebenssystem, sondern eben im Spiel, im Kunstschein.

Das wirkliche Spielen ist für Schiller in diesem Zusammenhang nur Indikator, um einen allgemeinen und idealen Begriff des Spiels aufstellen zu können. Er bezieht das ideale Spiel auf das Ideal der Menschheit. Seine nähere deduktive Bestimmung sei angeführt: „Der sinnliche Trieb will bestimmt werden, er will sein Objekt empfangen; der Formtrieb will selbst bestimmen, er will sein Objekt hervorbringen: der Spieltrieb wird also bestrebt seyn, so zu empfangen, wie er selbst hervorgebracht hätte, und so hervorzubringen, wie der Sinn zu empfangen trachtet." Also in Beziehung auf das Verhältnis von Subjekt und Objekt erzeugt der Spieltrieb die Einheit von Empfangen und Erzeugen. In bezug auf die Freiheit des sinnlich-geistigen Subjekts stellt er diese erst her. Denn der sinnliche Trieb negiere Selbsttätigkeit und Freiheit des Geistes, der Formtrieb aber alle Abhängigkeit und Leiden; der eine zwinge durch Naturgesetze, der andre durch Vernunftgesetze das Gemüt. Naturzwang und moralische Pflicht beharren im Gegensatz. Der Spieltrieb aber „wird das Gemüth zugleich moralisch und physisch nöthigen; er wird also, weil er alle Zufälligkeit aufhebt, auch die Nöthigung aufheben, und den Menschen, sowohl physisch und moralisch in Freiheit setzen"[86]. Er werde Form in die Materie, Realität in die Form bringen, Glück und Vollkommenheit, die im Antagonismus beider Triebe einander gleichgültig bleiben, ebenso versöhnen wie die Gesetze der Vernunft mit dem Interesse der Sinne. Der sinnliche Trieb hat zum Gegenstand alles materiale Sein, alle unmittelbare Gegenwart in den Sinnen – das Leben. Unmittelbare Gegenwart in den Sinnen: das ist Schillers Wirklichkeitsbegriff. Der Formtrieb hat zum Gegenstand alle formalen Beschaffenheiten der Dinge und deren Beziehungen auf das Denken – die „Gestalt" im weitesten Sinne. Der Spieltrieb, der beide vereint, hat zum Gegenstand die „lebende Gestalt", die alle ästhetische Beschaffenheit bezeichnet – die Schönheit.

Die Forderung, „es soll eine Gemeinschaft zwischen Formtrieb und Stofftrieb, das heißt, ein Spieltrieb seyn, weil nur die Einheit der Realität mit der Form, der Zufälligkeit mit der Nothwendigkeit, des Leidens mit der Freiheit den Begriff der

Menschheit vollendet"[87], ist die Forderung nach Existenz der Menschheit im Sinne ihrer Idee – und ist zugleich die Forderung: Es soll eine Schönheit sein. Es sei das Spiel – und nur das Spiel, das den Menschen vollständig mache und seine Doppelnatur auf einmal entfalte. Denn „der Mensch spielt nur, wo er in voller Bedeutung des Worts Mensch ist, und er ist nur da ganz Mensch, wo er spielt". Doch er „soll mit der Schönheit nur spielen, und er soll nur mit der Schönheit spielen".[88]

Schönheit ist Ideal, in ihr sind die antagonistischen Gegensätze aufgehoben, wie dies im Bilde der Griechen als Einheit von „Sinnenglück und Seelenfrieden" erschien – mit der entscheidenden Einschränkung: „daß sie auf den Olympus versetzten, was auf der Erde sollte ausgeführt werden".[89] Diese Bemerkung trägt weit, sie enthält Schillers Programm. Zunächst etabliert er Spiel und Schönheit in präziser Abgrenzung vom materiellen Zwang der Naturgesetze und vom geistigen Zwang des Sittengesetzes. Spiel darf nicht ins wirkliche Handeln greifen, der Schein nicht Wirklichkeit sein wollen. Die Aufhebung der Arbeitsteilung im Spiele bleibt eine besondre, arbeitsteilig ausgegrenzte Sphäre – ihr also im Ganzen subsumiert. Das gilt auch für den „ästhetischen Zustand". Diese Deduktion des Spiels auf dem Hintergrunde der Epochenkritik ist originell und kühn. In der Methode folgt ihr die Bestimmung des ästhetischen Zustands und des ästhetischen Scheins als Aspekte der Sphäre der Möglichkeit, des Herstellens der Freiheit und Totalität menschlicher Subjektivität innerhalb einer realen Gesellschaft ihrer Entfremdung, Aufteilung, Zerrissenheit und Depravation.

Auf der Abstraktionsebene, auf der Stoff- und Formtrieb bestimmt werden, erscheint die Bestimmung des Spieltriebes terminologisch problematisch. Kant war im Konzept des „freien Spiels der Erkenntniskräfte" in bezug aufs Schöne vorausgegangen. Schiller entnimmt empirischer Beobachtung verschiedene Momente, ohne das wirkliche Spielen näher zu analysieren: so das Getrenntsein von der Arbeits- und Lebenspraxis, die Freiheit von natürlichen wie sozialen Realitätsprinzipien, die je ernst zu nehmende Eigenregularität des Spiels, die volle Beanspruchung der Subjektivität. Er abstrahiert von allgemeinen Differenzierungen in Inhalt, Form und Funktion der Spiele der Kinder und Erwachsenen, vom Zusammenhang der konkreten sozialen Lebenssysteme mit dem Inhalt der Spiele ihrer Akteure. Zugleich übernimmt er das Moment des Zusammenhangs, bezogen auf das Ganze der subjektiven Kräfte, zusammengefaßt in den beiden Grundtrieben. Ihm geht es um die transzendentale Bestimmung einer eigenständigen Tätigkeitssphäre, in welcher die Subjekte in ihrer Totalität sich verwirklichen, jenseits der Getrenntheit, der Dissonanzen und Widersprüche ihrer empirischen Wirklichkeit: einer harmonisch sinnlich-geistigen Tätigkeit mit Erfüllungs- und Glückswerten, deren Prinzip – jenseits der je besondren Inhaltlichkeiten – sich als Selbstzweck genußvoll souverän gegen die Wirklichkeit setzt, sosehr sie inhaltlich sich auf diese notwendig bezieht und beziehen muß. Im Spiele entfaltet sich eine Macht menschlicher Tätigkeit und Tatfähigkeit, welche in der Realität verweigert ist. Hier ist an Goethe/ Moritz' Begründung des Schönen in der Tatkraft zu erinnern. Aber diese Macht, die zugleich Freiheit der Einbildungskraft ist, ist nicht einfache Ergänzung oder Kompensation der wirklichen Ohnmacht, sondern darin liegt das energisch futurisch orientierte Moment: das Ideal ist aus dem Bunde des Notwendigen mit dem Möglichen gebildet, die Idee fordert Verwirklichung. Ist die Grenze der theoretischen Konzeption die Abstraktheit und idealistische Konstruktion der Grundtriebe, welche alle reale Beziehung in sich verschlucken, so ist dennoch ein Wahrheitsmoment darin zu sehen: daß im Spiel keine anderen Aktionsbedürfnisse freigesetzt werden als die von der Gesellschaft historisch produzierten, die sich aber nicht bzw. nur partiell oder deformiert verwirklichen können. Ist der ideale Begriff der Menschheit an seine philosophischen Voraussetzungen gebunden und am Individuum bzw. an seiner gattungsmäßigen Allgemeinheit festgemacht, so fundiert er mit dem Verwirklichungsanspruch im Spiel die antizipierende und damit kritische Funktion. Gerade die Trennung des Spiels von der Wirklichkeit ist Bedingung, daß es nicht in sich selbst verläuft. Es

muß Selbstzweck sein, um seine Gattungsfunktion erfüllen zu
können.

Schillers Konzept des praktisch zwar ohnmächtigen und doch
Zukunft probierenden, das wirkliche Leben korrigierenden
Spiels als notwendiger sozialer Funktion trägt in sich noch viele
theoretische und praktische, gedachte, erinnerte und ungedachte
Möglichkeiten. Es läßt erinnern an uralte Traditionen gesamt-
gesellschaftlicher Spiele, unterscheidet sich von aller ins Mythische zurückreichenden Tradition durch die Zukunftsinten-
tion; es läßt vordenken an Möglichkeiten und Aufgaben von
Kunst in einer Gesellschaft mit entwickelter Unterhaltungs-
industrie, deren Ausmaß Schiller nicht ahnen konnte; es trägt
in sich die Aufforderung, das Abstraktum Totalität mit je konkreten Inhalten geschichtlich zu erfüllen, die Dialektik von ge-
samtgesellschaftlichen und individuellen Möglichkeiten, den
Gehalt der Vermittlung des gesellschaftlichen Ganzen ans Individuum, dessen produktive Aneignung, zugleich die Möglichkeiten gesellschaftlicher Selbsterkenntnis im Spiele zu bedenken. Das Kapitel „Spiel" ist nicht abgeschlossen, und Schillers
Entwurf gehört zu den gedanklich weitreichendsten der Epoche,
auch wenn er ihn abbricht.

VI

Der „ästhetische Zustand" ist die Wirkung des Schönen auf das
Gemüt. Bescheidener spricht Schiller auch von ästhetischer
„Stimmung". Doch deren Gehalt erschließt sich erst voll, wenn
wir seinen historischen Ausgangspunkt, das Ensemble der Antagonismen, im Auge behalten. Schiller entdeckt einen Zusammenhang zwischen allgemeinster Struktur des historischen Welt-
zustandes und spezifisch ästhetischem Verhalten.

Stellen Sinnlichkeit und Vernunft zwei Zustände der Subjektivität dar, so ergibt sich notwendig die Frage nach dem
Übergang des einen in den anderen. Dieser Übergang wird zum
eigenständigen Entfaltungsraum des „ästhetischen Zustands".
Materie und Form, Leiden und Tätigkeit, Empfindung und

Denken sind – so argumentiert Schiller – extrem entgegengesetzte Zustände. Der Abstand zwischen ihnen sei „unendlich",
folglich ein unmittelbarer Übergang nicht möglich, so daß ohne
Dazwischenkunft eines Dritten „aus dem Einzelnen in Ewigkeit nichts Allgemeines, . . . aus dem Zufälligen nichts Noth-
wendiges werden"[90] kann. Wo also Dialektik die versteinte
metaphysische Gegenüberstellung sprengen müßte, setzt das
Ästhetische an – aber unter Anerkennung des Getrenntseins
der Alternativen als gesonderten Bereich. Doch hier gelingt vollendete Verschmelzung: „Weil aber beyde Zustände einander
ewig entgegengesetzt bleiben, so sind sie nicht anders zu verbinden, als indem sie aufgehoben werden . . ., daß beyde Zustände in einem Dritten gänzlich verschwinden, und keine Spur
der Theilung in dem Ganzen zurückbleibt . . ."[91]

Hier ist die Synthese des Entgegengesetzten weitergetrie-
ben: zur vollkommenen Aufhebung. Mit dem Dualismus der
menschlichen Natur sind die Antagonismen der Epoche außer
Kraft gesetzt in einem Zustande unbegrenzter Freiheit. Er ist
ein wirklicher Zustand des Gemüts, aber kein äußerer Zustand
der menschlichen Wirklichkeit.

Um dies nun gedanklich bewerkstelligen und gnoseologisch
legitimieren zu können, muß der Kantische Gegensatz von Sinnlichkeit und Verstand relativiert werden, ohne daß die Absolutheit des Gegensatzes relativiert wird. Schiller macht dies am
Gedanken der transzendentalen Einheit des Bewußtseins fest.
Gemäß der transzendentalen Fragestellung nach der Möglichkeit der Erfahrung sei diese „ohne jene Entgegensetzung im
Gemüthe" sowenig wie „ohne die absolute Einheit desselben"
möglich. Daß Schiller vom „Gemüt" hier spricht, deutet das
Übergehen vom gnoseologischen zu anthropologischen und psychologischen Aspekten an, wobei er die agnostizistische Grundlage nicht aufgibt. Er zielt auf die Einheit der geistig-sinnlichen
Natur, auf die sich die Einheit des menschlichen Geistes bezieht,
und er unterscheidet diesen von den entgegengesetzten Trieben.
Die Triebe „existiren und wirken zwar in ihm, aber Er selbst
ist weder Materie noch Form, weder Sinnlichkeit noch Vernunft, welches diejenigen, die den menschlichen Geist nur da

selbst handeln lassen, wo sein Verfahren mit der Vernunft übereinstimmt, und wo dieses der Vernunft widerspricht, ihn bloß
für passiv erklären, nicht immer bedacht zu haben scheinen".[92]
Hier korrigiert Schiller sich selbst – und Kant. Doch dabei
stehenzubleiben ist nicht möglich. Wenn Geist die reine Intelligenz und ihr Gegenteil umgreift, wenn er zum übergreifenden
Zusammenhang und Grund dessen, was in ihm, also der entgegengesetzten Triebe, wird, wenn diese folglich in seinem Ganzen als Widerspruch aufgehoben sind, weil sie des Ganzen Partialität bilden, so ist ihre Aufhebung in einem bestimmten Zustand, dem ästhetischen, selbst wiederum in ihrem Bezug zu
seiner Ganzheit zu bestimmen.
Wie der Geist seine rationalistische Bestimmtheit verliert,
gewinnt in diesem Zusammenhang Natur an Wert und Funktion. Überhaupt hat „Natur" bei Schiller vielfältige Bedeutung,
die je nur der Kontext erschließt. Sie kann den objektiven gesetzlichen Allzusammenhang meinen, kantisch subjektiviert oder
spontan als Sein gesetzt, dann physisch zwingende äußere Macht
der Wirklichkeit oder auch sensuell-körperliche Triebhaftigkeit
und Gebundenheit, dies zumeist mit negativem Vorzeichen; sie
kann aber auch die Natur der Dinge oder des Menschen als
Wesensbestimmung fassen, was wiederum empirisch-faktisch
oder als Ideal genommen wird, bis hin zu jener Natur, wie sie
in „Über naive und sentimentalische Dichtung" definiert wird
„als das freiwillige Daseyn, das Bestehen der Dinge durch sich
selbst, die Existenz nach eignen und unabänderlichen Gesetzen"[93]. Natur ist so das Andre des Geistes, der Kultur, der gesellschaftlichen Unnatur, empirische Gewalt gegen das Innere,
Idee, die einen empirisch nicht gegebenen Gesamtzusammenhang intendiert. Diese Beziehungsvielfalt deutet an, daß Schiller vom subjektiven Idealismus zum objektiven getrieben wird,
daß er seinen spontanen Materialismus nicht ausschließen kann,
sein kantisches Denken von vorkantischen Intentionen – so von
Shaftesbury und Leibniz her – unterwandert und von seinen na-
turwissenschaftlich-medizinischen Einsichten gekontert wird.
Dennoch bleibt er widersprüchlich in dieser Übergangsbewe-
gung.

In unserem Kontext erklärt er, die „Freiheit selbst" sei eine „Wirkung der Natur",[94] womit nicht die moralische Freiheit, sondern deren natürliche Bedingung gemeint ist: das einfache Faktum, daß ein Mensch erst geboren werden und aufwachsen muß, ehe seine „Menschheit" aufgebaut sei. Wenn aber das Individuum weder seine natürliche Empfindungsfähigkeit bewirkt noch mitwirkt, das Allgemeine und Gesetzliche als moralisches Postulat zu erfahren, gewinnt es seine Freiheit als Subjekt im Willen, mit dem wiederum die Einheit des Geistes wie der menschlichen Natur korrespondiert. Diese Funktion des Willens, die Schillers poetisches Menschenbild tief bestimmt und seine eigene geistige Physiognomie ausdrückt, modifiziert die anfängliche Dichotomie von Person und Zustand. Wille behauptet sich als Entscheidungsfreiheit und Energie gegenüber dem Stoff- und Formtrieb.

Der Wille ist es auch, der wirklich machen könnte, was der ästhetische Zustand als Möglichkeit erfahren läßt: als Zustand, in den uns Schönheit versetzt und in dem wir Menschheit als Totalität erfahren. Er stellt daher – als Gemütszustand – für Schiller eine eigene unersetzbare Freiheits- und Erfüllungssphäre dar, die ihrerseits erst den Übergang vom Sinnlichen zum Vernünftigen ermögliche.

Der „ästhetische Zustand" wird nicht eindeutig gefaßt: als völlige Verschmelzung der determinierenden Gegensätze von Sinnlichkeit und Vernunft, Leiden und Tun – zugleich als ein Mittleres zwischen Nicht-mehr und Noch-nicht, dem Nicht-mehr der Naturdetermination und dem Noch-nicht der Vernunftdetermination. Indem sich beide wechselseitig aufheben, sei er frei von aller Bestimmung, verbleibt im Sinnlichen, ohne dabei an die durch Sinnlichkeit determinierende Wirklichkeit gebunden zu sein; er ist daher unbegrenzte Freiheit, universales Möglichkeitsfeld, das eine schrankenlose Aktivität der Einbildungskraft und durch sie unsere Aktionstotalität entbindet. Er ist „erfüllte Unendlichkeit", kein Zustand der Bestimmtheit, wohl aber ein solcher, in dem die Bestimmbarkeit des Sinnlichen durch Vernunft erst möglich wird.

In bezug auf äußere Wirkung ohne Realität ist der „ästhetische Zustand" selbst zugleich von höchster Realität, denn: „eine Gemüthsstimmung, welche das Ganze der Menschheit in sich begreift, muß nothwendig auch jede einzelne Äußerung derselben, dem Vermögen nach, in sich schließen; ... deswegen, weil sie keine einzelne Funktion der Menschheit ausschließend in Schutz nimmt, so ist sie einer jeden ohne Unterschied günstig, und sie begünstigt ja nur deswegen keine einzelne vorzugsweise, weil sie der Grund der Möglichkeit von allen ist. ... unsre Menschheit äußert sich mit einer Reinheit und Integrität, als hätte sie von der Einwirkung äußrer Kräfte noch keinen Abbruch erfahren."[95] Diese nur im ästhetischen Zustand mögliche Erfüllung – Spiel, Bewußtwerden einer universalen Möglichkeit, die real nur partiale Verwirklichungen finden kann – bringt „kein Resultat weder für den Verstand noch den Willen", aber ermöglicht das Vermögen zu beiden. Insofern der ästhetische Zustand ohne Bestimmung ist, ist er – als Zustand grenzenloser Möglichkeit – zugleich Zustand der Bestimmbarkeit. Von ihm aus erst kann Vernunft wirksam werden, denn: „Durch die ästhetische Gemüthsstimmung wird also die Selbstthätigkeit der Vernunft schon auf dem Felde der Sinnlichkeit eröffnet ..."[96]

Von hier aus wird der ästhetische Zustand zur allgemeinen Bedingung der Vernunftbestimmung des Menschen universalisiert – in individueller und gattungsgeschichtlicher Hinsicht –, somit zur Bedingung moralischer Selbstbestimmung. Er erst macht den Menschen vernünftig und sittlich bestimmbar. Ihn bewirken ist Aufgabe der Kunst, in ihm manifestiert sich die ästhetische Erziehung, erweist sich die Schönheit als unsere „zweite Schöpferin", erfüllt sich die Grundfunktion der Kultur, den Menschen aus der Gebundenheit des physischen Zustands, damit aus seiner Verkümmerung im Egoismus, aus der Objektrolle gegenüber äußeren Naturmächten zu befreien und durch Erwecken der subjektiven Totalität den moralischen Zustand vorzubereiten.

Charakteristisch ist, wie hier Schiller das Sekundäre mit dem Primären vertauscht. Wenn er darlegt, daß erst dieser Zustand das blinde Einssein mit der Welt aufbreche, wodurch Subjekt und Objekt einander gegenübertreten, wird ebendiesem Zustand zugeschrieben, was Resultat der arbeitenden Einwirkung der gesellschaftlichen Menschen auf die außermenschliche Natur ist, was in der Praxis und durch Reflexion der Praxis entstanden ist. Erst dann erscheine dem Menschen eine Welt, „weil er aufgehört hat, mit derselben Eins auszumachen"[97], wodurch die ihn vorher beherrschende Natur zu seinem Objekt werde. Schiller vergißt hier die eigene Einsicht, daß die „Natur" auch die menschliche Freiheit bewirkt, mithin auch jene Freiheit von unmittelbarem Naturbedürfnis und -zwang praktisch-materiell erst ermöglicht, die Voraussetzung des ästhetischen Zustands ist.

Von diesem idealistischen Ansatz her entwirft Schiller weiteste Emanzipationsperspektiven. Selbst die Götter „werfen die Gespensterlarven ab, womit sie seine [des Menschen – W. H.] Kindheit geängstigt hatten, und überraschen ihn mit seinem eigenen Bild, indem sie seine Vorstellung werden"[98]. Zu solchem emanzipatorischem Selbstbewußtsein, das über die Schönheit hinaus ist, treibt die Schönheit.

In der Vermittlungsfunktion begegnen sich die Gegensätze: Objektivität und Subjektivität des Schönen, seine Objektivität als Natur und seine Subjektivität als Leistung des Menschen. Sie verschmelzen im Konzept des schönen Scheins, der produzierten Schönheit: sie ist nur Schein. Darin verbirgt sich das widerspruchsvolle Herantasten an den Gedanken vom Menschen als Schöpfer seiner Geschichte, gewiß unter vorgegebenen Naturbedingungen – ein Gedanke, der notwendig gebrochen wird vom Dualismus, der aus dem Kantischen Ansatz resultiert und dem gegebene empirische Objektivität, außermenschliche materielle Natur, entfremdetes gesellschaftliches Sein, menschliche Körperlichkeit und Bedürftigkeit zusammenfließen im anderen des Bewußtseins. Auch in idealistischem Sinne kann er erst in einer monistischen Gesamtkonzeption konkreter gedacht werden, wobei sich die Objektivität der gesellschaftlichen Triebkräfte und Zusammenhänge in die absolute Idee oder die den Menschen tragende, in ihm tätige Natur entfremdet.

Für Schiller verbirgt sich dieser Gedanke im Konzept des

Schönen und der Kunst. Der ästhetische Zustand vereint die entgegengesetzten Triebrichtungen, Leiden und Tätigkeit. „Die Schönheit ist also zwar Gegenstand für uns, weil die Reflexion die Bedingung ist, unter der wir eine Empfindung von ihr haben; zugleich aber ist sie ein Zustand unsers Subjekts, weil das Gefühl die Bedingung ist, unter der wir eine Vorstellung von ihr haben. Sie ist also zwar Form, weil wir sie betrachten, zugleich aber ist sie Leben, weil wir sie fühlen. Mit einem Wort: sie ist zugleich unser Zustand und unsre That."[99] Was im ästhetischen Zustand wirkt – Schönheit –, ist ästhetischer Schein. Daß schon in der Wildheit Freude an Putz und Schein beobachtbar, zeige das Werden der Menschlichkeit, eine erste Handlung, die nicht in bloßer Bedürfnisbefriedigung aufgeht, als Leistung der Einbildungskraft. Mit großem Nachdruck hebt Schiller das aktive Moment hervor, das Produziertsein des Scheins als ästhetischer Schein: „Die Realität der Dinge ist ihr (der Dinge) Werk; der Schein der Dinge ist der Menschen Werk, und ein Gemüth, das sich am Scheine weidet, ergötzt sich schon nicht mehr an dem, was es empfängt, sondern an dem, was es thut."[100] Am Scheine findet der Spieltrieb Gefallen, ihm folgt der „nachahmende Bildungstrieb", „der den Schein als etwas Selbstständiges behandelt"[101]. Die Unterscheidung von Schein und Wirklichkeit, Form und Körper ist somit Voraussetzung der Kunst. „Da alles wirkliche Daseyn von der Natur als einer fremden Macht, aller Schein aber ursprünglich von dem Menschen als vorstellendem Subjekte, sich herschreibt, so bedient er sich bloß seines absoluten Eigenthumsrechts, wenn er den Schein von dem Wesen zurück nimmt, und mit demselben nach eignen Gesetzen schaltet. . . . Nichts darf ihm hier heilig seyn, als sein eigenes Gesetz, sobald er nur die Markung in Acht nimmt, welche sein Gebiet von dem Daseyn der Dinge oder dem Naturgebiete scheidet."[102] Der Schein ist ästhetisch, nur „soweit er aufrichtig ist, (sich von allem Anspruch auf Realität ausdrücklich lossagt) und nur soweit er selbstständig ist, (allen Beystand der Realität entbehrt)"[103].

Aufrichtig ist der Schein, sofern er nicht Wirklichkeit zu sein beansprucht; er ist gemachtes Bild, das sein Gemachtsein nicht

verbirgt. Selbständig ist der Schein, insofern er eigenen Gesetzes, eigenen Zwecks ist, nicht Mittel für einen ihm äußerlichen –
etwa moralischen – Zweck. Mit einem l'art-pour-l'art-Prinzip
hat das nichts zu tun. Denn gerade diese Selbständigkeit macht
erst die spezifische, auf die subjektive Totalität gerichtete Funktion der Kunst erfüllbar.

Dieser produzierte ästhetische Schein konstituiert die Spezifik, die Eigengesetzlichkeit der Kunst, deren allgemeinste
Grundlage der Gedanke des Spiels, deren Wirkungsraum der
Gedanke des ästhetischen Zustands absteckt. Der ästhetische
Schein setzt in seiner begrifflichen Bestimmung Kants „Erscheinung" voraus, entspricht durchaus dem Gedanken der „Kritik
der ästhetischen Urteilskraft": daß das Genie aus dem Stoff der
wirklichen Welt eine zweite baue, wobei dieser Stoff eben die
Welt als empirische Erscheinung sei. Die Dominanz des optischen Modells und der Malerei als Paradigma sei hier nicht diskutiert. Das Ergötzen am Schein als Ergötzen an der (produktiven oder rezeptiven) Selbsttätigkeit als Spiel mit dem Schein
verleiht der Form den Gehalt eines menschlichen Souveränitäts-
verhältnisses, die Intention auf eine der menschlichen „Natur"
gemäße Wirklichkeit.

Vergleichen wir dies mit Schillers Menschheitsbegriff und
auch mit seinem Begriff des idealen Staates, so zeigt sich, daß,
was im Ästhetischen als Resultat sich abzeichnet, die verborgene
Voraussetzung schon darstellt. In geheimer Logik entwirft es
den Menschen nach dem Modell einer organisch-dialektischen
Totalität und zeichnet auch den idealen Staat in jener Organik,
die Kant in der Dialektik von Zweck und Mittel in bezug auf
den Organismus skizziert hatte.

Dies organologische Modell ist aber nicht ableitbar von den
methodologischen und naturwissenschaftlichen Voraussetzungen
der Transzendentalphilosophie, wie sie Kant in der „Kritik der
reinen Vernunft" und der „Kritik der praktischen Vernunft"
entwickelt hatte. In der „Kritik der Urteilskraft" stellt er zum
einen das Problem der Totalität, zum anderen der Individualität; letztere wird zum erstenmal in seinem System positiv-pro-
duktiv: als Genie. Und in der „Kritik der ästhetischen Urteils-

kraft" entwirft er ein Werkmodell der Kunst, das durchaus jenen organologischen und von pantheistischen Voraussetzungen
her konzipierten Werkbegriffen korrespondiert, die in der Tradition von Lessing, Herder, Goethe und Moritz entwickelt worden waren: das Werk als organische Einheit, daher nicht von
äußerer, sondern von innerer Form, zum individuellen Gebilde
zusammengefaßt; das Werk als Welt im Kleinen, als Bruchstück, das auf das Ganze verweist, im Individuellen eine Totalität, im Einzelnen das Allgemeine, im Zufälligen das Notwendige, im Endlichen das Unendliche zeigt, schließlich das Gedankliche und Sinnliche vereint.

Damit ist nicht behauptet, daß diese Konzeptionslinie nicht
einen breiten Spielraum unterschiedlicher Akzentuierungen, Ge-
wichtungen einschließt – und auch nicht, daß die produzierten
Werke in den ästhetischen Form- und Normvorstellungen aufgehen. Ihre Einheit ist prekärer, gefährdeter, sie sind widerspruchsvoller, als die Formeln je gestatten; aber auch dies wird
erst im Fortgange geschichtlicher Erfahrungen hinreichend entzifferbar. Trotz der sehr bewußten Einbeziehung des kommuni-
kativen Aspekts dominiert in der allgemeinsten Werkbestim-
mung ein Weltmodell, in dem die Einheit der Welt von einem
pantheistischen Naturbegriff her, dagegen ihre Struktur stärker
von Leibniz' Individualitäts- und Entwicklungskonzept her zu
denken unternommen wurde.

Schiller waren diese Motive aus seiner vorkantischen Phase
vertraut. Wichtiger vielleicht ist, daß er auch als Philosoph
Poet war, daß trotz der vielberedeten Reflektiertheit und der
Tendenz zur Entkonkretisierung sein grundlegendes Weltauf-
fassen im Medium poetischer Rezeptivität sich vollzog. Wenn
im Vorangegangenen – gleichsam vorwurfsvoll – auf das Ineinander unterschiedlicher Abstraktions- und Bezugsebenen hingewiesen wurde, so resultiert dies aus Schillers poetisch-gegen-
ständlichem Denken, der für ihn nicht rein vollziehbaren Trennung des abstrakt Gedanklichen vom Bildlichen, dergestalt, daß
unterderhand auch die höchste Abstraktion mit gestischem Ausdruck und bildhaftem Bedeutungshorizont die Konkreta sucht,
von denen sie gewonnen. Das entwertet nicht die Abstraktion

als solche, verweist aber auf die Beziehungsvielfalt, die sie für Schiller immer bewahrt. Von hier aus ist es naheliegend, in der ästhetischen Erziehung eine universale Funktion der „Menschheit" des Menschen zu sehen, die gerade deshalb notwendig und möglich, weil er in seiner „wahren Natur" ästhetisch, weil sinnlich-geistig strukturiert entworfen, unter ästhetischem Modell vorgestellt wird – im Gegensatz zur empirischen Erfahrung und moralischen Gesetzesnorm.

Konfrontieren wir dies mit Schillers Fazit: „Mitten in dem furchtbaren Reich der Kräfte und mitten in dem heiligen Reich der Gesetze baut der ästhetische Bildungstrieb unvermerkt an einem dritten fröhlichen Reiche des Spiels und des Scheins, worin er dem Menschen die Fesseln aller Verhältnisse abnimmt, und ihn von allem, was Zwang heißt, sowohl im physischen als im moralischen entbindet."[104]

Für sich genommen, erscheint dieser vielzitierte Satz als Frohe Botschaft vom Freiheitsreich der Phantasie als einem Fluchtraum aus den Bedrängnissen der Realität, wo in Spiel und Schein der ästhetische Bildungstrieb sich entfaltet. Ein Moment dessen ist darin auch enthalten. Das Reich des Schönen ward als Genußfeld einer machtlosen Innerlichkeit in häßlicher Welt etabliert, der Spießer versammelt sich, während die Revolutionsstürme toben, vor Bildern und Gedichten. Nur ist solche Interpretation – und an sie haben sich Zeitgenossen und Nachfolgende gehalten – nicht Schillers Intention. Übersehen wäre die inhaltliche und funktionale Bestimmung dieses Reiches des Schönen, des Spiels und Scheins. Mag die Funktion auch eine ideologische Illusion gewesen sein, ihr Konzept bestimmt den Gehalt. Der bürgerliche Ideologe Schiller, der so energisch unmittelbar die politische Revolution ablehnte, war dennoch konzeptiver Denker der sozialen Revolution des Übergangs von der feudalen zur bürgerlichen Gesellschaft, und er entwickelte in seinen Gedanken Problemstellungen, die innerhalb dieser bürgerlichen Gesellschaft unlösbar bleiben und sich gegen sie wenden mußten. Doch ist gerade dieser „Überschuß" Kehrseite dessen, daß eine einseitig-politische Interpretation, die aus Schiller allein die Ablehnung der Revolution und Flucht ins ästhetische

Traumland herausliest, ob nun apologetisch oder kritisch, durchaus ihre Anknüpfungspunkte findet – Kehrseite einer Tendenz in Schillers Denken selbst, welche die objektive Revolutionsunfähigkeit und praktische Ohnmacht vermittels der idealistischen spekulativen Begrifflichkeit in metaphysische Tugend verkehrt. Doch Schillers gedankliche Intention zielt gerade auf das Gegenteil: der schöne Schein einer sinnlich-geistigen Welt der Menschen ist mögliche Wirklichkeit.

Das Reich des Spiels und schönen Scheins findet sein Aktionsfeld zwar in der Kunst als Resultat des ästhetischen Bildungstriebs, ist jedoch nicht mit ihr identisch. Sein Umfang erstreckt sich auch auf die Praxis des schönen Umgangs, auf die Gesittung als Form zwischenmenschlicher Beziehungen und Aktionen. Von vornherein läßt sich feststellen, daß die These, Schiller habe die Erziehung durch Kunst durch Erziehung zur Kunst ersetzt, nicht dem Sachverhalt entspricht. Für ihn schließt sich das Schöne nicht im Gebilde ab, sondern wird oder soll Form des Verhaltens werden, also Formgebung des Lebens.

Blicken wir auf die Epochenkritik zurück, so erscheint das Schöne – das Reich des schönen Scheins – als Aufhebung der so ingeniös skizzierten Antagonismen. Was in der Wirklichkeit zerrissen, gewinnt in der Sphäre des ästhetischen Bildungstriebs Einheit, bzw. dieser Trieb ist die betätigte Einheit des Entzweiten, Totalität des einander Entfremdeten. Hier versöhnen sich Individuum und Gattung, das Individuum wird als Individuum Repräsentant der Gattung; hier gewinnt der Geist seine sinnliche Gestalt, wird Gesellschaft harmonisch vereinigt, hier gibt es weder Vorzug noch Alleinherrschaft, das Eigentum der esoterisch wissenden Schulen wird Gemeingut der Gesellschaft – universelle Aufklärung also, Aufhebung der Trennung von Gebildeten und Ungebildeten: „die Fesseln der Leibeigenschaft fallen ... von dem Leblosen wie von dem Lebendigen ab", es „entschwingt sich auch die kriechende Lohnkunst dem Staube". „Hier also in dem Reiche des ästhetischen Scheins wird das Ideal der Gleichheit erfüllt, welches der Schwärmer so gern auch dem Wesen nach realisiert sehen möchte ..."[105]

Handelt es sich also doch nur um das schöne Bild dessen, was nicht zu verwirklichen? Bleibt das Ideal politischer Gleichheit unrealisierbar? Wäre also der Aufschwung ins Reich des Schönen die Prämie für die Verabschiedung der Revolution? Der Revolutionsersatz?

Bedenken wir zunächst die Momente, die Schillers emphatische Schilderung anführt oder berührt. Sie betreffen alle Widersprüche, die sich aus dem Antagonismus als Entwicklungsform der menschlichen Kräfte herleiten. Das reicht vom Verhältnis zwischen Individuum und Gesellschaft, repräsentiert im Staat, über die Gleichheit, Abbau des Absolutismus, der Privilegien, der Leibeigenschaft bis hin zu Lohnarbeit, Arbeitsteilung, Trennung der Gebildeten von den Ungebildeten – ein Spektrum, das sowohl die feudale wie die kapitalistische Gesellschaft betrifft, so metaphorisch Schiller auch spricht und sowenig er präzise Kenntnis des modernen Kapitalismus haben konnte: seine Negation betrifft die Unterordnung der Individuen unter feudale und bürgerlich-kleinbürgerliche Abhängigkeitsbeziehungen, und zwar in einer Situation der erst werdenden bürgerlichen Gesellschaft. In einem allgemeinen Sinne steckt darin das Ideal aufgehobener Entfremdung – einer Entfremdung, die sich in der frühen bürgerlichen Gesellschaft mit den feudalen Abhängigkeitsbeziehungen amalgamierte.

Zwischen *dieser* Idealität und der praktischen Realität, dem „furchtbaren Reich der Kräfte", fehlt die Vermittlung, wie auch das heilige Reich der Gesetze, der moralischen Idealität nicht anders denn als rigorose Herrschaft, praktisch jedoch nur als Möglichkeit und Kriterium gedacht werden konnte, aber auch in einer inneren Abhängigkeit vom Reich der Kräfte: beiden mangelt die menschliche Totalität. Daß Schiller die Einlösung des Schönen nicht von der bürgerlichen Revolution in Frankreich erwartete, von der durch sie in Gang gesetzten Wirklichkeit, spricht für seinen Realismus.

Die überschwengliche Illusion setzt dort ein, wo er von schönen Sitten allgemeine gesellschaftliche Auswirkungen verlangt oder erwartet: „Der Geschmack allein bringt Harmonie in die Gesellschaft, weil er Harmonie in dem Individuum stiftet."[106] „So wie die Schönheit den Streit der Naturen in seinem

einfachsten und reinsten Exempel, in dem ewigen Gegensatz
der Geschlechter löst, so löst sie ihn – oder zielt wenigstens dahin, ihn auch in dem verwickelten Ganzen der Gesellschaft zu
lösen, und nach dem Muster des freyen Bundes, den sie dort
zwischen der männlichen Kraft und der weiblichen Milde
knüpft, alles Sanfte und Heftige in der moralischen Welt zu
versöhnen. Jetzt wird die Schwäche heilig, und die nicht ge-
bändigte Stärke entehrt . . .“[107]

Diese Beschreibung entspricht der „schmelzenden Schönheit“,
die das Sinnliche zum Sittlichen bringt, nicht der „energischen“
Schönheit. Ist die erste der Sittigung von Barbaren, so die zweite
der Ermannung durch Kultur Erschlaffter und Depravierter
förderlich. Schiller entwickelte diese Art Schönheit am Erhabenen. Gewiß ist, daß wir heute gelernt haben, im Bunde männ-
licher Stärke und weiblicher Milde das unter der schönen Form
verborgene Herrschaftsverhältnis zu erkennen. Dennoch wird
der freie Bund Modell für Schiller, das verwickelte Ganze der
Gesellschaft vom Schönen her zu sänftigen.

Aber die Bändigung der Heftigkeit mag private Beziehungen vermenschlichen: kaum mehr. Sie soll nicht unterschätzt werden angesichts feudaler Brutalität und Willkür. Sie ist gegen
deren Barbarei ein bürgerliches Gegenprogramm mit christlich
geprägten Werten. Aber auf das Ganze der Gesellschaft bezogen, wird das Modell inadäquat. Es reicht nur so weit, wie unmittelbare persönliche Beziehungen reichen, ist ein individuelles Verhaltensmodell. Schiller führt hier Gedanken ästhetischer
Erziehung, der Erziehung durchs Schöne zur Tugend weiter,
die in der englischen psychologischen Ästhetik von einer Bourgeoisie oder besser für eine Bourgeoisie entwickelt wurden, die
ihre Revolution hinter sich hatte und nun eine weltliche Kultur – nach der Phase religiöser Selbstregulierung – aufzubauen
suchte. Daran scheitert die ästhetische Erziehung, daß sie als
Entwurf eines Weges zur Freiheit nicht nur die politische Sphäre
ausspart, sondern vor allem die materielle Determination, die
materiellen Abhängigkeiten – jene Zusammenhänge, die unabhängig vom Willen und Bewußtsein der Individuen aus deren
Handeln sich herstellen.

Propagierte Schiller zu Beginn den Rückzug von der Politik, von der Revolution in die private Sphäre der bürgerlichen Gesellschaft, so trug sein Schönheitskonzept dennoch indirekt politischen Charakter. Am Ende der Abhandlung resigniert er hinsichtlich der Wirklichkeit des „ästhetischen Staates"; bestenfalls erwartet er, in Analogie zur unsichtbaren Kirche, die private Innerlichkeit einiger Bildungszirkel. Nun spricht diese Resignation durchaus für Realitätssinn, für mehr Einsicht als die Erwartung, in der ästhetischen Erziehung den Hebel menschheitlicher Veränderungen gefunden zu haben. Schiller hatte anfangs das Schöne als Weg zur Freiheit versprochen – soll es sich nun in der Selbstgenügsamkeit schöner Seelen begraben? Ist das Reich des schönen Scheins nur „liebliches Blendwerk", analog dem, das über das „physische Bedürfniß, das in seiner nackten Gestalt die Würde freyer Geister beleidigt"[108], einen mildernden Schleier breitet? Wäre da kein Ausweg, es sei denn die Flucht in die Illusion? Bleibt also der Vernunftstaat Chimäre?

Aber gerade dies sollte die Deduktion der Schönheit widerlegen. Sie sollte zeigen, daß die empirische zerrissene Welt im Widerspruch zur anthropologischen Möglichkeit und zu den tiefsten Bedürfnissen der menschlichen Natur steht. „Da nun aber bey dem Genuß der Schönheit oder der ästhetischen Einheit eine wirkliche Vereinigung und Auswechslung der Materie mit der Form und des Leidens mit der Thätigkeit vor sich geht, so ist eben dadurch die Vereinbarkeit beyder Naturen [der sinnlichen und der geistigen – W. H.], die Ausführbarkeit des Unendlichen in der Endlichkeit, mithin die Möglichkeit der erhabensten Menschheit bewiesen."[109] Im Kunstschein und -spiel scheint inhaltlich ein Universum versöhnter Menschheit auf, der „Totalität" des Menschseins und der Harmonie eines dem idealen Menschen entsprechenden Gemeinwesens, seiner freien Selbsttätigkeit – als Ergebnis seiner eigenen Tat.

Was Schiller als Möglichkeit erhabenster Menschheit bewiesen zu haben glaubt, kann er nicht als bloße Denkmöglichkeit, die nicht Wirklichkeit werden könnte, annehmen. Das wäre die reale Unmöglichkeit. Wenn er den Kunstschein von der Wirklichkeit zu trennen fordert, zielt das nicht nur auf eine Kunst, die vorhandene Wirklichkeit bloß wiederholt, ihr sich unterwirft, sondern impliziert zugleich die Forderung, Wirklichkeit vom Schein zu trennen, sie nicht harmonisierend, wunschdenkend, sondern illusionslos zu begreifen. Die strenge Trennung des ästhetischen Reiches von Wirklichkeit und idealer Moralität als unvermittelten Gegensätzen hebt nicht auf, daß die ästhetische Sphäre Produkt ihrer Vereinigung ist, der schöne Schein im freien Spiel der Einbildungskraft mit der Notwendigkeit die Möglichkeit ihrer Vereinigung herstellt – und zwar durch die Beziehung auf den ganzen Menschen, dessen Möglichkeit als Totalität in der Realität gerade nicht verwirklicht, dessen mögliche Individualität nicht entfaltet, dessen Bedürfnisse nicht erfüllt sind. Bei aller Arbeitsteilung – die Akteure der Wirklichkeit sind keine anderen als die Subjekte des Spiels und schönen Scheins. Was Kant nur abstrakt andeuten konnte, wird zur eigentlichen ästhetisch-kulturphilosophischen Entdeckung Schillers: die Kunst als Organ der Gesellschaft, im Spiel der Einbildungskraft ihre Möglichkeiten und Bedürfnisse, ihr Unverwirklichtes und Unterdrücktes zur Sprache und zum Bewußtsein zu bringen, aus den Zwängen von Realität und Normierung zu befreien, jene Harmonie sinnlich vorstellbar zu machen, die im Wirklichen nicht nur vermißt wird, sondern tiefes Bedürfnis der wirklichen Subjekte ist. Denn was als Totalität der menschlichen Natur Sinnlichkeit und Vernunft umgreift, bezieht der Intention nach als Totalität das soziale Miteinander mit ein – im Ganzen einer Welt der Menschen, die das Notwendige „in uns" verwirklicht und die materielle Wirklichkeit dieser menschlichen Notwendigkeit unterwirft.

Nicht in der philosophischen Konstruktion, sondern in der mittels dieser gefundenen Funktionsbestimmung der Kunst liegt Schillers Leistung. Sie trägt weiter, als er theoretisch abdekken konnte. Wir stoßen hier auf den Widerspruch zwischen den philosophisch-begrifflichen Mitteln und dem, was ihm aus der Selbsterfahrung des Poeten gewiß war. Hinter dem theoretischen Gerüst steht die Grunderfahrung des Schaffens- und Befreiungsrausches seiner Sturm-und-Drang-Dichtung und die Reflexion ihrer politisch-praktischen Folgenlosigkeit.

Zunächst: die theoretische Etablierung des Reiches von Spiel und Schein kann nicht die historischen Realisierungsbedingungen überspringen, unter denen die freie Entfaltung der Einbildung statthaben kann. Sie werden reflektiert als Macht der Realität, der Welt der Kräfte – und als Normzwang des moralischen Gesetzes, in dessen Allgemeinheit die bürgerliche gesellschaftliche Norm in idealer Gestalt die Integration in ihre allgemeinen materiellen Verhältnisse postuliert – gegenüber den Bedürfnissen und der Eigenart der Individuen – als innerliches Sollen.

Fordert nun der Grundansatz Schillers die freie, produktive Tätigkeit der Einbildungskraft, befreit von beiden Zwängen, somit die subjektive Totalität der Kräfte der Individuen in ihrer „natürlichen" Ganzheit und realisiert sich diese als schöpferische Produktion im souveränen Umgang mit dem Wirklichen als Stoff und Gestaltungsobjekt, so ist die Freiheit vom Zwang nicht als phantastische Willkür der Explosion purer Subjektivität gedacht, sondern durchaus in der Beziehung von innerer Notwendigkeit zu äußerer Wirklichkeit, mithin in bezug auf die geschichtliche Realität. Darin liegt der Sinn der Bestimmung der Dichtungsweisen des Satirischen, Elegischen und Idyllischen.

Schon die begriffliche Konstruktion erklärt, daß in der Einheit von Stoff- und Formtrieb die entgegengesetzten Reiche zugleich immanent anwesend sind: die Freiheit von ihrem Zwang als entgegengesetzter Macht ist Freiheit der Entfaltung ihrer Synthese, ihrer „nahtlosen" Einheit, die sich ihrer realen Entgegensetzung selbst entgegensetzt. Einmal setzt diese Freiheit, wovon sie sich befreit, wogegen sie sich richtet, voraus. Sie setzt die Entfremdung im Wirklichen in der ideologischen Form der Entfremdung von der Wirklichkeit voraus und sich selbst als diese Entfremdung. Doch nur in dem Sinne – und hier wirkt sich dann die ideologische Struktur im Ästhetischen aus –, daß sie eben Sinnlichkeit, damit Individualität mit dem Allgemeinen verschmilzt. Daraus folgt für die Doktrin und die poetische Methode, sofern sie der Doktrin entspricht: 1. daß das Individuelle, Konkrete eliminiert wird, sofern es dem Allgemeinen,

Ideellen widerspricht; die Idealisierung negiert nicht nur das je Unwesentliche und Zufällige, sondern den Widerspruch von Individualität und Allgemeinem als gelebte, zerreißende Dialektik, 2. daß die Beziehung auf die wirkliche Gesellschaft und Epoche – bei Abstraktion von unmittelbar andrängenden Konflikten und Stoffen und somit Verzicht auf Operativität – das Allgemeine, im wesentlichen die ideellen weltanschaulich-moralischen und geschichtsphilosophischen Gehalte betrifft, im Gegensatz zu Schillers „Kabale und Liebe" und den „Räubern". Dies charakterisiert jenen Zug der Methode des klassischen Schiller, der Büchners leidenschaftlichen Protest in der Lenz-Novelle provozierte. Beide Momente finden ihre Legitimation in den transzendentalphilosophischen Voraussetzungen, ihre ästhetische Fundierung in Schillers politisch-moralischer Wirkungsorientierung auf „Veredelung", ihre ideologische Rechtfertigung in den Normativen bürgerlicher Idealität gegen eine vorbürgerliche Welt in der Situation politischer Ohnmacht und Konzeptionskrise.

Doch sowenig die Dramen durch Büchners Kritik oder durch Marx' Kritik an den „Sprachröhren des Zeitgeistes" „erledigt" sind, so wenig vermag die Schranke bürgerlicher Idealität gegen den ästhetischen Kerngedanken des Reichs von Spiel und Schein. Nicht zufällig bekämpfte Schiller das Schweifen ins Wesenlos-Phantastische und die Vergewaltigung der Natur als Irrweg des Idealismus. Mehr noch: seine Fragment gebliebenen Entwürfe lassen erkennen, daß er Entwicklungen und Gegenstände erwog, bezogen auf die bürgerliche Gesellschaft, die ihn – wie andererseits auf historischer Ebene das gewaltige „Demetrius"-Fragment belegt – auf dem Sprunge zu einem historischen Realismus zeigen, der seine Doktrin weit hinter sich gelassen hätte, wie es schon im „Wallenstein" der Fall war.

Und doch bleibt die Frage: Ist das Reich des ästhetischen Scheins nicht selbst nur Schein und Spiel, bloße Ergänzung des „Reichs der Kräfte" dergestalt, daß es nicht in Richtung auf eine vermenschlichende Umgestaltung der Wirklichkeit wirkt, sondern als eine Art geistiges Schmieröl sein Funktionieren durch Gemütskompensationen für seine Akteure unterstützt und vermittelt? Hat also Schiller nur die ästhetische Kultur der bürgerlichen Gesellschaft antizipiert, mit ihren komplexen Erholungs-, Balsam- und Integrationsfunktionen, ihren Spielfeldern oppositioneller Gefühle, sowenig er deren ungeheure Ausdehnung als arbeitsteiliges Beschäftigungsfeld, Markt, und schließlich deren Industrialisierung ahnen konnte?

Voraussetzung dieser Entwicklung und auch der Fragestellung Schillers ist die geschichtliche Entwicklung einer relativ selbständigen Kunst- und ästhetischen Kultursphäre, ist die „Autonomisierung" der Künste bei Emanzipation von religiösen, feudalstaatlichen und auch bürgerlich moraldidaktischen Funktionen im Prozeß der Herausbildung einer eigenständigen weltlichen bürgerlichen Kultur, ästhetischen Klassenkommunikation und kulturellen Öffentlichkeit. Dies geschah auf der Grundlage der Entstehung des Literatur- und Kulturmarktes. Und die Doktrin der Kunst und des Schönen als Selbstzweck hat nicht nur die Emanzipation aus dem System feudaler und absolutistischer Bindungen, sie hat zugleich die Opposition gegen den Anspruch des Marktes auf absatzfähige gängige Ware zum Inhalt. Wie genau Schiller die aus der Lebenspraxis erwachsenden Bedürfnisse nach Unterhaltung und Erholung und den daraus resultierenden Gebrauch von Kunst, speziell des Theaters, kannte, belegen seine realistischen Urteile in „Über naive und sentimentalische Dichtung". Und wie sich ihm die Fronten innerhalb der Kultur- und Literatursphäre darstellten, davon zeugen die Xenien, die Schemata zum Dilettantismus u. a. m. Die theoretische Konzipierung des Reichs des schönen Scheins aber vermag noch nicht innerhalb seiner Gesamtstruktur gesellschaftliche Gegensätze zu vermerken. Und ebendies läßt genauer nach seiner Funktionsbestimmung fragen.

Die Formulierung aus dem Gedicht „Die Künstler", daß Kunst „Elysium an die Kerkerwand" male, spricht metaphorisch aus, worum es geht. Sie bezieht sich auf das Individuum in der Welt der Antagonismen. Elysium an der Kerkerwand – das kann den Gefangenen trösten, er erblickt das Schöne, Erfüllende, das Elysium seiner Träume und Wünsche – und damit kann er sich so beschäftigen, daß er sich mit seiner Gefangenschaft versöhnt, sie vergißt, weil das Bild, das ihn ablenkt, die eigentliche Welt zu sein scheint, wirklicher als das, was er täglich leidet.

Umgekehrt kann das Bild in dem, was es zeigt, dem Gefangenen seine Lage verdeutlichen, ihm Befreiung zum Bedürfnis machen, ihn die Kraft dazu innewerden lassen. Es kann, so er seiner Gefangenschaft bewußt ist, sie fühlt und Befreiung physisch nicht möglich, ihm den Zusammenhang seines Leids und seines Kampfes erhellen, das Wofür, ihn dadurch innere Souveränität gegenüber seinem gegenwärtigen Zustand gewinnen lassen, so daß er sich nicht mit ihm versöhnt, wohl aber Kraft gewinnt, ihn zu ertragen und sich gegen ihn zu behaupten.

Wir wollen das Bild nicht strapazieren. Schiller gelang seine heroische Idylle nicht. Ob „Elysium", auch nur als Vorstellung noch ernst genommen, erträglich sei, bleibe dahingestellt. In „Elysium" gerinnt zum Zustand, was bildliche Gestaltung nur als Bewegung, Tendenz, bestenfalls als sich selbst relativierende und überschreitende Etappe gestattet, so nicht ein himmlisches Jenseits entstehen oder sehr bedingte Inhalte die Verklärung des Unbedingten, letztlich Erfüllenden erhalten sollen.

Und wir haben auch nicht geklärt, ob es das gleiche Bild ist, das so entgegengesetztes Auffassen bewirkt, oder ob verschiedene Bilder an der Kerkerwand erscheinen. Die Neunte Sinfonie Beethovens ist von entgegengesetzten Klassenpositionen, mit entgegengesetzten praktischen Intentionen gespielt, gesungen und aufgenommen worden – sie konnte sich nicht wehren, und die genaueste Begründung ihrer authentischen Intention läßt den Hörer, der sie auf seine Welt und Befindlichkeiten bezieht, gleichgültig. Für Schiller jedenfalls mußten es verschiedene Bilder sein, und er hat die Künstler sehr genau aufgefordert: „Fern dämmre schon in eurem Spiegel / Das kommende Jahrhundert auf." Das Verhältnis bloßer Ergänzung und indirekter Bestätigung einer schlechten Wirklichkeit wird durch die Zukunftsdimension aufgebrochen, Zukunft nicht als Verlängerung der Gegenwart gedacht, sondern als deren dialektisches Aufheben. Wie dies Dämmern der Zukunft künstlerisch vermittelt wird, sei hier ausgespart – auch, daß das kommende Jahrhundert Metapher ist, nicht das 19. Jahrhundert, das wirklich kam.

Fundamentaler ist, daß Schiller das Ganze der ästhetischen Aktivität einbaut in einen ihr vorgegebenen historischen Zusammenhang, in dem und auf den hin sie agiert. Was von der philosophischen Begrifflichkeit her statisch erscheint – entsprechend den Kantischen Voraussetzungen als Dauerstruktur, die vom Gegensatz zwischen Sinnlichkeit und Vernunft zum Gegensatz von Materie und Geist sich verfestigt –, gewinnt seine Dynamik nicht durch die formelle Synthese der begrifflichen Konstruktion, sondern diese gewinnt ihren Inhalt durch den historischen Ansatz Schillers: vom System der Widersprüche aus, die, notwendig entstanden, in der ästhetischen Aktivität aufgehoben werden: im Medium des Spiels und Scheins. Mit anderen Worten, ästhetisches Produzieren und, davon abhängig, Rezipieren tragen für Schiller selbst notwendig historischen Charakter. So abstrakt-vage er es auch ausdrückt, beide stehen in einem historischen Systemzusammenhang. Im Ästhetischen reagiert die subjektive Totalität auf die objektive Wirklichkeit der zerrissenen und entzweiten antagonistischen Kräfte, vollzieht in ihrer Aktion eine ideelle Befreiung von deren Zwängen und setzt in ihrem Tun Möglichkeiten frei, die nichts anderes als Möglichkeiten dieses historischen Gesamtsystems sind. Der ästhetische Akt ist selbst seinem Wesen nach produktiv und emanzipativ. Doch ist dies keine Beschreibung der wirklichen ästhetischen Akte und Tätigkeiten, sondern zielt auf ihre notwendige Funktion für das Ganze und ihre höchsten Möglichkeiten. Darin liegt zugleich die Einsicht, daß der individuelle ästhetische Akt nicht rein entsprungen ist, sondern Kollektives, Gesellschaftlich-Allgemeines in sich trägt, daß er im Spannungsfeld von Individuum und Gesellschaft, hier wiederum im Verhältnis von Wirklichkeit und Möglichkeit, seine Inhaltlichkeit gewinnt, womit noch nichts darüber gesagt ist, ob und in welcher Weise diese zum Bewußtsein kommt. Diesen Zusammenhang empirisch zu analysieren war nicht Schillers Absicht und lag außerhalb seiner Möglichkeiten – auch heute haben wir dafür nur Ansätze und Postulate.

Schiller fehlte vor allem die Möglichkeit, die Vermittlung zwischen dem Individuum, dem Ganzen der Gesellschaft und ihrer spezifischen sozialen Struktur zu fassen – diese verschwindet im abstrakten Modell der Entgegensetzung von Individuum und Ganzem, was wiederum aus den Konstruktionsmechanismen der bürgerlichen Ideologie und deren Gesellschaftsabbildung innerhalb ihres Rahmens in dieser Epoche resultiert. Daß Schiller seinen genialen Ansatz – dem Kant freilich entscheidend vorgearbeitet hatte – nicht durchführen konnte, ist der Bindung an Kants Agnostizismus geschuldet. Doch sehe ich in ebendiesem Ansatz, so verkapselt, aperçuhaft und in der Konsequenz unausgeführt er auch ist, Schillers wichtigsten Beitrag zur Erkenntnis der Gesellschaftlichkeit der Kunst und künstlerischen Phantasie, ja ihrer Notwendigkeit für die Gesellschaft.

Natürlich wissen wir genauer, daß und wie reale gesellschaftliche Möglichkeiten materiell produziert werden, und es ist auch nicht schwer zu erkennen, wieviel Schillers Erkenntnis der spontanen Ideologisierung der eigenen Tätigkeit schuldet. Das gehört selbst zur widersprüchlichen Form, in der das gesellschaftliche Aktivitätspotential geschichtlich entdeckt und zu Bewußtsein gebracht wird. Auch muß die subjektive Totalität konkreter, teils weniger „total", teils irdischer gefaßt werden, als es dem trotz aller Aufklärung christlichen Denk- und Wertungsnormen verhafteten Schiller möglich war. Doch der Gedanke, daß das freie Spiel der ästhetischen Einbildungskraft – und sie hat als ästhetische ja die sinnliche Form für sich – subjektive Bedingungen objektiver Umgestaltung produziert, in diesem Sinne Organ nicht nur gesellschaftlicher Selbsterkenntnis, sondern auch gesellschaftlicher Selbstgestaltung sei, weil spielender Vergewisserung der Überwindung von Lebenswidersprüchen, ergibt sich zwingend. Und es wäre eine noch zu leistende Aufgabe, die trotz aller Polemik bestehende Beziehung Brechts zu Schiller, die Konzeption des Lehrstücks und der Etablierung des Experiments auf dem Theater in ihren inneren Zusammenhängen daraufhin zu untersuchen. Doch um den Horizont des ästhetisch produzierten Möglichen abzustecken, müssen wir uns Schillers geschichtskonzeptionellen Gedanken zuwenden.

VII

Schillers Vorstoß zu einem philosophisch-historischen Denken bewegt sich in einem unaufgelöst bleibenden Widerspruch. Sein dreistufiges Entwicklungsschema von ursprünglicher Einheit, notwendiger Aufspaltung und Entgegensetzung des Einheitlichen, Wiederherstellung der Harmonie auf höherer Stufe fungiert als hypothetischer Entwurf, die Gegenwart als geworden, ihre Antagonismen als zur Lösung drängende Widersprüche, die Zukunft als Resultat der Aufhebung der Antagonismen zu denken. Von hier aus wären die allgemeintheoretischen Bestimmungen der Transzendentalphilosophie historisch bedingte, relative Reflexionsformen der gegenwärtigen antagonistischen Stufe. Dennoch hält sie Schiller im Prinzip fest. Dadurch biegt seine Argumentation, wenn auch nicht endgültig, ins Metaphysisch-Ahistorische und in psychologische Typologie um. Von transzendentalphilosophisch-subjektivem Idealismus her muß das Entwicklungsmodell als hypothetische Setzung erscheinen, die als objektive Notwendigkeit fordert, was als nur subjektive Notwendigkeit des Strebens in unaufhebbaren Gegensätzen gilt, deren Synthese, so es sich um den Gesamtzustand handelt, ins Unendliche verlagert wird. Die wirkliche Durchführung des Entwicklungsentwurfs verlangt Aufhebung der transzendentalphilosophischen Position als Produkt der Etappe der Spaltung, verlangt somit eine theoretische Begründung objektiver Entwicklungslogik. Diese wäre wiederum nur möglich, wenn das dialektische Entwicklungsmodell nicht formal als Schlußform, sondern in der Selbstbewegung des geschichtlichen Prozesses, genauer, der prozessierenden gesellschaftlichen Lebenseinheit nachgewiesen werden könnte.

Die Vermittlung der gegensätzlichen Tendenzen wäre nur durch den Übergang vom transzendentalen subjektiven zum objektiven Idealismus möglich gewesen. Sie resultiert nicht einfach aus dem Monismus, setzt ihn aber voraus, bedarf allerdings, wie das Beispiel Hegels zeigt, der konkreten Hinwendung zur Analyse der menschlichen Arbeit und der sozialen Wechselbeziehungen, wenn beide zunächst auch nur idealistisch begriffen werden können. Wie weit der Weg von hier aus zum materialistischen Historismus ist, ist nicht mehr mein Thema.

Das dreistufige Konzept fand einen prägnanten Ausdruck in Anmerkungen, die Schiller zu Humboldts Aufsatz „Über das Studium des Altertums, und des griechischen insbesondre" 1793 gemacht hatte. Dort analogisiert er den Fortschritt der Kultur mit dem Fortgange der menschlichen Erfahrung:

„1. Der Gegenstand steht ganz vor uns, aber verworren und ineinander fließend.

2. Wir trennen einzelne Merkmale und unterscheiden. Unsere Erkenntniß ist deutlicher aber vereinzelt und borniert.

3. Wir verbinden das Getrennte und das Ganze steht abermals vor uns, aber jetzt nicht mehr verworren sondern von allen Seiten beleuchtet.

In der ersten Periode waren die Griechen.

In der zweiten stehen wir.

Die dritte ist also noch zu hoffen, und dann wird man die Griechen auch nicht mehr zurück wünschen."[110]

Bemerkenswert ist, daß Schiller „Erfahrung" im Blick hat. Die dritte Stufe der Verbindung des Getrennten ist synthetische Erkenntnis, die das anfänglich verworren erscheinende, in seinen inneren Zusammenhängen unbekannte Konkrete jetzt als Begriffenes so erfährt, daß „das Ganze . . . abermals vor uns" steht. Schiller beschäftigte sich zwar noch intensiv mit Kant, aber hier benutzte er aus der Leibniz-Wolffischen Tradition stammende Grundbegriffe. Wenn der individuelle Erfahrungsgang „ohngefehr" den Fortschritt der Kultur modelliert, so umgreift dieser Fortschritt wiederum den individuellen Erfahrungsprozeß. Bemerkenswert ist, daß die Vorbildfunktion der Griechen uneigentlich ist. Schillers Aperçu entwirft im Logischen die Abbreviatur des Historischen, im Historischen eine logisch-gnoseologische Struktur, er drängt auf eine Dialektik, die dann Hegel in der „Phänomenologie des Geistes" aus- und weiterführte.

In „Über naive und sentimentalische Dichtung" erläutert Schiller sein logisches Konstruktionsprinzip: seine Dreistufigkeit ist derart, daß die je dritte Kategorie entstehe, wenn die erste mit der zweiten, ihrem geraden Gegenteil, verbunden werde. Was Kant als Thesis, Antithesis und Synthesis als logische Entwicklungsform nutzt, was Fichte als allgemeines Konstruktionsprinzip entwickelt, gewinnt bei Schiller über das Logische und Methodische hinaus den Sinn einer historischen „Logik", bildet einen historischen Entwicklungsprozeß seiner Struktur nach ab. Die Entwicklung der menschlichen Kräfte über ihre antagonistische Entgegensetzung soll zur Wiederherstellung der ursprünglichen Einheit auf neuer höherer, entwickelter Stufe führen. Das gilt auch für das Verhältnis von naiver und sentimentalischer Dichtung. „Wir waren Natur..., und unsere Kultur soll uns, auf dem Wege der Vernunft und der Freyheit, zur Natur zurückführen."[111] – „So wie nach und nach die Natur anfieng, aus dem menschlichen Leben als Erfahrung und als das (handelnde und empfindende) Subjekt zu verschwinden, so sehen wir sie in der Dichterwelt als Idee und als Gegenstand aufgehen."[112] Die Dichter als die Bewahrer der Natur „werden entweder Natur seyn, oder sie werden die verlorene suchen"[113]. Daher naive Dichtung „in dem Zustande natürlicher Einfalt, wo der Mensch noch, mit allen seinen Kräften zugleich, als harmonische Einheit wirkt, wo mithin das Ganze seiner Natur sich in der Wirklichkeit vollständig ausdrückt, die möglichst vollständige Nachahmung des Wirklichen" sucht, sentimentalische Dichtung, „wo jenes harmonische Zusammenwirken seiner ganzen Natur bloß eine Idee ist",[114] „den wirklichen Zustand ... auf Ideen bezieht, und Ideen auf die Wirklichkeit anwendet"[115].

Der Widerspruch von Ideal und Wirklichkeit ist also historisch entstanden, Resultat der durch menschliches Tun veränderten Menschenwelt, notwendiges Ergebnis der antagonistischen Form der Entwicklung der menschlichen Kräfte. Auch hier erscheint ein Analogon der „exzentrischen Bahn" Hölderlins in Schillers geschichtlichem Konzept: Der Weg der neueren Dichter ist „derselbe, den der Mensch überhaupt sowohl im Einzelnen als im Ganzen einschlagen muß. Die Natur macht ihn mit sich Eins, die Kunst trennt und entzweyet ihn, durch das Ideal kehrt er zur Einheit zurück."[116]

Die Bestimmung des Widerspruchs ist nicht einfach. Wenn die Kunst – hier ist nicht Poesie gemeint, sondern das menschliche Können, die Kraftentwicklung, eben das Produzieren einer Zivilisation – „den" Menschen mit sich entzweit, kann „das" Ideal nur im Bewußtsein von Akteuren dieses Prozesses als Leitbild eines anderen Ganzen, eines nichtantagonistischen, fungieren. Die Dichter haben zu ihm eine ausgezeichnete Beziehung. Denn die poetische Einbildungskraft impliziert schon die Einheit von Sinnlichem und Ideellem, in der sie sich auf die zerrissene Realität bezieht.

Das Entzweien „des" Menschen mit sich ist Entzweien der Menschen untereinander und Entzweien der individuellen Einheit seiner sinnlich-geistigen Natur. Dichtung bezieht sich auf Realität als Gegensatz zum Ideal; im Dichterischen spezialisiert und artikuliert sich im Gesamtprozeß, was in seinen Akteuren, in denen allein und durch die allein er sich vollzieht, als Mangel, Widerspruch, Unerfülltheit erfahren oder gelebt wird, deren potentielle, unverwirklichte Totalität. Insofern entspricht sentimentalische Dichtung der weltgeschichtlichen Epoche der Antagonismen.

In dieser historischen Perspektive sieht Schiller die Dichtung – und seine Dichtung. Sie wird nicht preisgegeben, aber doch erheblich modifiziert durch den Versuch, mit den gleichen Begriffen sein und Goethes Wirklichkeitsverhältnis zu bestimmen, auch, sich gegen Goethe von der poetischen Methode her zu behaupten. Goethe erscheint zunächst ihm, dem reflektierten Sentimentalischen, gegenüber als der Naive. Doch dann können nicht mehr Epochen mit diesen Begriffen gemeint sein. Naiv bleibt Grundlage des Dichtens, jedes Genie müsse naiv sein – und das Sentimentalische ist dann nicht mehr der Gegensatz zum Naiven: denn dessen Gegensatz sei die Reflexion des Verstandes, weshalb naiv die noch ungetrennte und unreflektierte Einheit der geistigen Funktionen ist. Das Sentimentalische wird somit Synthese des Naiven und der Reflexion: „... die sentimentalische Stimmung ist das Resultat des Bestrebens, auch unter den Bedingungen der Reflexion die naive Empfindung, dem Inhalt nach, wieder herzustellen."[117] Im

Ideale kehre dann vollendete Kunst zur Natur zurück – freilich in einem unendlichen Annäherungsprozeß. Mit dieser Bestimmung aber ließe sich sentimentalische Dichtung verstehen als Antizipation eines Zustands, der sentimentalische Dichtung unnötig machen könnte. Schiller treibt das Verhältnis beider weiter: Die „vornehmsten sentimentalischen Dichter in der alten römischen Welt und in neueren Zeiten" seien unter feindliche Umstände gesetzte naive. Doch an diesem Punkt schlägt die Argumentation um. Der naive Dichter, der von der Natur ausgeht – im Gegensatz zum sentimentalischen, der, in moderner Zeit, vom Ideal ausgeht –, ist nicht nur gefährdet durch das Niedrig-Prosaische der wirklichen Natur. Nicht die wirkliche, vielmehr sei es die „wahre Natur, die das Subjekt naiver Dichtung" ausmache. Diese wahre menschliche Natur sei gekennzeichnet durch „innere Nothwendigkeit des Daseyns", letzlich durch den „Antheil des selbstständigen Vermögens an jeder Äußerung, dessen Ausdruck jedesmal Würde ist"[118] – wodurch auf einem Umwege wiederum das Ideal gegen die Wirklichkeit gesetzt ist.

Geht es Schiller im allgemeinen Konzept um die Aufhebung des Gegensatzes von Natur und Kunst im Sinne der antagonistischen Zivilisation, so geht es ihm im besonderen um das Gesetz, nach dem Poesie unter antagonistischen Verhältnissen antreten muß. Die These, daß das Ideal schöner Menschlichkeit weder vom naiven noch vom sentimentalischen Charakter erfüllt werde, gilt für den Epochenbegriff wie für den Begriff des gleichzeitigen Gegensatzes beider. Die höhere Einheit ermöglicht im ersten Falle ein nichtantagonistischer Epochenzustand, im zweiten eine ideale Kunst, nach welcher die sentimentalische Dichtung wie die naive streben müssen.

Doch hier stößt Schiller auf die Grenze seiner Theorie, die er nicht überschreiten kann. Ist es ihm auch gelungen, im großangelegten Umriß eine Orts- und Strukturbestimmung der modernen Poesie im Verhältnis zur antiken zu entwerfen, eine Theorie der modernen Literatur zu fundieren, so stößt er auf ihm unüberwindliche Schranken, wenn er die Aufhebung der Antagonismen anders denn als Postulat und ästhetisches Spiel in der Realität selbst begründen wollte. Da bleibt ihm nur die Konfrontation von Ideal und Wirklichkeit. Sehen wir von den bürgerlich-liberalen politischen Aspekten ab, hätte er in sozialer Hinsicht in seiner Epoche keinen Realprozeß angeben können, der sein Ideal der Realität angenähert hätte.

Sowie er den Gegensatz des Naiven und Sentimentalischen seines poetischen Charakters entkleidet, wird er ihm zum psychologischen Gegensatz zwischen Realisten und Idealisten: der erste amalgamiert Empirismus und erkenntnistheoretischen Materialismus, der zweite Rationalismus und Idealismus; der erste läßt sich von der Notwendigkeit der Natur, der zweite von der Notwendigkeit der Vernunft bestimmen. Als Charaktere haben sie entgegengesetzte Verhaltensweisen in kognitiver wie moralischer Hinsicht. Der erste wird im negativen Extrem zum blinden und kleinlichen Praktizisten, der von äußerer Nötigung und Gelegenheit sich leiten läßt, der zweite zum realitäts- und menschenentfremdeten Phantasten der eigenen Willkür.

Dieser Charaktergegensatz wird – der historischen Konzeption entsprechend – einmal angenommen für ein „sich kultivierendes Jahrhundert", zum zweiten wird er gesetzt als so alt und so lange dauernd wie Kultur überhaupt. Schiller betont die Einseitigkeit eines jeden Typs, gemessen am Ideal der menschlichen Natur, das Erfahrung und Vernunft verbindet, drängt auf Überwindung der Einseitigkeit und damit des Gegensatzes. Charakteristischerweise kommt er in diesem Zusammenhang nicht mehr auf das zurück, was er selbst vorausgesetzt hat: daß diesem Gegensatz ein Zustand der Entgegensetzung der Kräfte, des Auseinandertretens von Ideal und Wirklichkeit zugrunde liegt. Dementsprechend erscheinen die beiden Charaktere als vorgegebene Typen, nicht als historisch produzierte Haltungen. Die Synthese bzw. Aufhebung des Gegensatzes, die Schiller im Ästhetischen doch als möglich und notwendig entwickelt hatte, kann nur in wenigen großen Individuen gelingen. Das mag als Huldigung an Goethe gedacht sein. Theoretisch erfüllt hier der personale Einzelfall, was das Gesamtkonzept als historische Notwendigkeit allgemein epochenumfassend entworfen hatte. An diesem Punkt reißt der Faden der Theorie ab.

Kurz vor diesem Punkt ist Schiller, die realen Bedingungen der Kunstrezeption reflektierend, auf die Idee gekommen, als Alternative zu den arbeitenden und den müßigen Klassen eine tätige Klasse zu erdenken, die „das schöne Ganze menschlicher Natur, welches durch jede Arbeit augenblicklich, und durch ein arbeitendes Leben anhaltend zerstört wird"[119], bewahre. Mit dieser idealen Klasse sind nicht die vorhandenen herrschenden und müßigen, auch nicht schlechthin die gebildeten Klassen gemeint, für die das Urteil des sechsten der Briefe „Über die ästhetische Erziehung" gilt.

Doch aufschlußreich ist, wie sich in dieser Spekulation eine Klassenlogik durchsetzt: Die wirklich physisch Arbeitenden sind davon ausgeschlossen, des schönen Ganzen menschlicher Natur teilhaftig zu werden. Arbeit ist schlechthin depravierende, entfremdete, die geistige Entwicklung zerstörende, die menschliche Totalität der Einseitigkeit unterwerfende Arbeit. Was Schiller an Anschauung fehlte, hatte er von Ferguson lernen können. Die reale materielle Arbeit, die erst am Anfang der industriellen, sich multiplizierenden Arbeitsteilung stand, konnte ihm kein Lösungsmodell bieten. Die einzige Tätigkeit, die Sinnliches und Geistiges verschmolz, äußerste Anstrengung mit geistiger Leistung verband, war ihm die künstlerische, speziell die poetische Produktion, im weitesten Sinne die intellektuelle, sofern sie nicht zur bornierten Einseitigkeit wurde. Es ist kein Zufall, daß Marx noch ein halbes Jahrhundert später künstlerische Arbeit als Modell freier Arbeit benutzte.

Diese historische Schranke bringt auch den Bruch in Schillers Konzeption. In der Kultur- und Epochenkritik wußte er sehr genau die Trennung der Arbeit vom Genuß, der Anstrengung von der Belohnung als Antagonismen anzugeben, und im Reich des schönen Scheins erscheinen kriechende Lohnkunst wie Leibeigenschaft aufgehoben. Doch die humanistische Utopie, der ein historisch notwendig vage bleibendes Ideal als Alternative zur bürgerlichen Welt vorschwebt, stößt auf die Schranke des konkret Vorstellbaren, Machbaren. Und machbar

als Tätigkeit, die den Geist nicht lähmt, erschien ihm eine
Idealisierung der Tätigkeit der bürgerlichen künstlerischen
Intelligenz. Die Massen – zu Schillers Zeit sind das Bauern
und städtische Plebejer – bleiben von diesem Kulturideal ausgeschlossen, so absurd es andererseits auch gewesen wäre, es
ihnen zu verordnen. Durch die realen Lebensbedingungen gerinnt die Utopie zum bürgerlichen Bildungsideal. Wie an
einem Fels zerschellt die gesamtgesellschaftliche weitperspektivische Entwicklungskonzeption an der scheinbaren Unver-
änderbarkeit der Arbeit und der Depravierung der Arbeitenden.

Um so härter stellt sich für Schiller der Widerspruch dar
zwischen menschlichem Anspruch und objektivem Geschichtsgang, der die Entfremdungszüge sinnfreier Natur annimmt.
Gerade weil die Kantische Kritik die Theodizee gegenstands-
los gemacht hat, ist kein wohlwollender göttlicher Heilsplan,
keine universale Harmonie vorauszusetzen. 1801 publizierte
Schiller seine rund fünf Jahre zuvor geschriebene Abhandlung
„Über das Erhabene", und sie zeichnet sein Verhältnis zur
Weltgeschichte, insofern diese Gegenstand der Tragödie ist:
„Die Welt, als historischer Gegenstand, ist im Grunde nichts
anders als der Konflikt der Naturkräfte unter einander selbst
und mit der Freyheit des Menschen und den Erfolg dieses
Kampfes berichtet uns die Geschichte. So weit die Geschichte
bis jetzt gekommen ist, hat sie von der Natur (zu der alle
Affekte im Menschen gezählt werden müssen) weit größere
Thaten zu erzählen, als von der selbstständigen Vernunft...
Alle wohlgemeynten Versuche der Philosophie, das, was die
moralische Welt fodert, mit dem, was die wirkliche leistet, in
Übereinstimmung zu bringen, werden durch die Aussagen der
Erfahrungen widerlegt..."[120]
Natur umfaßt somit das Ganze: die außermenschliche
Natur wie die Weltgeschichte der Gattung. Ihr gegenüber steht
die moralische Vernunft. Jene lehrt das Müssen, diese will,
denn der Mensch sei das Wesen, das will, alle anderen Dinge
müssen. Und dem Müssen unterliegt seine Physis. Als Geschichtserfahrung aber ist zu verstehen: „Eben der Umstand,

daß die Natur im Großen angesehen, aller Regeln, die wir durch unsern Verstand ihr vorschreiben, spottet, daß sie auf ihrem eigenwilligen freyen Gang die Schöpfungen der Weisheit und des Zufalls mit gleicher Achtlosigkeit in den Staub tritt, daß sie das Wichtige wie das Geringe, das Edle wie das Gemeine in Einem Untergang mit sich fortreißt"[121], bedinge, daß sie – als Weltgeschichte – weder durch Naturgesetze, die nach Kantischer Lehre der Verstand der Natur vorschreibt, zu erklären noch durch die moralische Vernunft zu begreifen sei.

Hier geht es nicht um die Versöhnung von Natur und Geist als Ziel der Kultur, sondern um Wecken und Stählung des Geistes als Selbstbewußtsein moralischer Freiheit gegenüber der Unvermeidlichkeit physischer Notwendigkeit, der Bindung an je zufällige Formen des Daseins, mithin um Selbstbehauptung des Geistes gegenüber den Naturzwängen, die über Wohlsein und Existenz gebieten. „Nur wenn das Erhabene mit dem Schönen sich gattet, und unsre Empfänglichkeit für beydes in gleichem Maaße ausgebildet worden ist, sind wir vollendete Bürger der Natur, ohne deswegen ihre Sklaven zu seyn, und ohne unser Bürgerrecht in der intelligiblen Welt zu verscherzen."[122] Daher das Pathetische als ästhetische Einübung, als „Inokulation des unvermeidlichen Schicksals", wodurch es nicht unsere Realität trifft, sondern Objekt des ästhetisch betrachtenden Gemüts ist, dadurch aber die heroischen Momente, die „starke Seite des Menschen" kräftigt.

Fazit: „Also hinweg mit der falsch verstandenen Schonung und dem schlaffen verzärtelten Geschmack, der über das ernste Angesicht der Nothwendigkeit einen Schleyer wirft, und um sich bey den Sinnen in Gunst zu setzen, eine Harmonie zwischen dem Wohlseyn und dem Wohlverhalten lügt, wovon sich in der wirklichen Welt keine Spuren zeigen. Stirn gegen Stirn zeige sich uns das böse Verhängnis. Nicht in der Unwissenheit der uns umlagernden Gefahren – denn diese muß doch endlich aufhören – nur in der Bekanntschaft mit denselben ist Heil für uns. Zu dieser Bekanntschaft nun verhilft uns das furchtbar herrliche Schauspiel der alles zerstörenden und wieder erschaffenden, und wieder zerstörenden Veränderung . . ., verhelfen

uns die pathetischen Gemählde der mit dem Schicksal ringenden
Menschheit . . ., welche die Geschichte in reichem Maaß auf-
stellt, und die tragische Kunst nachahmend vor unsre Augen
bringt."[123]

Nachgeahmt kann nur werden, weil die mit dem Schicksal
ringende Menschheit reales Urbild, Realität ist. Spontan durchbricht Schiller hier die Kantischen Voraussetzungen. Und
Realität ist dies Urbild nicht deshalb, weil apriorischer Verstand gegebene Sinnesempfindungen ordnet. Was als bloße
Erscheinung behauptet, also sein Wesen verbirgt, gewinnt eine
existentielle Wucht, die erkenntnistheoretisch nicht abgefangen
werden kann, wo die Souveränität des Geistes aufhören muß.

Zugleich dachte Schiller in seinem Fortschrittsmodell der
drei Stufen. Es fundierte ihm die ästhetische Erziehung auch
durchs Erhabene, das im Ideal-Schönen aufgehoben ist; und
er dachte historisch: die Komödie erstrebe einen Zustand, der
alle Tragödie überflüssig macht. Weil das idealistische, dialektische Züge tragende Fortschrittskonzept aber innerhalb der
wirklichen Geschichte keine Triebkraft des Fortschreitens anzugeben vermag, keine wirkliche Kraft, bleibt der außer-
geschichtliche Geistesraum der „intelligiblen Welt" übersinnliche Gegeninstanz, die dem subjektiven Aufbegehren innere
Notwendigkeit und Allgemeinheit verleiht und es entprivati-
siert. Das macht für Schiller den Dualismus letztlich unaufhebbar: weil sein Verhältnis zur real bestehenden gesellschaftlichen Welt von praktischer materieller Ohnmacht und deren
ideeller Negation bestimmt ist. Er widersteht einer Welt, die
dem Menschen als Objekt Gewalt antut. Sein Idealismus basiert auf dem Fetischismus, der das sozial und historisch Produzierte dessen, was da Gewalt antut – es ist der Mensch,
die Macht über den Menschen –, und dessen, was als Subjektivität dagegen aufbegehrt, hinter dem Gegensatz von Natur
und Geist verbirgt.

Von daher ist Schillers spätes Bekenntnis zu den „tiefen
Ideen der Idealphilosophie" bei gleichzeitiger Ablehnung der
philosophischen Spekulation adäquater Ausdruck seiner Haltung und Methode als Poet. Er läßt die philosophische Speku-

lation liegen, weil er die theoretischen Widersprüche von seinen Voraussetzungen her nicht zu lösen vermag, zugleich das Theoretisieren als Lebensentfremdung ihm zur Erfahrung geworden ist und er einen direkteren, produktiven Lebensmodus und -zugang allein in der Poesie zu finden glaubt.

Am 7. Januar 1795 schreibt Schiller nach der Lektüre der ersten Bücher von „Wilhelm Meisters Lehrjahren" an Goethe: „Ich kann Ihnen nicht ausdrücken, wie peinlich mir das Gefühl oft ist, von einem Produkt dieser Art in das philosophische Wesen hinein zu sehen. Dort ist alles so heiter, so lebendig, so harmonisch aufgelöst und so menschlich wahr, hier alles so strenge, so rigid und abstrakt, und so höchst unnatürlich, weil alle Natur nur Synthesis und alle Philosophie Antithesis ist. Zwar darf ich mir das Zeugniß geben, in meinen Speculationen der Natur so treu geblieben zu seyn, als sich mit dem Begriff der Analysis verträgt; ja vielleicht bin ich ihr treuer geblieben, als unsre Kantianer für erlaubt und für möglich hielten. Aber dennoch fühle ich nicht weniger lebhaft den unendlichen Abstand zwischen dem Leben und dem Raisonnement – und kann mich nicht enthalten in einem solchen melancholischen Augenblick für einen Mangel in meiner Natur auszulegen, was ich in einer heitern Stunde bloß für eine natürliche Eigenschaft der Sache ansehen muß. Soviel ist indeß gewiß, der Dichter ist der einzige wahre Mensch, und der beßte Philosoph ist nur eine Carricatur gegen ihn."[124]

Es ist nicht nur so, daß die Erfahrung von Goethes Dichtung und Person Schiller die philosophische Abstraktion als „bloßes" Räsonnement bewußt werden läßt. Vielmehr dürfte es der gelebte Widerspruch sein, der freilich am Modell Goethe deutlicher wird: daß er im Abstrakten seiner gedanklichen Selbstverständigung gerade dessen nicht habhaft wird, wessen er als Dichter bedarf. Unter der Bedingung, daß ihm geistiges Tun die einzig mögliche Praxis und Selbstbehauptung wie -verwirklichung ist, in einer Nische der ihn bedrängenden, seinen Idealen widersprechenden Menschenwelt, erfährt er das Abstrakt-Allgemeine der Philosophie als Bestätigung des Fehlens gerade jener Totalität, das er zu überwinden sucht.

VIII

Schillers Sichabwenden von der Abstraktionsebene philosophischer Spekulation ist Hinwendung zur poetischen Arbeit. Philosophie als nur theoretische Tätigkeit mag ihm der zweiten, der analytischen Erkenntnisstufe entsprechen, welche die dritte nicht zu leisten vermag: auf der das Ganze des Gegenstandes vor uns stehe, voll begriffen – das Begriffliche ist aufgehoben, die Ganzheit nicht nur denk-, sondern anschaubar.

Dieser Stufe mußte Schiller die Poesie, wie er sie erstrebte, adäquater erscheinen. Und zugleich erscheint sie der Lebens- und Geschichtserfahrung angemessener – in der Totalität der subjektiv beanspruchten Gemütskräfte, in der Komplexität des Gegenstands und der Gegenstandsbeziehungen, der Dialektik des Subjektiven und Objektiven, schließlich hinsichtlich des Produkts, das als sprachlich vermittelte Erfahrung oder theatralisches Erfahrungsobjekt dem Rezipienten vorgeführt wird. Schließlich, obwohl ohnmächtig und ohne Anspruch, Wirklichkeit zu sein, konfrontiert Poesie der prosaischen Wirklichkeit die geistige Alternative. Weil „unser Denken und Treiben, unser bürgerliches, politisches, religiöses, wissenschaftliches Leben und Wirken wie die Prosa der Poesie entgegengesetzt"[125] sei, gewinnt diese Alternative als Poesie schon das kritische, auf Regeneration der Ganzheit zielende Moment.

Dem entspricht das Selbstverständnis Schillers. „Aus Verzweiflung, die empirische Natur, womit er umgeben ist, nicht auf eine ästhetische reducieren zu können, verläßt der neuere Künstler von lebhafter Phantasie und Geist, sie lieber ganz, und sucht bei der Imagination Hülfe gegen die Empirie, gegen die Wirklichkeit. Er legt einen poetischen Gehalt in sein Werk, das sonst leer und dürftig wäre, weil ihm derjenige Gehalt fehlt, der aus den Tiefen des Gegenstandes geschöpft werden muß."[126] Diese im Brief an Goethe vom 14. September 1797 geäußerte These, die Chance und Gefahr impliziert, setzt einen veränderten Akzent: ein Gehalt aus der Tiefe des Gegenstands ist nicht subjektiv-idealistisch zu begründen.

Das Prosaische der wirklichen Welt ist nichts anderes als

die Welt, zerrissen von den Antagonismen, die ihr Ganzheit und Harmonie nehmen. Von hier aus eröffnet sich der Zugang zu dem, was Schiller im Brief an die Gräfin Schimmelmann am 4. November 1795 schrieb: „In der Poesie endigen alle Bahnen des menschlichen Geistes und desto schlimmer für ihn, wenn er sie nicht bis zu diesem Ziele zu führen den Muth hat. Die höchste Filosofie endigt in einer poetischen Idee, so die höchste Moralität, die höchste Politik. Der dichterische Geist ist es, der allen Dreien das Ideal vorzeichnet, welchem sich anzunähern ihre höchste Vollkommenheit ist."[127]

Nie hat Schiller auf gleich dezidierte Weise die Leitfunktion der Poesie öffentlich ausgesprochen. Und dennoch: er sagt, was aus den großen Abhandlungen resultiert. Der Brief birgt seine Emanzipationsutopie. In der beanspruchten Funktion des dichterischen Geistes liegt, daß es möglich sei, die Antagonismen des Weges zur Kultur zu überwinden, und daß Poesie, so sie ihrem spezifischen Gesetz folgt, Arbeit dieser Überwindung und in ihrem Schönen Vorwegnahme des Resultats leiste. Der dichterische Geist – damit ist dessen allgemeine Funktion, nicht ein bestimmtes Werk gemeint – vermag die oberste Zielsetzung zu weisen, weil eine nur theoretisch-begriffliche Bestimmung selbst schon Ausdruck und Resultat der Antagonismen ist. Er überwindet den feindlichen Gegensatz von „intuitivem" und „spekulativem" Verstande, von Einbildungskraft und Abstraktionsgeist, Anschauung und Gedanken. Den nur theoretischen Ideen und Disziplinen hat Poesie voraus, daß sie das Abstrakte zur Erscheinung bringt, sich über die Sinnlichkeit als unmittelbare abhängige Gebundenheit erhebt und dennoch im Sinnlichen bleibt, das Allgemeine im Individuellen darstellt. Sie vermittelt somit das Geistige dem Sinnlichen zum Bilde des Ideals – aus dem Bunde des Notwendigen und Möglichen. Wir haben gesehen, wie dem methodischen der soziale Gehalt immanent ist: die Einheit von Individuum und Allgemeinem, die Vereinigung der Individuen zum schönen Bunde. Im Poetischen manifestiert sich die „Natur", die menschliche Natur – der Dichter ist ihr Akteur, ihre Funktion, ihr Rächer. Die Totalitätsbeziehung ermöglicht, daß allein der dichterische

Geist der Philosophie, der Politik und Moral das Ziel vorzeich-
nen kann – und sie fordert es.

Soweit ist Schillers Brief an die Gräfin Schimmelmann in
organischem Zusammenhang mit den theoretischen Schriften zu
verstehen. Er geht darin nicht auf. Er dediziert dem dichterischen Geiste, was in der Theorie aus dem Vernunftbegriff ab-
geleitet wurde, freilich von unbewiesenen Voraussetzungen
her. Allerdings wäre auch die Zielbestimmung des dichterischen Geistes nur von diesem her begründbar. Auf der einen
Seite erscheint die theoretische Spekulation als Umweg, der
reflektierende Sentimentalische bringt im Grunde das Naive
zum Bewußtsein seiner selbst – in und an seinem Gegensatz.
Das Ziel kann nichts anders sein als die immanente Gewißheit eines befreiten und versöhnten Ganzen, die Vision der in
der Aufhebung ihrer Gegensätze sich erneuernden Menschheit.

Aber poetischer Geist und die Realität von Dichtung und
Dichtern sind zweierlei. Jener gibt diesen die ideale Norm
und Intention, und zugleich gibt er sie der Philosophie, Politik,
der theoretischen Erkenntnis und der Praxis. Er beansprucht,
was die Offenbarungsreligion verspielt hat: Wert- und Sinngebung. Der Komplex von Funktionen, auf den Religion abzielt, ist nicht von einer Theorie her zu umgreifen.

Doch zugleich: die Griechen hatte Schiller kritisiert, weil
sie auf den Olympus versetzten, was auf Erden verwirklicht
werden sollte. Der poetische Geist als ideelle Totalität in
Aktion gegen die Prosa der Wirklichkeit ist als Natur gewiß
idealisch, als Ideal aber Produkt, Ausdruck, Betätigung der
vorausgesetzten wahren Natur der Menschen, Betätigung ihres
Widerspruchs gegen ihre wirkliche Natur. Es handelt sich im
Sinne Schillers nicht um Ausgedachtes, Willkürliches, sondern
um innere Notwendigkeit, Bedürfnis der Gattung und Gat-
tungsentwicklung. Die Berufung auf den poetischen Geist artikuliert Bedürfnis und Gewißheit seiner Erfüllungsmöglich-
keit – gegen die Verweigerung der Totalität durch die Empirie
und gegen das Verweigern ihrer Beweisbarkeit durch die kritische Philosophie und theoretische Wissenschaft, die ihrerseits

an die Empirie gebunden sind. Auf diese Weise gewinnt der dichterische Geist die Funktion, Organ der Zukunftsbedürfnisse der Gattung zu sein. Es ist keine rational durchargumentierbare Erkenntnis Schillers, wohl aber die Gewißheit, eine antizipierende Ahnung, ein „Erraten" und verborgenes Wünschen des Erratenen: daß allein in der objektiven Entwicklung selbst, in der antagonistischen Form der Entwicklung der menschlichen Kräfte eben die Kräfte und Bedingungen einer kommenden harmonischen Gesellschaft reifen – eine poetische Ahnung gegen die Handgreiflichkeiten dessen, was ist und geschieht.

Die poetische Idee ist der ästhetischen Idee Kants analog: Vorstellung, die nicht Begriff, nicht Gedanke ist, doch zu denken gibt, ohne begrifflich ausgeschöpft werden zu können. Sie fungiert zugleich als Ideal: Ideal als exemplarische Darstellung, und diese Gedanken Kants schließen ein, daß allein vom Menschen ein Ideal zu bilden sei.

Doch mit der Zielfunktion ist zugleich die theoretische Erkenntnis entkräftet. Sie wird von der poetischen Einbildungskraft überholt. Praktisch setzt diese dort ein, wo Schiller – auf Grund seines Idealismus und der metaphysischen Bestimmungen Kants – auf unüberschreitbare Grenzen, auf immanente Widersprüche seiner Gedanken und des Denkbaren zu den vorausgesetzten Gewißheiten gestoßen ist, wo also Dialektik die Alternativbegriffe hätte fließend und die Einheit der Gegensätze systematisch denken können. Sie setzt dort an, wo im theoretischen Denken der Aufstieg vom Abstrakten zum Konkreten, die Reproduktion des Konkreten im Denken den dialektischen Gang nehmen müßte. Und sie setzt sich selbst als eine Gewißheit voraus, die erst eine materialistische Reflexion der wirklichen gesellschaftlichen Praxis in ihrer Genesis, ihrem Symptom- und möglichen Erkenntnischarakter hätte rational kritisch begreifen und in ihrem Wahrheitsgehalt legitimieren können.

Dieser Brief ist eine beängstigende Gratwanderung. Er setzt voraus, daß der poetische Geist die Synthese von Erfahrung und Vernunft, theoretischer Wissenschaft und Anschauung in sich trägt. Er unterscheidet nicht zwischen poetischer Idee, die einem Kunstwerk zugrunde liegt, und poetischer Idee, welche der Politik oder Philosophie die Orientierung geben kann. Er läßt den eigenen Wirklichkeitsbezug der Wissenschaft offen, die Bedingungen der Politik, und vermittelt nicht zwischen dem Reich des Spiels und Scheins und dem Erkennen des Wirklichen und Möglichen. Aus ihm läßt sich ein Messianismus der Poesie ableiten.

Schiller war ein zu kritisch reflektierender Kopf, als daß er aus seinem Brief ein weiterführendes System hätte machen können oder wollen. Er war mit Goethe verbunden, der ihm Entwicklungsstrukturen der Natur wissenschaftlich und zugleich anschaulich nachwies. Er sah bald an der romantischen Konzeption der neuen Mythologie die Gefahr der Ästhetisierung des Lebens wie der Politik.

Und dennoch: Schiller drückt – gleichsam ungeduldig den gordischen Knoten zerhauend – das Bewußtsein aus, als Poet etwas zu sehen, zu erfahren und zu wissen, was er mit den Mitteln der Philosophie und theoretischen Erkenntnis, so wie sie ihm zugänglich und handhabbar waren, nicht erfassen konnte. Er setzt den poetischen empirischen Realismus über den konstruktiven Idealismus des Gedankens, spürt ein Neues angesichts des Zerbrechens der kirchlichen Glaubensgewißheiten und auch der in der deutschen bürgerlichen Aufklärung gängigen Harmonievorstellungen; er spürt die Krise der metaphysischen Denkmethode und idealistischen Systembildung. Ist die Rebellion des Dichters gegen das spekulative Theoretisieren ebenso Anstoß wie Ausdruck seiner Wendung zur poetischen Praxis, so werden freilich die theoretisch-ideologischen Grundfragen dadurch nicht beantwortet, die Widersprüche perennieren. Nicht die Entwicklung Schillers in ideologischer, philosophischer und künstlerischer Hinsicht soll unser weiterer Gegenstand sein, sondern hier sei nur auf einige für unseren Zusammenhang relevante Akzentuierungen hingewiesen.

Wie wenig seine Position mit Irrationalismus oder Ästhetisierung zu tun hat, zeigt nicht nur Schillers Darlegung in den Briefen „Über die ästhetische Erziehung des Menschen", warum die Aufspaltung der Kräfte als Form der sie hochtreibenden Entwicklung notwendig und was sie in bezug auf Erkenntnis geschichtlich geleistet habe. Aufschlußreich ist seine Stellungnahme gegen die anwachsende antiaufklärerische Front in der zweiten Hälfte der neunziger Jahre.

In der „Berlinischen Monatsschrift" hatte Kant 1796 in geistreicher und kämpferischer Art sich gegen die Kritik am Kritizismus von seiten der Glaubensphilosophie zur Wehr gesetzt – gegen Jacobi, Hamann und ausdrücklich unter Namensnennung gegen Johann Georg Schlosser: „Von einem neuerdings erhobenen vornehmen Ton in der Philosophie" (Märzheft) und „Verkündigung eines nahen Abschlusses eines Traktats zum ewigen Frieden in der Philosophie" (Dezemberheft).

Kant griff mit Geist und Schwung diejenigen an, welche im Besitz der intellektuellen Anschauung zu sein sich dünken, die „das Orakel in sich selbst anhören und genießen"[128], statt philosophisch zu arbeiten, zumal der vornehme Ton denen eigne, die glauben nicht arbeiten zu dürfen. Die „Ahnung des Übersinnlichen" ist das hervorstechende Objekt seines Hohns. „Daß hierin nur ein gewisser mystischer Takt, ein Übersprung (salto mortale) von Begriffen zum Undenkbaren, ein Vermögen der Ergreifung dessen, was kein Begriff erreicht, eine Erwartung von Geheimnissen, oder vielmehr Hinhaltung von solchen, eigentlich aber Verstimmung der Köpfe zur Schwärmerei, liege: leuchtet von selbst ein."[129] Ergebnis sei ein Surrogat von Erkenntnis als übernatürlicher Mitteilung und mystischer Erleuchtung, sachlich der Tod der Philosophie.

Schlosser, der „platonisierende Gefühlsphilosoph", antwortete mit einer auf die kritische Philosophie insgesamt bezogenen politischen Denunziation, gerichtet gegen die Selbständigkeits- und Freiheitssucht, gegen das Zerstören des Christentums: „Schreiben an einen jungen Mann, der die kritische Philosophie studieren wollte", das 1797 erschien. Goethe war von Kants erster Schrift sehr angetan und nahm den Angriff „gegen die Herrn Aristokraten" in das Xenien-Programm auf. Schiller war über Schlosser empört, wertete seine Schrift als „gemeine Saalbaderey". An Goethe heißt es: „Sie und wir andern rechtlichen

Leute wissen z. B. doch auch, daß der Mensch in seinen höchsten Functionen immer als ein verbundenes Ganzes handelt,
und daß überhaupt die Natur überal synthetisch verfährt. –
Deßwegen aber wird uns doch niemals einfallen, die Unterscheidung und die Analysis, worauf alles Forschen beruht, in
der Philosophie zu verkennen, so wenig wir dem Chemiker
den Krieg darüber machen, daß er die Synthesen der Natur
künstlicher weise aufhebt. Aber diese Herren Schloßer wollen
sich auch durch die Metaphysic hindurch riechen und fühlen,
sie wollen überal synthetisch erkennen, aber in diesem anschei-
nenden Reichthum verbirgt sich am Ende die ärmlichste Leerheit und Plattitüde, und diese Affektation solcher Herren, den
Menschen immer bei seiner Totalität zu behaupten, das physische zu vergeistigen und das geistige zu vermenschlichen, ist
fürchte ich nur eine klägliche Bemühung, ihr armes Selbst in
seiner behaglichen Dunkelheit glücklich durchzubringen."[130]

Schillers Position ist eindeutig gegen die religiös gebundene
supranaturalistische Antiaufklärung und gegen die Fetischisie-
rung der scheinbaren Unmittelbarkeit des Gefühls mit weltanschaulichem Anspruch gerichtet. Ebenso eindeutig ist seine
Ablehnung der einseitigen Verstandesaufklärung. Totalität der
Kräfte, als Norm genommen, impliziert die höchstmögliche
kulturell-wissenschaftliche Ausbildung und Differenzierung der
menschlichen Kräfte, ist Synthese des Höchstentwickelten, nicht
Zurücknahme ins Dumpf-Unentwickelte. Das gilt zugleich für
die poetische Idee.

Die Abwendung von der Spekulation bringt Schiller in Konflikt mit dem eigenen Schönheitskonzept. Es ist die praktische
Kunsterfahrung der Arbeit am „Wallenstein", die ihn zu fortschreitender Präzisierung und Differenzierung zwingt, dazu, die
Beziehung zwischen Stoff und Form neu und konkreter zu fassen, weil der Stoff selbst die Prosa der Historie ist. Schiller
hatte das Schöne unter dem Aspekt eines historisch-mensch-
heitlichen utopischen Gehalts bestimmt, doch diesem Schönen
war weder das Schöne der „Behandlung" – der kommunikati-
ven sprachlichen theatralischen Form – noch das Schöne in seiner Inhaltlichkeit – im Gegensatz zum Häßlichen der Wirklich-

keit wie des poetischen Stoffes – noch die strategisch ange-
strebte Wirkung in ihrer Besonderheit, die ja wiederum den
Zugang zum Schönen als menschheitlichem Ziel eröffnen soll,
in identischem Sinne unterzuordnen.

Wie Erfahrungen kunstpraktischer Art ihn weitertreiben,
zeigt der aufschlußreiche Brief an Goethe vom 24. November
1797, in dem Schiller den „Antagonism zwischen dem Innhalt
und der Darstellung" reflektiert und den Rhythmus als „Werk-
zeug" und „Repräsentanten" in bezug auf den Gattungsbegriff
des Poetischen bedenkt, „da er alles unter Seinem Gesetze begreift".[131] Als Form spricht er Allgemeines der Inhaltlichkeit
aus, gestaltet und zwingt den Stoff unter sein Gesetz, konstituiert die eigentlich poetische Atmosphäre und determiniert mit
der Produktion als deren gesetzliches Moment zugleich die Rezeption. Schiller führt Kants Einsicht, daß „reine" Schönheit
der Kunst inadäquat sei, grundsätzlich weiter in bezug auf die
von Kant letztlich negierte Erkenntnisfunktion. Sein Brief an
Goethe (vom 7. Juli 1797) ist zugleich als Selbstkritik an der
eigenen philosophischen Spekulation zu verstehen.

„Mir däucht, daß die neuern Analytiker durch ihre Bemüh-
hungen, den Begriff des Schönen abzusondern und in einer
gewißen Reinheit aufzustellen, ihn beinah ausgehöhlt und in
einen leeren Schall verwandelt haben, daß man in der Entgegensetzung des Schönen gegen das Richtige und Treffende
viel zu weit gegangen ist, und eine Absonderung die bloß der
Philosoph macht und die bloß von einer Seite statthaft ist, viel
zu grob genommen hat.

Viele, finde ich, fehlen wieder auf eine andere Art, daß sie
den Begriff der Schönheit viel zu sehr auf den Innhalt der
Kunstwerke als auf die Behandlung beziehen, und so müssen
sie freilich verlegen seyn, wenn sie den vaticanischen Apoll
und ähnliche, durch ihren Innhalt schon schöne Gestalten, mit
dem Laokoon, mit einem Faun oder andern peinlichen oder
ignoblen Repräsentationen unter Einer Idee von Schönheit begreifen sollen.

Es ist, wie Sie wißen, mit der Poesie derselbe Fall. Wie hat
man sich von jeher gequält und quält sich noch, die derbe,

niedrige und häßliche Natur im Homer und in den Tragikern
bey den Begriffen durchzubringen, die man sich von dem Griechischen Schönen gebildet hat. Möchte es doch einmal einer
wagen, den Begriff und selbst das Wort Schönheit, an welches
einmal alle jene falsche Begriffe unzertrennlich geknüpft sind,
aus dem Umlauf zu bringen und, wie billig, die Wahrheit in
ihrem vollständigsten Sinn, an seine Stelle zu setzen."[132]

Auch hier stößt Schiller über bislang Festgehaltenes vor. Als
mit seinem Gegenstande ringender Poet sprengt er die Lineari-
tät und Universalität seines Schönheitsbegriffs, entdeckt seine
Vieldeutigkeit entsprechend den unterschiedlichen gegenständlichen und werkspezifischen Relationsebenen. Deutlicher wird
die Differenz zwischen dem im Brief an die Gräfin Schimmelmann geforderten Ideal des poetischen Geistes und der wirklichen Poesie. Der „Wahrheit" korrespondiert das Ganze der
ästhetischen Bestimmungen des Gegenstandes zwischen schön
und häßlich, während doch der Begriff der Wahrheit die Be-
stätigungs- und Negationsbeziehungen, die hierin liegen, sowenig zu erfassen vermag wie die Spezifik ästhetischen Genusses. Schillers Sprachgebrauch von „Wahrheit" schwankt zwischen unterschiedlichen Bedeutungen Kantischer, objektiv
idealistischer und materialistischer Tendenz. Sowenig Schiller
grundsätzlich seine philosophische Position aufgibt, werden
ihm doch die begrifflichen Instrumente der Reflexion gegenüber der Erfahrung, die er in der poetischen Arbeit sammelt,
immer fragwürdiger, und selbst in deren elementaren Voraussetzungen entdeckt er die Widersprüche, die sein Gesamtkonzept durchwalten: „Überhaupt ist mir das Verhältniß der allgemeinen Begriffe und der auf diesen erbauten Sprache zu den
Sachen und Fällen und Intuitionen ein Abgrund, in den ich
nicht ohne Schwindeln schauen kann. Das wirkliche Leben
zeigt in jeder Minute die Möglichkeit einer solchen Mittheilung
des Besondern und Besondersten durch ein allgemeines Medium, und der Verstand, als solcher, muss sich beinah die Unmöglichkeit beweisen."[133]

Das „beinah" zeigt, daß Schiller auf eine rationale Lösung
nicht zu verzichten gewillt ist. Analog ist sein Insistieren auf

der Erfahrung des Poeten gegenüber Schelling zu sehen, weil „diese Herren Idealisten ihrer Ideen wegen allzuwenig Notiz von der Erfahrung nehmen". Denn „in der Erfahrung fängt auch der Dichter nur mit dem Bewußtlosen an, ja er hat sich glücklich zu schätzen, wenn er durch das klarste Bewußtsein seiner Operationen nur soweit kommt, um die erste dunkle Total-Idee seines Werks in der vollendeten Arbeit ungeschwächt wiederzufinden. Ohne eine solche dunkle, aber mächtige Total-Idee, die allem Technischen vorhergeht, kann kein poetisches Werk entstehen, und die Poesie, deucht mir, besteht eben darin, jenes Bewußtlose aussprechen und mitteilen zu können, das heißt, es in ein Objekt überzutragen. . . . Das Bewußtlose mit dem Besonnenen vereinigt, macht den poetischen Künstler aus."[134]

Der Weg von der bewußtlosen Totalidee über die bewußten Operationen zur Totalität des vollendeten Werks spricht als Produktionserfahrung aus, was Schiller längst spekulativ als Menschheitsgang entworfen hatte. Doch wie vermittelt sich der Gehalt – „die objektive Kraft beruht auf den Ideen" – dem Bewußtlosen? Schiller macht hier das Mißverhältnis erkennbar von empirischer Einsicht und philosophisch vorausgesetzter Immanenz des Allgemeinen, Gesellschaftlichen, Idealen, eben des Moralischen, in des Dichters Person: Sein, das wohl Grund der Selbsttätigkeit, doch ohne Individualität ist. Ein Dutzend Jahre zuvor hatte Karl Philipp Moritz in seiner Abhandlung „Über die bildende Nachahmung des Schönen" dies Problem dadurch lösbar zu machen gesucht, daß er des Genies Tatkraft in einen unendlichen Wirkungszusammenhang mit dem Ganzen der Natur setzte. Wenn auch spekulativ, so ist hier doch in entfremdeter Weise eine Identität des Subjektiven und Objektiven vorentworfen. Schiller, durchaus gesellschaftlicher Wirkungszusammenhänge bewußter, muß auf die „intelligible Welt" Kants zurückgreifen.

Goethes verbindliche Replik, der Dichter brauche eine „gewisse gutmütige, ins Reale verliebte Beschränktheit, hinter welcher das Absolute verborgen liegt"[135], verweist darauf, den Gehalt aus der Tiefe des Gegenstandes zu nehmen.

Nicht so Schiller. Wenn er erklärt, der vollkommene Dichter müsse das Ganze der Menschheit aussprechen, so vertauscht er nicht nur das besondre Ideal des Ganzen der Menschheit' mit ihrer wirklichen historischen Ganzheit; zugleich gelingt es ihm nicht, das Allgemeine im Gegenstand und als Gegenstand zu fassen: es muß auf das Objekt übertragen werden. Während sein Riesenentwurf des „Demetrius" eine neue Stufe historischer Objektivität und Realistik anzeigt, spricht die theoretische Reflexion die bleibende Bindung an den Kantischen Dualismus aus.

Schillers theoretisches Gedankengut konnte immer dann produktiv gemacht werden, wenn über seinen Kantianismus hinausgegangen, sein Dualismus überwunden wurde. Bloß reproduziert, wurde es unter den Bedingungen der etablierten bürgerlichen Gesellschaft der utopischen Sprengkraft und des kritischen Potentials beraubt und zur Bildungsfahne eines untertänigen deutschen Liberalismus entleert, der sein politisches Scheitern durch Siege in der Innerlichkeit kompensierte.

Dennoch hat Schiller mächtige Anstöße für die philosophische und weltanschauliche Entwicklung gegeben:

1. indem er die Überwindung des Kantischen Dualismus im Schönen als der Einheit des Sinnlichen und des Vernünftigen suchte;

2. indem er das Schöne vor dem Hintergrund einer umfassenden, Absolutismus und bürgerliche Gesellschaft betreffenden Epochenkritik als Gestalt der Aufhebung der gesellschaftlichen objektiven und subjektiven Antagonismen inhaltlich zu bestimmen unternahm und ihm von hier aus einen utopischen Gehalt verlieh: es soll sein;

3. indem er der Poesie gerade dort eine auf die Totalität und Subjektivität der Menschen bezogene Leitbild- und Erkenntnisfunktion zuschrieb, wo das metaphysisch-analytisch beschränkte Denken notwendig enden mußte;

4. indem er die ästhetische Reflexion auf die Epochenproblematik bezog und damit die Historisierung der philosophischen Ästhetik einen entscheidenden Schritt vorantrieb;

5. dadurch, daß seine philosophischen Inkonsequenzen und

Widersprüche – von der Beschränkung auf das Anthropologische bis zum Widerspruch zwischen philosophischer Voraussetzung und Ziel – zu überwindende Schranken einer im Dualismus sich festrennenden philosophischen Erkenntnis sichtbar machten;

6. schließlich, indem er insgesamt in der Einheit von Theorie und Poesie, in der emanzipatorischen Intention seiner Werke und ihrem Realismus die wesentliche, vorantreibende Problemstellung benannte: angesichts der Epochenumwälzung Geschichte als Widerspruchsbewegung und Poesie als geschichtliches Verhalten in bezug auf diese Bewegung zu denken.

Damit sei der Exkurs zu einigen Problemen der „Ästhetischen Erziehung" und ihres Umfelds, die für die weitere weltanschauliche Entwicklung wichtig wurden, abgebrochen.

Schönheit als Sein

Als Schiller seinen Brief an die Gräfin Schimmelmann schrieb –
seine Gedanken stehen in analoger Formulierung im „Hyperion" –, hatte Hölderlin Jena längst verlassen (im Juni 1795).
Undenkbar ist, daß die Probleme dieses Briefes zwischen ihm
und Schiller nicht diskutiert worden wären. Der weitere Weg
Hölderlins bewegte sich durchaus in der Richtung, die Schiller
gewiesen hatte. Zwischen aufblickender Bewunderung, innerer
Abhängigkeit, Hingabebereitschaft und angestrengtem, ja gewaltsamem Sichlosreißen vom Wahlvater und Vorbild findet
Hölderlin seinen Weg, seine eigenständige Position und Dichtweise. Und doch war von vornherein ein erheblicher Gegensatz
disponiert.

Für Hölderlin war die Revolution in Frankreich ein herrlicher epochaler Sonnenaufgang gewesen, während Schiller
distanziert geblieben war: er hatte vorher resigniert. Gewiß,
die Jakobinerdiktatur hatte Hölderlin einen tiefen Schock versetzt. Er begriff sie nicht, lehnte sie moralisch ab, machte sich
Illusionen über den Thermidor, aber er suchte das Selbstverständnis und Programm seines Dichtens im Verhältnis zu den
geschichtlichen Kämpfen des Revolutionszeitalters. Das tat
zwar auch Schiller, aber in der Distanz, in der indirekt politischen Form der Konzentration auf allgemeine weltanschauliche
Epochenfragen im Medium des unpolitischen Reichs des schönen Scheins. Dagegen Hölderlin direkt politisch wirksam werden wollte: ohne Distanz Organ sein der wirklichen geschichtlichen Bewegung, Sänger der heroischen Tat. Diese subjektive
Distanzlosigkeit mußte freilich der wirklichen Bewegung die
ideologische Interpretation und Erwartung unterstellen, der
Realität die heroische Illusion, so daß deren Widerlegung durch

jene Hölderlins Lebenskonflikt und die Irrealität einer Revolution in seinem Sinne seine Lebenstragödie wurde. Ihm war Poesie als Selbstzweck mit bloßer Bildungswirkung so fremd wie der Rückzug der ästhetischen Erziehung auf bloße Bildung. Nicht Spiel, wie er öfter polemisch gegen Schiller formulierte, sollte Dichtung sein, sondern gemeinschaftstiftend, wobei er freilich dem Schillerschen Spielbegriff nicht gerecht wurde.

Darin liegt der Hauptunterschied, auch der Grund des Konflikts: was dem Älteren als Wirklichkeitsferne und jugendlicher Illusionismus erscheinen mußte, als Reprise seiner eigenen politischen und künstlerischen Jugendmängel, motivierte Hölderlin, seine Emanzipation von Schiller als Emanzipation von einer ihn letztlich in die gegebenen Verhältnisse integrierenden etablierten Autorität zu verstehen.

Gemeinsam ist beiden die Verwurzelung in der protestantisch-pietistischen Tradition Schwabens und in der humanistischen Bildungstradition der deutschen Literatur seit Klopstock und Lessing. Doch Schiller ist schon eine Voraussetzung Hölderlins. Beide zogen aus in revolutionärem Aufbegehren gegen die deutschen Zustände: Schiller initiierte in der historischen Vorabendsituation die zweite Phase des Sturm und Drang; Hölderlin ging schon aus von den Idealen und dem Faktum der Revolution in Frankreich. Gemeinsam ist beiden die Bindung an die noch nicht herausgebildete Klasse und deren Aktionsunfähigkeit, deren Ideologen sie waren, unbewußt gewiß: sie negierten die egoistische Praxis des Bourgeois, aber ihre Ideale konnten nicht anders als deren künftige Existenzbedingungen allgemein setzen; sowenig sie die tatsächliche Praxis antizipierten und innerhalb der bürgerlichen Gesellschaft in ihren humanen Intentionen zu verwirklichen waren, gingen sie doch vom rousseauistischen politisch-moralischen Citoyen-Ideal aus. Gemeinsam ist beiden auch der – wiewohl sehr unterschiedliche – Durchgang durch die Transzendentalphilosophie Kants.

Angesichts der Ergebnisse und Auswirkungen der bürgerlichen Revolution, angesichts zugleich der subjektiven Revolu-

tionsbereitschaft und des öffentlich-politischen Anspruchs des
Dichters mußten sich die Konflikte für Hölderlin ungleich
härter, ja tödlich gestalten. Schiller zeigte Max Piccolomini
innerhalb der realistisch erfaßten Welt geschichtlich-politischer
Machtkämpfe. Hölderlin war unfähig, diese Objektivität zu
gewinnen: er blieb dieser Max in der „eiskalten Geschichte
des Tags".

Hölderlin hat nie Schillers Position einfach übernommen.
Aber er strebt in analoger Richtung, weiß früh auch um Differenzen. Schon am 10. Oktober 1794, nach Lektüre von Schillers
„Über Anmut und Würde", schreibt er an seinen Freund Neuffer, Schiller habe „einen Schritt weniger über die Kantische
Grenzlinie gewagt . . ., als er nach meiner Meinung hätte wagen
sollen" (IV, 160) – Hölderlin steht hier unter dem Eindruck
der Platonischen Lehre von der Objektivität des Schönen. Der
Kontext ist, daß er Neuffer einen Aufsatz über die ästhetischen
Ideen ankündigt, worin die Kantische Analyse des Schönen
und Erhabenen vereinfacht und zugleich vielseitiger gemacht
werden solle.

Im September 1795 schreibt Hölderlin Schiller aus Nürtingen: „Das Mißfallen an mir selbst und dem, was mich umgibt,
hat mich in die Abstraktion hineingetrieben; ich suche mir die
Idee eines unendlichen Progresses der Philosophie zu entwik-
keln, ich suche zu zeigen, daß die unnachläßliche Forderung,
die an jedes System gemacht werden muß, die Vereinigung des
Subjekts und Objekts in einem absoluten – Ich oder wie man
es nennen will – zwar ästhetisch, in der intellektualen Anschauung, theoretisch aber nur durch eine unendliche Annäherung möglich ist, wie die Annäherung des Quadrats zum Zirkel, und daß, um ein System des Denkens zu realisieren, eine
Unsterblichkeit ebenso notwendig ist, als sie es ist für ein
System des Handelns. Ich glaube, dadurch beweisen zu können,
inwieferne die Skeptiker recht haben und inwieferne nicht."
(IV, 207) Und ebenfalls aus Nürtingen schreibt er an Neuffer:
„Jetzt hab ich wieder zu Kant meine Zuflucht genommen, wie
immer, wenn ich mich nicht leiden kann." (IV, 214) Aus
diesem Umkreis dürfte die Vorrede zur vorletzten Fassung

des „Hyperion" stammen. Aus Frankfurt gelangt ein Brief vom 24. Februar 1796 an Niethammer: „Ich habe mir Kant und Reinhold vorgenommen ... In den philosophischen Briefen will ich das Prinzip finden, das mir die Trennungen, in denen wir denken und existieren, erklärt, das aber auch vermögend ist, den Widerstreit verschwinden zu machen, den Widerstreit zwischen dem Subjekt und dem Objekt, zwischen unserem Selbst und der Welt, ja auch zwischen Vernunft und Offenbarung – theoretisch, in intellektualer Anschauung, ohne daß unsere praktische Vernunft zu Hilfe kommen müßte. Wir bedürfen dafür ästhetischen Sinn, und ich werde meine philosophischen Briefe ,Neue Briefe über die ästhetische Erziehung des Menschen' nennen. Auch werde ich darin von der Philosophie auf Poesie und Religion kommen." (IV, 229 f.)

Diese Briefstellen zeigen die Richtung an, in der Hölderlin sucht: im Schönen, im Ästhetischen die Aufhebung und Überwindung der Widersprüche zu finden, die – als Voraussetzung des theoretischen Erkennens und praktischen Handelns – nur in einem unendlichen Annäherungsprozeß überwunden, also faktisch nicht überwunden werden können.

In der Vorrede zur vorletzten Fassung des „Hyperion" ist ein Ergebnis vorformuliert; im „Hyperion" selbst wird dieses entwickelt und korrigiert; in dem unter dem mißverständlichen Titel „Über Religion" publizierten Fragment ist der Entwurf eines der „Neuen Briefe" zu erkennen, falls die von Ernst Sattler vorgenommene Datierung zutreffend ist. Entscheidend ist, daß das Ergebnis schon vorausgesetzt ist: die einzigartige Position der Poesie bzw. des Schönen. Ästhetische Anschauung allein vermag zu leisten, was weder der Erkenntnis noch dem Handeln zugänglich. Wo Schiller die Widersprüche der Epoche zeigt, diese in der sinnlich-geistigen Einheit und im Verhältnis beider Seiten fundiert und von hier aus deren organische Einheit im Schönen, das Schöne als schönen Schein mit der antizipierenden und einübenden Funktion künftiger Praxis entwikkelt, faßt Hölderlin diese Widersprüche – im Gefolge Fichtes – im Subjekt-Objekt-Verhältnis zusammen. Das Schöne aber faßt er als gänzliche Aufhebung dieses Gegensatzes auf, vielmehr als seine objektive Voraussetzung, Urgrund und vorhergehende Einheit – und als Ziel. Aus dem ästhetischen Schein wird Leben und Sein. Die erkenntnistheoretische Legitimation dessen leistet die „intellektuale Anschauung".

Vergegenwärtigen wir uns zunächst das – für Hölderlin unvermeidlich vorläufige – Resultat: die Vorrede von 1795. „Wir durchlaufen alle eine exzentrische Bahn, und es ist kein anderer Weg möglich von der Kindheit zur Vollendung."

Der Zusammenhang, auf den sich diese Bahn bezieht, liegt in folgendem:

„Die selige Einigkeit, das Sein, im einzigen Sinne des Worts, ist für uns verloren, und wir mußten es verlieren, wenn wir es erstreben, erringen sollten. Wir reißen uns los vom friedlichen Ἐν καὶ Πᾶν der Welt, um es herzustellen, durch uns selbst. Wir sind zerfallen mit der Natur, und was einst, wie man glauben kann, *eins* war, widerstreitet sich jetzt, und Herrschaft und Knechtschaft wechselt auf beiden Seiten. Oft ist uns, als wäre die Welt *alles* und wir *nichts*, oft aber auch, als wären wir *alles* und die Welt *nichts*. Auch Hyperion teilte sich unter diese beiden Extreme.

Jenen ewigen Widerstreit zwischen unserem Selbst und der Welt zu endigen, den Frieden alles Friedens, der höher ist, denn alle Vernunft, den wiederzubringen, uns mit der Natur zu vereinigen zu *einem* unendlichen Ganzen, das ist das Ziel all unseres Strebens, wir mögen uns darüber verstehen oder nicht." (II, 82)

Die beiden Extreme sind also falsch, Extreme der exzentrischen Bahn, die von der ursprünglichen Natureinheit und -harmonie über den Widerstreit zur wiederzugewinnenden Harmonie und Idealität führt. Ist die „Welt" alles, sind „wir" nur außenbestimmte Kettenglieder übermächtiger Naturprozesse; sind „wir" alles, so ist das herrische Überschwenglichkeit eines subjektiven Idealismus. Das wäre nicht Aufheben des Widerstreits, sondern Negation einer seiner Seiten.

Was im „Thalia"-Fragment als Bildungsweg theoretisch entwickelt wurde, gewinnt hier den umfassenderen Sinn einer

Vereinigung mit der Natur zu einem unendlichen Ganzen, einer Vereinigung, die „uns" nicht auslöscht, sondern erfüllt.

Der weltanschauliche Akzent hat sich gegenüber dem „Thalia"-Fragment geändert: behauptet und vorausgesetzt wird eine objektive unendliche Natur. Aus deren „friedlichem" Hen kai pan reißt sich der Mensch los, steht nun in ewigem Widerstreit zwischen Selbst und Welt; dieser Widerstreit ist Resultat seines Tuns, wie es seine tiefste Sehnsucht ist, ihn zu überwinden. Das Ziel, wo *„alles eins"* sei, erscheint in evangelisch-religiöser Färbung. Widerstreit und Streben seiner Überwindung erwachsen aus der inneren Notwendigkeit dieser exzentrischen Bahn.

Wie vermag sie zu ihrem Ende zu kommen? Wie vermag der „ewige" Widerstreit zu endigen? Und hier setzt eine weitere neue These ein: Der Gegensatz von Selbst und Welt, von Subjekt und Objekt kann weder in einem theoretischen Erkenntnisprozeß noch durch das praktische Handeln überwunden werden. Beide setzen vielmehr diesen Widerstreit voraus. Hölderlin gibt eine andre Antwort:

„Aber weder unser Wissen noch unser Handeln gelangt in irgendeiner Periode des Daseins dahin, wo aller Widerstreit aufhört, wo *alles eins* ist; die bestimmte Linie vereiniget sich mit der unbestimmten nur in unendlicher Annäherung.

Wir hätten auch keine Ahndung von jenem unendlichen Frieden, von jenem Sein, im einzigen Sinne des Worts, wir strebten gar nicht, die Natur mit uns zu vereinigen, wir dächten und wir handelten nicht, es wäre überhaupt gar nichts (für uns), wir wären selbst nichts (für uns), wenn nicht dennoch jene unendliche Vereinigung, jenes Sein, im einzigen Sinne dès Worts vorhanden wäre. Es ist vorhanden – als Schönheit; es wartet, um mit Hyperion zu reden, ein neues Reich auf uns, wo die Schönheit Königin ist. –

Ich glaube, wir werden am Ende alle sagen: heiliger Plato, vergib! man hat schwer an dir gesündigt." (II, 83)

Dies Vorwort ist Verkündigung und Bekenntnis. Die Berufung auf Platon meint die Objektivität des Schönen, seine Identität mit dem Wahren und Guten – als objektives Sein,

wenn auch von Platonismus im Sinne der Ideenlehre hier nicht
die Rede sein kann. Im Gegenteil, der Platonische Dualismus
ist aufgehoben im Sein im „einzigen Sinne des Worts", das
Schöne erscheint als unendliche Vereinigung, als „vorhanden".
„Vorhanden" ist doppeldeutig: etwas ist vorhanden unter
anderem, und etwas ist da, existiert gegenüber dem, was nicht
da ist oder nicht existiert. Schönheit hat immer das Gegenteil
an sich, das Häßliche, dem sie entgegengesetzt ist. Das Schöne
ist vorhanden unter Nichtschönem und darin etwas Heraus-
gehobenes. Hölderlin kehrt das Verhältnis insofern um: Schönheit ist nicht ein Besondres, sondern das Allgemeinste, das seinem Gegenteil, dem Widerstreit, zugrunde liegt und ihn übergreift. Sie existiert – mag sie als „Objekt" oder an Objekten
unter anderen erscheinen – als das, was allem Existierenden
allgemein zugrunde liegt, als das Sein. Und der Widerstreit
ist ihm gegenüber das Abgeleitete, Besondre. Sie ist zugleich
„für uns" weltliche Erlösung vom weltlichen Widerstreit: aber
in einem Sein, das, obwohl „vorhanden", keineswegs „für uns",
keineswegs begriffen ist, sondern eben endlich verkündet werden muß. Der Anspruch ist nicht gering.

Hölderlin läßt dieses Vorwort liegen. Der Grund dürfte
darin zu sehen sein, daß die evangelisch gefärbte Verkündigung die Illusion suggeriert, Schönheit sei im seligen Augenblick ihres ekstatischen Anblicks als Dauererfüllung gewonnen.
„Hyperion" aber sucht die Vermittlung mit der Geschichte. Er
beginnt damit, den Traum seligen Einsseins mit allem zu des-
illusionieren. Das Schöne aber drängt auf andres: es im Wechsel, im geschichtlichen Tun zu praktizieren – der in sich geschlossene erfüllende Augenblick vergeht. Später wird Hölderlin härter noch die Gefahr solcher Ekstatik kennzeichnen, bis
zur Gefahr der Todeslust der Völker, und die Arbeit im End-
lich-Wirklichen dagegensetzen. Schließlich erscheint in diesem
Vorwort die „vorhandene" Schönheit unvermittelt gegenüber
dem ohnmächtigen Streben, den Konflikt von Welt und Selbst
zu lösen.

Insofern ist dies Konzept ein Übergangsdokument. In ihm
manifestiert sich eine neue philosophische Bewußtheit Hölder-

lins, das Resultat der philosophisch-weltanschaulichen Auseinandersetzung mit Schiller und vor allem mit Fichte. War im
„Thalia"-Fragment die Natur poetisch beschworen, so wird sie
hier programmatisch und dezidiert als umfassende universale
Realität gesetzt. Im Unterschied zu Schiller ist der Widerstreit
von Selbst und Welt nicht im schönen Schein, sondern im Schönen, in der Natur als Ganzem gelöst und aufgehoben. Gesprengt
sind die „Grenzlinien" Kants. Doch daß ihm dies philosophisch
formulierbar wurde, setzt die fundamentalere Auseinandersetzung mit Fichtes radikalem subjektivem Idealismus voraus,
die zu grundlegender Positionsbestimmung und höherer Bewußtheit der Grundfrage der Philosophie zwang und der Hölderlin sein begrifflich-methodisches Instrumentarium verdankt.
Zu fragen ist, was „Sein im einzigen Sinne des Worts" bedeutet.

Doch dabei gilt, daß für Hölderlin Philosophie, so er sie
„rein" betreibt, kein begriffliches System zum Ziel hat, sondern
als theoretische Selbstverständigung übergeht in poetisches Tun,
worin diese weitergeführt wird. Die Abstraktion gewinnt Gehalt und Bedeutung im komplexen Beziehungsgefüge, worin die
konkrete Subjektivität ebenso wie die erfahrene und intendierte
Welt umgriffen sind. Was Hölderlin im Vorwort beschwört, ist
zugleich Ausbruch aus einer Gefühlslage und depressiven Erstarrung, die er im Brief an Schiller im September 1795 beschreibt: „Ich fühle nur zu oft, daß ich eben kein seltner Mensch
bin. Ich friere und starre in dem Winter, der mich umgibt. So
eisern mein Himmel ist, so steinern bin ich." (IV, 207) Dem
kontrastiert der Gestus des Vorworts, sein jubelnder Gewiß-
heitston. Er drückt das Selbstgefühl dessen aus, der gut vier
Monate vorher an Neuffer geschrieben hat: „Wir wollen mit
Eigensinn aushalten, nicht wahr, Lieber? wir wollen uns durch
keine Not der Welt aus dem Wege treiben lassen, den uns unsere Natur wies." (IV, 194)

In den entgegengesetzten extremen Gefühlslagen Hölderlins,
deren Spiegel seine Briefe sind, setzt sich der zähe Wille durch,
das der eigenen „Natur" Entsprechende zu finden und zu tun,
was die Selbstverständigung über das Verhältnis von Ich und

Welt einschließt. Es prägt sein Philosophieren, begrifflich-theo-
retisch die Konturen dessen zu fassen und zu legitimieren, was
ihm Voraussetzung der Wahrheit des Dichtens und Bedingung
dafür, in der Welt diese Welt zur Sprache zu bringen. Dazu
zwingt ihn der Anspruch des Fichteschen Idealismus.

Ich oder Sein

„Urteil und Sein"

Fichtes bezwingende Kraft, sein aufrüttelndes Freiheitspathos, sein stolzes Selbstbewußtsein und sein revolutionärer Impuls haben Hölderlin tief beeindruckt, als er Ende 1794 nach Jena kam. „Die Nähe der wahrhaft großen Geister und auch die Nähe wahrhaft großer, selbsttätiger, mutiger Herzen schlägt mich nieder und erhebt mich wechselsweise, ich muß mir heraushelfen aus Dämmerung und Schlummer, halbentwickelte, halberstorbne Kräfte sanft und mit Gewalt wecken und bilden, wenn ich nicht am Ende zu einer traurigen Resignation meine Zuflucht nehmen soll . . ." Fichte mußte er bewundern, weil er „trotz der Gewalt der Finsternis" die Prinzipien des Wissens und des Rechts bestimme, die „entlegensten, kühnsten Folgerungen" aus ihnen ziehe, dies kühn denke, öffentlich lehre und schreibe „mit einem Feuer und einer Bestimmtheit, deren Vereinigung mir Armen ohne dies Beispiel vielleicht ein unauflösliches Problem geschienen hätte" (IV, 161 f.). Und doch – gerade gegenüber diesem überwältigenden Banne, dieser Faszination muß Hölderlin sich behaupten, wird er sich seiner Grundüberzeugungen, seiner Wirklichkeitsbeziehung, die Bedingung seines Dichtens ist, bewußter.

In dem knappen Notat, das unter dem Titel „Urteil und Sein" (II, 364 f.) publiziert wurde und wohl vom Anfang des Jahres 1795 stammt, finden wir den Niederschlag dieser seiner Selbstverständigung gegenüber Fichte.

Der sehr konzentrierte Text enthält ein Systemprogramm, das Hölderlin nicht ausführt. Es polemisiert inhaltlich gegen Fichte, Kant und auch gegen Schelling. Der Form nach handelt es sich um Definitionen mit abgrenzender Erläuterung. Die Kernthesen sind:

„*Urteil* ist im höchsten und strengsten Sinne die ursprüngliche Trennung des in der intellektualen Anschauung innigst vereinigten Objekts und Subjekts, diejenige Trennung, wodurch erst Objekt und Subjekt möglich wird, die Ur-Teilung."

Und demgegenüber:

„*Sein* drückt die Verbindung des Subjekts und Objekts aus.

Wo Subjekt und Objekt schlechthin, nicht nur zum Teil vereiniget ist, mithin so vereiniget, daß gar keine Teilung vorgenommen werden kann, ohne das Wesen desjenigen, was getrennt werden soll, zu verletzen, da und sonst nirgends kann von einem *Sein schlechthin* die Rede sein, wie es bei der intellektualen Anschauung der Fall ist."

Die Entgegensetzung von Subjekt und Objekt ist also kein Letztes. Sie setze ein Ganzes voraus, dessen „Teile" Subjekt und Objekt seien. Folglich kann dies Ganze auch nicht unter der Form eines Objekts oder Subjekts gedacht werden. Das „Sein", dessen Teile Subjekt und Objekt seien, das Sein vor der Ur-Teilung, entzieht sich der theoretischen Erkenntnis wie dem praktischen Handeln: denn beide setzen die Trennung voraus, bewegen sich innerhalb der Entgegensetzung. Es ist in der intellektualen Anschauung allein gewiß oder vergewissert.

Hölderlins Gedanken sind Selbstverständigung über das, was ihm längst tiefe Grundüberzeugung: die Objektivität der Natur als Universum in pantheistischer Deutung. In Waltershausen hatte er einen Brief an Hegel begonnen, den er in Jena abschloß, und hier argumentiert er, nach der Lektüre Spinozas, durchaus kantisch gegen Fichte – vom ersten Eindruck her gesehen –: „. . . sein absolutes Ich (= Spinozas Substanz) enthält alle Realität; es ist alles, und außer ihm ist nichts; es gibt also für dieses absolute Ich kein Objekt . . .; ein Bewußtsein ohne Objekt ist aber nicht denkbar, und wenn ich selbst dieses Objekt bin, so bin ich als solches notwendig beschränkt . . .; also ist in dem absoluten Ich kein Bewußtsein denkbar . . ." (IV, 179 f.) Hölderlin distanziert sich im Laufe des erst in Jena abgeschlossenen Briefes von dieser Einschätzung, zumindest von seiner Äußerung eines „Verdachts des Dogmatismus", den er als Kantianer gegen Fichte hegte, und behandelt Kant selbst distanzierend in bezug' auf die „Kritik der Urteilskraft" – „die Art, wie er den Mechanismus der Natur (also auch des Schicksals) mit ihrer Zweckmäßigkeit vereiniget, scheint mir eigentlich den ganzen Geist seines Systems zu enthalten" –, während er an Fichte die „Auseinandersetzung der Wechselbestimmung des Ich und Nicht-Ich" und die „Idee des Strebens" (IV, 180) als merkwürdig hervorhebt.

Das zitierte Notat zeigt Hölderlins Erkenntnisweg an. Gegen Fichtes subjektiven Idealismus des absoluten Ich setzt Hölderlin ein Sein jenseits der Trennung von Subjekt und Objekt, dessen positive Gewißheit ihm – gegen Kant – die intellektuale Anschauung vermittelt. Mit Fichte subsumiert er den Komplex theoretischer und praktischer Widerspruchsverhältnisse dem Verhältnis von Subjekt und Objekt, das – entgegen Fichte – nicht gesetzt sei vom absoluten Ich, sondern hervorgehe aus einem Sein jenseits aller Teilung, das alles übergreifende Ganzheit ist.

Damit schiebt Hölderlin Fichte nicht beiseite. Er möchte vielmehr dessen Konzepte in einen umfassenderen objektiven Zusammenhang integrieren. Er versucht, die gegensätzlichen Denkansätze Spinozas und Fichtes zu synthetisieren.

Zunächst gibt er auf die von Kant formulierte Problemstellung der „Kritik der Urteilskraft" mit Fichte eine positive Antwort. Kant war beim Dualismus von „Freiheit" und „Natur" angekommen, beim Dualismus von Sinnlichem und Übersinnlichem, Kausalität des Naturzusammenhangs und Selbstgesetzgebung der Vernunft aus Freiheit. Der Zusammenhang aber mußte hergestellt werden, denn die Gesetzgebung durch praktische Vernunft mußte und sollte ja in der empirischen, kausal determinierten Welt verwirklicht werden.

Der Dualismus resultiert daraus, daß die wissenschaftlich-empirische Erkenntnis der Natur als Dasein der Dinge, nach allgemeinen Gesetzen geordnet, diese nur als vom Subjekt aus dem Material der Sinnesaffektation über die Anschauungsformen von Raum und Zeit und die Verstandeskategorien erzeugte „Erscheinung" faßt, nicht als „Dinge an sich", unabhängig vom

Erkanntwerden. Demgegenüber ist Freiheit als Selbstbestimmung des Willens aus praktischer Vernunft auf ihr Objekt als
Ding an sich bezogen, aber sie vermittelt von ihm keine theoretische Erkenntnis. Sowohl vom theoretischen Erkennen wie
von der moralischen Selbstbestimmung her kann keine theoretische Erkenntnis des Objekts und auch nicht des denkenden
Subjekts als Ding an sich gewonnen werden. Das eine, weil es
über das Widerspruchsverhältnis von Verstand und sinnlicher
Anschauung läuft, das andre, weil es ohne solche Anschauung
fungiert. Dennoch muß ein Sein, eine an sich seiende zusam-
menhängende Welt als notwendig und möglich gedacht werden,
als übersinnliche aber bleibt sie unerkennbar. Sie muß gedacht werden, soll nicht die Unbedingtheit des moralischen Gesetzes ins Leere greifen und die menschliche Subjektivität, die
ihr Ideal gegen die Wirklichkeit setzt, bedingungslos dem Zwang
äußerer Notwendigkeit, dem Mechanismus des Faktischen unterworfen sein.

Kants Motiv ist ein praktisches: die Realisierung der Freiheit, und daraus erwächst die Energie der Frage, hinter der das
Bedürfnis, die bestehende Welt zu ändern, drängt. Darum treibt
die Frage auch über Kants Antwort hinaus. Diese ist von den
Systemprämissen bestimmt, vermag diese Einheit nicht im Objektiven festzumachen, sondern, durch die agnostizistischen Voraussetzungen bedingt, nur im Zusammenhang der subjektiven
geistigen Aktivitäten: „Also muß es doch einen Grund der Einheit des Übersinnlichen, welches der Natur zum Grunde liegt,
mit dem, was der Freiheitsbegriff praktisch enthält, geben, wovon der Begriff, wenn er gleich weder theoretisch noch praktisch
zu einem Erkenntnisse desselben gelangt, mithin kein eigentümliches Gebiet hat, dennoch den Übergang von der Denkungsart nach den Prinzipien der einen zu der nach Prinzipien
der anderen möglich macht."[136]

Doch dieser Übergang durchbricht nicht die Grenzen, die
seine Voraussetzung bestimmen. Sie resultieren aus der meta-
physisch-idealistisch fixierten Subjektivität der formalen Er-
kenntnisbedingungen gegenüber dem materialen Inhalt, sie ge-
rinnen im Widerspruch von Erscheinung und Ding an sich und

werden manifest im Gegensatz von theoretischer und praktischer Vernunft, von Natur und Freiheit als Gegensatz von erscheinender äußerer Natur und innerlicher Gewißheit des moralischen Gesetzes. In der „Kritik der Urteilskraft" wies Kant auf diese unaufhebbare Gegensätzlichkeit – unter seinen Prämissen – hin, sprach das Problem aus und bot nur subjektive, wohl subjektiv notwendige, doch nicht die objektive Einheit der Welt betreffende Versöhnungen im Schönen und im teleologischen Denken.

Schiller hat Kants erkenntnistheoretische Position nicht angetastet. Er hat die abstrakten Gegensätze anthropologisch, sozial und politisch begriffen. Sein Ansatz, sie historisch zu relativieren, blieb – unter der Voraussetzung des Festhaltens an Kants Grundlagen – im Zirkel des Dualismus, des Widerspruchs von Ideal und Wirklichkeit, Theorie und Praxis, befangen, sosehr er gerade diesen Zirkel zu durchbrechen suchte. Die Aufhebung der Antagonismen im Schönen als dem autonomen Reich des Scheins und Spiels trägt in der Entgegensetzung gegen die entfremdete Wirklichkeit, und das ist immer die gesellschaftliche, die Entfremdung an sich – und das Gegenteil, die ideelle Antizipation ihrer Aufhebung, die Vereinigung des Getrennten, darin Vorwegnahme und Einüben einer Zukunft, weil Einüben und Gewinnen der subjektiven Voraussetzungen eines vernünftigen politischen Handelns.

Schiller hatte sich der begrifflichen Mittel Fichtes bedient, ohne Fichteaner zu werden. Fichte hatte den Widerspruch von Freiheit und Notwendigkeit über die Konstruktion des „Ich" als des Absoluten zu lösen gesucht. Hölderlin setzt sich mit Fichte auseinander, aber er vollzieht mit Fichte den Schritt über die Kantische Grenzlinie. Sein Begriff des „Seins" ist im Sinne Kants ein „überschwenglicher" Begriff. Insofern akzeptiert Hölderlin Kant, als dieses Subjekt und Objekt übergreifende Sein nicht rational-diskursiv erkannt werden kann. Er beruft sich auf die „intellektuale Anschauung", die Kant als Grenzbegriff, doch als für den endlichen Menschen unvollziehbare Anschauung in der „Kritik der Urteilskraft" behandelt hatte (§ 77). In seinem Notat geht Hölderlin indirekt auf die-

sen Passus ein und diskutiert zugleich Probleme des vorhergehenden Paragraphen 76. Darauf ist noch zu kommen.

Kant mochte im Gedanken des unendlichen Erkenntnisfort-
schritts in seiner strengen Gesetzmäßigkeit und im Gedanken
eines unendlichen Annäherungsprozesses in moralischer Hinsicht
noch Befriedigung finden, nicht aber die fortgeschrittensten
Köpfe einer jüngeren Generation, die unter dem Eindruck der
Revolution in Frankreich auf Praxis und Gewißheit drängten,
für die Realität nicht primär eine Frage wissenschaftlicher Urteile, sondern Lebensgewißheit des praktizierten Inneseins war.
Die Grenzen, die Kant der Erkenntnis und dem Handeln zog,
erscheinen dann als Fesseln, als Inkonsequenzen und Vorläufig-
keiten, letztlich als Bestandteile eines Systems, das überwunden
werden soll, das als Gedankensystem von der Realität fernhält,
das die Ohnmacht des Handelns zu lehren scheint. Freilich geschieht die Rebellion sehr widersprüchlich: mit Kants Waffen
und mit von seinen Voraussetzungen her. Akzeptiert wird die
Unbeweisbarkeit der theologischen Setzungen, die Unbedingtheit des moralischen Anspruchs, der schöpferische Charakter der
Erkenntnisleistung. In unterschiedlicher Form wird der Primat
der praktischen Vernunft rezipiert, zum Teil ontologisiert, wobei
gleichzeitig die Architektonik des so sorgsam ausgefeilten und
doch von Kant selbst in Bewegung gebrachten Systems zerbrochen und die Grenze zwischen Sinnlichem und Vernünftigem,
Erkenntnis und Wirklichkeit durchstoßen wird.

Charakteristisch ist des späten Hegel Wertung: „Überhaupt
machte Kant", so heißt es in der „Ästhetik", „für die Intelligenz wie für den Willen, die sich auf sich beziehende Vernünftigkeit, die Freiheit, das sich in sich als unendlich findende und
wissende Selbstbewußtsein zur Grundlage; und diese Erkenntnis der Absolutheit der Vernunft in sich selbst, welche den
Wendepunkt der Philosophie in der neueren Zeit herbeigeführt
hat, dieser absolute Ausgangspunkt, mag man auch die Kantische Philosophie für ungenügend erklären, ist anzuerkennen
und an ihr nicht zu widerlegen." Und zugleich führt Hegel an
Kant aus, was ihm Hauptmangel moderner Bildung scheint –
den „festen Gegensatz von subjektivem Denken und objekti-

ven Gegenständen, von abstrakter Allgemeinheit und sinnlicher Einzelheit des Willens", daher die nur abstrakte und nur subjektive „Auflösung des Gegensatzes von Begriff und Realität, Allgemeinheit und Besonderheit, Verstand und Sinnlichkeit".[137] Daher die aus den historischen Auseinandersetzungen resultierende und aus aktueller Gegnerschaft gegen ein fortlebendes Kantianertum gespeiste böse Bitterkeit – und auch Ungerechtigkeit – des Urteils in den „Vorlesungen über die Geschichte der Philosophie": „... die absolute Vernunft und der ansichseiende Verstand ... sind so beschaffen, daß sie an ihnen selbst keine Realität haben, der Verstand eines Stoffs bedarf, die theoretische Vernunft Hirngespinste erzeugt, die praktische Vernunft ihre Realität beim Postulieren bewenden lassen muß."[138]

Hegel bewertet Kants Leistung als Wendepunkt der Entwicklung zum dialektischen objektiven Idealismus. In seiner Argumentation liegt schon der Ansatzpunkt, wo Kant die Grenze zwischen Erscheinung und Wesen, Einzelnem und Allgemeinem, Begriff und Wirklichkeit gezogen, eine prozessierende widersprüchliche Einheit zu erblicken: die allgemeine subjektive Vernunft wird objektives und zugleich subjektives Wesen. Den Anstoß dazu hatte ihm Hölderlin auf seinem Entwicklungsgange gegeben.

Das Konzept „Urteil und Sein" ist uns das wichtigste philosophische Dokument für Hölderlins Weg von der Kantisch bestimmten Position des Entwurfs der „exzentrischen Bahn" im „Thalia"-Fragment, wie sie auch in dem Fragment „Über das Gesetz der Freiheit" sich artikuliert, zu einem objektiven Idealismus. „Das Gesetz der Freiheit aber *gebietet*, ohne alle Rücksicht auf die Hülfe der Natur." (II, 360) Im oben zitierten Vorwort der vorletzten Fassung des „Hyperion" erfüllt sich der Mensch erst im Aufgehen im Naturzusammenhang.

Die volle Bewußtheit der Objektivität dieses Zusammenhangs gewinnt Hölderlin in der Auseinandersetzung mit Fichte. Daß er mit dem Schönen identisch sei, dafür konnte er freilich bei Fichte keinen Ansatzpunkt finden. Hier werden Schillers Anregungen spekulativ ontologisiert und in der Tradition Shaftesburys gedacht.

Exkurs über Fichte

Den nächsten Schritt über Kant hinaus hatte innerhalb der Transzendentalphilosophie Fichte vollzogen. Er verstand seine Leistung als revolutionäre Tat – unter dem Einfluß und in Analogie zu der von ihm bejahten und verteidigten Französischen Revolution: „... wie jene Nation von den äußern Ketten den Menschen losreißt, reißt mein System ihn von den Fesseln der Dinge an sich, des äußern Einflusses los ... u. stellt ihn in seinem ersten Grundsatze als selbständiges Wesen hin."[139] Daraus erwachsen das Pathos der Tathandlung, die Faszination einer in Fichte zur Sprache kommenden ungeheuren Zukunft, die Vision einer menschlich-vernünftig gestalteten Welt.

Fichte versteht sich als Denker der Epochenwende und sein System als philosophische Revolution: er verkündet die mündige, sich aus Vernunft bestimmende Menschheit. Er versteht sich – und verkörpert das auch – als Subjekt, als Willen und Selbstbewußtsein, die keine äußere Gewalt zwingen, knechten oder steuern kann. Diese Überzeugung strahlte auch seine Haltung aus.

Den Widerspruch von Notwendigkeit und Freiheit, an dem Kant sich abgearbeitet hatte, versprach er in seiner praktischen Philosophie zu lösen. Aber die postulierte Befreiung vom Zwang der Realität konnte nur Befreiung in der Illusion werden. Mit unerhörter spekulativer Kühnheit und missionarischer Energie entwarf er ein System, das die „aktive Seite" menschlicher Subjektivität zum Absoluten erhob. Ich spreche hier vom Jenenser Fichte, nicht von der Spätphase. Der Jenenser Fichte faszinierte die lebendigsten Köpfe der jungen Generation.

Wo Kant in der „Kritik der Urteilskraft" die entscheidende Frage stellte, ohne eine zureichende Antwort geben zu können, setzt Fichte an. In der „Wissenschaftslehre" von 1804 spricht er dies am klarsten aus: Kant habe die absolute Einheit „als Band des unabtrennlichen Seins und Denkens" wohl begriffen, aber „nicht in seiner reinen Selbstständigkeit an und für sich". Danach frage die Wissenschaftslehre: „... in der Erforschung der für Kant unerforschlichen Wurzel, in welcher die sinnliche und die übersinnliche Welt zusammenhängt, dann in der wirklichen und begreiflichen Ableitung beider Welten aus Einem Princip, besteht ihr Wesen."[140]

Fichte findet das Absolute im „Ich". Kant bietet ihm zwei Anknüpfungspunkte: einmal die Idee der „transzendentalen Einheit der Apperzeption"[141], d. h. der apriorischen Form der Einheit des Selbstbewußtseins als Bedingung jeder möglichen Erkenntnis. Voraussetzung der durch die Kategorien des Verstandes geleisteten Synthese des Mannigfaltigen der Anschauung ist die Einheit des Selbstbewußtseins. Dies besagt „nichts weiter, als daß alle meine Vorstellungen in irgendeiner gegebenen Anschauung unter der Bedingung stehen müssen, unter der ich sie allein als meine Vorstellungen zu dem identischen Selbst rechnen und also als in einer Apperzeption synthetisch verbunden durch den allgemeinen Ausdruck ‚Ich denke' zusammenfassen kann"[142]. Diese synthetische Funktion ermögliche erst die Einheit des Objekts wie der Gesamtheit erkannter Objektivität (als Erscheinung).

Dies wird nun von Fichte verbunden mit einem weiteren, und fundamentaleren Gedanken: mit Kants Konzept der Freiheit als Selbstbestimmung der praktischen Vernunft, die als Gesetzgebung des Willens unbedingt gilt. Als empirisches Wesen sei der Mensch Glied in der Kette der natürlichen Kausalität, als intelligibles moralisches Wesen findet er das moralische Gesetz als kategorischen Imperativ in sich, dessen unbedingtes Sollen Inhalt seiner Freiheit ist. Freiheit als Selbstbestimmung aus praktischer Vernunft vermittelt die Selbstgewißheit als Ding an sich.

Was für Kant nicht Gegenstand theoretischer Erkenntnis sein kann, nur praktischen Handelns, wird für Fichte zum absoluten Subjekt. Er vereint beide Aspekte in der Konzeption des absoluten Ich. Es vereint Kants formale Erkenntnisbedingung mit der Souveränität des autonomen moralischen Willens zum materialen Absoluten. Dies Absolute ist durch nichts Höheres bestimmbar; es ist das Grundprinzip, aus dem sich das ganze System entwickelt.

Das ist mehr als eine Schulvariante Kants. Fichte annulliert das materialistische Moment der Erkenntnistheorie Kants. Dieser hatte Realität unabhängig vom menschlichen Bewußtsein vorausgesetzt, die uns in den Sinnesempfindungen gegeben sei, ein An-sich-Sein, das unerkennbar, aber seiner Existenz nach unbestritten bleibt. Für Fichte ist alle Realität, alle Objektivität Setzung des absoluten Subjekts.

Doch Fichte erweckt nicht die vorkantische Metaphysik. Was er will, ist die Konstruktion der empirischen Welt als Bewußtseinsinhalt und -produkt, ohne über das in den Wissenschaften vorgegebene Wissen hinauszugehen; er will zeigen, was wir in Wissen und Handeln eigentlich tun. Das absolute Ich darf nicht mit dem einzelnen Ich verwechselt werden – soviel heiterer Wahnsinn sich daraus ergäbe. Es ist zunächst als Abstraktion pure identische Form allen Bewußtseins, die freilich zum Weltgrund auf transzendentale Weise dennoch hypostasiert wird, demgegenüber die wirkliche Welt etwas Abgeleitetes, ein Gesetztes und Sekundäres ist.

Von diesem Ich her konstruiert Fichte sein System. Er baut es in der logischen Form von Thesis, Antithesis und Synthesis. Unvermeidlich wird dabei die logische Form zur Selbsterzeugung allen Inhalts.

Thesis und Ausgangspunkt ist: „Das Ich setzt ursprünglich schlechthin sein eigenes Seyn."[143] Lassen wir die Paradoxie dieses Setzens offen. Diese Selbstsetzung impliziert schon das entscheidende: „... und es ist, vermöge dieses bloßen Setzens durch sich selbst; und umgekehrt: das Ich ist und es setzt sein Seyn, vermöge seines bloßen Seyns – Es ist zugleich das Handelnde, und das Product der Handlung; das Thätige, und das, was durch die Thätigkeit hervorgebracht wird; Handlung und That sind Eins und ebendasselbe; und daher ist das: Ich bin, Ausdruck einer Thathandlung; aber auch der einzig-möglichen ..."[144]

Das ist die systembildende These. Sie ist selbst als Setzung zunächst hinzunehmen. Doch wichtiger als alle immanente Paradoxie ist: In diesem Ich verbirgt sich in äußerster Abstraktion die Menschheit, es erhebt deren tätige Daseinsweise zum von ihrem materiellen Sein abgehobenen Wesen und eigenen Subjekt. Darin liegt – gleichsam in äußerster Entfremdung – der Gedanke, daß die Menschheit sich selbst praktisch erzeugt durch ihre Tätigkeit. Daß dabei ihre Subjektivität zugleich entsubjektiviert, den wirklichen Subjekten die Abstraktion ihrer Subjektivität, den Produzenten des Lebens das Produkt ihres Tuns, ihres Denkens als Subjekt unterstellt und von hier aus zum Subjekt allen Seins erhoben wird, hebt das rationale Kernmoment nicht auf. Insofern verkapselt sich im „Ich" die wirkliche Geschichte. Es ist kein Zufall, sondern entspricht der Logik eines der Entfremdung unterliegenden Denkens, daß Fichte die Identität dieses Ich später in Gott verwandelt.

Diese Ausgangsthese setzt die absolute Autonomie der Vernunft. Sie setzt das Ich als „Anschauung" – das System führt auf das Ich als Idee. „Im Ich, als intellectueller Anschauung, liegt lediglich die Form der Ichheit, das in sich zurückgehende Handeln, welches freilich auch selbst zum Gehalte desselben wird ... Das Ich ist in dieser Gestalt nur für den Philosophen ... Das Ich, als Idee, ist für das Ich selbst, welches der Philosoph betrachtet, vorhanden; und er stellt es nicht auf, als seine eigene, sondern als Idee des natürlichen, jedoch vollkommen ausgebildeten Menschen: gerade so, wie ein eigentliches Seyn nicht für den Philosophen, sondern nur für das untersuchte Ich stattfindet. ... Das Ich, als Idee, ist das Vernunftwesen, inwiefern es ... wirklich durchaus vernünftig und nichts, als vernünftig ist ..."[145] Weder das Ich als Anschauung ist individuell noch das Ich als Vernunftwesen, das erste nicht, „weil die Ichheit noch nicht bis zur Individualität bestimmt ist", das zweite nicht, „weil durch die Bildung nach allgemeinen Gesetzen die Individualität verschwunden ist".[146] Zwischen beiden aber liegt das ganze System: Ist am Anfang von jedem inhaltlichen Material abstrahiert, so setzt das zweite das „Denken einer Welt" voraus, die Explikation allen Inhalts aus der Tätigkeit des Ich.

Doch wie ist von diesem absoluten Subjekt, „dessen Seyn (Wesen) bloß darin besteht, daß es sich selbst als seyend setzt"[147], von dieser äußersten Abstraktion und Formalität zu einem Inhalt, zum Denken einer Welt, zum wirklichen Han-

deln endlicher Menschen in einer bestimmten, ihnen vorgegebenen Welt zu kommen? Wie also ist von hier aus die Vermittlung zu finden zum empirischen Subjekt, das dem Objekt sich
gegenüber findet, es erkennt, handelnd verändert, von ihm bestimmt wird etc.?

Als absolutes Subjekt muß das Ich Subjekt und Objekt als
Relation in sich enthalten, erzeugen, zu diesen fortgehen. Als
absolutes Subjekt kann das Ich zum Verhältnis von Subjekt
und Objekt nur fortgehen, indem es dieses setzt, hervorbringt.
Dieses Fortgehen von der These zur Antithese und Synthese
ist die Umkehrung des Weges, auf dem Fichte zum absoluten
Ich gekommen. Er fand es als Ursprung und Einheit von Subjekt und Objekt.

Hier ist nun ein Angelpunkt des Gedankens, an dem sich
Hölderlin Fichte entgegenstellt. Fichte argumentiert: „Alles
mögliche Bewußtseyn, als Objectives eines Subjects, setzt ein
unmittelbares Bewußtseyn, in welchem Subjectives und Objectives schlechthin Eins seyen, voraus; außerdem ist das Bewußtseyn schlechthin unbegreiflich. Man wird immer vergeblich nach
einem Bande zwischen dem Subjecte und dem Objecte suchen,
wenn man sie nicht gleich ursprünglich in ihrer Vereinigung aufgefaßt hat." Und diese aller Entgegensetzung von Subjekt
und Objekt vorangehende Einheit ist die des „unmittelbaren
Bewußtseyns" als „Anschauung des Ich; in ihr setzt das Ich sich
selbst nothwendig, und ist sonach das Subjective und Objective
in Einem".[148] Insofern ist das Ich als solche Einheit Subjekt-
Objekt.

Hölderlin akzeptiert die These von der Gleichursprünglichkeit von Subjekt und Objekt, bestreitet jedoch die These ihrer
vorgängigen Einheit im Ich als Selbstbewußtsein, im absoluten
Ich, in einer absoluten Selbsttätigkeit des Ich.

Zunächst: Die These von der Gleichursprünglichkeit von Subjekt und Objekt ist fundamental. Sie setzt, daß die Subjekt-
Objekt-Beziehung die eigentlich weltkonstituierende Grundbeziehung ist. Das ist zunächst eine ungemeine Reduktion. In
ihr fassen sich letztlich alle Verhältnisse zusammen, die Hegel
in der gegen Fichte gerichteten „Differenz"-Schrift aufführte:

„Die Gegensätze, die sonst unter der Form von Geist und Materie, Seele und Leib, Glauben und Verstand, Freiheit und Notwendigkeit usw. und in eingeschränkten Sphären noch in mancherlei Arten bedeutend waren . . ., sind im Fortgang der Bildung in die Form der Gegensätze von Vernunft und Sinnlichkeit, Intelligenz und Natur, für den allgemeinen Begriff, von absoluter Subjektivität und absoluter Objektivität übergegangen."[149]

Diese Reduktion erhebt nicht nur das Grundverhältnis des Menschen zur Welt zum Gegenstand der Philosophie – in seiner abstraktesten Form –, sie gibt diesem schon eine idealistische Interpretation. Zunächst ist die Subjekt-Objekt-Relation aus den Arbeits-, Tätigkeits- und Erkenntnisbeziehungen der Menschen abstrahiert. An die Stelle der Relation von Materie und Bewußtsein gesetzt, führt sie zum Idealismus. Denn diese Beziehungen sind bewußtseinsvermittelt. Beim Ausgehen von der Erkenntnisrelation wird spontan als Subjekt nicht der wirkliche, körperliche, tätige, gesellschaftliche Mensch als Subjekt gesetzt, das bewußt handelt, sondern seine Bewußtseinstätigkeit als Subjekt verselbständigt. Daraus folgt dann, daß kein Subjekt ohne Objekt, kein Objekt ohne Subjekt, somit kein Sein ohne Bewußtsein sein könne. Damit ist der Gedanke einer Materie, die unabhängig und außerhalb des menschlichen Bewußtseins existiert, ausgeschlossen.

Fichte nun faßt beides, Subjekt und Objekt, als bewußtseinsimmanent. Als gleichursprünglich finden sie ihre Einheit in ihrem Ursprung, dem absoluten Ich. Sie finden sie in dessen Tun als Selbstbewußtsein, was freilich nicht das wirkliche Selbstbewußtsein ist, vielmehr nur dessen Möglichkeit setzt.

So folgt der Ausgangsthese, daß das Ich sich ursprünglich selbst setze, die Antithese, daß dem Ich schlechthin ein Nicht-Ich entgegengesetzt werde. „Das Entgegensetzen ist nur möglich unter Bedingung der Einheit des Bewußtseyns des setzenden, und des entgegensetzenden. Hinge das Bewußtseyn der ersten Handlung nicht mit dem Bewußtseyn der zweiten zusammen; so wäre das zweite Setzen kein Gegensetzen, sondern ein Setzen schlechthin."[150]

Darauf folgt die Synthese: „Das absolute Ich des ersten Grundsatzes ist nicht etwas (es hat kein Prädicat und kann keins haben); es ist schlechthin, was es ist, und dies läßt sich nicht weiter erklären. Jetzt vermittelst dieses Begriffs ist im Bewußtseyn alle Realität; und von dieser kommt dem Nicht-Ich diejenige zu, die dem Ich nicht zukommt, und umgekehrt. Beide sind etwas . . .“[151] Daher auch beide, sofern einander entgegengesetzt und wechselseitig sich einschränkend, das eingeschränkte Ich und das Nicht-Ich, dem absoluten entgegengesetzt sind. Daraus folgt als Grundsatz: „Ich setze im Ich dem theilbaren Ich ein theilbares Nicht-Ich entgegen.“[152]

Die „Teilbarkeit“ von Ich und Nicht-Ich, die hier im Ich gesetzt ist, drückt ihr Zusammenbestehen als Gegensätze, ihre Wechselbeziehung als Wechselbestimmung aus. Die Synthese von Thesis und Antithesis, von absolutem Ich und Nicht-Ich, die sich weder aufheben noch neutralisieren, konstituiert Fichte als Wechsel der Bestimmung: Ist Tätigkeit Bestimmen, Nicht-Ich Leiden, Bestimmtwerden, so besagt Wechsel der Bestimmung, daß das Ich leidet, sofern und soweit das Nicht-Ich tätig ist. Beide sind in diesem Sinne bestimmend (je den andren) und bestimmt. Beide aber sind im absoluten Ich gesetzt, somit Gegensätze innerhalb des Bewußtseins. Das Ich bedarf, um tätig zu sein, des äußeren Anstoßes. Das absolute Ich setzt diesen – und sich im Verhältnis dazu. Das, was dann noch das Ich zum Ich macht, ist das „Setzen“.

Erst jetzt sind wir beim Gegensatz von Subjekt und Objekt, damit beim Verhältnis von Mensch und Welt, beim wirklichen empirischen Bewußtsein und seinen Gegenständen. Daraus folgt nun: „. . . daß das Ich sich seiner selbst nie bewußt wird, noch bewußt werden kann, als in seinen empirischen Bestimmungen, und daß diese empirischen Bestimmungen nothwendig ein Etwas außer dem Ich voraussetzen. Schon der Körper des Menschen, den er seinen Körper nennt, ist etwas außer dem Ich.“[153]

Somit sind die empirischen Gegenstände des endlichen, bedingten Ich nicht Ausgeburten seines individuellen Denkens. Das absolute Ich, das sich freilich nur in den empirischen Men-

schen verwirklicht, ist beider, des Ich wie des Nicht-Ich, absoluter, universaler, produktiver Grund, Subjekt der bedingten Subjekte. Was Subjekt und Objekt empirisch sind, wäre dann der
Empirie selbst zu entnehmen. Daß dennoch die Macht der äußeren Dinge gebrochen werde, ist fundiert in diesem absoluten
Ich als schaffendem, „setzendem" Subjekt, an dem die realen,
die „gesetzten" Subjekte teilhaben, insofern sie Vernunftwesen
sind.

Grundakt des Bewußtseins in seiner Identität ist also das Entgegensetzen, der Gegensatz, somit die Negation und in deren
Fortgang der Limitation, um zu Bestimmtem zu werden bzw. sich
selbst zu bestimmen.

Es ist charakteristisch, daß Fichte zu mehreren, zu einer Mehr-
zahl Menschen in diesem Zusammenhang zunächst nicht kommt:
sie werden erst im „Naturrecht" als Bedingung der freien Subjektivität konstruiert. Die gesellschaftlich-ideologische Modell-
bildung durchdringt selbst die allgemeinste weltanschauliche
Bestimmung: der vereinzelte Einzelne definiert die Identität
des Bewußtseins und erscheint in der allgemeinsten Abstraktion, dem Absoluten; die verselbständigte Abstraktion wird
zum Demiurgen dessen, wovon sie letztlich abstrahiert wurde.
Der Mensch aber ist, so gesehen, wesentlich Selbstbewußtsein.

Doch diese idealistische Konstruktion trägt noch etwas in sich.
Das System geht von der Tathandlung des absoluten Ich, von
seiner Identität als Tathandlung aus. Dies führt notwendig
zum Primat des Praktischen, denn letztlich gründen „alle theoretischen Gesetze auf praktische, und da es wohl nur Ein
praktisches Gesetz geben dürfte, auf ein und ebendasselbe Gesetz"[154]. So taucht innerhalb des extremen Idealismus die materialistische Einsicht in den Primat der Praxis auf – als Reflexion, als Bewußtwerden eines objektiven „Tatbestandes".
Sie kann allgemein ausgesprochen werden, gerade weil Fichte
letztlich nur Bewußtseinstätigkeit begrifflich anerkennt.

Die Grundlage des theoretischen Wissens expliziert den Satz,
daß das Ich sich setzt als bestimmt durch das Nicht-Ich, wogegen
im praktischen Bewußtsein das Ich sich als das Nicht-Ich bestimmend setzt. Die Theorie soll den Gegenstand erkennen,

die Welt als Gegenstand, die Praxis zielt auf deren aktive „vernünftige" Umgestaltung. Beides vollzieht sich innerhalb der Entgegensetzung von Ich und Nicht-Ich, Subjekt und Objekt, die beide im Ich, im Bewußtsein gesetzt seien. Vorausgesetzt ist das wirkliche Wissen als Bewußtseinsinhalt und das wirkliche moralische Bewußtsein (freilich als bürgerlich-ideales); die transzendentale Reflexion enthüllt, was das Bewußtsein tut, so daß die „Wissenschaftslehre" als Ganzes als Bewußtsein des Bewußtseins auftritt. Sie erweitert nicht seinen Inhalt, vermittelt ihm vielmehr Selbstbewußtsein. Das spekulative Moment, das in der Setzung des absoluten Ich liegt, führt notwendig auf den Zirkel, daß, wenn alle Realität als Bewußtsein und bewußtseinsimmanent gesetzt ist, im Bewußtsein nur Bewußtsein gefunden werden kann. Die transzendentale Konzeption aber, die nur die wirkliche Bewußtseinstätigkeit zu Bewußtsein bringen will, bewirkt, daß der Widerspruch zwischen Natur und Freiheit, von dem Fichte ausging, nur scheinbar aufgehoben wird. Er kehrt wieder im Widerspruch zwischen Ideal, idealem Vorstellen und unendlichem Streben einerseits und der Wirklichkeit andererseits.

In der Grundlegung des theoretischen Wissens entwickelt Fichte den Leitgedanken, daß alle Realität, die als Gegenstand für das Ich erscheint, dessen eigene Bestimmung sei. Von bedeutender Wirkung ist seine Entwicklung der Kategorien als Tätigkeitskategorien des Bewußtseins; ihr Zusammenhang wird als Prozeßzusammenhang dargelegt. Das gilt für Identität, Negation, Limitation, Wechselbestimmung, Quantität und Qualität, Relation usw. Ich und Nicht-Ich bewegen sich in einem unabgeschlossenen und unabschließbaren Prozeß, in dem das Ich, die Seite der Spontaneität und des Setzens, je die Grenze seiner Einschränkung setzt und aufhebt. Diese erste dialektische Entwicklung der Kategorien als innerer Zusammenhang wurde für Hegel ein wesentlicher, von ihm anerkannter Anstoß.

Eine zentrale Funktion gewinnt für Fichte die Einbildungskraft. Sie fungiert als Vermittlung des Prozesses, in dem des Ich unendliche Tätigkeit das Endliche setzt, sich als Endliches setzt, wiewohl es in ursprünglicher Tathandlung als unendlich gesetzt ist. Die produktive Einbildungskraft bestimmt Fichte als „Vermögen, das zwischen Bestimmung und Nicht-Bestimmung, zwischen Endlichem und Unendlichem in der Mitte schwebt"[155], das Widersprechende vereinigt: „Wechsel des Ich in und mit sich selbst, da es sich endlich und unendlich zugleich setzt — ein Wechsel, der gleichsam in einem Widerstreite mit sich selbst besteht, und dadurch sich selbst reproducirt, indem das Ich unvereinbares vereinigen will, jetzt das unendliche in die Form des endlichen aufzunehmen versucht, jetzt, zurückgetrieben, es wieder außer derselben setzt, und in dem nemlichen Momente abermals es in die Form der Endlichkeit aufzunehmen versucht."[156] Diese produktive Einbildungskraft erzeugt die Vorstellung und damit die Realität für uns: sie produziert, was der Verstand mit den Kategorien als Realität fixiert.

Das ist eine charakteristische Umbildung des Kantischen Konzepts der produktiven Einbildungskraft aus der „Kritik der reinen Vernunft". Für Kant fungiert die Einbildungskraft als tätiges subjektives Vermögen der Synthesis des Mannigfaltigen in der Wahrnehmung, welches das Mannigfaltige verarbeitend aufnimmt und in ein Bild bringt. Sie vermittelt dem Verstand Sinnlichkeit. Diese und weitere Funktionen der produktiven Einbildungskraft setzen für Kant eben die „Eindrücke", die Affektationen der Sinne, voraus, die sie synthetisieren. Diese Gegebenheit des Materialen entfällt bei Fichte: sie wird zur Leistung der Einbildungskraft als Vermögen des Ich.

Fichtes Konzeption der Einbildungskraft macht diese zum schöpferisch-dialektischen Organ, das die eigentlich empirische Welt als sinnlich-prozessuale Gestalt schafft. Sie produziert die Vermittlung zwischen Unendlichem und Endlichem und prozessiert als diese Vermittlung, und als diese gibt sie zu denken. Sie reproduziert den erkenntnistheoretisch negierten Sensualismus in der Bewußtseinsimmanenz als produktiv-ästhetisches Vermögen, reproduziert die Fülle der Empirie als dialektischen Erzeugungsprozeß. Das belegt, wie dieser Idealismus den Materialismus indirekt anzuerkennen sich gezwungen sieht, zugleich, daß dies Denken der hypertrophierten „aktiven Seite"

eine elementar dialektische ästhetische Weltsicht in anschau-
licher Gestalt als Vorgegebenheit der rationalen Erkenntnis einschließt.

Für Fichte hatte diese Leistung der Einbildungskraft einen
spezifischen Funktions- und Stellenwert innerhalb seiner rationalen Konstruktion. Doch sie konnte dieser gegenüber verselbständigt rezipiert und als Element in die romantische Dich-
tungsauffassung integriert werden, als autonomes Schöpfertum
oder spezifisches Organ, den bewußtlosen Natur- und Seins-
prozeß zur Sprache zu bringen – ein Ansatz, die Einbildungskraft als Gegenposition zu Schillers Vernunft und Sinnlichkeit
synthetisierendem Konzept oder zu Goethes postuliertem Sinn
für die Poesie des Realen mit weltanschaulichem Anspruch zu
etablieren. Auch Hölderlins Poetik, seine Lehre vom Wechsel
der Töne, nährt sich bei aller Transformation von Anstößen, die
er von Fichtes Theorie der Einbildungskraft empfangen hat.

Die praktische Wissenschaftslehre sucht nun „den ganzen Widerstreit zwischen dem Ich, als Intelligenz, und insofern be-
schränktem, und zwischen ebendemselben, als schlechthin ge-
setztem, mithin unbeschränktem Wesen" aufzuheben und „als
Vereinigungsmittel ein praktisches Vermögen des Ich anzunehmen".[157] Das modifiziert sich zur Frage nach dem Verhältnis
der „reinen" Tätigkeit des Ich als unendlicher zur endlichen „objektiven" Tätigkeit, die das Nicht-Ich sich gegenüber hat. Das
erste ist nur ideal, das zweite allein ist wirklich. Es geht dem absoluten Ich wie dem allmächtigen Gott, dem die wirkliche Menschenwelt ungehorsam wird: seine Allmacht wird fragwürdig –
oder er will das Böse.

Fichte entwickelt: „Das absolute Ich ist schlechthin sich selbst
gleich: alles in ihm ist Ein und ebendasselbe Ich . . .; es ist da
nichts zu unterscheiden, kein mannigfaltiges; das Ich ist Alles,
und ist Nichts, weil es für sich nichts ist, kein setzendes und
kein gesetztes in sich selbst unterscheiden kann. – Es strebt . . .,
kraft seines Wesens sich in diesem Zustande zu behaupten."
Und hier setzt dann die Verlegenheit ein, da jede Tätigkeit, jedes Erkennen des Nicht-Ich bedarf. „Es thut in ihm sich eine
Ungleichheit, und darum etwas fremdartiges hervor. . . . Dieses

fremdartige steht nothwendig im Streite mit dem Streben des Ich, schlechthin identisch zu sein . . ."[158]

Diese einsetzende Ungleichheit, dieser Anstoß im identischen Ich bleibt die spekulative Achillesferse Fichtes. Die Unlösbarkeit resultiert aus dem gleichen Ansatz, der Fichte die universelle Prozessualität, das Fassen der „aktiven Seite" durch ihre idealistische Verabsolutierung erst ermöglichte. Er begreift sehr wohl, daß Tätigkeit nicht ohne Gegenstand, ohne Widerspruch möglich ist. Er ist gezwungen, dem absoluten Ich eine Tätigkeit der Selbstbeschränkung zuzumuten, die erst die Bedingung erzeugt, unter der Tätigkeit möglich ist.

Die weitere Konsequenz ist, da dem Anspruch nach die allgemeine Form den besondren Inhalt hervorbringen soll, aber nicht kann, daß Fichte den Widerspruch von Ideal und Wirklichkeit in der Bewußtseinsimmanenz reproduziert: die Identität des Ich verharrt gegenüber dem Wirklichen in der Ohnmacht des innerlichen Sollens.

Das unendliche Streben „bestimmt nicht die wirkliche, von einer Thätigkeit des Nicht-Ich, die in Wechselwirkung mit der Thätigkeit des Ich steht, abhängende Welt, sondern eine Welt, wie sie seyn würde, wenn durch das Ich schlechthin alle Realität gesetzt wäre; mithin eine ideale, bloß durch das Ich, und schlechthin durch kein Nicht-Ich gesetzte Welt"[159]. Diese Welt steht im Widerspruch zur wirklichen, die ihrerseits letztlich vom Ich gesetzt, sofern es, um Bewußtsein zu haben, praktisch zu sein, des Nicht-Ich bedarf und es setzt. Daraus ergibt sich für Fichte, daß das absolute Ich, das sich schlechthin setzende, unendliche, das alle Realität in sich zu fassen und die Unendlichkeit zu erfüllen fordert, daß also dieses absolute Ich „Idee" sei, eine „Idee des Ich, die seiner praktischen unendlichen Forderung nothwendig zu Grunde gelegt werden muß, die aber für unser Bewußtseyn unerreichbar ist". Nicht ist dabei von dem im wirklichen Bewußtsein gegebenen Ich die Rede, „dieses ist nie schlechthin, sondern sein Zustand ist immer . . . durch etwas außer dem Ich begründet".[160]

Daraus erwächst die Argumentation bzw. Setzung: „Das Ich muß . . . über sich reflectiren, ob es wirklich alle Realität in

sich fasse. Es legt dieser Reflexion jene Idee zum Grunde, geht
demnach mit derselben in die Unendlichkeit hinaus, und insofern ist es praktisch: nicht absolut, weil es durch die Tendenz
zur Reflexion eben aus sich herausgeht; ebensowenig theoretisch,
weil seiner Reflexion nichts zum Grunde liegt, als jene aus dem
Ich selbst herstammende Idee, und von dem möglichen Anstoße
völlig abstrahirt wird, mithin keine wirkliche Reflexion vorhanden ist. – Hierdurch entsteht die Reihe dessen, was seyn soll,
und was durch das bloße Ich gegeben ist; also die Reihe des
Idealen. [–] Geht die Reflexion auf diesen Anstoß aus und betrachtet das Ich demnach sein Herausgehen als beschränkt; so
entsteht dadurch eine ganz andere Reihe, die des Wirklichen,
. . . insofern ist das Ich theoretisch, oder Intelligenz."[161]

Das formale Gesetz der Bewußtseinseinheit muß notwendig
in dieser Konstruktion zum materialen des Sollens werden:
Identität sein Inhalt. Zugleich ist diese Dichotomie der Reihe
des Idealen und der Reihe des Wirklichen selbst bewußtseinsimmanent. „Alles ist seiner Idealität nach abhängig vom Ich,
in Ansehung der Realität aber ist das Ich selbst abhängig; aber
es ist nichts real für das Ich ohne auch ideal zu seyn; mithin ist
in ihm Ideal- und Realgrund Eins und ebendasselbe, und jene
Wechselwirkung zwischen dem Ich und Nicht-Ich ist zugleich
eine Wechselwirkung des Ich mit sich selbst."[162] So ist das Ich
unendlich, „aber bloß seinem Streben nach; es strebt unendlich
zu seyn. Im Begriffe des Strebens selbst aber liegt schon die
Endlichkeit, denn dasjenige, dem nicht widerstrebt wird, ist
kein Streben."[163] Hölderlin übernimmt diesen Gedanken als
zentralen Argumentationsgang für den Brief an seinen Bruder vom 13. April 1795.

Fichtes absolute Identität bewahrt sich nur im Sollen, im
Ideal und negiert sich in der selbstgesetzten Wirklichkeit. Daraus erwächst die heroische Dynamik des Ideals gegen die Wirklichkeit in einem unendlichen Prozeß und Kampf der Vervollkommnung des Menschengeschlechts, im ewigen Kampf zwischen Geist und Natur. Die Inkonsequenz ist gezeugt von der
Konsequenz des dialektischen Tätigkeitsprinzips. Diesen mit
jener zu verschmelzen verlangt Aufheben des subjektiven Idea-

lismus und des metaphysisch-methodischen Formalismus der Elimination des Besondren, Inhaltlichen, Individuellen. Das gelingt erst Hegel, soweit es im objektiven Idealismus theoretisch möglich ist, findet jedoch seine Schranke in dem Konstruktionsprinzip der Subjekt-Objekt-Identität, sofern die „Versöhnung" mit den Widersprüchen des Wirklichen im Bewußtsein diese in ihrer Notwendigkeit nicht nur begreift, sondern anerkennt.

Fichtes revolutionär gestimmter Perspektiventwurf ist damit von Hegel amputiert, aus seinem heroisch-rebellischen Widerstehen gegen den Druck des Wirklichen und Mächtigen, aus der Freiheit, die gegen die bestehenden Mächte, und sei es nur in der geistigen Selbstbehauptung, gesetzt wird, wird die Freiheit als Einsicht in die Notwendigkeiten dessen, was als bürgerliche Macht sich durchsetzt. Darin liegen zwei entgegengesetzte Möglichkeiten des bürgerlichen Idealismus der Vernunft, worin die Utopie sich verbirgt. Sie repräsentieren durchaus entgegengesetztes politisch-ideologisches Wirklichkeitsverhalten, konvergieren dennoch in bezug auf die Materialität der gesellschaftlichen Verhältnisse und deren grundlegende Eigentumsstruktur, was sich zugleich in der unterschiedlich konstruierten Dominanz des Allgemeinen über das Besondere, Individuelle, Sinnliche als jeweils zu bestimmende Herrschaftsstruktur niederschlägt – in Abstraktion von den konkreten Individuen.

Doch während für Hegel die absolute Idee im Geschichtsprozeß sich selbst realisiert, verharrt Fichte in der abstrakten Entgegensetzung von Identität und Nichtidentität. Während Kants transzendentale Apperzeption die Bedingung darstellt, das bewußtseinstranszendent gegebene Mannigfaltige zu synthetisieren, muß nun Fichtes Ich als absolute Identität die Identität des als Nicht-Ich, als Nicht-Identität Gesetzten behaupten.

Die Homogenität der Bewußtseinsimmanenz ermöglicht die dialektisch-logische Grundanlage, insofern die Negation aus der Identität im Tätigkeitszusammenhange hervorgeht, während die transzendentale Formalität verhindert, dies inhaltlich und nachweisbar zu entwickeln. Deshalb verharrt Identität letztlich in der schlechten Unendlichkeit des theoretischen und praktischen Prozesses der Wechselbestimmung, während sie im Praktischen die Gestalt des Sollens annimmt. Sie oszilliert zwischen tätigem Wesen und abstrakter Norm. Als Norm der Weltgestaltung durch Vernunft, in Erkenntnis, Handeln und geschichtlichem Fortschritt, gilt sie absolut. „Die letzte Bestimmung aller endlichen vernünftigen Wesen ist demnach absolute Einigkeit, stete Identität, völlige Übereinstimmung mit sich selbst. Diese absolute Identität ist die Form des reinen Ich . . ."[164] Dies als Gesetz der Freiheit, der Selbstbestimmung gegen alle Fremdbestimmung zielt auf das Verhältnis der Menschen zur Natur einschließlich der eigenen, sinnlichen, somit auf „Übereinstimmung aller Dinge außer ihm [dem Menschen – W. H.] mit seinen nothwendigen praktischen Begriffen von innen . . ., welche bestimmen, was sie seyn sollen"[165]. Damit zielt es zugleich auf die Identität „des" Menschen, er solle sein, was er ist, „schlechthin darum, weil er ist", sei „selbst Zweck", solle „sich selbst bestimmen und nie durch etwas fremdes sich bestimmen lassen".[166]

Diese Übereinstimmung der Menschen mit sich selbst und mit den Dingen außer sich – in beiden Richtungen als Herrschaft der Vernunft – sei das höchste Ziel der Menschheit. Doch dies liegt im unendlichen Prozeß: „Alles Vernunftlose sich zu unterwerfen, frei und nach seinem eigenen Gesetze es zu beherrschen, ist letzter Endzweck des Menschen; welcher letzte Endzweck völlig unerreichbar ist und ewig unerreichbar bleiben muß, wenn der Mensch nicht aufhören soll, Mensch zu seyn, und wenn er nicht Gott werden soll."[167] Analog wird dies für den Menschen in der Gesellschaft entwickelt – in Universalisierung von Freiheit und Gleichheit – mit dem Ziel: „. . . könnten alle Menschen vollkommen werden, könnten sie ihr höchstes und letztes Ziel erreichen, so wären sie alle einander völlig gleich; sie wären nur Eins; ein einziges Subject"[168], eine Gesellschaft völliger Einheit und Einmütigkeit. Denn „das höchste Gesetz der Menschheit und aller vernünftigen Wesen, das Gesetz der völligen Übereinstimmung mit uns selbst, der absoluten Identität, inwiefern es durch Anwendung auf eine Natur positiv und material wird, fordert, daß in dem Individuum alle Anlagen gleichförmig entwickelt, alle Fähigkeiten zur höchst-

möglichen Vollkommenheit ausgebildet werden"[169] in einem
trotz aller Abhängigkeiten von der Natur gleichförmigen Fortgang der Kultur.

Diese Identität ist abstrakt-allgemein und verselbständigt das
Allgemeine gegenüber dem Individuellen. Sie fordert Unterordnung unter das Ganze, das Allgemein-Vernünftige. Politisch-
ideologisch ist sie eine weltanschaulich verallgemeinerte Citoyen-Utopie bürgerlich-demokratischen Charakters, auch wenn
Fichte vor unmittelbarer Massenaktivität als Demokratie des
Volkes zurückschreckt. Den deutschen Zeitgenossen weit voraus, fordert er das Recht auf Arbeit. Aber in dieser Identitäts-
formel liegt mehr: sie ist gerade in dieser Philosophie der Freiheit, der Subjektivität als bedingungsloses Gesetz Form, in der
die den Individuen gegenüber verselbständigte Macht der Verhältnisse in idealisierter Gestalt erscheint. Sie erscheint als Identität, die gerade die Individualität, das Besondre ausschließt
und den wirklichen Individuen als selbständige Gewalt, als ab-
straktes Sollen oder auch als jakobinischer idealisierter bürgerlicher Staat gegenübertritt, wie ihn Fichte entwarf.

Die abstrakte Gewaltsamkeit ist die Kehrseite des subjektiven Selbstgefühls, das aus dem Abstrakt-Allgemeinen, aus dem
Sollen als Inhalt der Pflicht heraus sich gegen die Wirklichkeit,
gegen die Natur behauptet. Natur ist, praktisch gesehen, wesentlich nur Material der Pflicht. Die scheiternde Vermittlung
von absolutem Ich und Wirklichkeit gipfelt gerade im extremen
Gegensatz: vom wirklichen Ich her gesehen, bleibt sie heroische
Selbstbehauptung des Ideals, worin die Bestimmung des Menschengeschlechts, der Vervollkommnungsgang der Menschheit
als Pflicht bewußt ist, gegen die Wirklichkeit.

Was Kant am Erhabenen analysierte, wird von Fichte in höchster Steigerung des Selbstgefühls vorgetragen: „Brecht alle herab auf mich, und du Erde und du Himmel, vermischt euch im
wilden Tumulte, und ihr Elemente alle, – schäumet und to-
bet, und zerreibt im wilden Kampfe das letzte Sonnenstäub-
chen des Körpers, den ich mein nenne; – mein Wille allein mit
seinem festen Plane soll kühn und kalt über den Trümmern des
Weltalls schweben; denn ich habe meine Bestimmung ergriffen,

und die ist dauernder, als ihr; sie ist ewig, und ich bin ewig, wie sie."[170] Hier kulminiert der Idealismus im verräterischen Bilde, schlägt die große Befreiung von der Macht der äußeren Dinge in ihr Gegenteil um. Was Quelle aller Realität, verdampft in totaler Ohnmacht gegen das feindliche Weltall und findet seine Befriedigung in ohnmächtiger Innerlichkeit; der Titanismus des Willens wird zur bewußten Illusion über den Trümmern eines Weltalls, das doch „gesetzt" ist und ohne das kein Wille einen Gegenstand hat. Die titanische Übersteigerung verrät die Anstrengung, gegen den Druck der Wirklichkeitserfahrung sich zu behaupten. Der Enthusiasmus in heroischer Geste unterdrückt das Wissen um die Irrealität des Anspruchs.

Fichte spürte eine Inadäquatheit zwischen Gesagtem, Formuliertem und dem von ihm Intendierten. In erkenntnistheoretischer Beziehung spürte er das Gewaltsame seiner Setzung; deshalb sei ein Brief an Reinhold aus dem Jahre 1795 zitiert, als Hölderlin in nähere Beziehung zu Fichte trat:

„Das, was ich mitteilen will, ist etwas, das gar nicht gesagt noch begriffen, sondern nur angeschaut werden kann; was ich sage, soll nichts weiter tun, als den Leser so leiten, daß die begehrte Anschauung sich in ihm bilde. ... Z. B. die Seele meines Systems ist der Satz: Das Ich setzt schlechthin sich selbst. Diese Worte haben keinen Sinn und keinen Wert, ohne die innere Anschauung des Ich durch sich selbst ...: es wird gesagt: daß ein Ich, und daß etwas ihm Entgegengesetztes, ein Nicht-Ich, sei, geht schlechthin allen Operationen des Gemüts voraus; und dadurch werden sie erst möglich. Es ist gar kein Grund, warum das Ich Ich und das Ding nicht Ich sei, sondern diese Entgegensetzung geschieht absolut. Die Vereinigung beider durch Quantität, gegenseitige Einschränkung, Bestimmung, Begrenzung, oder wie Sie wollen, geschieht gleichfalls absolut. Über diese Sätze hinaus geht keine Philosophie, aber aus ihnen muß die ganze Philosophie, d. i. das gesamte Verfahren des menschlichen Geistes, entwickelt werden.

Jenes ursprüngliche Setzen nun und Gegensetzen und Teilen ist NB. kein Denken, kein Anschauen, kein Empfinden, kein Begehren, kein Fühlen usf., sondern es ist die gesamte Tätig-

keit des menschlichen Geistes, die keinen Namen hat, die im
Bewußtsein nie vorkommt, die unbegreiflich ist ... Der Eingang in meine Philosophie ist das schlechthin Unbegreif-
liche ..."[171]

Gewiß richtig ist: vom „gemeinen" Bewußtsein her, das von
der bewußtseinsunabhängigen Realität der Außenwelt spontan
überzeugt ist, muß der Eingang in Fichtes Philosophie unbegreiflich scheinen. Und auch von Kant her gesehen, ist er keine
aus theoretischen Prämissen zu ziehende Konsequenz. Das von
Fichte den Nachfolgern übermittelte Kant-Verständnis impliziert wohl den Fortgang des philosophischen Denkens, und
zwar in Richtung des objektiven dialektischen Idealismus, verdeckt aber ebensosehr Kants rationale Sachproblematik, was
hier nicht ausgeführt werden kann.

Der Brief verweist auf die intellektuelle Anschauung: als
Akt des Innewerdens der Selbstsetzung des Ich. Intellektuelle
Anschauung ist – in Fichtes Sinn – gerade nicht diskursives
Denken oder äußere Anschauung. Hier ist keine Platonische
Ideenschau gemeint, denn die Ideen werden als objektiv und
absolut seiende angeschaut. Fichtes intellektuelle Anschauung
ist Selbstbeziehung des Ich auf seinen Tätigkeitsprozeß, „unmittelbares Bewußtseyn", und das heißt „Anschauung", und
„Anschauen seiner selbst im Vollziehen des Actes ...: sie ist
das, wodurch ich etwas weiß, weil ich es thue"[172]: Anschauung
der inneren absoluten Spontaneität. Diese intellektuelle Anschauung ist unmittelbares Bewußtsein des Handelns des Ich,
und das Ich ist Handeln, und: „Ich bin diese Anschauung und
schlechthin nichts weiter, und diese Anschauung selbst ist
Ich."[173]

Nun ist dies Selbstbewußtsein intellektueller Anschauung
selbst eine Abstraktion vom wirklichen Selbstbewußtsein, die
die komplexen Vorgänge seiner Bildung wie seine wirklichen
sozialen Vermittlungen verdeckt – die Unmittelbarkeit ist
Resultat, das sein Zustandekommen verschweigt, hier eine
Setzung. Für Fichte: „Diese intellectuelle Anschauung ist der
einzige feste Standpunct der Philosophie. Von ihm aus läßt
sich alles, was im Bewußtseyn vorkommt, erklären; aber auch

nur von ihm aus. Ohne Selbstbewußtseyn ist überhaupt kein
Bewußtseyn; das Selbstbewußtseyn ist aber nur möglich auf
die angezeigte Weise: ich bin nur thätig."[174]

Konsequent ist dies schon: wenn das Denken den Gegensatz voraussetzt, ist intellektuelle Anschauung begrifflich nicht
ableitbar, nur vollziehbar, und zugleich werden durch sie Fundament und Vereinigungspunkt des theoretischen und praktischen Bewußtseins, der Spekulation und des Sittengesetzes
unter dem Primat der Tätigkeit gesetzt. Es scheint auf eine
Gesetzlichkeit zu deuten: der Rationalismus Platons konnte
gegenüber den Ideen auch nur ein Anschauen zulassen; die
abgewertete sinnliche Anschauung ward reproduziert als geistige. Der so andersgeartete Fichtesche Idealismus der reinen
Subjektivität und Vernunft vermag das alles fundierende
Selbstbewußtsein nicht anders als auf ein der Sinneswahrneh-
mung analoges geistiges Anschauen zu gründen und durch die
scheinbare Unmittelbarkeit den Antinomien solcher Subjekt-
Objekt-Identität zu entgehen suchen. Nirgends deutlicher als
hier zeigt sich zugleich der methodische Bruch im Fortgang von
Kant. Dies wiederum verweist darauf, daß dieser Übergang
von außertheoretischen Motiven bewegt wurde, von praktischen, denen das Kantische System nur Form und Ansatzpunkt
eines neuen bot.

Die praktischen Motive sind weltanschaulich vermittelt und
zielen letztlich auf ein andres Leben, dessen Unbestimmtheit
nur in der Bestimmtheit der formalen Identität als harmonischer Homogenität die Welt- und zwischenmenschlichen Beziehungen mit der eigenen Aktivität zusammenzufassen vermag.
Die Leidenschaft philosophischen Denkens ist genährt vom
Bewußtsein, aus einer Menschheitssituation der Krise, der Un-
gewißheit, des Drucks einen Ausweg finden zu müssen. Aufschlußreich dafür ist Fichtes Brief an Jacobi vom 30. August
1795, worin es heißt: „Wozu ist denn nun der spekulative Gesichtspunkt und mit ihm die ganze Philosophie, wenn sie nicht
fürs Leben ist? Hätte die Menschheit von dieser verbotenen
Frucht nie gekostet, so könnte sie der ganzen Philosophie entbehren. Aber es ist ihr eingepflanzt, jene Region über das Indi-

viduum hinaus, nicht bloß in dem reflektierten Lichte, sondern unmittelbar erblicken zu wollen; und der erste, der eine Frage über das Dasein Gottes erhob, durchbrach die Grenzen, erschütterte die Menschheit in ihren tiefsten Grundpfeilern und versetzte sie in einen Streit mit sich selbst, der noch nicht beigelegt ist und der nur durch kühnes Vorschreiten bis zum höchsten Punkte, von welchem aus der spekulative und praktische vereinigt erscheinen, beigelegt werden kann. Wir fingen an zu philosophieren aus Übermut und brachten uns dadurch um unsre Unschuld; wir erblickten unsere Nacktheit und philosophieren seitdem aus Not für unsere Erlösung."[175]

Der triadische Geschichtsrhythmus ist epochentypisches Denkmuster des Ausgangs aus christlicher Erlösungsgewißheit, gedankliches Mittel, den Antagonismen der Gegenwart eine „heimatliche" Zukunftsperspektive entgegenzusetzen. Die Gegenwartsverhältnisse und -institutionen sind erschüttert, haben ihre Legitimation verloren, die Lebensformen laufen leer, die politische Ordnung erscheint als Gefängnis: solchen Erfahrungen des langsam-quälenden Verendens der Feudalwelt korrespondiert die relative Unbestimmtheit, weil Unausgebildetheit dessen, was kommt, ohne daß die positive Bewegung anders denn ideologisch dem Ideologen begreifbar wird.

Zunächst sei erinnert an Fichtes Selbstbewußtsein: er habe die Menschen von den Fesseln der Dinge an sich, von den äußeren Einflüssen befreit. Wodurch der Mensch schon als Bewußtsein gesetzt ist. Die Französische Revolution befreite von der Herrschaft des Feudalismus und Absolutismus. Fichte identifiziert den Gedanken der Befreiung von äußeren Einflüssen mit der tatsächlichen Befreiung vom Einfluß der materiellen, außerbewußten Wirklichkeit. Doch die Revolution hat diesen Gedanken in Fichte stimuliert. Der Anspruch des Systems findet seine Begründung im Setzen der Tathandlung des absoluten Ich, deren letzte Konsequenz die Fundierung der theoretischen Gesetze im praktischen Gesetz ist.

Insofern antizipiert und intendiert das absolute Ich einen Sprung aus der Notwendigkeit in die Freiheit der Utopie, setzt im Anspruch seines Setzens die Erfüllung – und expliziert

dann in der Durchführung seine Unfähigkeit dazu. Die von
den heroischen Illusionen der Jakobinerdiktatur erfüllte und
getragene Utopie tritt auf als transzendentale Bestimmung des
Ich, das, als Abstraktion vom Inhalt, diesen als sein Gegenteil
erzeugen muß. Auch die Abstraktion von der Wirklichkeit geht
aus konkreter gesellschaftlicher Wirklichkeit hervor und muß
diese reproduzieren.

Dem Ideologen erscheint der Widerspruch von bürgerlich-
emanzipatorischem Ideal und deutscher halbfeudal-absolutisti-
scher Wirklichkeit als Widerspruch zwischen einer Innerlichkeit, die rebelliert, und einer Wirklichkeit, die als fremde
Macht ihn als Objekt behandelt. Und wird der bürgerliche
Anspruch nicht materialistisch und pantheistisch in der „Natur"
legitimiert, so kann er nur im Geiste seine Legitimation finden, der die Unnatur als Nicht-Geist abwertet. Das mag Stationen der ideologisch-philosophischen Transformation erhellen, die wirkliche, gesellschaftliche Individuen in die Abstraktion „des" Menschen verwandelt, den Menschen in den
Einzelnen, der wiederum dann äußerlich mit andern Einzelnen
zusammengebracht werden muß – und sei es durch deren
„Konstruktion" –, diesen wiederum in Bewußtsein, Bewußtsein in Selbstbewußtsein, das wiederum die Einzelheit in for-
maler Allgemeinheit aufsaugt, während hinter der Konstruktion des Setzens des absoluten Ich die rebellische Umkehrung
der allgemeinsten Vorstellung des Gegenbildes menschlicher
Ohnmacht, des christlichen Schöpfergottes, steht. Darauf weist
Marx' Charakteristik des Fichteschen Selbstbewußtseins – an
Hand des Modells Bauer – hin: es sei „die metaphysisch-theo-
logische Karikatur des Menschen in seiner Trennung von der
Natur" und der „metaphysisch travestierte Geist in der Trennung von der Natur".[176]
Blicken wir noch einmal auf den rhetorischen Aufschwung
am Ende der dritten der „Vorlesungen über die Bestimmung
des Gelehrten": „O! es ist der erhabenste Gedanke unter
allen: ich werde, wenn ich jene erhabene Aufgabe übernehme
[„unser gemeinsames Brudergeschlecht immer weiser und glücklicher zu machen" – W. H.], nie vollendet haben; ich kann also,

so gewiß die Übernehmung derselben meine Bestimmung ist, ich kann nie aufhören zu wirken und mithin nie aufhören zu seyn. . . . Ich habe zugleich mit der Übernehmung jener großen Aufgabe die Ewigkeit an mich gerissen. Ich hebe mein Haupt kühn empor zu dem drohenden Felsengebirge, und zu dem tobenden Wassersturz, und zu den krachenden, in einem Feuermeere schwimmenden Wolken, und sage: ich bin ewig, und ich trotze eurer Macht!"[177]

Diese im üblichen Klischee der drohenden Natur dargestellte titanisch-prometheische Haltung behauptet sich – dem Anspruch nach – auch in der äußersten physischen Negation, bis zur körperlichen Auflösung. Die Frage stellt sich dann: Wenn kühn „mein Wille . . . über den Trümmern des Weltalls"[178] schwebt etc., welchen Sinn noch das Sollen hat, wenn die Gattung Mensch verschwindet. Unversehens steht der titanische Einzelne für sie, schwindet sie mit ihm. Und es stellt sich dann die Frage, woher denn die Macht dieses zertrümmernden Alls stamme, wenn nicht aus der Setzung des absoluten Ich. Was Fichte hier entwickelt, ist ja notwendig etwas anderes als Kants bekannte Konfrontation von gestirntem Himmel über mir und moralischem Gesetz in mir, weil dort ein objektives Sein, wenn auch ein unerkennbares, mitgedacht ist, hier aber spekulativ die Potenz des moralischen Bewußtseins zum Autor beider wird.

Mir scheint, die Metaphorik verrät in der Übersteigerung bis zum Absurden einer dem Christentum entflohenen Selbstvergottung bei absoluter materieller Ohnmacht eine extreme Zuspitzung des Widerspruchs zwischen dieser Philosophie und der Wirklichkeit: einer Philosophie gegen die Wirklichkeit, die Fichte selbst nicht aushielt. Eine Sackgasse der Spekulation? Von Interesse, „nur insofern sie die Unfruchtbarkeit des Idealismus in seiner letzten Konsequenz beurkundet"[179]? So schrieb Heine, der Fichtes politischem Charakter ein Hoheslied singt, aber um so schärfer seine religiöse Wendung kritisiert. Heine hat recht, wenn Fichtes Philosophie festgehalten, dogmatisiert und als ihre Wahrheit Fichtes späte Entwicklung behauptet wird. Aber Heine gibt auch eine andre Antwort: „Sie ist ganz untergangen, aber die Geister sind noch aufgeregt von den Gedanken, die durch Fichte laut geworden, und unberechenbar ist die Nachwirkung seines Wortes. Wenn auch der ganze Transzendentalidealismus ein Irrtum war, so lebte doch in den Fichteschen Schriften eine stolze Unabhängigkeit, eine Freiheitsliebe, eine Manneswürde, die besonders auf die Jugend einen heilsamen Einfluß übte."[180] Und Heine hat wenig für Fichtes Idealismus, auch nichts für seinen Atheismus übrig, noch kritischer freilich sieht er: „Aus dem idealistischen Titanen, der auf der Gedankenleiter den Himmel erklettert und mit kecker Hand in dessen leere Gemächern herumgetastet, der wird jetzt etwas gebückt Christliches, das viel von Liebe seufzt."[181]

Das Problem liegt darin, daß Fichtes Idealismus, den Heine „zu den kolossalsten Irrtümern, die jemals der menschliche Geist ausgeheckt"[182], rechnet, eine neue produktive Entwicklung in der Philosophie einleitete, die freilich sofort über Fichte hinausging und gegen ihn sich wandte, jedoch mit Mitteln und von Voraussetzungen her, die er geliefert hatte.

Fichte hat die Kantischen Grenzziehungen durchbrochen, ohne die transzendentale Wendung Kants zurückzunehmen. Sein Idealismus ist Form und Bedingung der Radikalisierung der Bewußtseinsreflexion auf der äußersten Abstraktionsebene, und zwar der der Abstraktion menschlicher Tätigkeit. Das ermöglichte, nicht nur im Denken die Tätigkeitsstruktur aufzuweisen, sondern einen Grundansatz dialektischer Kategorialbestimmung zu entdecken und zu entwickeln im Verhältnis von Identität und Widerspruch als systemkonstituierender Struktur, als allgemeinsten prozessualen Bestimmungen des Denkens und des Seins. Daß die Subjekt-Objekt-Beziehung die allgemeinste Grundstruktur und -beziehung tätigen Verhaltens ausmacht, ist erst von Fichte theoretisch zwingend entwickelt worden, so idealistisch-einseitig er dies auch durch die übergreifende Bewußtseinsimmanenz zeichnete. Von hier aus wurde es möglich, die Geschichte der Menschengattung als Zusammenhang und Resultat ihres produktiven Tuns zu denken, ohne eine unspezifische Natur als Subjekt zu bemühen. Von

hier aus konnte „die große Selbsttätigkeit" als Gedanke emanzipatorischer geschichtlicher Praxis gefaßt werden – freilich im
Hinausgehen über Fichte, im Durchbrechen seines Subjektivismus.

Wendung
gegen den subjektiven Idealismus

Fichte vermittelte insgesamt ein höheres Bewußtsein der
Grundfrage der Philosophie, die er – im Rahmen seines Idealismus – im Praktischen letztlich fundierte. Und er vermittelte
eine höhere Bewußtheit der Möglichkeiten der transzendentalen Reflexion, auch wenn seine philosophische Grundlage verlassen werden mußte. Dies konnte inhaltlich erst produktiv
werden, als die Identität von Subjekt und Objekt, die Fichte
ins absolute Ich gesetzt hatte, zunächst als Natur begriffen bzw.
in die Natur gesetzt und die geschichtliche Entwicklung in bezug
auf Gattung und Individuum in den Reflexionsprozeß einbezo-
gen wurde. Dafür stehen Schelling und Hegel.

Einen wesentlichen Schritt, der ihn von Schelling unterscheidet, vollzog Hölderlin. Zu dem Hintergrund seiner Reflexion
gehören freilich die Diskussionen mit Schelling und in den philosophisch bewegten Kreisen zu Jena. Dort machte Weißhuhns
Wort vom „subjektiven Spinozismus" Fichtes die Runde.

Die Stelle, die für Fichte das absolute Ich einnimmt, erfüllt
als produktiver Grund und übergreifende Einheit der Entgegensetzung von Subjekt und Objekt für Hölderlin das „Sein".
Doch das „Sein" gewinnt von vornherein einen andren Akzent
durch die Funktion des „Ganzen", dessen Teile Subjekt und
Objekt seien. Entschieden setzt Hölderlin das Sein gegen die
Identität als Bestimmung des Selbstbewußtseins. Selbstbewußtsein sei noch in sich entgegengesetzt: „Wie ist aber Selbstbewußtsein möglich? Dadurch, daß ich mich mir selbst ent-
gegensetze, mich von mir selbst trenne, aber ungeachtet dieser
Trennung mich im Entgegengesetzten als dasselbe erkenne.
Aber inwieferne als dasselbe? Ich kann, ich muß so fragen;

denn in einer andern Rücksicht ist es sich entgegengesetzt. Also
ist die Identität keine Vereinigung des Objekts und Subjekts,
die schlechthin stattfände, also ist die Identität nicht = dem
absoluten Sein." (II, 365)

Aus dem Spinoza-Büchlein Jacobis hatte Hölderlin sich
schon Jahre vorher notiert: „. . . wendet aber Lessing ein, daß
es zu den menschlichen Vorurteilen gehöre, den Gedanken als
das erste und vornehmste zu betrachten und aus ihm alles herleiten zu wollen, da doch alles, mitsamt den Vorstellungen,
von höhern Prinzipien abhange. Es gebe eine höhere Kraft, die
unendlich vortrefflicher sei als die oder jene Würkung. Es
könne auch eine Art des Genusses für dieselbe geben, die nicht
nur alle Begriffe übersteige, sondern völlig außer dem Begriffe
liege." Ebenso wichtig dürfte die folgende Notierung sein:
„Dem Spinoza habe Einsicht zwar über alles gegolten, aber
nur insofern, als sie für den Menschen, das endliche bestimmte
Wesen, das Mittel sei, womit er über seine Endlichkeit hinaus-
reiche." (II, 352) Das Verhältnis des Endlichen zum Unendlichen ist immer mitgedacht, wenn Hölderlin Subjekt und
Objekt in bezug auf ihren Zusammenhang denkt.

Und kurz zuvor hatte Hölderlin in Waltershausen sich mit
Spinoza beschäftigt. Das „Sein" verweist auf Spinozas Substanz und „natura naturans". Entscheidend ist, daß es als Ein-
heitszusammenhang, in dem Subjekt und Objekt aufgehoben,
schlechthin vereinigt sind, nicht Bewußtsein sein kann. Und
obwohl Hölderlin Fichte in bezug auf die praktische Subjekt-
Objekt-Wechselbestimmung folgt, resultiert doch aus der Prämisse, daß das Objekt sein Sein nicht in der Bewußtseinsimmanenz findet.

Fichtes Konzept der Wechselbestimmung von Subjekt und
Objekt, von Ich und Nicht-Ich bleibt demnach bestimmend für
Hölderlin, insofern er weder im Erkennen noch im Handeln
eine Möglichkeit sieht, den Zwiespalt zwischen Ich und Welt,
Subjekt und Objekt in einer höheren Vereinigung aufzuheben.
Diese ermöglichen nur den unendlichen Prozeß, der wohl An-
näherung, nie aber Erreichen des Zieles zeitigen kann. Dies
wird zum Drehpunkt für Hölderlin, die intellektuelle An-

schauung, die ästhetische Anschauung, schließlich die Schönheit und die Funktion der Poesie zu bestimmen. Das „Ganze" gewinnt die Funktion einer Erfüllungskategorie des aufgehobenen Zwiespalts, eines objektiven universalen Einheitszusammenhangs.

Schon die terminologische Formel vom „Sein im einzigen Sinne" zeigt an, daß Hölderlin den gewöhnlichen Sinn als uneigentlich bewertet und daß ihm für das, was er ausdrücken will, mit dem Terminus auch ein hinreichender Begriff fehlt. Er zielt nicht auf eine abstrakte ontologische Bestimmung. Der philosophische Begriff des „Seins" ist von äußerster Unbestimmtheit, bestimmt nur als Gegensatz zum Nichtsein. Er ist indifferent gegenüber Materie und Bewußtsein. Faktisch gewinnt er in der Regel Bestimmtheit durch den Kontext.

Hölderlins Begriff nun gewinnt seine Bedeutung und Funktion einmal als Alternative zum Selbstbewußtsein – im Gegensatz also zu Fichte –, zum anderen aus der Negation des Gegensatzes von Subjekt und Objekt, der für Hölderlin mit dem Gegensatz von „Selbst" und „Welt", Ich und Nicht-Ich, Bewußtsein und materieller Gegenständlichkeit zusammenfällt. Von hier aus erhält das „Sein" positive Inhaltlichkeit bzw. inhaltliche Funktion als Aufhebung jener komplexen, philosophisch vorinterpretierten und verallgemeinerten Widersprüche, die im Subjekt-Objekt-Verhältnis ihre abstrakteste Zusammenfassung erfahren hatten. Deren Realgehalt erwuchs aus den wirklichen Lebensbeziehungen, genauer, aus deren Antagonismen und Widersprüchen, die lebenspraktisch schmerzten.

Hölderlin wird nicht von der erkenntnistheoretischen Problematik der Naturwissenschaft getrieben. Die Objektivität und allgemeine Geltung naturwissenschaftlich erkannter Gesetzmäßigkeiten ist nicht sein Problem. Ihm geht es um die Frage, für die er – unter Voraussetzung der Kritik der reinen und der praktischen Vernunft Kants – weder eine theoretische noch eine praktische Lösung sieht, und diese betrifft sein Verhältnis zu dem Seinsgrund, nach dem Kant gefragt und den er in seiner Unerkennbarkeit belassen hatte. Dies Verhältnis säkularisiert das Verhältnis von Seele und Gott, behält es als

Sinnstruktur jedoch bei. Daher faßt er das Sein als aller Subjekt-Objekt-Spaltung vorgängig, als vom subjektiven Bewußtsein unabhängige Einheit, die aber wiederum nicht nach dem
Modell materieller Dinglichkeit gedacht werden kann – und
vermag ihm zugleich die Prädikate des Heils, des Göttlichen,
des Höchstwertigen, des Friedens über aller Vernunft zu ver-
leihen und es – im Vorwort zur vorletzten Fassung des „Hyperion" – als „vorhanden" zu behaupten: als Schönheit. Das geschieht ungeachtet des – durch die Erfüllungsfunktion – unvermeidlichen Widerspruchs, daß diesem Sein als Grund und
übergreifendem Zusammenhang zugleich eine separate Existenz, als seiende Alternative zu den Antagonismen der Menschenwelt, zugesprochen wird. Die Denkarbeit des „Hyperion"
erfordert, dies Sein als Natur und die Widersprüche als ihr
notwendig inhärent zu begreifen, auch wenn ihr zugleich noch
das „Menschenwerk" entgegengestellt wird. Das Notat „Urteil
und Sein" läßt den Übergang vom einheitlichen Sein zum Zwiespalt, das Warum dieses Übergangs offen.

Hölderlin beginnt somit die Denkansätze von Spinoza und
Fichte zu synthetisieren. Die Rezeption Spinozas bedingt, das
Sein als Totalität, die Rezeption Fichtes, diese Totalität als
Prozeß, als Tätigkeit zu denken, die Synthese beider drängt
auf Geschichte. Hölderlins Ansatz markiert einen Scheideweg.
Er will und kann Natur nicht ohne den Menschen und den
Menschen nicht ohne Natur, Dichtung nicht ohne Bezug zum
Ganzen denken. Das Motiv, das ihn dem subjektiven Idealis-
mus gegenüber die bewußtseinsunabhängige Objektivität des
Seins behaupten läßt, läßt ihn vor einem Akzeptieren des
mechanischen Materialismus zurückschrecken, der das Sein des
Ganzen nach dem Modell eines endlichen Objekts zu denken
scheint. Seine theoretisch-philosophischen Gedanken tragen
pantheistische, materialistische und idealistische Züge – schil-
lernd, ohne daß er ein „System" sucht. Er ist Dichter, dessen
Gegenstand Menschenwelt und Geschichte sind, eingebunden
ins Ganze einer auf den Menschen bezogenen Natur, die zugleich in ihm und durch ihn wirkt. Des Ganzen ist Hölderlin
gewiß über die „intellektuale Anschauung". Sie beruft er, da

er das „Sein" als aufgehobenen Gegensatz von Subjekt und Objekt, als ihre Einheit schlechthin behauptet. Daß er sie ausdrücklich als Gewißheitsgrund angibt, zeigt, daß er sich bewußt ist, den Boden des Kritizismus zu verlassen – ohne freilich die transzendentalphilosophische Fragestellung gänzlich aufzugeben, wie die Homburger Reflexionen belegen.

Wenden wir uns also der intellektualen Anschauung zu; sie vermittelt gnoseologisch die Abwendung von Kant und Fichte, freilich nicht für die Wahrheit der Spekulation, sondern der Dichtung.

Kants Grenzlinien

Des „Seins" vergewissert sich Hölderlin durch „intellektuale Anschauung": nur in ihr sind Subjekt und Objekt absolut vereint, so daß vom „Sein schlechthin" die Rede sein könne.

Zwingend ist der Argumentationsgang nicht. Im Begriffe der Teilung läge schon der Begriff der gegenseitigen Beziehung von Subjekt und Objekt und somit „die notwendige Voraussetzung eines Ganzen, wovon Objekt und Subjekt die Teile sind" (II, 364). Dies Ganze erscheint als denknotwendig, durch Denken erschlossen. Wenn dem so wäre, wozu bedarf es dann einer „intellektualen Anschauung"?

Im folgenden Abschnitt des Textes über Urteil und Sein diskutiert Hölderlin Wirklichkeit und Möglichkeit. Er hat dabei Kants „Kritik der Urteilskraft", § 76, im Auge. Hölderlin reduziert gegenüber Kant die Möglichkeit: „Es gibt für uns keine denkbare Möglichkeit, die nicht Wirklichkeit war." Inwiefern er sich dann eine antikantische Deutung der positiv zitierten These Kants, daß der Begriff der Möglichkeit von den Gegenständen des Verstandes gelte, der Begriff der Wirklichkeit von denen der Wahrnehmung und Anschauung, überlegt, ist nicht eindeutig auszumachen. Es sei denn, er meldet den Wirklichkeitsanspruch des in intellektualer Anschauung Erfaßten an. Hier bleibt ein Widerspruch. Kants Pointe der „unablaßlichen Forderung der Vernunft ..., irgend ein Etwas

(den Urgrund) als unbedingt notwendig existierend anzunehmen, an welchem Möglichkeit und Wirklichkeit gar nicht mehr
unterschieden werden sollen, und für welche Idee unser Verstand schlechterdings keinen Begriff hat"[183] – dieser Urgrund
als unentbehrliche Vernunftidee und unerreichbarer problematischer Begriff hat für Hölderlin keine unmittelbare Konsequenz. Er löst das Problem für sich durch Setzung des „Seins"
als diesen Urgrund, die schlechthinnige Einheit von Subjekt
und Objekt, genauer: die Negation ihrer Entgegensetzung als
dessen Begriff und die intellektuale Anschauung als dessen
Legitimation. Was bei Kant die Vernunft als notwendig, aber
unbeweisbar fordert, ist Hölderlin durch diese intellektuale
Anschauung gewiß. Das ist seine Antwort vor allem auf Kants
§ 77.

Hölderlin bestimmt seine Position also nicht nur gegen
Fichte, sondern zugleich gegen Kant. Im § 77 hatte Kant einen
„intuitiven Verstand" entworfen, der nicht diskursiv operiert,
der also nicht im gleichen Sinne wie der „unsrige" ein Vermögen
der Begriffe ist, vielmehr völlige Spontaneität der Anschauung,
getrennt und unabhängig von der Sinnlichkeit, wäre: „Unser
Verstand nämlich hat die Eigenschaft, daß er in seinem Erkenntnisse ... vom Analytisch-Allgemeinen (von Begriffen)
zum Besondren (der gegebenen empirischen Anschauung) gehen
muß; wobei er also in Ansehung der Mannigfaltigkeit des letztern nichts bestimmt, sondern diese Bestimmung für die Urteilskraft von der Subsumtion der empirischen Anschauung
(wenn der Gegenstand ein Naturprodukt ist) unter dem Begriff erwarten muß. Nun können wir uns aber auch einen Verstand denken, der, weil er nicht wie der unsrige diskursiv,
sondern intuitiv ist, vom Synthetisch-Allgemeinen (der Anschauung eines Ganzen, als eines solchen) zum Besondern
geht, d. i. vom Ganzen zu den Teilen; der also und dessen
Vorstellung des Ganzen die Zufälligkeit der Verbindung der
Teile nicht in sich enthält ... Nach der Beschaffenheit unseres
Verstandes ist hingegen ein reales Ganze der Natur nur als
Wirkung der konkurrierenden bewegenden Kräfte der Teile
anzusehen."[184] Unser Verstand ist auf sinnliche Anschauung

angewiesen, die er in seinen Denkformen verarbeitet. Der intellectus archetypus bedürfte solcher nicht: er schaut das Ganze, und für ihn entfällt die Beschränkung der Erkenntnis auf bloße Erscheinung. Doch dieser intellectus archetypus ist für Kant nur ein aus der Negation des menschlichen Erkenntnisvermögens gewonnener Grenzbegriff. Er drückt aus, was dem Menschen nicht möglich ist. Menschliche Erkenntnis bleibt angewiesen auf Verstand und Sinnlichkeit. Sie vermag kein Absolutes zu erfassen. Was Erkenntnis ermöglicht, schränkt sie wieder ein auf Erscheinung.

Hier erreicht Kants Denken in gnoseologischer Hinsicht seine äußerste Widersprüchlichkeit: der Grenzgedanke einer dem menschlichen endlichen Erkennen unmöglichen intellektuellen Anschauung fixiert den Agnostizismus. Er ist eine nur gedachte Alternative zur metaphysischen Fixiertheit des Kantischen Erkenntnismodells, das die Realität der Dinge an sich ebenso voraussetzt wie ihre Unerkennbarkeit setzt; das die wissenschaftliche methodische empirische Erkenntnis als alleinigen Erkenntnisweg akzeptiert und sie dennoch nur der Erscheinung auf ihrem unendlichen Gange habhaft werden läßt; das die Kluft zwischen Realität und Bewußtsein wie zwischen Theorie und Praxis – die Voraussetzung der erkenntnistheoretischen Konzeption – notwendig reproduziert, ohnmächtig auf ihre Aufhebung drängt, ohne die Voraussetzungen aufheben zu können. Was nur als intentionales Ziel des historischen Erkenntnisganges der Menschheit als Ganzes in unabschließbarem Prozeß wissenschaftlicher Wirklichkeitsaneignung denkbar ist, versammelt sich im Grenzgedanken der intellektuellen Anschauung als Wunder, das für Kant unmöglich ist.

Dieser Grenzgedanke aber besiegelt nicht nur die Nichtbeantwortung der Grundfrage der Philosophie, sondern eines Komplexes weltanschaulicher Probleme, welche die „bewußte Gattungstätigkeit" gemäß ihrer objektiven geschichtlichen Struktur und Bedingtheit reflektieren. Das betrifft auf der höchsten philosophischen Abstraktionsebene das Verhältnis von Sein und Bewußtsein, reflektierend die Grundbeziehung des bewußt sich verhaltenden Menschen zur Wirklichkeit, deren

Teil er ist; damit das Verhältnis zur Natur, die er wissenschaftlich erkennt und praktisch verändert, sosehr er selbst ihr Teil
ist und Natur ihn unendlich übergreift; sowie das Verhältnis
des Individuums zur Gesellschaft, deren Teil er ist, und der
gesellschaftlichen Individuen zu den Bedingungen ihres Daseins. Darin wiederum artikuliert sich in abstrakter, verall-
gemeinerter Weise das Verhalten der wirklichen historischen
Individuen zu ihrem geschichtlichen Lebensprozeß, zu dessen
Struktur, Ordnung und Bewegungsweise, vermittelt über die
Weise, in der ihre objektiv bedingten und subjektiv bewußten
Bedürfnisse und Aktionsintentionen im gesellschaftlichen Mit-
und Gegeneinander erfüllt oder unterdrückt werden, in der
Objektivität der Verhältnisse sich entfalten können, verküm-
mern oder auch an ihr zerschellen.

In Hölderlins Setzung des Seins in intellektualer Anschauung
verbirgt sich ein unentfalteter, noch unaufgeklärter Beziehungs-
komplex. Die intellektuale Anschauung selbst impliziert ein
spezifisches Seinsverhältnis und zugleich Zustand und Verhalten des Subjekts.

Von Kant her gesehen, bleibt die Konsequenz eines spekulativen Aufhebens der menschlich-endlichen Erkenntnis an die
transzendentalphilosophischen   Voraussetzungen   gebunden.
Vorausgesetzt bleibt, daß die intuitive Schau des Ganzen das
Substrat „der materiellen Welt der Erscheinungen" als übersinnlichen Realgrund erfaßt. Daraus folgt, daß dies Substrat —
als unabhängig von Raum und Zeit als den Formen der Anschauung gedacht — notwendig zur idealistischen Ontologie
tendiert. Daraus folgt weiterhin, da dies Substrat sowohl dem
erscheinenden Objekt wie der Freiheit des Subjekts zugrunde
liegen soll, daß die universale Teleologie auf universalen Sinn-
zusammenhang (als Alternative nicht nur zum naturwissenschaftlichen Mechanismus) drängt. Dies führt schließlich zu
dem unlösbaren Widerspruch, daß die raum-zeitlich endliche
menschliche Erkenntnis und die intellektuelle Anschauung nicht
miteinander zu vermitteln sind und dennoch in ihrem Resultat
miteinander vermittelt werden müssen.

Hölderlin setzt nun in seiner Argumentation intellektuale

Anschauung undiskutiert voraus. Er übernimmt auch nicht Fichtes Begriff der intellektuellen Anschauung, zumal dieser das sich selbst setzende Ich allein betrifft – sehen wir davon ab, daß Fichte erst wenig später sein Konzept dieser Anschauung ausführlich darstellte. Sicher hat die Diskussion mit Schelling, dem Tübinger Freund, Hölderlin zur Übernahme des Terminus angeregt. Schellings Begriff der intellektuellen Anschauung unterscheidet sich von dem Hölderlins, da er die Identität von Erkennen und Sein, von Subjekt und Objekt zunächst am Ich festmacht.

Im Grunde ist die intellektuale Anschauung für Hölderlin Artikulation einer Gewißheit, die er transzendentalphilosophisch nicht zu legitimieren vermag, sosehr er sich transzendentalphilosophischer Argumentation bedient, indem er sie als aller Reflexion vorausgehend behauptet. Es dürften vor allem vier Grundmomente sein, die Hölderlin bestimmen:

1. Das spontan materialistische Realitätsbewußtsein – Hölderlin weiß sich in einer objektiven Welt als deren Teil – ist Voraussetzung seines poetischen Tuns.

2. Die Objektivität des Schönen ist Hölderlin eine von Platon her vermittelte Gewißheit; der Enthusiasmus des Schönen dient ihm als Interpretationsmuster poetischer Hochgestimmtheit und Begeisterung und als Vergewisserung, in dieser Wahres zu erfassen.

3. Das vorausgehende Spinoza-Studium hat seine pantheistischen Grundüberzeugungen, die er längst in von Herder, Shaftesbury und Hemsterhuis bestimmter Weise in der gefühlsbetonten Sicht des Hen kai pan als Weltzusammenhang und Alternative hegte, erhärtet und bewußter gemacht (ohne daß man ihn als „Spinozisten" bezeichnen kann).

4. Der Pantheismus ist für Hölderlin die durch seinen theologisch-philosophischen und literarischen Bildungsgang geprägte Form des Übergangs von religiöser zu weltlich-aufgeklärter Weltanschauung und -beziehung. Das religiöse Abhängigkeitsund Heilsgefühl, dessen gelernte und eingeübte Form als Erfahrungsform, reale Ohnmacht kompensierend, fungiert, transformiert sich: es lebt weiter im Bewußtsein eines innigen Zu-

sammenhangs des Ich mit dem Ganzen der Welt, des Seins, dessen Modell wiederum die je erfahrene Ganzheit prägt. In diesem Zusammenhang scheinen Sinn und Erfüllungswerte des Lebens zu gründen. Daraus erwächst die tief im Gefühlsverhalten fixierte spontane Projektion der Problematik, die aus dem historischen Verhältnis von Individuum und Gesellschaft resultiert und von welcher her das reale Individuum über die sozialen ideologischen Beziehungen und Formen reflektiert, auf das Ganze, auf das „Sein". Von hier aus kann dann das „Sein im einzigen Sinne" oder die „Natur" höchsten Erfüllungs- und Heilswert und – realistischer gesehen – Struktur, Widerspruchsbewegung, Weite und Rhythmik des gesellschaftlich-geschichtlichen Lebensprozesses übernehmen.

Letzteres macht verständlich, warum Hölderlin die kritisch-transzendentalphilosophische Argumentation annehmen und sich weitgehend aneignen kann, ohne davon in seinem Grundverhalten berührt zu werden. Das „Sein" ist funktional Spinozas Substanz, gedacht als lebendige werdende Welttotalität.

Seinsproblematik und Schönheitsproblematik verschmelzen daher für Hölderlin in der Frage des Einheitsgrundes von Subjekt und Objekt, die abstrakte Formel ist dem Gemeinten gegenüber inadäquater Reflexionsbegriff für das aller Reflexion Vorausgehende, worin er wiederum den Ansatzpunkt findet, die Lebenswidersprüche und widerstrebenden Tendenzen, in die er sich gestellt sieht und die er in sich erfährt, in bezug auf dichterische Tätigkeit und Möglichkeit zu denken. Zwischen „Sein" und „intellektualer Anschauung" liegt, was des Dichters ist. Im Schönen die Aufhebung von bzw. die Alternative zu den Widersprüchen, in denen Erkennen und Handeln sich bewegen, zu suchen, hatte ihn neben Schiller Platon veranlaßt.

Platon

Hölderlins Platon-Rezeption hat die zweitausendjährige Verarbeitung und Transformation Platonischer Gedanken zur Voraussetzung, speziell die neuplatonische und pantheistische

Tradition. Hölderlin rezipiert Platon innerhalb des Bildungs-
horizonts des späten 18. Jahrhunderts, er integriert ihn in seine
weltanschaulichen Fragestellungen. Dabei studiert und bedenkt
er ihn nicht als Philosophen, ihm geht es nicht um erkenntnis-
methodologische Probleme, etwa um den Streit zwischen in-
tuitiver und diskursiver Erkenntnis, sondern um Fundierung
seiner Poesie. Entscheidend ist – und damit bewegt er sich
schon von Platon weg –, daß für ihn die intellektuale Anschauung kein rein theoretisches Verhältnis ist, nicht im kognitiven Akt aufgeht, sondern zwischen Anschauendem und Ange-
schautem spezifische Vereinigungs- und Identitätsbeziehungen
voraussetzt bzw. herstellt, deren Spektrum von der Teilhabe
bis zum Verschmelzen, zum unendlichen Einssein reicht.

Hölderlins 1794 geplanter Aufsatz über ästhetische Ideen
sollte als Kommentar zu einer Stelle des „Phaidros" erscheinen.
Die Vermittlung der „ästhetischen Idee" Kants als der vom
Genie erzeugten Vorstellung, die viel zu denken gibt, mit den
metaphysischen Gedanken des „Phaidros" läßt sich zwar der
Intention nach rekonstruieren, aber doch nur dergestalt, daß
sie nicht glücken kann. Weder ließ sich Kants ethischer Rigorismus, der Hölderlin tief beeindruckt hat, mit der Metaphysik
des Schönen vereinen noch der Platonische Wahrheitsanspruch
des in der Begeisterung Geschauten mit dem Kantischen gnoseologischen und ästhetischen Konzept. Hölderlin fand später
eine Lösung, eine Vereinigung in der Nichtvereinigung festzuhalten: indem im Schönen als „anwesend" und vereint erscheint,
was nach Kant im unendlichen Streben des Erkennens und
Handelns nie zu vereinen ist: Subjekt und Objekt. Platon war
Hölderlin seit der Tübinger Studienzeit vertraute Lektüre, und
seine Rezeption bezog sich auf das ästhetische Moment der
Platonischen Philosophie, nicht auf deren Lehre von Sein und
Erkennen, nicht auf ihren Rationalismus. Entscheidend wird
der Gedanke der Einheit des Wahren, Guten und Schönen,
damit des Schönen als Weg zum höchsten Guten und somit der
Identität ethischer und ästhetischer Wertung.

Im „Phaidros" preist Sokrates in seiner Rede auf den Eros
den von Göttern gesandten, den göttlichen Wahnsinn – im

Gegensatz zur alltäglichen Besonnenheit und Vernünftigkeit.
Knapp nur spricht er vom Wahnsinn, den die Musen schicken,
des Dichters Seele aufzuregen und anzufeuern, ohne den ein
Dichter nicht werden könne und ungeweiht bleibe. Charakteristisch ist nun, daß Hölderlin nirgends auf Platons Grundtendenz eingeht, die Autorität der Dichter zugunsten der Philosophen zu brechen, den Mythos zugunsten der Rationalität.
Er überträgt, was Platon den Philosophen zuspricht an höchster Einsicht, auf den Dichter. Darin bestärkt ihn Platons Konzept vom Weg der Seele aus der empirisch-sinnlichen Welt in
die Sphäre der Ideen, der reinen Wesenheiten, vom Aufschwung
der Seele zu begeisterter Schau des Schönen, das innerhalb der
Erscheinungswelt als einzige Idee sinnlich erscheint, lockt,
Liebe erweckt und die Seele zum Aufstieg führt – in jenem
eigentümlich entsinnlichenden, allgemeiner werdenden Lieben,
das im „Symposion" dargestellt wird.

Im „Phaidros" zeichnet Sokrates ein Bild der Liebe, des
von Eros erregten Wahnsinns, als einer Leidenschaft, die sich
in einer den Geliebten dem Göttlichen anähnelnden Seelen-
führung bewährt. Der Wahnsinn der Liebe steht höher noch
denn der des Dichters. Sokrates erzählt hier das berühmte
Gleichnis von der menschlichen Seele als einem mit seinem
Lenker, der Vernunft, verwachsenen geflügelten Gespann. Der
vorgeburtliche Anblick der Ideenwelt am überhimmlischen,
transzendenten Orte, wo das wahre Sein, die Ideen allein der
Vernunft anschaubar sind, ist Bedingung dafür, daß Seelen
Menschengestalt annehmen können: „. . . denn der Mensch
muß die Wahrheit begreifen in der Form der Idee, welche als
Eines hervorgeht aus vielen durch den Verstand zusammen-
gefaßten Wahrnehmungen. Und dieses ist Erinnerung an das,
was einst unsere Seele gesehen . . ."[185]

Sokrates hat den Wahnsinn in verschiedenen Formen charakterisiert: jetzt kommt er auf die höchste Form zu sprechen.
Sie betrifft denjenigen, „der bei dem Anblick der irdischen
Schönheit jener wahren sich erinnernd, neubefiedert wird"[186],
er versuche freilich vergeblich, aufzusteigen, schaue allein nach
oben, nicht aufs Irdische – man hält ihn für seelenkrank. Ent-

scheidend ist, daß „diese unter allen Begeisterungen als die edelste und des edelsten Ursprungs sich erweist"[187]. So gewinnt die Liebe zum schönen Menschen tiefsten Sinn; abgesehen sei hier von ihrer männlich-gleichgeschlechtlichen Spezifik und deren kulturhistorischen Bedingungen. Nur wenige freilich tragen genügend starke Erinnerung in sich. Doch: „Diese nun, wenn sie ein Ebenbild des Jenseitigen sehen, werden entzückt und sind nicht mehr ihrer selbst mächtig; was ihnen aber eigentlich begegnet, wissen sie nicht, weil sie es nicht genug durchschauen."[188] Einst hatten sie die Schönheit gesehen, jetzt irdische Abbilder jener höchsten Idee. Und die Besonderheit der Idee der Schönheit ist, daß sie sinnlich erscheint, ihren Glanz innerhalb der empirischen Welt ausstrahlt und dadurch liebreizend, Liebe erregend wirkt. Das unterscheidet sie von anderen Ideen.

Sokrates' Rede gewinnt hier – im Beschreiben und Beschwören des vorgeburtlich Geschauten, das durch das irdische Abbild des Schönen erinnert wird – selbst den Charakter einer begeisterten poetischen Schau und überwältigenden Erfahrung: „Die Schönheit aber war damals glänzend zu schauen, als mit dem seligen Chore wir dem Jupiter, andere einem andern Gotte folgend, des herrlichsten Anblicks und Schauspiels genossen und in ein Geheimnis eingeweiht waren, welches man wohl das allerseligste nennen kann und welches wir feierten, untadelig noch selbst und unbetroffen von den Übeln, die unserer für die künftige Zeit warteten, und so auch zu untadeligen, unverfälschten, unwandelbaren, seligen Gesichten vorbereitet und geweiht in reinem Glanze, rein und unbelastet von diesem unsern Leib, wie wir ihn nennen, den wir jetzt, eingekerkert wie ein Schaltier, mit uns herumtragen."[189]

Sokrates' Rede erreicht hier einen Höhepunkt. Wie aufatmend kommt er dann zu ruhigerer Erklärung, die, allmählich sich steigernd, in der Beschreibung der Liebesgefühle und -schmerzen einen neuen emotionalen Gipfel erreicht. Ungemein charakteristisch ist zunächst die Aussage über den Primat des Gesichtssinnes als des schärfsten aller körperlichen Sinne; er impliziert gleichsam das sinnliche Analogon zur übersinnlichen

Vernunft. Wer das Urbild nie geschaut habe, werde vom Schönen zwar gereizt, doch nur zu körperlicher Begierde. Wenn
der aber, der die Weihe noch in sich trage, „ein gottähnliches
Angesicht erblickt oder eine Gestalt des Körpers, welche die
Schönheit vollkommen darstellen, so schaudert er zuerst . . .,
hernach aber betet er sie anschauend an wie einen Gott, und
fürchtete er nicht den Ruf eines übertriebenen Wahnsinns, so
opferte er auch, wie einem heiligen Bilde oder einem Gotte,
dem Liebling"[190].

Verständlich ist, daß Hölderlin angesichts solcher Gewich-
tung des Gefühls, angesichts einer so artikulierten Schönheitserfahrung, die Schock, Betroffenheit, Erleiden, Ekstase in sich
begreift und dann in die Schilderung der seelisch-körperlichen
Reaktionen übergeht, Kants freies Spiel der Erkenntniskräfte
als Verkennen des entscheidenden Gehalts des Schönen, als
rokokohaftes Verhalten erscheinen mußte. Was Hölderlin an
Platon ergreift und fasziniert, ist nicht dessen Logik und Gno-
seologie, auch nicht seine Ontologie, sondern ein andres
Moment. Platon setzt nicht nur die Trennung zwischen der Welt
des Absoluten, Unveränderlichen, des wahrhaften Seins, der
Ideen als Urbilder – dieser Transzendenz des Invarianten –
und der Welt des Werdens, sinnlichen Scheins, der Vergänglichkeit, der Körperlichkeit, die jener gegenüber minderwertig
ist. Er setzt ein dynamisches Verhältnis zwischen beiden: die
sinnliche, irdische Welt ist Nachahmung, Schatten jener transzendenten, sie muß von jener her begriffen werden; und er
bestimmt zugleich für die Sphäre des Werdens und Vergehens
eine Bewegung auf das transzendente Sein hin: als Aufstieg
der Erkenntnis zu den Urbildern, der unsterblichen Seele zur
Teilhabe am wahrhaften Sein. Er denkt einen Gott, das göttlich Gute, das Idee ist und mehr denn alle Ideen, er ist die
Kraft, welche einerseits die Welt des Werdens gemäß der
Ideenwelt ordnet, andererseits die innere Bewegung aus dem
relativen, vergänglichen Werden zum Sein hin setzt.

Hölderlin reagiert nicht auf Platons Kunstlehre, nicht auf
seine Maßästhetik, die besagt: Alles Gute ist schön, und was
schön ist, entbehrt nicht des richtigen Maßes, womit die Schön-

heit ihr letztes Fundament in der kosmischen Ordnung findet. Hier ist Hölderlin sich der Differenz zwischen modernem und Platonischem Weltbild wohl zu sehr bewußt; die Kritik Kants an der metaphysischen Spekulation hatte er sich angeeignet.

Dennoch: daß im Schönen das Höchste erscheine, das Absolute, das Gute, daß darin eine Vermittlung zwischen dem Endlichen und Unendlichen liege, daß etwas im Schönen aufleuchte und von der Liebe ergriffen werde, was Grund und Aufhebung aller Trennungen und allen Zwiespalts sein kann – das zu denken, gibt ihm Platon ein Modell. So gewinnt die Liebe metaphysische Tiefe, gewinnt Schönheit philosophische Dimension. Der Weg des Aufstiegs, wie er im „Symposion" dargestellt wird, ist Aufstieg zu je höherer Allgemeinheit. Er ist zugleich ein Weg der Entsinnlichung. Doch dies, woran das Paradoxe des rationalistischen Idealismus Platons zu exemplifizieren wäre, mußte Hölderlin anziehen. Seine Gefühlsbegeisterung für das Allgemeine, Menschheitliche, Vaterländische – verbunden mit der Distanz zum Einzelnen –, sein von der theologischen Stiftserziehung geprägter Kult des Reinen, worin sich Abwertung des Physischen mit der Abwertung des Irdisch-Egoistischen vereint, mußte sich bestätigt erfahren. Auch ein tiefes Liebes- und Bindungsbedürfnis, das vor konkreter Liebe und Bindung zurückschreckte, fand hier seine Weihe und auch den Vorwand, konkrete Bindungen als relative Stationen des Weges zum Absoluten zu verlassen.

Unser Problem kann nicht sein, an Platon die epochale philosophische Erkenntnisleistung einschließlich des Moments des notwendig Retrograden darzustellen und in seinem Denken die eigentümliche Entfremdungsstruktur zu zeigen, jene Umkehrung, welche die Abstraktion zum Bestimmenden gegenüber dem, wovon abstrahiert, das Produkt des Denkens zur selbständigen Macht gegenüber dem Denkprozeß und gegenüber dessen Subjekt, das Abbild zum normativen Urbild des Abgebildeten macht, was zugleich als historische Erkenntnisform und notwendige Bedingung begreifbar ist.

Hölderlins Platon-Rezeption – in der Aufbruchsstimmung der Zeitenwende, die die Französische Revolution signalisierte, unter der Voraussetzung des gewandelten Weltbildes – geschieht im Kontext seiner weltanschaulichen Bedürfnisse. Sie ist ein Ferment seiner Lösung von christlicher Gläubigkeit. In bezug auf die Frage nach der intellektualen und der ästhetischen Anschauung gewinnt Hölderlin durch Platon folgende Momente:

1. Die Objektivität des Schönen. In ihm wird ein höherer Zusammenhang sichtbar: nicht freilich die spirituelle Welt der Ideen und ihres zeitlosen Seins, sondern die Natur bzw. das Sein als Subjekt und Objekt übergreifende unendliche Einheit.

2. Die Gewalt der Erfahrung des Schönen, das Hingabe, Liebe erregt – was sich für Hölderlin steigert zum unplatonischen Einssein mit allem, zum Frieden, höher denn alle Vernunft. Transformiert wird der Aufstieg der Seele auf der Bahn des Schönen: das zeigt der „Hyperion" auf dem Wege von der Sehnsucht zur erfüllenden Diotima-Erfahrung hin zum schönen Handeln. Der Weg führt nicht zur Schau eines absoluten transzendenten Schönen, sondern zum Begreifen der Natur, und die Natur in ihrer Schönheit ist nicht die stationäre Ordnung mathematisch-platonischen Typs, sondern eine heraklitische Natur.

3. Platons Anamnese erscheint transformiert in der Wandlung, wie aus Natur das Ideal wird: hineingeholt in den historischen Prozeß. Sie ist tiefer noch lebendig in Hölderlins Begreifen von Dichtung als „Erinnerung", die ihr Prophetisches zugleich fundiert. Besonders eindrucksvoll geschieht dies in der Hymne „Wie wenn am Feiertage", weil hier einmal die Erinnerung vom „heil'gen Strahl" der Geschichte geweckt wird, Geschichte als Revolutionsgeschichte, als Erwachen der Natur, die „jetzt mit Waffenklang erwacht", den Dichter weckt. Was Platon als Schönheitserfahrung ausgesprochen, wird in einen ganz anderen Weltanschauungszusammenhang integriert.

4. Platons „Phaidros" und „Symposion" vermitteln Hölderlin die Überzeugung, im Zustande der Begeisterung, des Enthusiasmus, des göttlichen „Wahnsinns" nicht nur eine subjektive Erregung und Erfüllung zu sehen, einen beseligenden Genuß,

sondern die gefühlte Befreiung der Seele als deren wirklichen Aufschwung, als Befreiung aus der Gebundenheit des Alltäglichen, Endlichen, der schlechten Wirklichkeit und als ein Ergriffensein vom Objektiven, Höheren und Göttlichen. Der alltäglichen Vernünftigkeit muß dieser Zustand als Wahnsinn erscheinen. Umgekehrt stellt er sich als Gegensatz zum gewöhnlichen, entfremdeten, alltäglichen Leben dar.

Hölderlin rezipiert nicht Platons Enthusiasmuskritik, sondern bezieht den Enthusiasmus des Philosophen und der Liebe auf die Poesie. Er steht hier in der Tradition der Enthusiasmuslehre der Renaissance und auch des Konzepts Shaftesburys. „Begeisterung" gewinnt für Hölderlin einen vom Platonischen Denken weit abweichenden geschichtlichen und philosophischen Gehalt.

Ein Ausgangspunkt ist sicher, sofern er Begeisterung reflektierte, Kants Bestimmung aus der „Kritik der Urteilskraft": „Die Idee des Guten mit Affekt heißt der Enthusiasm. Dieser Gemütszustand scheint erhaben zu sein, dermaßen, daß man gemeiniglich vorgibt: ohne ihn könne nichts Großes ausgerichtet werden. Nun ist aber jeder Affekt blind . . .; denn er ist diejenige Bewegung des Gemüts, welche es unvermögend macht, freie Überlegung der Grundsätze anzustellen, um sich darnach zu bestimmen. Also kann er auf keinerlei Weise ein Wohlgefallen der Vernunft verdienen. Ästhetisch gleichwohl ist der Enthusiasm erhaben, weil er eine Anspannung der Kräfte durch Ideen ist, welche dem Gemüte einen Schwung geben, der weit mächtiger und dauerhafter wirkt als der Antrieb durch Sinnenvorstellungen."[191]

Hölderlin verbindet mit Kant, daß Enthusiasmus oder Begeisterung, wie „enthousiasme" seit Gottsched übersetzt wurde, ein moralisch-geistiger Affekt ist, dem Guten, Allgemeinen verbunden und im Gegensatz zur physischen Sinnlichkeit und zum egoistischen Interesse stehend. Aber Hölderlin müßte sich selbst aufgeben, würde er Kants Entfremdung zwischen Vernunft und Affekt teilen. Ist gegenüber der Vernunft für Kant Enthusiasmus nur ästhetisch erhaben, ohne das Wohlgefallen der Vernunft zu erringen, so ist er für Hölderlin ein Zustand,

der die Grenzen theoretischer Vernunft aufbricht, wie denn
„bloße Vernunft" der Schönheit bedarf, die ihr das Warum
und Wozu ihrer Forderungen vermittelt.

„Begeisterung"

Hölderlins Gebrauch von „Begeisterung" als Bezeichnung
eines Zustands leidenschaftlicher, erfüllender, beseligender
Bejahung, der die subjektiven Kräfte fordert und entbindet,
als Inspiration und Mitgerissensein von einem „Höheren",
Allgemeineren, das von Egoismus und alltäglichem Gebunden-
sein befreit, besitzt ein weites Bedeutungs- und Anwendungs-
spektrum. Begeisterung ist Zustand höchster lebendiger Sinngewißheit, der Harmonie zwischen dem Individuum und einer
Gemeinschaft, die ihm als Wofür Sinnerfüllung gibt, die als
inspirierende Macht erlebt wird. Direkt gilt dies für die politischen Ziele und Erwartungen von Revolution und vaterländischer Umkehr, als Antizipationsgefühl, unmittelbar erlebt in
der träumerischen Gemeinschaft des Freundeskreises, verallgemeinert und zugleich entfremdet für das „Göttliche", die
Natur als höheren Zusammenhang, der gerade in seiner Men-
schenferne zum Träger und Bilde des Menschlich-Gesuchten
wird. Schließlich aber ist Begeisterung selbst Zustand und
Ferment poetischer Produktivität.

Das Objekt der Begeisterung ist für Hölderlin freilich nur
einmal wirklich sinnlich-gegenwärtige Realität: Diotima. Die
Natur fungiert als Spiegel, Seelenbild, als utopische Figuration
und Stellvertreter. Seine Begeisterung ist Begeisterung für ein
Abwesendes, Gesuchtes, Erhofftes, für die andre, als künftig
erstrebte Welt.

So erstreckt sich das Spektrum vom heroischen Enthusiasmus
des Jünglings bis zum beseligenden Alleinsgefühl. Es umfaßt
heterogene Momente: die Bewährung in den Antagonismen des
Zwiespalts und das Mitgerissen- und Erfülltsein von der Kraft
seiner Aufhebung, vom „höheren" Zusammenhang, der den
Zwiespalt in sich schließt und übergreift. Zunehmend gewinnt

Begeisterung ein Korrektiv in der Nüchternheit – da war
Schillers Mahnung auf fruchtbaren Boden gefallen –, ja, sie
gewinnt im „Heilignüchternen" eine im Unterschied zum ekstatischen Zustand andre inhaltliche Qualität. Wie sehr der späte
Hölderlin sich gegen die Gefahr der Selbst- und Formauflösung,
gegen die Todeslust im ekstatischen Rausche wandte, gegen
eigene und gegen romantische Tendenzen, ist nachgewiesen
worden.

Am wichtigsten für unseren Zusammenhang ist Begeisterung
als Grunderfahrung und Zustand dichterischen Schaffens, als
dessen Gegenstand und Wirkungsziel. Hölderlin gehört nicht
zu den Stimmungsdichtern: er fordert Begeisterung und Hand-
werk, den gesetzlichen Kalkül, das Lern- und methodisch
Anwendbare. Insgesamt läßt sich der „Hyperion" als Phänomenologie der Begeisterungen lesen: ihrer schöpferisch anspan-
nenden und befreienden wie ihrer vergemeinschaftenden Funktion, ihrer Vergänglichkeit auch und Selbsttäuschungen, ihrer
Wunschrealität und der in Begeisterung gewonnenen und ausgesprochenen visionären Einsicht – Begeisterung als notwendiges und auch trügendes Bedürfnis des Selbstgefühls und als
Höhepunkt und höchste Lebenssteigerung gegenüber der Verzweiflung und Enttäuschung auf der einen, der erstickenden
Öde des Banal-Alltäglichen auf der anderen Seite, ihr Gegensatz zur Stille und ihr Glühen und Verglühen in der Stille.

Besonders die frühen, schillerisierenden Hymnen entfalten
die später reduzierte und verwandelte Skala: „Schon erglüht
der wonnetrunkne Seher / Von den Ahndungen der Herrlichkeit" („Hymne an die Göttin der Harmonie" – I, 219) bis zum
grenzenlosen Aufschwunge, der sprachlich sich dennoch nicht
als Erfahrung, sondern als Sehnsuchtsziel darstellt, in der
„Hymne an die Liebe":

> Mächtig durch die Liebe, winden
> Von der Fessel wir uns los,
> Und die trunknen Geister schwinden
> Zu den Sternen, frei und groß!
> Unter Schwur und Kuß vergessen

Wir die träge Flut der Zeit,
Und die Seele naht vermessen
Deiner Lust, Unendlichkeit! (I, 252)

Angestrengter schon klingt und offener: „Ich sehne mich ins
grüne Feld des Lebens / Und in den Himmel der Begeisterung..." (I, 296) Und gegen die „klugen Ratgeber" des Sich-
einpassens bäumt sich der Satz: „Den Gott in uns, den macht
ihr zum Skandale, / Und setzt den Wurm zum König über ihn. –"
(I, 294) So spricht zur gleichen Zeit Alabanda im „Hyperion".
Wenig später wird des Freudengotts Triumph zum ersehnten
Zeichen des revolutionären Völkererwachens.

 In „Brot und Wein" lesen wir die Zeilen:

          ... So komm! daß wir das Offene schauen,
       Daß ein Eigenes wir suchen, so weit es auch ist.
    Fest bleibt eins; es sei um Mittag oder es gehe
       Bis in die Mitternacht, immer bestehet ein Maß,
    Allen gemein, doch jeglichem auch ist eignes beschieden,
       Dahin gehet und kommt jeder, wohin er es kann.
    Drum! und spotten des Spotts mag gern frohlockender
       Wahnsinn,
       Wenn er in heiliger Nacht plötzlich die Sänger ergreift.
                                                           (I, 412)

Das Maß drückt eine natürlich-gesetzliche ideale Ordnung aus
und impliziert Hölderlins Sozialmodell, das zugleich als universale Struktur der Natur fungiert. Es „besteht" und ist gegen
falsches Bestehendes zu verwirklichen. Hölderlin sucht Gleichheit mit höchster Individualisierung als harmonischentgegengesetzt zu vereinen: jene als innere organisierende Gemeinsamkeit des Unterschiedenen, das Individuelle aber fürs Ganze
spezifiziert. Erinnert sei an die Schönheitsformel des „Hyperion".

 Dies Maß erscheint als allgemeiner Geist, als Gemeingeist.
Im „Archipelagus" wird er direkt seinem Gegenteil konfrontiert:

Daß ein liebendes Volk in des Vaters Armen gesammelt,
Menschlich freudig, wie sonst, und *ein* Geist allen gemein
     sei.
Aber weh! es wandelt in Nacht, es wohnt, wie im Orkus,
Ohne Göttliches unser Geschlecht. Ans eigene Treiben
Sind sie geschmiedet allein, und sich in der tosenden
     Werkstatt
Höret jeglicher nur ... (I, 380)

Gemeingeist ist Geist der ersehnten brüderlichen versöhnten
Gemeinschaft, die sich in menschlich freudiger Selbstbejahung
erfährt. Dies ist die Alternative zum „Orkus" wirklich gelebten
Lebens in seiner Vereinzelung, da jeder an sein Treiben gefesselt und nur sich selbst hört, alle einander und sich selbst fremd
sind. Dieser verbindende Geist, der die Vereinzelung aufhebt,
die in der „tosenden Werkstatt" statthat, ist göttlich, ist das
Göttliche, das inhaltlich des Dichters Begeisterung bestimmt,
ihn als ein Allgemeines, eben als kollektive Kraft „ergreift"
als ihr besondres Organ, zugleich als „höherer" Zusammenhang – höher gegenüber dem empirisch-alltäglichen entfremdeten Leben.

Doch grundsätzlich ist Begeisterung als psychischer Zustand
nicht auf den Dichter beschränkt. „Es gibt Grade der Begeisterung", heißt es im Entwurf zu einem Aphorismus, der wohl
angeregt wurde durch die Aphoristik des „Athenäums". „Von
der Lustigkeit an, die wohl der unterste ist, bis zur Begeisterung des Feldherrn, der mitten in der Schlacht unter Besonnenheit den Genius mächtig erhält, gibt es eine unendliche Stu-
fenleiter. Auf dieser auf- und abzusteigen, ist Beruf und Wonne
des Dichters." (II, 378) Die Grade der Begeisterung betreffen
hier das bejahende, freudig sich genießende Selbst- und
Lebensgefühl, differenziert nach Zustand und Qualität der
Lebenstätigkeiten. Auf dem höchsten Grade vereint es in sich
alle Kräfte zu äußerster Aktivität, Anspannung und Bewußtheit des zu Tuenden bzw. fühlt sich darin. Des Dichters Beruf
und Wonne ist, im Auf- und Absteigen diese Begeisterungen
gelebten Lebens im „Wiederholen" zum Bewußtsein ihres

Ganzen, das Ganze in ihnen zu Bewußtsein, ins Wort zu bringen.

Auffällig ist, daß der Feldherr als Modell des höchsten
Grades erscheint. Hölderlin ist von Napoleon fasziniert. Noch
repräsentiert er Revolution und Republik. Das ältere Gedicht
„Buonaparte" besingt ihn als zu groß für die Poesie. In ihm
verklärt sich Hölderlins Traum der großen Tat und des Täters
in dieser Zeit der Epochenwende.

So ist des Dichters Begeisterung in konkretem Bezug auf
die Gesellschaft gedacht, wird in noch unmittelbarerem Bezug
auf die Epochenumwälzung von Hölderlin konzipiert, im Horizont seiner Gemeinschaftsutopie und seiner revolutionären
Hoffnung:

> Schöpferischer, o wann, Genius unsers Volks,
>   Wann erscheinest du ganz, Seele des Vaterlands (I, 359),

und Hoffnung steckt in dem Diktum:

> Doch, wie der Frühling, wandelt der Genius
>   Von Land zu Land. . . . (I, 351)

In „Dichterberuf" stellt Hölderlin die Frage und gibt die Antwort:

> Ihr ruhelosen Taten in weiter Welt!
>   Ihr Schicksalstag', ihr reißenden, wenn der Gott
>   Stillsinnend lenkt, wohin zorntrunken
>   Ihn die gigantischen Rosse bringen,
>
> Euch sollten wir verschweigen . . . (I, 434 f.)

Programmatisch werden Dichtung und Dichter hier politisch und
historisch gefaßt. Die Ode „Dichterberuf" nimmt die Kurzode
„An unsre großen Dichter" wieder auf, übernimmt die erste
Strophe von des Bacchus Kommen, der mit heilgem Weine die
Völker weckt, und wendet sie in der zweiten zur Frage: „Und
du, des Tages Engel! erweckst sie nicht, / Die jetzt noch schla-

fen? . . ." Des Dichters ist, wie Bacchus, zu wecken, zu begei-
stern, wie er selbst ergriffen wurde, als „unvergeßlich / Der un-
verhoffte Genius über uns / Der schöpferische, göttliche kam" –
freilich zunächst in Quellen, Ufer, Hain und Höhn, einer lieb-
lichen Natur, um so gewaltiger dann in reißenden Schicksals-
tagen: „Der Höchste, der ist's, dem wir geeignet sind" (I, 434)
– im Unterschied zu denen, deren tägliches Geschick und Sorge
die Arbeit ist, und im Gegensatz zu dem schlauen Geschlecht,
das da wissenschaftlich zu kennen wähnt, was Tageslicht und
der Donnerer sei, und Sterne zählt, ohne das göttliche Ganze
zu fassen. Hölderlins Utopie bedarf des religiösen Pathos, um die
Vergötzung des vorhandenen Wirklichen zu brechen. Dazu später.

Tiefer, prinzipieller noch zeichnet Hölderlin den Dichter –
und sich als Dichter –, der die Gewalt des Göttlichen empfängt
und weitergibt im geschichtlichen Augenblick der Wende, der
Umkehr im Hymnenentwurf „Wie wenn am Feiertage . . ."

> Jetzt aber tagt's! Ich harrt und sah es kommen,
> Und was ich sah, das Heilige sei mein Wort.
> Denn sie, sie selbst, die älter denn die Zeiten
> Und über die Götter des Abends und Orients ist,
> Die Natur ist jetzt mit Waffenklang erwacht,
> Und hoch vom Äther bis zum Abgrund nieder
> Nach festem Gesetze, wie einst, aus heiligem Chaos ge-
> zeugt,
> Fühlt neu die Begeisterung sich,
> Die Allerschaffende, wieder.
>
> Und wie im Aug ein Feuer dem Manne glänzt,
> Wenn Hohes er entwarf, so ist
> Von neuem an den Zeichen, den Taten der Welt jetzt
> Ein Feuer angezündet in Seelen der Dichter.
> Und was zuvor geschah, doch kaum gefühlt,
> Ist offenbar erst jetzt,
> Und die uns lächelnd den Acker gebauet,
> In Knechtsgestalt, sie sind erkannt,
> Die Allebendigen, die Kräfte der Götter. (I, 356)

Die Taten der Welt, die wirkliche Geschichte der Kämpfe um die Französische Revolution, entzündeten die Seelen der Dichter. Sie ihrerseits sind Zeichen. Der Völker Erwachen ist der Natur Erwachen. Sie erwacht mit Waffenklang. Sie ist selbst geschichtlich. Von ihr abhängig ist der Dichter. Sie, die „mächtige, die göttlichschöne Natur", schlief, und für die Zeit ihres Schlafes, der identisch mit der Völker Schlaf, gilt von den Dichtern: „Sie scheinen allein zu sein, doch ahnen sie immer. / Denn ahnend ruhet sie selbst auch." Dem folgt das „Jetzt aber tagt's" (I, 356). Die Wende im Völkerleben ist geschichtliche Wende der Natur. „Eine erhabene Rührung hat in jener Zeit geherrscht, ein Enthusiasmus des Geistes hat die Welt durchschauert, als sei es zur wirklichen Versöhnung des Göttlichen mit der Welt nun erst gekommen"[192], so erinnert später Hegel seine Zuhörer, und er erinnert sich an den Kreis seiner Jugendfreunde und ihres republikanischen, metaphysisch gesteigerten Enthusiasmus.

Die Versöhnung des Göttlichen mit der Welt, welche eine Vergöttlichung der Welt einschließt, wird anschaulich und bewußt im Fest, das, nach dem Vorbild der Revolutionsfeste geträumt, von Hölderlin in der „Friedensfeier" anläßlich des Friedens von Lunéville gedichtet wird. Ein visionärer Gesang – Hölderlin wird bald begriffen haben, daß seine chiliastische Erwartung trog –, eher ein antizipierendes Beschwören des Friedens als Anbruch geschichtlicher Vollendung, die als Resultat der Kämpfe, der Antagonismen, Revolutionen und Kriege erscheint:

> Denn unermeßlich braust, in der Tiefe verhallend,
> Des Donnerers Echo, das tausendjährige Wetter,
> Zu schlafen, übertönt von Friedenslauten, hinunter.
>
> (I, 468)

Die Wende von der Nacht zum Tage als Versöhnung des Göttlichen mit der Welt ist Verwirklichung des Gemeingeistes als universaler Harmonie des Entgegengesetzten: Versöhnung von Mensch und Natur, weil der Natur mit sich selbst, eine Welt

unter dem Gesetz der Liebe, ohne Herrschaft und Unterdrük-
kung, und das „schönausgleichende" Gesetz der Liebe – Liebe
geschieht ja als Einheit des Nicht-Identischen – gilt auf Erden
bis in den Himmel.

Hölderlin spricht diese Wende aus als Ankunft der Götter,
hier des ungenannt bleibenden Fürsten des Festes, der viel um-
rätselt wurde. Und in mythopoetischer Weise zeigt er die große
Versöhnung:

> Und das Zeitbild, das der große Geist entfaltet,
> Ein Zeichen liegt's vor uns, daß zwischen ihm und andern
> Ein Bündnis zwischen ihm und andern Mächten ist.
> Nicht er allein, die Unerzeugten, Ew'gen
> Sind kennbar alle daran, gleichwie auch an den Pflanzen
> Die Mutter Erde sich und Licht und Luft sich kennet.
>
> (I, 470)

Die geschichtliche Wende gewinnt kosmische Dimension. Die
vergangenen Kämpfe waren nicht ihre eigentliche Produktions-
stätte, sondern „Zeichen" – Natur erscheint als letztes Subjekt
der Geschichte, auf sie gründen sich des Dichters Ahnen und
Begeisterung. Sie ist größer und mehr denn alle Götter. So ist
das „Erwachen" und neue Tagen nicht allein das der Menschen,
es ist der Natur Erwachen, ihr Sichfühlen. Sie fühlt sich
„wieder", wie sie sich in einem frühen, jugendlicheren, anfänglichen Zustand fühlen konnte, als sie und die Menschen noch
ein harmonisch Ganzes bildeten. Hier vertauschen sich Subjekt und Objekt, von der Natur gilt, was von den Göttern gesagt
wird:

> . . . Denn weil
> Die Seligsten nichts fühlen von selbst,
> Muß wohl, wenn solches zu sagen
> Erlaubt ist, in der Götter Namen
> Teilnehmend fühlen ein andrer,
> Den brauchen sie . . . (I, 459 f.)

Der poetische Monismus, der die Vielgestaltigkeit und Beziehungsfülle im Verhältnis von Natur, Göttern und Menschen als substantielle Einheit denkt, als das „Sein", läßt dies Ganze letztlich im Dichter zu fühlendem Selbstbewußtsein kommen, und dies ist dann Funktion seiner Einheit im Ganzen, die sich aus und in dem Zwiespalt, den Gegensätzen herstellt. Der Dichter ist hochgefährdeter Vermittler zwischen dem Ganzen der Natur, der Götter – und dem Ganzen der Menschen, zugleich Organ ihrer Vereinigung, was wiederum im geschichtlichen Prozeß von Zwiespalt und Vereinigung real wird.

> Doch uns gebührt es, unter Gottes Gewittern,
> Ihr Dichter! mit entblößtem Haupte zu stehen,
> Des Vaters Strahl, ihn selbst, mit eigner Hand
> Zu fassen und dem Volk ins Lied
> Gehüllt die himmlische Gabe zu reichen. (I, 357)

Die Hymne „Wie wenn am Feiertage..." bricht ab mit der Beschwörung der Gefahr, tief unter die Lebenden als falscher Prophet geworfen zu werden. Das Elemente der Fortsetzung enthaltende Gedicht „Hälfte des Lebens" ist der verzweifelte Ruf aus der götterlosen, winterlichen Zeit. Die Ankunft der Götter, das Anbrechen der neuen Zeit imaginiert, was nur ersehnt, hat das Eigene, nicht das „Göttliche" in seiner Objektivität gefaßt, setzt die Wende aus Sehnsucht, nicht als Erfahrung des Geschehenen. Und selbst in der „Friedensfeier" heißt es zwar zuversichtlich, aber doch zurückhaltender: „bald sind wir aber Gesang". Wir sind's nicht – noch nicht.

Beruf und Wonne des Dichters – beides sah Hölderlin einmal im Auf- und Absteigen auf den Graden der Begeisterungen wirklichen menschlichen Lebens. Zum anderen aber vermitteln diese – über die Taten der Welt – jene höhere Begeisterung, die aus der Beziehung zum Ganzen, zur göttlichen Natur, zum Geschichtsprozeß als menschheitlichem Vollendungsgang, aus dem Ergriffensein von diesem „Höheren" stammt. Und hier ist der Ansatz, von dem her der Dichter spricht und das Höhere dem „Volk" weiterreicht. Was metaphorisch als Strahl, Blitz und Donner das Walten der Götter anzeigt, ist Naturmetapher gesellschaftlichen Inhalts. Sie ist keiner anderen Erfahrung entnommen als derjenigen, die auch das Auf- und Absteigen in den menschlichen Begeisterungen vermittelt.

Zur Verfahrungsweise des poetischen Geistes

Kontext der Selbstverständigung

Vergleichen wir den Erkenntnisstand, der durch „Urteil und Sein" repräsentiert wird und in der Vorrede zur vorletzten Fassung des „Hyperion" seinen intensivsten Ausdruck gewinnt, mit den philosophisch-theoretischen und poetologischen Vorstellungen der Homburger Zeit einschließlich der Nürtinger und Stuttgarter Monate – September 1798 bis Januar 1801 –, so zeigt sich, daß Hölderlin in kurzer Zeit ein umfassendes dialektisches Struktur- und Bewegungskonzept entwickelt hat. So fragmentarisch seine Niederschriften auch sind, sie weisen ihn als Bahnbrecher dialektischen Denkens aus. In der Ausbildung des objektiven Idealismus und der Dialektik Hegels kommt ihm eine Kettengliedfunktion zu, freilich eher seiner in Diskussionen vertretenen Position als den Texten selbst.

Daß diese Diskussionen im Frankfurter und Homburger Kreis nicht nur die Partner Hölderlin und Hegel betrafen, daß der Anteil Sinclairs, Zwillings und anderer weiterer Erhellung bedarf, daß Schelling indirekt und direkt daran teilnahm, sei nur erwähnt, es ist nicht unser Thema. Auch an das immer Problematische, von unveröffentlichten Texten auf Gesprächsinhalte zu schließen, sei erinnert. Dennoch dürfte gewiß sein, daß es Hölderlin war, der Hegel in Frankfurt den entscheidenden Anstoß zur Abwendung von transzendentalphilosophisch-kritischer Position und zur Hinwendung zum objektiven Idealismus gab. Ein kollektiver Prozeß der Konzeptionssuche und -bildung zeichnet sich ab, den der objektive Problemdruck der Umbruchsepoche in der oppositionell gestimmten intellektuellen Avantgardegruppe erzwang, der ihr Erwarten und Gelerntes mit der widerspenstigen Zeiterfahrung zwischen Umbruchshoffnung und -enttäuschung konfrontierte und zur produktiven geistigen Orientierung herausforderte – gegen den Integrationsdruck, um der eigenen Selbstbehauptung willen.

Hölderlin theoretisiert nicht um der Theorie willen. Die Anstrengung systematischer theoretischer Reflexion im Medium allgemeinster philosophischer Begrifflichkeit hat als historisch-weltanschauliche Perspektive seinen Epochengedanken: „Ich glaube an eine künftige Revolution der Gesinnungen und Vorstellungsarten, die alles Bisherige schamrot machen wird." (IV, 257) Dies gibt die allgemeinsten Wertungs- und Konstruktionsbedingungen an, unter denen die widersprechenden Geschichts- und Gesellschaftserfahrungen, die persönliche Katastrophe, die den Frankfurter Aufenthalt beendete, und das eigene Wollen und Leisten des Dichters gemessen, bewertet, verarbeitet werden. Es gewinnt seine Einheit aus dem Anspruch des Dichters, Organ der Geschichte, und zwar des Prozesses dieser Revolution, zu sein.

Die Tragik Hölderlins erwächst aus dem Widerspruch und der fortschreitenden Kollision zwischen subjektiver Intention und objektiver Realität. Weder der Fortgang der Revolution in Frankreich und der Revolutionskriege noch der soziale Realgehalt der Umwälzung, noch die Erkenntnis- und Wirkungsmöglichkeiten des Dichters bestätigten ihn. Hyperions praktisches Scheitern stellte eine Modellanalyse nicht nur der Französischen Revolution dar, gemessen an ihrer heroischen Illusion, sondern auch der praktisch-revolutionären Möglichkeiten in Deutschland, die ihm nur als ein isoliert bleibendes, quasi linksradikales Umsichschlagen vorstellbar waren. Die Hoffnungen auf die künftige Revolution kristallisierten sich in des Dichters messianischer Rolle, bezogen auf die geschichtliche Umwälzung, die freilich in „Natur" und „Schicksal" eine der wirklichen Ohnmacht korrespondierende Entfremdungsgestalt gewinnt. Mit den Hoffnungen auf befreiende Hilfe durch siegreiche Revolutionsarmeen schwinden Aussichten und Gewißheiten der konspirativen revolutionären Bestrebungen, an denen Hölderlin am Rande beteiligt war.

Daher basieren Hölderlins theoretische und poetische Anstrengungen auf diesem Widerspruch, sind Selbstbehauptung unter dessen empirischem Druck, zugleich Aktion seiner Lösung mit dem Ergebnis, einerseits die Kritik an der bestehenden sozialen Wirklichkeit zu vertiefen, den Widerspruch dadurch bewußter, zugleich unversöhnbarer zu machen, ihn andererseits als Bewegung in der Realität selbst zu begreifen.

Mithin ist die Verfahrungsweise des poetischen Geistes zu begreifen als poetischer Vollzug und Anwendung der allgemeinen Bewegungsformen und -gesetze des Seins als Geschichte. Poesie ist deren Reproduktion in Ahnung und Erinnerung und selbst Ferment ihrer Bewegung, Organ der noch ausstehenden Gemeinschaftsbildung und Form, historisches Selbstbewußtsein zu gewinnen. Was im „Hyperion" dichterisch entworfen, soll auf den Begriff gebracht, das disparat Gebliebene vereint, das Gefühlte und das Gewisse theoretisch artikuliert, mitteilbar und beweisbarer gemacht werden.

Hölderlins Brief an Sinclair vom 24. Dezember 1798 gibt ein Resümee seiner Rastatter Erfahrung, als er neue Freunde gewonnen, und der subjektiven Ausgangsgewißheit, die freilich immer härteren äußeren und inneren Belastungsproben ausgesetzt wird.

„Ich sehe Dich selbst klarer und fester, seit ich Dich mit meinen neuen Freunden zusammen denke ... Wo einmal der Grund gelegt ist, wie bei uns, und einer den andern voll und tief gefühlt hat, in dem, was er seiner Natur nach bleiben muß, unter allen möglichen Verwandlungen, da darf die Liebe das Erkenntnis nicht scheuen, und man kann wohl sagen, daß in diesem Falle mit dem Verstande der Glaube wachse. Und dann ist's freilich wahr, daß meine Seele bei sich selbst darüber frohlockt, daß es, allen Aposteln der Notdurft zum Trotz, noch mehr als einen gibt, wo sich in ihrem edeln Überfluß die Natur noch geäußert, und daß ich, außer Deinem Geist, jetzt auch noch andere rufen kann zum Zeugnis gegen mein eigen zweifelnd Herz, das manchmal auf die Seite des ungläubigen Pöbels treten will und den Gott leugnen, der in den Menschen ist." (IV, 332 f.)

Und er reflektiert über seine Lektüre des Diogenes Laertius: „... es ist natürlich, denn wenn der Mensch in seiner eigensten,

freiesten Tätigkeit, im unabhängigen Gedanken selbst von fremdem Einfluß abhängt und wenn er auch da noch immer modifiziert ist von den Umständen und vom Klima, wie es sich un-
widersprechlich zeigt, wo hat er dann noch eine Herrschaft? . . .
Alles greift ineinander und leidet, sowie es tätig ist, so auch der
reinste Gedanke des Menschen, und in aller Schärfe genommen,
ist eine apriorische, von aller Erfahrung durchaus unabhängige
Philosophie . . . so gut ein Unding als eine positive Offenbarung,
wo der Offenbarende nur alles dabei tut, und der, dem die
Offenbarung gegeben wird, nicht einmal sich regen darf, um sie
zu nehmen, denn sonst hätt er schon von dem Seinen etwas
dazugebracht." (IV, 333 f.)

Hier sei nur hervorgehoben:

1. Die Fundierung der eigenen Selbstgewißheit im Bewußtsein, einer Gruppe Gleichstrebender anzugehören, eben der „unsichtbaren Kirche". Diese imaginäre Gegengesellschaft gibt das
Selbstbewußtsein, nicht isoliertes Ich, sondern Repräsentant
eines gesellschaftlichen Strebens zu sein, sosehr es auch noch un-
entwickelt und verborgen sein mag. Dies fundiert die politische
Zielrichtung.

2. Festgehalten ist die Identität von Natur und „Gott in uns"
im Gegensatz zur bestehenden geschichtlichen Wirklichkeit und
zu den „Aposteln der Notdurft", die keine anderen sind als
die „klugen Ratgeber".

3. Hölderlin spricht ganz eindeutig seine antifichteanische
Position aus, ein hohes Bewußtsein des natürlichen und historischen Zusammenhangs des eigenen Daseins, Tuns und Wol-
lens – durchaus in der Tradition des Aufklärungsdenkens im
Sinne der wiederum von Fichte gelernten Wechselbeziehung von
Subjekt und Objekt. Der „Gott in uns" ist also nicht jenseits
dieses Zusammenhangs zu suchen oder zur Wirkung zu bringen.

4. Die Bemerkung zur Offenbarung drückt präzise aus, daß er
weltanschaulich grundsätzlich jenseits der christlich-kirchlichen
Glaubenstradition steht, sich dessen nicht nur bewußt ist, sondern es auch im Brief an den Freund betont.

Im Notat „Urteil und Sein" hatte Hölderlin eine Grundposition skizziert, aber mehr noch nicht. Ein Spektrum von Problemen ließ er offen, deren Lösung im „Hyperion" wohl anvisiert und poetisch entworfen, aber nicht begrifflich durchgeführt ist. Offen blieb, wie das Sein jenseits der Spaltung und des Widerstreits von Subjekt und Objekt mit diesen zusammengedacht, wie deren Hervorgehen aus diesem in seiner Notwendigkeit und Möglichkeit begriffen werden könne. Und ebenso blieb offen, wie eine Überwindung des Widerstreits – aus dem Zusammenhang, der ihn hervorgebracht – zu denken war. Wie schon im Vorwort zur vorletzten Fassung des „Hyperion" folgte Hölderlin Kant und Fichte darin, daß theoretisches Erkennen und praktisches Handeln nur einen unendlichen, unabschließbaren Prozeß darstellen, weil der Gegensatz von Subjekt und Objekt ihre Voraussetzung. Aber wie diese Aufhebung zu denken, sowenig sie im Denken zu erreichen, wie sie, die im Schönen gewiß schien, nicht nur im subjektiv gefühlten Augenblick, sondern als geschichtliche Wirklichkeit zu denken sei, war eine offene Frage geblieben. Hatte Hölderlin im „Hyperion" schon den Gedanken entworfen, die Widersprüche, den Streit in die alleine Natur hineinzunehmen, die Einheit von Harmonie und Dissonanz und die Darstellung des Vollendeten im Wechsel, in seinen Über- und Untergängen also, zu denken, so drängte dieser Entwurf auf festere Begrifflichkeit. Ungeklärt war auch das Warum des Widerstreits, somit die Auflösung der ursprünglichen Einheit, deren Vorstellung wiederum nur von ihrem Verlust her möglich. Und immer schärfer stellte sich die Frage, wie das Ganze, das doch als Harmonie gedacht war, mit der Härte des Wirklichen, der Gewalt des Geschichtsganges – als Schicksal, als Not, als Zeitgeist, als einer das individuelle Wollen übermächtig begegnenden Macht – in eins gedacht werden könne.

Im Februar 1796 hatte Hölderlin an Niethammer geschrieben, daß er in „Neuen Briefen über die ästhetische Erziehung des Menschen" das Prinzip finden und entwickeln wolle, „das mir die Trennungen, in denen wir denken und existieren, erklärt, das aber auch vermögend ist, den Widerstreit verschwinden zu machen, den Widerstreit zwischen dem Subjekt und dem

Objekt, zwischen unserem Selbst und der Welt, ja auch zwischen Vernunft und Offenbarung – theoretisch, in intellektueller Anschauung, ohne daß unsere praktische Vernunft zu Hilfe kommen müßte. Wir bedürfen dafür ästhetischen Sinn ..." (IV, 229 f.) Und nicht umsonst zielen die Homburger Reflexionen auf die Verfahrungsweise des poetischen Geistes, auf eine Poesie, die vom Ganzen künden, aus ihm heraus sprechen und dessen Organ im konkreten Geschichtsgang sein soll. Ihr philosophischer Gehalt gründet in Hölderlins Grundauffassung, daß das Sein, das Leben selbst poetischer Struktur sei. Nur von hier aus läßt sich die einzigartige Funktion der Poesie begründen.

Daß dies als möglich gedacht werden konnte – mit der Konsequenz, daß Poesie als Bewußtsein und Selbstbewußtsein der Natur, die im Geschichtsgange sich bewegt, aufgefaßt wurde –, war nicht einfache Folge dessen, daß Hölderlin Poet war. Analoge Tendenzen finden wir bei Schelling, Friedrich Schlegel und Novalis, sosehr sie in ideologischer und theoretischer Beziehung differieren. Dies in einer Krisensituation, da die geschichtlichen Widersprüche verarbeitet wurden, nachdem der Aufklärung Kampf die Autorität des Glaubens widerlegt hatte, zugleich aber von Kant und Fichte her wohl der methodische Ansatz, nicht aber eine die Wirklichkeit aufschließende Antwort gewonnen wurde und das enthusiastische Gefühl, am Anfang eines neuen Äons zu stehen, trotz negativer Erfahrungen noch nicht widerlegt, in Resignation oder konservative Abwehr verkehrt war. Was Schlegel später den ästhetischen Pantheismus nannte, als sündhafte Phase seines Weges zur Frömmigkeit, wies allgemein in die Richtung, von der Poesie Funktionen der Religion und Einsichten der Philosophie zu fordern bzw. diese zu programmieren und zu versprechen, verbunden mit einer die kritischen Grenzziehungen durchbrechenden Spekulation und dennoch dem Beibehalten des transzendentalphilosophischen Grundansatzes.

Das tat auch Hölderlin auf die ihm spezifische Weise. Hatte Kant den utopischen Gehalt des Schönen zu erschließen begonnen, Schiller im Ästhetischen Weg und Bild der Überwindung

der wirklichen Antagonismen gewiesen, so suchte Hölderlin
Schillers Theorem ontologisch aufzufassen, mit Herders Pantheismus zu verbinden und zugleich politisch-aktualistischer zu bestimmen, ohne freilich zu grundsätzlich anderen politischen Lösungen und Perspektivkonzeptionen zu kommen. Doch der in
„Urteil und Sein" fixierte Ausgangspunkt gab durch seine immanente Antwort auf die Grundfrage der Philosophie das Spektrum an, das die Möglichkeit der weiteren philosophischen Konzeptionsbildung absteckte.

Wird die Subjekt-Objekt-Relation zur Grundgestalt aller
realen Beziehung, so nimmt ihre Aufhebung im „Sein" die Be-
wußtseins- und Subjektqualität ebenso ins Sein zurück wie die
Objekt- als Materiequalität. Das ist bei Gleichursprünglichkeit
unvermeidlich, weil diese im Gnoseologischen ontologische Bestimmungen setzt. Das „Sein" als Natur gewinnt von hier aus
anthropomorphe Subjektqualität auch dann, wenn Bewußtsein
allein dem Menschen zugesprochen wird. Es wird letztes Subjekt dieses Bewußtseins. Deswegen bewahrt Hölderlins Alternative zum subjektiven Idealismus Fichtes das transzendentalphilosophische Moment im objektiv-idealistischen Charakter der
„Natur". Darin liegt einmal der verborgene Idealismus seines
Naturbegriffs: der Zusammenhang von Mensch und Natur erscheint in einer universalen Geschichte der Natur, die im Menschen, speziell im Dichter und durch dessen ausgezeichneten Bezug zum Ganzen, ihrer selbst bewußt wird und in einem harmonischen Verhältnis beider ihre Vollendung erfährt. Er
bewahrt zugleich die „aktive Seite", bezogen auf die Natur als
deren Subjektqualität und Selbstbewegung, bezogen auf den
Menschen als dessen „Bildungstrieb".

Gewonnen ist dadurch die Möglichkeit, in diesem pantheistischen Monismus dialektische Strukturen universell zu setzen.
In dieser weltanschaulichen Konzeption ist der gesellschaftliche
Gehalt und das in ihm fixierte tatsächliche Verhältnis zum materiellen Lebensprozeß der Gesellschaft strukturbestimmend.
Aufhebung der Entzweiung als Aufhebung des Widerspruchs
von Subjekt und Objekt im „Harmonischentgegegesetzten"
einer Subjekt-Objekt-Identität gewinnt ihren Gehalt als Auf-

hebung sozialer Entfremdung, gesellschaftlicher Antagonismen in einer harmonischen Gemeinschaft, in der Allgemeines und Individuelles harmonisch vermittelt sind im Sinne des Geistes, der allem gemein und jedem eigen sei. Darin liegt zugleich das ideologische Modell, die sozialen Beziehungen aus dem Verhältnis des Individuums zum Ganzen zu begreifen, im Verhältnis des Individuellen zum Ganzen das dominierende Verhältnis überhaupt zu sehen. Diese Modellierung erwächst aus der Tradition bürgerlichen Gesellschaftsdenkens und seiner Konstruktion des Ganzen in bezug auf die isolierten Individuen.

Wenn ich oben sagte, daß durch den Monismus die Möglichkeit gewonnen wurde, dialektische Strukturen universell zu setzen, so ist dies in bezug auf die Hölderlin verfügbaren Bestimmungen zu betrachten. Hölderlin bestimmt universell das Verhältnis von Totalität – dem „Ganzen" – und Widerspruch als dominanten Prozeßkategorien. Dies nimmt spezifische Gestalt an im Verhältnis des Individuellen zum Ganzen, als gegliederter, durch und durch individualisierter Struktur. Hier wird der von Kant in der „Kritik der Urteilskraft" entwickelte Gegensatz des Organischen zum Mechanischen bestimmend, ohne daß Hölderlin sich sonderlich um dessen naturwissenschaftliche Aspekte kümmerte.

Das Große liegt darin, daß Hölderlin in seinem spekulativen Vorstoß erstens Totalität und Widerspruch als dialektische Einheit, als triadischen Prozeß von Vereinigung, Entgegensetzung und Vereinigung beider denkt, bezogen auf Geschichte und künstlerischen Erkenntnisprozeß – mit Hegel zu reden: die Identität der Identität und Nichtidentität; daß er zweitens Totalität und Widerspruch als reale Bewegungsprinzipien und diese Bewegung reproduzierende Denk- und Produktionsprinzipien versteht und anwendet; daß er von hier aus drittens die dialektische Widerspruchsstruktur als historisches Verhältnis hinsichtlich der Beziehung von Erscheinung und Wesen – in der Realität und auf differenzierte Weise in bezug auf das Dichtwerk und sein Wirklichkeitsverhältnis – bestimmt.

Hierin führt Hölderlin längst Vorgedachtes weiter und zusammen: er sucht in den als „exzentrische Bahn" entworfenen Stufen die allgemeinste diachrone und synchrone Logik des Seins als Geschichte in der Einheit von Natur und Mensch als Logik des Lebens – und als Logik der Poesie zu fassen.

Der große Entwurf bleibt Entwurf und Fragment – und das ist für Hölderlin ganz zwingend: sein systematisches Nachdenken interessiert ihn nur als Übergang, als Reflexionsmoment der Poesie. Theoretische Begrifflichkeit ist notwendig einseitig, bezieht sich auf ein Vermögen der Seele, während Poesie alle Vermögen – Empfindung, Vorstellung, Reflexion – in ihren wechselnden gesetzlichen Sukzessionen „behandelt", so daß deren Darstellung ein „Ganzes" macht. Von daher läßt sich die relative Formalität der philosophischen Bestimmungen Hölderlins begreifen: sie rationalisieren, was er in anderem Zusammenhang als „Totaleindruck" beschreibt, der auf das Ganze in seiner Rhythmik, nicht aber auf dessen Bestimmtheit im Einzelnen geht.

Hölderlin hat letztlich nur einen Gegenstand, der seine Rolle als „Dichter des Volkes" einschließt: die vaterländische Umkehr in Erwartung und Ausbleiben, im Sturm geschichtlicher Ereignisse und zu befragender götterloser hochgeschäftiger Schicksalslosigkeit. Diese umkreist er im Kontext der universalen Geschichtssicht. Das abstrakte philosophische System, genauer, die Systemkontur reicht so weit, als sie diesen Gegenstand und mit ihm das konkrete Ich des Dichters und seine erfahrene Welt einschließt. Die projektierte und geforderte Identität von Subjekt und Objekt gewinnt hier ihren guten Sinn; sie artikuliert genau die ästhetische Beziehung, die Identitätsbeziehung des Dichters zu seinem – durch alle stofflichen Vermittlungen hindurch gegebenen – Gegenstand, der er selbst mit ist: zu seiner geschichtlichen Gemeinschaft, zu seinem „Vaterland", zu der ihn tragenden, in ihm sich äußernden, in ihm konkreten Gesellschaft als Integral und Ensemble der menschlichen Beziehungen; und er artikuliert – im Widerspruch zwischen Zerrissenheit und gesuchter Harmonie und Liebe – den gelebten kollektiven historischen Widerspruch zwischen Möglichkeit und Wirklichkeit, zwischen historisch erzeugtem Bedürfnis und real praktiziertem

Leben, immer jeweils bezogen auf das Verhältnis der Menschen zu ihren eigenen wirklichen Lebensprozessen.

So ist Begeisterung der Gegenpol zur alltäglichen, niederziehenden Ohnmacht, Gebundenheit und Vereinzelung, sie ist Freiheit zu höherer Gebundenheit, die Erfüllung, daher tiefe Freude gibt und Hingabe fordert. Faßt Hölderlin sie als alle Kräfte steigernde Freude und Erregung auf unterschiedlichem Niveau, so bedeutet sie – inhaltlich gesehen – im poetischen Kontext das Ergriffensein der Subjektivität von einer höheren, wertgebenden Objektivität, die als allgemeiner Geist, Vaterland oder Natur göttlichen Charakters ist. Sie bestätigt den „Gott in uns", vereint Gleichgesinnte und trennt von denen, die in ihr Ich verkapselt bleiben. Sie ist, was Dichter bewirken können und sollen, und sie ist zugleich Zustand, aus dem der Dichter spricht. Doch hier ergibt sich eine Verschiebung: die Wonne, der Genuß treten zurück vor der Aufgabe, der Weihe und Würde des Ergriffenseins vom Göttlichen, vom Geist, der allem gemein und jedem eigen, der den Dichter ergreift und den er festhält. Es ist im Kern Rousseaus volonté générale, die verallgemeinert, in die Natur objektiviert wird zum universalen Subjekt und schließlich in den Göttern poetisch-mythisch personifiziert erscheint.

Begeisterung ist ein Fahnenwort der Epoche. Sie steht für Revolutionsbegeisterung, die von ihren Gegnern negativ als Schwärmerei gewertet wird. Die Revolution verlieh ihr einen neuen Akzent, den politischen, gab ihr ein konkretes Objekt – wie vorher nur der Amerikanische Unabhängigkeitskrieg. Ein neues Vaterland erschien nicht mehr als Gedanke unbestimmter Erneuerung, sondern als machbares Ziel künftiger Identifikation.

Doch was in Frankreich im Zusammenhang der revolutionären Kämpfe als Gefühlserregung bei realer Tat und tatsächlicher Neukonstituierung der Nation fungierte, wenn auch wesentlich durch die „heroischen Illusionen" vermittelt, mußte – getrennt von politischer Praxis und massenhafter Bewegung, des real ökonomischen Inhalts unbewußt – zu um so abstrakterer Idealität werden, zur geträumten Alternative, zum Sehnsuchts-

ziel, bezogen auf eine imaginäre Realität, welche die Gefühle
bindet und von der Wirklichkeit tendenziell entfremdet, zur
hochbewegten Innerlichkeit, der die versteinte Äußerlichkeit un-
bewegt gegenübersteht.

Auch diesen Widerspruch reflektiert Hölderlin, so im Widerspruch zwischen den begeisternden heroischen Zielen und der
Tatbereitschaft Hyperions und seiner scheiternden Praxis, im
Widerspruch zwischen der dichterischen Ergriffenheit, die der
Götter Nahen verkündet, und dem Umstand, daß der Dichter
das Objektive nicht bringt, sondern sein Meinen nur. Das Bewußtsein der möglichen Selbsttäuschung, der sich selbst verlie-
renden Begeisterung als Gefahr nimmt zu – schon beim Ausar-
beiten des „Hyperion", am härtesten in den Gedichten nach
1802. Insofern ist der Widerspruch von Begeisterungsbedürftig-
keit, -bereitschaft und -sehnsucht zur eiskalten Geschichte des
Tags, von Irritierbarkeit der ersten und Bemühen, der zweiten
standzuhalten, zentrales Lebensproblem des reifen Hölderlin,
Objekt seiner Reflexion und Selbstreflexion. Wenn er an seine
Mutter schreibt, daß der Mensch, „um zu leben und tätig zu
sein, beedes in seiner Brust vereinigen muß, die Trauer und
die Hoffnung, Heiterkeit und Leid" (18. Juni 1799 – IV,
367 f.), so zielt dies auf die Lebensproblematik, die als poetologische dann wiederkehrt: in der Vermittlung von Pathos und
Nüchternheit, im Wechsel der Töne. In diesem Verhältnis von
„junonischer Nüchternheit" und „heiligem Pathos" (IV, 467)
sucht Hölderlin die Beziehung von antiker und moderner, zu er-
strebender Poesie zu fassen, darin zugleich den Widerspruch im
Gang der eigenen Epoche.

Im ersten Brief an Böhlendorff vom 4. Dezember 1801, vor
der Abreise nach Bordeaux, ahnte er: „Sonst konnt ich jauchzen
über eine neue Wahrheit, eine bessere Ansicht des, das über uns
und um uns ist, jetzt fürcht ich, daß es mir nicht geh am Ende
wie dem alten Tantalus, dem mehr von Göttern ward, als er
verdauen konnte." (IV, 468 f.)

Im zweiten Brief, nach der Reise, schreibt er: „Das gewaltige
Element, das Feuer des Himmels, und die Stille der Menschen,
ihr Leben in der Natur und ihre Eingeschränktheit und Zufrie-

denheit, hat mich beständig ergriffen, und wie man Helden nachspricht, kann ich wohl sagen, daß mich Apollo geschlagen." (IV, 473) Der begeisterte Hymniker der Jugendzeit gehört endgültig der Vergangenheit an.

Nun ist Begeisterung nicht identisch mit der intellektualen Anschauung. Dennoch: sie ist dieser insofern analog strukturiert, als sie das Moment der Verschmelzung von Subjekt und Objekt, wobei Objekt die gesuchte Gemeinschaft und göttliche Natur umfaßt, in sich trägt. Begeisterung ist ihr analog, insofern sie ja nicht als bewußtloser Rausch gedacht ist, sondern die intellektuellen kognitiven Leistungen in sich bewahrt, ja steigert – wie die intellektuale Anschauung vorwegnehmende Voraussetzung und Kettenglied der bewußten Gestaltung eines poetisch Ganzen. Schließlich ist sie ihr analog, insofern beide der Intention nach nicht in sich kreisen oder kontemplativ ruhen, sondern Hingabe, Liebe, Vereinigung oder produktive Entfaltung in sich tragen. Wie Begeisterung die Tat antizipiert, so die intellektuale Anschauung die Welt im Werk.

Insofern markiert die Bestimmung des „objektiven Idealismus" mehr als eine Erkenntnisgrenze, analog jener, die Marx an Hegel kritisierte. Sie verweist auf den objektiven Entfremdungszusammenhang, gegen den Hölderlin aufstand und der dennoch Bedingung und Boden seiner Philosophie und Dichtung war – begrifflich in äußerster Abstraktion gefaßt. An ihn ist er gebunden durch seine erlebte und erfahrene Welt und durch die Interpretationsraster, die ihm von der überlieferten und angeeigneten bürgerlichen Philosophie vermittelt sind und die ihrerseits in bezug auf die sozialen Grundbeziehungen jene Verkehrung vermitteln, die Marx als Versubjektivierung des Objektiven und Verdinglichung des Subjektiven kritisch analysiert hat. Ebendies spiegelt auch Hölderlins Naturbegriff, der als fremde Macht erscheinende soziale Beziehungen und Resultate integriert, wie er der Objektivität als Ganzem subjektive Züge verleiht. Dies Moment wirkt auch innerhalb der poetischen „Welt", die er bildete, sosehr seine Poesie zugleich dagegenarbeitet und Protest gegen ein ohnmächtiges Dasein als Objekt unbeherrschter Antagonismen ist. Die poetische Welt spiegelt ein Verhalten, das noch nicht beim eigenen Inhalt angekommen – und durchbricht in der Ausdruckskraft und Genauigkeit der Sprache, was das Individuum dem Zwang fremder Verhältnisse unterwirft. Entfremdung ist nicht selbst zu fetischisieren: ihre Struktur widerspricht dem lebendigen produktiven menschlichen Lebensprozeß. Darum ist Hölderlins Göttern, Herakles, Dionysos, Christus, als poetischen Konstrukten ebenso das moralisch-menschliche Potential ihrer Aufhebung eingeschrieben: konkreter konnte er nicht werden. Aus der Intensität, mit der er diesen Widerspruch lebte und aussprach, resultiert mit das Faszinosum seiner Dichtung und die Heterogenität der Interpretationen, die sie gemäß der Realitätsbeziehung und Bewußtseinshaltung ihrer Rezipienten erfährt.

Späte Wendung
gegen die „exzentrische Begeisterung"

Bis 1801 hatte Hölderlin sein philosophisch-theoretisches Grundgerüst entwickelt, von dem her sein Gesamtkonzept strukturiert wird. Es wurde auch durch die Wende 1802/03 nicht erschüttert, wenn sich auch Wertakzente verschoben.

Nach der kurzen Zeit als Hauslehrer in Hauptwil (Schweiz) kehrt er nach Stuttgart zurück, bricht dann Ende Dezember erneut auf nach Bordeaux, um beim dortigen Konsul Meyer als Hauslehrer zu fungieren. „Aber es hat mich bittre Tränen gekostet, da ich mich entschloß, mein Vaterland noch jetzt zu verlassen, vielleicht auf immer. Denn was hab ich Lieberes auf der Welt? Aber sie können mich nicht brauchen." (IV, 469) So schreibt er an Böhlendorff am 4. Dezember 1801. Doch die neue Arbeitsstelle gibt Hölderlin im Mai wieder auf. Die Gründe sind nicht bekannt, auch nicht, was er auf der mehrwöchigen Rückwanderung erlebte. Spätestens Anfang Juli erfährt er in Stuttgart den Tod Diotimas, das endgültige Ende der ihn am tiefsten bestätigenden Liebesbeziehung. Er kehrt nach Nürtingen zurück. Seiner näheren Umgebung erscheint er als krank, verstört, unverständlich werdend, ja „rasend". Die Krankheit ist

auf dem Wege. Äußerste Anstrengung des Denk- und Sprach-
vermögens, ihrer zerstörenden Kraft standzuhalten, prägt das
Spätwerk. Die vor der Abreise noch emphatisch gefeierten Fa-
milienbeziehungen zerbrechen. Die Kommunikation mit den
Freunden beginnt zu erlöschen. Der letzte Brief an Böhlendorff
spricht aus, daß und wie Hölderlin dies spürt: „Schreibe doch
nur mir bald. Ich brauche Deine reinen Töne. Die Psyche unter
Freunden, das Entstehen des Gedankens im Gespräch und Brief
ist Künstlern nötig. Sonst haben wir keinen für uns selbst; sondern er gehöret dem heiligen Bilde, das wir bilden." (IV, 475)
    Im Abbröckeln der Kommunikation drohen Gedanke und
Sprache zu zerrinnen. Daher auch das Festhalten am Übersetz-
zen, das feste Form vorgibt. 1804 erscheinen Hölderlins Übersetzungen der Sophokleischen Tragödien „Ödipus" und „Antigone" mit Anmerkungen. Hier spricht Hölderlin aus der Mitte
des ihm Gewissen, ohne die Verständnismöglichkeiten der
Kommunikationspartner berücksichtigen zu können. Bei allem
Vieldeutigen sagt er hier sein Tiefstes zur Tragödie. Er ist intensiv gerichtet auf das „Närrische", den „heiligen Wahnsinn",
worin er Momente des tragischen Geschehens sieht, in dem er
sich selbst begreift.
    Im letzten Brief an den Verleger Wilmans vom 2. April 1804
spricht er die Richtung aus, die sein Denken genommen: „Ich
glaube durchaus gegen die exzentrische Begeisterung geschrieben zu haben und so die griechische Einfalt erreicht; ich hoffe
auch ferner, auf diesem Prinzipium zu bleiben, auch wenn ich
das, was dem Dichter verboten ist, kühner exponieren sollte,
gegen die exzentrische Begeisterung." (IV, 481)
    Hölderlin spielt auf Bemerkungen in vorangegangenen Brie-
fen an Wilmans an, in denen er „jetzt, da ich mehr aus dem
Sinne der Natur und mehr des Vaterlandes schreiben kann als
sonst" (IV, 476), das „hohe und reine Frohlocken vaterländischer Gesänge" beruft, also öffentlich-politischer allgemein-
verbindlicher Gesänge, gegen private Liebeslieder, die „immer müder Flug" seien. (IV, 478) Zu diesem Begriff des
Vaterländischen gehört die wiewohl ferne, doch nie aufgegebene
„vaterländische Umkehr", gehört das Insistieren auf der Repu-

blik als „Vernunftform", die, aus dem tragischen Geschehen der „Antigone" politisch sich bildend, zu Bewußtsein gebracht werde.

Hölderlins ausdrückliches Sichwenden gegen die exzentrische Begeisterung meint eine ekstatische Begeisterung, die ihr Zentrum verliert, im Sichverlieren und Sichauflösen in rauschhaftem „Einssein mit allem" menschliche Identität zerstört – ein „Wegjauchzen von der Erde". Nicht jede, sondern eine solche entselbstende, die Besinnung verlierende Begeisterung ist gemeint, ein Gefühlsrausch, welcher die irdische, arbeitende bestimmte Tätigkeit vergißt.

Nach der Rückkehr aus Frankreich schrieb Hölderlin an Böhlendorff: „Der Anblick der Antiken hat mir einen Eindruck gegeben, der mir nicht allein die Griechen verständlicher macht, sondern überhaupt das Höchste der Kunst, die auch in der höchsten Bewegung und Phänomenalisierung der Begriffe und alles Ernstlichgemeinten dennoch alles stehend und für sich selbst erhält, so daß die Sicherheit in diesem Sinne die höchste Art des Zeichens ist." (IV, 474)

Die Sicherheit des „Zeichens", der Klarheit, des Aus-sich-Seins des Dargestellten ist Ziel und Sehnsucht. Hölderlin hat sie nicht, er kämpft um sie gegen die immer bedrohlicher werdende Unsicherheit – auf dem Wege der gedanklichen Richtungen, die er um die Jahrhundertwende entwickelt hatte und die nun einem größeren, zerstörenden Wirklichkeitsdruck ausgesetzt sind, auch durch die Frankreich-Erfahrung. Der Anblick der stummen Vollendung griechischer Plastik mag mitgewirkt haben, „daß mich Apoll geschlagen". Das Höchste der Kunst erscheint hier im Paradigma, nicht als Nachahmungsobjekt, das ist für Hölderlin nach der Neubestimmung des Verhältnisses von Antike und Abendländischem nicht mehr möglich; es erscheint in der Klarheit und Ordnung leibhaftiger Bestimmtheit, da „alles stehend", aus sich heraus notwendig, jedes Glied ein Ganzes im Ganzen ist, wobei eben diese sinnliche Konkretheit und Gestalt Zeichen zugleich ist, das sein Gegenteil – höchste Bewegtheit, ungeheures Geschehen, Bewegung der Begriffe, des „Ernstlichgemeinten" – zeigt.

Diese Erfahrung vereint sich mit dem Konzept, „vaterlän-
disch und natürlich, eigentlich originell" zu singen, obwohl schon
die Stimme zu brechen beginnt, vereint sich mit der Sicht: „Das
Studium des Vaterlandes, seiner Verhältnisse und Stände ist
unendlich und verjüngt" (IV, 479), wie er Seckendorf schreibt,
in tödlich erfahrener Vereinsamung, an der er das Unheil der
Welt abliest. Im Ausbruch der Verzweiflung wird die in der
individuellen Not erlittene Gewalt zu prophetischer Sprache:

> . . . Bald aber wird, wie ein Hund, umgehn
> In der Hitze meine Stimme auf den Gassen der Gärten,
>   (I, 532)

bis zu Hoffnung und Hoffnungslosigkeit vereinender Metapher

>   und mich leset, o
> Ihr Blüten von Deutschland, o mein Herz wird
> Untrügbarer Kristall, an dem
> Das Licht sich prüfet . . . (I, 533)

Der Kontext mag kaum eindeutig rekonstruierbar sein, die
Kraft des Fragments gewinnt eine eigene Bedeutungs- und Aus-
druckstiefe, es „steht", wenn auch aus der Not geboren, konzentriert, was als Ganzes sich verlieren kann. Dazwischen steht
spruchhaft:

> Wohl muß
> Umsonst nicht ehren der Geist
> Das Schicksal. Das will heißen
> Der Sonne Peitsch und Zügel. (I, 579)

Äußerste Verzweiflung, die nicht aufgibt – und ungeheurer Anspruch, dazu aber Anerkennung dessen als notwendig, was als
Peitsche die Qual bereitet, worin die Dialektik von Erniedri-
gung und Erhöhung lebt, wie im Bilde des gekreuzigten Christus oder des gefesselten Prometheus. An die Hymne „An das
Schicksal" sei erinnert, die das große Schicksal ersehnte, hier

aber schreit der Geschlagene. Die Datierung Sattlers – 1805, vielleicht später – scheint mir überzeugend. Dahinter zeichnen sich die Konturen der Geschichtssicht ab, die Hölderlin im „Grund zum Empedokles" und im Aufsatz „Das untergehende Vaterland . . ." entworfen hatte.

Im Dezember 1803 hatte Hölderlin – in ernüchterter Sicht auf die Kultur der Deutschen – geschrieben: „Es ist eine Freude, sich dem Leser zu opfern und sich mit ihm in die engen Schranken unserer noch kinderähnlichen Kultur zu begeben" (IV, 477 f.), was die innere Strategie der Selbstrevision der lyrischen Texte mit erhellt, die Hölderlin unternahm, zugleich aber sein Bewußtsein eines Opfers wie auch die Illusion über die Kommunikationsmöglichkeit in einer noch „kinderähnlichen" Kultur, der aber – das bezeugt das Wort „kinderähnlich" – die großen Kämpfe des Erwachsenwerdens noch bevorstehen.

Die „Nachtgesänge" stießen auf eine Mauer des Nichtverstehens. Als Sinclair den kranken Hölderlin aus Nürtingen nach Homburg holte, besuchten beide Schelling, mit dem Hölderlin doch befreundet gewesen, besser, sich befreundet glaubte. Am 14. Juli 1804 berichtet Schelling an Hegel: „Dieser ist in einem besseren Zustand als im vorigen Jahr, doch noch immer in merklicher Zerrüttung. Seinen verkommnen geistigen Zustand drückt die Übersetzung des Sophokles ganz aus."[193]

Schelling war taub gegenüber dem, was Hölderlin theoretisch und dichterisch zur Sprache gebracht hatte. Die „Verkommenheit" wertet das Abweichen von gewohnter Sprach- und Denknorm. Er hörte – um Hölderlins Kritik anzuwenden – nur sich selbst. Der Zusammenhang von politischer Umwälzung und Tragödie, wie ihn Hölderlin verstand, paßte nicht in Schellings konservative und theologische Wendung, die längst begonnen hatte.

Sinclairs opferbereiter Rettungsversuch erwies sich als vergeblich. Hölderlins mehrfach bezeugtes Schreien und Schimpfen „Ich will kein Jakobiner (mehr) sein" ließ die Beziehung zu Sinclair, dem letzten und einzig tätigen Freunde, zerreißen. Zum Hintergrunde gehört nicht nur, daß Hölderlin das vergebliche Konspirieren kannte, sondern auch, daß Napoleon, der einst Besungene, sich die Kaiserkrone aufs Haupt gesetzt hatte, sehen

wir von möglichen psychologischen Motiven ab. Von nun an war
er ohne Partner. Dies signalisiert der entscheidende Krankheits-
schub. Der gewaltsame Abtransport in die Autenriethsche Kli-
nik zu Tübingen, gegen den sich Hölderlin verzweifelt-wütend
wehrte, schließt grell die erste „Hälfte des Lebens" ab, auch
wenn in Momenten der Ruhe und Konzentrationsfähigkeit Hölderlin noch zu Entwürfen und Fragmenten erwachen konnte:
der Zusammenhang war ihm zerbrochen.

Poetischer Geist und Leben

Im folgenden sollen Aspekte des weltanschaulich-philosophi-
schen und ästhetischen Gehalts der poetologischen Texte behandelt werden, die für Hölderlin notwendig von der Philosophie
zur Poesie führen, und zwar so weit, als sie die Gegenposition
zur Philosophie deutlich machen: gerade in der Konsequenz
des mit Hegel gemeinsamen Vorstoßens zu dialektischem Denken, einem Denken des notwendigen Widerspruchs in der prozessierenden Totalität.

„Begeisterung" steht am Anfang des poetologischen Haupt-
textes von 1800 über die „Verfahrungsweise des poetischen Geistes": „Wenn der Dichter einmal des Geistes mächtig ist, wenn
er die gemeinschaftliche Seele, die allem gemein und jedem
eigen ist, gefühlt und sich zugeeignet, sie festgehalten, sich ihrer
versichert hat" (II, 388) – und sie erfüllt sich in „schöner heiliger, göttlicher Empfindung", in welcher der Mensch seine Bestimmung erreiche, „welche darin besteht, daß er sich als Einheit in Göttlichem-Harmonischentgegengesetztem enthalten sowie umgekehrt das Göttliche, Einige, Harmonischentgegengesetzte in sich als Einheit enthalten erkenne. Denn dies ist allein
in schöner heiliger, göttlicher Empfindung möglich . . ." (II,
406)

Die erste Bedingung der Verfahrungsweise des poetischen
Geistes ist nicht spezifisch poetisch. Der Gemeingeist, die gemeinschaftliche Seele, ist Bedingung von Volkserneuerung und
-vereinigung als Überwinden von Trennung und Widerstreit.

„Gemeingeist Bacchus" beruft Hölderlin in der Hymne „Der Einzige". Begeisterung reißt den Dichter aus der Verkapselung ins egoistische Ich, aus Unmut und häßlicher Sorge, verschmilzt seine Individualität – nicht das absondernde und antagonistische Eigeninteresse – mit dem Allgemeinen, das, indem es jedem eigen ist, nicht ihm gegenüber sich verselbständigt, nicht durch ideellen und materiellen Zwang vereint. Das ist Schillers schönem Staat strukturanalog, ihm korrespondiert die Idee des durch und durch individualisierten Ganzen. Gemeingeist ist zugleich das Göttlich-Einende in pantheistischer Sicht.

Die „schöne heilige, göttliche Empfindung" postuliert die höchste Bewußtseinsleistung innerhalb des poetischen Verfahrens vor der eigentlichen Sprachwerdung, den Umschlagpunkt zu ihr. Sie konstituiert die dichterische Identität im Bezug zum Ganzen und ermöglicht die Identität des Werks als „Welt in der Welt", bezogen auf die jeweilige konkrete Gestaltung eines Stoffes. Insofern Erkennen menschlicher Bestimmung im „Empfinden", ist sie durchaus allgemeinmenschlichen Gehalts, der jedoch erst durch den Dichter vorempfunden wird und kommunikable Gestalt erhält.

Diese Empfindung erst läßt den poetischen Geist sein spezifisch Poetisches gewinnen, das die allgemeine Seinsstruktur reproduziert, läßt ihn im lebendigen, „göttlichen" Moment die Dialektik der Totalität in der „unendlichen Einheit" empfinden, „welche einmal Scheidepunkt des Einigen als Einigen, dann aber auch Vereinigungspunkt des Einigen als Entgegengesetzten, endlich auch beedes zugleich ist", das „in *einem*, als Einigentgegengesetztes unzertrennlich gefühlt" wird. Dieser Moment ist die „Identität der Begeisterung", „Vergegenwärtigung des Unendlichen" (II, 399).

Von diesem Moment her wird die poetische Sprachgestalt möglich. In anderem Zusammenhang gewinnt er geschichtlichen Gehalt: durch Ortung der Poesie im Untergang und Übergang des Vaterlandes, im Werden und Vergehen des jeweiligen geschichtlichen Ganzen. Davon später.

Beiden Gedanken liegt Hölderlins pantheistisches dialektisches Totalitätskonzept zugrunde, sein Monismus, und sein

theoretisch-weltanschauliches Grundproblem betrifft den Zusammenhang des Göttlich-Ganzen mit den realen Antagonismen, formeller gesehen: von Einheit und Mannigfaltigkeit.
Und dies ist nicht allein Frage einer abstrakten Ontologie oder
eines nur kognitiven Bezugs, sondern zugleich der erfahrbaren
und gestaltbaren Sinneinheit, somit des geschichtlichen Verhaltens. Gestattet die Amalgamierung von Sein und Sinn, somit
der werttragende Einheitsbezug auf den Menschen nur eine
letztlich objektiv-idealistische Konzeption, so zielt die Problemlösung auf eine historische, prozessuale Dialektik von Totalität
und Widerspruch. Der göttliche Einheitsgrund – das „Sein",
das Absolute – ist als „Gott" nie transzendentes Jenseits, sondern, wie es im Brief an den Bruder 1801 heißt: „Alles unendliche Einigkeit, aber in diesem Allem ein vorzüglich Einiges
und Einigendes, das, an sich, kein Ich ist, und dieses sei unter
uns Gott." (IV, 460) Hierin liegt eine unendliche Bejahung,
die sich nicht auf eine menschenlose Natur, sondern auf die
Menschengattung als Glied der Natur bezieht. Darin gründet
Hölderlins Humanismus, „daß wir im Urgrunde aller Werke
und Taten der Menschen uns gleich und einig fühlen mit allen,
sie seien so groß oder so klein", weil der in ihnen sich mani-
festierende Bildungstrieb, das produktive, weltgestaltende
Gattungsprinzip „aus dem gemeinschaftlichen ursprünglichen
Grunde" (II, 370) hervorgeht. Auch wenn er mythopoetisch
von Himmlischen und Sterblichen spricht, so gilt doch: „Immer-
dar / Bleibt dies, daß immergekettet alltag ganz ist / Die
Welt." (I, 480)

Die Einheit und Ganzheit der Welt ist objektive Voraussetzung der Dichtung.

Die poetische Verfahrungsweise gibt den Weg an, wie am
Stoff, der immer ein aus dem Zusammenhang gerissenes Fragment, das Ganze und Unendliche zur Gegenwärtigkeit gebracht
werden kann.

Die erste Bedingung ist, wie wir sahen, die Aneignung der
„gemeinschaftlichen Seele", somit die geistige Einheit; die
zweite Bedingung betrifft das Gegenteil, nicht die Einheit,
sondern den Progreß, das Fortstreben, den harmonischen

Wechsel; die dritte Bedingung ist, daß der Dichter um den notwendigen Widerstreit weiß „zwischen der ursprünglichsten Forderung des Geistes, die auf Gemeinschaft und einiges Zugleichsein aller Teile geht, und zwischen der anderen Forderung, welche ihm gebietet, aus sich herauszugehen und in einem schönen Fortschritt und Wechsel sich in sich selbst und in anderen zu reproduzieren, wenn dieser Widerstreit ihn immer festhält und fortzieht" (II, 388 f.).

Das Verhältnis von Einheit und Aus-sich-Herausgehen zu Differenz und Widerspruch, das selbst prozessierender Widerspruch ist, bedeutet das Grundverhältnis des poetischen Geistes, das Bauelement der Gesamtkonstruktion, und die Einheit, Identität von Identität und Nichtidentität, von Identität und Differenz, ist ihre dialektische Grundfigur und Entdeckung. Dabei ist, was „der Gang und die Bestimmung des Menschen überhaupt zu sein scheint, ... der Gang und die Bestimmung aller und jeder Poesie" (II, 410). Bestimmung des Menschen aber wird in diesem Zusammenhang gesetzt als „Erkenntnis des Harmonischentgegengesetzten in ihm, in seiner Einheit und Individualität, und hinwiederum Erkenntnis seiner Identität, seiner Einheit und Individualität im Harmonischentgegengesetzten. Dies ist die wahre Freiheit seines Wesens ..." (II, 404 f.)

Harmonischentgegengesetzt ist die Harmonie und die Einheit des Unterschiedenen, Mannigfaltigen, Differenzierten, Individualisierten, Entgegengesetzten – harmonische Einheit von Wechselwirkung und wechselseitiger Bedingtheit.

„Gang und Bestimmung" zielt auf eine immanente Notwendigkeit, die zu solcher Einheit führt, weil sie sie schon in sich trägt. „Bestimmung" ist „idealisch" als Moment des realen bestimmten Ganges. Die wahre Freiheit seines Wesens fände der Mensch in solcher Art harmonischentgegengesetztem Verhältnis zu Welt oder Natur, die selbst demgemäß strukturiert sind, wie diese Struktur sich in seiner Identität und Individualität reproduziert. Diese Einheit kennen wir als das Göttliche, als die gemeinsame „Seele, die allem gemein und jedem eigen".

Ist der Gang der Poesie derselbe, so wäre einmal ihre Funk-

tion im objektiven Gange festzustellen. Das leistet Hölderlin
für die Tragödie in dem Entwurf „Das Werden im Vergehen".
Doch bedeutet diese Identität, daß das „Verfahren" der Poesie
identisch ist mit dem „Verfahren", d. h. mit der allgemeinen
Gesetzmäßigkeit des Ganges der Menschen. Wird dies Verfahren des poetischen Geistes expliziert, so liegt darin ein ontologischer Anspruch.

Doch beantwortet diese allgemeine Identität nicht die Frage,
ob sich die Bestimmung des Menschen im Bewußtseinsakt er-
fülle. Diese Frage verschärft sich noch angesichts der empha-
tischen Bestimmung der Lösung der widerstreitenden Prozesse
in ihrer Vereinigung im geglückten Werk: „Und wenn es der
Gang und die Bestimmung des Lebens überhaupt ist, aus der
ursprünglichen Einfalt sich zur höchsten Form zu bilden, wo
dem Menschen ebendeswegen das unendliche Leben gegenwärtig ist . . ., aus dieser höchsten Entgegensetzung und Vereinigung des Lebendigen und Geistigen, des formalen und des
materialen Subjekt-Objekts, dem Geistigen sein Leben, dem
Lebendigen seine Gestalt, dem Menschen seine Liebe und sein
Herz und seiner Welt den Dank wiederzubringen", so ist
„jener höchste Punkt der Bildung, die höchste Form" des Lebens
„nicht Glück, nicht Ideal, sondern gelungenes Werk und Schöpfung"; er kann „nur in der Äußerung gefunden werden und
außerhalb der Äußerung nur in dem aus ihrer bestimmten ursprünglichen Empfindung hervorgegangenen Ideale gehofft
werden" (II , 409 f.).

Erfüllt sich somit, vollendet sich das Leben – das Leben der
Menschengattung – im poetischen Werk? Man muß die Frage
so zugespitzt stellen, nicht nur um sie im Sinne Hölderlins mit
gutem Grunde zu verneinen, sondern auch um den Widerspruch
in seinem philosophischen Grundansatz selbst deutlicher zu
machen, die Konsequenz dessen, daß er der Natur, dem Sein
nicht nur die universale, Subjekt und Objekt einschließende
Einheit zuschreibt, sondern darin zugleich eine – wiewohl ent-
personalisierte – Subjektivität. Anders ist im Gesamtkonzept
des Pantheismus Selbstbewegung nicht zu denken, wenn nicht
naturwissenschaftlich gefragt wird.

Trotz seiner spekulativen Formulierung über die Bestimmung des Menschen und die höchste Form des Lebens entwickelt Hölderlin nicht die spekulative Kreisbewegung des späteren Hegelschen Typs, die im Selbstbewußtsein des Weltgeistes Geschichte zur Ruhe kommen läßt und Zukunft ausschließt. Das hat einen allgemeinen Grund in seinem Wirklichkeitsverhältnis. Doch schon der theoretische Ansatz, der Gedanke des Seins jenseits von Subjekt und Objekt, verbietet es, dem Subjektiven, dem Bewußtsein, dem Geiste – dem Gegensatz zum Objekt – dieses einzuverleiben bzw. ihm das Wesen des Seins zuzuschreiben. Für Hölderlin dominiert in der poetischen Anschauung, welche den spontanen Materialismus aufhebt, die objektive unendliche Welt über jede Subjektivität wie im philosophischen Denken die Substanz über ihre Subjektqualitäten. In unserem Text über die „Verfahrungsweise des poetischen Geistes" dominiert das Leben als Gesamtprozeß über das Werk, das dessen Moment ist.

Jeder Vollendungspunkt ist für Hölderlin wieder dem Wechsel unterworfen. Weltgeschichte faßt er nicht – wie Hegel auf seine entfremdet-idealistische Weise – als Selbsterzeugung des Menschen durch seine Arbeit, sondern als gegenüber dem Menschen selbständigen Naturprozeß, in dem die Menschen im höchsten Falle der Natur dienend wirksam werden. Dementsprechend trägt Weltgeschichte nicht die Züge der Fortschrittsdialektik Hegels, sondern den ternär-spiralhaften Rhythmus von Einheit und Widerstreit, innerhalb dessen Hölderlin auf den Übergang vom Widerstreit zu neuer Einheit, zu Versöhnung, vaterländischer Umkehr und einer Welt des Friedens setzt. In diesem Kontext gewinnt das geglückte Werk seine künftige Vollendung antizipierende beispielhafte Funktion als die adäquateste Form, des Ganzen, des Unendlichen bewußt zu werden.

Hölderlins enthusiastische Worte zum „Werk", das aus der höchsten Entgegensetzung und Vereinigung des Lebendigen und des Geistes ersteht, sind ein Höhe- und Knotenpunkt seines Gedankengangs zur Verfahrungsweise des poetischen Geistes. Deren dialektische Bestimmung ergibt sich für ihn aus dem Widerspruch zwischen dem poetischen, dem schönen oder reinen Leben zum „Leben überhaupt", zum antagonistisch bewegten; sie erschließt sich ihm im Reflektieren des dichterischen Aktes, der beide in Beziehung setzt und zur Vereinigung führt, gerade in und durch die Entfaltung jenes Widerstreits von Einheit und Wechsel, von Geist und Stoff, der in den Anfangsbedingungen, in dem, wessen der Dichter mächtig zu sein habe, angelegt ist.

Zunächst sei der Gedankengang grob skizziert, in dem Hölderlin die poetische Verfahrungsweise entwickelt.

Ausgehend von den subjektiven Bedingungen dessen, was der Dichter eingesehen haben und was er können muß, fragt er nach der Beschaffenheit des Stoffes, „der für das Idealische, für seinen Gehalt, für die Metapher, und seine Form, den Übergang, vorzüglich rezeptiv" sei. An der „Bedeutung" als „Grund" des Gedichts, als Übergang „zwischen dem Ausdruck, dem Dargestellten, dem sinnlichen Stoffe, dem eigentlich Ausgesprochenen im Gedichte, und zwischen dem Geiste, der idealischen Behandlung" (II, 391), entwickelt er das „hyperbolische Verfahren" der Extremisierung der Gegensätze, der Vergleichung des „Widersprechendsten" in der Beziehung zwischen Geist und Stoff. Dies gipfelt in der höheren Vereinigung, da „derjenige Akt des Geistes, welcher in Rücksicht auf die Bedeutung nur einen durchgängigen Widerstreit zur Folge hatte, ein ebenso vereinigender" sei, „als er entgegensetzend war" (II, 397). In der „unendlichen Einheit, welche einmal Scheidepunkt des Einigen als Einigen, dann aber auch Vereinigungspunkt des Einigen als Entgegengesetzten, endlich auch beedes zugleich ist" (II, 399), in dieser erst konstituiere sich der poetische Charakter, die poetische Individualität, die Identität der Begeisterung – der göttliche Moment.

Der kühnste und letzte Versuch des poetischen Geistes, „die ursprüngliche poetische Individualität, das poetische Ich aufzufassen" (II, 400), führt von hier aus zur fundamentalen Auseinandersetzung mit Fichtes Idealismus – Fortführung der Frage von „Urteil und Sein" nach der Möglichkeit des Selbstbewußtseins. Sie wird so beantwortet, daß Selbstbewußtsein –

auch des poetischen Ich – nur möglich ist durch Entgegensetzung mit einem äußeren Objekt; das Ich muß aus sich herausgehen. Aus der poetologischen wird eine fundamentalphiloso-
phische und zugleich kulturphilosophische Reflexion. Doch die
Erkenntnis seiner Bestimmung gewinne der Mensch und der
Poet allein in „schöner heiliger, göttlicher Empfindung", welche
Totalempfindung der Einheit von Empfindung, Reflexion oder
bloßem Bewußtsein, von Streben und Harmonie ist. Aus dieser
heraus „ahndet" der Dichter seine Sprache, wird der höchste
Punkt der Bildung erreicht.

Der Bogen der Gedankenführung Hölderlins setzt den
Widerspruch zwischen schönem, poetischem Leben, zwischen
dem Bewußtsein höheren Lebens und dem Leben überhaupt
voraus, entwickelt ihn in Widerstreit und Wechselbeziehung
seiner Seiten bis zur Lösung bzw. Aufhebung im geglückten
Werk, in der den Widerspruch dialektisch aufhebenden Totalität des Werks. Poetisches Verfahren ist Aktion und Methode
seiner Lösung, Poesie wird nur dort als Poesie wirklich, wo
der poetische Geist aus seiner Innerlichkeit heraustritt, sich in
seinem Anderen, seinem Gegensatz, in dem dem Leben entnommenen „Element" verwirklicht. Sie wird nur wirklich „in
Wechselwirkung mit dem Elemente, das zwar in seiner anfänglichen Tendenz widerstrebt und gerade entgegengesetzt ist,
aber im Mittelpunkte sich mit jenen vereiniget" (II, 392), und
dieses impliziert einen den Widerstreit umfassenden Einheitsgrund beider. Ist der Stoff aus seinem Zusammenhang gerissenes Fragment der Wirklichkeit, so ist er – in diesem seinem
objektiven und realen Zusammenhang betrachtet – „größer"
als der dichterische Geist, aber nicht für sich selbst. Als Stoff
des Dichters ist er subordiniert, aber dennoch nicht nur pas-
sives Material, sondern hat Eigengewicht. Das, was der Dichter formt, muß sich letztlich beziehen auf dessen allgemeinen
Zusammenhang. Hölderlin spricht daher auch vom „Wirkungskreis", an dem und in dem allein das poetische Geschäft sich
realisiere.

Es muß schon im Stoff, im „Element" die Angemessenheit
an die poetische Verfahrungsweise liegen, die Möglichkeit, die

jene verwirklicht, „so daß man sagen kann, im jedesmaligen Elemente liege objektiv und reell Idealisches dem Idealischen, Lebendiges dem Lebendigen, Individuelles dem Individuellen gegenüber" (II, 392). Dies ist fundamental, setzt Dichtung als Verhalten und Aktion in die eine wirkliche Welt, ihr Idealisches bringt, was im Wirklichen nicht für sich ist, zu Bewußtsein im gestaltenden Wechselprozeß. Der Gegensatz von „Idealischem" und „Lebendigem" ist diesem an sich immanent.

Der Dichter steht im objektiven realen Gattungszusammenhang, aus dem er den Stoff wählt, und der Gegensatz des idealen poetischen Lebens, das er im Innern trägt, zum wirklichen Leben gründet ebenso in dessen Einheit, wie das Zusammentreffen von Stoff und idealischer Behandlungsart „im Mittelpunkt", in der Einheit dieses Lebens seinen Grund hat.

Diese Einheit ist die Voraussetzung dafür, daß beide, poetischer Geist und Stoff, dem gleichen Gesetz des „Verfahrens" unterliegen, daß beide in Gehalt und Form dem Gesetz von Identität und Differenz, von Einheit und Wechsel folgen. Erst in der Wechselbeziehung beider – als Widerstreit bei gleichzeitiger Kompensation – entsteht, so Hölderlins Gedanke, die „Fühlbarkeit", ein Bewußtwerden, das ohne Gegensatz nicht möglich ist, also nicht in einem In-sich-Kreisen des poetischen Geistes, sondern nur dadurch, daß er aus sich heraus- und in Gegensatz zu seinem anderen, dem Stoff, und damit in eine widerstreitende Bewegung tritt. So wird die Identität des geistigen Gehalts fühlbar durch die Verschiedenheit des Stoffes, der Wechsel der geistigen Form durch die Identität der sinnlichen.

Solche Formeln erscheinen zunächst ganz abstrakt, sie sind auch im Text wie in der Anwendung nicht eindeutig zu bestimmen. Das entspricht der Abstraktionsebene Hölderlins: er entwirft eine Struktur des Dichtwerks als Komplex prozessierender Widersprüche innerhalb und zwischen den Sphären von Geist und Stoff, so daß im Ergebnis eine „Welt in der Welt" herauskommt. Die Begriffe sind funktional so allgemein wie der Begriff der „Welt". Zugleich ist dies prozessierende Widerspruchsgewebe so entworfen, daß im Ergebnis aus der „Fühl-

barkeit" des Ganzen Bewußtsein entsteht in denen, für die
gedichtet wird.

In einer Nebenbetrachtung zur „Identität des Stoffes" definiert Hölderlin diese Identität nicht von ihrer Objektivität her,
vom inneren Zusammenhang des Stoffes, sondern als „Totaleindruck" des Dichters, als die erste unausgesprochene Wirkung, die durch die Widerspruchsentfaltung des Werkes zur
ausgesprochenen, mithin aufnehmbaren wird, und zwar zu
einem Ganzen, wobei „Anfangspunkt und Mittelpunkt und
Endpunkt in der innigsten Beziehung stehen, so daß beim Be-
schlusse der Endpunkt auf den Anfangspunkt und dieser auf
den Mittelpunkt zurückkehrt" (II, 390). Die Strategie zielt auf
die Totalität eines Werkes, die in der Bewegung sich erschließt,
während sie in den Höhepunkten im Momentanen sich zusammenfaßt, weshalb Hölderlin als letzte der Bedingungen, deren
der Dichter mächtig sein müsse, formulierte: er müsse eingesehen haben, „wie der Widerstreit des geistigen Gehalts und
der idealischen Form einerseits und des materiellen Wechsels
und identischen Fortstrebens andererseits sich vereinigen in
den Ruhepunkten und Hauptmomenten, und soviel sie in diesen nicht vereinbar sind, eben in diesen auch und ebendeswegen
fühlbar und gefühlt werden" (II, 390). Produktions- und Wirkungsstrategie sind hier nicht zu trennen. Beide verweisen auf
die „Welt", das „Leben".

Das Bisherige gibt Anlaß, drei Momente hervorzuheben:

1. Die außerordentlich hohe philosophisch-methodische Bewußtheit, die Hölderlin als Bedingung des schöpferischen Aktes
fordert.

2. Die in den Text eingezeichneten Konturen einer vollkommenen, idealen Poesie – der ersehnten, gesuchten, geglückten –
als Versöhnung von Geist und Leben. Hölderlin reflektiert
nicht Arbeitserfahrungen, sondern sein poetisch beschwingter,
reflektierender, aber methodisch selbst nicht reflektierter Entwurf ist als Begriffsdichtung seine Utopie der Poesie, der seine
allgemeine Lebensutopie als Bestimmung des Menschen immanent ist. Wie Poesie den Gegensatz von innerem poetischem
Geist und Leben voraussetzt, wird gegen eine zerrissene Welt

das dichterische Bild ihrer Versöhnung als poetische Werk-und-Welt-Struktur entworfen.

3. Die äußerst abstrakte und formelle Art dieses Entwurfs. Begriffe werden nicht definiert, vielmehr vorausgesetzt. Wenn Hölderlin transzendentale Bedingungen des geglückten Werkes entwirft, als „Welt in der Welt", dies nur in seiner strukturellen Allgemeinheit, wenn er es auf so begeisterte, verkündende, begriffsdichterische Weise tut, wobei die benutzten Begriffe ihm einen je konkreten, handhabbaren, anschauungs- und gefühlsintensiven Gehalt bedeuten müssen, mit denen er zugleich kombinatorisch verfährt, so sollte erwogen werden, ob ihm nicht ein musikalisches Werk und Verfahren als Analogon mindestens vor Augen stand: das Mit- und Gegeneinander der Stimmen, die im symphonischen Ganzen zum großen Zusammenklang sich vereinen, zur Harmonie, welche die Dissonanz bewahrend aufhebt, ein Gewebe aus wechselnd kombinierten Grundelementen sich konstituierender bedeutender, aber inhaltlich nicht festzumachender bewegter Konfigurationen, sich wechselseitig bedingender, aufeinander bezogener widerstreitend-harmonischer Beziehungen, die in Trennung und Vereinigung, Harmonie und Dissonanz sich bewegen, die Fühlbarkeit ihrer Ordnung gerade durch den Gegensatz produzieren, bis zum unendlichen Zusammenklang, zur Einheit der Gegensätze im Ganzen dieser Lebenssymphonie. Aufzuklingen scheint, was jede sprachliche Fixierung in ihrem Sagen verschweigen muß. Vergleichen wir mit Wackenroders Deutung der Symphonie, so fällt die ungleich höhere, unsinnlichere Abstraktionsstufe Hölderlins auf, mehr noch: er zeigt eine Welt in der Welt, wo Wackenroder das Schicksal der Seele in der Welt beschwört. Hölderlins Zugriff ist ungleich aktiver, konstruktiver, statt schmerzlicher Hinnahme eine energische, tief lebensbejahende, „heroische" Haltung.

Wir gingen vom Widerstreit zwischen Stoff und Geist aus. Hölderlin fragt nun – wiederum unter dem Aspekt der Verfahrungsweise – nach den Stoffen, die „rezeptiv" seien für die idealische Behandlung. Diese Frage erbringt den Kern seiner Gattungstheorie und führt auf den Grundbegriff der „Bedeu-

tung". „Der Stoff ist entweder eine Reihe von Begebenheiten
oder Anschauungen, Wirklichkeiten, subjektiv oder objektiv zu
beschreiben, zu malen, oder er ist eine Reihe von Bestrebungen,
Vorstellungen, Gedanken oder Leidenschaften, Notwendigkeiten, subjektiv oder objektiv zu bezeichnen, oder eine Reihe
von Phantasien, Möglichkeiten, subjektiv oder objektiv zu bilden." (II, 391) In nuce deutet sich hier Hölderlins Konzept
der Dichtarten an.

Zunächst gibt er als Kriterium, welche Stoffe für die Poesie
und ihre idealische Behandlung geeignet seien, inhaltliche
Wertungen an: die Begebenheiten müßten aus „rechten Bestrebungen", die Gedanken und Leidenschaften aus der „rechten Sache", die Phantasien aus „schöner Empfindung" hervorgehen. Der erste Stoffbereich entspricht − wir beziehen hier
den Aufsatz „Über den Unterschied der Dichtarten" ein − dem
epischen Gedicht als „Metapher großer Bestrebungen", die
zweite Stoffart dem tragischen Gedicht als „Metapher *einer*
intellektuellen Anschauung" und die dritte dem lyrischen Gedicht als „Metapher *eines* Gefühls" (II, 413). Zunächst sei be-
merkt, daß eine nicht dargestellte Geschichts- und Weltanschauung vorausgesetzt wird, von der her erst erkennbar
wird, welche Sachen und Bestrebungen die rechten seien. Festzuhalten ist sodann die Dreiheit von Gefühl, Bestrebung und
intellektueller Anschauung. Die Naivität des Gefühls, das
Heroische der Bestrebungen und die Idealität der intellektuellen Anschauung des harmonisch Ganzen entsprechen den drei
Stufen, Zuständen und Wirklichkeitsverhältnissen der „exzentrischen Bahn". Erst ihre Einheit verleiht dem Gedicht die
Totalität des Entwicklungsganges des Einzelnen wie der Gattung.

Entscheidend ist nun, daß Hölderlin zwischen Bedeutung,
dem „Grund" des Gedichts, und „Schein", dem „Zeichen"
oder „Kunstcharakter", ein grundsätzliches Widerspruchsverhältnis statuiert: „Das lyrische, dem Schein nach idealische Gedicht ist in seiner Bedeutung naiv. . . . Das epische, dem Schein
nach naive Gedicht ist in seiner Bedeutung heroisch. . . . Das
tragische, dem Schein nach heroische Gedicht ist in seiner Be-

deutung idealisch." (II, 413) Die „Metapher" trägt also den
Gegensatz als Bedeutung an sich. Erst die drei „Töne" zusammen – in je unterschiedlicher Dominanz und Rhythmik – formen die Ganzheit: „In lyrischen Gedichten fällt der Nachdruck auf die unmittelbarere Empfindungssprache, auf das Innigste; das Verweilen, die Haltung auf das Heroische, die Richtung auf das Idealische hin." (II, 414)

Die „Bedeutung" ist doppelt genommen: als objektive und
subjektive, als objektiver Grund und subjektiver Grund. Sie
ist diejenige Bestimmung, die das Gedicht bzw. den poetischen
Akt als geschichtliches Verhalten gemäß der rechten Bestrebung, Sache etc. begreifen läßt – und zwar als Verhalten des
poetischen Ich zum Ganzen des geschichtlichen Lebensprozesses
und als Verhalten dieses Lebensprozesses zu sich selbst, als
dessen Reflexion, dessen Zu-sich-selbst-Kommen.

Deshalb sei an Hand des Textes über die poetische Verfahrungsweise ausführlicher darauf eingegangen.

Bedeutung erschließt sich als Gegensatz zum Schein, aber
sie kann nur durch den Schein, den „Kunstcharakter", das
„Zeichen", vermittelt werden. In der Verfahrungsweise des
Dichters soll Bedeutung „den Übergang bilden zwischen dem
Ausdruck, dem Dargestellten, dem sinnlichen Stoffe, dem
eigentlich Ausgesprochenen im Gedichte, und zwischen dem
Geiste, der idealischen Behandlung" (II, 391). „Sie ist's, die
dem Gedichte seinen Ernst, seine Festigkeit, seine Wahrheit
gibt, sie sichert das Gedicht davor, daß die freie idealische Behandlung nicht zur leeren Manier und Darstellung nicht zur
Eitelkeit werde." Bedeutung übergreift Form und Stoff: „Sie
ist das Geistigsinnliche, das Formalmaterielle, des Gedichts . . ."
(II, 393) Aber sie ist nicht identisch mit dem Widerspruchsverhältnis beider, sondern bezieht die Einheit beider auf den
Grund, und der ist das reale Leben selbst. Bedeutung „gibt"
der Dichter dem „freien poetischen Leben".

Hölderlin trifft zunächst folgende Unterscheidung: die idealische Behandlung – in Metapher, Übergang, Episoden – sei
„mehr vereinigend", das Stoffliche, „der Ausdruck, die Darstellung in ihren Charakteren, ihrer Leidenschaft, ihren Indi-

vidualitäten, mehr trennend" (II, 393). Das Gesetz von Einheit und Wechsel gilt, wie wir sahen, auf beiden Seiten, doch
mit unterschiedlicher Dominanz, insofern der dominierende
Wechsel, die Mannigfaltigkeit des Stoffes, der Einheitsfunktion
des Geistes subordiniert ist. Hier sind die Gedanken zum „Wir-
kungskreise" einzubeziehen. Gegenüber dem Geist aber sei die
Bedeutung „sich selber überall entgegengesetzt". Sie trenne
alles Einige, setze das Freie fest, verallgemeinere das Besondre.
Das klingt zunächst recht dunkel. Klarheit beginnt bei der Begründung: „weil nach ihr das Behandelte nicht bloß ein individuelles Ganze . . ., sondern ein Ganzes überhaupt" (II, 393)
sei, denn sie betrachte „das Idealische, harmonisch Entgegengesetzte und Verbundene, nicht bloß als dieses, als schönes
Leben, sondern auch als Leben überhaupt" (II, 394).

Wenn Hölderlin von „betrachten" spricht, so wäre das zu
verstehen als vergleichender, in Beziehung setzender, reflektierender Akt des poetischen Bewußtseins und als die werk-
immanent gesetzte, das Werk transzendierende Beziehung
selbst. Bedeutung ergibt sich aus der Beziehung zwischen individuellem Werk und „Leben überhaupt"; sie bezieht das
idealische Leben auf den wirklichen, den geschichtlichen
Lebensprozeß, so daß sie, die Bedeutung, „das Idealische, harmonisch Entgegengesetzte und Verbundene" des Werks auch
eines anderen Zustands für fähig betrachte, „eines geradentgegengesetzten, eines äußersten", der „mit dem vorigen nur
vergleichbar ist durch die Idee des Lebens überhaupt" (II, 394).

Das „Leben überhaupt" ist nicht der Stoff, der nur ein aus
seinem Zusammenhang gerissenes Fragment darstellt. Es ist
Totalitätsbestimmung, umfaßt Natur als Prozeß und unendlichen Zusammenhang, als Harmonie und Dissonanz, Entstehen
und Vergehen, Subjekt und Objekt, das universelle wie das
individuelle, äußeres wie inneres Werden; es ist dichterische
Bestimmung, die das Objektive meint und zugleich des Subjekts Erleben und Bestreben, ist empirischere Fassung des Hen
kai pan und des „ewigen, glühenden Lebens" im Hymnus des
„Hyperion". Die Universalität dieses Lebens, sein Allzusammenhang, hebt nicht auf, daß „Leben" für Hölderlin dominant

geschichtlich-menschliches Leben ist und Außermenschliches nur in bezug auf Menschliches relevant ist, selbst wo es in seiner Wertung sich umzukehren scheint. Das unterscheidet sein Lebenskonzept von dem Herders und Goethes. Es hat seine Rhythmik und Struktur. Und diese ist keine andre als in synchroner und diachroner Hinsicht die Dialektik des Einen-in-sich-Unterschiedenen, der Einheit von Harmonie und Dissonanz, der Identität des Identischen und Nichtidentischen. Was in logischer Form Fichtes Triade, ist ontologisch gesetzt, als Bewegungsform des Lebens selbst verallgemeinert.

Dieser Lebensbegriff ist für Hölderlin die Form, die Einheit des Objektiven und Subjektiven zu denken: die Entgegensetzung von Subjekt und Objekt und ihre Einheit, das subjektive Moment im übergreifend Ganzen und das objektive Moment in der tiefsten Subjektivität. Das Schillernde, Materialistisches und Idealistisches Vereinende dieses Lebensbegriffs gewinnt seine geschichtliche Bedeutung als Übergang von der Theologie zur pantheistisch-weltlichen Sicht – im Gegensatz zum Fichteschen subjektiven Idealismus.

Die Idee des „Lebens überhaupt" ist die subjektiv bewußte und angewandte Idee dieses Ganzen, ist diese Interpretation, die das Leben als objektiv Übergreifendes meint. Die Bedeutung des Gedichts liegt in der Beziehung des Gedichts in der Einheit von Geist und Stoff auf den so interpretierten Lebensprozeß als Ganzes, und diese Beziehung bestimmt das Gedicht selbst als dessen Akt. Dadurch „gibt der Dichter dem Idealischen einen Anfang, eine Richtung, eine Bedeutung" (II, 394).

Dies Geben der „Bedeutung" ist eine aktive, aufs „Leben" sich beziehende Funktion. Wie sie oben als Grund, in rechten Bestrebungen fundiert, gefordert wurde, so bestimmt Hölderlin das „Idealische in dieser Gestalt", das also eine Richtung und Bedeutung erfahren hat, als „subjektiven Grund des Gedichts, von dem aus-, auf den zurückgegangen wird". Wie die Bedeutung anfangs bestimmt wurde als Betrachtung des Gedichts als Leben überhaupt, so wird auch das „innere idealische Leben in verschiedenen Stimmungen aufgefaßt, als Leben überhaupt, als ein Verallgemeinerbares, als ein Festsetzbares,

als ein Trennbares betrachtet". Als die drei möglichen poetischen Stimmungen führt Hölderlin an: Empfindung, Streben
und intellektuale Anschauung, somit Grundfunktionen der
Subjektivität. Wird die Empfindung als Grundstimmung betrachtet, so wird sie dadurch als ein „Verallgemeinerbares",
das Streben als „Erfüllbares" und die intellektuale Anschauung
als „Realisierbares" betrachtet. „Und so fordert und bestimmt
die subjektive Begründung eine objektive und bereitet sie vor."
(II, 394)

Hier ist also eine Wechselbeziehung von subjektiver und
objektiver Begründung gefordert – von „Stimmung" und
„rechter Sache". Gehen wir vom übergreifenden Leben aus,
dann ist die „Stimmung", so sie die „rechte Sache" faßt, mit
dieser konvergent. Der subjektive Grund der „Stimmung" ist
auf keinen Fall subjektivistisch gemeint, ist nicht im impres-
sionistischen Sinne „Stimmung" nur des individuellen Subjekts,
sondern Produkt des Objektiven und Subjektiven – eines Gehalts, der sie zum subjektiven Grund mit Recht werden läßt,
von dem ausgegangen und auf den zurückgegangen werden
kann, so daß der Beschluß des Gedichts auf den Anfang verweist. An anderer Stelle spricht Hölderlin vom „Totaleindruck", und der Gang des Gedichts ist dessen Reproduktion:
der „Totaleindruck" impliziert bereits das Stoffliche, an und
in dem das Ganze dann zur Sprache gebracht wird. Von hier
aus läßt sich eine allgemein fundierende Funktion der intellektualen Anschauung angeben.

Das ermöglicht, daß die Verallgemeinerung der Empfindung
nicht ein Zufällig-Subjektives allgemein setzt, sondern in der
subjektiven Empfindung, die auf die rechte Sache gegründet
ist, gesellschaftlich verallgemeinert, als allgemein-gesellschaft-
lich organisiert. Dementsprechend wird das Bestreben als Erfüllbares betrachtet und von hier aus der Stoff behandelt.
Schließlich wird, indem die intellektuale Anschauung das
Ganze, das Einige im Widerstreitenden erfaßt, diese Einigkeit
als realisierbar gegen den Widerstreit behauptet. In diesen
drei Möglichkeiten liegt das aktive, auf die geschichtliche
Situation zielende, das Praxis intendierende Moment. Das

betrachtet Hölderlin als „Fixierung" des freien poetischen Lebens, das auf diese Weise durch die Bedeutung mit seinem direkt Entgegengesetzten verbunden wird. Die Bezugnahme des Poetischen auf das Wirkliche, vermittelt durch die Idee des Lebens überhaupt, ist selbst Widerspruch. Und ebendies Widersprechen reproduziert sich im Widerspruch zwischen Kunstcharakter und Bedeutung, ist selbst als Bewußtwerden des Lebens dessen eigene Aktion, die durch Poesie vermittelt wird.

Die allgemeine Voraussetzung dessen ist der Widerspruch des Einigen, Harmonischen, des schönen Lebens der Poesie zum „Geradentgegengesetzten" des Lebens überhaupt, dessen innerster Widerspruch der zwischen dem Einigen und dem Getrennten ist. Poesie erscheint dabei nicht nur als Akt seines Bewußtwerdens. Sie ist selbst – eben als Aktion für andere – vereinigend, bildet in einer Welt von Widerstreit Gemeinschaft. Die Poesie setzt also geschichtlich den Widerstreit voraus, wäre ohne ihn nicht und ist Aktion, ihn aufzuheben.

Am eindringlichsten hat Hölderlin, was ihm vorschwebte, im Brief der Jahreswende 1798/99 an seinen Bruder beschrieben: „Nicht wie das Spiel vereinige die Poesie die Menschen, sagt ich; sie vereinigt sie nämlich, wenn sie echt ist und echt wirkt, mit all dem mannigfachen Leid und Glück und Streben und Hoffen und Fürchten, mit all ihren Meinungen und Fehlern, all ihren Tugenden und Ideen, mit allem Großen und Kleinen, das unter ihnen ist, immer mehr zu einem lebendigen, tausendfach gegliederten, innigen Ganzen, denn eben dies soll die Poesie selber sein, und wie die Ursache, so die Wirkung." (IV, 340)

Das tausendfach gegliederte, innige Ganze ist sowohl das ersehnte Werk der Dichtung als auch die ersehnte Gemeinschaft der Zukunft. Der Kontext des Briefes geht direkt darauf ein: „Nicht wahr, Lieber, so eine Panazee könnten die Deutschen wohl brauchen, auch nach der politisch-philosophischen Kur; denn alles andre abgerechnet, so hat die philosophisch-politische Bildung schon in sich selbst die Inkonvenienz, daß sie zwar die Menschen zu den wesentlichen, unumgänglich not-

wendigen Verhältnissen, zu Pflicht und Recht, zusammenknüpft, aber wie viel ist dann zur Menschenharmonie noch
übrig? ... Aber die Besten unter den Deutschen meinen meist
noch immer, wenn nur erst die Welt hübsch symmetrisch wäre,
so wäre alles geschehen. O Griechenland, mit deiner Genialität
und deiner Frömmigkeit, wo bist du hingekommen?" (IV, 340)

Die Verbindung von Leben und Poesie, ihre Korrespondenz
stellt Poesie unter den Wahrheitsanspruch. Darin ist ihr „Gebrauch" beschlossen:

> Lern im Leben die Kunst, im Kunstwerk lerne das Leben,
> Siehst du das eine recht, siehst du das andere auch.
>
> (I, 342)

Hölderlin hat dies auch sich selbst zugesprochen. Hierin ist
schon enthalten, was er später als Identität des Ganges und
der Bestimmung der Poesie und des Menschen überhaupt aussprach. Aus der Poesie wäre also Gang und Bestimmung der
Menschen lernbar. Denn das Leben wird in ihr für sich, und
der Gang kann nur als geschichtliches Werden verstanden werden. Der Anspruch ist so groß wie unbegriffen und stößt auf
die Mauer des Mißverstehens, das zu immer erneuter Selbst-
anbietung und Rechtfertigung führt. So heißt es im „Gang aufs
Land":

> Denn nicht Mächtiges ist's, zum Leben aber gehört es,
>   Was wir wollen, und scheint schicklich und freudig zu-
>   gleich.
> Aber kommen doch auch der segenbringenden Schwalben
>   Immer einige noch, ehe der Sommer, ins Land. (I, 399)

Die Aufforderung, mit der das Gedicht beginnt, „Komm! ins
Offene, Freund!" korrespondiert mit „fast will / Mir es scheinen, es sei, als in der bleiernen Zeit" (I, 398). Was geplant
als Gang aufs Land zur Feier des Baus eines Gasthauses vor
den Toren der Stadt, wird Hölderlin zu einem Gesang, der
wiederum auf das Weltschicksal, das Verhältnis von Menschen

und Göttern zielt, und am Rande des Entwurfs stehen die
Zeilen

> Singen wollt ich leichten Gesang, doch nimmer gelingt
>   mir',
> Denn es machet mein Glück nimmer die Rede mir leicht.
>   (I, 684)

Wie kann die Rede leicht sein, wenn die Zeit als bleiern erfahren wird? Zumal der Sommer, den die Schwalbe ankündet,
nicht kommt.

Dialektik der Totalität

Der Akt, der dem Gedicht Bedeutung verleiht, schließt nicht
die poetische Verfahrungsweise ab. Im Gegenteil, jetzt entsteht erst das Problem, wie dem Gedicht „Wirklichkeit" zu
geben sei. Noch fehlt, wie Hölderlin sagt, das „Verbindungs-
mittel zwischen Geist und Zeichen" (II, 396). Denn während
das poetische Leben – als reines betrachtet – harmonisch-einig
sei, verliere es, „durch die poetische Reflexion vermöge der
Idee des Lebens überhaupt" betrachtet, seine Einigkeit und
Harmonie. Unter diesem Gesichtspunkt herrsche „durchaus ein
Widerstreit von Individuellem (Materialem), Allgemeinem
(Formalem) und Reinem" (II, 395).

Dieser dreipolige Widerspruch, in dem sich Geist und Stoff,
Gehalt und Form überkreuzen, ist die Folge davon, daß das
reine poetische Leben in jeder seiner Stimmungen mit seinem
Geradentgegengesetzten des Lebens verbunden wurde. Die
Reflexion vermöge der „Idee des Lebens überhaupt" gibt dem
Stoff die individualisierende, bestimmende Funktion und
scheint die Identität des poetischen Lebens im Wechsel der
Gegensätze des Lebens aufzulösen. Es ist also keine Rückkehr
möglich. Das Problem ist, wie die Identität im Wechsel der
Gegensätze zu reproduzieren und zu gewinnen sei. Hölderlins
These ist, daß „derjenige Akt des Geistes, welcher in Rück-

sicht auf die Bedeutung nur einen durchgängigen Widerstreit zur Folge hatte, ein ebenso vereinigender sein (wird), als er entgegensetzend war" (II, 397). Auf neue Weise erscheint die Triade analog der exzentrischen Bahn: nicht als Nacheinander, sondern als synchrone Struktur.

Wie ist – Hölderlin muß ausholen – ein solcher zugleich vereinigender und entgegensetzender Akt zu begreifen? Das ist weder vom Begriff des Lebens noch dem der Einigkeit überhaupt her zu leisten, sondern nur von einem Leben und Geist übergreifenden Begriff. Hölderlin bestimmt ihn als „Einheit des Einigen, so daß von Harmonischverbundenem eines wie das andere im Punkte der Entgegensetzung und Vereinigung vorhanden ist und daß in diesem Punkte der Geist in seiner Unendlichkeit fühlbar ist, der durch die Entgegensetzung als Endliches erschien" (II, 397).

Der Schlüsselbegriff ist die „Einheit des Einigen". Faßt das „Einige" die substantielle Einigkeit von Geist und Leben, so „Einheit" deren universelle dialektische Vermittlungsstruktur. Diese Einheit vereint das Entgegengesetzte im „Punkte" der Entgegensetzung und Vereinigung. Entgegensetzung wird durch Teilung eines Ganzen. Sie verendlicht das Unendliche. Erst an dessen Gegenteil, dem Endlichen, wird – in der extremen Entgegensetzung von Vereinigung und Entgegensetzung – das Unendliche des Geistes „fühlbar". Der nächste Satzteil Hölderlins expliziert zugleich diese dialektische Einheitsstruktur: „daß das Reine, das dem Organ an sich widerstritt, in ebendiesem Organ sich selber gegenwärtig und so erst ein Lebendiges ist" (II, 397). Das Stoffliche, das Geradentgegengesetzte des „Reinen", erscheint in der Funktion des „Organs": das Ideale, Reine, Vollkommene bleibt bewußtlose Innerlichkeit ohne sein Gegenteil, das Reine kann sich nur darstellen im Unreinen, dem ihm Widerstreitenden, Stofflichen, das Unendliche nur im Endlichen. Es kann nur über dieses sein Gegenteil und nur in ihm sich „gegenwärtig", bewußt werden. Erst durch diese Vermittlung durchs Gegenteil wird es ein „Lebendiges", Leben im Leben in seiner Konkretheit. Ohne diese Vermittlung bleibt es abstrakt. Der poetische Geist gewinnt

also nicht nur Bedeutung durch seine Beziehung aufs Geradentgegengesetzte, er gewinnt im „Organ" seine Identität, indem
er Lebensstruktur gewinnt und Lebendiges wird. Das ermöglicht erst, daß er selbst ein Organ des Lebens überhaupt wird,
das in ihm zu sich kommt.

Am poetischen Geist und dessen Verfahren entwickelt Hölderlin ein allgemeines Bewußtseinskonzept. Bewußtsein, Fühlbarkeit erwachsen nicht aus homogener Einheit und Innigkeit,
sondern aus Differenz, Aufspaltung des Einheitlichen, Gegen-
satzbeziehung. Dementsprechend ist Selbstbewußtsein nur im
Anderen, im Negativen seiner selbst möglich. Das Unendliche,
Ganze fühlbar werden zu lassen bedingt äußerste Extremisierung der Gegensätze, die im Punkte der Vereinigung und Entgegensetzung ihre Einheit finden – und finden können, weil
sie in der substantiellen Einigkeit gründen.

Hölderlin nennt die bewußte Zuspitzung der Gegensätze,
um ihre Einheit hervorzutreiben, hyperbolisches Verfahren. Es
durchdringt den Gang des poetischen Verfahrens. Erst in der
„materiellsten Entgegensetzung, welche sich selbst entgegengesetzt ist" (II, 398), im „stärksten Gegensatz, im Gegensatz
der ersten idealischen und zweiten künstlich reflektierten Stimmung, in der materiellsten Entgegensetzung (die zwischen harmonisch verbundenem, im Mittelpunkte zusammentreffendem,
im Mittelpunkte gegenwärtigem Geist und Leben liegt), ...
gerade da das Unendlichste sich am fühlbarsten, am negativ-
positivsten und hyperbolisch darstellt" (II, 397 f.). Das ist
Geburt zugleich des Selbstbewußtwerdens im poetischen Ver-
fahrensprozeß. Geht er aus von der Innigkeit der zum Grunde
liegenden Empfindung, so wird „durch diesen Gegensatz der
Darstellung des Unendlichen im widerstreitenden Fortstreben
zum Punkt und seines Zusammentreffens im Punkt die simultane Innigkeit und Unterscheidung der harmonischentgegengesetzten lebendigen zum Grunde liegenden Empfindung ersetzt". Die Grundempfindung wird also „ersetzt und zugleich
klarer von dem freien Bewußtsein und gebildeter, allgemeiner,
als eigene Welt der Form nach, als Welt in der Welt und so
als Stimme des Ewigen zum Ewigen dargestellt" (II, 398).

Hölderlin postuliert mit begeistertem Schwung das Resultat. Es jedoch zu erreichen, muß der Geist über seine bislang beschriebenen Akte hinausgehen, indem er „einen unendlichen Gesichtspunkt sich gebe beim Geschäfte, eine Einheit, wo im harmonischen Progreß und Wechsel alles vor- und rückwärts gehe und durch seine durchgängige charakteristische Beziehung auf diese Einheit nicht bloß objektiven Zusammenhang, für den Betrachter auch gefühlten und fühlbaren Zusammenhang und Identität im Wechsel der Gegensätze gewinne" (II, 398 f.).

Deshalb sei es die „letzte Aufgabe, beim harmonischen Wechsel einen Faden, eine Erinnerung zu haben", damit der poetische Geist im Wechsel, in den verschiedenen Momenten und Stimmungen „sich gegenwärtig bleibe, so wie er sich ganz gegenwärtig ist, in der unendlichen Einheit", die – es wurde schon zitiert – dreifacher Natur sei: „Scheidepunkt des Einigen als Einigen, dann aber auch Vereinigungspunkt des Einigen als Entgegengesetzten, endlich auch beedes zugleich". Diese Formel umschreibt Hölderlin immer wieder: sie ist für ihn die durchgängige Welt- und Bewußtseinsstruktur, das Gesetz ihrer Bewegung und gilt für Genesis und Resultat des Gedichts – die Einheit, die als „Einigentgegengesetztes unzertrennlich gefühlt" werde. Sie konstituiert erst Poesie und poetische Individualität, und dieser allein ist „die Identität der Begeisterung, die Vollendung des Genie und der Kunst" (II, 399) gegeben. Sie erst läßt das Unendliche vergegenwärtigen.

Deshalb kann der Faden, der unendliche Gesichtspunkt nichts anderes sein als des Dichters Erinnern des einheitlichen Grundes, von dem aus- und auf den zurückgegangen werden muß, worin Anfängliches mit bleibend Ewigem verschmilzt: dies „Erinnern" bewahrt das Innige im zerreißend Entgegengesetzten, es impliziert Geschichte, weil zu seiner Dimension Vergangenheit und Zukunft gehören. Die unendliche Einheit versteht Hölderlin subjektiv und objektiv. Er bestimmt sie jeweils in bezug auf ihre „Darstellung", wodurch der Terminus „Darstellung" unterschiedliche Bedeutung gewinnt. Für die „Welt aller Welten", die Natur, das Einige, gilt, daß diese sich je in der Wirklichkeit darstellt als besondere geschichtliche Welt.

Es ist hier Darstellen ein Sich-zur-Wirklichkeit-Bringen in der jeweiligen Besonderheit eines Ganzen. Subjektiv gesehen, betrifft die unendliche Einheit den poetischen Geist – und zwar in seiner Besonderheit als poetisches Ich, als subjektive Ganzheit – als Gestalt, in der das Unendliche, das Leben zu sich kommt, sich seiner bewußt wird. Das „reine" Objekt der ursprünglich poetischen Individualität ist das „Einige und Lebendige", das sie – und darin sich – am besondren, dem Leben entnommenen, entgegengesetzten Stoff darstellt, wodurch diese Individualität sich verwirklicht. Das poetische Werk erscheint als „eigene Welt der Form nach" oder als „Welt in der Welt": die Werktotalität reproduziert je spezifisch eine Welttotalität.

An dieser Stelle fügt Hölderlin eine Fundamentalargumentation ein, die erst philosophisch-gnoseologisch begründet, daß und warum der poetische Geist nicht als Herausspinnen der Subjektivität sich betätigt, sondern Geist ist, menschlicher Geist, der einer wirklichen Welt sich stellt und allein in ihr seiner bewußt wird, wie er ihrer bewußt wird. Seine Struktur und Verfahrungsweise entspricht der praktischen Verfahrungsweise in der Welt, seine Dialektik reproduziert – in anderer Sphäre – die Dialektik des Lebens selbst. Insofern hat das Leben poetisch-konkrete Struktur.

Ist nun der letzte Akt der poetischen Verfahrungsweise, „wo das Harmonischentgegengesetzte als harmonisches Entgegengesetztes, das Einige als Wechselwirkung in ihr als eines begriffen ist" (II, 399), so wird entscheidend, daß sie in diesem Akt „schlechterdings nicht durch sich selbst begriffen, sich selbst zum Objekte werden" kann und darf. Ansonsten entstünde statt einer unendlich einigen und lebendigen eine tote und tötende Einheit. Ist es „der kühnste und letzte Versuch des poetischen Geistes . . ., die ursprüngliche poetische Individualität, das poetische Ich aufzufassen . . ., so ist ein äußeres Objekt notwendig" (II, 400). Denn er kann die poetische Individualität nicht an sich und durch sich selbst erkennen.

In diesem Punkt setzt Hölderlins Kritik des subjektiven Idealismus an, worin er gegen Fichte dessen Konzept der Wechselbeziehung zwischen Subjekt und Objekt weiterführt, es im pan-

theistisch-objektiven Kontext ontologisiert. Das ist die Voraussetzung, das poetische Ich in seiner dreifachen Natur – und darin besteht die innere Logik der poetischen Verfahrungsweise –
zu bestimmen: als „entgegensetzend das Harmonischentgegengesetzte, als (formal) vereinigend das Harmonischentgegengesetzte, als in einem begreifend das Harmonischentgegengesetzte,
die Entgegensetzung und Vereinigung" (II, 401).

Die dialektische Bestimmung der dreifachen Natur des poetischen Ich fundiert ihrerseits die „Bestimmung des Menschen",
die auf das Erkennen des dialektischen Identitätsverhältnisses
von Mensch und Welt, Personalität und Leben abzielt. Sie ist als
Selbstbewußtsein des poetischen Ich nicht möglich, so dieses in
seiner Bewußtseinsimmanenz verharrt. Innerhalb seiner subjektiven Natur kann es sich nur als Beziehendes oder Entgegen-
setzendes erkennen, nicht aber in seiner dialektischen Identität.
Wird das Ich sich selbst unmittelbar zum Objekt, kann es der
Reflexion nur erscheinen „im Charakter eines positiven Nichts,
eines unendlichen Stillstands" (II, 400).

Aber es bedarf wiederum eines adäquaten Selbstbewußtseins,
um sich bewußt und frei verhalten zu können. Der poetische
Geist muß die „ursprüngliche poetische Individualität, das poetische Ich aufzufassen" versuchen, weil „er alles, was er in seinem Geschäfte ist, mit Freiheit sein soll und muß, indem er eine
eigene Welt schafft, und der Instinkt natürlicherweise zur eigentlichen Welt, in der er da ist, gehört" (II, 400). Poesie ist kein
instinkthaftes Tun, sondern höchste Bewußtheit, frei nur im
Bewußtsein der eigenen Gesetzlichkeit; sie schließt daher das
Selbstbewußtsein ein. Freiheit in ihrer Sphäre wäre dann bewußte Verfahrungsweise als Vollzug der inneren, gesetzlichen
Notwendigkeit als souveränes Tun, während der Instinkt unbewußt und unsouverän zu tun treibt. Und dies ist eben nur über
die freie Wahl des Objekts möglich. Wie wenig diese willkürlich
ist, haben wir bei der Diskussion von Stoffeinteilung und rechter Sache und Bestrebung gesehen. In der freien Wahl des Objekts liegt ein souveränes Wirklichkeitsverhältnis, dem Wirklichkeit nicht passiver Rohstoff, sondern Gegenstand ist, mit dem
eine tätige, ja arbeitende Wechselbeziehung eingegangen wird.

„Also nur, insofern es nicht von sich selber und an und durch
sich selber unterschieden wird, wenn es durch ein drittes bestimmt unterscheidbar gemacht wird und wenn dieses dritte,
insoferne es mit Freiheit erwählt war, insofern auch in seinen
Einflüssen und Bestimmungen die reine Individualität nicht aufhebt, sondern von dieser betrachtet werden kann, wo sie dann
zugleich sich selbst als ein durch eine Wahl Bestimmtes, empirisch Individualisiertes und Charakterisiertes betrachtet, nur
dann ist es möglich, daß das Ich im harmonischentgegengesetzten Leben als Einheit und umgekehrt das Harmonischentgegengesetzte als Einheit im Ich erscheine und in schöner Individualität zum Objekte werde." (II, 401 f.)

Hölderlins Formel der „Bestimmung des Menschen" verliert
auch dann nicht eine gewisse Zweideutigkeit, wenn wie hier das
Erkennen durch das Erscheinen ersetzt wird. Es ist ein Oszillieren zwischen perspektivischem Ziel und bestehender allgemeiner idealer Ordnung, eher verborgener Ontologie. Beim Erkennen handelt es sich um Bewußtwerden dessen, was als Ordnung schon ist, aber da es sich um ein Wechselverhältnis von
Ich und Harmonischentgegengesetztem handelt, ein Verhältnis
der Harmonie und Identität, müßte dieses eben bewußt eingegangen, mit Freiheit vollzogen werden, während gleichzeitig
ja vom Direktentgegengesetzten, also den Antagonismen, die
Rede ist. Hölderlins Formel umschreibt das Schöne, das ästhetisch bejaht, die allgemeinste Ordnung der Natur, die ontologisch gedacht wird als das, was kommen soll, was möglich und
notwendig ist. Deutlicher wird dies, sofern wir darauf achten,
wogegen sich die poetologische Argumentation richtet.

Die obige Argumentation entwickelt als Bedingung der Möglichkeit des Selbstbewußtseins des poetischen Geistes die freie
Wahl des äußeren Objekts, somit eine Wechselbeziehung mit
Entgegengesetztem, die zu einem Verhältnis des wechselseitigen Bestimmens und Bestimmtwerdens führt (hier ist an Fichte
zu erinnern), worin zugleich die reine Individualität in ihrer
Idealität und Allgemeinheit bewahrt, zugleich aber individualisiert und konkret wird. Darin entstehe die Möglichkeit, das
Individuum im Ganzen, das Ganze im Individuum harmonisch-

entgegengesetzt, also die Gegensätze bewahrend, in Gegensätzlichkeit sich wechselseitig bestimmend und dennoch als harmonische Einheit erscheinen zu lassen. Hölderlin argumentiert gegen einen Zustand, der diese freie Wahl und Gegenstandsbeziehung nicht realisiert, gegen den Zustand, wenn „der Mensch in diesem Alleinsein, in diesem Leben mit sich selbst" sich befindet, „diesem widersprechenden Mittelzustande zwischen natürlichem Zusammenhange mit einer natürlich vorhandenen Welt und zwischen dem höheren Zusammenhange mit einer auch natürlich vorhandenen, aber mit freier Wahl zur Sphäre erkornen, voraus erkannten und in allen ihren Einflüssen nicht ohne seinen Willen ihn bestimmenden Welt" – einem „Mittelzustande zwischen Kindheit und reifer Humanität, zwischen mechanisch schönem und menschlich schönem, mit Freiheit schönem Leben" (II, 402 f.).

Gegen den „Mittelzustand" ist die Poetologie entworfen, ihn zu überwinden der letzte Akt des poetischen Geistes. Hier liegt die weltanschaulich-historische Intention Hölderlins: er sucht einen Ausweg. Die Kindheit ist ja vergangen. Als „Kindheit des gewöhnlichen Lebens" bleibt sie Ausgangspunkt des Weges zur reifen Humanität als Ideal einer Lebensvollendung.

In der Kindheit ist der Mensch „identisch mit der Welt", wird sie fixiert, entsteht der „zu objektive Zustand". Sein komplementäres Gegenteil und für den Mittelzustand dominant ist der „zu subjektive Zustand" (II, 406). Von beiden aus sei kein Erreichen der Bestimmung des Menschen, kein Selbstbewußtsein und kein Erkennen der harmonischentgegengesetzten Natur möglich.

In der Kindheit ist der „zu objektive Zustand" vorgeprägt. Insofern betrifft er nicht Kinder, sondern eine weltanschauliche Position und ein Wirklichkeitsverhältnis, in dem der Mensch seine Identität nicht erkennen, d. h. geistig vollziehen und bilden kann, mithin „ohne . . . Identität im reinen Leben" ist. Daher wird diese Zeit „von ihm als die Zeit der Wünsche betrachtet werden, wo der Mensch sich im Harmonischentgegengesetzten und jenes in ihm selber als Einheit zu erkennen strebt, dadurch daß er sich dem objektiven Leben ganz hingibt". Als „bloß ob-

jektives Leben im Objektiven" bleibt die subjektive Natur unbekannt. Der Mensch ist hier nicht fähig, von seiner Sphäre zu
abstrahieren. „Er muß sich zu erkennen streben, sich von sich
selber in ihr zu unterscheiden suchen, indem er sich zum Entgegensetzenden macht, insoferne sie harmonisch ist, und zum
Vereinenden, insofern sie entgegengesetzt ist." Aber auch in dieser Verschiedenheit kann er sich nicht erkennen: Entweder er
muß „die Realität des Widerstreits, in dem er sich mit sich selber
findet, vor sich selber leugnen" (II, 405) und mit dem Widerstreit die Identität negieren, oder „er hält jene Unterscheidung
für reell, daß er nämlich als Vereinendes und als Unterscheidendes sich verhalte, je nachdem er in seiner objektiven Sphäre ein
zu Unterscheidendes oder zu Vereinendes vorfinde, setzt sich
also ... abhängig, und weil dies in seiner objektiven Sphäre
stattfinden soll, von der er nicht abstrahieren kann, ohne sich selber aufzuheben, absolut abhängig". Er bleibt sich unbekannt, er
„ist kein Unterscheidbares, seine Sphäre ist es, in der er sich
mechanisch so verhält" (II, 406).

Bleibt im „zu objektiven Zustand" der Mensch Ding unter
Dingen, so kann ihm im zu subjektiven Zustand innerhalb der
Ich-Sphäre die „harmonischentgegengesetzte Natur nicht zur erkennbaren Einheit werden". Der Grund ist: entweder setzt das
Ich sich – fichteanisch – als tätige Einheit und hebt damit die
Realität der Unterscheidung, also die Realität des Erkennens,
auf, oder es setzt sich – sensualistisch – als leidende Einheit und
hebt damit die „Realität der Einheit, ihr Kriterium der Identität, nämlich die Tätigkeit" (II, 403) auf. Es kann von sich
abstrahieren, insofern es im Harmonischentgegengesetzten gesetzt ist, und auf sich reflektieren, insofern es nicht darin gesetzt
ist.

Die Lösung Hölderlins liegt in folgendem: Der Mensch erfährt im Mittelzustand, „wie er schlechterdings im Widerspruche
mit sich selber, im notwendigen Widerstreite 1. des Strebens
zur reinen Selbstheit und Identität, 2. des Strebens zur Bedeutenheit und Unterscheidung, 3. des Strebens zur Harmonie ver-
bleiben und wie in diesem Widerstreite jede dieser Bestrebungen sich aufheben und als unrealisierbar sich zeigen muß, wie

er also resignieren, in Kindheit zurückfallen oder in fruchtlosen Widersprüchen mit sich selber sich aufreiben muß" (II, 403).

Aus dieser traurigen Alternative führe nur eins, die Befolgung der Regel „Setze dich mit freier Wahl in harmonische Entgegensetzung mit einer äußeren Sphäre, so wie du in dir selber in harmonischer Entgegensetzung bist, von Natur, aber unerkennbarerweise, solange du in dir selbst bleibst." (II, 403) Dies ist die „Regel für seine Verfahrungsart in der äußern Welt" (II, 404), für praktisches Verhalten also, um die Bestimmung des Menschen zu verwirklichen.

Die drei Strebensrichtungen repräsentieren jeweils verselbständigte Schritte der poetischen Verfahrungsweise, ihr Widerstreit korrespondiert dem Widerstreit unter dem Gesichtspunkt der Bedeutung, wobei nach der objektiven und der subjektiven Seite hin zu differenzieren ist. Sie sind als Strebungen nicht Fehler, sondern Versuche, „Dissonanzen des innerlichen Reflektierens und Strebens und Dichtens . . . verschwiegene Ahndungen, die auch ihre Zeit haben müssen" (II, 409). Diese Versuche müssen sich selbst aufheben, sie sind aber poetisch-methodologisch, weil zugleich anthropologisch und geschichtlich notwendig und unvermeidbar.

Seine Bestimmung kann „der" Mensch also weder im zu subjektiven noch im zu objektiven Zustande, der ihn jeweils „zu innig" seiner Sphäre verbindet, erreichen. Hölderlins Ausweg ist – formal gesehen – analog der transzendentalphilosophischen Alternative zu den Alternativen von Rationalismus bzw. subjektivem Idealismus und Empirismus bzw. mechanischem Materialismus. Der grundlegende Unterschied liegt aber darin, daß Hölderlin den Transzendentalismus durchbricht: geistige Subjektivität und äußere Welt sind ebenso reelle Gegensätze; beide, Subjekt und Objekt, finden ihren Grund im Einigen, Göttlichen, in der Natur.

In diesem Verhältnis wird Freiheit für ihn als souveränes, nicht blind abhängiges Verhalten bestimmend. Sie ist nur in der frei gewählten Gegenstandsbeziehung, in dem „neuen Zustand" gegenüber dem des Alleinseins. Der Mensch gewinne die wahre Freiheit seines Wesens dadurch, „daß er, eben weil

er mit dieser [der äußeren Sphäre – W. H.] nicht so innig verbunden ist, von dieser abstrahieren und von sich, insofern er in
ihr gesetzt ist, und auf sich reflektieren kann, insofern er nicht
in ihr gesetzt ist, dies ist der Grund, warum er aus sich herausgeht, dies die Regel für seine Verfahrungsart in der äußern
Welt" (II, 404). Statt inniger Verbundenheit Differenz, Gegensatz und Erkennbarkeit, daher sowohl zum Gegenstand wie
zu sich selbst eine bewußte Beziehung möglich ist. Nicht von der
äußeren Welt gesetzt, begreift sich der Mensch als nicht in ihren
mechanisch kausalen Determinationen aufgehend, sondern als
fähig, seine Zwecke in ihr zu verwirklichen. Er ist in ihr Ding
und Subjekt, als Subjekt jedoch mit ihr im „Grunde" einig. Auf
diese Weise holt Hölderlin den Gegensatz von Materiellem und
Bewußtsein in der reduzierten Form einer Subjekt-Objekt-Relation in seinen pantheistisch-monistischen Einheitszusammen-
hang, vermag er ein harmonischentgegengesetztes Verhältnis von
Bestimmtwerden und Bestimmen zu denken. Die praktische
Grundlage und Verhaltensart zeigt ebendies Verhältnis, das in
der „Bestimmung des Menschen" formuliert ist: sich als Individuum im Göttlichen, Einigen und jenes in ihm in harmonischentgegengesetzter Einheit zu erkennen.

Doch diese „Erkenntnis" wiederum reduziert sich nicht auf
einen theoretischen Akt. Sie bleibt einseitig als philosophische
Erkenntnis. Sie ist „allein in schöner heiliger, göttlicher Empfindung möglich". Diese Empfindung ist der geistige Akt, in dem
die Verfahrungsweise des poetischen Geistes gipfelt. In ihm
„ahndet" der Dichter seine Sprache. Er ist gleichsam der Über-
gangspunkt von innerlicher Tätigkeit zu sprachlich-kommuni-
kativer Gestalt.

Heilig ist die Empfindung, „weil sie weder bloß uneigennützig ihrem Objekte hingegeben, noch bloß uneigennützig auf
ihrem innern Grunde ruhend, noch bloß uneigennützig zwischen
ihrem innern Grunde und ihrem Objekte schwebend, sondern
alles zugleich ist und allein sein kann" (II, 407). „Heilig" hat
hier, wie zu sehen, nichts mit religiöser Transzendenz zu tun.
Diese Empfindung faßt die Einheit der entgegengesetzten und
nur in ihrer Vereinzelung sich aufhebenden Strebensrichtungen

und dreifältigen Eigenschaften in ihrem Widerspruch als Einheit.

Göttlich ist die Empfindung, „weil sie weder bloßes Bewußtsein, bloße Reflexion (subjektive oder objektive) mit Verlust des innern und äußern Lebens, noch bloßes Streben (subjektiv oder objektiv bestimmtes) mit Verlust der innern und äußern Harmonie, noch bloße Harmonie, wie die intellektuale Anschauung und ihr mythisches bildliches Subjekt-Objekt, mit Verlust des Bewußtseins und der Einheit, sondern weil sie alles dies zugleich ist und allein sein kann" (II, 407).

Hölderlin führt weitere Merkmale dieser Empfindung an „in Vereinigung und Wechselwirkung der genannten Eigenschaften": daher sei sie „weder zu angenehm und sinnlich, noch zu energisch und wild, noch zu innig und schwärmerisch". Variiert führt er die Momente ihrer Göttlichkeit auf: sie sei „weder zu reflektiert, sich ihrer zu bewußt, zu scharf und ebendeswegen ihres innern und äußern Grundes unbewußt, noch zu bewegt, zu sehr in ihrem innern und äußern Grunde begriffen, ebendeswegen der Harmonie des Innern und Äußern unbewußt, noch zu harmonisch, ebendeswegen sich ihrer selbst und des innern und äußern Grundes zu wenig bewußt, ebendeswegen zu unbestimmt und des eigentlich Unendlichen, welches durch sie als eine bestimmte wirkliche Unendlichkeit, als außerhalb liegend bestimmt wird, weniger empfänglich und geringerer Dauer fähig". Somit ist diese Empfindung in „dreifacher Eigenschaft vorhanden", folglich „weniger einer Einseitigkeit ausgesetzt in irgendeiner der drei Eigenschaften" (II, 407). Im Gegenteil erwachsen aus ihr ursprünglich alle Kräfte, und in ihr konzentrieren sie sich wieder; sie gewinnen in ihr „gegenseitigen Zusammenhang und lebendige, für sich selbst bestehende Bestimmtheit, als Organe von ihr, und Freiheit, als zu ihr gehörig und nicht in ihrer Beschränktheit auf sich selber eingeschränkt, und Vollständigkeit, als in ihrer Ganzheit begriffen" (II, 408).

So sind die dialektisch-triadische Struktur und deren Innewerden in der „schönen heiligen, göttlichen Empfindung" die Drehpunkte der Poetologie Hölderlins. In dieser „höchsten Entgegensetzung und Vereinigung des Lebendigen und Geistigen, des formalen und des materialen Subjekt-Objekts", im unerhörten Augenblick, „wo sich die ursprüngliche lebendige, nun zur reinen, eines Unendlichen empfänglichen Stimmung geläuterte Empfindung, als Unendliches im Unendlichen, als geistiges Ganze im lebendigen Ganzen befindet", wo das „ursprüngliche Leben" (II, 409) seine höchste Form findet, wird das poetische Werk als Äußerung geboren.

Auf diesen Punkt des göttlichen Augenblicks strebt das Konzept Hölderlins zu. Es ist mehrdimensional. Es stellt philosophische Fragen und gibt philosophische Antworten: so hinsichtlich der Genesis des Bewußtseins aus der Differenz und der Konstitution des Selbstbewußtseins. Es durchbricht die metaphysische, formale Logik ontologisierender Denkmethode durch sein Vorstoßen zum dialektischen Denken: in der triadischen Struktur und Bewegung der Einheit des Einigen. Darin enthalten ist ein monistischer Weltentwurf: als Voraussetzung und Konsequenz. Doch all das ist zugleich Moment eines poetologischen Entwurfs, der insofern wiederum ein philosophischer ist, als das Gedicht die höchste Erkenntnisform wird. Hölderlin konstruiert theoretisch, was gar kein begrifflich-theoretischer Akt ist: das poetische Erkennen hat das theoretische in sich aufgehoben. Es ist die theoretische Vergewisserung der Notwendigkeit und Möglichkeit des beseligenden, erfüllenden, erlösenden Augenblicks poetischer Totalerkenntnis, die nicht nur Erkenntnis, sondern im notwendig vergänglichen Augenblick sich vollziehende Vereinigung von Geist und Leben ist. Nicht eine Erfahrung wird beschrieben, sondern theoretisch ihre transzendentalen Bedingungen konstruiert, durch die sie aber nicht ersetzbar ist. Die Theorie artikuliert die Suche nach dem Lebendigen, nach dem Augenblick aufgehobener Entfremdung, dem Moment der schöpferisch-selbstbewußten Identität, der höchsten Sinnerfüllung.

Darum ist der Aufsatz „Wenn der Dichter einmal . . ." ein unschätzbares Dokument der Geschichte der Herausbildung des dialektischen Denkens, der dialektischen Methode – und gehört somit in die Geschichte der Philosophie. Zum zweiten birgt er die den Schillerschen Idealismus in bezug auf das Verhältnis von Stoff und Form sprengende Entdeckung dialektischer Beziehungen beider gegenüber der „äußeren" Wirklichkeit, sosehr die Begriffe dabei auch andre Bedeutung gewinnen und diese Entdeckung eine Konstruktion ist, der freilich die eigenen existentiellen und Arbeitserfahrungen zugrunde liegen. Das ist die Kehrseite, im Gang der Poesie den geschichtlichen Gang des Lebens und umgekehrt aufzuspüren und sie gerade aus dem praktisch fundierten Lebensverhältnis her zu bestimmen. Und drittens ist dieser Text utopischer Entwurf eines idealen Dichtens bzw. des Schaffens des geglückten Werks, das als „Welt in der Welt" die zugleich allgemeinste und konkreteste Weltanschauungsbeziehung erfüllt und selbst Vollendungsakt des Lebens ist. Da ist kein Raum mehr für eine Religion neben der Poesie, und die Philosophie wird deren integriertes Mittel.

Hölderlin meint mit Empfindung der Totalität kein vorrationales Verhalten im Sinne sinnlicher Empfindung oder Wahrnehmung. Er spricht von transzendentaler Empfindung. Der dabei verwandte Begriff des Transzendentalen ist wiederum nicht identisch mit dem Kants, der sich allein auf die subjektive Formalität bezieht. Hölderlins Konzept impliziert die reale Wechselbeziehung zum äußeren Objekt, setzt nicht nur die hergestellte, sondern auch die vorhergehende letztendliche Identität von Subjekt und Objekt voraus. Dennoch bezeichnet hier „transzendental" die Allgemeinheit, die im konkreten Akt der gegenständlichen Besonderung bedarf: der Vermittlung, daß Unendliches im Unendlichen begegnet. Ebenso impliziert sie die aller Gegensätzlichkeit vorausgehende Einheit der geistigen Kräfte und darin liegenden Realitätsbeziehungen, die sich hier vereinen: kognitives Bewußtsein oder Reflexion, Bestreben und intellektuale Anschauung. Im Grunde ist „Empfindung" inadäquater Ausdruck, der das „Zugleich" höchst komplexer Bewußtseinsprozesse als Resultat vorausgehender Bewußtseinsgeschichte meint, das diese in einem Augenblick zusammenfaßt. Die sinnlich-leibliche Sphäre wird dabei ausgespart: sie gehört der „äußern Welt" und somit der Objektseite an. Hier – in der Fassung des Subjekts als pures Bewußtseinssubjekt – bleibt der Idealismus für Hölderlin unaufhebbar.

Trotz der konstitutiven Rolle, welche die Beziehung auf das äußere Objekt spielt, verweigert sich Hölderlin der sensualistischen Tradition, wie sie von Herder und Goethe fortentwickelt und weitergetragen wurde. In seinem Horizont mußte das Sensuelle auf das egoistische Einzel-Ich verweisen, das von des Dichters Individualität ausgeschlossen ist: sie ist geistige Individualität, deren Gehalt der allgemeine Geist, der jedem eigen, trägt. Die Momente des nachthermidorianischen Sensualismus, wie sie von den Jenenser Frühromantikern aufgenommen wurden, blieben ihm fremd, ja, mußten ihm fremd bleiben – und das ist nicht durch die Ideologisierung des „Citoyen" allein bedingt, es hat ebenso kulturell-ideologische wie individuelle Voraussetzungen. Dem aus der Pfarrhaustradition kommenden Stiftsschüler wurden mit dem eingetrichterten und verinnerlichten Geist-Fleisch-Dualismus die Bedürfnisse des eigenen Körpers entfremdet: das Sinnliche wurde nur als Zeichen, nicht als Inhalt anerkannt, für sich gehört es ins Reich der „Not". Hier liegt der Grund, warum Hölderlins Pantheismus zwar nicht zu einem Idealismus Hegelschen Typs wird, aber trotz aller entgegenstehenden inneren Tendenzen dennoch in den Umkreis der idealistischen Konzeptionsbildungen gehört.

Dem entspricht der relativ allgemeine Charakter der subjektiven Ganzheit, deren unterschiedliche „Eigenschaften" und Kräfte, die sich wechselseitig voraussetzen und bedingen, ebenso unterschiedliche Subjekt-Objekt-Beziehung repräsentieren: dies ist die Bedingung, des Identitäts- und Reproduktionszusammenhangs des Ganzen und des Subjekts im Ganzen bewußt zu werden. Das begründet sowohl den Anspruch der Poesie als umfassendster, dem Leben und seiner Bewegungsstruktur allein angemessener Bewußtseinsform, demgegenüber Wissenschaft eine einseitige Abstraktion wäre, als auch den Anspruch des entworfenen dichterischen Aktes, in der Einheit von Entgegensetzen und Vereinigen ein Akt zu sein, in dem und in dessen Äußerung das Leben, die Natur zu sich selbst kommt, sich selbst begreift.

Totalität ihrerseits ist keine unbestimmte Unendlichkeit, sondern die durch die Gegenstandsbeziehung vermittelte objek-

tive und übergreifende „bestimmte, wirkliche Unendlichkeit",
die „eigentliche Unendlichkeit", und diese ist, wie Hölderlin
in dem Aufsatz „Das untergehende Vaterland . . ." geschichtsphilosophisch entwickelt, eine besondre geschichtliche Welt in
ihrem Werden und Vergehen. Die heilige, göttliche Empfindung
trägt somit – von ihrem inneren wie äußeren Grund her – immer
geschichtliches Gepräge.

Hier springt die von Hölderlin im Brief an seinen Bruder entwickelte Konzeption des „Bildungstriebes" als Analogie ins
Auge. Hölderlin läßt die verändernde, praktisch fortschreitende,
ein besseres Leben erstrebende Tätigkeit der Menschen, ihr Kul-
tivieren und ihre Kultur, aus dem „Bildungstrieb" hervorgehen, dieser treibt, die Natur bzw. je Vorhandenes zu verbessern
und zu verändern – aber die Voraussetzung dafür ist, daß der
Mensch aus der vorhandenen Einheit heraustritt, Natur zum
Objekt seiner Veränderung im Gegensatz zu sich werden läßt
und gerade dadurch den ewigen Vollendungsgang der Natur
beschleunigt, obwohl und weil er wie sein Bildungstrieb ebendieser Natur entspringen.

Wenn also Gang und Bestimmung des Menschen dasselbe wie
Gang und Bestimmung der Poesie, wenn die Verfahrungsweise
der Poesie mit dem Verfahren in der äußeren Welt korrespondiert und letztlich mit der „Verfahrungsweise" des Lebens identisch ist, so ergibt sich daraus nicht nur eine Identität der gnoseologisch-ästhetischen, ontologischen und geschichtsphilosophischen Bestimmungen, sondern auch die Universalität der dialektischen Triade. Das ist eine wohl theoretisch formulierbare
Einsicht, eine weltanschauliche Verallgemeinerung, die Hölderlin dennoch zu keinem theoretischen System führt und führen
darf. Die begriffliche Abstraktion bleibt „bloßes" Bewußtsein,
Reflexionsmoment der Poesie, ohne die Konkretisierung, die
konkrete Bestimmtheit im realen historischen Prozeß. Ohne
diese Bestimmtheit aber vermag dieser Gedanke nicht lebendig
zu werden als Bewußtsein des reellen Unendlichen in Subjekt
und Objekt.

Hölderlins Konzept ist darum auch nicht allein im philosophisch-theoretischen Kontext zu bewerten. Der Idealismus ver-

birgt einen darüber hinausgehenden Wahrheitsgehalt, dessen Bedingung er zugleich ist. Denn durch ihn vermochte Hölderlin erst im poetischen Bewußtseinsprozeß Tätigkeitsstrukturen, die „Verfahrungsweise des Lebens" zu entdecken. Hölderlins Monismus impliziert, daß er keine Natur ohne menschlichen Bezug, ohne – noch so widersprüchliche – geschichtliche Einheit mit dem Menschen denkt und anerkennt, diese vielmehr kantianisch ausklammert.

Dem Wahrheitskern der Konzeption Hölderlins wäre näher zu kommen, wenn wir sie der überschwenglichen Verallgemeinerung entkleiden, sie tatsächlich auf die Poesie und deren Gegenständlichkeit beziehen. Und da stoßen wir immer auf die historisch-konkrete Gesellschaft – nicht im Sinne ihrer ökonomischen Abstraktion, sondern als strukturierter kollektiver Lebensprozeß gefaßt. Sie ist letztlich Subjekt und Objekt poetischer Widerspiegelung, sie produziert beide, umgreift beide, bildet deren realen, in welcher Form auch immer bewußt werdenden Lebens-, Abbildungs-, Kommunikations- und Aktionszusammenhang, produziert das dichterische individuelle Subjekt, seine Äußerungsmittel, seine allgemeinen Bewußtseinsformen, seine Stoffe, in denen sie ihre Bedeutung realisiert, sein Publikum, ist sich selbst Abbildendes und Abgebildetes und kommuniziert durch die Abbildung. Und zur Entzifferung der Dialektik dieser Vermittlung hat Hölderlin durch seine Triade – deren Erkenntnisgehalt freilich darüber hinausgeht – entscheidende Erkenntnismittel an die Hand gegeben, um die Widerspruchsbewegung dieses Prozesses zu fassen.

Seine Gedanken vom Kopf auf die Füße zu stellen verlangt allerdings, den Sensualismus wirklich ernst zu nehmen und anzuwenden, als Subjekt den wirklichen, gesellschaftlichen, tätigen, leibhaftigen Menschen zu setzen, die praktische Naturbeziehung hinsichtlich des Stoffwechsels Mensch–Natur als Bedingung und Formierungsrahmen konkret zu bestimmen, vom Spekulativen zur Empirie, zum Beweisbaren überzugehen, was die Widerspruchsbewegung gnoseologisch und sozial ebenso festzumachen zwingt wie die tatsächliche Universalität der Poesie in ihrer Beziehung zu den gesellschaftlich praktizierten Bewußtseinsformen vom Alltäglichen bis zu den spezialisierten „Sphären" und arbeitsteiligen Erkenntnisbereichen historisch zu bestimmen.

Der schöpferische Sprachakt

Bisher war die Rede von der Erkenntnis gewesen, nicht von deren poetisch-sprachlicher Äußerung, womit als schöpferisches Tun Poesie erst Wirklichkeit für andre wird. Von hier aus wird das poetische Verfahren erneut beleuchtet.

Hölderlin sieht in der „heiligen, göttlichen" Empfindung den Umschlagpunkt, da die Sprache „geahndet" wird. „Die Erkenntnis ahndet die Sprache, nachdem sie 1. noch unreflektierte reine Empfindung des Lebens war, der bestimmten Unendlichkeit, worin sie enthalten ist, 2. nachdem sie sich in den Dissonanzen des innerlichen Reflektierens und Strebens und Dichtens wiederholt hatte und nun ... über sich selbst hinausgeht und in der ganzen Unendlichkeit sich wiederfindet, d. h. durch die stofflose reine Stimmung, gleichsam durch den Widerklang der ursprünglichen lebendigen Empfindung ... ihres ganzen innern und äußern Lebens mächtig und inne wird." (II, 408 f.) Die Erkenntnis wird ihres ganzen inneren und äußeren Lebens inne, gewinnt somit jetzt ein Selbstbewußtsein ihrer Identität im Werdegang, als Resultat der je für sich notwendigen scheiternden Versuche, und erkennt sich im Punkt der Einheit von Vereinigung und Entgegensetzung. Dieser „Augenblick" läßt die Sprache ahnden. Wurde die ursprüngliche Empfindung durch Reflexion entfremdet und entwickelt zugleich, so erfolgt jetzt die Reflexion als Zurückspiegelung auf den Anfang, so daß sich die „ursprüngliche lebendige, nun zur reinen, eines Unendlichen empfänglichen Stimmung geläuterte Empfindung ..., als geistiges Ganze im lebendigen Ganzen befindet" (II, 409).

Diese schöpferische Reflexion rufe „mit einem Zauberschlage um den andern ... das verlorene Leben schöner hervor, bis es wieder so ganz sich fühlt, wie es sich ursprünglich fühlte", sie gebe dem Herzen alles wieder, was sie ihm – als erste Reflexion

vermöge der Idee des Lebens – genommen. Sie ist für den Geist
des Dichters und seiner Dichtung „belebende Kunst", wie sie
für die ursprüngliche Empfindung „vergeistigende Kunst" gewesen. Das ist keine Wiederholung des Anfangs, eher ein Wie-
dereinholen, keine Rückkehr oder Kreisbewegung, sondern eine
dialektische Bewegung, die im Rückgriff vorwärts strebt. Die
ursprüngliche „simultane Innigkeit und Unterscheidung der harmonischentgegengesetzten lebendigen zum Grunde liegenden
Empfindung" (II, 398) wird über den Prozeß ihres widerstreitenden Fortstrebens „ersetzt" durch die hyperbolische Darstellung.

Das Produkt der schöpferischen Reflexion ist die Sprache, und
erst jetzt, da die Erkenntnis ihres inneren und äußeren Lebens
mächtig und inne werde, vollende sich – über das Sprache-Wer-
den, das Heraustreten aus der Innerlichkeit in die sprachliche
Äußerung für andere – Poesie als Aneignung, als Bewußtwerden. „Indem sich nämlich der Dichter mit dem reinen Tone seiner ursprünglichen Empfindung in seinem ganzen innern und
äußern Leben begriffen fühlt und sich umsieht in seiner Welt,
ist ihm diese ebenso neu und unbekannt; die Summe aller seiner Erfahrungen, seines Wissens, seines Anschauens, seines Denkens, Kunst und Natur, wie sie in ihm und außer ihm sich darstellt, alles ist wie zum ersten Male, ebendeswegen unbegriffen,
unbestimmt, in lauter Stoff und Leben aufgelöst, ihm gegenwärtig, und es ist vorzüglich wichtig, daß er in diesem Augenblicke
nichts als gegeben annehme, von nichts Positivem ausgehe, daß
die Natur und Kunst, so wie er sie kennengelernt hat und sieht,
nicht eher spreche, ehe für ihn eine Sprache da ist, d. h., ehe das
jetzt Unbekannte und Ungenannte in seiner Welt ebendadurch
für ihn bekannt und namhaft wird, daß es mit seiner Stimmung
verglichen und als übereinstimmend erfunden worden ist . . ."
(II, 411)

Das ist der Kerngedanke zur „Sprache", womit das Sprechen,
Darstellen, Bewußtwerden des Dichters, der Übergang vom
Inneren zum Kommunikativ-Äußeren für andre gemeint ist.

Der schöpferische dichterische Akt muß, um sich zu vollenden, von der Bindung an vorgegebenes Bewußtsein – das „Po-

sitive", das schon gekannt, gelernt, tradiert ist – sich emanzipie-
ren, denn im Banne einer bestehenden Sprechweise wäre das
Gedicht nicht des Dichters eigenes Sprechen, es wäre nicht aus
seinem Leben und seinem Geist hervorgegangenes Produkt, der
Dichter verhielte sich nicht bestimmend, sondern bestimmt –
wie der Rezeptive gegenüber dem Gedicht: denn „als Sprache
der Kunst, sobald sie in bestimmter Gestalt mir gegenwärtig
ist, (wäre) schon zuvor ein bestimmender Akt der schöpferischen
Reflexion des Künstlers, welcher darin bestand, daß er aus seiner Welt, aus der Summe seines äußern und innern Lebens, das
mehr oder weniger auch das meinige ist, daß er aus dieser Welt
den Stoff nahm, um die Töne seines Geistes zu bezeichnen, aus
seiner Stimmung das zum Grunde liegende Leben durch dies
verwandte Zeichen hervorzurufen" (II, 412).

So durchstößt der dichterische Akt, was an Positivem in Deu-
tungsmustern und Sprechweisen vorgegeben ist, die sich ihm
spontan aufdrängen. Hier ist an den kritischen Akzent zu denken, der auf „Positivität" seit Hegels Kritik an der Positivität
des Christentums liegt. Positivität bezeichnet allgemein ein
dem Leben gegenüber entfremdetes, verselbständigtes, nicht
mehr angemessenes, neues, produktives Leben unterdrückendes
und erstickendes Lebensprodukt – und hinter „Leben" steht das
gesellschaftliche, das Volksleben.

So liegt im schöpferischen Akt ein sprengendes Moment. Was
sich hier befreit, befreit sich zu neuer Begegnung von Ich und
Welt; mehr noch: der entscheidende Akt liegt im Vergleichen,
dem In-Beziehung-Setzen von stoffloser reiner subjektiver Stimmung und objektiver Welt als Stoff, wodurch in Differenz und
Übereinstimmung die neue, unbekannte Welterscheinung bzw.
der Stoff der Welt verwandelt wird in bekanntes, benanntes
Zeichen, um den „Geist", der Ich und Welt vereint und ihnen
zu Grunde liegt, zu bezeichnen. Dann erst, wenn so der Dichter seine Sprache aus diesem In-Beziehung-Setzen gefunden hat,
spricht die Natur, verleiht er ihr Sprache, ist der Übergang aus
der Unbestimmtheit der Stimmung in die Bestimmtheit des Gedichts vollzogen. Dann erfahren im konkreten Gedicht die „unendliche Form" und der „unendliche Stoff" ihre konkrete Be-

stimmtheit, ihre Einsicht, worin sie sich „negativ vereinigen" –
denn hier muß die Widerspruchsdialektik im Verhältnis von
Zeichen und Grund mitgedacht werden.

Wie das poetische Selbstbewußtsein seine Identität in der Beziehung auf ein äußeres Objekt, im Aus-sich-Herausgehen findet, so gewinnt das Gedicht seine Einheit durch den schöpferischen Akt des Dichters, der den Stoff der Welt als Zeichen begreift, sich auf die wirkliche Welt bezieht und an und in ihr das
Gedicht als „Welt in der Welt" schafft: sie bezeichnet, was ihr
und des Dichters gemeinsamer Grund ist. Daher das Gedicht
harmonischentgegengesetzte Einheit des Objektiven und Subjektiven ist.

Nicht ganz durchsichtig ist Hölderlins Darlegung des Verhältnisses von poetischer Erkenntnis und Übergang zur Äußerung. Im Grunde reproduziert er in jener die vorher entwik-
kelte Erkenntnisdialektik. Seine Argumentation bringt im In-
und Nacheinander, was er einmal als Phasenprozeß, zum anderen als permanente Struktur, schließlich als das Alles-Zu-
gleich des Entgegengesetzten im göttlichen Moment und vereinigenden Punkt bestimmt. Auch dies ist nicht zufällig, weil jeder
Ausgangspunkt des poetischen Geistes selbst wieder im geschichtlich Ganzen vermittelt, Fragment eines Ganzen ist, Leben
und Geist als Allgemeines je gleiche Struktur haben, als Aspekte
eines Ganzen, und erst in der Wechselbeziehung und -bestim-
mung konkret werden. Dementsprechend ist der Ausdruck wohl
Abschluß des Gesamtprozesses, dennoch ist er schon jeder seiner
Phasen als sprachliches Moment inhärent.

Bezog sich der erste Teil des Aufsatzes auf den allgemeinen
Geist, die „gemeinschaftliche Seele, die allem gemein und jedem eigen ist" (II, 388), so schließt der Gedankengang mit der
konstitutiven Funktion der poetischen Individualität ab: sie erst
trägt die „eigene" Sprache, läßt – im Sprengen des positiv Vorhandenen – Welt neu erkennen und das Leben zu sich kommen.
Das Allgemeine wird nur als Individuelles real, dessen Gehalt es ist. Diese Individualität ist kein vorgegebenes Faktum,
sondern als poetische Individualität schon Ergebnis ihrer Auseinandersetzung mit der Welt, ihrer „Versuche", Summe ihres

inneren und äußeren Lebens, Erfahrens, Denkens – Ergebnis
ihrer Geschichte als einer Geschichte in der Welt, die wiederum
eine geschichtliche ist. Es ist eine Geschichtlichkeit, die dem Ich
der Transzendentalphilosophie abgeht und die Kants Genie
fehlt. Ihre Quelle ist das Sichstellen, das notwendige Sicheinlas-
sen auf die wirkliche Welt, ihre Initialzündung der Widerspruch
zur zerreißenden und zerrissenen Gegenwart, ihr Medium das
Verschmelzen der individuellen Produktivität mit dem Allgemeinen, ihr Analogon das praktische Tun, wodurch das dichterische Tun, der schöpferische Akt zur bewußtseinserneuern-
den, Welt- und Selbstentdecken weckenden Tat wird.

Die Dialektik der „Verfahrungsweise des poetischen Geistes" artikuliert abstrakt, was auf die Epoche, auf Geschichte
als Gegenwart zielt. Als Geschichte wird Leben erst konkret.
Deshalb ist im folgenden darauf einzugehen, wie die Totalität
sich geschichtlich bewegt, darstellt und poetischer Gegenstand
wird. Wir müssen, ausgehend von Hölderlins Ganzheitsbegriff,
sein geschichtsphilosophisches Konzept betrachten, wie es sich
im „Grund zum Empedokles", in den Fragmenten vom „Tod
des Empedokles" und schließlich in seiner reifsten Gestalt in
dem Aufsatz „Das untergehende Vaterland . . ." darstellt, der
unmittelbar vor „Wenn der Dichter einmal des Geistes mächtig
ist . . ." geschrieben wurde.

Dialektik der Geschichte

Kunst und Natur

Ein allgemeines Resümee seines poetologischen Denkens zog Hölderlin im Brief an Schelling vom Juli 1799: daß Poesie als „lebendige Kunst... zugleich aus Genie und Erfahrung und Reflexion hervorgeht und idealisch und systematisch und individuell" (IV, 382) sei. Diese Akzentuierung setzt Poesie als hervorgehend aus einer Ganzheit geistiger Kräfte, aus Einbildungskraft, Verstand, Sinnlichkeit und Vernunft, und sie betont zugleich ihre immanente Dialektik: allgemein und individuell zu sein. Ihre „Systematik" reproduziert als innere Gesetzlichkeit ihren allgemeinen Gegenstand, die Welt in verringertem Maßstab: Kunst und Leben unterstehen letztlich der gleichen Ordnung, dem Ideal eines „lebendigen Ganzen".

Seine Anschauung des „Ganzen" seiner Struktur nach hat Hölderlin durchsichtig im Brief an Sinclair vom 24. Dezember 1798 dargelegt: „Resultat des Subjektiven und Objektiven, des Einzelnen und Ganzen, ist jedes Erzeugnis und Produkt, und eben weil im Produkt der Anteil, den das Einzelne am Produkte hat, niemals völlig unterschieden werden kann vom Anteil, den das Ganze daran hat, so ist auch daraus klar, wie innig jedes Einzelne mit dem Ganzen zusammenhängt und wie sie beede nur *ein* lebendiges Ganzes ausmachen, das zwar durch und durch individualisiert ist und aus lauter selbständigen, aber ebenso innig und ewig verbundenen Teilen besteht. Freilich muß aus jedem endlichen Gesichtspunkt irgendeine der selbständigen Kräfte des Ganzen die herrschende sein, aber sie kann auch nur als temporär und gradweise herrschend betrachtet werden . . ." (IV, 334) Dies Totalitätsmodell des durch und durch individualisierten, innig zusammenhängenden Ganzen gilt vom Ganzen der Welt wie des poetischen Werks als „lebendigem, tausendfach gegliedertem Ganzen" – und seiner Wirkung. Dessen ideale Struktur formt zugleich Hölderlins positive Gemeinschaftsutopie, sein Ideal einer menschlichen Gesellschaft als Bild eines unentfremdeten Gemeinwesens.

Sein Problem war und bleibt die Vermittlung dieses Ganzen mit der empirischen, realen Welt, der Welt der Teilung, der Gegensätze und Zerrissenheit, der Trennung von Subjekt und Objekt. Da er das Ganze pantheistisch-monistisch denkt, kann er diese Widersprüche nur aus dessen Tätigkeit, aus seiner Selbstbewegung begreifen. Die gegenwärtige Zerrissenheit begreift er als geschichtlich – geworden und vergänglich, die künstlerisch-poetische Darstellung resultiert aus diesem Werden, auf das sie sich bezieht, und sie findet in ihm ihre notwendige Funktion. Die Formel des „Einen in sich Unterschiedenen" strukturiert das Ganze wie sein Werden und korrigiert das „eins und alles", sofern dies als unterschiedslose Identität oder ihr analoges Identischwerden verstanden wird. In den Vordergrund tritt das Verhältnis von Totalität und Widerspruch, somit die „Teilung", zu der das Ganze notwendig übergeht – und damit die Tragödie als diejenige poetische Gattung, welche die Teilung in ihrer Extremität darstellt. An ihr entwickelt Hölderlin die Bewegung von Identität zu Differenz bis zum Extrem der Gegensätze, bis hin zu deren Ineinanderübergehen und zu erneuerter Einheit.

Das Verhältnis von Ganzem und Teil denkt Hölderlin zusammen mit dem Verhältnis des Einen und des Mannigfaltigen, Vielen – der Ausgangsfrage griechischer Philosophie. Im weitesten Sinne ist „das" Ganze die im Menschen zu Bewußtsein kommende werdende, geschichtliche Natur. Das Strukturverhältnis Ganzes – Teil erscheint auf allen Ebenen – von Natur zur Gattung über konkrete Gemeinschaften bis hin zur inneren Struktur eines Dichtwerks – und in einem Beziehungsfeld, dessen einer Pol mindestens immer der Mensch ist. Daher diese Begriffe wohl einen ontologischen Aspekt haben, zugleich aber die Funktion, die Beziehung des Teils zum Ganzen, des Menschen zur Welt, des Dichters zur Epoche dergestalt zu vermitteln, daß ein harmonischentgegengesetztes Verhältnis herstellbar wird entsprechend der Grundvorstellung, daß das Allgemeine, Einende die Seele oder das Gesetz sei, das „allem gemein und jedem eigen", in welcher Formel Hölderlin sein gesellschaftliches Ideal der Einheit von frei entfalteter Individualität und gesellschaftlicher Gleichheit, eben von lebendiger Gemeinschaft faßt: durch und durch individualisiert, lebt sie nach dem Gesetz der volonté générale.

Das Ganze aber, das Unendliche – Sein, Natur, Welt aller Welten – bleibt begrifflich unbestimmt, da es sich erst in und an seiner Teilung und Verendlichung bewußt wird. Als intellektuale Anschauung ist es nie gegenständliches Wissen, sondern nur in der Situation des Zwiespalts, der Trennung zu ahnen oder – genauer – zu erinnern. Daher ist die allgemeinste Gegenständlichkeit der Poesie im Verhältnis von unendlicher Einheit und dem Widerstreit der Teile zu finden. Die abstrakte Formel ist für Hölderlin Mittel, die Widersprüche und Bedrängnisse der Epoche als Umgestaltung eines Ganzen zu begreifen und von hier aus des Dichters Funktion und Aufgabe zu bestimmen.

Doch ist das theoretisch Kognitive in seiner begrifflichen Abstraktheit für Hölderlin selbst nur Vermittlung und Moment: insofern es die konkrete Vereinigung mit dem allgemeinen Geiste vermittelt, insofern es in der poetischen Konkretheit, die das Allgemeine mit dem Individuellen vereint, aufgehoben wird und schließlich insofern es Bewußtseinsmoment der realen, herzustellenden und hergestellten Beziehung von Individuum und Ganzem wird, wobei in jeder dieser Hinsichten das Allgemeine nur im geschichtlichen hic et nunc ist. Eben auf dessen konkrete Not bezieht sich Hölderlins spekulative Anstrengung, mit dem Gepäck des Ungelösten und Unbewältigten, das er aus Frankfurt nach Homburg brachte, fertig zu werden. Die Arbeitserfahrungen des „Hyperion" wollten kritisch durchdacht sein, das „Lebendige der Poesie" war ihm zum quälenden Problem geworden, worin wiederum sein Verhältnis zur Wirklichkeit reflektiert wurde, zur Wirklichkeit der „eiskalten Geschichte des Tags". Die persönliche Katastrophe und die geschichtliche Erfahrung machten Hölderlin die Macht der Verhältnisse, der „allmächtigen, alles beherrschenden Not" im Ge-

gensatz zu subjektiver Verletzbarkeit, Absicht und reiner Idealität und im Konflikt beider Seiten die Unvermeidlichkeit tragischen Scheiterns bewußt. Im Freundeskreis um Sinclair wurde
er hineingerissen in die Hoffnungen und Erwartungen der süddeutschen Republikaner, mit Hilfe der Revolutionsarmee die
Verhältnisse ändern zu können. Ihnen wie ihm machte Jourdans
Diktum vom März 1799, daß Unruhen nicht toleriert würden,
jede Hoffnung auf eine Befreiung durch diese Seite zunichte.
Hölderlin plante in Reaktion darauf eine Zeitschrift „Iduna"
als Organ der Sammlung und Verständigung der eigenen Kräfte:
„Also Vereinigung und Versöhnung der Wissenschaft mit dem
Leben, der Kunst und des Geschmacks mit dem Genie, des
Herzens mit dem Verstande, des Wirklichen mit dem Ideali-
schen, des Gebildeten (im weitesten Sinne des Worts) mit der
Natur – dies wird der allgemeinste Charakter, der Geist des
Journals sein." (IV, 370 f.)

Dies Programm ist ernst zu nehmen. Hölderlin suchte die
Kräfte zu vereinen, die erst in ihrer Vereinigung die Frage nach
dem „Was tun" beantworten könnten. Ihre Vereinigung im
Geiste birgt die künftige – gegen den bestehenden Zustand. Er
zielte nicht auf Enthaltsamkeit von der Politik, sondern auf
Politisierung des philosophischen und ästhetischen Denkens. Er
fand sich am Ende im Stich gelassen.

Er wehrte sich gegen „die Trauer, die mich manchmal über-
fallen mußte in meiner gänzlichen Einsamkeit, wenn ich unsere
jetzige Welt mir dachte" (IV, 367), gegen das ihn erdrückende
„Schreckenswort . . .: lebendig Toter!" (IV, 372) im Auf und Ab
wechselnder entgegengesetzter Gestimmtheiten, worin die
Krankheit sich anmeldete; er wehrte sich gegen die „allgemei-
nere Stimmung", denn es scheine „auf die großen gewaltsamen
Erschütterungen unserer Zeit eine Denkungsart folgen zu wollen, die eben nicht gemacht ist, die Kräfte der Menschen zu beleben und zu ermuntern, und die eigentlich damit endet, die
lebendige Seele, ohne die doch überall keine Freude und kein
rechter Wert in der Welt ist, niederzudrücken und zu lähmen.
Die Übertreibungen sind nirgends gut, und so ist es auch nicht
gut, wenn die Menschen sich vor allem fürchten, was nicht schon

bekannt und ausgemacht ist, und deswegen jedes Streben nach einem Vollkommneren, als schon vorhanden ist, für schlimm und schädlich halten." (IV, 411) Und im Brief an Ebel von 1799 heißt es: „Die Übereinstimmung mit anderen, die wir so leicht gewinnen, wenn wir bei dem, was einmal da ist, bleiben, dieser Zusammenklang der Meinungen und Sitten erscheint uns dann erst recht in seiner Bedeutenheit, wenn wir ihn entbehren müssen, und unser Herz findet wohl niemals eine rechte Ruhe mehr, wenn wir jene alten Bande verlassen haben, denn es hängt ja nur zu wenig von uns ab, die neuen zu knüpfen . . ." (IV, 414).

Das ist ein Grundzug seiner Selbstreflexion: in der vereinsamenden Trennung die Sehnsucht nach neuer Vereinigung, weil er von der bestehenden, der herrschenden Vereinigung sich trennen mußte. Auch in Homburg, im Kreis ähnlich gestimmter Freunde, verließ ihn dies Bewußtsein nicht, dies Grundgefühl – er lebte in verschiedenen Bezugsebenen. Mögen darin pathologische Impulse wirksam sein, so gewinnen sie doch Inhalt und Stellenwert aus dem gelebten sozialen Beziehungsgefüge.

Hölderlin wehrt sich gegen retardierende Zeitstimmungen und damit gegen die eigene Depression. Die innere Orientierung auf eine Revolution, so idealistisch sie auch konzipiert sein mag als Revolution der Gesinnungen und vaterländische Umkehr, wie er sie später nennt, wird zum Springquell seiner Produktivität, der Angelpunkt, an dem tiefste individuelle Bedürfnisse einen allgemeinen Gehalt gewinnen. Daraus resultiert eine intensive geistige Aktivität, die sein Denken vorantreibt. Am Ende des Jahres 1799 und zu Beginn des neuen Jahres hat er eine in seiner Zeit einzigartige Konzeption des Epochenübergangs entworfen, in der er auch sich vom Objektiven und Allgemeinen des Geschichtswandels her zu begreifen vermag. Der Weg dazu ist die Arbeit am „Tod des Empedokles", konzipiert als tragisches Festspiel der befreienden Tat und Verheißung einer neuen Welt.

So repräsentiert er gedanklich-poetisch das Rebellionspotential innerhalb des objektiv stagnierenden Auflösungsprozesses der deutschen feudalständischen Welt, der er entstammt und entstrebt.

Natürlich – die Konturen der neuen Ufer, denen er zustrebt, tragen den Stempel des Erlebten, aus dem heraus er sie sucht. Hölderlin ist gebunden an den Erfahrungshorizont des Intellektuellen im Umkreis der vorindustriellen bürgerlich-kleinbürgerlichen Mittelschichten des südlichen Deutschland, zu deren theologisch gebildeter Intelligenz er gehört, an den Horizont eines kleinstädtischen Lebens in genauer moralischer und politischer Abgrenzung von der absolutistischen adligen, höfischen Welt und von den bäuerlich-plebejischen Klassen und Schichten.

In seiner Negation steht er in der Tradition der oppositionellen Sektenbewegung, sosehr er sie in moderner philosophisch-literarischer Bildung aufhebt. Freilich ist seine geistige Leistung nicht auf diese konkretere soziale Bindung und ihre Verhaltensmuster zu reduzieren. Aus dieser hatte ihn der epochale Ideen- und Kommunikationsstrom gerissen, der Anhauch des neuen Lebens hat ihm Maßstäbe und Perspektiven gegeben, die ihm die häusliche Welt ent- und verfremdeten. Dennoch prägt ihn in Kritik und Utopie das Bild relativ engräumlicher personaler Beziehungen – in Trennung und Vereinigung, ohne daß darauf deren Bedeutungsgehalt einzuschränken wäre, zumal dieser sich auf einer Ebene philosophisch-poetischer Abstraktion und Verallgemeinerung entfaltet, die gesamteuropäischer Tradition sowie der von ihr reflektierten Welt entstammt.

Charakteristisch an Hölderlins Selbstreflexion ist die Selbsthistorisierung. Er versteht sich im Bezug auf den Geschichtsprozeß: ausgefällt aus einem auf die Auflösung zugehenden, noch herrschenden, doch vergehenden Gesamtzustand, wird in ihm ein Neues bewußt; es manifestiert sich in ihm, in wenigen einzelnen – der „unsichtbaren Kirche" –, die eine innige Gemeinschaft, die freilich immer wieder zerfällt, zu bilden suchen bzw. bilden sollen. Überformt wird dies von Erfahrung und Bewußtsein eines übermächtigen, von seinem Wollen unabhängig sich vollziehenden realen Geschichtsprozesses, hatten Revolution und Revolutionskriege doch die Geister zwischen Begeisterung und Furcht durchgerüttelt. Das Jahrhundertende barg in sei-

nen wechselnden Ereignissen ebenso Irritation wie den Zwang
zur Besinnung, denn

> Zu wild, zu bang ist's ringsum, und es
> Trümmert und wankt ja, wohin ich blicke (I, 338).

Dialektik der Tragödie

Hölderlins Gedanken zur Tragödie stehen in einem Kontext,
der umrissen wird von der durchaus aufklärerisch bestimmten
Geschichtskonzeption, die er im Brief an den Bruder vom 4. Juni
1799 entwarf. „Das Leben zu fördern, den ewigen Vollendungsgang der Natur zu beschleunigen – zu vervollkommnen,
was er vor sich findet, zu idealisieren, das ist überall der eigen-
tümlichste, unterscheidendste Trieb des Menschen, und alle
seine Künste und Geschäfte und Fehler und Leiden gehen aus
jenem hervor." (IV, 362 f.) Aus diesem Trieb gehen die materiellen wie die ideellen Aktivitäten hervor: „Warum haben wir
Wissenschaft, Kunst, Religion? Weil der Mensch es besser haben wollte, als er es vorfand." (IV, 363) Daher zugleich dieser
Trieb selbst ein Kunstgriff der Natur ist, da „der Kunst- und
Bildungstrieb mit allen seinen Modifikationen und Abarten ein
eigentlicher Dienst sei, den die Menschen der Natur erweisen"
(IV, 363 f.).

Dies Denken bewegt sich auf den Kantischen und Herderschen Wegen – doch mit einem entscheidenden Unterschied.
Nicht der Mensch ist Zweck der Natur, sondern sie, die Natur,
ist das Subjekt, von dem her er nicht als Zweck gesetzt, das vielmehr auch sein letzter Zweck ist: doch vollenden kann sich Natur
nur im Menschen. Freilich, nicht erkennbar wird, worin der
eigentliche Vollendungsgang seine Kriterien findet. Die positive
Grundhaltung wiederum – „im ganzen und großen ist alles
gut" (IV, 363) – ist ebenso Konsequenz der pantheistischen Naturauffassung wie der erwartungsvollen Gespanntheit Hölderlins, sie bleibt aber unvermittelt der konkreten Geschichte und
den Schmerzen, die im gleichen Brief berichtet werden.

Und dennoch, was mit der dürren These, daß alles „gut" sei, gar nicht ausdrückbar ist, was in dem Brief als allzu schnellfertige Argumentation erscheint – wenn die Menschen „sich untereinander mutwillig aufreiben, es ist, weil ihnen das Gegenwärtige nicht genügt . . ., und so werfen sie sich früher ins Grab der Natur, beschleunigen den Gang der Welt" (IV, 363), zumal weder der Gang näher bestimmt ist, noch Begründungen gegeben werden, eher eine harmonistische Höhenstimmung die Welt umarmen läßt –, dennoch verweist dies auf das Grundproblem, das sich Hölderlin angesichts der Tragödie darstellt und das er in dem Zweizeiler „Sophokles" so formuliert:

Viele versuchten umsonst das Freudigste freudig zu sagen,
    Hier spricht endlich es mir, hier in der Trauer sich aus.
                                                            (I, 343)

Das Freudigste in der Trauer, die Harmonie in der Zerrissenheit, den sinnvollen Gang angesichts scheinbar sinnloser Untergänge auszusprechen wird ihm Ziel der Tragödie. Hölderlin reflektiert dies auch als Gegensatz von Zeichen und Bedeutung. Es ist daher nicht zufällig, daß die dialektischen Formen, in denen die Verfahrungsweise des poetischen Geistes vorgeht, ihren Entwurf in der theoretischen Begründung der Tragödie, im „Grund zum Empedokles", finden, daß sie zu einer ausgearbeiteten Konzeption des Epochenübergangs führen.

Die Wendung zur Tragödie ist Voraussetzung des erneuten geschichtsphilosophischen Versuchs in Homburg. Geschichte selbst hat tragische Struktur, die letztlich in aller hohen Poesie sich auswirkt. Hölderlin denkt nicht an ein bürgerliches Trauerspiel, sondern an eine öffentliche Nationaltragödie im Sinne Rousseaus. Und nicht umsonst kehrt er – nach dem Abbruch seines Unternehmens – zur Übersetzung der Sophokleischen Tragödien zurück. In der Tragödie sieht Hölderlin die „strengste aller poetischen Formen, die ganz dahin eingerichtet ist, um, ohne irgendeinen Schmuck, fast in lauter großen Tönen, wo jeder ein eignes Ganze ist, harmonisch wechselnd fortzuschreiten, und in dieser stolzen Verleugnung alles Akzidentellen das Ideal eines lebendigen Ganzen ... ernster als alle andre bekannte poetische Formen darstellt" (IV, 374 f.). In dieser Strenge geht er sie an – in einem Gegenentwurf gegen das „Trümmern und Wanken", der schon von seinem Öffentlichkeitscharakter her Allgemeinheit beansprucht.

Die große Leistung der theoretischen Bemühungen Hölderlins liegt darin, daß er den tragischen Konflikt als notwendige Widerspruchsbewegung und die Gattung selbst in Gegenstand und Funktion historisch faßt – im spekulativen Entwurf. Sein Gedankengang führt von allgemeinen Bestimmungen („Natur" und „Kunst") über die Dialektik von Einheit und Widerspruch zur Ortung und Funktionsbestimmung der Tragödie in Epochen revolutionären Übergangs („Das untergehende Vaterland ...") bis hin zur historisch-politisch konkreten Bestimmung der Tragödien des Sophokles (Anmerkungen zu „Ödipus" und „Antigone").

Hölderlin bestimmt die tragische Dichtart im Verhältnis zur lyrischen und epischen. Diesen drei Arten korrespondieren die drei Grundtöne des Heroischen, Idealischen und Naiven, was die sinnliche Metapher betrifft, wobei jeder dieser Töne bzw. die ihnen entsprechenden Dichtarten wiederum Metapher der ihm entgegengesetzten Bedeutung ist, dergestalt, daß das Heroische eine idealische, das Idealische eine naive und das Naive eine heroische Bedeutung hat. Diese drei Töne sind schon in der Konzeption der exzentrischen Bahn und ihren drei Stufen angelegt. Sie bilden eine gesetzliche Einheit, ihrer inneren Dialektik korrespondiert der äußere Wechsel, diese ihre hochbewegte Einheit reproduziert im Werk die jeweilige Struktur des geschichtlichen Weltprozesses, jede Dichtart impliziert – bei ihrer Dominanz – die anderen. Hölderlin entwickelt in Tafeln ein System der Kombinatorik der Töne, dessen Aufschlüsselung noch nicht gelungen ist, dessen Sinn eine umfassende poetische Reproduktion der Weltstruktur in der poetischen Struktur der Einheit und des Wechsels der Töne sein dürfte, auch des wechselseitigen Durchdringens der Dichtarten, des gesetzmäßigen Übergangs, so daß die Vollendung ein „gemischter Ausdruck von allen" bei Dominanz je einer sei. Analog dazu unternimmt er Kombinationen von Empfindung, Phantasie und Leidenschaft als jeweils aufeinander wirkenden physischen Kräften.

Dieser noch viele Rätsel bergende, nur entworfene System-ansatz ist Konsequenz, das Werk als Welt in verringertem Maßstabe, bezogen auf die Welt als gesetzmäßigen geschichtlichen Totalitätsprozeß, zu denken, die Struktur des Seins in die Struktur seiner poetischen Reproduktion umzusetzen, in dem „tausendfach gegliederten Ganzen" des Werks die letztlich geschichtlich-dialektische Physiognomie dieser Gliederung als Bewegung namhaft zu machen. So ansatzhaft und spekulativ Hölderlins kombinatorischer Entwurf auch bleiben mußte und obwohl er auf Grund seiner Voraussetzungen gar nicht zu einem beweisbaren Ergebnis kommen konnte, eröffnet er dennoch als Denkansatz unausgeschrittene Perspektiven, auf materialistischer Grundlage im Poetischen der Logik geschichtlichen Selbstbewußtwerdens und -darstellens näher zu kommen.

Schon die dialektische Beziehung des „Zeichens" als poetischem Kunstcharakter und Bedeutung zur geschichtlichen Realität – im Verhältnis wiederum von Stoff und intendierter Gegenständlichkeit, dies im Verhältnis zu dem Wechsel der „Töne" – als geschichtlicher Wirklichkeitsbeziehung und Darstellungsformen ergibt einen komplexen Ansatz, der in sich die Ausgangspositionen der vor- und nichtdialektischen semiotischen und geistesgeschichtlichen Konzeptionen aufgehoben hat, der das Gerede von Poesie bzw. Kunst als Signifikantem ohne Signifikat beiseite schiebt und um so genauer Poesie in ihrer Vermittlung mit dem Geschichtsprozeß und als dessen Vermittlung befragen läßt – als das, was zwar nicht mächtig, doch zum Leben gehört.

In der Konfrontation der Dichtarten gibt Hölderlin seine geschlossenste poetologische Bestimmung der Tragödie:

„Das lyrische, dem Schein nach idealische Gedicht ist in seiner Bedeutung naiv. Es ist eine fortgehende Metapher *eines* Gefühls.

Das epische, dem Schein nach naive Gedicht ist in seiner Bedeutung heroisch. Es ist die Metapher großer Bestrebungen.

Das tragische, dem Schein nach heroische Gedicht ist in seiner Bedeutung idealisch. Es ist die Metapher *einer* intellektuellen Anschauung." (II, 413)

So lauten die Anfangssätze des unter dem Titel „Über den Unterschied der Dichtarten" erst in unserem Jahrhundert publizierten Fragments, das in der Frankfurter Ausgabe frühestens auf den Sommer 1800 datiert wird. Es kontrastiert nicht nur die Dichtarten, es gibt auch die bündigste, wenn auch nicht letzte Bestimmung der tragischen Dichtung.

Entscheidend ist der Widerspruch: Die intellektuale Anschauung betrifft das eine ungeteilte Sein, das Ganze; es stellt sich dar, wird Metapher gerade im Antagonismus, in zerreißendem Widerspruch und tragischer Katastrophe. Die Bedeutung ist idealisch – das entspricht der dritten Stufe der exzentrischen Bahn –, der Kunstschein aber ist heroisch: der Kampf der Gegensätze in der zweiten Stufe. Theorie der Tragödie zielt auf die Vermittlung dieses Gegensatzes. Da die Teilung nicht jenseits des Seins, vielmehr dessen Selbstbewegung, entwickelt Hölderlin ebenso dessen geschichtlichen Entwicklungsrhythmus von ursprünglicher Einheit über Teilung zu neuer Einheit wie die darin sich vollziehende Geburt des Bewußtseins – denn das ungeteilte Sein wie die intellektuale Anschauung sind bewußtlos, für beides gilt eine dialektische Logik der Widerspruchsbewegung. Schließlich bestimmt Hölderlin das Hervorgehen der Tragödie aus dem Geschichtsprozeß selbst mit einer ihr spezifischen Funktion, der wiederum ihr öffentlicher Charakter, ihre hohe Form und vaterländische Gegenständlichkeit entsprechen, aus dem Verhältnis zu revolutionären Umbruchsperioden, in denen eine Ordnung eine andre ablöst. Insofern der Grundton der Tragödie der universellste ist, ist sie diejenige Dichtart, die das Werden des Ganzen, die Geschichte am vollständigsten darstellt.

Charakteristisch für Hölderlins Argumentation ist, daß er – im Kontext seines pantheistischen Monismus – das spezifisch Historische als allgemein Ontologisches darstellt. Deshalb kann die intellektuale Anschauung, die aller tragischen Dichtung zugrunde liegen muß, „keine andere sein ... als jene Einigkeit mit allem, was lebt, die zwar von dem beschränkteren Gemüte nicht gefühlt, die in seinen höchsten Bestrebungen nur geahndet, aber vom Geiste erkannt werden kann und aus der Unmöglichkeit einer absoluten Trennung und Vereinzelung hervorgeht" (II, 415).

Absolut ist allein der Monismus, seit „Urteil und Sein" Voraussetzung. Doch vom Sein spricht Hölderlin daher „uneigentlich" als einer Einheit, „die am leichtesten sich ausspricht dadurch, daß man sagt, die wirkliche Trennung, und mit ihr alles wirklich Materielle, Vergängliche, so auch die Verbindung, und mit ihr alles wirklich Geistige, Bleibende, das Objektive als solches, so auch das Subjektive als solches, seien nur ein Zustand des Ursprünglicheinigen, in dem es sich befinde, weil es aus sich herausgehen müsse, des Stillstands wegen, der darum in ihm nicht stattfinden könne, weil die Art der Vereinigung in ihm nicht immer dieselbe bleiben dürfe, der Materie nach, weil die Teile des Einigen nicht immer in derselben näheren oder entfernteren Beziehung bleiben dürfen, damit alles allem begegene und jeden ihr ganzes Recht, ihr ganzes Maß von Leben werde" (II, 415).

Das uneigentliche Sprechen behandelt das Ursprünglicheinige, das Sein als Objekt, während es doch aller Ur-Teilung von Objekt und Subjekt vorausgeht. Gegenüber „Urteil und Sein" impliziert das Einige schon die unentfaltete Differenz, ihm ist eine Entwicklungsnotwendigkeit und -bedürftigkeit immanent, dies betrifft die Teile, damit deren jeder „im Fortgang dem Ganzen gleich sei an Vollständigkeit, das Ganze hingegen im Fortgang den Teilen gleich werde an Bestimmtheit" (II, 415). Der Prozeß der Trennung ist Prozeß der Individualisierung der Teile und des Ganzen über die Teile, als Trennung aber ist diese Verwirklichung der immanenten Entwicklungsbedürfnisse nur im Gegeneinander der Teile möglich.

Trotz des Monismus behält Hölderlin im ontologischen Modell die Trennung von Geist und Materie bei: jener steht für das Aktive und Verbindende, diese für das Vergängliche, jener gestaltet sich in dieser. Das ist das objektiv-idealistische Moment seines Monismus, ein anthropomorphisierendes Moment, das sein Modell aus dem unmittelbaren Selbstbewußtsein menschlichen Produzierens borgt. Ähnlich ist dies der Inkonsequenz der Herderschen Spinoza-Rezeption, es hat auch eine analoge Funktion: die Entwicklungsdynamik zu begründen. Für Hölderlin ist es die Konsequenz der Unmöglichkeit, das Sein jenseits der Trennung von Subjekt und Objekt als Objekt zu denken. Doch heißt Geist hier nicht Bewußtsein, sondern ist funktional bestimmt.

Die Analogiebestimmung der Selbstentwicklung eines organischen Systems als Modell des Ganzen, des Unendlicheinigen in seinem Aus-sich-Herausgehen fundiert, worum es Hölderlin eigentlich geht: um das Selbstbewußtwerden des Ganzen und seiner Teile, das dann an und in der Tragödie sich vollziehe. Voraussetzung ist, daß eben Gegenstands- und Selbstbewußtsein ohne Teilung, ohne reale Entgegensetzung nicht möglich sind. Daher sei es „ewiges Gesetz, daß das gehaltreiche Ganze in seiner Einigkeit nicht mit der Bestimmtheit und Lebhaftigkeit sich fühlt, nicht in dieser sinnlichen Einheit, in welcher seine Teile, die auch ein Ganzes, nur leichter verbunden sind, sich fühlen" (II, 416).

Daß das Ganze sich fühlt, kann nur über die Wechselbeziehung seiner Teile gehen – es ist ihnen gegenüber kein Subjekt. Daher kann das Selbstbewußtsein des Ganzen reell nur als das Bewußtsein der Teile vom Ganzen sein, d. h. dem vereinigenden Zusammenhang, in dem sie stehen: gerade in ihrer Individualisierung und Trennung, und eben dies Bewußtsein vermag sie bewußt zu vereinen. In andrem Zusammenhang ist es der Gemeingeist. Hölderlin fragt nach dessen Genesis. Man könne sagen, „wenn die Lebhaftigkeit, Bestimmtheit, Einheit der Teile, wo sich ihre Ganzheit fühlt, die Grenze für diese übersteige und zum Leiden und möglichst absoluter Entschiedenheit und Vereinzelung werde, dann fühle das Ganze in diesen Teilen sich erst so lebhaft und bestimmt, wie jene sich in . . . ihrer beschränkteren Ganzheit fühlen" (II, 416).

Der Gedanke strebt dem Umschlagpunkt zu. Das Sich-Fühlen des Ganzen entspringt aus den gegeneinander verselbständigten, antagonistisch sich verhaltenden Teilen, wo deren Bestimmtheit, Lebhaftigkeit über sich, über die Grenze ihrer Ganzheit in ihren Wechselbeziehungen hinausgehen, besser, hinauszugehen gezwungen sind. Daher formuliert Hölderlin allgemein: „Die Fühlbarkeit des Ganzen schreitet also in ebendem Grade und Verhältnisse fort, in welchem die Trennung in den Teilen und in ihrem Zentrum, worin die Teile und das Ganze am fühlbarsten sind, fortschreitet. Die in der intellektualen Anschauung vorhandene Einigkeit versinnlichet sich in ebendem Maße, in welchem sie aus sich herausgehet, in welchem die Trennung ihrer Teile stattfindet..." Und das geschieht nicht nur in bezug auf das Ganze, sondern auch auf die Teile, „die denn auch nur darum sich trennen, weil sie sich zu einig fühlen ..., oder weil sie sich nicht einig genug fühlen der Vollständigkeit nach, ... weil sie noch nicht gewordene, weil sie erst teilbare Teile sind" (II, 416).

Ineinander gehen die Aussagen über das Ganze in bezug auf seine Fühlbarkeit, über die poetische Realisierung, „Versinnlichung" der intellektualen Anschauung und über die Individualisierung und Verwirklichung der Teile, über den objektiven Prozeß und seine Reproduktion. Deutlicher wird, daß das Grundmodell letztlich dem Sozialen entnommen ist: Das „Ganze" entfaltet sich, indem die Individuen, seine Teile, erst in der Trennung ihre Möglichkeit zur Wirklichkeit bringen, in Trennung und Gegeneinander Bewußtsein von sich und den anderen und erst über diesen Gegensatz auch von der Gemeinsamkeit gewinnen können. Hier ist nicht nur die Fichte-Kritik vorausgesetzt, Kants und Schillers Gedanken vom notwendigen Antagonismus und dessen die Entwicklung vorantreibender Funktion werden als Hintergrundmodelle erkennbar.

Von hier aus reißt Hölderlin die Gesamtbewegung zusammen: den Ausgang und das Resultat der Trennungsbewegung. Zuerst der Ausgang: „Und hier, im Übermaß des Geistes in der Einigkeit und seinem Streben nach Materialität, im Streben des teilbaren Unendlichern, Aorgischern, in welchem alles Organischere enthalten sein muß, weil alles bestimmter und notwendiger Vorhandene ein Unbestimmteres, unnotwendiger Vorhandenes notwendig macht, in diesem Streben des teilbaren Unendlichern nach Trennung, welches sich im Zustande der höchsten Einigkeit alles Organischen allen in dieser enthaltenen Teilen mitteilt, in dieser notwendigen Willkür des Zeus liegt eigentlich der ideale Anfang der wirklichen Trennung." (II, 416 f.)

Der Anfang der Trennung erwächst aus der inneren Notwendigkeit des Ganzen, vom Aorgischen zum Organischen überzugehen. Dieses Begriffspaar hat Hölderlin hauptsächlich im „Grund zum Empedokles" verwandt. Das Aorgische ist das Sein oder Natur im Zustand der Bewußtlosigkeit, des Gestaltlosen, Undifferenzierten und Unbestimmten, zugleich des Unbegrenzten, das Organische ist ihm gegenüber Gestalt, Bewußtsein, Organisation, Bestimmtheit und Individualisierung, das Aorgische ist fruchtbares und auch zerstörendes Chaos gegenüber der Ordnung des „Organischen". Dennoch schließen beide einander nicht aus, Hölderlin spricht nicht zufällig im Komparativ. Sie stellen eine Einheit dar, eine substantielle Einheit des Werdens: das Organische ist im Aorgischen enthalten, dieses strebt in jenem sich zu gestalten, ein feindlicher Gegensatz zwischen ihnen ist selbst der Weg, ein harmonisches Verhältnis beider in neuer Ordnung herzustellen. Insofern stellt er sie auch als Natur und Kunst einander gegenüber. In diesem Zusammenhang hat das Aorgische seine eigene Fruchtbarkeit, Ordnung, seinen eigenen gründenden Wert.

Geist ist hier nicht primär menschliches Bewußtsein, sondern das Einende, Aktive, Vermittelnde, das schöpferische Moment, das über Differenz und Gegensatz am anderen Bewußtsein gewinnt, natura naturans, die sich in der natura naturata darstellt.

In dem fließenden, in Strukturanalogien sich bewegenden Denken Hölderlins ist die ontologische Struktur identisch mit der gnoseologisch-ästhetischen. Der „*ideale* Anfang der *wirklichen* Trennung" erscheint als Streben des Geistes nach Materialität, in der er sich verwirklicht, entfaltet, am und im anderen vergegenständlicht, wie die intellektuale Anschauung im Prozeß der Trennung sich „versinnlichet" und in der Tragödie poetisch-sinnfällige Gestalt gewinnt, wie auch die poetische

Totalidee im fremden Stoff sich realisiert und nur realisiert
werden kann – mit dem sie dennoch im Mittelpunkte sich vereinigt.

Hölderlin spricht von der Tragödie, die dem äußeren Schein
nach heroisch, bewegter Widerstreit ist, die ihrer Bedeutung
nach idealisch, Metapher einer intellektualen Anschauung ist,
der Anschauung des Einen, Ganzen, Harmonischen. Dies ist,
was sie im Gegensatz zeigt. Sie zeigt diese Einheit aber nicht
als vorhanden, sie meint nicht die Einheit vor aller Trennung.
Als Akt und Darstellung des Bewußtwerdens des Ganzen ist
sie zugleich dessen Neubildung. Daher die Bewegung der Trennung bzw. des Getrennten: „Von diesem gehet sie [die Trennung – W. H.] fort bis dahin, wo die Teile in ihrer äußersten
Spannung sind, wo diese sich am stärksten widerstreben. Von
diesem Widerstreit gehet sie wieder in sich selbst zurück, nämlich dahin, wo die Teile, wenigstens die ursprünglich innigsten,
in ihrer Besonderheit, als *diese* Teile, in dieser Stelle des Ganzen sich aufheben und eine neue Einigkeit entsteht. Der Übergang von der ersten zur zweiten ist wohl eben jene höchste Spannung des Widerstreits." (II, 417)

Das Bestimmende tragischer Dichtung ist somit die notwendige Trennung des Ursprünglicheinen, Entfaltung des Widerspruchs zu höchster Spannung und Auflösung in der tragischen
Katastrophe, wodurch die Trennung wieder aufgehoben wird
und neue Einigkeit entsteht: neu, weil in ihr Resultate der Bewegung bewahrt sind. Das Gesetz der Tragödie als poetischer
Gestalt menschlichen Bewußtseins ist das Gesetz, das den
Rhythmus der Geschichte trägt, das Gesetz ihrer Bewegung, es
ist zugleich das Gesetz des Sich-Fühlens als Geburt des Bewußtwerdens des Ganzen. Ist der Anfang der Trennung Praktizie-
rung von Spinozas „omnis determinatio est negatio", so die Gesamtbewegung Negation der Negation.

Die neue Einheit freilich kann nicht direkt dargestellt werden. Die Tragödie endet mit dem Ton ihrer Katastrophe, während – nach einem anderen Fragment – die Vollendung des tragischen Dichters im lyrischen liege; hier wäre an den Vers zu
erinnern: „Bald aber sind wir Gesang". Das Harmonischver-

bundene kann aber nur in den durch die Widerspruchsbewegung entwickelten Individuen bewußt werden – sei es im Chor oder im Zuschauer: als Wirkung des Gezeigten, wenn das Heroisch-Energische der Tragödie in seiner Bewegung bis zur tragischen Erschütterung auf die Phantasie mittels der Empfindung wirkt (um hier Hölderlins Entwurf einer psychologischen Gattungs-bestimmung an Hand der wechselnden Beziehungen von Emp-findung, Leidenschaft und idealischer Phantasie anzuwenden).

Offen bleibt das Verhältnis der Tragödie zum Geschichtspro-zeß selbst: ihr historischer Ort und ihre Funktion in bezug auf die geschichtliche Umwälzung eines gesellschaftlichen Ganzen. Zugleich ist die hier getroffene Bestimmung Verallgemeinerung und Weiterführen der theoretischen Überlegungen im „Grund zum Empedokles", die nur wenig zurückliegen.

„Grund zum Empedokles"

Im „Grund zum Empedokles" wird der dargelegte Entwurf einer dialektischen Bewegungsstruktur wohl einseitiger, weil primär auf den Protagonisten der Tragödie bezogen, dadurch zugleich konkreter gefaßt, ja erst entwickelt. Das gilt in mehr-facher Beziehung: für das Verhältnis von „tiefster Innigkeit" und Metapher der tragischen Handlung; für die inhaltliche Be-stimmung von Kunst und Natur, Organischem und Aorgischem, die im allgemeineren Entwurf vorausgesetzt wird; für die Wi-derspruchsbewegung selbst, die im Ineinanderumschlagen der Gegensätze ein Grundmoment ihrer Wechselbeziehung findet; schließlich für die schwierige und diese Tragödie scheitern las-sende Bestimmung des tragischen Opfertodes bzw. Selbst-opfers, dem ja realgeschichtliche Bedeutung für die Lösung der Epochenkonflikte zugesprochen wird – gerade die Historisie-rung des tragischen Konflikts birgt das unaufhebbar religiös-phantastische Erlösermotiv und sprengt es schließlich.

Von vornherein ist „Der Tod des Empedokles" als politi-sche, als Revolutionstragödie konzipiert. Des Empedokles Frei-tod ist Zeichen, Antizipation, bewegendes Moment und Um-

schlagpunkt einer Erneuerung des Volkes, einer republikanischen Umgestaltung seiner Vorstellungsarten. Hölderlin nimmt
teil an den politischen Bestrebungen der süddeutschen Republikaner. Ihrer konspirativen Isoliertheit entspricht die Stilisie-
rung auf die ausschlaggebende Rolle des Empedokles hin; der
idealen Vorstellung Hölderlins von der künftigen Revolution
der Gesinnungen und Vorstellungsarten entspricht die ausschließlich philosophisch-weltanschauliche und moralische Moti-
vierung jenseits realer sozialer Interessen; in das antike Kostüm fließen Erfahrungen ein und vor allem Wünsche, wie die
Revolution in Frankreich hätte geschehen sollen und wie sie
weitergehen müßte – im Hintergrunde des „Empedokles" steht
auch ein idealisierter und geträumter Napoleon. Die dritte Fassung ist Versuch einer Antwort auf das Schwinden der Hoffnungen auf eine bevorstehende Umwälzung.

Diese revolutionäre Intention verknüpft die ästhetische und
politisch-geschichtsphilosophische Reflexion, läßt Motiv, Gegenstand und Wirkungsziel der Tragödie im Revolutionsprozeß
finden – freilich nicht im realen, sondern im gesuchten und erstrebten.

Hölderlin hebt zwar energisch die Objektivität der Tragödie
im Unterschied zur tragischen Ode hervor – „Die Empfindung
drückt sich nicht mehr unmittelbar aus, es ist nicht mehr der
Dichter und seine eigene Erfahrung, was erscheint" –, doch
weiß und bekennt er, daß die Tragödie wie jedes Gedicht „aus
poetischem Leben und Wirklichkeit, aus des Dichters eigener
Welt und Seele hervorgegangen sein muß, weil sonst überall
die rechte Wahrheit fehlt" (III, 112).

Die rechte Wahrheit – Hölderlin ergreift und analysiert keine
empirische Welt, sondern entfaltet die Revolution seiner Idealität gegen die empirische Welt, die, an jener gemessen, im Untergehen ist; er sucht in „Empedokles" die Sinngebung seines
Dichtens, das den Gehalt der Epoche in sich aufnehmen soll.
So geht der Widerspruch seiner „Totalempfindung" zur empirischen Welt, aus der und gegen die sie entsteht, in das Struk-
turprinzip der Vermittlung durch Gegensatz ein, ja reproduziert
sich in ihm. Auf eben die Wirklichkeit, die sich ihm entzieht

und ihn abstößt, der sein Grundempfinden widerspricht, will er direkt, orientierend, erhellend einwirken, nicht im Sinne konkreten Handelns, sondern des werdenden Gemeingeistes, den er durchzusetzen, als seine „Stimmung" zu verallgemeinern, zum Selbstbewußtsein seines Volkes zu erheben sucht. Von hier aus wird ihm der Stoff des Dramas zum Kostüm und die dramatische Handlung zur Explikation der Botschaft, der politisch-moralischen und weltanschaulichen. Der Widerspruch von Wesen und Erscheinung nimmt den Inhalt des Widerspruchs von Utopie und Empirie, von Anspruch und dessen Negation in sich auf.

Die allgemeine Idealität erscheint als Sprache einer Revolutionsbereitschaft ohne materielle Verwirklichungsmöglichkeit, daher ihr die Vermittlung zum Konkreten abgehen muß, sosehr sie zugleich das historisch produzierte Bedürfnis, die versteinten Verhältnisse aufzubrechen, zur Sprache bringt. Das macht, daß im historischen Idealismus der Tragödienfragmente poetisch „rechte Wahrheit" in der heroischen der Illusion Gestalt gewinnt, nicht nur die Wahrhaftigkeit subjektiven Fühlens und Meinens.

Im „Grund zum Empedokles" entdeckt Hölderlin für sich, was allgemeiner im vorher behandelten Tragödientext gesagt wird und was er als sein persönliches Dichtungsproblem im Brief an Neuffer formulierte: „Das Reine kann sich nur darstellen im Unreinen, und versuchst Du, das Edle zu geben ohne Gemeines, so wird es als das Allerunnatürlichste, Ungereimteste dastehn, und zwar darum, weil das Edle selber, so wie es zur Äußerung kömmt, die Farbe des Schicksals trägt, unter dem es entstand, weil das Schöne, so wie es sich in der Wirklichkeit darstellt, von den Umständen, unter denen es hervorgeht, notwendig eine Form annimmt, die ihm nicht natürlich ist und die nur dadurch zur natürlichen Form wird, daß man eben die Umstände, die ihm notwendig diese Form gaben, hinzunimmt." (IV, 323) Diese Überlegung vom 12. November 1798 historisiert das Schöne, das Edle, ohne diese Wertungen freilich zu hinterfragen, begreift es im Kontext seiner historischen Bedingungen je im Verhältnis zu seinem Gegensatz. Diese Einsicht ist im „Grund zum Empedokles" verallgemeinert zum allgemeineren Widerspruchsverhältnis von Grund und Zeichen, Bedeutung und Erscheinung, Totalempfindung und Stoff, bezogen auf das Grundverhältnis des Göttlich-Einigen zu den Widersprüchen des realen Lebens, in dem es erscheint und sich darstellt.

Daher: „Auch im tragisch dramatischen Gedichte spricht sich also das Göttliche aus, das der Dichter in seiner Welt empfindet und erfährt, auch das tragisch dramatische Gedicht ist ihm ein Bild des Lebendigen, das ihm in seinem Leben gegenwärtig ist und war; aber wie dieses Bild der Innigkeit überall seinen letzten Grund in eben dem Grade mehr verleugnet und verleugnen muß, wie es überall mehr dem Symbol sich nähern muß, je unendlicher, je unaussprechlicher, je näher dem nefas die Innigkeit ist, je strenger und kälter das Bild den Menschen und sein empfundenes Element unterscheiden muß, um die Empfindung in ihrer Grenze festzuhalten, um so weniger kann das Bild die Empfindung unmittelbar aussprechen, es muß sie sowohl der Form als dem Stoffe nach verleugnen, der Stoff muß ein kühneres, fremderes Gleichnis und Beispiel von ihr sein, die Form muß mehr den Charakter der Entgegensetzung und Trennung tragen. ... Eben darum verleugnet der tragische Dichter ... seine Person, seine Subjektivität ganz, so auch das ihm gegenwärtige Objekt, er trägt sie in fremde Personalität, in fremde Objektivität über ..." (III, 112–114)

Die These vom „Verleugnen" der eigenen Subjektivität und des „gegenwärtigen" Objekts und von deren Übertragen auf fremde Personalität und Objektivität als Gesetz der hohen, ihren Stoff nicht der gewöhnlichen Wirklichkeit entnehmenden Tragödie umschließt zugleich das Postulat der „innigen Verwandtschaft des Gleichnisses mit dem Stoffe", ein Verhältnis der Analogie, wodurch der „Geist, das Göttliche, wie es der Dichter in seiner Welt empfand", gerade nicht verleugnet, sondern durchgesetzt werde – weil eben „sich das Innige, Göttliche, nicht anders aussprechen" kann und darf „als durch einen um so größern Grad des Unterscheidens, je inniger die zum Grunde liegende Empfindung ist" (III, 113).

Das Verhältnis der verleugneten eigenen Subjektivität und

des gegenwärtigen Objekts zur fremden Personalität und Welt wird nicht näher – über die Analogie hinaus – historisch bestimmt. Hölderlin ist sich der Gegenwärtigkeit seines Objekts ebenso bewußt, wie ihm die Wahl des griechischen Stoffes selbstverständlich ist, gerade weil dessen Fremdheit die Idealisierung des Eigenen zu sein scheint. Im Brief an seinen Bruder vom 1. Januar 1799 ist die Normativität der Griechen unbedingt anerkannt: „Auch ich, mit allem guten Willen, tappe mit meinem Tun und Denken diesen einzigen Menschen in der Welt nur nach und bin in dem, was ich treibe und sage, oft nur um so ungeschickter und ungereimter, weil ich wie die Gänse mit platten Füßen im modernen Wasser stehe und unmächtig zum griechischen Himmel emporflügle." (IV, 340 f.)

Das antike Kostüm als „Stoff" ist nicht nur fremd und gegensätzlich dem modernen Leben, es gibt dem gegenwärtigen Objekt Allgemeinheit durch Transponierung der gegenwärtigen Totalempfindung in seine Form. Denn ausdrücklich erklärt Hölderlin, daß „die innigste Empfindung . . . der Vergänglichkeit in eben dem Grade ausgesetzt" sei, „in welchem sie die wahren zeitlichen und sinnlichen Beziehungen nicht verleugnet" (III, 113).

Die klassische Form entreißt die Empfindung ihrer Partialität, verleiht dem vergänglich Geschichtlichen den Schein des unveränderlich Dauernden und Normativen, verallgemeinert das partielle historische Interesse zum allgemeinmenschlichen und „natürlichen", entsinnlicht das Gewöhnliche zur Weihe des Idealen. Doch gerade diese Enthistorisierung enthistorisiert die antike Gestalt mit: sie wird ihrem eigenen Inhalt entrissen, hat nur schwaches Eigengewicht gegenüber der Totalempfindung, die „am meisten sich verrät, in der Hauptperson, die den Ton des Dramas angibt, und in der Hauptsituation, wo das Objekt des Dramas, das Schicksal sein Geheimnis am deutlichsten ausspricht, wo es die Gestalt der Homogenität gegen seinen Helden am meisten annimmt (eben die ihn am stärksten ergreift)" (III, 114), darin aber die wahren sinnlichen und zeitlichen Beziehungen „verleugnet".

Natürlich ist der „Tod des Empedokles" nicht als histori-

sche Tragödie, sondern als Botschaft an die Zeitgenossen gedacht. Aber das konzipierte Verhältnis von Gegenstand bzw.
gegenwärtigem Objekt und fremdem Stoff gibt vom Gegenstand nur die Abstraktion von den wahren sinnlichen und zeitlichen Beziehungen, die revolutionäre, aber schon widerlegte
heroische Illusion der bürgerlichen Revolution. Der Gehalt liegt
in der äußersten Abstraktion politisch-weltanschaulicher Beziehungen und Setzungen. Es wird ein Verhältnis zur dramatischen Konfliktgestaltung im Stoff realisiert, das der Versinnlichung des Allgemeinen entspricht, die Hölderlin für die hohen Gattungen postulierte.

So bleibt Hölderlin hier in der klassizistischen Ideologie, sieht
Gleichheit und Freiheit im Polisgewande und findet von hier
aus keinen poetischen Zugang zum Inhalt der „allmächtigen,
alles beherrschenden Not", an der „reine selbständige Menschen" zerschellen, sie ist das andre der subjektiven Idealität.
Deshalb liegt das eigentliche Leben dieses Dramas, in dem er
sich „lebendig mit der Zeit . . . in Beziehung" zu setzen, zu wirken suchte, darin, daß er die Hauptgestalt, die den Ton angibt,
zum Gefäß seiner Subjektivität, Sprachrohr seiner Botschaft,
Träger des Tons seiner Seele bildet. Daraus resultiert die Dominanz der Gestalt des Empedokles, des Monologischen, Ver-
kündenden, während die dargestellten Nebenpersonen eher
Kontrastfunktion als untergeordnete Töne gewinnen und als das
sichtbar werden, was sie in bezug auf Empedokles bedeuten
und in seinen Augen darstellen.

Aus dem gleichen Verhältnis aber erwächst, daß des Empedokles Botschaft – trotz und in der antiken Kostümierung – revolutionäre Botschaft für die eigene Zeit und deutsche Welt ist
und in dieser seiner Rolle Hölderlin spricht – und sich sucht,
hingibt und darstellt. Aus dieser Quelle kommt die überwältigende sprachliche Gewalt, die visionäre lyrische Kraft und
prophetische Intensität der Tragödie.

Der „Tod des Empedokles" ist poetischer Citoyen-Traum von
der Heroengestalt, die eine künftige politische Erneuerung und
Vereinigung des Volkes im Opfer vorwegnimmt und herbei-
führt. Dieser Traum selbst ist ein ideeller Aufstand gegen die

bestehende politische Wirklichkeit, die er ändern will, gegen die er anrennt und die ihn widerlegt, zu der jede reelle Vermittlung fehlt. Er ist von Hölderlin nicht vollendbar und von niemandem weiterführbar, Gedanke, der zur Wirklichkeit drängt, aber keine Wirklichkeit namhaft machen kann, die zum Gedanken drängt. In diesem Traum zerrinnt die klassizistische Illusion. Das Ergebnis für Hölderlin ist ein erneutes Reflektieren des Verhältnisses von Moderne und Antike. Die neue bürgerliche Wirklichkeit, die da heraufzog, entzieht sich in der nachthermidorianischen Desillusionierung der antikischen Gestalt, die zur Börsenfassade wird.

Goethe versucht, freilich nicht vom politischen Citoyen-Ideal ausgehend, in „Pandorens Wiederkunft" die Gegenwartsproblematik noch in antikischem Gewand allgemein zu fassen, und bricht den Versuch ab. In der „Klassischen Walpurgisnacht" und im Helena-Akt des „Faust" wird der Klassizismus ebenso vollendet wie aufgehoben, eingegliedert und gedeutet im philosophisch-symbolisch dargestellten historischen Prozeß. In ihrer eigenen Bewegung aber kam die Revolutionsperiode in der deutschen Literatur erst zur dramatischen Darstellung, als ihre Illusionen widerlegt, ihre sozialen Resultate erkennbar und allgemeiner und die geschichtliche Ohnmacht der Konterrevolution offenkundig geworden waren. Das geschah – nach Grabbes Anlauf – in Büchners „Dantons Tod". Doch hier ist die göttliche Einheit des Seins verblichen, die Tragödie der Revolution beweist die Ungelöstheit der sozialen Problematik, der Klassenantagonismen und der Brotfrage und läßt – durchaus in realistischer Weiterführung der Entdeckung des Eigenen im anderen – Büchner die Geburt seiner Gegenwart und ihrer Kampffronten begreifen. Aus der substantielle Identität voraussetzenden Analogie ist geschichtliche Genesis, aus dem natürlich-göttlichen Ganzen die geschichtliche Gesellschaft geworden.

Gerade wenn wir den Bogen der Geschichts- und Gegenwartsdramatik vom Sturm und Drang über Schillers Begreifen der Weltgeschichte als Weltgericht zur philosophisch-symbolischen Dichtart der Epochendeutung Goethes im „Faust" nachzeichnen, wird deutlich, daß Hölderlins „Empedokles"-

Fragment – trotz des Hintergrundes der jakobinischen Revolutionsdramatik – verzweifelt einsames und verzweifeln machendes Unikat bleiben mußte: seine Unbedingtheit wurde mit der Abstraktion von der Wirklichkeit bezahlt.

Den Stoff von Leben und Tod des Empedokles hatte Hölderlin in Diogenes Laertius gefunden. Die Gestalt vereinte, was in seiner Welt getrennt und arbeitsteilig vereinseitigt erscheint: Empedokles war Dichter, Philosoph, praktisch wirksamer Naturkundiger, Rhetor und Politiker, Retter seiner Vaterstadt vor der Naturbedrohung und vor tyrannischen Bestrebungen, denen gegenüber er republikanisches Recht durchgesetzt hatte. Hölderlin fasziniert der legendäre Freitod im Ätna, das freiwillige Sich-selbst-Auflösen in die Elemente der Natur, dem er einen in der Überlieferung nicht vorgeformten Sinn zu geben versucht. Er faßt Empedokles' Lehre im Sinne eines Naturpantheismus, geht jedoch nicht auf dessen Dialektik von Liebe und Streit im ewigen Wechsel ein, läßt ihn vielmehr zum Sprachrohr der eigenen pantheistischen Gesamtanschauung werden, wobei er die politische an die religiöse Erneuerung bindet, eine religiöse Reformation, deren Pantheismus mit dem neuen Verhältnis zur göttlichen Natur zugleich ein neues, auf der Gleichheit gründendes, Gemeinschaft organisierendes Verhältnis der Menschen untereinander fundiert.

Entscheidend ist, daß Hölderlin an Hand dieses Stoffs Krise und Lösungsweg der eigenen Epoche auszusprechen und die Lösung mit herbeizuführen sucht. Das Selbstopfer des Empedokles kündet den Umschlag an, eine neue Ordnung; es ist die erhabene Tat, in der das Neue anbricht und die es vermittelt. Sein Freitod ist eine „idealische Tat". Da klingt Christi Kreuzestod an, doch säkularisiert, es geht um kein Jenseits und keine Erlösung, sondern um geschichtliche Zukunft. Da klingt auch des Dionysos Tod und Wiedergeburt an, aber hier erneuert sich das Volk, nicht der zum Tode Gehende.

Das Verhältnis des Empedokles zu seinem Volk, den Agrigentinern, unterliegt einem Schema: das Volk selbst ist nicht selbsttätig, sondern soll durch sein Wirken erst zur Selbsttätigkeit gebracht werden. Das Volk zeigt Hölderlin unselbstän-

dig, es folgt entweder Empedokles oder den Mächten, die für
die alte religiöse und politische Ordnung stehen. Er ist der
Hohe, Wunderbare, der Unberührbare, der Große, um ihn ist
die Distanz des Erhabenen gegenüber dem Gewöhnlichen, Alltäglichen. Er schillert zwischen voranstürmender Geniegestalt,
in der des Volkes geheime Tendenz sich früh verkörpert, und
dem Genius, dem Heros, der von Mächten, die mehr als menschlich sind, aus besonderer Beziehung zur Natur und ihren „himmlischen Mächten" letztlich stammt, im Menschlichen sich individualisiert und nach vollendeter Bahn zur Natur zurückkehrt;
der Mann „Der euch geliebt, doch wie ein Fremder war / Mit
euch und nur für kurze Zeit geboren, / O fodert nicht, daß er an
Sterbliche / Sein Heil'ges noch und seine Seele wage!" (III,
70)

Was in rhetorisch-lyrischer Sprechweise Metaphorik, gewinnt
durch die Objektivität des Dramas das Schwergewicht religiöser Behauptung, die den Freitod ebenso sakralisiert wie seines
eigentlichen Ernstes beraubt. Als Erfüllung und Ekstase entwertet er, was eigentliches Ziel des Dramas: die Umgestaltung
des irdischen gesellschaftlich-politischen Lebens. Daher bleibt
die Gleichheitsidee bloße Verkündigung, sie wird gekontert
durch die Struktur des Verhältnisses von Erzieher und Zuer-
ziehenden, des Vaters zum Volk, der Sphäre des Erhabenen zu
der des Gewöhnlich-Irdischen.

Obwohl Hölderlin in seiner theoretischen Überlegung dagegen ankämpft und seinen Helden historisiert, steigert er gerade
in der poetischen Ausführung dessen Übermenschlichkeit. Hölderlin ist – auf Grund seiner Realitätsferne – nicht in der Lage,
aus den konkreten Widersprüchen des Volkes die Aktion ihrer
Lösung hervorgehen zu lassen. Während er an Empedokles die
möglichen Gefahren und Gefährdungen des genialen Individuums, darin den hypertrophen Anspruch des Fichteschen Ich,
kritisiert, wird sein poetisches Darstellen vom Untertext seines Selbstentwurfs als Dichter gesteuert, dem er des Empedokles Autorität verleiht, wie er dessen idealischer Tat die geschichtliche Funktion zuschreibt, die Grundgesetz der Dichtung
sei. Denn Empedokles war zum Dichter geboren, „scheint also

in seiner subjektiven tätigern Natur schon jene ungewöhnliche
Tendenz zur Allgemeinheit zu haben", die des Dichters „Stimmung durch den freien Ausdruck derselben zur allgemeineren
Stimmung, die zugleich die Bestimmung seines Volkes war, werden" läßt (III, 118). Aber: „... das Schicksal seiner Zeit, die
gewaltigen Extreme, in denen er erwuchs, forderten nicht Gesang, wo das Reine in einer idealischen Darstellung, die zwischen der Gestalt des Schicksals und des Ursprünglichen liegt,
noch leicht wieder aufgefaßt wird, wenn sich die Zeit noch nicht
zu sehr davon entfernt hat; das Schicksal seiner Zeit erforderte
auch nicht eigentliche Tat, die zwar unmittelbar wirkt und hilft,
aber auch einseitiger, und um so mehr, je weniger sie den ganzen Menschen exponiert, es erforderte ein Opfer, wo der ganze
Mensch das wirklich und sichtbar wird, worin das Schicksal seiner Zeit sich aufzulösen scheint, wo die Extreme sich in *einem*
wirklich und sichtbar zu vereinigen scheinen, aber eben deswegen zu innig vereiniget sind und in einer idealischen Tat das
Individuum deswegen untergeht und untergehen muß ..." (III,
118 f.)
Die idealische Tat wirkt oder soll bewirken, was Dichtung
noch nicht oder nicht mehr bewirken kann: sie setzt die Revolution der Gesinnungen und Vorstellungsarten in Gang, bricht
die versteinten Egoismen – wie sie Hölderlin in der Deutschenschelte anführte – auf, weckt den Gemeingeist und stiftet dadurch neue Gemeinschaft. Hölderlin denkt für die Wirkung des
Opfers eine Struktur, die derjenigen der Dichtung entspricht:
die Vernichtung des Individuums verallgemeinert die individuelle Lösung der epochalen Gegensätze bzw. ermöglicht ein solches Allgemeinwerden. Das wirft Licht auf Hölderlins Dich-
tungsverständnis: des Dichters Stimmung ist nur verallgemei-
nerungswürdig und -fähig, insofern sie eine allgemeine, eine des
Gemeingeistes, nicht eine nur private ist. Dichtung ist geschichtliche Aufgabe, Dichtersein eine Rolle, und das Opfer ist ihr
immanent: das Opfer des Nur-Persönlichen ist Voraussetzung,
nicht die eigene Stimme, sondern die der Natur, der Götter,
des geschichtlichen Augenblicks zu vernehmen; zugleich schließt
die Dichterrolle auf andere Weise das Opfer ein: insofern sie

sich treu bleibt in dürftiger, echoloser, „götterloser" Zeit, die den Dichter tragisch vereinsamen und verstummen läßt. Das erste wird als äußerste Gefährdung in der Hymne „Wie wenn am Feiertage . . ." thematisiert, das zweite in Hölderlins Leben selbst verifiziert.

So ist das Konzept der idealischen Tat ein Phantasma, ein geträumter Sprung aus der Ohnmacht der Dichtung – und aus der praktischen Ohnmacht, die am Resultat des „Hyperion" deutlich geworden, ein zugleich zitiertes und beschworenes Wunder, um dem großen Ziel dennoch geschichtliche Möglichkeit zusprechen zu können. Doch diese Erlöseridee wird Hölderlin um so problematischer, je mehr er die Macht der „Not", der realen Verhältnisse gegenüber subjektivem Willen und Wünschen erkennt, je mehr er einsieht, daß Erfolg, Wirksamkeit und Scheitern von den historischen Umständen abhängen. Nach der ersten und zweiten Fassung der Tragödie sucht er im „Grund zum Empedokles" in einer außerordentlichen gedanklichen Anstrengung, die dennoch nicht zu ihrem Ende führt, des Empedokles Tod als geschichtlich-notwendigen tragischen Untergang zu begründen – als theoretische Selbstverständigung für die dritte, dann ebenfalls abgebrochene Fassung. Der geschichtsphilosophische Entwurf wird von der poetischen Darstellung gesprengt – durch die mythische Überhöhung des Empedokles, wie diese ihrerseits von Hölderlin nicht in Übereinstimmung mit der politisch-historischen Zielsetzung gebracht werden kann.

Die Gegensätze, in denen „tiefste Innigkeit" in der Tragödie sich darstellt und ausdrückt, faßt Hölderlin allgemein begrifflich als „Natur" und „Kunst". Kunst ist das von Menschen Gemachte, Bewirkte, darin ins Bewußtsein Erhobene. Beide sind eine Einheit, da in Kunst die Natur sich vollendet und zu sich kommt. Insofern übergreift Natur die Kunst, ihr Gegensatz ist Gegensatz in einem Sein, einer Natur, wie es im Brief an den Bruder vom 4. Juni 1799 heißt. Hölderlin spricht hier von einem „Paradoxon . . ., daß der Kunst- und Bildungstrieb mit allen seinen Modifikationen und Abarten ein eigentlicher Dienst sei, den die Menschen der Natur erweisen". Daher „alle

die irrenden Ströme der menschlichen Tätigkeit in den Ozean
der Natur laufen, so wie sie von ihm ausgehen" (IV, 363 f.).

Insofern kann „Kunst" weder den Urstoff, den sie bearbeite,
erschaffen noch die schaffende Kraft, die sie wohl entwickelt,
die aber nicht der Menschenhände Werk sei. Hölderlin denkt
keine Natur in Abstraktion vom Menschen und nicht den Menschen in Abstraktion von der Natur, letztlich ist der Mensch
Teil und Organ der Natur, die Natur aber trägt personale Züge,
ihr ist der Geist bewußtlos immanent, als das Vereinend-Gött-
liche, das erst im Menschen zu Bewußtsein komme. In diesem
Sinne umfaßt Natur den Gegensatz von Natur und Kunst. Das
charakterisiert das Begriffsgefüge Hölderlins, mit dem er diesen und überhaupt Gegensätze ausdrückt. Der Natur ist das
Aorgische, Allgemeine, Unendliche, Entgrenzte, Unbestimmte,
Gestaltlose und Bewußtlose zugeordnet, der Kunst bzw. Menschenwelt das Organische, Besondre und Individuelle, Endliche,
Gestaltete, Begrenzte, doch derart, daß nur im Komparativ
zu sprechen ist, die Gegensätze sich zugleich durchdringen, Natur in der Menschenwelt ist, so als „Friede" oder „uralte Verwirrung", Gestalt und Differenz in der Natur, und zwischen
beiden Polen ein Entwicklungszusammenhang besteht, das eine
im anderen sich gestaltet und der Weg dazu die Extremisierung
der Gegensätze einschließt, immer in der eigenartigen Doppelsinnigkeit, insofern das, was einerseits eine Entwicklungs-
bewegung ist, zugleich als Gleichzeitigkeit erscheint, die Harmonie in den Gegensätzen sich darstellt und durch deren Bewegung zugleich hergestellt wird.

Apodiktisch erklärt Hölderlin: „Natur und Kunst sind sich
im reinen Leben nur harmonisch entgegengesetzt. Die Kunst ist
die Blüte, die Vollendung der Natur; Natur wird erst göttlich
durch die Verbindung mit der verschiedenartigen, aber harmonischen Kunst; wenn jedes ganz ist, was es sein kann, und eines
verbindet sich mit dem andern, ersetzt den Mangel des andern,
den es notwendig haben muß, um ganz das zu sein, was es als
Besonderes sein kann, dann ist die Vollendung da, und das
Göttliche ist in der Mitte von beiden." Unmittelbar geht der
Gedanke zum Menschen über: „Der organischere, künstlichere

Mensch ist die Blüte der Natur; die aorgischere Natur, wenn sie rein gefühlt wird vom rein organisierten, rein in seiner Art gebildeten Menschen, gibt ihm das Gefühl der Vollendung." (III, 114 f.)

Hier ist einmal ganz wesentlich die Bestimmung des Harmonischentgegengesetzten: Harmonie als Zusammenklang des Unterschiedenen. Kunst – also menschliche Kultur – als Vollendung der Natur im harmonischentgegengesetzten Ganzen: ein anderer Ausdruck des durch und durch individualisierten Ganzen, des Ganzen zugleich, zu dem die Poesie die Menschen vereinen solle, des „lebendigen, tausendfach gegliederten, innigen Ganzen, denn eben dies soll die Poesie selber sein" (IV, 340).

Die Ganzheit als harmonischentgegengesetzte ist „reines", nicht das wirkliche Leben. Reines Leben ist Leben, dessen innere Differenzierung sich noch nicht im Antagonismus entfesselt. Insofern ist es ein unentfalteter Lebenszustand. Zugleich ist es das Ganze, das im Gegensatz, in den Lebensextremen sich „darstellt" – die Harmonie in den Dissonanzen. Sie trägt in sich zugleich das Maß der Harmonie, die durch die Gegensätze hindurch, in deren Austragen hergestellt werden soll: nicht die anfängliche, sondern eine entfaltete Einheit des Harmonischentgegengesetzten: als Welt.

In ontologischem Status und Funktion korrespondiert das „reine" Leben der Schönheit, und zwar der sich selbst unbewußten Schönheit. In ihm liegen Ursprung und Ziel beschlossen. Die Frage bleibt nur, welches Maß der Vollendung Hölderlin anlegt. Was er emphatisch feiert, ist zugleich Kindheitsharmonie.

Der Gedankengang im „Grund zum Empedokles" fragt zunächst nur nach der Entstehung des Bewußtseins. Das vollendet reine Leben ist seiner unbewußt. Es kann nur eine relative Vollendung sein. Der nächste Satz lautet: „Aber dies Leben ist nur im Gefühle und nicht für die Erkenntnis vorhanden. Soll es erkennbar sein, so muß es ... sich darstellen ..." (III, 115)

Das Sich-Darstellen aber impliziert Trennung von Subjekt

und Objekt. Der Gedankengang beschreibt zunächst ein Bewußtwerden: das Leben muß, um erkennbar zu werden, um
seiner selbst bewußt zu werden, sich darstellen. Es kann sich
nur in einem anderen darstellen, in seinem Gegenteil. In der
Darstellung der Tragödie in „Über den Unterschied der Dichtarten" wird Hölderlin diese Bewußtseinsbildung verbinden mit
der Dialektik des Ganzen und der Teile, mit einer Entwicklungslogik, die Bewußtwerden ermöglicht. Im Kern ist dies mitgemeint. Denn Leben umfaßt das ganze Wechselverhältnis von
Natur und Mensch. Das Sich-Darstellen ist nicht Darstellen dessen, was ohne Darstellung auch vorhanden ist. Sich-Darstellen
ist Erzeugen eben des Gegensatzes, durch den Erkenntnis möglich wird. Somit ist Sich-Darstellen notwendig Vollzug, Wandlung, Trennung dieses Wechselverhältnisses. So wird das Bewußtwerden durch die trennende Lebensbewegung selbst vermittelt, eine Bewegung aber, in der es eine neue Einheit herstellt. Insofern ist diese Bewegung ebenso Voraussetzung wie
Gegenstand der Tragödie.

Das Folgende bezieht sich schon – unausgesprochen – auf
das Modell Empedokles, in dessen individuellem Sein „Kunst"
und „Natur" sich zueinander verhalten – in seinem Verhalten
zur Natur und zu seinem Volke.

Soll also das reine Leben erkennbar sein, „so muß es dadurch sich darstellen, daß es im Übermaße der Innigkeit, wo sich
die Entgegengesetzten verwechseln, sich trennt, daß das Organische, das sich zu sehr der Natur überließ und sein Wesen
und Bewußtsein vergaß, in das Extrem der Selbsttätigkeit und
Kunst und Reflexion, die Natur hingegen, wenigstens in ihren
Wirkungen auf den reflektierenden Menschen, in das Extrem
des Aorgischen, des Unbegreiflichen, des Unfühlbaren, des Unbegrenzten übergeht, bis durch den Fortgang der entgegengesetzten Wechselwirkungen die beiden ursprünglich einigen sich
wie anfangs begegnen, nur daß die Natur organischer durch den
bildenden, kultivierenden Menschen, überhaupt die Bildungs-
triebe und Bildungskräfte, hingegen der Mensch aorgischer,
allgemeiner, unendlicher geworden ist. Dies Gefühl gehört
vielleicht zum Höchsten, was gefühlt werden kann, wenn beide

Entgegengesetzte, der verallgemeinerte, geistig lebendige,
künstlich rein aorgische Mensch und die Wohlgestalt der Natur, sich begegnen. Dies Gefühl gehört vielleicht zum Höchsten,
was der Mensch erfahren kann, denn die jetzige Harmonie
mahnt ihn an das vormalige umgekehrte reine Verhältnis, und
er fühlt sich und die Natur zweifach, und die Verbindung ist
unendlicher." (III, 115)

Das „Übermaß der Innigkeit" wird getrennt, in der Trennung, im Gegeneinander extremisieren sich die Gegensätze:
zu reiner Reflexion und Selbsttätigkeit auf der einen Seite, zu
einer entfremdeten, undurchdringlichen und unfühlbaren Natur auf der anderen Seite, Subjekt und Objekt treten einander
feindlich gegenüber. Hier klingt Hölderlins Verständnis der
Grundposition Fichtes und eines Materialismus in Fichteschem
Verständnis an. In der tätigen Wechselbeziehung beider Seiten, in der sie sich verwandeln, entsteht ein neues harmonischentgegengesetztes Verhältnis: die Natur wird „organischer",
der Mensch aorgischer, natürlicher. Das neue Verhältnis läßt das
vormalige umgekehrte Verhältnis, das die Entgegensetzung vergaß, erinnern: die Harmonie wird als geschichtlich gewonnene
bewußt, so daß „die Innigkeit des vergangenen Moments nun
allgemeiner, gehaltner, unterscheidender, klarer hervorgeht"
(III, 116). Das „reine Leben" ist durch die tragische Trennung
erkennbar geworden, das harmonischentgegengesetzte Verhältnis ist „umgekehrt" wiederhergestellt und ein andres, höheres
geworden: des Menschen Verkapselung in sich ist aufgehoben,
die Natur hat Wohlgestalt gewonnen; beide begegnen sich harmonisch, ohne den Gegensatz zu vergessen. Der Weg vom
Übermaß der Innigkeit zum Gefühl der neuen harmonischentgegengesetzten Einheit, von der Bewußtlosigkeit zur Bewußtheit der Einheit von Einheit und Gegensatz ist der Weg tragischer Selbsterkenntnis des „Lebens" – und zugleich seiner
Entfaltung und Entwicklung.

Dies ist auf die Gestalt des Empedokles und auf dessen Verhältnis zu seinem Volk bezogen. Denn in ihm treffen Natur
und Kunst als streitende Gegensätze der Epoche zusammen.
In ihm herrscht das Übermaß der Innigkeit, er ist es: seine Na-

tur wird Kunst, sein Geist Natur, hier verkehren sie sich, gehen
ineinander über. In ihm scheint im Individuum das Epochen-
problem – der Gegensatz von Natur und Kunst – aufgelöst,
ohne daß es im Individuum aufgelöst werden kann, „weil sonst
das Allgemeine im Individuum sich verlöre und . . . das Leben
einer Welt in einer Einzelnheit abstürbe" (III, 119). Daher der
bewußte Opfertod notwendig ist – mit einer der Funktion des
Dichters analogen Funktion der Verallgemeinerung.

Der tragische Weg zur Erkenntnis des Harmonischentgegengesetzten als Weg des „Lebens der Welt" zielt auf Selbst- und
Welterkenntnis nicht eines vereinzelten Ich, sondern einer politischen Gemeinschaft, auf das freie Verhältnis, das Hölderlin
als Bestimmung „des" Menschen in dem Aufsatz „Wenn der
Dichter einmal des Geistes mächtig ist . . ." entwickelt, jene
Bestimmung, die „in schöner heiliger, göttlicher Empfindung"
allein möglich werde.

Zwischen dem Anfang und dem gesuchten, ersehnten Ende
aber liegt das eigentlich tragische Geschehen: „In der Mitte
liegt der Kampf und der Tod des einzelnen, derjenige Moment,
wo das Organische seine Ichheit, sein besonderes Dasein, das
zum Extreme geworden war, das Aorgische seine Allgemeinheit
nicht wie zu Anfang in idealer Vermischung, sondern in realem
höchstem Kampf ablegt . . ., so daß . . . in dieser Geburt der
höchsten Feindseligkeit die höchste Versöhnung wirklich zu
sein scheint". Doch Individualität und Allgemeinheit dieses
Moments sind nur Erzeugnisse des höchsten Streites, so daß in
der fortwirkenden Wechselbeziehung die „aorgischentsprungene
Individualität wieder aorgischer, . . . die . . . organischentsprun-
gene Allgemeinheit wieder besonderer" werde, „der vereinende
Moment, wie ein Trugbild, sich immer mehr auflöst . . ., dadurch aber und durch seinen Tod die kämpfenden Extreme, aus
denen er hervorging, schöner versöhnt und vereiniget als in seinem Leben, indem die Vereinigung nun nicht in einem einzelnen und deswegen zu innig ist" (III, 115 f.).

Das Ende der Tragödie führt nicht zur Erschütterung, wie in
Schillers „Wallenstein", es zielt nicht auf jene Wirkung ab, die
Diderot als die höchste der Tragödie bezeichnete: daß dem Zu-

schauer der Boden unter den Füßen zu beben scheint, vielmehr – ohne die Tiefe der Erschütterung abzumindern – soll sie doch zum Bewußtsein der Versöhnung, der Erneuerung, der neuen Synthese führen, was freilich nicht heißt, daß diese vorgeführt wird. Der notwendige Untergang des einzelnen ist Ferment der Neugestaltung des Ganzen.

Zunächst erscheint dies als eine abstrakte apodiktische Konzeption. Ihre Formel des Weges von der schon die Differenz in sich tragenden Einheit über die Entfaltung des Widerspruchs zu neuer Einheit verlangt Konkretisierung. Unverkennbar ist, daß ihre Voraussetzung die bedingungslose Gewißheit, das Vertrauen in die harmonischentgegengesetzte Harmonie des Ganzen, in die Realität und Kraft des verbindend-einenden Göttlichen ist – und daß der Dichtungsprozeß der Tragödie eben dessen Äußerung ist. Das Ziel, das „Ideal eines lebendigen Ganzen", vermittelt am besondren tragischen Geschehen das selbst wieder geschichtliche Ganze, dessen der Dichter in seiner Totalempfindung gewiß ist, das in dieser sich „ahndet". Ein geschlossener, seiner tief gewisser Gedankenkreis, der den Widerspruch der empirischen Welt in sich aufhebt, ja als unvermeidlich akzeptiert, ohne in seinen Voraussetzungen von ihm berührt zu werden.

An den drei Fragmenten vom „Tod des Empedokles" versuchen wir nun, zu näherer inhaltlicher Bestimmung zu kommen, bevor Hölderlins theoretischer Entwurf weiter betrachtet wird.

Die drei Fassungen
Scheitern der Opferidee

Der aus Frankfurt nach Homburg mitgebrachte Entwurf eines „Empedokles"-Dramas von 1797 trägt die Züge einer Selbststilisierung durch einfache Umkehr subjektiver Ohnmacht. Die Diskrepanz zwischen Ich und gesellschaftlicher Wirklichkeit wird im Freitod als Vereinigung „mit der unendlichen Natur" (III, 10) aus „Entrüstung gegen menschliche Dürftigkeit" (III, 9)

aufgehoben. Hölderlin motiviert dies im „Kulturhaß" des
Empedokles, in der „Verachtung alles sehr bestimmten Geschäfts", weshalb er „ein Todfeind aller einseitigen Existenz"
sei. Dieser nicht näher bestimmte Totalitätsanspruch macht, daß
er „auch in wirklich schönen Verhältnissen unbefriedigt, unstet,
leidend, bloß weil sie besondere Verhältnisse sind". Der Anspruch erhält seine Hypertrophierung: Empedokles will den
Tod, „bloß weil er nicht mit allgegenwärtigem Herzen innig,
wie ein Gott, und frei und ausgebreitet, wie ein Gott, in ihnen
leben und lieben kann, bloß weil er, sobald sein Herz und sein
Gedanke das Vorhandene umfaßt, ans Gesetz der Sukzession
gebunden ist –" (III, 7).

In der Unvermitteltheit von endlicher Welt und Unendlichkeit der Natur verschwinden die Konflikte der Wirklichkeit in
der hypertroph subjektiven Gestimmtheit, kein Gott zu sein.
Jenseits der Sukzession von Ursache und Wirkung, von Grund
und Folge bleibt nur die rauschhafte Illusion des Einsseins mit
allem im Entrückungsmoment, jenseits der bestimmten Endlichkeit die Selbstauflösung im Unendlichen, die zugleich notwendig Bewußtlosigkeit ist, während die irdische politische
Emanzipationstendenz aufgegeben ist. Diese Vereinigung mit
der Natur ist Welt-, Selbst- und Gesellschaftsnegation in einem.

Das muß Hölderlin gespürt und erkannt haben, um so mehr,
als er an den revolutionären Bestrebungen seiner Freunde parti-
zipierte. Und die Todessucht des Empedokles widersprach auch
dem Ergebnis des „Hyperion". Hyperion hatte realere, zwin-
gendere Gründe, nach seinem Scheitern und seiner Enttäuschung den Tod zu suchen, doch Hölderlin läßt ihn nicht sterben, denn die eigentliche Aufgabe, das ungelöste Problem liegt
noch vor ihm.

Die drei fragmentarischen Fassungen von „Tod des Empedokles" zeigen, daß Hölderlin zunächst im Banne dieses Stoffes blieb, dessen Drehpunkt der Selbstmord des Empedokles
ist. Wie weit er eine verleugnete Ausgangsstimmung erst im
poetischen Abarbeiten loswerden konnte, wie weit ihn die
dunkle Lockung, dem unerträglichen Druck des Widerspruchs
von innerem Leben und äußerer politisch-sozialer Wirklichkeit

sprunghaft zu entkommen, trotz wachsender Distanzierung faszinierte, sei dahingestellt. Die verschiedenen Fassungen zeigen sein Bemühen, dem nur subjektiven Ausweg objektive und öffentliche Bedeutung zu geben als notwendiges und die Not der Zeit wendendes Opfer, ihm zugleich geschichtliche Funktion und metaphysische Bedeutung zu geben. Was sich gedanklich mit dem Konzept einer Geistesrevolution der Gesinnungen noch verknüpfen läßt, ist dramatisch nicht zu vereinen, die selbstgewählte Auflösung im Unendlichen, der Freitod und die positive Bejahung einer Erneuerung des Volkes, die durch den sich selbst tötenden Haupthelden in Gang gesetzt wird, fliehen einander.

Eine spezifisch poetische Schwierigkeit für Hölderlin liegt darin, daß er im Einbilden des Eigenen in den fremden Stoff der Gestalt des Empedokles nur die eigene Weltanschauungsgeschichte – in Vollzug bzw. alternativen Möglichkeiten – unterstellen kann. Nur über diese verfügt er als ein empirisches Material, das ihm für dessen große äußere Wirksamkeit keine Handhabe gibt. Diese wird daher vorausgesetzt, erzählt, kaum als Möglichkeit der erscheinenden Person einsichtig: Empedokles ist Leidender, Seher und Lehrer. Durch Bildung und qualitative Aufwertung des Gegenspielers sucht Hölderlin von legendenhafter Verkündigung zu dramatischem Leben zu gelangen, doch bleibt der Gegenspieler der dritten Fassung nur theoretischer Entwurf.

In der ersten Fassung sucht Empedokles im freiwilligen Tode Selbsterlösung, höchste Seligkeit durch Selbstauflösung in der unendlichen Natur. Aus seinem selbstsicheren Glück als philosophisch-religiöser Reformator, Naturkündiger und Seher, als geistiger Herrscher Agrigents hatte ihn die Erkenntnis seiner Hybris gejagt:

> Ich kann es ja, ich hatt es ausgelernt,
> Das Leben der Natur, wie sollt es mir
> Noch heilig sein, wie einst! Die Götter waren
> Mir dienstbar nun geworden, ich allein
> War Gott und sprach's im frechen Stolz heraus. (III, 28)

Seine Hybris hat den schönen Bund entzweit, der zwischen ihm
und der Natur, ihm und den Göttern bestand: „Als die Genien
der Welt / Voll Liebe sich in dir vergaßen . . ." (III, 24) Er weiß
die Schuld, seine Krise ist seine Erkenntnis dessen, er begreift
seine Harmonie als Illusion, Herrschaft, Anmaßung. Seine
Kraftlosigkeit und innere Öde sind Resultat ebendieser Erkenntnis, daß er sich allein, von den Göttern verlassen gesehen.
Was Hermokrates, der ihm feindliche Priester, aus seiner Sicht
erklärt: „Denn es haben / Die Götter seine Kraft von ihm genommen" (III, 19), ist von Empedokles her Einsicht, Bewußtsein zerstörter Beziehungen; nicht fremde Gewalt, er selbst
bestraft sich: „Und es reißt / Die delphische Krone mir kein
Beßrer / Denn ich vom Haupt . . ." (III, 24).

Sein Verhältnis zur Natur war kalte Herrschaftsbeziehung
geworden statt harmonische Einheit. Die Agrigentiner folgten,
„gehörten" ihm; die Verbundenheit mit ihnen, die ihn als gött-
lich-überdimensionierten Menschen liebten, verehrten, von ihm
„trunken" waren im charismatischen Bann und ihn als Gott und
König wünschten, war Schein: zu hoch über ihnen fühlte er sich,
zu isoliert, zu einsam war er gegenüber den bloß Sterblichen.
Er will aus seiner Rolle aussteigen, da er sich als „allverlas-
sen" fühlt, die „stumme, todesöde Brust" (III, 26) erfährt: „Die
Liebe stirbt, sobald die Götter fliehn" (III, 27).

Der Augenblick der Ohnmacht und Krise, für Empedokles
des heiligen Schmerzes und der Trauer, wird von dem Priester
Hermokrates ausgenutzt: dem Repräsentanten der alten, toten
Götter, der überwundenen Ordnung, Sitten und Riten, einer
das Volk entmündigenden Orthodoxie, der „schlimmen Zunft",
die „des Herzens freie Götterliebe" bereden möchte „zu ge-
meinem Dienst", „Heiliges wie ein Gewerbe treibt": „Sein Angesicht ist falsch und kalt und tot, / Wie seine Götter sind."
(III, 30) Die unsicher gewordenen Agrigentiner, denen sich Empedokles entzog, verjagen, durch des Priesters Autorität und
feierlichen Fluch verführt, ihren Lehrer und Befreier. In einem
wilden Fluch scheidet er von ihnen: „. . . Ha geht / Nun immerhin zu Grund, ihr Namenlosen! / Sterbt langsamen Tods, und
euch geleite / Des Priesters Rabengesang! . . ." (III, 37) Der

Ausbruch trägt Akzente, mit denen die „klugen Ratgeber" einst bedacht worden, in Schmerz und Verzweiflung entlädt sich Verachtung im hypertrophen Gegensatz von Genius und Wurm.

Doch als gewandelten Sinnes die Agrigentiner dem verjagten Empedokles zum Ätna folgen, sich von des Priesters Einfluß befreien, ihn zurückzukehren und die Krone anzunehmen bitten, verweigert er sich. Seine Argumentation ist sein politisches Vermächtnis – und Hölderlins Rede an das deutsche Volk, eine Rede, die zur vaterländischen Umkehr, zur Revolution auffordert. Wohl versöhnt Empedokles sich mit den Agrigentinern, aber sein Weg trennt sich von ihnen, die Vertreibung gilt ihm als Zeichen, daß die Zeit der Läuterung gekommen sei, unendlich ist die Distanz zwischen ihm und denen, die ihm gefolgt:

> ... Es muß
> Beizeiten weg, durch wen der Geist geredet.
> Es offenbart die göttliche Natur
> Sich göttlich oft durch Menschen, so erkennt
> Das vielversuchende Geschlecht sie wieder.
> Doch hat der Sterbliche, dem sie das Herz
> Mit ihrer Wonne füllte, sie verkündet,
> O laßt sie dann zerbrechen das Gefäß,
> Damit es nicht zu andrem Brauche dien,
> Und Göttliches zum Menschenwerke werde. (III, 72)

Die Hybris gegenüber den Menschen schwindet also nicht, sie berechtigt vielmehr den Genius, seine menschliche Hülle zu verlassen, sich ins Natur-All zu erlösen, seine Individualität im „immerfreudigen" Lebensgeiste zu verströmen, in einer letzten Ekstase höchste Erfüllung in der Selbstauflösung zu finden. Und es ist keine Distanz zwischen Empedokles und Hölderlin: er selbst feiert als sakrale Erfüllung diesen Freitod, der als monumentales Beispiel die Lebenserneuerung demonstriere und bewähre, welche den Agrigentinern als politisch praktische Aufgabe zugesprochen wird:

Es muß die Nacht itzt eine Weile mir
Das Haupt umschatten. Aber freudig quillt
Aus mut'ger Brust die Flamme. Schauderndes
Verlangen! Was? am Tod entzündet mir
Das Leben sich zuletzt? Und reichest du
Den Schreckensbecher mir, den gärenden,
Natur! damit dein Sänger noch aus ihm
Die letzte der Begeisterungen trinke!
Zufrieden bin ich's, suche nun nichts mehr
Denn meine Opferstätte. Wohl ist mir.
O Iris Bogen über stürzenden
Gewässern, wenn die Wog in Silberwolken
Auffliegt, wie du bist, so ist meine Freude. (III, 78 f.)

Doch stellt sich die Frage, wie dieser ekstatische Todesweg mit
der politischen Verkündigung des Empedokles zusammenpaßt,
mit seiner Botschaft an die Agrigentiner, die Hölderlins Botschaft an die Deutschen ist. Dem Angebot, der Agrigentiner
König zu werden, gibt Empedokles die berühmte Antwort:
„Dies ist die Zeit der Könige nicht mehr" (III, 63) – und das
ist 1799 ein revolutionäres republikanisches Programm. Dem
folgt, in äußerster Schärfe gerichtet an diejenigen, die ihren
Priestern nicht und nicht ihren angestammten Königen folgen
wollen, aber von oben oder außen noch eine Verbesserung der
Zustände erhoffen: „. . . Euch ist nicht / Zu helfen, wenn ihr
selber euch nicht helft." (III, 63) Dies wäre vor dem Hintergrunde der revolutionären Bestrebungen in Süddeutschland zu
lesen. Die unmittelbar politisch verstehbaren Sätze sind Prä-
ludium der visionären Gesamtsicht:

        . . . Menschen ist die große Lust
Gegeben, daß sie selber sich verjüngen.
Und aus dem reinigenden Tode, den
Sie selber sich zu rechter Zeit gewählt,
Erstehn, wie aus dem Styx Achill, die Völker.
O gebt euch der Natur, eh sie euch nimmt! – (III, 65)

In diesem Kontext enthüllt der Verjüngungsgedanke seine politische Seele. Freilich ist dieser „Tod" ein anderer als der, den Empedokles gewählt.

> So wagt's! was ihr geerbt, was ihr erworben,
> Was euch der Väter Mund erzählt, gelehrt,
> Gesetz und Brauch, der alten Götter Namen,
> Vergeßt es kühn und hebt, wie Neugeborne,
> Die Augen auf zur göttlichen Natur . . . (III, 65 f.)

Doch dann,

> . . . wenn euch das Leben
> Der Welt ergreift, ihr Friedensgeist, und euch's
> Wie heil'ger Wiegensang die Seele stillet,

wenn nach „eigner schöner Welt" und nach Taten die Brust klopfe,

> . . . dann reicht die Hände
> Euch wieder, gebt das Wort und teilt das Gut,
> O dann, ihr Lieben, teilet Tat und Ruhm
> Wie treue Dioskuren; jeder sei
> Wie alle – wie auf schlanken Säulen, ruh
> Auf richt'gen Ordnungen das neue Leben,
> Und euern Bund befest'ge das Gesetz. (III, 66)

Empedokles endet mit einer grandiosen Festesverkündigung, beruft den Einklang von Erde, Ozean, Sonne und Äther, die Harmonie von Mensch und Natur. Ein neuer Tag glänzt herauf, da der Geist sich „kräftiger denn alle Sage fühlt", also an kein vorgegebenes überliefertes Muster gebunden ist, und das Leben, „seines Ursprungs eingedenk", „lebend'ge Schöne sucht" (III, 67). Das Neue aber bringt den Ursprung wieder: „Wenn dann die glücklichen Saturnustage, / Die neuen, männlichern gekommen sind, / Dann denkt vergangner Zeit, dann leb, erwärmt / Am Genius, der Väter Sage wieder!" (III, 69).

Die Konturen der vaterländischen Umkehr werden sichtbar,
die Bildung einer neuen Gemeinschaft, gewiß keiner kommunistischen, sondern Erfüllung dessen, was Hyperion an den
Deutschen vermißt, eben einer idealen demokratischen, öffentlichen, da ein Geist allen gemein ist, und zugleich Versöhnung
von Mensch und Natur, da die Natur in den vier Elementen
sich dem Menschen neigt, die Menschen ihr „wie Neugeborene"
sich zuwenden. Über allem steht der dröhnende Satz:

> Und wie die Sterne geht unaufgehalten
> Das Leben im Vollendungsgange weiter. (III, 69)

Auch dann, wenn er, Empedokles, vergangen, auch dann, wenn
die Agrigentiner versagen.

Die Begründung, warum Empedokles den Tod sucht und suchen muß, ist nicht eindeutig. Eindeutig ist nur:

> Bin ich durch Sterbliche doch nicht bezwungen
> Und geh in meiner Kraft furchtlos hinab
> Den selbsterkornen Pfad; mein Glück ist dies,
> Mein Vorrecht ist's. (III, 77)

Historisch begründend ist Empedokles' Argumentation gegenüber Pausanias:

> ... ich war die Morgenwolke nur,
> Geschäftslos und vergänglich! und es schlief,
> Indes ich einsam blühte, noch die Welt,
> Doch du, du bist zum klaren Tag geboren. (III, 71)

Die schuldhafte Hybris, an der Empedokles' Einheit mit den
Göttern und Menschen zerbrach, kann nicht durch einen Tod
gesühnt werden, der freudig als Erlösung, als Rückkehr empfunden wird. Der seine Botschaft ausgesprochen, fragt: „Was
soll ich noch bei euch?" (III, 71) Das wiederum hat keine Beziehung zu Empedokles' Frage, nachdem Pausanias ihn „Sohn
Uraniens" genannt: „... soll ich Knechten gleich / Den Tag

der Unehr überleben?" (III, 75 und 76) Sie liegt auf einer ganz anderen Ebene, als daß „Göttliches" nicht zum Menschenwerk werde.

Empedokles ist Vorläufer, aber er geht nicht tragisch am Schlaf der Welt unter, er will sterben, nachdem er sie erweckt. Als Beispiel für die Agrigentiner, mit einer Vergangenheit zu brechen, mag es gedacht sein, aber die Vergleichbarkeit fehlt, wenn er sich beseligt verlöschend in der Natur auflöst, während sie die Wirklichkeit, ihre Wirklichkeit, zu verändern haben. Innere Konsequenz liegt nur darin, weil Empedokles als göttliche Gestalt, als „Gefäß", wohl eine weckende Wirkung übt, die Natur, ihre Götter und Ordnung kündet, Wege zu weisen, aber nicht gesellschaftlich organisierende praktische Tat zu leisten vermag. Im Handeln wäre er unter den Sterblichen einer wie sie, das Sakrale wäre profaniert, das Höhere verlöre sich im Menschenwerk.

Daß Hölderlin seine Botschaft der geistigen Revolution mit praktischer Konsequenz der Umgestaltung der Lebensverhältnisse und der politischen Ordnung nicht sinnfällig in Aktion, nur verkündend dem antiken Stoff einzubilden vermag, zeigt, daß er keine reale Vermittlung zwischen ihr und der eigenen Welt fand.

Empedokles ist Gestalt seiner Selbstdeutung und seines Selbstentwurfs – ein „Priester" der Natur, „der lebendigen Gesang / Wie frohvergoßnes Opferblut dir brachte" – und der Freitod Metapher der Ohnmacht des Dichters, der sein Herzblut im Wort verströmt, die erlösende Wahrheit weiß, sagt – gegen eine resonanzlose Welt: der Agrigentiner Bitten ist Traum künftiger Resonanz, die für ihn zu spät kommt. Darin verbirgt sich Hölderlins Tragik mit: die subjektive auflösende Vereinigung mit der Natur ist ebenso Flucht wie Gemeinschaftstraum, sie läßt die zu bildende neue Gemeinschaft unberührt, wie sie die wirkliche Gesellschaft nur negativ wertet als „der Sterblichen Irrsal", als „schauerlichen Tanz . . . / Wo ihr euch jagt und äfft, wo ruhelos / Und irr und bang, wie unbegrabne Schatten, / Ihr umeinander rennt . . ." (III, 58) Die Citoyen-Utopie Rousseauscher Prägung vermag Hölder-

lin nicht der halbfeudalen und bourgeois werdenden Realität
zu vermitteln, wie weder jene gegen diese praktisch werden
noch aus dieser jene praktisch hervorgehen könnte; sie bleibt
das andre des Vorhandenen.

Die zweite Fassung zeigt, soweit die Fragmente ein Urteil zulassen, eine veränderte Grundstimmung. Empedokles trägt
selbstbewußtere, prometheische Züge dessen, der das Himmlische den Irdischen bringt, er rückt einem Bilde des Dichters
näher, der aus dem Ganzen spricht, es dieser Welt vermittelt
und, als gleichsam mythische, meteorhafte Figur, nach seiner
Botschaft wieder verschwindet. Verändert ist das Schuldmotiv:
während Empedokles sich die Hybris gegenüber der Natur
vorwirft, macht sein Gegner Hermokrates ihm das Aussprechen des Zuverschweigenden, Unaussprechlichen zum Vorwurf.
Die konzentriertere Handlung beginnt schon mit der Gegenaktion dieses gegenüber der ersten Fassung differenzierter ge-
zeichneten Gegners:

> ... Fallen muß der Mann; ich sag
> Es dir, und glaube mir, wär er zu schonen,
> Ich würd es mehr wie du. Denn näher ist
> Er mir wie dir. Doch lerne dies:
> Verderblicher denn Schwert und Feuer ist
> Der Menschengeist, der götterähnliche,
> Wenn er nicht schweigen kann und sein Geheimnis
> Unaufgedeckt bewahren. ...
> ...
> Hinweg mit ihm, der seine Seele bloß
> Und ihre Götter gibt, verwegen
> Aussprechen will Unauszusprechendes ... (III, 90)

Hermokrates ist Antiaufklärer, er steht für Herrschaft über
Unmündige:

> Drum binden wir den Menschen auch
> Das Band ums Auge, daß sie nicht

Zu kräftig sich am Lichte nähren.
Nicht gegenwärtig werden
Darf Göttliches vor ihnen.
Es darf ihr Herz
Lebendiges nicht finden. (III, 85)

Dies Tabu hat Empedokles gebrochen. Hermokrates wirft ihm den Verrat eines Kastengeheimnisses vor.

Das hat zu mächtig ihn
Gemacht, daß er vertraut
Mit Göttern worden ist.
Es tönt sein Wort dem Volk
Als käm es vom Olymp;
Sie danken's ihm,
Daß er vom Himmel raubt
Die Lebensflamm und sie
Verrät den Sterblichen. (III, 86)

Von hier aus ergibt sich eine veränderte Bestimmung der Krise des Empedokles: den hohen Geist hätten „die Geistesarmen / Geirrt, die Blinden den Verführer":

Die Seele warf er vor das Volk, verriet
Der Götter Gunst gutmütig den Gemeinen,
Doch rächend äffte leeren Widerhalls
Genug denn auch aus toter Brust den Toren. (III, 87)

Er habe es erst ertragen, doch „endlich nimmt der Durstige das Gift". „Er tröstet mit der rasenden / Anbetung sich, verblindet, wird wie sie, / ... / Die Kraft ist ihm entwichen ..." (III, 88) Und härter noch:

So glüht ihm doch, seit ihm das Volk mißfällt,
Im Busen die tyrannische Begierde;
Er oder wir! ... (III, 89)

In Hermokrates' Sicht geht es um Herrschaft. Demgegenüber
gewinnt Empedokles Züge, in denen Hölderlins Utopie der
Dichtung Gestalt gewinnt. So berichtet der neu eingeführte
Mekades dem Priester von des Empedokles Rede:

> Denn stumm ist die Natur,
> Es leben Sonn und Luft und Erd und ihre Kinder
> Fremd umeinander,
> Die Einsamen, als gehörten sie sich nicht.
> . . .
>
>   . . . und tot
> Erschiene der Boden, wenn einer nicht
> Des wartete, lebenerweckend,
> Und mein ist das Feld. Mir tauschen
> Die Kraft und Seele zu einem
> Die Sterblichen und die Götter.
> Und wärmer umfangen die ewigen Mächte
> Das strebende Herz, und kräft'ger gedeihn
> Vom Geiste der Freien die fühlenden Menschen,
> Und wach ist's! Denn ich
> Geselle das Fremde,
> Das Unbekannte nennet mein Wort,
> Und die Liebe der Lebenden trag
> Ich auf und nieder; was einem gebricht,
> Ich bring es vom andern und binde
> Beseelend und wandle
> Verjüngend die zögernde Welt
> Und gleiche keinem und allen. (III, 88 f.)

Das ist gewiß nicht die Sprache eines denunzierenden Berichts,
sondern ein Wunder an schwebend-entrückter Beschwörung
der Vision des Dichters, der Götter und Menschen, der die
Natur und die Menschen vereint und in seinem Wort zum
Bewußtsein ihrer selbst bringt. Dieser Dichter gleicht keinem und allen, weil das Ganze – Natur und Mensch vereint –
in ihm lebt. Daß er keinem gleicht, macht zugleich seine
Gefährdung, seine unikale Stellung, seine mögliche Verfüh-

rung aus, so er nicht Organ dieser Vereinigung ist, sondern
Natur und Menschen Objekte seiner Macht werden. Die Einsicht, diese Schwelle überschritten zu haben, bedingt des
Empedokles Krise, seine Schwäche, und sein äußerster Hohn,
der das Bild der anderen von seiner Macht zeichnet, trifft ihn
selbst:

> Recht! alles weiß ich, alles kann ich meistern.
> Wie meiner Hände Werk, erkenn ich es
> Durchaus und lenke, wie ich will,
> Ein Herr der Geister, das Lebendige.
> Mein ist die Welt, und untertan und dienstbar
> Sind alle Kräfte mir,
>
> . . .
>
> Was wäre denn der Himmel und das Meer
> Und Inseln und Gestirn, und was vor Augen
> Den Menschen alles liegt, was wär es,
> Dies tote Saitenspiel, gäb ich ihm Ton
> Und Sprach und Seele nicht? Was sind
> Die Götter und ihr Geist, wenn ich sie nicht
> Verkündige? . . . (III, 101)

Und nur angedeutet ist, was das Rechte wäre, in dem Fragment
von Empedokles' Antwort an Pausanias:

> Mit Ruhe wirken soll der Mensch,
> Der sinnende, soll entfaltend
> Das Leben um ihn fördern und heitern
>   denn hoher Bedeutung voll,
> Voll schweigender Kraft umfängt
> Den ahnenden, daß er bilde die Welt,
> Die große Natur,
> Daß ihren Geist hervor er rufe, strebt
> Tief wurzelnd
> Das gewaltige Sehnen ihm auf.
> Und viel vermag er, und herrlich ist

> Sein Wort, es wandelt die Welt
> Und unter den Händen (III, 102)

– dann bricht der Text ab.

Zurückgenommen ist nicht der Anspruch des dichterischen Wortes. Während in bezug auf die zweite Fassung offenbleiben muß, ob und in welchem Zusammenhang die künftige Ordnung des Lebens der Agrigentiner gefordert oder verkündet wird, erscheint intensiver als in der ersten Fassung ein andres mythisches Bildmotiv des Wandels der historischen Epochen. Schon die Berufung des ruhigen Wirkens, des entfaltenden Förderns des Lebens deutet darauf, daß Hölderlin nicht auf eine gewaltsame Umwälzung orientiert. Die kommende, erhoffte Ordnung bringt den Frieden, die Versöhnung, das Ideal einer neuen Gesellschaft verschmilzt mit der Friedensidee. Deutlicher wird dies in der Selbstbezichtigung:

> ... o Geist,
> Geist, der mich großgenährt, du hast
> Dir deinen Herrn, hast, alter Saturn,
> Dir einen neuen Jupiter
> Gezogen, einen schwächern nur und frechern. (III, 96)

Jupiter hat Saturns anfängliche Herrschaft gestürzt. Saturn steht für die friedliche, bewußtlose Natur, Jupiter für die Kunst, für Zwiespalt, Ordnung, Herrschaft, und dies Reich des Jupiter läuft falsch, wenn es unterdrückende Herrschaft über die Natur wird. Dagegen deutet sich in der oben zitierten Antwort ein andres Verhältnis an, ein harmonischentgegengesetztes.

Doch im Grunde verschärft sich hier noch die Grundproblematik. Empedokles gewinnt übermenschliche Züge, wird Heros, Bote des „heiligen All", in das er zurückgeht:

> So mußt es geschehen.
> So will es der Geist
> Und die reifende Zeit,

Denn einmal bedurften
Wir Blinden des Wunders. (III, 109)

Das Wunder kann nicht die Erfolgs- und Wirkungszeit des
Empedokles gewesen sein, es muß seine Umkehr, letzte Botschaft, Verkündigung und sein Tod sein. Zugleich liegt in diesem Worte eine Historisierung: es bedarf keines anderen Wunders. Doch wie nach diesem Wunder zu leben sei, bleibt offen,
was an ihm erkennbar wurde, auch.

Die dritte Fassung hat den Verlust der Hoffnung auf eine bal-
dige Veränderung der Verhältnisse in Süddeutschland zur Voraussetzung. Sie hat die theoretische Grundlagenbesinnung, den
„Grund zum Empedokles", zur Voraussetzung. Die Stichworte
Saturn und Jupiter deuteten schon die geschichtliche Fragestellung an: im Verhältnis von „Natur" und „Kunst" den Epochen-
konflikt zu begreifen. Die erste Fassung hatte in der Antinomie
sich bewegt, einerseits das „Menschenwerk" gegenüber der
göttlichen Natur abzuwerten, andererseits eine Erneuerung des
Volkes zu künden, die nicht anders als durch Menschenwerk
sich vollziehen kann.

Das Fragment der dritten Fassung konzentriert die Handlung auf den Schauplatz am Ätna. Zurück liegt die Vertreibung, Empedokles' Entscheidung ist unwiderruflich gefallen.
Dem Konzept nach erhält er in Strato, seinem Bruder, einen
relativ ebenbürtigen Gegenspieler, der ihn aus Herrschaftsinter-
esse verbannen ließ. Die prometheischen Züge des Empedokles
sind zurückgenommen, die dichterischen bewahrt, er ist weniger Akteur denn Organ einer Epochenwende, menschlicher –
und menschenferner als zuvor.

Schon der Anfangsmonolog des erwachenden Empedokles
beginnt mit Wohlsein und Befreiungsgefühl, endlich, „vom
Menschenbande los", das „menschliche Bekümmernis" hinter
sich gelassen zu haben: „Mit Adlern sing ich hier Naturgesang."
(III, 133) Sein Bruder hatte ihn verjagt aus Agrigent. Empedokles hatte sich, seine Freiheit dadurch gefunden. Und seine
Selbstkritik ist konkreter jetzt, betrifft nicht nur das Verhältnis

zur Natur, sondern auch und gerade zu den Menschen, zu seinem Volke.

> Mit Hohn und Fluch drum waffnete das Volk,
> Das mein war, gegen meine Seele sich
> Und stieß mich aus, und nicht vergebens gellt'
> Im Ohre mir das hundertstimmige,
> Das nüchterne Gelächter, da der Träumer,
> Der närrische, des Weges weinend ging.
> Beim Totenrichter! wohl hab ich's verdient!
> Und heilsam war's; die Kranken heilt das Gift,
> Und eine Sünde straft die andere.
> Denn viel gesündiget hab ich von Jugend auf,
> Die Menschen menschlich nie geliebt, gedient,
> Wie Wasser nur und Feuer blinder dient,
> Darum begegneten auch menschlich mir
> Sie nicht, o darum schändeten sie mir
> Mein Angesicht und hielten mich wie dich
> Allduldende Natur! du hast mich auch,
> Du hast mich, und es dämmert zwischen dir
> Und mir die alte Liebe wieder auf,
> Du rufst . . . (III, 134)

Daß er Menschen menschlich nicht geliebt, ist Kritik an der
Ungleichheit in der Beziehung zwischen Empedokles und dem
Volk der Agrigentiner. Die herrscherlich-sakrale Autorität läßt
weder humane Gleichheitsbeziehungen noch Dialog entstehen.

Doch liegt hier zugleich ein Ansatz, der Empedokles' Todes-
virtuosität in Frage stellt, sie ins Über- und Außermenschliche
verweist. Ihr dennoch einen menschlichen Sinn zu geben, bedarf es der Konstruktion des die geschichtliche Not wendenden
Opfers, nicht im Sinne möglicher paradigmatischer Wirkung,
nicht als Ausweg des funktionslos Gewordenen, sondern als
dem Kreuzestod Christi analoges Heilsereignis.

Was in der zweiten Fassung vorentworfen, dominiert in der
dritten: Empedokles als Organ eines Geschichtsprozesses, der
Natur und Mensch umfaßt, Himmlisches und Irdisches, als dies

Organ ist er der „Retter". Auf diese Weise gelingt Hölderlin das Nebeneinander von politischer Botschaft und Opfertod zu überwinden, den Opfertod als notwendiges Moment in die Geschichte einzubeziehen – als Zeichen von Lehre und Verheißung, ansatzweise als Wendepunkt. Aber diese Historisierung ist zugleich Enthistorisierung, Empedokles' Identität wird zur Funktion einer letztlich allem Menschenwerk entrückten Natur.

„Denn sterben will ja ich. Mein Recht ist dies." (III, 134) Dieser Entschluß wird gegenüber Pausanias, dem treuen Schüler, nicht begründet. Und wenn dieser ihn beschwört: „Sei, der du bist", den vertrauten Freund und Lehrer meinend, antwortet Empedokles:

> Ich bin nicht, der ich bin, Pausanias,
> Und meines Bleibens ist auf Jahre nicht,
> Ein Schimmer nur, der bald vorüber muß,
> Im Saitenspiel ein Ton – (III, 141)

Empedokles schickt Pausanias nach Italien und Ägypten,

> Dort hörest du das ernste Saitenspiel
> Uraniens und seiner Töne Wandel.
> Dort öffnen sie das Buch des Schicksals dir.
> Geh! fürchte nichts! es kehret alles wieder.
> Und was geschehen soll, ist schon vollendet. (III, 143)

Pausanias nannte in der ersten Fassung Empedokles „Sohn Uraniens". Urania ist die Muse der Astronomie, des Sternenhimmels, Hölderlin besingt sie als letzte und erste aller Musen, sie steht für den Gang der Sterne als gesetzliche rhythmische Notwendigkeit, der Töne Wandel singt den gesetzlichen Wechsel von Natur und Geschichte. Im notwendigen Gang des Ganzen ist Empedokles' Tod und Untergang gesetzlich, determiniert. Frei von „Menschenbanden", kann er seine Freiheit nur noch in der Erfüllung dieser Notwendigkeit bewähren.

Entscheidend wird das Gespräch mit Manes, dem Ägypter.

Dieser fragt Empedokles, ob er der neue Retter sei, dem allein gebühre, was er vorhat, der Retter in stürmisch-chaotischer Zeit:

> Der Herr der Zeit, um seine Herrschaft bang,
> Thront finster blickend über der Empörung.
> Sein Tag erlischt, und seine Blitze leuchten,
> Doch was von oben flammt, entzündet nur,
> Und was von unten strebt, die wilde Zwietracht.
> Der Eine doch, der neue Retter, faßt
> Des Himmels Strahlen ruhig auf, und liebend
> Nimmt er, was sterblich ist, an seinen Busen,
> Und milde wird in ihm der Streit der Welt.
> Die Menschen und die Götter söhnt er aus,
> Und nahe wieder leben sie, wie vormals. (III, 145 f.)

Dieser Retter sei Abgott seiner Zeit, aber er zerbreche sein ihm zu glückliches Glück

> Und gibt, was er besaß, dem Element,
> Das ihn verherrlichte, geläutert wieder.
> Bist du der Mann? derselbe? bist du dies? (III, 146)

Manes' bohrende Frage setzt den Retter als mythische Gestalt, die Menschen und Götter versöhnt, voraus. Der Retter überwindet die Zwietracht, welche die ursprüngliche Eintracht gesprengt hat, und vermittelt ihre Wiederherstellung.

Empedokles' Antwort ist ein Lebensbericht, der die Gesetzmäßigkeit dieses Lebens, seine exzentrische Bahn beschreibt. In harmonischer Jugend wurde er Dichter, und diese Jugendverklärung entspricht dem Gedicht „Da ich ein Knabe war . . .", führt es gleichsam weiter:

> Da ward in mir Gesang, und helle ward
> Mein dämmernd Herz im dichtenden Gebete,
> Wenn ich die Fremdlinge, die gegenwärt'gen,
> Die Götter der Natur mit Namen nannt

> Und mir der Geist im Wort, im Bilde sich,
> Im seligen, des Lebens Rätsel löste. (III, 147)

Der Jugend folgt die Konfrontation mit Zwietracht, Aufruhr, Chaos, Zerreißen der menschlichen Bande, der Kommunikation, und unverständlich werden Wort und Gesetze:

> Da faßte mich die Deutung schaudernd an:
> Es war der scheidende Gott meines Volks! (III, 147)

Das fand er vor, ein gährend-zerrüttetes Volk, dessen Gott starb.

> Um ihn zu sühnen, ging ich hin. Noch wurden uns
> Der schönen Tage viel. Noch schien es sich
> Am Ende zu verjüngen ... (III, 147)

Manes wird die von ihm gestellte Frage selbst beantworten. In einem Entwurf zur dritten Fassung heißt es: „Manes, der Allerfahrne, der Seher, erstaunt über den Reden des Empedokles und seinem Geiste, sagt, er sei der Berufene, der töte und belebe, in dem und durch den eine Welt sich zugleich auflöse und erneue. Auch der Mensch, der seines Landes Untergang so tödlich fühlte, könnte so sein neues Leben ahnen. Des Tags darauf, am Saturnusfeste, will er ihnen [den Agrigentinern – W. H.] verkünden, was der letzte Wille des Empedokles war." (III, 152)

Der Wandel der Epoche, die neue Welt ist Verheißung und Aufgabe. Das Testament des Empedokles wird wesentlich die Botschaft sein, die allein in der ersten Fassung ausgeführt ist, modifiziert durch das Verhältnis des Saturn zu Jupiter, somit die Einheit von politischer Wandlung und Heraufkunft einer Friedenszeit.

Deutlich ist der historische Stellenwert, den Empedokles' Leben und Sterben einnimmt, bestimmt: in ihm vollendet sich das Alte und beginnt ein Neues – als Verheißung. Den scheidenden Gott seines Volkes eilte er zu sühnen, erreicht den

Schein der Versöhnung und Verjüngung, wohl „freie feste
Bande knüpften wir / Und riefen die lebend'gen Götter an" –
doch dies führte in Konflikt und Verbannung, war nur notwendig endender „Schwanensang".

> ... O Ende meiner Zeit!
> . . .
> Hier bin ich, ruhig, denn es wartet mein
> Die längstbereitete, die neue Stunde.
> Nun nicht im Bilde mehr und nicht, wie sonst,
> Bei Sterblichen, im kurzen Glück, ich find,
> Im Tode find ich den Lebendigen ... (III, 148)

Was gewesen, war Bild, Schein nur gewesen, Austönen letzten
Lebens, während der Gott schied, seine Ordnung schwand.
Doch wo ein Gott scheidet, kann ein Gott wiederkehren. Die
Volksgeschichte, die in den Göttern sich spiegelt, erscheint
mythisch abhängig von der Göttergeschichte – in Empedokles'
Erzählen: „. . . zum schweigenden Gestirn / Sah ich hinauf, wo
er herabgekommen" und wohin er auch entschwindet. Empedokles faßt noch einmal das Vergehende zusammen – „. . . Noch
schien es sich / Am Ende zu verjüngen . . ." (III, 147) In Erinnerung der „goldenen", der saturnischen Zeit seiner geistigen
Herrschaft vermag er „schöne Tage" harmonischen Lebens zu
sichern.

> Denn wo ein Land ersterben soll, da wählt
> Der Geist noch *einen* sich zuletzt, durch den
> Sein Schwanensang, das letzte Leben tönet. (III, 148)

Aber es ist ein Trugbild. Versöhnt sind Menschen und Götter,
sind Natur und Kunst in Empedokles, innig vereint, allzu innig – und er wirkt durch charismatische Herrschaft. Er ist nicht
dadurch schon der Retter: bliebe der Zustand, erstürbe das
Leben der Welt in einer Einzelheit. Diese Versöhnung scheint
ursprüngliche Bestimmung, Beschwörung saturnischer Vorzeit,
doch nur Schein einer neuen Welt, die nicht hält. Und dennoch

lag in diesem Schein eine Verheißung, ein Vorschein – in der
bald zerbrechenden Gemeinschaft des Empedokles mit seinem
Volk: „Wenn näher immer mir, und mir allein, / Des Volkes
Seele kam . . ." (III, 148), ohne daß er es menschlich liebte. Es
ist der Gegensatz von Herrschaft und Liebe als Vereinigung
Gleicher und Freier, als harmonischentgegengesetzter Vereinigung der Menschen und der Menschen und Götter, worin die
Naturmächte mythisch erscheinen. Empedokles hatte wohl von
aller Herrschaft befreit, ohne daß eine neue, der Liebe entsprechende Ordnung Lebenswirklichkeit oder Gemeinsinn geworden.

Das Fragment eines Chores – wohl des Schlußchores des
ersten Aktes – spricht die Klage des Volks, seine Verlassen-
heit aus, nachdem es von Empedokles getrennt ist: es kann
sich nicht selber helfen. Am Anfang stehen die Worte „Neue
Welt" – sie war verheißen, schien anzubrechen, doch ohne
Empedokles bleibt eine öde nackte Realität übrig. So könnte
man diesen Anfang verstehen, Entwurf der neuen, erhofften
Welt. Ausgeführt ist die Erfahrung der bestehenden:

> und es hängt, ein ehern Gewölbe,
> der Himmel über uns, es lähmt Fluch
> die Glieder den Menschen, und die stärkenden, die
>   erfreuenden
> Gaben der Erde sind wie Spreu, es
> spottet unser, mit ihren Geschenken, die Mutter,
> und alles ist Schein –
> O wann, wann
>   schon öffnet sie sich
>   die Flut über die Dürre.

Das Ende ist die bange Frage

> Aber wo ist er?

> Daß er beschwöre den lebendigen Geist (III, 150).

Empedokles' Versöhnung mit den Agrigentinern, wie sie Hölderlins Entwurf skizziert, ist Antwort auf eben diese Not: „Sie begegnen ihm in ihrer wahrsten Gestalt, so wie er sie selber sah, wie sie in ihm sich spiegelten, ganz um ihn, dessen Tod seine Liebe, seine Innigkeit ist, so fest an sich zu ketten, wie er es sonst war, aber je näher sie ihm mit ihrem Geiste kommen, je mehr er sich selbst in ihnen siehet, um so mehr wird er in dem Sinne, der nun schon herrschend in ihm geworden ist, bestärkt." (III, 130)

Der Tod des Empedokles hätte also die Funktion, die Agrigentiner, in denen Empedokles' Geist lebendig wird, auf sich selbst zu stellen, ihn also dadurch zum allgemeinen, zum Gemeingeist zu erheben, daß die Bindung an die individuelle charismatische Autorität aufgelöst wird. Wenn das richtig ist, bedeutet es, daß des Manes Verkündigung am Saturnfeste, die des Empedokles letzten Willen betrifft, nur ein Schritt, nicht der Anbruch eines neuen Zeitalters ist, was nur Sache der Selbsttätigkeit der Agrigentiner sein kann.

Die poetische Ausführung des für die dritte Fassung Geplanten blieb stecken, vor allem der Gegenspieler Strato, Empedokles' Bruder, der gegenüber den vorhergehenden eine grundsätzliche Neuerung darstellt, ist nur theoretisch vorentworfen. Strato, der ihn verbannen läßt und dann, beim Umschwenken der Stimmung des Volkes, seine Rückkehr fordert, ist ihm durch ein geheimes Band verbunden, durch „das Gefühl der ursprünglichen ungewöhnlichen Anlage und einer beederseitigen tragischen Bestimmung" (III, 128). Er ist ebenbürtiger Gegenspieler, mindestens als solcher konzipiert, doch lassen die Entwürfe für den Fortgang der Handlung nicht erkennen, worin die beiderseitige tragische Bestimmung liegt.

Es mag äußere Gründe gegeben haben, die Hölderlins Interesse erlahmen ließen – so die politische Situation –, es mag innere Gründe gegeben haben, die ihn hemmten, das, was er wollte, im Umarbeiten des antikischen Stoffes zu sagen, es mag daran gelegen haben, daß er für sein Eigenes adäquatere Formen im Lyrischen fand – er schwieg sich darüber aus. Auf jeden Fall stieß er zu einem Verständnis revolutionärer

Übergangsepochen und der historischen Bestimmung der Tragödie vor, von dessen geschichtsimmanenter Logik her eine Heilsbringer-Tragödie, die im selbstgewählten Freitod die Verschmelzung mit der unendlichen Natur als historischen Wendepunkt feiert, ausgeschlossen war. Zugleich waren die Grundbestimmungen von Natur und Kunst zu allgemein, zu philosophisch-abstrakt, als daß sie hinreichten, das kollidierende Handeln zu begründen. Hölderlin beschreibt ihre Einheit und Kollision: im weltanschaulichen Beziehungsfeld des Empedokles.

Diese abstrakten Bestimmungen – es sind wesentlich Verhältnisbestimmungen – gewinnen Inhalt, Leben und Bedeutung aus dem objektiven sozialen Geschichtsprozeß, aus der Art und Weise, wie dieser Hölderlin zur Erfahrung wird (was wiederum objektiv bedingt ist) und wie diese Erfahrung von ihm verarbeitet wird in der Bestimmung seines Verhältnisses als Dichter zum Ganzen unter dem wiederum präformierten Anspruch, als Dichter aus dem Gesamtprozeß heraus, zugleich als dessen Betroffener für die Individuen, für sein Volk zu sprechen, diesem jenen zu vermitteln.
[Abbruch des Kapitels]

———

Insofern ist die Arbeit am „Tod des Empedokles" für Hölderlin Arbeit an der Selbstaufklärung über sich als Dichter, über seine Möglichkeiten, auch über die Unvereinbarkeit des Erlöseranspruchs mit dem Wirken im Geschichtlich-Endlichen.
[Letzter Satz, geschrieben am 10. April 1987]

Der Untergang
im Übergang des Vaterlandes

In dem Aufsatz „Das untergehende Vaterland ...", der unter dem Titel „Das Werden im Vergehen" bekannt ist, skizziert Hölderlin das Verhältnis von Geschichte und Poesie, vor allem

dramatisch tragischer Poesie. Dieser Aufsatz wurde um die
Jahrhundertwende geschrieben. Als theoretische Selbstverständigung entwirft er ein Geschichtskonzept, das Geschichte als
Systemwandel und den revolutionären Übergang als Grund-
vorgang auffaßt. Unter- und Übergang des Vaterlandes erscheinen – vom Ganzen her gesehen – als gleichsam naturgesetz-
licher Vorgang, der Individuen Wollen und Wissen als Elemente und Produkte eines sie bestimmenden, tragenden, aus
eigener Notwendigkeit sich vollziehenden Gesamtprozesses –
und die Aufgabe der Dichter ist, diesen Prozeß des Übergangs
zu Bewußtsein zu bringen, was wiederum als Moment seiner
Bewegung erscheint. Poesie ist Moment und Ferment des historischen Lebens, im eigentlichen Sinne dessen Reproduktion als
Bewußtwerden.

Der Kernsatz lautet: „Im Zustande zwischen Sein und Nichtsein wird aber überall das Mögliche real und das Wirkliche
ideal, und dies ist in der freien Kunstnachahmung ein furchtbarer, aber göttlicher Traum." (II, 425)

Der Zustand zwischen Sein und Nichtsein ist die Auflösung
einer alten und die Geburt einer neuen Ordnung des „Vater-
lands" als je einer besondren „Welt". Vaterland oder „Welt"
faßt Hölderlin als besondren Ganzheitszusammenhang, als ein
historisches System: „Natur und Mensch, insofern sie in einer
besondern Wechselwirkung stehen" und eine „besondere ...
Verbindung der Dinge ausmachen" (II, 424). Hier findet die
Tragödie im revolutionären Übergang Gegenstand, historischen Boden und Funktion. Ein furchtbarer Traum wird sie
als freie Kunstnachahmung, weil sie Furchtbares, äußerste, zerreißende Widersprüche, Kampf und Tod darstellt. Ein göttlicher Traum ist sie, weil sie darin per contrarium die göttliche
Einheit der Welt vergewissert. Das Verhältnis dieser freien
Kunstnachahmung zum realen Prozeß von Auflösung und Herstellen ist das ästhetische Problem des Aufsatzes. Es gründet
auf der allgemeinen Geschichtsanschauung, die in den ersten
beiden Sätzen festgehalten ist:

„Das untergehende Vaterland, Natur und Menschen, insofern sie in einer besondern Wechselwirkung stehen, eine be-

sondere ideal gewordene Welt und Verbindung der Dinge ausmachen und sich insofern auflösen, damit aus ihr und aus dem überbleibenden Geschlechte und den überbleibenden Kräften der Natur, die das andere, reale Prinzip sind, eine neue Welt, eine neue, aber auch besondere Wechselwirkung sich bilde, so wie jener Untergang aus einer reinen, aber besondern Welt hervorging. Denn die Welt aller Welten, das Alles in Allen, welches immer ist, stellt sich nur in aller Zeit – oder im Untergange oder im Moment oder genetischer im Werden des Moments und Anfang von Zeit und Welt dar, und dieser Untergang und Anfang ist wie die Sprache Ausdruck, Zeichen, Darstellung eines lebendigen, aber besondern Ganzen, welches eben wieder in seinen Wirkungen dazu wird . . ." (II, 424)

Die knappe, apodiktische Ausführung birgt eine große Gesamtanschauung, die ihren adäquaten begrifflichen Ausdruck noch sucht.

Die Welt aller Welten, welche immer ist und sein muß, eben die unendliche Natur stellt sich entweder dar in aller Zeit, insofern sie alle Zeit ist, nicht jenseits der Zeit. Alle Zeit kann nur als unendliches Integral aller zeitlichen Momente verstanden sein, ein Grenzgedanke, Objekt einer intellektualen Anschauung, die unmittelbar gerade nicht darstellbar wäre.

Oder sie stellt sich dar im Moment des Übergangs, des Untergangs und Anfangens einer geschichtlichen Welt als je besondres Ganzes. Die Natur als Welt aller Welten ist Geschichtsprozeß, und dieser ist real als Werden und Vergehen bestimmter individueller geschichtlicher Ganzheiten, „Welten", des „Vaterlandes". Der Moment des Anfangens und Endens ist Zeichen dessen, was mehr als Moment, nämlich ein lebendiges Ganzes ist. Die revolutionäre Umwälzung ist also keine unnormale Störung, kein Sonderfall, sondern Prozeß, in dem das Ganze sich gestaltend umgestaltet, seine Möglichkeiten verwirklicht, als Unendliches seine endliche Gestalt wandelt, als Allgemeinstes im Besonderen sich darstellt, eine alte Besonderung sprengt, eine neue annimmt. Es führt keine davon separierte Existenz. Insofern sind Darstellendes und Dargestelltes identisch, weil das erste nie jenseits des zweiten ist; sie sind nichtidentisch, insofern einmal das Darstellende eine Unendlichkeit des Möglichen gegenüber dem Verwirklichten in sich trägt, zum zweiten Darstellung eben – auch als Realität – Zeichen ist, das auf den aktiven, schöpferischen Grund verweist. Übergreifend ist die Einheit der Welt aller Welten als „Alles in Allen". Umkehr und Wechsel sind ihre Existenzweise, Umkehr ist niemals absolut, sondern Erneuerung, Diskontinuität im Kontinuierlichen: die neue Welt bildet sich aus der alten, aus den überbleibenden Gattungs- und Naturkräften. Es wandelt sich die Wechselwirkung zwischen Menschen und Natur.

Die je bestehende Welt unterscheidet Hölderlin von der unendlichen als bestimmte Verwirklichung aus der Unendlichkeit ihrer Möglichkeiten. „Im lebendig Bestehenden herrscht eine Beziehungsart und Stoffart vor; wiewohl alle übrigen darin zu ahnden sind..." Das lebendige Bestehende ist das je reale Ganze. Aber „im Übergehenden ist die Möglichkeit aller Beziehungen vorherrschend, doch die besondere ist daraus abzunehmen, zu schöpfen, so daß durch sie Unendlichkeit, die endliche Wirkung hervorgeht" (II, 424).

Dieser Gedanke ist in mehrfacher Beziehung fundamental. Zunächst definiert er die Prozessualität des Seins: nicht nur als die Einheit in Wandel und Gegensätzen, sondern als Übergang des unendlich Möglichen in beschränkte Wirklichkeit, als Verendlichung des Unendlichen. Während im Übergang die Möglichkeit aller Beziehungen vorherrscht, nicht aber deren Wirklichkeit, ist Wirklichkeit selektive endliche Verwirklichung, somit Ausschluß von Möglichkeiten des Unendlichen, so daß im Ergebnis eine Beziehungsart dominiert. Zugleich erschließt sich von hier aus der schöpferische Charakter der Übergangsepochen, ihr Noch-nicht-Festgelegtsein. Daß Hölderlin das historisch-materielle Produziertsein der geschichtlichen Möglichkeiten nicht zu erfassen vermag, resultiert aus seiner Abstraktheit und seinem historischen Idealismus. Dennoch bleibt hoch bedeutsam, daß er am Verhältnis von Wirklichkeit und Möglichkeit in der Revolutionsepoche die Struktur aller Geschichte, auch fixierter Ganzheiten aufschließt.

Die notwendige Beschränktheit der Dominanz einer Bezie-

hungsart in einer bestehenden Welt wird aufgebrochen im
Übergang, aus dem eine neue bestimmte Welt sich bildet. Daher
das „Ahnden" der Dichter einerseits auf die Totalität des Möglichen geht, andererseits den Unter- und Übergang antizipiert.
Hölderlin ist Zeitgenosse solchen Übergangs in unterschiedlichen Phasen, und er ahnt hier Möglichkeiten, die in der alten
Ordnung nicht verwirklicht wurden und von der kaum ent-
zifferbaren neuen schon unbarmherzig selektiert werden. Diese
Bezugspunkte geben der dichterischen Ahnung das kritische, das
sprengende und orientierende Potential.

Daß Hölderlin die „Beziehungsart" hervorhebt, unterstreicht,
worin er den geschichtlichen Übergang sieht und sucht. Es sind
nicht die Elemente als solche, sondern ihre Beziehungen, die
jeweils die Ganzheit charakterisieren, sowohl im Verhältnis
Mensch–Natur als auch in dem von Mensch zu Mensch, und
es sind jeweils Wechselbeziehungen und -wirkungen. Im Hintergrund stehen Fichtes Gedanken zur Wechselbeziehung von
Subjekt und Objekt, aber gedacht auf der Grundlage substan-
tieller Einheit. Was Hölderlin so abstrakt entwirft, ist im Kern
gedankliches Herantasten an die Struktur der historischen Welt
als Struktur gesellschaftlicher Verhältnisse und Tätigkeiten.
Hier haben dann Antagonismus und Vereinigung, Ungleichheit und Gleichheit, Allgemeinheit und Individualität ihren
Ort – in einem lebendigen Wirkungszusammenhang, der außer
der Natur und den Menschen keine Akteure kennt.

Nach der knappen Bestimmung des Übergangs fragt Hölderlin nach den Bedingungen seines Bewußtwerdens. Seine Fragestellung zielt nicht auf Beschreibung eines faktischen Erfah-
rungsprozesses in den „Gliedern der bestehenden Welt", sondern zielt in einem Zuge sowohl darauf, wie das Ganze des
Übergangsprozesses bewußt wird, als auch darauf, wie dies
Ganze, das da in seine Glieder sich auflöst und in ihnen sich
herstellt, sich fühlt. Das Ganze ist Objekt und Subjekt: „Dieser
Untergang oder Übergang des Vaterlandes . . . fühlt sich in den
Gliedern der bestehenden Welt so, daß in ebendem Momente
und Grade, worin sich das Bestehende auflöst, auch das Neu-
eintretende, Jugendliche, Mögliche sich fühlt." (II, 424)

In der Antwort beruft sich Hölderlin auf zwei Prinzipien:
1. daß Auflösung nicht ohne ihr Gegenteil, die Vereinigung,
empfunden werden könne, woraus folgt, daß Vereinigung nicht
ohne Auflösung und Trennung empfunden werden kann;
2. daß, entsprechend seiner Spinoza-Auffassung, aus nichts nichts
wird. Es muß also nach Wirklichem, weil Wirkendem gefragt
werden. So wird die Auflösung des alten Beziehungssystems
durch „das Unerschöpfte und Unerschöpfliche der Beziehungen
und Kräfte" empfunden, durch die „Glieder" des Bestehenden,
die, freigesetzt aus der alten Bindung, zur neuen Bindung, zum
Herstellen des neuen Ganzen übergehen bzw. in denen es sich
herstellt. Zum anderen kann das zur Negation, das aus der
Wirklichkeit Gehende nicht wirken. Dagegen: „Aber das Mögliche, welches in die Wirklichkeit tritt, indem die Wirklichkeit
sich auflöst, dies wirkt, und es bewirkt sowohl die Empfindung
der Auflösung als die Erinnerung des Aufgelösten." (II, 425)

Empfindung bezieht sich auf den aktuellen gegenwärtigen
Gegenstand, Erinnerung ruft Vergangenes vor die Vorstellung. Damit zielt Hölderlin schon auf die „ideale Auflösung",
die in der freien Kunstnachahmung zur poetischen Gestalt wird,
„das Begreifen, Beleben, nicht des unbegreifbar, unselig Gewordenen, sondern des Unbegreifbaren, des Unseligen der Auflösung und des Streites, des Todes selbst, durch das Harmonische, Begreifliche, Lebendige" (II, 425). Das Begreifen der
Auflösung durch ihr Gegenteil, das Harmonische, ist erst möglich, wenn dieses als Vereinigung Wirklichkeit wird. Das Mögliche, das in die Wirklichkeit tritt, schafft dadurch, daß das Unendliche zu einem neuen Ganzen mit bestimmter vorherrschender Beziehungsart sich verendlicht und sondert, die Bedingung,
den Anfangs- und Endpunkt von Auflösung und Herstellung
zu begreifen. Was in dem Maße geschieht, wie die Glieder des
Bestehenden, die übrigbleibenden und freigesetzten, im Verwirklichen ihrer Möglichkeiten ein neues Beziehungssystem
herstellen und „sich" fühlen und in ihnen das neue Ganze sich
fühlt. Im Prozessieren der Auflösung, da die Glieder in Gegensatz zueinander und zum Ganzen treten, dominiert „der
erste, rohe, in seiner Tiefe dem Leidenden und Betrachtenden

noch zu unbekannte Schmerz der Auflösung . . .; in diesem ist
das Neuentstehende, Idealische, unbestimmt, mehr ein Gegenstand der Furcht" (II, 425). In dieser Furcht erscheint die Auflösung selbst als „Bestehendes", wird ihr Vorübergehendes als
dauernd, der Augenblick als einzige Wirklichkeit gesetzt, und
das Woher und Wohin bleiben dunkel; die Auflösung erscheint
als „reales Nichts", das Besondre als „Alles", hinter ihm verschwindet die Welt aller Welten, nur das unmittelbar gegenwärtig Scheinende wird vergötzt, was Hölderlin als „sinnlichen
Idealismus", als „Epikuräismus" bezeichnet. Dies kann den Stoff
der Tragödie, nicht aber ihren Standpunkt abgeben. Ihr Standpunkt setzt das neuentwickelte Leben voraus, das sich im Bilde
der „idealischen Auflösung" als historisch geworden begreift.

In der idealischen Auflösung wird die Auflösung der alten
Welt ideales Objekt des neuentstandenen Lebens. Sie ist dessen Reflexion auf sein Werden. Sie vereint die Erinnerung des
Aufgelösten, der alten Welt, mit der Erinnerung der Auflösung, was erst auf einem bestimmten Reifepunkt der wirklichen
Prozesse geschehen kann, wenn das Neue sich hergestellt hat
gegenüber dem Alten. Dann leistet die Erinnerung des Aufgelösten und der Auflösung die Erklärung und Vereinigung der
Lücke und des Kontrastes zwischen dem Neuen und dem Vergangenen. So wird die Kontinuität im Diskontinuierlichen bewußt, darin das Ganze, Unendliche, das im Vergangenen wie
im neuen Leben sich als besondre Ganzheit „darstellt", zugleich
das Neue als Neues gegenüber dem Vergangenen in seinem
Vergangensein und die Notwendigkeit des Übergangs.

Von vornherein ist die idealische Auflösung poetisch gedacht:
als tragische dramatische Darstellung, als ein gegenüber der realen Auflösung reproduktiver Akt, konzentriert auf deren innere
Notwendigkeit, auf das Wesentliche im Bewußtsein des Anfangs und Endes, auf den „präzisen Gang", „wodurch das Leben alle seine Punkte durchläuft . . ., auf jedem sich auflöst,
um in dem nächsten sich herzustellen; nur daß in dem Grade
die Auflösung idealer wird, in welchem sie sich von ihrem An-
fangspunkte entfernt, hingegen in ebendem Grade die Herstellung realer, bis endlich aus der Summe dieser in einem Mo-

ment unendlich durchlaufenen Empfindungen des Vergehens
und Entstehens ein ganzes Lebensgefühl ... hervorgeht" (II,
426).

Erinnerung des Aufgelösten und das Lebensgefühl, das Sich-
fühlen des neuen Lebens, werden vereinigt durch die Erinnerung der Auflösung, also des Prozesses, in dem Auflösen des
Alten und Herstellen des Neuen sich vereinigen. Hölderlin gibt
diesem Vorgang eine wesentliche Funktion. Es handelt sich
nicht um Kontemplation, welche die Sache unberührt läßt, sondern um ein geschichtsaktives Verhalten. Aus der „Vereinigung
und Vergleichung des vergangenen Einzelnen und des unendlichen Gegenwärtigen" gehe „der eigentlich neue Zustand, der
nächste Schritt, der dem Vergangenen folgen soll, hervor" (II,
426). Hölderlin zielt auf die Konstitution eines historischen
Selbstbewußtseins als Einheit von Lebensgefühl, Erinnerung
und Einsicht, die einander vermitteln, als Ferment, den nächsten Schritt bewußt zu vollziehen – mindestens der Möglichkeit
und Notwendigkeit nach. Nicht die Geschichtspraxis gerinnt
in Poesie, sondern die Poesie ist ein dieser Praxis notwendiges
Bewußtwerden. In der Tragödie kommt der neue Zustand zu
sich selbst, sie vermittelt Handlungsfähigkeit, weil -orientie-
rung.

„Die Auflösung also als notwendige, auf dem Gesichtspunkte
der idealischen Erinnerung, wird als solche idealisches Objekt
des neuentwickelten Lebens, ein Rückblick auf den Weg, der
zurückgelegt werden mußte, vom Anfang der Auflösung bis
dahin, wo aus dem neuen Leben eine Erinnerung des Aufgelösten und daraus, als Erklärung und Vereinigung der Lücke
und des Kontrasts, der zwischen dem Neuen und dem Vergangenen stattfindet, die Erinnerung der Auflösung erfolgen kann."
(II, 425 f.)

Idealische Auflösung ist erinnerte und begriffene Auflösung,
und zwar vom Standpunkt des neuentwickelten Lebens. An-
fangs- und Endpunkt sind erkannt, die Notwendigkeit des
Übergangs begriffen. Gegenüber der wirklichen Auflösung ist
sie „furchtlos"; die wirkliche Auflösung wird in der Erinnerung „ganz der sichere, unaufhaltsame, kühne Akt, der sie

eigentlich ist" (II, 426) und den der in sie Verwickelte nicht
begreifen kann.

Schon von hier aus wird deutlich: Hölderlins Ja zum Revolutionsprozeß, zum Untergang und Übergang des Vaterlandes; ferner: daß Hölderlins Abbrechen der Arbeit am „Empedokles" einen Grund darin findet, daß sich ihm das neuentwik-
kelte Leben, dessen er sich am Anfang in der Erwartung gewiß
war, trotz aller Umdispositionen entzog – der Endpunkt des
Übergangs wurde ungewiß. Gegen die Stimmung der Unsicherheit angesichts des Trümmerns und Wankens läßt sich an-
kämpfen, gegen das Zerrinnen der Kontur eines neuentwickelten Lebens, von dem her die Tragödie erst ihren Zusammenhang und ihre Bedeutung erfährt, nicht. Ein drittes Moment:
Gegen die irritierende Erfahrung gesetzt, ist Hölderlins Konzept geschichtlicher Über- und Untergänge geeignet, die aktuelle Irritation, die eigenen Ungewißheiten und Ängste als unvermeidlich begreifen zu lassen – und ihnen dadurch das inhaltliche Gewicht zu nehmen.

Stellt somit die Tragödie den geschichtlichen revolutionären
Übergang dar, so sind die Aussagen über ihren allgemeinen
Gang, ihre Widerspruchsbewegung zugleich allgemeine Aussagen über den Geschichtsgang selbst, abstrahiert von der Un-
bewußtheit seiner Akteure, von Unwesentlichem, Umwegen,
Zufälligkeiten etc. Von Hölderlins Voraussetzung her markiert
sie selbst einen Umschlagpunkt im Gang der objektiven Handlung: wo Erinnerung möglich, geschichtliches Bewußtsein nötig
wird.

Daraus ergibt sich die dreistufige, diachron und synchron zu
fassende Bewegung der Gegensätze. Der Grundwiderspruch
zwischen der unendlichen „Welt aller Welten" und der bestimmten, besondren historischen Welt mit je vorherrschender Beziehungsart muß sich für die „Elemente" des Systems, die Menschen, reproduzieren und konkretisieren. Hier wird er – analog
der im „Grund zum Empedokles" entwickelten Bewegung –,
bezogen auf die historischen Ganzheiten, im Verhältnis zum Unendlichen bestimmt als „Werden des Idealindividuellen zum
Unendlichrealen und des Unendlichrealen zum Individuell-

idealen" (II, 428). Das individuelle, besondre System wird vom
Unendlichen, das vorher in ihm seine Möglichkeiten verwirklicht, in ihm eine notwendig endliche Gestalt angenommen und
in ihr sich „dargestellt" hat, aufgelöst. Beide hatten eine Einheit gebildet, diese wird zerrissen und neu gebildet, insofern im Kampf der Gegensätze der Moment erscheint, da die
Gegensätze ineinander umschlagen, das „Unendlichneue" die
Gestalt des „Endlichalten" annimmt, sich individualisiert, d. h.
eine individuelle Ordnung, ein besondres Ganzes wird. Diese
Vereinigung ist nicht unterschiedsloses Verschmelzen, sondern
bewahrt den Unterschied von Unendlichem und Endlichem in
der neuen Einheit, einem neuen harmonischentgegengesetzten
Verhältnis, einer neuen Beziehungsart und Wechselbeziehung
zwischen Natur und Mensch.

Als begriffene Gesamtbewegung, als poetisch begriffene Geschichte vom Standpunkt des neuen Lebens erscheint die „Auflösung des Idealindividuellen nicht als Schwächung und Tod,
sondern als Aufleben, als Wachstum, die Auflösung des Un-
endlichneuen nicht als vernichtende Gewalt, sondern als Liebe
und beedes zusammen als ein (transzendentaler) schöpferischer
Akt . . ., dessen Wesen es ist, Idealindividuelles und Real-
unendliches zu vereinen". Im Ergebnis nimmt „das Unendlichreale die Gestalt des Individuellidealen und dieses das Leben
des Unendlichrealen an", bis „beede sich in einem mythischen
Zustande vereinigen, wo, mit dem Gegensatze des Unendlichrealen und Endlichidealen, auch der Übergang aufhört" (II,
428).

Der „mythische" Zustand ist die Verschmelzung des Allgemeinen und Einzelnen, des Subjektiven und Objektiven auf
dem Wege des Ineinanderübergehens der Gegensätze als ein
Totalprozeß, der theoretisch nur einseitig umrissen, der nur tra-
gisch-poetisch erfaßt und dargestellt werden kann. Darauf ist
noch zu kommen.

Das ist der wesentliche Unterschied zwischen realer Auflösung, bewertet in der Betroffenheit der Elemente des Systems,
und idealer Auflösung, der erinnernden Vergegenwärtigung
der realen Auflösung vom Standpunkt des neuentwickelten Le-

bens, begriffen und dargestellt in ihrer Gesetzlichkeit: der Untergang wird als notwendige Seite der Erneuerung, die Auflösung als Herstellen, die Zerstörung als Moment eines schöpferischen Aktes erfaßt. Vor dem Hintergrund der Revolutionskriege, der deutschen Reaktion, von Ohnmacht und Ängsten ist dies ein – wiewohl abstrakt-philosophisch bleibendes – Konzept, den gewaltsamen Umwälzungen, dem Untergang des Individuellen und der Individuen nicht ihre Furchtbarkeit zu nehmen, wohl aber die Sinnlosigkeit, die prosaische Öde des Verendens und nur Zufälligen, den Gesamtprozeß aber als qualvolle Geburt einer neuen Welt zu fassen.

Hölderlin unterscheidet drei Perioden des Übergangs: Die erste ist die Periode der Herrschaft des Individuellen über das Unendliche, des Einzelnen über das Ganze. In ihr verhält das „Neue sich als unbekannte Macht zum Unendlichalten". Es ist dies die Periode des Individuellneuen. Die zweite Periode ist die Herrschaft des Unendlichen über das Individuelle, des Ganzen über das Einzelne. Das Unendlichneue verhält sich zum Individuellalten, und zwar als auflösende, als unbekannte Macht. „Das Ende dieser zweiten Periode und der Anfang der dritten liegt in dem Moment, wo das Unendlichneue als Lebensgefühl (als Ich) sich zum Individuellalten als Gegenstand (als Nicht-Ich) verhält . . ." (II, 429)

Es ist gewiß riskant, diese drei Phasen näher zu bestimmen. Die Einteilung drückt ebenso die denkerische Energie Hölderlins aus wie die außerordentlich hohe Abstraktion, in der sich sowohl historische Erfahrungen der wirklichen revolutionären Umwälzungen als auch seine Utopie auf der Ebene einer in sich geschlossenen Widerspruchsbewegung vereinen. Die drei Perioden wären zugleich als Bestimmung des eigenen Standpunktes zu verstehen, der im Gegensatz zum Typ der ersten und zweiten „Herrschaft" auf ein durch und durch individualisiertes Ganzes abzielt und von hier aus die zeitgenössischen Etappen der Umwälzung, wie er zwingend zu begründen glaubt, wertet.

Die erste Periode des „Individuellneuen" oder der Herrschaft des Einzelnen über das Ganze dürfte angesehen werden als

Phase der noch ungebrochenen Herrschaft der alten Ordnung, in welcher individueller Widerstand, der nur sein Wogegen, nicht sein Wofür schon weiß, sich erhebt. Das Individuelle herrscht über das Ganze, insofern diese individuelle Ordnung – noch im Schein der Einheit mit dem Ganzen – die Unendlichkeit, genauer, die unendlichen Möglichkeiten negiert, sosehr diese auch im Individuellneuen zur Wirklichkeit drängen. Dies wäre eine Periode der Tragödien individueller Vorläufer, die notwendig scheitern. Es ist die Periode der deutschen Gegenwart. Die Ordnung wird von Einzelnen beherrscht, und die Menschen vereinzeln sich.

Der Gegensatz dazu ist die zweite Periode. In ihr dominiert die Herrschaft des Neuen als Auflösung alter Bindungen, Verhältnisse. Das Individuellalte ist die vom Ansturm überrollte alte Ordnung; es ist die Zeit entfalteter Gegensätze und Kämpfe. Die erste Periode zeichnet ein unterdrückender feudaler Staat, die zweite ein unterdrückender revolutionärer Staat aus: Hölderlin hat die Entwicklung vom Konvent über das Directoire bis zu Napoleon vor Augen. Das Unendlichneue als unbekannte Macht bedeutet nicht Bewußtlosigkeit, sondern daß das Neue sich nur negativ zum Alten, das Alte blind gegenüber dem Neuen verhält, messen wir es an der Bestimmung der dritten Periode. Erst in ihr gewinnt das Neue Lebensgefühl, Selbstbewußtsein und kann sich bewußt gegenüber dem Alten verhalten. Hier hinkt die Zuordnung, wenn wir mit der wirklichen Entwicklung in Frankreich vergleichen, sie wird aber verständlich, wenn wir von Hölderlins Ideal ausgehen, von seiner Einschätzung des Streits in der Welt, ob das Ganze oder das Einzelne den Primat habe, und von seiner Sehnsucht nach einem Frieden, der generell die Rolle der Staatsmacht wie die kämpfenden Lager aufhebe, von seinem Traum einer herrschaftslosen Ordnung.

An der Schwelle der dritten Periode hätte dann die Tragödie ihren Ort, als Erinnerung des Aufgelösten und der Auflösung im neuen Lebensgefühl. Während in der zweiten Periode die unendliche Möglichkeit herrscht – der rasante Gang der Revolution macht dies verständlich –, findet in der Vereinigung des Entgegengesetzten die neue Welt ihre Individualisierung, ihre Besonderheit. Nur vermuten kann man, wie Hölderlin den 18. Brumaire wertete. Ausgeschlossen ist jedenfalls nicht, daß er – erinnert sei an sein Gedicht auf Bonaparte –, wenn auch vorübergehend, seine Hoffnungen an diesen heftete. Und ebenso denkbar ist, daß er mit seiner Tragödie einen Vorläufer im fremden Stoff beschwor, der eben die Vereinigung individuell verkörperte, welcher insgesamt die Zeit bedarf und die seine Tragödie feierlich ins Bewußtsein rufen sollte. Welch Traum, den mythischen Augenblick in der Dichtung als Aufhören des Übergangs öffentlich besiegeln zu können!

Doch auch das wäre zu denken: Die „stille Revolution", welche Gesinnungen und Vorstellungsarten ergreift, die er in der Jugend reifen sah – sie ist nicht abgeschrieben. Die entgegengesetzten Perioden, zu deren erster sie gehört, können auch äußerlich einander entgegentreten. Die ersehnte vaterländische Umkehr, bezogen auf Deutschland, besang er im „Gesang des Deutschen":

> Doch, wie der Frühling, wandelt der Genius
>   Von Land zu Land. Und wir? ist denn *einer* auch
>   Von unsern Jünglingen, der nicht ein
>   Ahnden, ein Rätsel der Brust, verschwiege?

Und diese größere Revolution, die er suchte, klingt an in der Frage:

> Wo ist dein Delos, wo dein Olympia,
>   Daß wir uns alle finden am höchsten Fest? –
>   Doch wie errät der Sohn, was du den
>   Deinen, Unsterbliche, längst bereitest? (I, 351)

Und tiefer klingt die Verzweiflung in der Frage:

> Schöpferischer, o wann, Genius unsers Volks,
>   Wann erscheinest du ganz, Seele des Vaterlands ...
>   (I, 359)

In der unvollendeten Ode „Rousseau" hatte Hölderlin den
Dichter und sich in ihm gedeutet:

> Und wunderbar, als hätte von Anbeginn
>   Des Menschen Geist das Werden und Wirken all,
>   Des Lebens Weise schon erfahren,
>
> Kennt er im ersten Zeichen Vollendetes schon,
>   Und fliegt, der kühne Geist, wie Adler den
>   Gewittern, weissagend seinen
>   Kommenden Göttern voraus, (I, 361)

Diese Position zwischen sehnsüchtiger Erwartung, Geschichts-
diagnose und Utopie, zwischen dem Harren auf des Genius
Kommen und dem eigenen Anspruch des Dichters als kühner,
weissagender Geist, der das Kommende, die kommenden Götter ankündet, hatte ihre allgemeine theoretische Begründung
in dem kurzen Entwurf „Das untergehende Vaterland . . ." gefunden. Er ist nicht zuende geführt, er spricht über den Geschichtsprozeß und über die Tragödie, er erklärt lyrisches und
episches Dichten ebenfalls als tragisch. Entscheidend ist, daß
die gesamte Zeit des Untergangs und Übergangs die Geburt
des Neuen im Alten zeigt. Das erste Zeichen des Neuen wird
dort erkennbar, wo das Mögliche Wirklichkeit zu werden beginnt. Ist es objektiv eine sich noch unbekannte Macht, so vermag der Dichter, dessen Ahnung auf das Mögliche sich bezieht,
im ersten Zeichen das Vollendete schon zu sehen. Das von Hölderlin der Lyrik spezifisch zugesprochene „Unendlichreale" beginnt im ersten Zeichen, im tragisch untergehenden Individuellneuen, in seinem endlichen Gegenteil – als Individuelles gegen
das bestehende Unendlichalte, das noch dominiert im Beginn
seiner Auflösung.

Hölderlin hat die antizipierende, prophetische Funktion nicht
im theoretischen Zusammenhang entwickelt, aber poetisch aus-
gesprochen. Die Erinnerung betrifft nicht nur das Historisch-
Gewesene. Sie trägt in sich – als Ahnung – den Bezug auf das
Einheitlich-Unendliche, und hieraus erwächst für die Poesie die
Zukunftsdimension, denn mit der notwendigen Vergänglichkeit

des Endlichen ist die Notwendigkeit der Erneuerung, der Wiedergeburt und des Wechsels gegeben.

Im gleichen Zusammenhang deutet Hölderlin den tragischen Charakter auch der lyrischen und epischen Poesie an: beide hätten das Unendlichreale mit dem Endlichidealen, den Geist des einen mit dem Sinnlich-Faßlichen des anderen zu vereinen. Doch ist dies nicht mit den in „Über den Unterschied der Dichtarten" entwickelten Bestimmungen harmonisch zu verbinden. Eher gelingt dies, wenn wir auf die in der Rezension „Über Siegfried Schmids Schauspiel ,Die Heroine'" gemachte Unterscheidung blicken. Hier charakterisiert Hölderlin das komische „Fach" der Poesie als ein „treues, aber dichterisch gefaßtes und künstlerisch dargestelltes Abbild des sogenannten gewöhnlichen, das heißt desjenigen Lebens, welches in schwächeren und entfernteren Beziehungen mit dem Ganzen steht und eben darum dichterisch begriffen unendlich bedeutend, an sich in hohem Grade unbedeutend sein muß" (II, 433). Seinem Stoff, einem „Fragment des Lebens aus dem lebendigen Zusammenhang" gerissen, sucht der Dichter „diejenige Ausbildung zu geben, wodurch er in seiner reinsten und besten eigentümlichen Beziehung zum Ganzen erscheint, er sucht ihn ... zur Naturwahrheit herzustellen", eine „ästhetisch wahre Ansicht" zu geben. Anders, wo der Dichter – wie im „großen Epos" – „vom übersinnlichsten poetischen Stoff ausgeht": hier muß er „versinnlichen", muß „den weitesten Weg machen, um seinen ätherischen eigentlichen Gegenstand mit dem übrigen Leben wieder zusammen- und den Sinnen nahe zu bringen" (II, 434). Der übersinnlichste Gegenstand ist aber das produktive Unendlicheinige, das der Dichter nur per contrarium darzustellen vermag.

Wenn Hölderlin als Aufgabe aller Gattungen bestimmt, den Geist des Unendlichrealen mit dem Individuellidealen als Sinnlichem, Faßlichem zu vereinen, faßt er sie als Poesie solch „hoher", ja sakraler Art auf, die dadurch immer tragisch sei. Das ist die Hölderlin selbst gemäße Art zu dichten. Das Unsinnliche ist nicht unreal, sondern das Realste: der gerade nicht in die Sinne fallende unendliche Zusammenhang, der nie unmittelbar erscheint oder ausgesprochen werden kann, der grundsätzlich nur vermittelt, und zwar über die Negativität vermittelt, Erscheinung und Sprache wird. Der Dichter produziert gemäß dem Verfahren, in dem die Welt aller Welten sich darstellt, und ihr Sichdarstellen trägt die Züge der ästhetischen Objektivierung im je anderen Stoff, im Gegenteil ihrer selbst – das sie jedoch selbst ist.

Hölderlins poetologisches Konzept und sein poetisches Verfahren zielen nicht auf ein Abbild des gewöhnlichen Lebens, um in dessen Fragment das Ganze erscheinen zu lassen, sondern auf das Zur-Sprache-Bringen des Lebens, das in stärkeren und näheren Beziehungen zum Ganzen steht, das dem gewöhnlichen Leben sich verbirgt und in den Weltepochen des Übergangs, seines Gestaltwandels seine der Erfahrung offenste Gestalt gewinnt. Denen, die im Sturm des Wandels stehen, das Ganze zu vermitteln, darin sieht er die vornehmste Aufgabe des Dichters und seines Dichtens.

„Meist haben sich Dichter zu Anfang oder zu Ende einer Weltperiode gebildet" (II, 466), schrieb er in seiner Widmung des „Hyperion" an die Prinzessin Auguste von Homburg. Das sind Epochen stärkster Bewegung der geschichtlichen Gegensätze, in denen – in Erinnerung und Antizipation – die Dichter auf Grund ihrer Beziehung aufs Unendlich-Eine, welches die intellektuale Anschauung vermittelt, ihren geschichtlichen Grund und ihre Aufgabe finden.

Auch von der Theorie her ist die „vaterländische Umkehr" der Punkt, wo sich Allgemein-Weltanschauliches und Persönliches der Dichtung verschmelzen, sie konstituiert die „Rolle" des Dichters. Der Bezug auf sie – ihre Nähe oder Ferne – durchdringt sein Wirklichkeitsverhältnis. Die kommenden Götter sind ihr poetisch-mythisches Bild. Und sie bringt, soll bringen, was die vorhergehenden Revolutionen zu leisten nicht vermochten, auf sie drängt die stille Revolution in den wenigen, die das Ideal innerlich leben.

Analog der Utopie dieser Revolution bleibt auch der geniale theoretische Zugriff in der Abstraktion stecken: die große geschichtsphilosophische Sicht faßt im Rhythmus des Geschehens nicht dessen Inhalt. Der Natur, Leben, Wechselbeziehung des

Menschen mit der Natur denkt, abstrahiert von deren Materialität. Sowenig Hölderlin eine Natur ohne menschlichen Bezug denkt, sowenig die Materialität sozialer Verhältnisse, Interessen, Triebkräfte. Die vorwärtsweisende Idee, das besondre Ganze in seinen Beziehungen zu bestimmen, abstrahiert von deren ökonomisch-historischen Inhalten. Die Beziehungen bewegen sich in der Formalität abstraktester politischer und moralischer Strukturen. Bezogen auf die allgemeinen begrifflichen Bestimmungen, kreist sein Denken um das Verhältnis des Allgemeinen und Einzelnen, des Ganzen und Individuellen, also genau um jene Strukturform, in der eine Gesellschaft, in welcher der Zusammenhang des Ganzen über die Vereinzelung des Einzelnen materiell sich herstellt, sich ideell reproduziert.

Hölderlin hat zwar das Negationsverhältnis im Verhältnis von Wesen und Erscheinung in seiner Dialektik der Darstellung im anderen, im Verhältnis von Zeichen und Grund allgemein ausgesprochen und universalisiert, theoretisiert aber selbst in den Abstraktionsformen, in denen die Zirkulationssphäre sich bewegt und reflektiert. Hier wiederholt sich der Grund des ideologisch-utopischen Charakters seiner Vision der vaterländischen Umkehr: auch diese ist eine Umkehr der Beziehungen, entwirft die Aufhebung antagonistischer in gemeinschaftliche, ohne daß die vorausgesetzte Selbstverständlichkeit des Eigentums – eines kleinen Eigentums – in Frage gestellt wird. Daher ist die kühne Idee, in der dialektischen Logik einer tragischen Widerspruchsbewegung die Logik der Geschichte zu entdecken, zugleich verbunden mit deren Formalisierung: die Stufe der Synthese läßt sich politisch nur als Republik und Recht, sozial nur als Versöhnung im harmonischentgegengesetzten Ganzen begreifen.

Diesem gegenüber ist die Abstraktheit des Allgemeinen ein einseitiges Moment, analog dem „Geist", der mit dem „Lebendigen" sich vereint, wenn der Mensch des unendlichen Lebens gegenwärtig werde und als „das Abstrakteste alles nur um so inniger" aufnehme – dies auf dem Höhepunkt der poetischen Erkenntnis, der zweiten schöpferischen Reflexion. Auf diesem Wege erfolgt jedoch keine Konkretisierung zu begrifflicher Er-

kenntnis, sondern zur Bildung des poetischen Werks in der
„Äußerung". Den Inhalt vermittelt die poetische Rezeptivität.

Hier stellt sich die Frage, ob nicht gerade an diesem Punkt,
an dem Hölderlin die höchste Vereinigung postuliert, genau
der Umschlag erfolgt, wo das Allgemeine, Formelle dem Inhaltlichen auch äußerlich bleibt. Wo jenes ein Zeichen seiner
Darstellung im anderen sucht, drängt sich hier der Rezeptivität eine Gewalt auf, in der – gerade durch das Unaufgelöste
des Subjektiven und Objektiven – gesellschaftliche Macht als
fremde Natur, waltendes Schicksal und göttliche Gewalt zu
erscheinen vermag, gerade weil die theoretische konstruktive,
abstrakte und synthetische Aktivität in den Gestaltungsprozeß
übergeht, nicht aber den Gegenstand in seiner Objektivität
mehr untersucht. Gerade indem sich der Dichter „Gottes Ge-
wittern" aussetzt, manifestiert sich im höchsten Einigungspunkt,
da alle Entfremdung enden soll, deren Unaufgehobensein und
Reproduktion.

Hierin bestätigt sich, was Hölderlins Konzept theoretisch begründete: die Poesie als Reproduktion des geschichtlichen Lebens und als dessen Vollzug. Und es ist Konsequenz des Grundansatzes, der die Geschichte, das werdende und gewordene
historische Ganze, in der tragischen Poesie, nicht in wissenschaftlicher philosophischer Erkenntnis das adäquate Selbstbewußtsein finden läßt.

Mythe

Hölderlins theoretischer Systementwurf ist so konzipiert, daß er sich als Theorie aufhebt im dichterischen Prozeß und im Dichtwerk, das ein „idealisches, systematisches, charakteristisches Ganzes ist, das aus lebendiger Seele des Dichters und der lebendigen Welt um ihn hervorging und durch seine Kunst zu einer eigenen Organisation, zu einer Natur in der Natur sich bildete" (IV, 386).

Die Formulierung klingt an Goethe an; sie stammt aus einem an ihn adressierten Briefentwurf. Analog der Formulierung im Brief an Schelling vom Juli 1799 hebt sie eine Gemeinsamkeit in der Grundauffassung hervor, die dennoch den wesentlichen Unterschied verschweigt: Hölderlins Ausgehen vom „übersinnlichen" Gegenstand, vom Gedanken, von einer Totalempfindung, worin Goethe, ohne daß er Hölderlin damit gerecht würde, ein Allegorisieren erblicken müßte. Aber gerade weil er vom „übersinnlichen" Gegenstand ausgeht, ist die Versinnlichung, Individualisierung, das „Lebendige" sein Problem. Die „Natur in der Natur" entspricht der „Welt in der Welt" und strukturell der „Bestimmung des Menschen". Erst im dichterischen Prozeß und im geglückten Dichtwerk als seinem Resultat vereinen sich das Systematische und das Individuelle, das Allgemeine und das Einzelne, das Geistige und das Sinnliche. Mehr subjektiv gewendet, konfrontiert Hölderlin in den „Anmerkungen zur Antigone" Philosophie und Poesie. Die Poesie behandle die verschiedenen Vermögen der menschlichen Seele, und zwar Vorstellung, Empfindung und Räsonnement, die Philosophie nur ein Vermögen, das Räsonnement.

Doch wäre es zu eng gesehen, würden wir nur den methodischen Aspekt in diesem Sichaufheben des Theoretischen im Poetischen in bezug auf die Vermögen der Seele und den Unterschied des Resultats – Konkretheit oder Abstraktheit des produzierten Ganzen – sehen. In dies Verhältnis faßt Hölderlin zugleich die Grundbeziehung von Subjekt und Objekt, deren Gegensatz, wie wir sahen, von Kant und Fichte her als in theoretischer Erkenntnis nicht aufhebbar gewertet wird, und zugleich das Verhältnis von Wirklichkeit und idealer Möglichkeit, vom Reich der „Not" und dem höheren Leben, das in engerer Beziehung zum Ganzen steht.

Die dafür aufschlußreichste Reflexion entwickelt Hölderlin in dem unter dem mißverständlichen Titel „Über Religion" publizierten fragmentarischen Text, der in der Frankfurter Ausgabe, meines Erachtens überzeugend, in dem Band „Entwürfe zur Poetik" als Entwurf eines der „Neuen Briefe über die ästhetische Erziehung", die Hölderlin im Brief an Niethammer angekündigt hatte, erkannt, neu geordnet und auf den Winter 1796/97 datiert wurde. Dieser Text führt uns also in die Diskussion des Frankfurter Kreises zurück, er ist erfüllt noch von einer ungebrochenen Perspektive revolutionären Wandels, und gerade weil dieser dann in die Ferne rückte und konkret anders sich darstellte als erwartet, hat ihn Hölderlin um die Jahrhundertwende neu durchdacht und sein Konzept des Untergangs und Übergangs des Vaterlandes entworfen.

In diesem Fragment begründet Hölderlin die Besonderheit und Mission der Poesie – einer „hohen" Poesie – aus dem utopischen Entwurf einer über die Notdurft und das „Reich der Not" erhabenen und sich erhebenden, deren Antagonismen vereinigenden und darin Gott oder den Geist realisierenden Gemeinschaft – als einzig adäquates Begreifen, Darstellen und Ferment der Vereinigung selbst. Poesie wäre Selbstbegreifen und Selbstdarstellung einer revolutionär umgestalteten Welt.

Der Kernsatz lautet: „Weder aus sich selbst allein noch einzig aus den Gegenständen, die ihn umgeben, kann der Mensch erfahren, daß mehr als Maschinengang, daß ein Geist, ein Gott, ist in der Welt, aber wohl in einer lebendigeren, über die Notdurft erhabnen Beziehung, in der er stehet mit dem, was ihn umgibt." (II, 385)

Diese höhere Beziehung des Menschen zu seiner Welt läßt erst Gott oder den Geist erfahren als das Vereinigende und Gemeinsame, nicht über die Selbstbeziehung oder die Gegenstandsbeziehung innerhalb der Welt der „Notdurft".

Hölderlin unterscheidet „physische, mechanische, historische" Verhältnisse von „intellektualen, moralischen, rechtlichen Verhältnissen". Beide konstituieren die Verhältnisse der Notdurft, den Maschinengang. „Maschinengang" ist Entfremdungsmetapher, die den Menschen als ohnmächtiges Objekt in verselbständigten, zugleich als sinnentleert erfahrenen Zusammenhängen kennzeichnet. Objekt ist er einmal im natürlichen Determinationszusammenhang, als Körper unter Körpern, Bestandteil eines Weltmechanismus, zum anderen als Objekt und Glied der Staatsmaschinerie, allgemeiner subsumierender Verhältnisse und Gesetze. Im ersten ist er vereint mit dem empirischen Naturzusammenhang, im zweiten „getrennt" in einer Gesellschaft juristisch-moralisch definierter und regulierter Personen, getrennt in gegenseitiger Beschränkung und negativ gleichem Nebeneinandersein. Das ist die alltägliche Welt der bestehenden Gesellschaft.

Ausgangspunkt ist im Kern – wenn auch nur angedeutet – die Kultur- und Entfremdungskritik Schillers. Hölderlin geht nicht Schillers Weg der ästhetischen Erziehung, von Gegenwartsresignation und emanzipatorischer Fernperspektive. Sein fragmentarischer Text läßt vieles offen. Zugleich wird im „Hyperion" die Notwendigkeit des Aufstands und sein notwendiges Scheitern dargestellt. Auch das Fragment kann nicht lösen, was im „Hyperion" ungelöst bleibt. In ihm bleibt unvermittelt, daß einmal von der höheren alternativen Sphäre, vom Göttlichen und vereinenden Geiste als vorhanden gesprochen wird – wie in der Vorrede zur vorletzten Fassung von der Schönheit gesprochen wird. Während kein Wissen und Handeln den Gegensatz von Welt und Selbst, Subjekt und Objekt versöhnen könne, ist diese Versöhnung in der Schönheit „vorhanden". Zum anderen aber wird in unserem Fragment das Herstellen der göttlichen Vereinigung in und durch Vergemeinschaftung, durch ihre Praxis ebenso vorausgesetzt wie begründet. Die Gedanken sind

somit in widersprüchlicher Bewegung und drängen auf geschichtliche Vermittlung.

Diese alternative höhere Sphäre ist inhaltlich nicht unterschieden von Hyperions Verkündigung: „Es wird nur *eine* Schönheit sein; und Menschheit und Natur wird sich vereinen in *eine*
allumfassende Gottheit." (II, 193) Dieses Ende des ersten Bandes ist noch nicht gebrochen vom Ende des zweiten Bandes.

Hölderlin bezeichnet diese höheren Verhältnisse als „religiöse". Doch bedeutet das Religiöse keine Transzendenz ins
Jenseits, sondern ins Diesseits, ins Irdische, damit ein Durchbrechen der bestehenden Verhältnisse der Notdurft. Wiederum
sei an „Hyperion" erinnert: „Der Mensch ist aber ein Gott, sobald er Mensch ist. Und ist er ein Gott, so ist er schön." (II,
181) Religion definiert sich hier als „Liebe zur Schönheit". Das
über die Notdurft erhabene Leben ist das schöne Leben; Schönheit impliziert die alternative politische Ordnung: ohne Herrschaft und Knechtschaft.

Und gerade in diesem Zusammenhang des Religiösen entwikkelt Hölderlin das Irdisch-Gesellschaftliche seines Gottes; weshalb die Titelgebung „Über die Religion" falsch ist: es geht um
eine andre Gesellschaft. Gerade weil Gott das Einend-Ver-
bindende ist, genauer: das Göttliche, hat jeder „seinen eigenen Gott, insoferne jeder seine eigene Sphäre hat, in der er
wirkt und die er erfährt, und nur insoferne mehrere Menschen
eine gemeinschaftliche Sphäre haben, in der sie menschlich, d. h.
über die Notdurft erhaben wirken und leiden, nur insoferne
haben sie eine gemeinschaftliche Gottheit; und wenn es eine
Sphäre gibt, in der alle zugleich leben und mit der sie in mehr
als notdürftiger Beziehung sich fühlen, dann, aber auch nur
insoferne, haben sie alle eine gemeinschaftliche Gottheit" (II,
385).

Hölderlin geht vom Primat des Lebens gegenüber der Vorstellung aus. Der alles einende Gott ist in der Welt, sofern
die Menschen sich wirklich harmonisch vereinen; da wartet kein
lieber Vater. Umgekehrt bildet sich aus einem Leben in Herrschaft und Knechtschaft die entsprechende Vorstellung „von
dem Geiste, der in diesem Leben herrsche . . ., so daß dieser

immer die Gestalt des Tyrannen oder des Knechts trägt" (II, 386). Hölderlin steht auf der Höhe aufklärerischer Religionskritik gerade dort, wo sie über die Betrugshypothese hinausgeht – zum Teil im Anknüpfen an antike Religionskritik.

Ein unaufgelöstes Problem bleibt, wie die beschränkten Lebensweisen der Individuen, aus der ihre Vorstellungen ja erwachsen, sich zum Ganzen vereinen. Wie die Vorstellungen vom Göttlichen sich in Achtung ihrer Besonderheit vereinen ließen – so vereinigen sich „wie in übrigem Interesse" die Menschen, indem „der Beschränktheit ... ihre Freiheit" gegeben werde, „indem sie in einem harmonischen Ganzen von Vorstellungsarten begriffen" sei. Dies normale reine Bedürfnis der Menschen nach Vereinigung und Gesellung erfüllt sich nicht, solange sie, gekränkt und geärgert, gedrückt und empört, „in gerechtem oder ungerechtem Kampfe begriffen" (II, 386) seien. Doch in jeder ihm eigentümlichen Sphäre könne der Mensch sich über seine Notdurft erheben, so er eine ihm angemessene, seinen Kräften entsprechende Arbeit hat. Das sind nur andeutende Hinweise, immerhin deutlich werden zwei Richtungen: die eine, die in politischer Hinsicht Front gegen politische Unterdrückung, Herrschaft und inneren wie äußeren Krieg macht, und die andre, die eigentlich nur ein Gespür ausdrückt, daß sich da in der Tätigkeit, der Arbeit der Menschen etwas ändern müsse, ohne daß dies genauer angegeben werden kann.

Insgesamt zeichnet sich im Vereinigungsgedanken, in seiner konkreteren Bestimmtheit gerade das sozial und ökonomisch Unbestimmte ab, die deutsche Welt in ihrer Fülle differenter sozialer, ständischer, lokaler, kulturell und religiös geprägter, voneinander abgeschlossener Lebensweisen, auch die anarcho-liberale Grundgesinnung, die in Hyperions Auseinandersetzung mit Alabanda ausgesprochen wird. Die Unvermitteltheit zwischen negierter Welt der Notdurft – erst in der Homburger Zeit gewinnt Hölderlin zu ihr ein realistischeres, sie nicht einfach überspringendes Verhältnis – und dem reinen, idealen, versöhnten Leben bedingt das Oszillieren zwischen dem höheren Leben, das reale gegenwärtige Möglichkeit, und dem Zukunftsideal, aus dem ein höheres geistiges Leben erst hervorgeht.

Erst von hier aus wird Hölderlins Begriff der Mythe begreifbar. Er bezieht sich auf das Begreifen und Darstellen eines
unendlichen Zusammenhangs, der weder eine religiös-transzen-
dente Überwelt noch ein pur objektiver, materieller, naturwissenschaftlich festzustellender und zu beweisender Naturzusammenhang ist, sondern eine unendliche und unendlich bewegte
Subjekt-Objekt-Einheit, die in sich die ideale menschliche Gemeinschaft trägt wie auch die Möglichkeit und Notwendigkeit
der Vollkommenheit, welche die Natur durch die Kunst erfährt. Es ist die große gedankliche Leistung der Homburger
Zeit, die Geschichtlichkeit dieses Zusammenhangs, die dialektische Struktur seiner Bewegung und das Modell des harmonischentgegengesetzten Ganzen als Modell der geschichtlichen
Vollkommenheitsphasen theoretisch-begrifflich bestimmt zu haben. Das hier behandelte Fragment zeigt – vor dieser durchgängigen Historisierung – das Herantasten, die Vagheit noch
der Modalität der „höheren Sphäre", in der „Vorhandenheit"
und Zukunft ineinandergehen, zugleich die Utopie dieses Zusammenhangs, der vereint, was die Notdurft zerreißt, und erfüllt, was jener mangelt.

Zum Kernproblem der theoretischen Bemühungen geschichtsphilosophischer Art wird, diese Notdurft in ihrem Notwendigen zu begreifen, sie aus der Statik des Negierten in die Dynamik der Bewegung des unendlichen Zusammenhangs, in die
Dialektik von Unendlichem und Endlichem, zugleich von Vereinigung und Widerstreit als Geschichtsprozeß einzubeziehen,
von hier aus, vor dem Hintergrundsmodell einstiger Vollendung in Griechenland, den Übergang aus verneinter Gegenwart in bejahte Zukunft zu denken – und in einer das Begriffliche bewahrend-aufhebenden mythischen Weise zu dichten.

In diesem Zusammenhang sei an das Gedicht „Der Jüngling
an die klugen Ratgeber" erinnert, worin – im Unterschied zur
ersten Fassung – das „Reich der Not" als Sphäre der klugen
Ratgeber, als dürre Zeit und sich selbst preisendes „Menschenwerk" erscheint. Dagegen stehen des Jünglings Aufbruch nach
„hoher Schöne", die in ihm reifende schöne, lebendige Natur,

der herakleische Genius, der aus dem Äther stammt, das grüne Feld des Lebens und der ersehnte Himmel der Begeisterung. Die höhere Sphäre, das unendliche Leben ist, was im Reich der Not unterdrückt, gestaut, verdrängt und verstellt ist, doch das „Herz" gebietet. Das Gedicht steht an einer Wende: erinnert sei an den Dualismus von heroischem Streben und unendlicher Harmonie. Die „eherne Notwendigkeit" wurde als „Mutter der Heroen" gefeiert – was freilich nicht vom Reich der Not zu sagen, das den Jüngling am heroischen Aufbruch hindert. Jene Notwendigkeit erscheint als Schicksal, Natur – ihr ist jede Lust entsprossen, sie läßt gerade „nicht / Die Kraft der Jünglinge verschmachten" (I, 270). Hier ist es das Reich der Not, das dies bewirkt. Jene ist Sphäre heroischer Erfüllung, diese deren Hemmnis.

In unserem Text wie in dem Gedicht „Der Jüngling an die klugen Ratgeber" zeigt sich die Unaufgelöstheit des Widerspruchs zwischen der Erhebung über die Notdurft als geistigkünstlerischem Akt und als revolutionär-praktischer Aktion, zwischen dem unendlichen Leben als vorhanden und als Zukunft. Erst das Neudurchdenken des Schicksals und damit der Notwendigkeit als Mutter des Heroischen kann zu einer geschichtlichen Lösung hinführen.

Das unendliche Leben als das andre der Notdurft ist wesentlich konstituiert durch die Umkehrung des Verhältnisses von Selbst und Welt: aus Trennung wird Vereinigung. Diese Abstraktheit korrespondiert der Abstraktheit, worin das Neue im alten Zustand, gegen das Reich der Not sich als Wunsch, Bedürfnis, Idee nur in der Negation des Bestehenden begreift. Die Mythe erscheint in dem Zusammenhang als eine Form, dieser Unbestimmtheit dichterische Bestimmtheit zu geben, ohne sie aufheben zu können oder dies auch nur zu beanspruchen.

Den Begriff der Mythe entwickelt Hölderlin an der Frage, warum die Menschen „sich den Zusammenhang zwischen sich und ihrer Welt gerade vorstellen, warum sie sich eine Idee oder ein Bild machen müssen von ihrem Geschick, das sich, genau betrachtet, weder recht denken ließe noch auch vor den Sinnen liege" (II, 382). Nicht das „Müssen" klärt er auf, wohl aber,

warum dieser Zusammenhang mythisch, in der Vereinigung von
Idee und Bild, vorgestellt werden müsse.

Hölderlins Antwort geht von geistigen Akten aus, welche
die „Erhebung" über die Notdurft voraussetzen und doch ihr
Moment seien: auch insofern erhebe sich der Mensch über die
Not, „als er sich seines Geschicks erinnern, als er für sein Leben dankbar sein kann und mag, daß er seinen durchgängigern
Zusammenhang mit dem Elemente, in dem er sich regt, auch
durchgängiger empfindet, . . . eine unendlichere, durchgängigere
Befriedigung erfährt" (II, 382). Das Unendlichere ist nicht absolut, sondern als Komparativ, somit als Aufbrechen der Grenzen der Notdurft zu verstehen.

Dies ist der Ansatzpunkt für Hölderlin, das geistige Leben
als Reproduktion, als Wiederholung des wirklichen Lebens zu
bestimmen. Denn jede Befriedigung sei ein momentaner Stillstand des wirklichen Lebens. Auf die Befriedigung der Notdurft folge eine „negative" – so Schlaf nach Sättigung –, während „auf eine unendlichere Befriedigung aber zwar auch ein
Stillstand des wirklichen Lebens erfolgt, aber daß dieses eine
Leben im Geiste erfolgt und daß die Kraft des Menschen das
wirkliche Leben, das ihm die Befriedigung gab, im Geiste wiederholt". Und Hölderlins These ist: aus dieser höheren, unendlicheren „Befriedigung gehe das geistige Leben hervor, wo er
[der Mensch – W. H.] gleichsam sein wirkliches Leben wieder-
hole" (II, 383).

Das „Wiederholen" etabliert eine Abbild- und Erkenntnisbeziehung. Sie ist bezogen auf das wirkliche, gelebte Leben,
setzt dieses voraus als das gelebte Leben des Erkennenden
selbst. Das wirkliche höhere Leben als innige Einheit von Subjekt und Objekt, des Menschen mit seinem Element, wird Be-
wußtseinsgegenstand des derart tätig verbundenen Subjekts.
In diesem Sinne sind in der Wiederholung Subjekt und Objekt
identisch, Erkenntnis Selbsterkenntnis, der unendliche Zusammenhang Zusammenhang von Ich und Welt und somit beiden
immanent. Das Selbstbewußtsein ist dann nicht Selbstbewußtsein eines seinem Objekt gegenüberstehenden, von ihm getrennten Subjekts, sondern geht gerade aus deren harmonisch-

entgegengesetzter Einheit hervor. Der Terminus der Wiederholung drückt sowohl den Primat des Wirklichen, des Lebens gegenüber dem Vorgestellten, dem Bild aus als auch, daß der Erkenntnisgegenstand zugleich Erkenntnissubjekt ist. Wie sind nun diese „religiösen" Verhältnisse wiederholbar, abbildbar, zu Bewußtsein und zur Darstellung zu bringen, dieses „höhere Geschick", das sich weder recht denken lasse noch vor den Sinnen liege?

Der höhere Zusammenhang, das ist Hölderlins fundamentale These, ist weder im Gedanken noch im Gedächtnis zu wiederholen; weder reicht eine „intellektuale" Vorstellung noch eine „historische" hin. Der Gedanke bleibt im Allgemein-Abstrakten und verfehlt gerade den innigen, lebendigen Zusammenhang durchgängiger Individualisierung. „. . . der bloße Gedanke, so edel er ist, kann doch nur den notwendigen Zusammenhang, nur die unverbrüchlichen, allgültigen, unentbehrlichen Gesetze des Lebens wiederholen", das ist sein „ihm eigentümliches Gebiet" (II, 383). Das Gedächtnis wiederum reproduziert das Einzelfaktum, erfaßt aber keinen Zusammenhang, macht am Individuellen fest, nicht am Ganzen. Die höheren Verhältnisse aber können nicht so betrachtet werden, wie die Verhältnisse der Notdurft in ihrer „Sphäre" betrachtet werden müssen, vielmehr müssen sie „aus dem Geiste betrachtet werden, der in der Sphäre herrscht, in der sie stattfinden" (II, 385).

Je mehr sie sich über die Notdurft erheben, über das „physisch und moralisch Notwendige", um so unzertrennlicher sind „die Verfahrungsart und ihr Element" (II, 521) verbunden, also Form und Stoff, Allgemeines und Einzelnes. Sie können daher weder intellektual noch historisch vorgestellt werden. Die religiösen Verhältnisse sind „in ihrer Vorstellung weder intellektuell noch historisch, sondern intellektuell historisch, d. h. mythisch . . ., sowohl was ihren Stoff als was ihren Vortrag betrifft." Konsequenz ist: „Sie werden also in Rücksicht des Stoffs weder bloß Ideen oder Begriffe oder Charaktere, noch auch bloße Begebenheiten, Tatsachen, enthalten, auch nicht beedes getrennt, sondern beedes in einem . . ." (II, 387) Hieran knüpft Hölderlin eine Gattungsunterscheidung, die als Hauptpartie für Drama und Epos auf jeden Fall festhält: den „Gott der Mythe". Fazit ist: „So wäre alle Religion ihrem Wesen nach poetisch." (II, 388)

Auf diese These – sosehr der Gedanke auch als Erwägung auftritt – zielt der gedankliche Höhenflug des Fragments, um seinetwillen ließ er offene Fragen, unbewiesene Voraussetzungen hinter sich. Der Aufklärer Hölderlin löst die vorgegebenen traditionellen Religionen ins Menschlich-Natürliche auf und entwirft die „höhere Aufklärung" über die „religiöse" Sphäre des unendlichen Zusammenhangs und der Vereinigung, die nicht nach dem Maße gesetzlicher Rationalität und empiristischer Faktizität gemessen werden kann. Die Mythe ist die höhere Aufklärung der Menschen über sich, über ihre Welt, worin das Allgemeine und das Einzelne, das Gesetzliche und das Historische vereint sind.

Hölderlin hat eine Fortsetzung abgebrochen: „Hier kann nun noch gesprochen werden über die Vereinigung mehrerer zu einer Religion, wo jeder seinen Gott und alle einen gemeinschaftlichen in dichterischen Vorstellungen ehren, wo jeder sein höheres Leben und alle ein gemeinschaftliches höheres Leben, die Feier des Lebens mythisch feiern." (II, 388) Die Mythe, in der die höheren Verhältnisse abgebildet und begriffen werden, ist nicht nur Darstellung der Vereinigung von Individuellem und Allgemeinem, von Individuum und unendlichem Zusammenhang; in ihrer Versöhnungsstruktur vereinigt sie mehrere Religionen zu einer, in der jeder seinen und den gemeinschaftlichen Gott, den einen im anderen, jeder sein höres Leben im gemeinschaftlichen ehrt: und zwar in dichterischen Vorstellungen. Die Mythe ist das Bewußtsein, in dem das gemeinschaftliche Leben, das jedem eigen ist, gemeinschaftlich gefeiert wird. Eine Mythe, die nicht diese öffentliche, vergemeinschaftende Funktion erfüllen kann, ist keine, und eine Dichtung, die sie nicht erfüllen kann, ist nicht mythisch.

Daß im Hintergrund der Vorstellung des Festes die Feiern und Feste der Französischen Revolution stehen, muß ebenso mitgesehen werden wie die Tatsache, daß für Hölderlin Gleichheit nicht Gleichförmigkeit und noch weniger Unterordnung

unter ein allgemeines Gesetz bedeutet, sondern gleichberech-
tigte Vereinigung der Individuen, die deren freie Wirksamkeit
einschließt. Verbrüderung ist Vereinigung besondrer Lebenssphären, die ihre Besonderheiten nicht im Unterschiedslosen
aufgeben. Die Vereinigung des Allgemeinen und Einzelnen im
Mythischen ist gnoseologisch, sozial und ontologisch begründet,
ihrerseits Ausdruck eines durch und durch individualisierten
Ganzen.

So erscheinen Dichtung und Mythe identisch. Dichtung freilich, insofern sie ihren Stoff nicht dem gewöhnlichen Leben entnimmt, sondern in naher Beziehung zum Ganzen steht. Sie vermittelt den Individuen und ihren besondren Lebenssphären den
unendlichen, besser, den unendlicheren Zusammenhang des Lebens als Gemeinschaftlichkeit. Indem die Dichtung das Göttliche oder den gemeinsamen Gott singt, kann Hölderlin später
sagen, singen „wir, die Dichter des Volks, . . . jedem den eignen Gott" (I, 428).

Die „Mythe" ist also die der höheren Sphäre, dem unendlichen Lebenszusammenhang angemessene Vorstellungs- und
Darstellungsart. Zunächst scheint die Bestimmung der intellektuell-historischen Vorstellungsart an die klassischen Bestimmungen der Einheit des Allgemeinen und Einzelnen, des Geistigen
und Sinnlichen zu erinnern. Doch durch die Voraussetzungen,
den Gegenstand des unendlichen Zusammenhangs und die Bestimmung des Hauptteils der Mythe als „Gott der Mythe" er-
geben sich ein anderer Inhalt und eine andre Funktion. Mythe
ist nicht einfach ein anderer Name für Poesie, und Religion
wird auch nicht in Poesie aufgelöst. Mythe bedeutet hier ein
Programm für Gegenstand, Methode und Funktion der Poesie.
Wenn Hölderlin alle Religion als poetisch bezeichnet, so liegt
darin wohl der aufklärerische Abbau jeder bestimmten Religion, vor allem jedes religiösen Dogmatismus, zugleich aber die
Beanspruchung religiöser Beziehung, Autorität und Funktion
für die Poesie.

Es kann dies keine Poesie sein, die ein Fragment des gewöhnlichen, alltäglichen Lebens zum Gegenstand nimmt, sondern
nur eine, die aus nächster inniger Beziehung zum Ganzen spricht.

Es kann dies keine Poesie sein, die keinen „Gott der Mythe"
kennt, zu dem eine ehrend-verehrende Beziehung aufgenommen wird. Grundsätzlich ist das Ganze nie unmittelbar zu fassen, grundsätzlich ist es vermittelt, sowenig es rational gewußt,
begrifflich erkannt oder sinnlich wahrgenommen werden kann.
Als Unendliches entzieht es sich allem Endlichen, als durch und
durch Individualisiertes entzieht es sich abstrakter Begrifflichkeit, als Übersinnliches dem Sinnlichen. Die höhere, der Notdurft sich enthebende Beziehung vorausgesetzt, kann es zu
Erfahrung werden: es wird „empfunden". In einem Passus erklärt Hölderlin, daß im Maße der Erhebung über das phy-
sisch-moralisch Notwendige „Verfahrungsart und Element" unzertrennlicher verbunden seien, daher „in der Form und Art
bestimmter Grunderfahrungen absolut gedacht werden können" (II, 521). Er spricht sich hier nicht über die Grunderfahrungen aus. Es kann nur die Empfindung der unendlichen Einheit sein, vor aller Trennung von Subjekt und Objekt, durch die
überhaupt erst Verfahrungsart und Element auseinandertreten – die intellektuale Anschauung, die gerade Voraussetzung
aller Erkenntnis, aber nicht selbst Erkenntnis ist, sondern bewußtlose Subjekt-Objekt-Einheit, ein Undenkbares, das nur indirekt gedacht werden kann.

Ist aber Mythe nicht poetisches realistisches Aufdecken eines
inneren Zusammenhangs des endlichen Fragments des Lebens,
sondern als Poesie Ausgehen vom Übersinnlichen des unendlichen Lebenszusammenhangs, so kann dieser eben nicht unvermittelt erfaßt und ausgesprochen werden. Weil das Absolute
vom endlichen Menschen in seiner höheren Beziehung nur erfahren werden kann, kann es auch nur in der besondren Weise
seiner Sphäre, entsprechend seinen wirklichen Lebensbedingungen, in der Gestalt erfahren werden, in der sich ihm das andre
seiner Wirklichkeit in deren personaler Form präsentiert. Am
Punkt der höchsten Innigkeit erscheint der unendliche Lebenszusammenhang in der individuell allgemeineren Gestalt nicht
des, sondern seines Gottes: Gestalt persönlicher Beziehung.
Dieser Gott – wie weit auch der Zusammenschluß, die Vergemeinschaftung der Menschen gehen mag – ist nicht das Abso-

lute, nicht das Unendliche, sondern immer menschliche Vorstellung göttlicher Macht, die über den Menschen ist, gerade weil und obwohl der unendliche Lebenszusammenhang sie mit einschließt, sie an ihm teilhaben, er nicht außer ihnen, sondern wesentlich „Natur außer mir" und „in mir", Zusammenhang des eigenen Lebens ist.

Wenn also die Mythe intellektell-historisch ist, so vereint und amalgamiert sie in der Vorstellung Momente, die im Leben der Notdurft einander gegenübertreten: Idee und Faktum, Begriff und Begebenheit, „beedes in einem", bezogen auf den Gott der Mythe. Das Unendliche wird ausgesprochen, erzählt, vorgestellt, tritt uns individualisiert entgegen – und wird darin benannt und verschwiegen, weil es grundsätzlich unvermittelt nicht vorgestellt werden kann.

So enthält die Mythe die physischen, mechanischen und historischen Verhältnisse, zugleich die rechtlichen, moralischen und intellektualen, nicht in dem, was sie sind, was sie unabhängig vom Dichter sind, sondern in dem, was sie in der Vereinigung je vom Gott bezeichnen, ohne das Bezeichnete zu sein. Insofern faßt die Mythe die „religiösen Verhältnisse" intellektual-historisch „deutlicher oder dunkler in einem Bilde . . ., dessen Charakter den Charakter eigentümlichen Lebens ausdrückt, das jeder in seiner Art unendlich leben kann und lebt" (II, 521). Insofern nimmt der Dichter aus dieser Welt den Stoff, um die Töne seines Geistes zu bezeichnen – aber er nimmt sie als ein Geist, der sich als Organ, als Priester der Natur versteht und verstehen möchte.

Das Fragment zeigt mit der undialektischen Konfrontation zwischen dem Reich der Not und dem „höheren Leben" noch einen fragmentarischen Begriff des Mythischen. Es ist die Vorstellungsart, in der Hölderlin seine Zeiterfahrung, seine Epoche als Ganzheitsprozeß poetisch darzustellen sucht. Dadurch, daß Hölderlin das Unendliche als Geschichtsprozeß denkt, werden auch die Götter geschichtlich, ihr Sterben und ihr Wiederkommen – wobei Christus als letzter der antiken Götter erscheint – zu Darstellungsformen des Epochenwandels, das Mythische gleichsam allgemeinster Rahmen des – mehr vom Subjektiven

oder mehr vom Objektiven her – immer wieder am Zeitgeschichtlichen gedeuteten Unter- und Übergangs des Vaterlandes.

Hölderlin entwickelt ein außerordentlich bewegliches mythisches Beziehungssystem, dessen objektiver allgemeiner Zusammenhang die Natur, dessen individualisierte und zugleich allgemeine Mächte die Götter, Halbgötter, Heroen und Natur-
elemente sind und dessen subjektiver Pol das mythisierte lyrische Ich des Dichters als Sänger und Priester ist. Insofern sind
seine Gedichte Rollengedichte. Dies System aber ist Form, den
Geschichtsprozeß als Ganzes wie den gegenwärtigen Epochen-
prozeß der revolutionären Krisen und Kriege, der Stagnation,
des Wandels als dessen Gegenwärtigkeit lyrisch-mythisch, die
zeitgeschichtliche Erfahrung in genau adressierter Situation und
Bewertung, die physisch-mechanischen Erscheinungen als deren Bild und Zeichen, die historischen Ereignisse, Orte bis zur
ins Geologische verschlüsselten Geschichte als objektive Momente, Paradigmen und Zeichen des einen universellen Gesamtprozesses, des einen unendlichen Lebenszusammenhangs
in einen weltanschaulich-lyrischen Zusammenhang, in eine ly-
risch-konkrete Einheit zu bringen. Alles, was gesagt wird, vermittelt den unendlichen Naturgang der geschichtlichen Situation, die in die „Welt in der Welt" verfremdet ist. Der Sänger
ist Glied und Bestandteil dieser mythischen Welt, ist ihr Organ, das sie – darin kehrt sich das Verhältnis um – in seinem
Verhalten, Deuten, sich in ihr und in ihrem Bezug auf ihn darstellt. In der artifiziellen Konkretheit der „Welt in der Welt"
finden sich Subjektives und Objektives in einer Einheit, die
über die mythische und sinnfällige Vermittlung den allgemeinen Gedanken und das einsame Ich – und die objektive geschichtliche Unendlichkeit als letzte allgemeinste Bedeutungsebenen enthält und ebenso vermittelt.

Entsteht so auf der einen Seite die poetische „Welt", die
einen Bildungskosmos einschmilzt zu spezifisch Hölderlinscher
Einheit, so wird diese ebenso transzendiert, aufgebrochen –
gerade in der Intensität ihres immanenten Zusammenhangs – im
glühenden Bilde und einem oft gnomischen, direkten Sprechen,

wo die Gewalt poetischer Kunst den „Schein" der Kunst, den Kunstcharakter ablegt und das Wort „in jener schauerlichen Nacktheit . . ., die uns erschreckt und erschüttert"[194], hervortritt; wo im individuellen Leid die Verzweiflungen der Epoche, die äußerste Einsamkeit und unendliche Liebesbedürftigkeit, der Schmerzensgrund, der die Erfüllungen beschwor, die ertragene Unerträglichkeit Sprache werden; wo aber auch der Traum vom Glück, der Moment schwebender Entrücktheit, seine unwirkliche Wirklichkeit vor dem Hintergrunde der Bedrohung durch die eiskalte Geschichte des Tags sprachlich-musikalische Gestalt gewinnt. Beide Momente sind nicht Perlen, die aus Muschelschalen zu klauben. Sie erhellen vielmehr die „Welt in der Welt" als kommunikatives Ganzes, ganz abgesehen davon, daß Hölderlin der Gedanke einer Autonomie der Kunst fremd war.

Der das Volk als Adressaten suchte, konnte als Gebildeter nur Gebildeten sich verständlich machen. Echte Mythen sind stammes- und volksübliche Götter- und Heroengeschichten, in denen sich eine grundlegende Gemeinsamkeit des Welt- und Selbstverständnisses manifestiert und die, auch dank ihrer Variabilität, als Medium der Kommunikation dienten – neben dem Kultus und abgelöst von ihm. Hölderlins Mythe, die eben nicht poetisch-formal nur zu fassen ist, impliziert mit der Grundbeziehung aufs Göttliche die Götter. Er formte aus humanistisch-christlichem Bildungskreis seine Mythologie, in die er den Kreis historischer Gestalten einzubeziehen wenigstens ansetzte, er bildete ein nur ihm eigenes System, das sich erst eingehendem Umgange erschließt.

Die „Welt in der Welt", die Hölderlin schafft, kann ihren Totalitätsanspruch nur durch die ineinandergreifenden und aufeinander verweisenden verschiedenen Bedeutungsebenen legitimieren, die sie integriert. Sie bedingen zugleich das Moment der Vieldeutigkeit, das seinerseits den Spielraum ermöglicht, den allgemeinen Geist jedem eigen zu vermitteln bzw. rezipierbar zu machen.

Es gibt einen späten Entwurf, „Von der Fabel der Alten", der nur Stichworte enthält: „Ihre Prinzipien. / Gestalt dersel-

ben. / System. / Beziehung. Bewegbarkeit. / Verschiedene Formen, die diese, trotz der Notwendigkeit ihrer Bildung, als Prinzipien leiden. / Sinn und Inhalt derselben. / Mythologischer Inhalt. / Heroischer. / Reinmenschlicher. / Sinn solcher Fabeln
überhaupt. / Höhere Moral. / Unendlichkeit der Weisheit. / Zusammenhang der Menschen und Geister. / Natur, in der Einwirkung Geschichte." (II, 443 f.)

Ein Arbeitsnotat. Einen Hinweis gibt der Brief an Seckendorf vom 12. März 1804: „Die Fabel, poetische Ansicht der
Geschichte, und Architektonik des Himmels beschäftiget mich
gegenwärtig vorzüglich, besonders das Nationelle, sofern es
von dem Griechischen verschieden ist. [–] Die verschiedenen
Schicksale der Heroen, Ritter und Fürsten, wie sie dem Schicksal dienen oder zweifelhafter sich in diesem verhalten, hab ich
im allgemeinen gefaßt. ... Das Studium des Vaterlandes, seiner
Verhältnisse und Stände ist unendlich und verjüngt." (IV, 479)

Der Entwurf zur Fabel steht somit im Kontext der historischen Besinnung auf das Eigene im Unterschied zu Griechenland, was – nach dem Zeugnis des Briefes an Böhlendorff vom
Dezember 1801 – Hölderlin seit Jahren beschäftigte. Das be-
traf die Dichtung und die vaterländische Umkehr, die nicht mehr
als Erneuerung der griechischen Polis vorgestellt werden konnte.
Wenn Hölderlin dann die Fabel der Alten bedenkt, wird er die
historische Differenz und ihre dennoch bestehende Verwend-
barkeit, zugleich die poetische Ansicht der eigenen natio-
nellen Geschichte mitbedacht haben.

Prinzip dürfte die Verbindung von Intellektualem und Historischem, von Begriff und sinnfälliger Naturerscheinung in
einer mythischen Person sein, deren Wirken in der Erscheinung
sich äußert, deren Geschichte die Mythe ist. Der Zusammenhang aller Mythen ist ein System, in dem sie zusammenschießen
zu einer Welt der Götter, Halbgötter, Titanen etc., die ihre Geschichte hat, zu einem unendlichen Beziehungssystem der mythischen Personen und Vorgänge. Entscheidend ist Hölderlins
Stichwort der „Bewegbarkeit". Die Mythen sind nicht dogmatisiert, sondern beweglich, sie werden im Erzählen umgedeu-
tet, verändert, kombiniert, Götter werden vereinigt, in neue Be-

ziehungen gebracht, auf unterschiedliche Geschehnisse und Bedeutungen bezogen. Diese Bewegbarkeit macht Mythen poetisch verwendbar.

Der „Sinn" ist also aus dem Kontext zu gewinnen. Doch dieser Sinn ist mehrdeutig. In bezug auf die Fabel der Alten unterscheidet Hölderlin den mythologischen Sinn, der sich auf den Zusammenhang innerhalb des Mythensystems bezieht, den heroischen Sinn, der sich auf den geschichtlichen Widerstreit, den mythischen Sinn, der sich auf den irdischen beziehen könnte, und den reinmenschlichen, der das Verhältnis von begrifflicher Bedeutung und menschlichem Leben, die in den mythischen Handlungen gespiegelten allgemeinen menschlichen Situationen und Verhaltensweisen meinen könnte, weshalb aus der Dreieinigkeit dieser Inhalte erst die personal-individuelle Beziehung zum Gott sich konstituiert. Doch ob dies Hölderlins Intention, ist nicht beweisbar.

Die „höhere Moral" mag auf die Abgrenzung von den alltäglich-bürgerlichen Moralbegriffen, „unsern eisernen Begriffen", von „arroganter Moral" und „eitler Etikette" (II, 384 f.) bei Bewertung der höheren, zarteren Beziehungen verweisen, was er im vorbehandelten Fragment ausgeführt. Die Unendlichkeit der Weisheit aber – durch das personale Beziehungssystem der Mythen in ihren Verweisen und Bedeutungsschichten, ihrer Flüssigkeit – weist auf den unendlichen Lebenszusammenhang, der sich in der Mythe unendlich – also nicht in eindeutiger, begrifflich festzumachender, begrenzter Bedeutung – darstellt, sowenig er direkt dargestellt werden kann. Möglicherweise wäre Hölderlin in solch spätem Text auf die kontradiktorische Bedeutung eingegangen, auf das, was das Gesagte sagt, das es gerade nicht sagt und sagen kann. Das gilt weniger für die Fabeln der Alten als für sein Verständnis und Benutzen dieser Fabeln.

Die Götter sind nur in der Welt der Mythe, fungieren nicht als klar umrissene Personen, sondern als Namen, endliche Vorstellungen und Besonderungen des Unendlichen, und selbst antike Mythen erscheinen nur als Zitat, Anspielung, Erinnerung. Sie sind individualisierte Vorstellungen überindividueller

Mächte, sie sind – als Götter – wohl Macht, aber bewußtlos.
Bewußtsein ist allein menschliches Bewußtsein. Die Natur ist
über den Göttern.

Die letzte Notierung, „Natur, in der Einwirkung Geschichte"
(II, 444), verweist auf den unendlichen Zusammenhang von
Natur und Geschichte, auf Geschichte als „Einwirkung", hinter
der letztlich immer die Menschen stehen. Sie verschweigt Hölderlins entscheidendes Thema – den Untergang und Übergang
des Vaterlandes –, wobei er den zeitgeschichtlichen Prozeß in
den unendlichen von Entstehung, Vollkommenheit und Auflösung stellt, in den Zusammenhang des immer erneuten Ringens
mit dem „Aorgischen" als Bedingung, daß humanes Leben überhaupt statthat. Entscheidend ist, daß dieser Geschichtsprozeß
nicht willkürlich, nicht beliebig machbar, sondern von überindividueller Gewalt ist. Das Individuum ist in ihn als Schicksal gestellt. Es kann sich nicht aussuchen, ob es in Auflösungszeiten,
am Beginn des Neuen oder auch in einer Zeit des „Ausgleichs"
des Schicksals existiert.

In der Hymne „Der Rhein" stehen folgende Zeilen:

> Dann feiern das Brautfest Menschen und Götter,
> Es feiern die Lebenden all,
> Und ausgeglichen
> Ist eine Weile das Schicksal. (I, 462)

Nur „eine Weile". Es geht um den Abend: Metapher vom Ende
geschichtlicher Kämpfe; und Abend ist alltägliches Ruhigwer-
den, Versprechen der Ruhe und des Friedens.

Die letzte Strophe fordert helles Bewußtsein, ständige notwendige Bewußtheit der geschichtlichen Aufgabe in dieser Zeit
der Kämpfe, des Übergangs:

> Dir mag auf heißem Pfade unter Tannen oder
> Im Dunkel des Eichwalds gehüllt
> In Stahl, mein Sinclair! Gott erscheinen oder
> In Wolken, du kennst ihn, da du kennest, jugendlich,
> Des Guten Kraft, und nimmer ist dir

> Verborgen das Lächeln des Herrschers
> Bei Tage, wenn
> Es fieberhaft und angekettet das
> Lebendige scheinet oder auch
> Bei Nacht, wenn alles gemischt
> Ist ordnungslos und wiederkehrt
> Uralte Verwirrung. (I, 463)

Das Chaos, das ordnungslose, der Uranfang, ist immer latent, kehrt wieder, gärt in der Nacht, ist als Lebendiges bezwungen am Tage, und doch Ursprung der Ordnung, der Kultur, des Fortschritts. Der Dichter, der das Ganze faßt, ruft Sinclair an, der als Mensch der Tat figuriert. Ihm wird der Zusammenhang, in dem er handelt, bewußtgemacht, auf „Gott", der ihm erscheine, verwiesen; und der erscheint ihm, weil er ihn erkennt, und er erkennt ihn als des „Guten Kraft", die doch seine eigene ist, im Gegensatz zu dem, was da bei Tage angekettet und bei Nacht chaotisch gemischt ist. Dies ist sein Schicksal, seine nicht aussuchbare Aufgabe.

Die „Rhein"-Hymne verbindet das Faktisch-Natürliche und Geographische mit dem Mythischen. Der Rheinstrom ist Halbgott, Sohn der Erde und des Donnerers, er tobt im Felsenbett, will nach Osten, nach Asien, dahin treibt die „königliche Seele", zur Götterheimat: „Doch unverständig ist / Das Wünschen vor dem Schicksal." (I, 457) Heroisch-wild, herkulisch bricht er durch die Felsenwände:

> Denn wo die Ufer zuerst
> An die Seit ihm schleichen, die krummen,
> Und durstig umwindend ihn,
> Den Unbedachten, zu ziehn
> Und wohl zu behüten begehren
> Im eigenen Zahne, lachend
> Zerreißt er die Schlangen und stürzt
> Mit der Beut und wenn in der Eil
> Ein Größerer ihn nicht zähmt,
> Ihn wachsen läßt, wie der Blitz, muß er

Die Erde spalten, und wie Bezauberte fliehn
Die Wälder ihm nach und zusammensinkend die Berge.

(I, 458)

Dieser Jüngling zerreißt die klugen Ratgeber, er folgt seinem
Schicksal, nicht willkürlichem Wunsch. Nach stürmischer Selbst-
befreiung und heroischem Kampf fließt er aus dem Gebirge, bis
er „Stillwandelnd sich im deutschen Lande / Begnüget und das
Sehnen still" (I, 459), wenn er Land und Städte baut. Seine
Geschichte führt aus wild-heroischem Kampf zur Annahme des
Schicksals in göttlicher Ordnung – „. . . bis an die Grenzen, /
Die bei der Geburt ihm Gott / Zum Aufenthalte gezeichnet" (I,
460). Alternative sind die titanisch Trotzigen, die „den Göttern
gleich zu werden getrachtet" (I, 459). Die Götter bedürfen der
Menschen, sie fühlen nichts, sind bewußtlos, die Menschen aber
müssen den Göttern untergeordnet bleiben, Hybris zerstört
sie.

Dann ruht er, seligbescheiden,
Denn alles, was er gewollt,
Das Himmlische, von selber umfängt
Es unbezwungen, lächelnd
Jetzt, da er ruhet, den Kühnen. (I, 460)

Die harmonischentgegengesetzte Ordnung scheint erreicht. Parallel dazu wird Rousseau berufen, er ist mythische Identität,
die heroische Vorläufergestalt: „Halbgötter denk ich jetzt":

Wem aber, wie, Rousseau, dir,
Unüberwindlich die Seele
Die starkausdauernde, ward,
Und sicherer Sinn
Und süße Gabe zu hören,
Zu reden so, daß er aus heiliger Fülle
Wie der Weingott, törig göttlich
Und gesetzlos sie, die Sprache der Reinesten, gibt
Verständlich den Guten, aber mit Recht

> Die Achtungslosen mit Blindheit schlägt,
> Die entweihenden Knechte, wie nenn ich den Fremden?
>
> (I, 460 f.)

Rousseau – ein Halbgott wie Dionysos. Die individuelle historische Gestalt erscheint als Gefäß eines höheren Lebens, ist nicht nur, was sie individuell, sondern was in ihr erscheint. Sie findet in der Idylle am Bielersee ihre Ruhe. So wird das Faktische zum Zeichen. Der Abend erscheint dann als übergreifende Metapher der idealen Einheit und Versöhnung:

> Wenn, der die Berge gebaut
> Und den Pfad der Ströme gezeichnet,
> Nachdem er lächelnd auch
> Der Menschen geschäftiges Leben,
> Das othemarme, wie Segel
> Mit seinen Lüften gelenkt hat,
> Auch ruht ... (I, 461)

Doch was der tägliche Rhythmus anzeigt, ist dann das Brautfest von Menschen und Göttern. Eine Weile ist das Schicksal ausgeglichen, ein Versöhnungsmoment, wo auch die Unversöhnten sich vereinen. Das alltägliche Geschehen der Natur wird zum Zeichen, zum Moment, da der Kampf ruht – wie am Abend des Lebens, wie nach seinem Durchbruch der Rhein mindestens Beruhigung findet; das ist nicht Verkündung schon eines Göttertages, sondern daß der heroische Kampf in einem harmonischentgegengesetzten Verhältnis zwischen Menschen und Göttern enden muß, so er nicht in Zerstörung endet oder scheitern muß, wie die Titanen. Der glückliche Abend ist Zeichen und Versprechen, vorübergehender Moment („Doch einigen eilt / Dies schnell vorüber ..." [I, 462]).

Zum Schluß wird Sokrates berufen; er blieb „helle" beim Gastmahl die Nacht hindurch. Und die Helligkeit ist, was der Dichter Sinclair anrät. Die Beruhigung und ideale Harmonie, die eine Randbemerkung Hölderlins als allausgleichende Metapher der Schlußpartie fordert, ist durch die Sinclair-Strophe unterbrochen, die ideale Tendenz, die der heroischen folgt, in Frage gestellt.

So webt der Dichter aus Faktischem und Mythologischem seine Mythe, ein Ganzes, darin das Wirkliche zum Zeichen wird, die Zeichen höhere Wirklichkeit erschließen. Am Anfang sitzt der Dichter am Quell, dem Ursprung nahe, und daher vermag er das Lebensganze zu überschauen. Er überschaut das Ganze des heroischen Lebens und mahnt die Grenze, die göttliche Ordnung an: es darf nicht willkürliche Eigenmacht werden, sondern soll im Human-Gesetzlichen enden. Und zugleich ist dieser Ursprung selbst, was immer wieder da ist, und direkt-spruchhaft heißt es: „Ein Rätsel ist Reinentsprungenes. Auch / Der Gesang kaum darf es enthüllen. Denn / Wie du anfingst, wirst du bleiben . . .“ (I, 458) Nun bleibt der Rhein nicht, wie er rebellisch anfing. Der Ursprung liegt also tiefer als die historischen Phasen dessen, der aus ihm hervorging. Am Ursprung liegt schon die Götterordnung, die Bestimmung, durch die Strom und Genie und der Dichter zum harmonischen Verhältnis finden werden, so daß – vom Ursprung her – das Ganze einer wiewohl gefährdeten Ordnung erscheint, die im heroischen Kampf, sosehr er schicksalhaft vorgezeichnet ist, immer wieder zu gewinnen ist. Denn das letzte Wort ist die drohende „Uralte Verwirrung“, die zerstörende Gegenposition, die ebenso Lebensrealität.

Die Rhein-Hymne ist nur vordergründig aus der Beruhigung gesungen, die sie kündet. Vielmehr aus der Unruhe, dem Mangel an Helligkeit. Aber sie ist wiederum so vieldeutig, daß ebenso die historische Unruhe der nicht fertigen Zeit, der Übergangsepoche, aus ihr herausgelesen werden kann wie das Vertrauen, das utopische, in die dennoch in jedem Abendfrieden versprochene göttliche Ordnung, wo Ursprung und Ziel im Unaussprechbaren liegen. Im Erinnern, Eingedenken des Ursprungs und damit der Ordnung ist das Schicksal und das Maß festzuhalten, jenes Maß, das Sokrates nicht verlor, das der Rhein fand. Es sind keine fremden Götter, die das Schicksal bestimmen, es ist das Leben selbst, das durch des Schicksals „Peitsch und Zügel“ Gestalt, Form und Geist erzwingt.

Thesen
[Zu Hölderlins philosophisch-poetologischem Denken. Zusammenfassung und Weiterführung]

Die Homburger ästhetisch-poetologischen Texte sind Entwürfe unterschiedlichen Vollständigkeitsgrades, sie wechseln in Terminologie und Ansatzpunkt. Es sind dominant experimentierende Selbstverständigungen zum Zwecke bewußterer poetischer Produktion, die wohl systematische Fragestellungen, aber kein fertiges System enthalten, gewiß auch keine „Lehre", die nun lehrbar wäre, darstellen. Zugleich finden sich darin Partien und Teile, deren Sinn noch zu erschließen wäre. Dennoch wird in ihnen ein eigener philosophischer Systemansatz Hölderlins erkennbar, ein eigener methodischer Ansatz, der ihre philosophie-historische Bedeutung ausmacht. Hölderlin gelingt es, auf der Ebene weltanschaulich-philosophischer Allgemeinheit seinen monistischen Grundansatz mit einer Dialektik der Totalität und Widerspruchsbewegung zu vereinen, die von der Spaltung des Einheitlichen über die Extremisierung und den Kampf der Gegensätze und deren Ineinanderübergehen zu neuer Einheit führt – als Selbstbewegung des (und eines) Ganzen. Sein Monismus der unendlichen Einheit begreift Natur und Mensch als geschichtlichen Ganzheitszusammenhang, der im dichterischen Prozeß und Werk als idealler Reproduktion das Bewußtsein seiner Einheit und seines Werdens findet.

Das Ergebnis ist die philosophisch-ästhetische Konzeption des Werks als Welt in verringertem Maßstab. Dank der Dialektik gelingt Hölderlin die Historisierung der pantheistischen Mikrokosmos-Konzeption. In Genesis wie Darstellung reproduziert sich die Dialektik der Geschichtsbewegung, und zwar als deren Aktion selbst. Das Gedicht entspringt ebenso den Epochengegensätzen, wie es in seinem Resultat Verhalten in und zu ihnen, Aktion ihrer Lösung ist. Niemals vor Hölderlin wurde Poesie als Organ des Revolutionsprozesses mit gleicher Konsequenz durchdacht.

Einige Momente seien, teils zusammenfassend, teils weiterführend, näher bedacht.

1

Die Entwicklung der Dialektik von Totalität und Widerspruch, der dialektischen Identität des Identischen und Nichtidentischen, der Widerspruchsbewegung bis zum Ineinanderumschlagen der Gegensätze ist eine bedeutende, ja entscheidende gedankliche Leistung im Sinne der Herausbildung einer neuen, die metaphysische ablösenden philosophischen Denkmethode, die ihrerseits ein theoretisches Wirklichkeitskonzept impliziert. Auch wenn der Kommunikationszusammenhang, in dem Hölderlin dachte – dazu gehören Schelling und Hegel, Sinclair, Zwilling u. a. –, noch nicht völlig aufgeklärt ist und er auch nur kommunikativ wirksam wurde, so liegt hier eine originelle, fruchtbare Leistung vor, die mindestens auf andre anregend, provozierend und richtunggebend wirken konnte und auch wirkte. Sie liegt auch dann vor, wenn Hölderlin selbst sie nicht in ihrem theoretischen Eigengewicht und ihrer methodologischen Bedeutung begriff, sie daher auch nicht selbständig reflektierte oder ausarbeitete, sondern nur als Reflexionsmoment seiner poetischen Arbeit ansah.

2

Die Bedingung dieser Entdeckung der Dialektik des Widerspruchs auf dem Wege spekulativer Verallgemeinerung determiniert ihre Grenze. Sie geht aus von der Subjekt-Objekt-Relation als abstraktester Formel aller Widerspruchsbeziehungen, in denen der Mensch als tätiges Wesen steht, und findet die unendliche Einheit als Grund, den Grund aber als Aufhebung des Subjekt-Objekt-Gegensatzes. Die „tätige Seite" wird somit

auf das Ganze übertragen, auf die Natur-Mensch-Einheit, sosehr sie sich erfüllt in menschlicher „Kunst". Diese Verabsolutierung der Subjekt-Objekt-Relation in ihrer Aufhebung konstituiert einen objektiven Idealismus in der spekulativen Sub-
jektivierung der Natur.

Aber eben dies ermöglicht ihm, Natur als unendliche Einheit
in einer Selbstbewegung zu denken, die sich nur in ihrem Gegenteil, in endlicher Welt, als unendlicher Prozeß ihrer dialektischen Bewegung in endlichen, individuellen, sich bildenden
und auflösenden Beziehungssystemen realisiert. Gott, Natur
und Gattungsgeschichte vereinen sich in einem absoluten Geschichtsprozeß.

Bei näherer Betrachtung aber erweist sich, daß in diesem
Weltbild eine objektive materielle, vom Menschen unabhängige Natur keinen Raum, ihre autonome Gesetzlichkeit keinen
Betracht findet. Die Gesamtheit der naturwissenschaftlichen Erkenntnis seiner Epoche ist ihm weltanschaulich ohne Relevanz:
sie bleibt innerhalb des Gegensatzes von Subjekt und Objekt,
ist auf einen unendlichen Prozeß der Annäherung angewiesen
und spielt demgemäß nur eine Rolle in den praktischen Natur-
beziehungen. Daß sie u. a. Voraussetzung der eigenen Religionskritik ist, wird nicht reflektiert.

3

So reduziert sich die „Welt aller Welten" auf die Einheit von
Natur und Gattungsgeschichte, was nicht ausdrücklich theoretisch fixiert wird, aber aus den Voraussetzungen sich zwingend
ergibt. Spontan verabsolutiert Hölderlin als Realität die mögliche Gegenständlichkeit der Poesie. Er ist auch als Philosoph
Dichter.

Dadurch wird der unendliche Zusammenhang des Lebens
zum Gegenentwurf, die zerreißenden Widersprüche der eigenen
Epoche, der bestehenden empirischen Welt, als Entwicklungsprozeß, als Unter- und Übergang des Vaterlandes zu begreifen,
und zwar in einem emanzipatorischen, über die werdende bür-

gerliche Gesellschaft utopisch hinausweisenden, in seinem Ideale
in ihr nicht realisierbaren Sinne. Seine Ontologie integriert Utopie.

4

Durchgehalten wird der Anspruch an die Poesie, gegenüber Religion und Philosophie die höchste, dem unendlichen Leben einzig gemäße Bewußtseins- und Darstellungsform zu sein.

Das scheint nur in Frage gestellt durch den Brief an den
Bruder vom 4. Juni 1799. Dort betrachtet Hölderlin Poesie,
Religion und Philosophie als die drei „Priesterinnen der Natur" (IV, 364), die dem menschlichen Bildungstrieb, „den ewigen Vollendungsgang der Natur zu beschleunigen" (IV, 362),
den rechten Weg zeigen: „Die Philosophie bringt jenen Trieb
zum Bewußtsein, zeigt ihm sein unendliches Objekt im Ideal
und stärkt und läutert ihn durch dieses. Die schöne Kunst stellt
jenem Triebe sein unendliches Objekt in einem lebendigen
Bilde, in einer dargestellten höheren Welt dar; und die Religion lehrt ihn jene höhere Welt gerade da, wo er sie sucht und
schaffen will, d. h. in der Natur, in seiner eigenen und in der
ringsumgebenden Welt, wie eine verborgene Anlage, wie einen
Geist, der entfaltet sein will, ahnden und glauben." (IV, 364)

Nun muß mitbedacht werden, daß Hölderlin in seinen Briefen sich jeweils auf den Adressaten einstellte, daß sein Bruder sich philosophisch zu betätigen bemühte und ihm die Absicht, das Ideal einer ästhetischen Kirche zu begründen, vorgetragen hatte. Ein Gespräch ist im Gange, und im vorhergehenden
Briefe hatte Hölderlin seine Kritik an der Philosophie geschrieben, und sie entspricht durchaus den Grenzbestimmungen, die
er anläßlich der Begründung der Mythe genannt.

Hölderlin begrüßt wohl die politisch-philosophische „Kur"
der Deutschen, doch „hat die philosophisch-politische Bildung
schon in sich selbst die Inkonvenienz, daß sie zwar die Menschen
zu den wesentlichen, unumgänglich notwendigen Verhältnissen,
zu Pflicht und Recht, zusammenknüpft, aber wie viel ist dann

zur Menschenharmonie noch übrig? Der nach optischen Regeln gezeichnete Vor- und Mittel- und Hintergrund ist noch lange nicht die Landschaft, die sich neben das lebendige Werk der Natur allenfalls stellen möchte. Aber die Besten unter den Deutschen meinen meist noch immer, wenn nur erst die Welt hübsch symmetrisch wäre, so wäre alles geschehen." (IV, 340)

Das „lebendige, tausendfach gegliederte, innige Ganze" (IV, 340), wie Hölderlin in diesem Brief Poesie bezeichnet, ist also dem wirklichen Ganzen angemessener, ebenso wie seine Vergemeinschaftungsfunktion der Philosophie überlegen ist, ohne daß deren notwendige Funktion dadurch aufgehoben wäre. Der ein halbes Jahr jüngere Brief hat also jenen zur Voraussetzung. Er spricht seinem Bruder zu, die ungeheuer schwere Aufgabe einer „philosophischen Darstellung des Ideals aller menschlichen Gesellschaft, der ästhetischen Kirche", anzugehen. Die Formulierung verweist darauf, wie weit der angewandte Begriff der Religion von den wirklichen Religionen entfernt und daß dies Ideal selbst letztlich nur ästhetisch zu fassen ist.

Der kulturphilosophische Entwurf des Briefes vom 4. Juni 1799 hebt somit die Dominanz des Ästhetisch-Poetischen nicht auf. Hölderlin versucht in seiner Poesie alle drei Funktionen zu erfüllen, sonst wäre auch der Begriff der ästhetischen Kirche, zu dem sich die „unsichtbare Kirche" gemausert, nicht zu verstehen, was wiederum auf deren politische Implikationen verweist. Er weiß, daß er in einer Umbruchperiode lebt, in der für die Intelligenz und Teile des aufgeklärten Bürgertums die tradierte Religion ihre Autorität verloren hat und die Philosophie den Anspruch weltanschaulicher Orientierung erhebt. Der Brief insgesamt ist Dokument einer auf den Grundlagen einer diesseitsgerichteten Aufklärung basierenden Haltung: es gibt nichts Höheres oder anderes als die Natur, die Religion ist in den Fortschrittsgang einfunktioniert als Vermittlung zwischen dem Endlichen und dem Unendlichen, Ganzen – und dieses ist der Natur Vollendungsgang durch den Menschen.

Damit korrespondiert:

Die Dichter müssen auch
Die geistigen weltlich sein. (I, 474)

Es sind die letzten, spruchhaften Zeilen der ersten Fassung der
Hymne „Der Einzige", die Christus als den letzten der alten
Götter, Bruder des Herakles und des Dionysos, besingt. Auch
Hölderlins Mythologie setzt die wirkliche Entmythologisierung
des 18. Jahrhunderts voraus.

5

Die einzigartige Rolle der Poesie, die Hölderlin behauptet, ergibt sich für ihn aus der vorausgesetzten Strukturgleichheit von
„Natur" und poetischem Werk, der „Sphäre" der höheren Beziehungen und dem Ideal aller menschlichen Gesellschaft, aus
dem Modell des durch und durch individualisierten, tausendfach
gegliederten, harmonischentgegengesetzt strukturierten Ganzen.
Dieses Ganze ist der empirischen Wirklichkeit entgegengesetzt:
dem sinnlich erfahrbaren, gelebten, „direktentgegengesetzten"
Leben, dem endlichen Dasein in den Bindungen der Notdurft,
dem Zustand der Zerrissenheit, den Verhältnissen von Herrschaft und Knechtschaft, der Vereinzelung der Einzelnen, der
Integration in eine an verzehrende Gewerbe fesselnde, stagnierende, erstarrte Lebensordnung, dem Ausgeliefertsein an gewaltige Mächte und Kämpfe als ohnmächtiges Objekt. Dem entsprechen die moralischen Verhaltensweisen: Egoismus und Unterordnung des Individuellen unter ein der Individualität gleich-
gültiges, fremdes allgemeines Gesetz sowie die dem „Reich der
Not" entsprechende Erkenntnisweise.

Hölderlins Lebensproblem ist die Vermittlung beider „Sphären": den Gegensatz selbst als Einheit zu denken und zu ihm
sich entsprechend zu verhalten – unter dem bestimmenden Eindruck der Epoche als Übergang, des Werdens und Vergehens,
worin eben der tatsächliche Übergang von der feudalen zur bürgerlichen Gesellschaft in seiner konkreten Gleichzeitigkeit des
Ungleichzeitigen und seiner Wechselbeziehung reflektiert wird.

Es ist Hölderlins Lebensproblem, insofern es in Denken und Dichten für ihn Aktion ist, die auf Lösung seines Widerspruchs gegen die bestehenden deutschen Verhältnisse drängt, generell gegen die zerreißende empirische Welt, die seinem tiefsten Bedürfnis nach inniger Verbundenheit, personaler Harmonie und individueller Entfaltung entgegensteht. Es ist dies in doppelter Hinsicht sein Lebensproblem, als es ihm dabei um Gehalt und soziale Funktion seines Dichtens geht, für das er im geschichtlichen Prozeß eine produktive, orientierende und gegen die bestehenden Zerrissenheiten gerichtete vereinigende Rolle und öffentliche Wirksamkeit beansprucht.

Die Vermittlung findet Hölderlin 1. in der dialektischen Historisierung seines pantheistischen Monismus, wodurch die Antagonismen, Widersprüche als notwendige Form der Selbstbewegung und -gestaltung des Ganzen, der Natur, die Bewegung in Gegensätzen als notwendigen Momenten ihres Werdens begreifbar wird; 2. im Konzept der Mythe bzw. des „geglückten" Werks als gestalthaft-sinnfälliger Einheit, welche gegen die bestehende empirische Welt das unendliche Objekt in endlicher indirekter Gestalt sprachlich vermittelt. 3. Im gedanklichen Ringen um die Vermittlung entwickelt Hölderlin ein denkmethodisches Instrumentarium, das Entgegengesetzte prozeßhaft in *einem* – vom Ganzen bis zum Moment – zu denken, wodurch er die Grenzen des formal-logischen Denkens, sofern es ontologische Norm einer statischen eindeutigen Welt, sprengt.

Die Vermittlung gelingt nur auf der Ebene äußerster Abstraktion – im geschichtsphilosophischen Konzept, das nicht zufällig auf keinen realen Prozeß eingeht, und im lyrischen Gebilde, das die reflektierte subjektive Betroffenheit metaphorisiert. Eine konkrete Vermittlung, insofern im Wirklichen selbst das Unendliche als verborgene Anlage, als Geist, der entfaltet sein will, aufgezeigt wird, ist ihm objektiv unmöglich, insofern dies Ganze selbst nicht die empirische Zukunft, sondern Utopie ist. Sie gelingt nur im Bilde, dem die „Ahndung" entspricht, deren Unbestimmtheit den Rezipienten zur Bestimmung evoziert. Sie ist auch subjektiv unmöglich, weil Hölderlin die Vermittlung allein auf der Ebene äußerster Abstraktion, nicht aber

im Durchdringen des wirklichen ökonomisch-historischen und
politischen Prozesses zu erfassen vermag. Sowie wir nach empirischen Inhalten fragen, zeigt sich Hölderlins Bindung an die
unentwickelten feudal-kleinbürgerlichen Verhältnisse, eine Bindung, die auch in Negation und Umkehrung noch modellgebend
ist.

6

Damit steht Hölderlin an einem philosophiegeschichtlichen
Wendepunkt, der Herausbildung des dialektischen Denkens,
deren Akteur er mit ist. Doch ist für ihn charakteristisch, daß er
keine innere Beziehung zur naturwissenschaftlich-philosophi-
schen Tradition hat, welche seit Kants „Naturgeschichte und
Theorie des Himmels" die Entwicklung in der Natur konkret
untersuchte. Die materielle äußere Natur blieb bei ihm im „Totaleindruck" als Bild.
  Dialektisches Denken entsteht für Hölderlin aus der Reflexion von Geschichte, Epochengeschichte und Poesie in bezug auf
sein eigenes poetisches Produzieren, aus der Reflexion seiner
Beziehung zur geschichtlichen Welt und seiner poetischen Tätigkeit im Medium einer durch religiöse Erziehung und philosophische Tradition vermittelten Abstraktionshöhe. Entscheidend ist, daß die objektive Dialektik des Geschichtsprozesses
die Denkformen zum Tanzen brachte, in denen sie als Erfahrung bewältigt werden mußte. Im Widerspruch zwischen Än-
derungs- und Aktionsbedürfnis einerseits, dem Handlungsstau
aus Ohnmacht und politischer Bewegungslosigkeit andererseits
realisiert und reproduziert sie sich in den fortgeschrittensten, die
Lebenswidersprüche am bewußtesten erlebenden Individuen
im Hochtreiben der Reflexionsintensität und geistigen Produktivität; sie produziert eine geistige Tätigkeit, in welcher der
ungeheure, als äußere Gewalt andringende Erfahrungsstoff verarbeitet und eben dies Verhalten wiederum reflektiert wird, wobei die überkommenen, gesellschaftlich praktizierten, eingefah-
renen geistigen Verhaltensformen, die Denk- und Interpreta-

tionsweisen selbst distanziert, kritisch reflektiert und unbrauchbar gewordene Methoden vom neuen Inhalt gesprengt werden.

Hölderlins poetische und theoretische Reflexion kreist um diese ihn betreffende überwältigende und bindende Beziehungswelt. Seine Poesie ist deren Aussprechen als „Welt", als Verhalten in ihr und zu ihr unter dem Aspekt des Dichters, den sie fordert und der sich verhalten muß. Er kann darin wohl von sich als zufälligem Individuum, nicht aber als Dichter abstrahieren: dieser Bezug ist sein Gegenstand mit. Die Vermittlung der Sphären von gegenwärtiger Welt und Zukunft, von endlicher Welt und Ganzem vollzieht er als dichterischer Prophet der vaterländischen Umkehr.

Doch entsteht hier eine Umkehrung. Hölderlin fehlt das Korrektiv der naturwissenschaftlichen, der praktischen, auch produktionspraktischen Objektivitätsbeziehung. Im poetischen „Totaleindruck" sind Subjektives und Objektives ungeschieden, er ist „Produkt des Ganzen und des Teils": das wirkliche Ganze vermummt sich ins geschaute Ganze, die empirische Wirklichkeit wird zum Teil des nur gedachten, imaginierten unendlichen Seins, das Übersinnliche daher zum Produzenten des Sinnlichen, es entäußert sich in seinem Gegenteil, das Ganze als Objektives ist dann objektivierte Subjektivität. Indem die wirkliche Totalität als gesellschaftliche Realität in ihm Sprache wird, wird sie es in einer der ideellen Intention gerade entgegengesetzten Weise.

In bezug auf die Wende im philosophischen Denken ist seine Position durch die Verabsolutierung der poetisch-lyrischen Beziehung notwendig widersprüchlich, aber sie korrespondiert genau dem Faktum, daß diese Dialektik auch nur als idealistische bewußt als Methode entwickelt wurde und werden konnte. Hölderlin schränkt Anspruch und Reichweite des theoretischen Denkens ein, sucht die Schranke in der Poesie aufzuheben und sieht sich, gerade um diesen Gedanken durchzuführen, zur Entwicklung des dialektischen Denkens gezwungen, wobei er die Poesie selbst zu äußerster philosophischer Bewußtheit treibt.

Der Utopie, die im „Ganzen" verschlüsselt ist, entspricht ein utopisches Ideal der Poesie selbst: der Epoche das Bild des Ganzen als erlösendes Wort vermitteln zu können. Was nur ein kollektiver gesellschaftlicher Gesamtprozeß geistiger Arbeit in der Einheit seiner mannigfaltigen Funktionen im historischen Prozeß und in je geschichtlich bedingter Annäherung leisten könnte, versammelt sich bei Hölderlin in einem Werk. Zwar stellt er das Werk wieder in den geschichtlichen Prozeß, so daß es nie letztes Wort sein kann, aber er treibt die Forderung, bezogen auf die beanspruchte Rolle, in eine Höhe, die sie uneinlösbar macht. Auf die daraus resultierenden Antinomien ist noch zu kommen.

7

In der Gärungszeit zu Jena, im Umkreis von Fichte und Schiller, in Selbstbehauptung ihnen gegenüber wurden die Weichen gestellt – durch das intensive Ineinanderarbeiten der unterschiedlichen Bildungselemente und Intentionen, mit denen er nach Walthershausen gegangen und die er von dort mitgebracht hatte: des von der religiös-pietistischen Tradition her gefühlsmäßig verinnerlichten Pantheismus als weltanschaulicher Grundüberzeugung; der anhaltenden Revolutionsbegeisterung und -bereitschaft, die – nach dem Schock der Jakobinerdiktatur – mit dem Thermidor illusionäre Erwartungen verknüpft hatte, die noch nicht widerlegt waren; des Freundschaftstraums der „unsichtbaren Kirche", die auf den Tag der Tage hinarbeitet; des idealen Griechenlands, gesehen in Platonischer Schönheitsbegeisterung, als Alternative zum Jetzt und Heute und Traumgestalt dessen, was einmal kommen soll. Hölderlin hatte sich an Schiller und Herder gebildet, mit dem Marquis Posa geschwärmt, in Rousseau ein Ideal gefunden, war durch die Schule Kants gegangen, und hier – an der „Kritik der Urteilskraft" – gewann er, verstärkt durch Schiller, die Richtung, im Schönen, Ästhetischen die Lösung derjenigen Gegensätze zu suchen, die im Empirischen unversöhnt bestanden. In den frühen Hymnen besingt er eine ideale Welt, unendliche Hingabe und heroisches herakleisches Opfer. Später, 1799, schreibt er an Schiller, daß der „Don Carlos" „lange Zeit die Zauberwolke" gewesen sei, „in die der gute Gott meiner Jugend mich hüllte, daß ich nicht zu frühe das Kleinliche und Barbarische der Welt sah, die mich umgab" (IV, 401). Ganz zerriß dieser Zaubermantel nie, Hölderlin wob ihn immer wieder neu. In Jena – im Wechsel seiner Stimmungen – fand er zu ganz entscheidenden konzeptionsbildenden Schritten.

Im Notat „Urteil und Sein" wurde in der Idee des der Subjekt-Objekt-Spaltung voraus- und zugrunde liegenden, ihren Gegensatz aufhebenden Seins im einzigen Sinne des Worts der eigene Pantheismus vergewissert und die Voraussetzung geschaffen, ihn mit dem Fichteschen Konzept der Wechselbeziehung zwischen Subjekt und Objekt und der triadischen Konstruktion zu vereinen.

In der metrischen Fassung des „Hyperion" konzipiert Hölderlin die „Liebe" als Vereinigung entgegengesetzter Triebe: des Triebs des unendlichen Fortschreitens, Sichveredelns, des Formens der Natur nach dem Gesetz der Einheit unseres Geistes – und des Triebes, beschränkt zu sein, der Empfänglichkeit, der wiederum die Möglichkeit der Vereinigung mit anderen Geistern bedingt. Hier verschmelzen Fichtesche und Schillersche Konzeption. Hölderlin zielt auf eine Geist-Natur-Beziehung, in welcher das Naturverhältnis zugleich als zwischenmenschliches Verhältnis zu einer Herrschaft und Knechtschaft ausschließenden Einheit wird. Er versucht, heroische Anstrengung und Kampf mit dem Gedanken des Wofür einer harmonischen Ordnung – wenigstens im Postulat – zu versöhnen. Und in „Hyperions Jugend" begegnen wir in der großen Vision Diotimas von einer künftigen Vereinigung der Religionen und dem Feste des ungenannt bleibenden Gottes schon der poetischen Zielvorstellung, die erst in der „Friedensfeier" ihre Ausführung findet. Die gedanklich-poetische Vereinigung der drei Momente gelingt erst später im Ideal-Utopischen, wenn das Ganze über seine geschichtliche Entfaltung in Zwietracht und Widersprüchen zur festlichen Vereinigung kommt.

Daß das Ganze nicht gefaßt werden könne in einem philo-

sophischen System, ist schon angelegt in dem Fragment „Hermokrates an Cephalus": „Du glaubst also im Ernste, das Ideal
des Wissens könnte wohl in irgendeiner bestimmten Zeit in ir-
gendeinem Systeme dargestellt erscheinen . . .?" Angesichts des
Kant-Fichteschen Konzepts des für Wissen und Handeln notwendigen unendlichen Fortschrittes bewertet Hölderlin eine solche Haltung als „scientivischen Quietismus" (II, 365).

Und schon zeichnet sich das „Hyperion"-Problem ab, das
Hölderlins eigenstes ist, längst vorreflektiert: wie er wirken
könne. „Ich gehe schon lange mit dem Ideal einer Volkserziehung um" (IV, 180) – der Dauertraum einer intellektuellen
Avantgarde, die sich in stürmischer Bewegung über einem noch
unbewegten Volke sieht und diesem die Selbsttätigkeit nicht zu-
zutrauen vermag.

Der nächste gedankliche Schritt läßt Hölderlin die Aufhebung des Gegensatzes von Selbst und Welt, von Subjekt und
Objekt in der Schönheit verkünden, was im unendlichen Progreß
des Erkennens und Handelns nicht möglich sei, in der Schönheit als Allzusammenhang, als Friede, höher denn alle Vernunft, als „vorhanden". Schönheit wird in doppeltem Sinne objektiv gefaßt: als Seinsstruktur und als zu eroberndes schönes
Leben.

Die sehr komplexe Anlage der „Neuen Briefe über die ästhetische Erziehung", die, wenn die Datierung sich als richtig erweist, zugleich als Diskussionspapier für den Frankfurter Kreis
gedacht waren, führt zu einem theoretischen Entwurf, der die
Mythe gnoseologisch legitimiert, von den Schranken rationalen
Erkennens her, sie auf die als religiös bezeichneten höheren,
innigeren Beziehungen, auf den unendlichen Lebenszusammenhang bezieht und, mindestens im gedanklichen Ansatz, die Vereinigung der Religionen im Fest des gemeinsamen Gottes, in
dem die Menschen ihre wirkliche Gemeinsamkeit ehren, reflektiert.

Das steht durchaus parallel zum ersten Band des „Hyperion", zu seinem Konzept des Entstehens der Philosophie aus
der Poesie, ihres Mündens in sie und ihrer Suprematie, bei
gleichzeitiger Politisierung der Schönheit als Programm schönen

Lebens, das revolutionär verwirklicht werden soll, aber – was von vornherein konzipiert ist – darin scheitert. So verschmelzen in der Schönheit Ontologie und Utopie. Ihre Historisierung und Verbindung mit dem tragischen Vergehen erfolgt im zweiten Band des „Hyperion", sie wird expliziert in den Homburger Reflexionen. Doch ebendiese Entwicklung, die die Dissonanzen in die Harmonie des Lebens einbezieht, muß Schönheit als zentrale Bestimmung preisgeben. Eine übersinnliche Schönheit wird widersinnig, sie kann auch nicht ihr Gegenteil, das Häßliche, auf analoge Weise in sich einbeziehen wie das Leben die Dissonanz. Begriffen wird, daß das Reine sich nur im Unreinen darstellen kann. Nicht preisgegeben wird die Poesie als Reproduktion des Lebens, ihre Suprematie gegenüber der theoretischen Erkenntnis.

8

Daß Hölderlin gerade im Hinblick auf die Durchführung und Realisierung seines Gedankens von der Suprematie der Poesie gegenüber der Philosophie, des Schönen gegenüber Verstand und Vernunft gezwungen ist, entscheidende Schritte in Richtung auf die dialektische Methode gedanklich zu vollziehen, ohne daß es sein Ziel ist, die Grenzen von Verstand und Vernunft, wie sie sich ihm darstellen, durch Entwicklung einer höheren Methode der Vernunft zu sprengen, ist das des Befragens Würdige, Irritierende.

Um dem Problem näher zu kommen, müssen wir aus dem objektiven und subjektiven Ganzheitszusammenhang einzelne Momente isolieren, um sie genauer zu betrachten. Die philosophische Leistung geschieht nicht um systematischer philosophischer Erkenntnis willen, auch wenn diese nicht getragen sein sollte von der Absicht, in einem System zur Ruhe zu kommen. Sie geschieht um ihrer Aufhebung im poetischen Ganzen willen, das wiederum intendiert ist als Vermittlung und Darstellung des höheren, unendlicheren und des geschichtlichen Lebenszusammenhangs, die ihrerseits auf den epochalen Übergang zielt, somit auf einen die vaterländische Umkehr in näherer und weiterer Perspektive erstrebenden und suchenden Intentionszusammenhang. Doch dieser Intentionszusammenhang gerinnt und erlischt in dem, was als Werk vorliegt: im Vollendeten und in der Fülle des Fragmentarischen. Dieser Zusammenhang, so er hinreichend begründet rekonstruiert ist – und auch dabei können wir nie aus unserer eigenen historischen Bindung springen –, ist nicht das Werk selbst, sondern läßt es als poetisch-produktives Verhalten zu seinem Gegenstand, zu seiner bestimmten historischen Wirklichkeit, die seine Voraussetzung ist, begreifen, zu welcher der Dichter gehört, der im Werk sich verhält und ausdrückt und diesen Gegenstand im Gesagten objektiviert. Damit ist nicht die Gewalt des dichterischen Wortes begriffen, nur deren Voraussetzung. Damit ist auch noch nicht das Rezipierte und Rezipierbare begriffen, sondern ein Zusammenhang möglicher aktualisierter oder auch verdrängter Inhalte.

Hölderlins Überschreiten der Grenze eines metaphysischen, „verständigen" Denkens gründet sich nicht auf systematische Kritik, aber doch auf ein Grundverständnis theoretischen Denkens und theoretischer Philosophie. Daß die politisch-philosophische Bildung nur das unabdingbar Notwendige menschlicher Pflichten und Rechte vermittle, zeigt an, daß die Unabdingbarkeit dieses Notwendigen nicht bestritten wird, aber auch, daß das Notwendige nicht hinreicht. Dem wollen wir an Hand der Briefe an seinen Bruder von 1796 bis 1798 näher kommen.

„Philosophie mußt Du studieren" (IV, 245), schreibt er dem Bruder am 13. Oktober 1796 (im März hatte dieser ihm mitgeteilt, er wolle sich mit Ästhetik befassen). „Glaubst Du nicht, daß die Bestimmung der Begriffe ihrer Vereinigung vorausgehen müsse und daß demnach die untergeordneten Teile der Wissenschaft, z. B. Rechtlehre (im reinen Sinn), Moralphilosophie p. p. müssen studiert werden, ehe man an die cacumina rerum geht?" Um ein Höheres über der Wissenschaft zu „ahnden", müsse man ihre Bedürftigkeit eingesehen haben. „Man kann freilich auch von oben hereinsteigen, man muß es insofern immer, als das reine Ideal alles Denkens und Tuns, die undarstellbare, unerreichbare Schönheit uns überall gegenwärtig sein muß, aber in seiner ganzen Vollständigkeit und Klarheit kann es doch nur dann erkannt werden, wenn man durchs Labyrinth der Wissenschaft hindurchgegangen und nun erst, nachdem man seine Heimat recht vermißt hat, im stillen Lande der Schönheit angekommen ist." (IV, 233) So die Antwort im März 1796. Im Brief vom 2. Juni 1796 hämmert er dem Jüngeren „wahre Gründlichkeit" ein, „nämlich: vollständige Kenntnis der Teile, die wir begründen und in *eins* zusammen begreifen müssen, und tiefe, bis ans äußerste Ende des Wissens durchdringende Kenntnis des Begründenden und Begreifenden" (IV, 235).

Deutlich wird, wie Hölderlin in fichteanischen Bahnen durchaus methodisch denkt und diese ins Objektive und Ästhetische führt: „Jene Grundsätze der Vernunft sind aber selbst wieder begründet durch die Vernunft, indem sie von dieser bezogen werden auf das Ideal, den höchsten Grund von allem; und das Sollen ... ist auf diese Art abhängig vom (idealischen) Sein. Sind nun die Grundsätze der Vernunft, welche bestimmt gebieten, daß der Widerstreit jenes allgemeinen, sich entgegengesetzten Strebens soll vereiniget werden (nach dem Ideal der Schönheit), sind diese Grundsätze im allgemeinen ausgeübt an jenem Widerstreit, so muß jede Vereinigung des Widerstreits ein Resultat geben, und diese Resultate der allgemeinen Vereinigung des Widerstreits sind dann die allgemeinen Begriffe des Verstandes, z. B. die Begriffe von Substanz und Akzidens, von Wirkung und Gegenwirkung, Pflicht und Recht etc. Diese Begriffe sind nun dem Verstande eben das, was der Vernunft das Ideal ist ..." (IV, 235)

Im November 1796 verweist Hölderlin auf Fichtes „Naturrecht", im Januar 1797 rät er dem Bruder, „nach Vollendung des naturrechtlichen Studiums an die Mathematik zu gehen, die, wie Du finden wirst, die einzige Wissenschaft ist, die der möglichen wissenschaftlichen Vollkommenheit des Naturrechts an die Seite gesetzt werden kann". Beide seien „die einzigen, in diesem Grade vollkommenen reinen Wissenschaften ... im ganzen Gebiete des menschlichen Geistes" (IV, 259).

Doch im September erhält das Gespräch eine andre Wendung. Was dem Bruder gilt, gilt auch für Hölderlin selbst, die Frankfurter Krise meldet sich an, und was die gewiesene Richtung betrifft, so mögen Schillers Abhandlung „Über naive und sentimentalische Dichtung", auch dessen und Goethes Ratschläge, in der Poesie sich empirisch-sinnlichen Gegenständen zuzuwenden, nachklingen: „Es gibt in jeder menschlichen Tätigkeit eine Vollendung, auch unter den Akten. Freilich will der Fisch ins Wasser und der Vogel in die Luft, und so hat unter den Menschen auch einer ein ander Element als der andre. Nur muß man nicht denken, das Homogenste sei immer auch das Angemessenste. Der idealische Kopf tut am besten, das Empirische, das Irdische, das Beschränkte sich zum Elemente zu machen. Setzt er es durch, so ist er, und auch nur er, der vollkommene Mensch." (IV, 281) In dem verzweifelten Brief vom 12. Februar des nächsten Jahres rät Hölderlin seinem Bruder, nicht mit poetischen, eher mit oratorischen Versuchen auf den deutschen Charakter zu wirken. „Dir liegen politische und moralische Gegenstände im Vaterlande besonders nah ..." (IV, 294)

Hölderlin fordert von seinem Bruder ein Studium, das er selbst hinter sich gebracht, und zwar das Studium einer Philosophie, deren Schule er schätzte, der gegenüber er jedoch längst eine andre Grundposition gefunden hat, was er wiederum dem Bruder nicht entwickelt. Ausführlich geht er erst im Brief vom Januar 1799 auf die politisch-philosophische Bildung ein, und das mag andeuten, was er zunächst auch für den Bruder als notwendig erachtet, und er bewertet die Philosophie Kants und vor allem Fichtes als die einzig mögliche, die aus dem ängstlich bornierten Zustande der Deutschen herausgeführt, weil sie „bis zum Extrem auf Allgemeinheit des Interesses dringt und das unendliche Streben in der Brust des Menschen aufdeckt", auch wenn sie sich „zu einseitig an die große Selbsttätigkeit der Menschennatur hält" (IV, 337).

Hölderlins Ratschläge haben den Adressaten im Auge. Ihn selbst erfüllte die Liebe zu Diotima, zu Susette Gontard. „Ich philosophiere beinahe gar nicht mehr", schreibt er an Neuffer (16. Februar 1797) und schwärmt: „Majestät und Zärtlichkeit und Fröhlichkcit und Ernst und süßes Spiel und hohe Trauer und Leben und Geist, alles ist in und an ihr zu *einem* göttlichen Ganzen vereint." (IV, 265) Das Ideal der Schönheit war erfahrene, gegenwärtige Wirklichkeit geworden, das nur imaginär Gegenwärtige reale Gegenwart, auch wenn solche Erfahrung Produkt des Subjektiven und des Objektiven, um Hölderlins Worte zu verwenden. Davon ist in den Briefen keine Rede. Erst im letztzitierten wird inhaltlich die Kritik an der Einseitigkeit, am Subjektivismus angedeutet. Und nicht erst jetzt weiß Hölderlin, daß – wie er am 24. Dezember 1798 an Sinclair schreibt – „eine apriorische, von aller Erfahrung durchaus unabhängige Philosophie ... ein Unding" (IV, 334) sei.

Wenn Hölderlin seinem Bruder auch nicht alles schrieb, was er dachte, so schrieb er ihm gewiß nichts, was er nicht dachte oder für falsch hielt. Darum scheinen mir diese Briefe für sein Verständnis von Vernunft und Verstand, der Leistungsfähigkeit, Notwendigkeit und Grenze abstrakten Denkens aufschlußreich.

Vor allem bezeichnet er nur das Naturrecht und die Mathematik als „reine" Wissenschaften. Das „Reine" ist das Nicht-Empirische. 1796 war Fichtes Werk „Grundlage des Naturrechts nach Prinzipien der Wissenschaftslehre" erschienen. Hölderlin las es in Frankfurt. Hier wurde der „Begriff des Rechts" als Begriff von dem „notwendigen Verhältnisse freier Wesen zueinander" dargelegt. Die Mathematik wird er als Wissenschaft notwendiger Maß- und Raumverhältnisse aufgefaßt haben. Beide sind nicht empirische, obwohl auf die Empirie anzuwendende Disziplinen. Doch hatte er gegenüber Fichtes Naturrecht Vorbehalte – es erschien ihm allein der Möglichkeit nach vollkommen –, die nur auf der Linie, die er in „Urteil und Sein" eingeschlagen, liegen können. Was er nicht bejahen kann, ist, daß das endliche vernünftige Wesen sich selbst setze, sich eine freie Wirksamkeit zuschreibe, dadurch – als deren Bedingung – eine Sinnwelt außer sich setze und diese Wirksamkeit in der Sinnenwelt sich nicht zuschreiben könne, ohne sie andern zuzuschreiben, und daher auch andre endliche Vernunftwesen annehmen müsse.

Nun ist es unergiebig, zu fragen, wie sich Hölderlin wohl ein Naturrecht als reine Wissenschaft von seinen Prämissen her gedacht haben mag, jedenfalls bejahte er ein Gemeinsames. Dies liegt in der abstrakt-allgemeinen Form als gedanklicher Reproduktion allgemeiner notwendiger Verhältnisse. Dies aber spricht ein Modell des Denkens aus, das Hölderlin voraussetzt. Von hier aus gewinnt seine Argumentation zur Begründung der Mythe genauere Kontur.

Wenn der Gedanke „nur die unverbrüchlichen, allgültigen, unentbehrlichen Gesetze des Lebens wiederholen" (II, 383) kann, so erschöpft er darin die Beziehungen des innigeren, unendlichen Lebens nicht. Auch sie mögen als Bedingungen Gesetze enthalten – Hölderlin argumentiert in der Möglichkeitsform und nimmt als Beispiel jene ungeschriebenen Gesetze, auf die Antigone sich beruft –, doch auch diese sind nicht als allgemeine Normen faßbar, weil eben „Verfahrungsart" und „Element" untrennbar sich vereinen, das allgemeine Gesetz und der individuelle Fall, auf den es angewandt wird, getrennt sind und nur auf Grund der Trennung als Gesetz und Individuum einander gegenübertreten. Gesetze des höheren Lebens, des unendlicheren Zusammenhangs können nicht ohne besondren Fall gedacht, können also überhaupt nicht abstrakt gedacht werden. Während der bloße Gedanke „ohne besondere Beispiele eingesehen und bewiesen werden kann" (II, 383), ist das angesichts der Einheit von Allgemeinem und Einzelnem, Form und Inhalt, Subjektivem und Objektivem, angesichts des einheitlichen, Subjekt und Objekt übergreifenden, vereinenden Lebensprozesses grundsätzlich nicht möglich. Andernfalls wären allgemeine Verhältnisse, die abstrakt gedacht werden können und müssen, die das unbedingt Notwendige enthalten, solche, die sich in ihrer realen Existenz gegenüber dem Individuellen, dem „besondren Fall" verselbständigen.

Hier wird kein Sinn naturwissenschaftlicher Gesetze, wird auch keine Dialektik der Natur bedacht. Das Allgemeine des Denkens ist modelliert nach gesellschaftlichen Verhältnissen, wird allein unter dem Aspekt eines verselbständigten Gesellschaftlich-Allgemeinen begriffen, dem das Individuelle äußerlich ist, das sich zu ihm also repressiv verhalten muß. Dementsprechend hat das unendliche Leben, der unendliche Zusammenhang, der nur mythisch vorstellbar ist, allein einen auf den Menschen bezogenen Sinn. Und wie der Begriff Natur, den Hölderlin verwendet, diesen seinen sozialen Sinn verbirgt, so verbirgt das Notwendige, Allgemeine, von dem Hölderlin in bezug auf die Gesetze spricht, seinen Klasseninhalt: den der Herrschaft bürgerlicher Gesetze in Recht und Moral. Die Berufung auf die Mathematik als reine Wissenschaft vermittelt ihm nicht die objektive physische Natur, sondern bekräftigt ihm den Naturschein gesellschaftlicher Inhalte per analogiam.

Wenn Hölderlin vom Intellektuell-Historischen der Mythe spricht, betrifft das die Einheit von Ideen, Begriffen, Charakteren – und Begebenheiten und Tatsachen, „beedes in *einem*" als Einheit von Persönlichem und Geschichtlichem, bezogen auf den „Gott der Mythe". Die Mythe als Vorstellungs- und Darstellungsweise hebt in Stoff und Vortrag den Gegensatz von Abstrakt-Allgemeinem und Individuellem auf, wie das unendliche Leben in seinen gelebten Beziehungen die ihm korrespondierenden rechtlichen und moralischen Verhältnisse als solche wechselseitiger Entfremdung aufhebt. Angesichts der sozialen Wirklichkeit verselbständigen Hölderlin wie Fichte, der ihm den Anstoß gegeben, die juristisch-ideologische Vermittlung der materiellen Beziehungen. Im deduktiven „reinen" Denken Fichtes sind die vorausgesetzten und gesetzten endlichen vernünftigen Wesen verallgemeinerte Derivate des ideologischen Ausdrucks der wechselseitigen Beziehungen der Warenbesitzer in der Zirkulationssphäre.

Von hier aus wird einsichtiger, daß Hölderlin im abstrakt-allgemeinen Denken die Schranke gegenüber dem Individuellen als sozialem, genauer: ideologisch-politischem Verhältnis sieht. Das Problem steht nicht zur Debatte als Verhältnis eines realen individuellen Objekts zu seinen allgemeinen Bestimmungen und Zusammenhängen. Derartige Überlegungen, die den realen Erkenntnisprozeß, bezogen auf ein bestimmtes Objekt, reflektieren, auf die objektive Dialektik des Allgemeinen und Einzelnen und deren ideelle Reproduktion zielen, sind Hölderlin fremd; sie wären für ihn nur innerhalb des zu überwindenden Gegensatzes von Subjekt und Objekt denkbar. Für ihn ist der Widerspruch von Allgemeinem und Einzelnem ein Spezialfall des Verhältnisses von Subjekt und Objekt unter Voraussetzung ihrer Entgegensetzung, so daß auch die Seiten sich vertauschen können: das Allgemeine als objektive Macht subsumiert das Individuelle und unterdrückt es, das Allgemeine als Vernunftform des Subjekts subsumiert den Gegenstand in seiner Individualität, zerstört sein eigentümliches Leben.

Also nicht ein Wissenschaftler entdeckt, daß sein Gegenstand mit den vorgegebenen Methoden nicht zu erfassen sei, und entwickelt neue, bessere. Bei Hölderlin durchdringt der oben charakterisierte Intentionszusammenhang die logische Apparatur: der Denkschritt ist ein Schritt der Befreiung und der Vergewisserung – einer sehr konstruktiven gewiß –, der Möglichkeit und Notwendigkeit einer anderen Welt im Verhältnis zur vorhandenen: einer harmonischentgegengesetzten.

9

Die materielle Welt erscheint in den physischen mechanischen historischen Verhältnissen. Hölderlin setzt deren Begriff voraus, ohne ihn aufzuklären. Er dürfte die empirische Welt, das Objekt der empirischen wissenschaftlichen Erkenntnis bedeuten. Im Stoff der Mythe erscheint das Historische als das Faktische, als Begebenheit. Im Vortrag der Mythe wiederum vereinen sich die Selbständigkeit der Teile – gleichsam die selbständigen Persönlichkeiten – mit der innigen Einheit, die im Physischen liege, im Gegensatz zur nur formalen negativen Einheit des Intellektuellen. Der physischen Einheit scheint die Individualisierung grundsätzlich abzugehen. Im Reich der Not sind unverbunden der Bereich, in dem nach Kant der Verstand gesetzgebend und die Vernunft regulativ wirkt, und der rechtlich-moralische Bereich, in dem die Vernunft gesetzgebend, aber nicht real erkennend wirkt, wobei Hölderlin Fichtes Trennung des Rechts von der Moral wohl teilte. Der Terminus des Historischen dürfte sich auf die Sinnlichkeit beziehen, die allein das Faktische vermittelt. Zu ergänzen ist dies durch Hyperions Rede über die Athener. Hier fungiert die Erkenntnis der physischen mechanischen historischen Verhältnisse als „beschränkte Erkenntnis des Vorhandenen", die der Verstand leiste, dessen „ganzes Geschäft ... Notwerk" sei. Vernunft aber als „bloße Vernunft" – bezogen auf die theoretische Vernunft – kennzeichnet er „als blinde Forderung eines nie endigenden Fortschritts in Vereinigung und Scheidung eines möglichen Stoffes".

Philosophie gehe weder aus bloßem Verstand noch bloßer Vernunft hervor, sondern allein wenn die Vernunft vom Ideal des Schönen her ihre Sinnorientierung erhalte, fordere sie nicht blind und wisse, warum sie fordere. Philosophie gehe aus der Poesie hervor und gehe wieder in sie ein. Die höheren, innigeren Verhältnisse, in denen der unendliche Lebenszusammenhang erfahren wird, sind nicht die physischen mechanischen historischen Verhältnisse, in denen der Mensch als determiniertes Glied der Kausalketten der Natur sich erfährt. Sinnliche Erfahrung, durch Verstand und Vernunft geformt, vermittelt nur den Maschinengang. Und aus sich allein wiederum mag ein Sollen, aber nie eine Erfahrung dessen, was in der Welt und vor allem, was mehr ist als Maschinengang, zu gewinnen sein. Das Inventar dieser Welt ist, wogegen Hyperion aufsteht. Und das ist die Welt, die eine Philosophie zeichnet und festhält, die nicht von der Idee der Schönheit geleitet ist: unlösbarer Widerspruch von Subjekt und Objekt, Selbst und Welt, Einzelnem und Allgemeinem, Teil und Ganzem – ein Gefüge der Trennungen zwischen Subjektivität und Maschinengang.

Aber Trennung ist, wie Hölderlin später ausspricht, nur fühlbar durch Vereinigung. Über die Trennungen führt ein Denken, das sie zur Voraussetzung hat, nicht hinaus, und eine Spekulation der Vernunft ohne Erfahrung erzeugt nur Hirngespinste, hier bleibt Hölderlin Kantianer. Im Fragment der „Neuen Briefe" fallen zwei Stichworte, die genauer einen Knotenpunkt angeben, von dem her Hölderlin denkt: „Erfahrung" und „Beziehung". Daß der Gott oder Geist das Einigende in der Welt sei, muß „erfahren" werden, was nur geschehen kann in einer höheren, der Notdurft enthobenen Beziehung, im „religiösen" Verhältnis. In ihm sind Objekt und Subjekt kein Gegensatz, sondern eine harmonischentgegengesetzte lebendige Einheit.

Diese Erfahrung wird in der Liebe Hyperions zu Diotima, in der die Schönheit erscheint, dargestellt, und die Liebe ist das Grundmodell der harmonischentgegengesetzten Beziehung. Insofern läßt sich von einem ästhetischen Platonismus Hölderlins sprechen, allerdings nur insofern, als die Schönheit als Gestalt in der empirischen Welt, abgehoben von ihrer prosaischen Umwelt, erscheint und Liebe erweckt, als in der Beziehung zum Schönen eine universalisierende Dynamik liegt, die bei Hyperion allerdings anders läuft denn bei Platon: indem Hyperion zum Kampf für ein schönes Leben, für eine Theokratie des Schönen und den Freistaat als deren Bedingung geführt wird; indem das Schöne selbst nur im Wechsel existiert, vergänglich ist und tragisch wieder untergeht – es steht nicht außerhalb der Geschichte, führt vielmehr tiefer in sie hinein.

„Die" Schönheit erscheint sinnfällig in der wirklichen Welt als schöner Mensch, sie erscheint als deren Teil und negiert als Erscheinung deren Maschinengang. Die Beziehung, in der sie erscheint, ist als Liebesbeziehung wechselseitig, sie bildet eine lebendige Einheit zweier Personen, darin sich Innigkeit mit der Entfaltung und Erfüllung der Individualität vereint, ohne Herrschaft und Knechtschaft. Zugleich ist Schönheit körperlichsinnliche Erscheinung, in der jedes Moment „bedeutend", Ausdruck ist; Sinnliches und Geistig-Seelisches erscheinen identisch, die freie Äußerung und Bewegung als notwendig, als aus sich selbst seiendes Dasein. Schönheit ist in Vernunft nicht aufzulösen, ihr vielmehr ein Rätsel, eine Aufgabe, die sie beansprucht, nicht als arbeitsteiliges Denkvermögen, sondern als Moment einer Gesamtheit geistiger Vermögen, die sie aktiviert, wobei sie der Vernunft gegenüber als Ideal wert- und sinngebend wird. Das Ideal der Schönheit ist Universalisierung des eigentümlichen Lebens, das die Liebesbeziehung einschließt, Triebkraft dieser Universalisierung ist gerade ihr, der Bejahten und Bestätigenden, Gegensatz zur empirischen prosaischen Welt.

Was Hölderlin als Schönheit und Liebe entwirft und im „Hyperion" darstellt, worin er seine Liebe zu Susette Gontard Gestalt werden läßt, erhebt das Gesuchte, Geahnte und Erlebte in eine befreite Traumsphäre, die vom Alltagsdruck entlastet ist, wo die Notdurft nur als Schicksal, als das zu Überwindende erscheint. Die Einheit von Schönheit und Liebe, die allen Wert in sich versammelt, ist der Kern des Strukturmodells des unendlichen Lebenszusammenhangs, des Göttlichen. Was Hölderlin vorschwebt als Welt mit dominanter Beziehungsart, ist eben eine Welt der Personen, die gemäß ihren Beziehungen zueinander ihre Beziehung zu den Dingen, zur außermenschlichen Natur gestalten. Schönheit als gelebtes Leben ist schönes Leben, reines Leben, seiner Trennungen enthobenes Leben, ist harmonischentgegengesetztes Leben, wie Hölderlin in Homburg formulierte. Diese Kernvorstellung, die Schönheit und Liebe als Erfahrung und Beziehung in eins faßt, prägt – direkt und indirekt – Hölderlins Utopie. Sie zeigt das schlechthin zu Bejahende, das Wertgebende. Es ist das Göttliche in individueller Erscheinung.

Nun ist das Ganze, das Unendliche notwendig übersinnlich. Wie Schönheit seine individualisierte objektive Erscheinung, wird die Mythe seine adäquate Darstellung. Auch Schönheit ist nie das Ganze, sondern dessen individualisiertes Erscheinen. Sie verweist aufs Ganze, ist auch sein strukturelles Analogon.

Wenn wir hier eine Kernvorstellung Hölderlins sehen, die Modellfunktion hat, so deshalb, weil sie erstens ein Grundmodell harmonischentgegengesetzter Beziehungen darstellt – im Unterschied zur bewußtlosen Harmonie der Kindheit. Zum zweiten, weil sie das persönlichste Bedürfnis und Empfinden unmittelbar angeht und zugleich in die allgemeinsten Sinnzusammenhänge führt und für alle Beziehungen einen idealen Erfüllungsmaßstab abgibt. Zum dritten, weil sie die konkreteste Beziehung ist, die – entsprechend den Partnern, Inhalten und Gegenständen der von Hölderlin gemeinten Zusammenhänge modifiziert – ein ideales Modell der Lebensbeziehungen darstellt, sofern diese „rein", jenseits der Kämpfe und des Zwiespalts, gedacht werden. Viertens, weil es diejenige Beziehung

ist, in der jeder Teil nur dadurch sich zum andern harmonischentgegengesetzt verhält, daß er Subjekt und Objekt zugleich ist
und ihre Einheit im Ineinanderübergehen beider sich herstellt.
Fünftens handelt es sich um eine Beziehung, die ihre Ganzheit
gerade in und durch die Entfaltung ihrer Teile, der Individualitäten, gewinnt.

Daß Hölderlin ein Allgemeineres in der Liebe vorschwebte
denn allein eine personale Partnerbeziehung, ergibt sich schon
aus dem Ansatz, den Trieb zum Absoluten und den zur Beschränkung in der Liebe sich vereinigt zu denken; beide Triebe
vermitteln das Ganze der Wirklichkeitsbeziehungen.

Hölderlin imaginierte die Liebe, bevor sie ihn traf. Und auch
die wirklich er- und gelebte, ihn erschütternde, endlich als Dichter bestätigende ward imaginativ stilisiert – im Höhenflug des
„Hyperion", wo Diotima sterben muß, damit der Dichter werde.
Gerade der tief Liebesbedürftige lebte, was er als Stiftsschüler 1790 in der „Parallele zwischen Salomons Sprüchwörtern
und Hesiods ‚Werken und Tagen'" schrieb, sich auf die Erfah-
rungsseelenkunde berufend, daß die Seele „sich desto weniger
mit Individuen aufhält, je mehr sie sich für das Allgemeine interessiert" (II, 327). Es sei psychologischer Analyse überlassen,
Hölderlins psychische Antriebe und Beziehungsproblematik zu
bestimmen.

Er legitimiert, was ihm poetisch unmöglich war: ein andres
als das eigne Individuum in seinem Eigensein, als dies bestimmte Individuum – nicht die Individualisierung einer ideellen Haltung – darzustellen. In seiner Grundvorstellung von
Schönheit und Liebe hob er auf, was in Einsamkeit gespürter
eigener Mangel und darin als gesellschaftliche Entfremdungs-
beziehung geahnt war.

10

Der Übergang zum dialektischen Denken gelingt Hölderlin in
bewußterer Weise erst in den Homburger philosophisch-poeto-
logischen Reflexionen. In seinem Denken ist er lange vorberei-

tet: er ist schon im Grundverhältnis von pantheistischem Monismus, dem Konzept der exzentrischen Bahn und geschichtlichem Entwicklungsbewußtsein angelegt; er verbirgt sich im Doppelverhältnis zum Widerstreit als bejahter heroischer Aktion und verneintem Zustand, was dem Widerspruch zwischen der Bejahung eines göttlichen Weltganzen und der Verneinung des geschichtlichen Gegenwartszustandes korrespondiert. Dieser Widerspruch in der Beziehung vermittelt zwischen gedachtem Ganzen und erfahrenem „Teil", was doch die ganze erfahrene Wirklichkeit ist; er treibt zum Denken des Verhältnisses beider als einer lebendigen, objektiven, umfassenden Einheit, die das Subjekt einschließt, zum Denken zugleich eines historischen Ganzheitsprozesses oder der Ganzheit als werdender. Sie umfaßt nicht nur das Bestehende, sondern dessen Überwindung und Gegenteil, und dies nicht als Wunsch oder Ideal, sondern als reale notwendige Zukunft, als Zustände, bestimmte Ganzheiten eines über sie hinausgreifenden unendlichen prozeßhaften Ganzen, in denen es sich darstellt.

Der offene Schluß des „Hyperion" ließ auch ungelöst das Verhältnis zwischen der „Natur", dem einigen, ewigen, glühenden Leben, und dem „Menschenwerk", und unverbunden blieb die Geschichte als Wechsel dem Traum, daß alles Getrennte sich wiederfände. Und doch war der Gedanke vorgedrungen vom Schönen als dem einen, in sich selbst Unterschiedenen, zur Natur, deren Harmonie in der Dissonanz sich herstellt.

Äußerste Denkanstrengung erzwingt das Problem der Verfahrungsweise und Einheit des Werks, weil von dem an die Welt der Notdurft, der Zerrissenheit, an die bestehende endliche Welt gebundenen und deren Schranken reproduzierenden abstrakt-allgemeinen Denken und empirischen Erkennen nicht erfaßt und begründet werden kann, daß und wie das unendliche Leben als Prozeß im endlichen, individuellen Werk und dessen Verfahrungsweise sich reproduziert; daß und wie diese Reproduktion poetisch in der individuellen Totalität, am Fragment des Wirklichkeitsstoffes die historische Totalität vermittelt, deren Moment sie ist; daß und wie die dichterische Individualität ihrer selbst und des Ganzen sich vergewissert, d. h.

poetisch zu Bewußtsein bringt, nicht aus sich spinnt, sondern gerade dadurch, daß sie der wirklichen Welt sich stellt, einen ihr entnommenen, aber entgegengesetzten Stoff als Medium nimmt und in ihm das Ganze, bezogen auf den historischen Augenblick, auf die eigene Welt, reproduziert und ausspricht.

Hölderlin überfordert die Poesie. Seine Utopie des Werks, in dem das geistige Leben sich vollende, das leisten soll, was Religion und Philosophie zu leisten beanspruchen, zwingt ihn, auch philosophisch-methodisch die Grenzen der bestehenden, gelernten Philosophie zu sprengen. In Wirklichkeit reflektiert Poesie das jeweilige historische System gesellschaftlichen Wissens, gesellschaftlicher Erkenntnis- und Bewußtseinsformen, setzt sie voraus, entsprechend dem jeweiligen Grad ihrer Differenzierung und Verselbständigung; sie verhält sich zu ihnen im Kontext des Lebenssystems. Aber sie vermag sie nicht zu ersetzen.

Hölderlins Utopie der Poesie ist seine Antwort auf die Erfahrung des Versagens der Religion, sie reflektiert das Ungenügen an der überkommenen Philosophie angesichts der Epochenerfahrung und der neuen weltanschaulichen Bedürfnisse, sie setzt zugleich voraus, was ihr Gegenteil ist: die Ausbildung einer relativ selbständigen Kunst- als Bildungs- und Unterhaltungssphäre, die durch den literarischen Markt vermittelt ist. Diese Verselbständigung ist eine Realbedingung, den Totalitätsanspruch zu erheben, der nur auf Kosten gesellschaftlicher Realitätserkenntnis eingelöst werden kann und der zugleich zu Reflexion und Einbekennen seiner faktischen Ohnmacht gezwungen wird.

Hyperbolisch ist die Verfahrungsweise des poetischen Geistes in Hölderlins Konzept und zugleich sein eigenes Reflexionsverhalten. Er fordert nicht nur äußerste philosophische Bewußtheit des poetischen Prozesses, das Unlösbare erzwingt den Sprung seines Denkens, die Utopie vermittelt den in seinem poetologischen Konzept enthaltenen Erkenntnisfortschritt.

So viele Elemente er von Fichte und Schiller auch genommen, er verwandelt die Triade Fichtes zur Bewegungs- und Vermittlungsform des lebendigen Ganzen, nimmt sie als Ausgangs-

punkt, die Notwendigkeit und notwendige Einheit widersprüchlicher Prozesse als Verfahrungsweise des Geistes und des Geschichtsprozesses, als Produktionsgesetz der „Welt in der Welt"
und immanente Gesetzlichkeit des Untergangs und Übergangs
des Vaterlandes zu fassen. Das schließt die Formel der Vereinigung von Trennung und Vereinigung zusammen. Diese wiederum gründet im Konzept des Ganzen, das notwendig aus sich
herausgehen muß, sich in Widerspruchsform sich entfaltend bewegt, entwickelt, zum Bewußtsein seiner selbst und zu neuer
Gestalt kommt. Im konkreten Geschichtsprozeß erfahren die
Individuen als Schicksal, das sie trifft und fordert, was zugleich
ihr Lebenszusammenhang ist, dessen Akteure sie sind – und
dies ist zugleich das Allgemeinste, die Natur in ihrer Selbstgestaltung und -bewegung, die im menschlichen Bewußtsein
sich als Subjekt-Objekt begreift. Das ist, soweit sich Hölderlins Gedanken hier festmachen lassen, selbst wiederum ein geschichtlicher, notwendig vergänglicher Zustand einer Vollkommenheit, die dem Wechsel unterliegt. Er kennt kein Ende der
Geschichte, nur Weltperioden, die anfangen, enden und einander ablösen.

Der objektiven Tragfähigkeit seines Entwicklungsdenkens
konnte sich Hölderlin nicht bewußt werden, da er den Reali-
täts- und Gegenstandsbezug der wissenschaftlichen Erkenntnis
ausklammert. Sosehr er Identität und Widerspruch als Prozeßzusammenhang denkt, so zielt er nicht auf Naturgegenstände,
nicht auf ein materielles Sein, unabhängig vom Bewußtsein,
sondern auf das Bewußtwerden des – ideal konstruierten – poetischen Erkenntnis- und Äußerungsprozesses und dessen Gegenstand, die „Welt" im geschichtlichen Übergang als Ganzheit
der Beziehungen von Mensch und Natur sowie von Mensch zu
Mensch, und letztere dominieren in concreto absolut.

Doch in dieser Reflexion werden ihm – in imaginativer Betrachtung, Beschreibung, begrifflicher Bestimmung und Entwicklung – die Begriffe dialektisch flüssig, verlieren ihre starre ka-
tegoriale Fixierung: Identität wird zu Widerspruch, der Widerspruch prozessiert im Identitätszusammenhang, aus logischer
Subordination wird lebendige Beziehung, das Allgemeine zum

Individuellen, die Gegensätze des Widerspruchs verlieren ihre Fixiertheit, können ineinander umschlagen, ineinander übergehen, identisch werden – das gilt gerade für Subjekt und Objekt –, der fixe Zustand wird Prozeß, das Sein zum Werden. Die Dimension von Zeit und Prozeß steckt in jeder Bestimmung.

Hölderlin entwickelt seine Denkmethode, genauer, sein Vorstoßen zu dialektischem Denken wohl in bewußtem Abheben von empirischen und formal-allgemeinen abstrakten Denk- und Erkenntnisverfahren, aber er entwickelt es dennoch nicht als Erkenntnismethode, vielmehr als Selbstbewußtsein des Verfahrens des poetischen Geistes bzw. seiner Akte. Er untersucht nicht dialektische Bestimmungen, sondern bricht Begriffe auf, um den Sachverhalt poetischen Verfahrens, der ihm vorschwebt, genau zu treffen. Hölderlin denkt hoch abstrakt, weil von jeder besondren Inhaltlichkeit abstrahierend, aber er denkt dabei gegenständlich, bezogen auf eine imaginierte Gegenständlichkeit.

In dem, was er an geistigen Aktionen des poetischen Verfahrens begrifflich bestimmt, gelingen ihm – auf die Methode der Begriffsentwicklung hin gesehen – Entdeckungen an der erfahrungsgenährten, idealisierenden Imagination dessen, wie der Dichter des glückenden Werkes vorgehe und vorgehen müsse, im Komplex der Bedingungen und Verfahren, der inneren und äußeren Beziehungen. Die auf reellem Gegensatz gründende poetische Erkenntnisleistung gewinnt über die historische Zusammenhangsbestimmung des Wechsels der geschichtlichen „Vaterländer" als Natur und Mensch umgreifender Lebenseinheiten in der Bewegung und Lösung der historischen Widersprüche, im Übergang des Möglichen ins Wirkliche und des alten Wirklichen ins Ideale ihren geschichtlichen Inhalt und ihre Funktion.

Was auf seiten der poetischen Aktion des Herstellens einer Totalität als „Welt in der Welt" sein inneres Zentrum in der Einheit von Trennung und Vereinigung findet – als gegenläufige und doch in einem sich vollziehende Prozesse, die im „Moment" sich zusammenfassen –, ist auf seiten der Geschichtsbewegung Wandlung der bestimmten historischen Totalität,

Vergehen und Neuwerden in einem – und dennoch wiederum in klar geschiedener Rhythmik, die mit dem Neuen im Alten als innerem Widerspruch beginnt und in der Herstellung der neuen Ordnung und ihrem Sichselbstbegreifen endet. Das Nachzeichnen der Widerspruchsbewegung auf jeder Seite des Widerspruchsverhältnisses, die in sich und in bezug auf den Gegensatz – wie Stoff und Geist – sich vollzieht, sei gespart.

Und dennoch wäre Hölderlins dialektisches Denken überinterpretiert, würden wir es mit philosophischer Dialektik – im Sinne Hegels oder der materialistischen Dialektik – als philosophische Theorie und Methode betrachten. Seine grundsätzlich weder empirisch noch theoretisch faßbare Voraussetzung bleibt die „intellektuale Anschauung", und das Ergebnis ist das individuelle Werk. Der Gedanke des qualitativen Sprunges ist gedacht – die vaterländische Umkehr ist solch ein Sprung –, aber ihn in Relation zu quantitativen Veränderungen zu setzen lag außerhalb seiner Erkenntnisintentionen und -möglichkeiten. Er entwickelt wohl der Sache nach, nicht begrifflich, die Negation der Negation, doch wird diese identisch mit dem durch und durch individualisierten Ganzen, mit dem Harmonischentgegengesetzten, realisiert sich als Ganzheit des Werks in der Poesie, als historischer Vollkommenheitszustand, deren Hölderlin nur zwei kennt: die griechische Vollendung – und die abendländisch-hesperische, die noch aussteht. Methodisch gesehen, ist eine Reproduktion des Konkreten im Denken für Hölderlin ausgeschlossen, von vornherein negiert, denn das Konkrete als Ganzheit ist nur poetisch reproduzierbar. Es gibt für ihn kein Konkret-Allgemeines, während das Ganze immer Träger utopischer Werte, der Erfüllungswerte ist.

Hölderlin vermag das theoretische Denken voranzutreiben, weil sein anschauliches Denken ihm eine Problemlösung zeigt, welche die überkommene Begrifflichkeit verweigert. Diese Problemlösung aber war nur möglich durch den Abstraktionsgrad dieses Modells, das das anschauliche Denken konstruierte, das nun zum Begriff drängt, wofür er dann immer neue Termini prägt, umprägt und kombiniert.

Wenn Hölderlins Ansatz die Reproduktion des Konkreten

im Denken ausschließt, so deshalb, weil diese Reproduktion allein im individuellen Werk geleistet werden kann. Das Konkrete, das zu reproduzieren, ist letztlich der geschichtliche Naturzusammenhang selbst, bezogen auf das Subjekt, in dem er zu Bewußtsein kommt, bzw. das besondre Unendliche als geschichtliche Welt. Rationell gesprochen, ist sein universelles Konkretum die geschichtliche Menschenwelt, nicht eine vom Menschen unabhängige Natur, die – sosehr sie de facto anerkannt wird – poetische Metaphorik des Menschlich-Geschichtlichen ist.

Die dialektische Begrifflichkeit, die Hölderlin entwickelt, betrifft das Werden dieser Totalität und deren allgemeinste Struktur, insofern dies Werden von ihr ausgeht und in sie mündet. Hier liegt seine denkerische Leistung. Doch nicht die einzige. Das Poetisch-Ganze ist die Gestalt, an der Hölderlin die geschichtliche Wirklichkeit als Ganzheit erfährt und reflektiert, in der das Einzelne und das Allgemeine ungetrennt, das Unendliche und das Endliche in einem tausendfach gegliederten lebendigen Zusammenhang, das Unendliche eben die Bewegung ist, in der jede fixe Grenze transzendiert wird – eine Ganzheit als Identität des Individuums, Zustandes oder Begriffs. Hier übersteigt die poetische Imagination die begrifflichen Möglichkeiten.

In der Spannung von äußerster individueller Sensitivität und Bezogenheit und allgemeinster weltanschaulicher Sinnebene produziert Hölderlin jene offene „Vorstellung", die „zu denken gibt", wiewohl wir ihr mehr an Gedanken und Wahrheitsgehalt zusprechen, als das Kant von seinen Voraussetzungen her vermochte. Man kann sagen, daß Hölderlin Erfahrungen des Bewußtseins ausspricht und damit Wirklichkeitszusammenhänge erfaßt, weil die objektive Dialektik sich in subjektiver Widerspiegelung, gedanklich-imaginativer Tätigkeit reproduziert, im wirklichen, ständigen, hochvermittelten Bewußtseinsprozeß, der mit den logischen Normen und erkenntnistheoretischen Modellen der Philosophie in seiner Realität so wenig identisch ist wie das erkenntnistheoretische Subjekt der idealistischen Abstraktion mit dem wirklichen, erkennend sich verhaltenden Subjekt.

Gedanklich gesehen ist die Quelle des Idealismus, den Hölderlin nicht abstreifen kann, die Fixierung auf die Subjekt-Objekt-Relation. Doch birgt dieser Ansatz sein Produktives. Er stellt eben nicht einfach Gedanke, Metapher, Gedicht der Wirklichkeit oder Natur gegenüber. Er ergreift in der Subjekt-Objekt-Beziehung ein Kettenglied, das nur in seiner Verabsolutierung zum Idealismus führt und von seinen Voraussetzungen her auch führen muß. Er ergreift die „tätige Seite", die er pantheistisch der Natur zuschlägt, deren Organ der Mensch wird. Doch wenn Engels schreibt: „Aber gerade die Veränderung der Natur durch den Menschen, nicht die Natur als solche allein, ist die wesentlichste und nächste Grundlage des menschlichen Denkens, und im Verhältnis, wie der Mensch die Natur verändern lernte, in dem Verhältnis wuchs seine Intelligenz"[195], so verweist dies auf einen entscheidenden objektiven Zusammenhang. Wenn Hölderlin das „Vaterland", die historische Einheit, als Einheit des Zusammenhangs von Natur und Mensch in spezifischer Wechselbeziehung begreift, so gibt er den Beziehungsraum menschlicher Tätigkeit an, so fern er der wirklichen materiellen Arbeit, den wirklichen materiellen Wechselbeziehungen von Mensch und Natur bleibt. Deren Realität schlägt sich dennoch direkt und indirekt im ideellen Reflex nieder, vermittelt durch kollektive Tätigkeitserfahrung und deren Sedimentation in Begrifflichkeit und Sprache, durch das Leben in einer Welt, die sich nicht mehr als naturwüchsig hinnehmen kann. Es ist der von Engels bezeichnete Zusammenhang, der in Hölderlins Denken und Imaginieren der pantheistischen Einheit von Mensch und Natur einen sehr allgemeinen ideellen Ausdruck findet, der seinen historisch-sozialen materiellen Ursprung verschweigt.

Auch dies wiederum ist philosophisch-historisch dadurch vermittelt, daß Hölderlin an Kant und Fichte anknüpft, sie fortsetzt und zugleich aufhebt. In Kants Konzept der „transzendentalen Einheit der Apperzeption"[196], der das vom Menschen nicht gemachte und durch die Sinne vermittelte Material der äußeren Natur gegenübersteht, ist schon die Arbeitsbeziehung in den geistigen Prozeß der Struktur zurückgenommen, zugleich die „aktive" Seite zu Bewußtsein gebracht, die dann von Fichte subjektiv idealistisch als Erzeugungsprozeß gefaßt und verabsolutiert wird. Hölderlin versucht die Einheit von Mensch und Natur pantheistisch und historisch, zugleich subjektiv und objektiv zu denken und poetisch zu imaginieren. Er geht aus vom spontanen Bewußtsein des Enthaltenseins im Weltzusammenhang. Die Widersprüche seines Wirklichkeitsverhältnisses oder die wirklichen Widersprüche sind Schmerz, ehe sie begriffen werden. Hölderlin zielt auch nicht primär auf deren Erkenntnis, sondern auf deren Lösung, und die Lösung trägt als aufgehobener Schmerz die Züge der Befreiungs- und Erfüllungsutopie, die er, kritisch genug, nur als Vermittlung des Ganzen und Unendlichen im Zeichen bezeichnen kann.

So ist es die emanzipatorische Grundtendenz, die Hölderlin die Grenze der metaphysischen philosophischen Denkweise überschreiten und zum dialektischen Denken vorstoßen läßt, die auch den Rückfall in eine der Glaubens- und Offenbarungsphilosophien verhindert, welche eine ersehnte Unmittelbarkeit zum Fetisch erheben. Das unterscheidet ihn grundsätzlich von allen Irrationalismen, welche aus der Rationalität in eine vermeintliche Unmittelbarkeit fliehen.

Unmittelbar ist auch nicht der poetische Totaleindruck oder die dichterische Totalanschauung. Ist die Dialektik entstanden als Dialektik der Vermittlung von empirischer und utopischer, endlicher und unendlicher Sphäre, als Dialektik der Widerspruchsentwicklung, so repräsentiert innerhalb des ideellen Gesamtmodells die poetische Anschauung eine dialektische Ganzheit, von der keine unmittelbare sinnliche Erfahrung möglich. Die poetische Anschauung ist keine pure Schau des Unendlichen, keine irgendwie die Totalität, die Natur als Ganzes anschaulich machende, und das heißt immer, begrenzende Erkenntnisfähigkeit, sie ist vielmehr selbst eine Vermittlung, die sich durch die Aufhebung der Trennungen auszeichnet, ohne dadurch deren empirische Welt verlassen zu können. Sie erfaßt die Einheit des Allgemeinen und Einzelnen in der Trennung, die Einheit in den Gegensätzen; sie ist an das „Zeichen" gebunden, an die Erscheinungsweise, die ihrerseits das Wesen im Erscheinen verbirgt. Das Unendliche ist nur im Endlichen, und sein Erfassen und Aussprechen bleibt ans Endliche, ans Zeichen gebunden.

Für das unendliche Sein, die Welt aller Welten, gilt, daß sie nur wirklich ist und sich darstellt in einer bestimmten Unendlichkeit oder geschichtlichen Ganzheit; Ganzheit selbst ist immer, weil durch und durch individualisiert, vermittelt. Das Selbstbewußtsein erfaßt sich sowenig unmittelbar, wie das Unendliche sich unmittelbar darstellt, sondern nur als Endliches und im Endlichen. Die Einigkeit stellt sich im Zwiespalt her, der tragische Untergang läßt die Einigkeit erscheinen. Die Identität des Ich, des poetischen Ich, konstituiert sich aus der dreifachen Widerspruchsbewegung. Selbstbewußtsein entsteht nur am anderen seiner selbst, indem es aus sich herausgeht. So entsteht ein Denken der unendlichen Vermittlung, ob im „reinen" Leben des Harmonischentgegengesetzten oder in der Empirie kollidierender Gegensätze. Das gleiche gilt für die poetische Totalanschauung.

In einem späten Pindar-Kommentar hat das Hölderlin ausgesprochen: „Das Unmittelbare, streng genommen, ist für die Sterblichen unmöglich wie für die Unsterblichen; der Gott muß verschiedene Welten unterscheiden, seiner Natur gemäß, weil himmlische Güte, ihret selber wegen, heilig sein muß, unvermischet. Der Mensch, als Erkennendes, muß auch verschiedene Welten unterscheiden, weil Erkenntnis nur durch Entgegensetzung möglich ist. Deswegen ist das Unmittelbare, streng genommen, für die Sterblichen unmöglich wie für die Unsterblichen." (III, 318) Bezieht sich das auch auf die Welt der Mythe, so ist in der Feststellung der Unmöglichkeit des Unmittelbaren auch Poesie nicht als unmittelbare Offenbarung möglich, vielmehr ist sie selbst spezifische Vermittlung, impliziert äußerste Reflexion, die sie ihrerseits evoziert. Die Vereinigung, die sie bewirken soll, ist nie die Unmittelbarkeit eines Unterschiedslosen, sondern Bewußtheit von Einheit und Gegensatz. Das Höchste ist eben das Harmonischentgegengesetzte, das nie „vorgefunden".

Darum läßt sich die Kritik, die Hölderlin an der vorgefundenen Philosophie übt, auch als Vorwurf verstehen, diese Vermittlung des in der empirischen Welt Zerrissenen nicht zu leisten. Das gelingt allein der Poesie. Aber nicht dadurch, daß sie einen unmittelbaren Zugang zum Übersinnlichen zaubert, sondern Vermittlung des Individuellen mit dem Historisch-Ganzen ist. Und als Vermittlung setzt sie ebenso philosophisches Denken voraus, wie sie zu denken gibt.

11

Hölderlins dialektisches Denken gewinnt seine äußerste Kühnheit dort, wo er im dichterischen Prozeß den schöpferischen Vereinigungs- und Umschlagpunkt, den Punkt der höchsten Entgegensetzung und Vereinigung des Geistigen und Lebendigen im „Alles zugleich" von Reflexion, Streben und intellektualer Anschauung als die „schöne heilige, göttliche Empfindung", als Moment zu fassen sucht. Der „Moment", da der Geist in seiner Unendlichkeit fühlbar wird, vereint die Totalität und sich in ihr, als Einheit von Gegensatz und Einheit als Prozeß. Dieser Punkt ist zugleich Umkehr und Erneuerung. Die ursprüngliche reine Empfindung, von welcher die poetische Erkenntnis ausgeht und die auf dem Wege der Dissonanz von Reflexion, Streben und Dichten im in sich und gegeneinander widersprüchlichen Versuchen des Strebens nach Identität, Unterscheidung und Harmonie sich verlor, kehrt, indem die Erkenntnis über sich hinausgeht, wieder – geläutert, als reine, „eines Unendlichen empfängliche Stimmung", des „ganzen innern und äußern Lebens mächtig" (II, 409), so daß die poetische Individualität ihre Identität als Ganzes im Ganzen und jenes in sich, sich in ihrer dreifachen Identitätsstruktur erkennt und herstellt. Dies ist die höchste Vereinigung und Entgegensetzung des formalen und materialen Subjekt-Objekts: das lebendige Ganze wird seiner bewußt.

Der „Augenblick" ist zugleich Übergang: zur Äußerung, zur Darstellung. Er trägt die schöpferische Reflexion, welche die Sprache und das individuelle Sprachwerk gebiert. Hölderlin bestimmt dies in extremer Allgemeinheit: weil die Verfahrungsweise des poetischen Geistes analog dem „Verfahren" der Na-

tur, dem geschichtlichen Entwicklungsgesetz, dem Rhythmus des
Ganzen. Der „göttliche Augenblick" ist – seiner dialektischen
Struktur nach und analog zur Struktur des Ganzen – im Mo-
ment der Versöhnung von Himmel und Erde, im mythischen
Zustand der Vereinigung des Unendlichrealen und des End-
lichidealen, im Moment der „vaterländischen Umkehr".

Der schöpferische Umschlag ist ideelle Aktion, welcher im
Geschichtsprozeß des Übergangs der Augenblick entspricht, aus
dem die neue Ordnung hervorgeht wie aus jenem die „Äußerung". Den geschichtlichen Prozeß antizipiert der poetische, und
jener antizipiert in diesem seine Zukunft über des Dichters Erinnerung an die ursprüngliche Einheit, die erneuert wiederhergestellt wird.

Man hat in bezug auf den „Moment" von Mystik gesprochen. Mit Recht, insofern in der Geschichte der christlichen Mystik die Einheit von Unendlichem und Endlichem vorgedacht
wurde. Mit Unrecht, insofern darin eine Art von religiöser Erlösung, von ekstatischem Außer-sich-Sein oder von Irrationalismus gesehen wird. Die psychologischen Bestimmungen wie
Empfindung, Gefühl sind gewiß dem, was Hölderlin meint,
inadäquat. Er zielt auf höchste Bewußtheit – nicht Abbau, sondern äußerste Steigerung der Bewußtheit, wo die bewegte, in
Widersprüchen sich konstituierende Totalität als Ganzes und
für die Ganzheit der subjektiven geistigen Kräfte, als subjektive und objektive Bewegung und Einheit bewußt wird. Das
mag für den Augenblick eine solche Überforderung sein wie die
Reproduktion des Menschheitsganges in der Werktotalität. Es
ist die Utopie Hölderlins in bezug auf den schöpferischen Zustand, den Sprung im Schaffensprozeß, den er in der Qual seines Schaffens suchte. Es ist Denkform, des Ganzen, das sich
zeitlich erstreckt, im Moment antizipierend innezuwerden. Zu
bedenken ist dabei immer, daß Hölderlins Begriffe des Endlichen und Unendlichen etc. stets relativ und komparativ sind.
Er zielt auf keine Sekundenzahl, sondern – im geistigen Repro-
duktions- und Produktionsprozeß wie im Geschichtsprozeß –
auf den qualitativen Umschlag, das Zerbrechen des Kontinu-
ums, das Bewußtwerden der Einheit im Disparaten und das

Herstellen der Einheit in den geschichtlichen Kollisionen. Dem entspricht auch die noch zu behandelnde „Zäsur" im Ablauf der Tragödie.

Von einem Sprung ins Irrationale kann keine Rede sein. Wohl aber von einer poetisch-utopischen Konstruktion höchster Bewußtheit von Selbst und Welt, der Konstruktion eines schöpferischen Erfüllungsmoments, dessen Gehalt und Leistung erkannt werden soll, der zugleich Erkenntnis- und Lebensakt sei und dem „geglückten" Werk in der individuellen Gestalt die Wahrheit des Ganzen, der Natur und Menschengattung als Subjekt und Objekt vermittle.

Hölderlin beschreibt diesen Augenblick im begeisterten Duktus der Erfüllung und Beseligung und bestimmt ihn dennoch bescheiden als Bewußtwerden des wirklichen geschichtlichen Lebens. Es geht ihm nicht um psychologische Analyse – er wußte vom Tun der „geheimarbeitenden Seele" (III, 451) –, sondern um das philosophisch-transzendentale Ins-Bewußtsein-Zwingen dessen, was für Kant gerade bewußtlose Leistung des Genies ist. Und an diesem Punkt bringt er die fixierten Begriffe zu dialektischer Bewegung. Es ist ein ungeheurer Versuch, seiner selbst und seiner Welt als Dichter mächtig zu werden.

Theoretisch gesehen ist Hölderlins Konzept der poetischen Verfahrungsweise eine genialische spekulative Konstruktion, die, weder deduktiv noch induktiv vorgehend, sein Selbst- und Weltverständnis als poetisches Verfahren verallgemeinert, imaginiert und als solche imaginierte geistige Erfahrung auf den Begriff bringt. Diese Vereinigung von Sprachlich-Bildlichem und Begrifflichem erweiterte den Raum der Denkmöglichkeiten, des Denkbaren.

Das ist nicht nur aufschlußreich für den widersprüchlichen Weg der Herausbildung einer dialektischen Denkweise. Hölderlins Weg verläuft im Zusammenhang einer epochalen Tendenz, in einer ihrer Entwicklungslinien. Zugleich stellt das von ihm Bedachte Aufgaben, die auch heute der Lösung harren. Das betrifft zum Beispiel die Untersuchung der Gesetzlichkeit, Dynamik und Wandlung der sozialen Systeme in ihrer Relevanz für das Verfahren poetischer Produktion und Kommunikation.

Das schließt eine Geschichte poetischer Phantasie, ja Verhaltensweise ein. Hölderlin hat – wie abstrakt auch immer – dafür einige Knotenpunkte markiert, indem er im Leben das poetische Verfahren, im poetischen Verfahren den Prozeß der Lebenswidersprüche und eine Korrelation revolutionärer Umschlagpunkte im Geschichts- und im poetischen Produktionsprozeß als dessen Reproduktion anvisierte.

12

Die „intellektuale Anschauung" führt Hölderlin als ein Moment der „schönen heiligen, göttlichen Empfindung" an, in welcher der Mensch seine Bestimmung erreiche und die der Umschlagpunkt der Verfahrungsweise des poetischen Geistes sei. In diesem Vereinigungspunkt geschieht das „Zugleich" von Reflexion, Streben und intellektualer Anschauung. Hölderlin faßt die Vereinigung der Kräfte und Bestrebungen als harmonischentgegengesetztes Verhältnis, als dialektische Einheit sowohl in bezug auf die reife Humanität, den gesuchten menschlichen Realzustand, als auch auf das poetische Verfahren entsprechend der geschichtsphilosophisch vorausgesetzten Identität von poetischem Verfahren und Struktur des Vollendungsgangs des menschlich-geschichtlichen Lebens. Gegenüber der Ganzheit und Einheit, worin diese Kräfte, ihre Eigenschaften und Äußerungen sich „konzentrieren und in ihr und durch gegenseitigen Zusammenhang und lebendige, für sich selbst bestehende Bestimmtheit" (II, 408) als deren Organe und zugleich für sich selbst ihre Freiheit und Vollständigkeit gewinnen. Gegenüber dieser idealen harmonischentgegengesetzten Totalität als Vollendungsideal charakterisiert Hölderlin die Einseitigkeit der vereinzelten Kräfte: so erscheint „bloßes Bewußtsein, bloße Reflexion ... mit Verlust des innern und äußern Lebens", das „bloße Streben" verliert die innere und äußere Harmonie, während die „bloße Harmonie, wie die intellektuale Anschauung und ihr mythisches bildliches Subjekt-Objekt, mit Verlust des Bewußtseins und der Einheit" (II, 407) verbunden sei. Der

Wandel bezieht sich somit auf die Beziehungsart zwischen den vereinzelten Kräften.

Entscheidend ist hier – wie stets – das Ausgehen vom Mittelzustand, von der Zwietracht, dem Verlust von Einheit und Harmonie, mit der Zielsetzung, diese auf höherer Stufe als Resultat neu zu gewinnen. Der ursprünglichen Einheit korrespondiert lebensgeschichtlich die Harmonie der Kindheit als mechanisch schönes Leben und Bewußtlosigkeit.

Jede der drei Bestimmungen ist auf Selbst und Welt, auf Subjekt und Objekt bezogen. Die neue Einheit sei nur dadurch zu gewinnen, daß der Mensch in freier Wahl, somit das Notwendige bewußt vollziehend, sich zu einer äußeren Sphäre in ein harmonischentgegengesetztes Verhältnis bringe, also der wirklichen objektiven Welt kognitiv-praktisch sich zuwende und in dieser ein harmonischentgegengesetztes Verhältnis realisiere, das zugleich im Verhältnis der subjektiven Kräfte sich reproduziert. Das gilt für das Herstellen des poetischen Werks wie für die exzentrische Bahn von der Kindheit zur Vollendung wie für die Menschengattung in der Bildung einer ihr angemessenen Welt, einer Welt ohne Herrschaft und Knechtschaft, was sich auf die Beziehung zur außermenschlichen Natur wie der Menschen untereinander erstrecken soll. Es ist die geschichtliche Bewegung des Absoluten, definiert als bewußtes menschliches Verhalten.

Dieser Zusammenhang erst läßt die „Verluste" deutlich werden: das bloße Bewußtsein, die bloße Reflexion trennt Allgemeines und Einzelnes und zerstört das konkrete Leben, indem Subjekt und Objekt entgegengesetzt werden; das Streben zerstört die innere und äußere Harmonie, weil es zwischen Subjekt und Objekt in den Extremen von Herrschaft und Knechtschaft, dem Alles oder Nichts jeder Seite sich bewegt; bloße Harmonie aber, die intellektuale Anschauung, bezieht sich auf die Ungeschiedenheit von Subjekt und Objekt, ihre schlechthinnige Harmonie, weil Identität. Diese aber ist bewußtlos, denn alles Bewußtsein ist an den Gegensatz gebunden.

Hierbei fällt auf: Im Verhältnis zu Reflexion und Streben repräsentiert die intellektuale Anschauung, die Harmonie das eigentlich spezifisch Poetische. Ihr korrespondiert das Streben nach Harmonie gegenüber dem Streben nach Identität und Unterscheidung. Ist auch der Wortlaut nicht ganz durchsichtig („bloße Harmonie, wie die intellektuale Anschauung"), so wäre wenn nicht Identität, so doch das Streben als Tendenz zur Realisierung der Einheit, der Subjekt-Objekt-Identität in ihrer Verselbständigung zu denken. Die bloße Harmonie verliert mit dem Gegensatz Bewußtsein und Einheit. Bloße Harmonie hebt sich andererseits mit Unterschied und Gegensatz selbst auf, sie verliert Einheit und Harmonie im Unterschiedslosen.

Insofern ist die Harmonie schon in bezug auf ihren Gegensatz zu denken, die Subjekt-Objekt-Identität in bezug auf ihre Trennung. Wenn Hölderlin die intellektuale Anschauung beruft, das Sein im einzigen Sinn des Worts zu vergewissern, so ist von diesem die Rede doch nur unter der Bedingung der Trennung und Entgegensetzung von Subjekt und Objekt. Und unter dieser Bedingung soll intellektuale Anschauung leisten, was weder im diskursiven Denken noch in der Empirie geleistet werden könne.

Kant hatte die intellektuelle Anschauung als Fähigkeit definiert, den Gegenstand unmittelbar und auf einmal allein durch Begriffe, nicht durch sinnliche Anschauung zu erfassen. Was auch an Gewißheiten, Gefühlen und Motiven bei Hölderlin mitschwingt, das „Sein, im einzigen Sinne des Worts" (II, 83), „schaut" er nicht, sondern er bildet es gedanklich als Aufhebung, als Negation des Gegensatzes von Subjekt und Objekt, und er schreibt ihm die Funktion ihres Grundes zu. Mehr ist davon auch nicht auszusagen. Die Wertung – der eigentliche Gehalt – bleibt außerhalb dieser begrifflichen Operation.

Daß Hölderlin den Terminus von Kant übernahm und bejahte, was jener verbot und für unmöglich erklärte, daß da Spinozas Substanz- und Naturgedanke einfloß, daß er gleichzeitig Kants „Grenzlinie" anerkannte, folglich keinen Grund sah, intellektuale Anschauung und wissenschaftliches Denken zu vermitteln, daß auch Spinozas Begriff des anschauenden Wissens mitklingt und rezipiert wird, wenn auch ohne Spinozas Intellektualismus und Bewertung der Vernunfterkenntnis, daß dies im Tübinger Freundeskreis vordiskutiert war und zur Zeit der Homburger Schriften allgemeiner rezipiert wurde, was Fichte und Schelling der intellektuellen Anschauung zuschrieben – all das erklärt nicht, welche spezifische Funktion und inhaltliche Bedeutung die intellektuale Anschauung für Hölderlins poetologisches Denken und sein Selbstverständnis als Dichter hatte.

Für Hölderlin ist keineswegs, wie für seinen zeitweisen Freund Schelling, die ästhetische Anschauung die objektiv gewordene intellektuelle, noch ist sie ihm, was sie für diesen war: Identität des Subjekts und Objekts, des Erkennens und Seins im Selbstbewußtsein. Das Notat „Urteil und Sein" polemisiert nicht nur gegen Fichte, sondern auch gegen Schelling.

Wie zitiert, ordnet Hölderlin der intellektualen Anschauung das „mythische bildliche Subjekt-Objekt" (II, 407) zu. Mythe ist die vor- und darstellende Weise, die den höheren, „innigeren" Beziehungen, dem Unendlichen angemessen ist. Jene sind vom rationalen, abstrakt-allgemeinen Denken her nicht faßbar. Die Mythe zeigt die Subjekt-Objekt-Einheit, aber eben indirekt. Sie vereint Allgemeines und Einzelnes, aber in bildlicher Weise: sie zeigt das Unendliche in endlicher Gestalt. Denn die Subjekt-Objekt-Einheit ist weder direkt darstellbar, noch ist sie in allgemeinen Begriffen positiv denkbar, weil schon die theoretische Begrifflichkeit als solche sie negiert.

Die göttliche Einheit stellt sich somit nur im Gegensatz, in den Trennungen, das Unendliche stellt sich im Endlichen dar und kann auch nur so dargestellt werden. Dementsprechend ist das Dichten der Mythe im Hölderlinschen Kontext eine Aktion, die bestehenden Gegensätze, Antagonismen aufzulösen und das unendliche Objekt zu zeigen, auf das der menschliche Bildungstrieb hinarbeitet.

Beziehen wir hier Hölderlins Bestimmung der Bedeutung des Gedichts ein, die in der Beziehung des reinen zum realen Leben liegt. Der subjektive Grund des Gedichts, von dem aus- und auf den zurückgegangen werde, das innere idealische Leben, das dem Gedicht die Bedeutung gebe, ist in dreierlei Weise aufzufassen, woraus dann die Gattungscharaktere resultieren:

als „Empfindung" (Lyrik), als „Streben" (Epik) und als intellektuale Anschauung, welche die tragische Dichtung konstituiert. Für letztere erscheint die idealische Stimmung als „realisierbar", der Stoff als „Geschehendes", und ebendiese Stimmung habe der Dichter bei seinem Geschäft festzuhalten; also „intellektuale Anschauung", die aller Tragödie zugrunde liegen müsse, jene „Einigkeit mit allem, was lebt", sie kann „nur geahndet, aber vom Geiste nicht erkannt werden" (II, 415). Die Tragödie wiederum kann sie nur metaphorisieren, per contrario als deren idealische Bedeutung darstellen. Und als subjektiver Grund des Dichters wird sie über das Ganze der Tragödie im Geiste ihres Adressaten erweckt, in der Extremität der Gegensätze als das, was im Wechsel der Töne, in der Beziehung zwischen dem Idealischen und Heroischen zum Naiven, dem harmonischen Zuhausesein im Endlichen die innere Einheit gibt, ohne mit einem identisch zu sein.

In Hölderlins theoretischen Formulierungen vom Jenenser Notat bis zur Ankündigung der „Neuen Briefe über die ästhetische Erziehung" spiegelt sich die Denkrichtung. Zuerst erscheint die intellektuale Anschauung als Legitimation der Behauptung des aller Trennung von Subjekt und Objekt vorausgehenden einheitlichen Grundes, des Ursprungs des Seins, und sie wird zur Legitimation der Bestimmung des Prinzips, das den Widerstreit erklären und aufheben werde. Intellektuale Anschauung fungiert als gnoseologisches Legitimationsprinzip der Gewißheit von Ursprung und Ziel, um den geschichtlichen Totalitätszusammenhang zu vermitteln. Sie ist ästhetische Vorstellung von Einheitsgrund und künftiger Vereinigung als der Negation der gegenwärtigen Widersprüche, Vorstellung der Einheit eines Widerspruchszusammenhangs, der in der Negation der Negation der ursprünglichen Einheit sich gründet. Was seinen Begriff noch nicht gefunden, ist abstrakter Vorstellungsinhalt, dem sein historisches und empirisches Produziertsein, die Komplexität seiner Quellen, Motive, das Verhältnis von Verallgemeinertem und Verallgemeinerndem sich verbergen.

In dem Maße, in dem Hölderlin das Absolute historisch, als

geschichtliche Natur faßt, die Geschichte als Widerspruchsbewegung dieser Natur als eines werdenden Ganzen, Entwicklung und Bewußtwerden als Selbstbewegung des Ganzen durch Differenzierung und Widerstreit zu höherer Vereinigung, Erkenntnis aus dem Gegensatz heraus und den poetischen Erkenntnis- und Darstellungsprozeß als geistig-sprachliche Reproduktion des geschichtlichen Naturganzen und zugleich als dessen Moment begreift und bestimmt, muß er die intellektuale Anschauung spezifizieren und auch relativieren, sie als Rück- und Vorblick ermöglichende Grundbeziehung fassen und in den Gesamtprozeß des poetischen Verfahrens einordnen. Sie geht mit ein in die „Erinnerung", sofern diese den Einheitsgrund bewahrt, als spezifisch dichterisches Vermögen; sie fungiert als das poetische Vermögen, im Widerstreit die Einigkeit mit allem zu erfassen, das Unendliche im Endlichen, das Mögliche im Wirklichen, das Ganze im Teil. Das bedeutet zugleich, daß sie auf keinen Fall von Hölderlin als eine unvermittelte Schau des Unendlichen oder des Seins verstanden wird, sondern gerade die Vermittlung betrifft, die ihrerseits den Gegensatz von Zeichen und Grund einschließt. Sie ist somit auf den bestimmten empirischen Inhalt angewiesen, den sie transzendiert.

Das bedeutet, daß die intellektuale Anschauung in sich schon der Besonderung fähig ist. Die Einigkeit, die in ihr „vorhanden", ist schon eine bestimmte, daher die Tragödie von *einer* intellektualen Anschauung, aber nicht aus ein und derselben, nicht vom „Sein" etwa ausgehe, obwohl auch der universellste Zusammenhang im Besondren vermittelt ist, sondern von einer bestimmten historischen Einheit, eben derjenigen, auf die sie objektiv historisch sich bezieht, auf den bestimmten Unter- und Übergang des Vaterlandes, den sie zu Bewußtsein bringt. Die Besonderung geht weiter, sie ergreift die innere Struktur: ob die Trennung vom höchsten Trennbaren ausgehe – so im „Ödipus" – oder ob sie von den konzentrierenden Teilen ausgehe – wie in der „Antigone", wo die intellektuale Anschauung subjektiver, daher der Stil lyrischer, während der des ersten tragisch sei.

Schließlich ist noch die Konsequenz zu ziehen daraus, daß im

Verhältnis zu Reflexion und Streben die intellektuale Anschauung das spezifisch poetische Moment mitrepräsentiert. Insofern sie produktiv wird, erfaßt sie nicht nur im Endlichen Unendliches, sondern vereint im Gang der Verfahrungsweise das Widersprechende, wird objektiv: inhaltlich und formal vereinigend. Genau der Vereinigungspunkt, den Hölderlin mit der „Einigkeit des Einigen" dialektisch bestimmt, die Herstellung der harmonischentgegengesetzten „Welt in der Welt", des poetischen Ganzen, wird dadurch geleistet, daß der poetische Geist einen „unendlichen Gesichtspunkt sich gebe beim Geschäfte, eine Einheit, wo im harmonischen Progreß und Wechsel alles vor- und rückwärts gehe und durch seine durchgängige charakteristische Beziehung auf diese Einheit nicht bloß objektiven Zusammenhang, für den Betrachter auch gefühlten und fühlbaren Zusammenhang und Identität im Wechsel der Gegensätze gewinne" (II, 398 f.), dadurch einen „Faden", eine Erinnerung, wodurch der Geist sich gegenwärtig bleibt in den verschiedenen Stimmungen und Momenten und darin seine „unendliche Einheit" in ihrer dialektischen Widersprüchlichkeit finde. Es ist also die dialektische poetische Ganzheit oder Totalität, in welcher die intellektuale Anschauung in ihrem Gegenteil, in den Widersprüchen, diese vereinigend, objektiv wird.

Intellektuelle Anschauung – Schelling

Auf die intellektuelle Anschauung berief sich auch Schelling, Hölderlins Kommilitone in Tübingen, zeitweiser Stubengenosse, Mitglied des revolutionär gestimmten Freundeskreises, der dritte im Bunde mit Hegel. Schelling ist derjenige, für dessen System die intellektuelle Anschauung konstitutiv wurde, der sie am nachdrücklichsten postulierte und beanspruchte. Wie Hölderlin entfremdete ihn die Tübinger Stiftserziehung der christlichen Glaubenswelt und kirchlichen Laufbahn; ihm analog und doch auf andere Weise wählte er in Kant und Platon, Schiller, Fichte und Spinoza seine geistigen Väter. Entscheidend wurde für ihn das Ausgehen von Kants „Kritik der Urteilskraft", von den dort aufgeworfenen Fragen, und der Eindruck Fichtes, auf dessen Wege er zunächst diesen Fragen sich stellte.

Sein Grundanliegen spricht er im Brief an Hegel vom 4. Februar 1795 aus: „Ich bin indessen Spinozist geworden! . . . Spinoza'n war die Welt (das Objekt schlechthin, im Gegensatz gegen das Subjekt) – alles; mir ist es das Ich. . . . Vom Unbedingten muß die Philosophie ausgehen. Nun fragt sich's nur, worin dies Unbedingte liegt, im Ich oder im Nicht-Ich. Ist diese Frage entschieden, so ist alles entschieden. – Mir ist das höchste Prinzip aller Philosophie das reine, absolute Ich, d. h. das Ich, inwiefern es bloßes Ich, noch gar nicht durch Objekte bedingt, sondern durch Freiheit gesetzt ist. Das A und O aller Philosophie ist Freiheit."[197]

Hier wird der Ausgang von Fichte deutlich. Aber die Zielsetzung weist über Fichtes transzendentalphilosophische Position hinaus:

„. . . es muß einen letzten Punkt der Realität geben, an dem alles hängt, von dem aller Bestand und alle Form unsers Wissens ausgeht, der die Elemente scheidet und jedem den Kreis seiner fortgehenden Wirkung im Universum des Wissens beschreibt.

Es muß etwas geben, in dem und durch welches alles, was da ist, zum Dasein, alles, was gedacht wird, zur Realität, und das Denken selbst zur Form der Einheit und Unabwandelbarkeit gelangt. Dieses Etwas ... müßte das Vollendende im ganzen System des menschlichen Wissens sein, es müßte ... zugleich als Urgrund aller Realität herrschen."[198]

So formuliert der erste Paragraph der 1795 erschienenen Arbeit „Vom Ich als Prinzip der Philosophie oder über das Unbedingte im menschlichen Wissen".

Die Antwort sucht Schelling auf dem Wege der Vereinigung von Kritizismus und Dogmatismus, von Fichte und Spinoza, und zwar durch Weitertreiben des transzendentalen Ansatzes Fichtes, des Fichteschen „Ich" zu reiner Identität und Absolutheit, losgelöst von einem menschlichen Ich – das ist der eine Weg. Der andre liegt in der zunächst nur als Ergänzung der Transzendentalphilosophie konzipierten Naturphilosophie, worin er die Natur autonom faßt, auf sich stellt und als organisches Ganzes, als schöpferischen Prozeß zu bestimmen sucht. Die Antwort findet Schelling schließlich in der Identitätsphilosophie als der Einheit von Transzendental- und Naturphilosophie, jenem absoluten Idealismus, von dem Hegels Systementwicklung Anstöße empfing.

Die wirksamste Leistung Schellings wurde seine Naturphilosophie, worin er im Gegensatz zu Fichte der Natur Autonomie, Selbsttätigkeit zuschreibt und sie im Gegensatz zur mechanistischen Naturauffassung als organische Ganzheit, als produktive Einheit in stufenweisem Entwicklungsprozeß faßt. Schelling nimmt die naturwissenschaftlichen Entdeckungen seiner Zeit auf, das Drängen auf Entwicklungstheorie; er bedenkt Elektrizität, Magnetismus, die Entwicklung der Chemie. Seine philosophisch-spekulative Konstruktion ist durchaus empiriegesättigt, der hypothetische Charakter der Konzepte ist ihm bewußt, und der Gedanke der schöpferischen Selbstkonstruktion der Materie in der Einheit von Anorganischem und Organischem, in der dialektisch triadischen Bewegungsstruktur läßt ihn ein großartiges Konzept natürlichen Werdens entwerfen. Das manchmal Phantastische seiner Vermutungen hebt nicht die Genialität der Gesamtanschauung auf. Heinrich Heine rühmt ihn als den „Mann, welcher einst am kühnsten in Deutschland die Religion des Pantheismus ausgesprochen, welcher die Heiligung der Natur und die Wiedereinsetzung des Menschen in seine Gottesrechte am lautesten verkündet"[199] – wenn dies Schelling auch gerade nicht in Heines Worten tat –, und er bestimmt ihn als einen, der „eine der großen Phasen unserer philosophischen Revolution"[200] repräsentiert. Mit der Naturphilosophie sprengt Schelling seinen transzendentalphilosophischen Ansatz, eruptiv manifestiert er hier seine Diesseitszugewandtheit, Züge seines sensualistischen Materialismus, den er philosophisch nie artikulierte, und erst nachträglich fängt er sie wieder in dem durch diesen eroberten Weltgehalt zu verändernden System ein.

Schellings Ausgehen von Fichtes Ich und sein Bemühen, Dogmatismus (am Modell Spinozas) und Kritizismus (am Modell Fichtes) zu vereinen, verlangt ein andres Dogmatismusverständnis, als er von Fichte erfahren. In den „Philosophischen Briefen über Dogmatismus und Kritizismus" von 1795 bedenkt er – in heftiger Kritik an der „Idee eines moralischen Gottes" sowie an der ihm im Tübinger Lehrbetrieb begegnenden Adaption der Kantischen „Kritik der praktischen Vernunft" durch die Theologie – den „konsequenten Dogmatismus" als Welthaltung: er gehe „auf Unterwerfung, . . . auf freiwilligen Untergang, auf stille Hingabe meiner selbst ans absolute Objekt". Das ist zugleich ästhetisch gedacht: „Die stille Hingabe ans Unermeßliche, die Ruhe im Arme der Welt" werde von der Kunst dem heroischen Konflikt entgegenstellt. Die „stille Anschauung jener Ruhe" finde den Menschen „im höchsten Momente des Lebens. Er gibt sich der jugendlichen Welt hin, um nur überhaupt seinen Durst nach Leben und Dasein zu stillen. Dasein, Dasein! ruft es in ihm; er will lieber in die Arme der Welt als in die Arme des Todes stürzen."[201]

Diesen Ruf hat der junge Rebell, der das Stift verlassen, doch nicht nur in anderen vernommen. Er will die Welt in die Philosophie holen. Schon 1795 schwebt ihm vage vor, daß dazu der Widerstreit von Dogmatismus und Kritizismus aufgehoben werden müsse in einer höheren Synthese. So lesen wir in den „Philosophischen Briefen": „Gehen aber beide Systeme auf ein absolutes Prinzip als das Vollendende im menschlichen Wissen, so muß dies auch der Vereinigungspunkt für beide Systeme sein. Denn, wenn im Absoluten aller Widerstreit aufhört, so muß auch der Widerstreit verschiedener Systeme . . . in ihm aufhören. Ist der Dogmatismus dasjenige System, das das Absolute zum Objekt macht, so hört dieser notwendig da auf, wo das Absolute aufhört, Objekt zu sein, d. h. wo wir selbst mit ihm identisch sind. Ist der Kritizismus dasjenige System, das Identität des absoluten Objekts mit dem Subjekt fordert, so hört er notwendig da auf, wo das Subjekt aufhört, Subjekt, d. h. das dem Objekt Entgegengesetzte, zu sein."[202]

Das Unbedingte oder Absolute aber, wie es in „Vom Ich als Prinzip der Philosophie" heißt, wird nicht wie bei Spinoza rationalistisch demonstriert, es „muß außer aller Sphäre objektiver Beweisbarkeit liegen. Objektiv beweisen, daß das Ich unbedingt sei, hieße beweisen, daß es bedingt sei. Beim Unbedingten muß das Prinzip seines Seins und das Prinzip seines Denkens zusammenfallen. . . . wenn es absolut sein soll, muß es selbst allem Denken und Vorstellen vorhergehen . . ."[203] Es kann niemals Objekt werden. Dies Ich ist nur durch sich selbst: „Also muß die Urform des Ichs reine Identität sein."[204] So wird dies Unbedingte als Ich zugleich Substanz im Sinne Spinozas, unendliche Macht, im Wesen Freiheit, weil aus absoluter Selbstmacht, „nicht nur Ursache des Seins, sondern auch des Wesens alles dessen, was ist"[205].

Die Denkperspektiven sind damit gegeben. Der transzendentalphilosophische fichteanische Ansatz bleibt und spielt schon hinüber ins Ontologische.

Zwei Jahre später, 1797, legt Schelling seine „Ideen zu einer Philosophie der Natur" vor. Wir stoßen auf Hölderlin sehr verwandte Gedankengänge. Philosophie als Reflexion entspringe dem Widerspruch von Mensch und äußerer Welt. Ursprünglich ist er mit ihr einig. „In dunkeln Rückerinnerungen schwebt die-

ser Zustand auch dem verirrtesten Denker noch vor." Und:
„Mit jener Trennung zuerst beginnt Reflexion; von nun an trennt
er, was die Natur auf immer vereinigt hatte, trennt den Gegenstand von der Anschauung, den Begriff vom Bilde, endlich
(indem er sein eigenes Objekt wird) sich selbst von sich
selbst."[206]

Herausfordernd heißt es: „Der Mensch ist nicht geboren, um
im Kampf gegen das Hirngespinst einer eingebildeten Welt seine
Geisteskraft zu verschwenden, sondern einer Welt gegenüber,
die auf ihn Einfluß hat, ihre Macht ihn empfinden läßt, und auf
die er zurückwirken kann, alle seine Kräfte zu üben; zwischen
ihm und der Welt also muß keine Kluft befestigt, zwischen beiden muß Berührung und Wechselwirkung möglich sein, denn so
nur wird der Mensch zum Menschen. Ursprünglich ist im Menschen ein absolutes Gleichgewicht der Kräfte und des Bewußtseins. Aber er kann dieses Gleichgewicht durch Freiheit aufheben, um es durch Freiheit wieder herzustellen."[207] Hier trete
nun die wahre Philosophie in Aktion: „Sie geht von jener ursprünglichen Trennung aus, um durch Freiheit wieder zu vereinigen, was im menschlichen Geiste ursprünglich und notwendig
vereinigt war, d. h. um jene Trennung auf immer aufzuheben."[208]

Hier klingen Diskussionen unter den Tübinger Studiengenossen an. Schelling hält das Motiv fest, es erscheint auch später, immer variiert und auch neu motiviert. Die Frage nach der
Identität ist in keiner Phase auf abstrakte Logik oder Ontologie zu reduzieren, sie enthält zugleich das Bestreben, Getrenn-
tes zu vereinen, Widersprüche zu überwinden, sie gibt dadurch
dem philosophischen Denken eine epochale Perspektive und
vergemeinschaftende Aufgabe. Doch charakteristisch ist, daß
Schelling sie als Rückkehr zum Ursprung formuliert. Zunächst
klingt es als Variation Lessings: „Denn das Wesen des Menschen ist Handeln" – die nähere Bestimmung aber kehrt Lessings Konzept genau um: „Je weniger er aber über sich selbst
reflektiert, desto tätiger ist er. Seine edelste Tätigkeit ist die,
die sich selbst nicht kennt."[209] Das wäre instinktives Handeln
oder ein automatisiertes und auch das genaue Gegenteil einer

Wiederherstellung des Gleichgewichts der inneren und äußeren Beziehungen und Kräfte durch Freiheit. Eigentümlich ist, daß diese Denkfigur später als religiöses Verhältnis auftaucht: Geschichte erscheint als Abfall von und Rückkehr zu Gott (1804).

So erwächst Schellings Philosophieren aus einer kollektiv empfundenen Problematik, aus den Tübinger Diskussionen, wie die Zerrissenheit der Welt zu überwinden sei, und sie gewinnt von hier aus das Selbstbewußtsein, die Lösung gefunden zu haben.

1798 folgte „Von der Weltseele", 1799 „Erster Entwurf eines Systems der Naturphilosophie" und die „Einleitung zu dem Entwurf eines Systems der Naturphilosophie". Schon 1800 publiziert er das „System des transzendentalen Idealismus", worin er die Natur als bewußtlose Tätigkeit des Geistes entwickelt und die Kunst als Organon der Philosophie den Schlußstein seiner Beweisführung ausmacht.

Erscheinen hier Natur- und Transzendentalphilosophie als Parallelen, so dominiert der philosophischen Form nach Fichtes Systemansatz, während der Sache nach der Gedanke zu neuen Ufern drängt. Das Grundproblem faßt Schelling zusammen: „Wie zugleich die objektive Welt nach Vorstellungen in uns, und Vorstellungen in uns nach der objektiven Welt sich bequemen, ist nicht zu begreifen, wenn nicht zwischen den beiden Welten, der ideellen und der reellen, eine vorherbestimmte Harmonie existiert. Diese vorherbestimmte Harmonie aber ist selbst nicht denkbar, wenn nicht die Tätigkeit, durch welche die objektive Welt produziert ist, ursprünglich identisch ist mit der, welche im Wollen sich äußert, und umgekehrt. [–] Nun ist es allerdings eine produktive Tätigkeit, welche im Wollen sich äußert; alles freie Handeln ist produktiv, nur mit Bewußtsein produktiv. Setzt man nun, da beide Tätigkeiten doch nur im Prinzip Eine sein sollen, daß dieselbe Tätigkeit, welche im freien Handeln mit Bewußtsein produktiv ist, im Produzieren der Welt ohne Bewußtsein produktiv sei, so ist jene vorausbestimmte Harmonie wirklich, und der Widerspruch gelöst."[210] Dies führt Schelling als eine stufenweise Geschichte des Selbstbewußtseins durch. Auf Systemfunktion und Apotheose der Kunst ist noch einzugehen.

Wenn somit Natur der sichtbare Organismus unseres Verstandes sei und sie entsprechend gesetzlich-regelmäßig produziert, ist nachzuweisen, daß also auch das Ideelle dem Reellen entspringt und von ihm erklärt werden müsse, letztlich Transzendentalphilosophie und Naturphilosophie eine Einheit, eine Wissenschaft seien, wobei die erste Philosophie im allgemeinen repräsentiert. Das würde jedoch die Unterordnung der Natur unter das Fichtesche Ich, das für Schelling immer noch das subjektive Ich bleibt, bedeuten. Er treibt die Abstraktion höher: das Absolute ist reine Indifferenz von Subjekt und Objekt. Es verliert jedoch nicht den Charakter der Subjektivität, sowohl als Subjekt überhaupt, weil es das allein unmittelbar Gewisse sei, zum anderen als das unendliche Subjekt, das nie zum bloßen Objekt werden kann. Daher kann dieses Absolute pantheistischer Gott werden.

Über die Position des „Systems des transzendentalen Idealismus" geht Schelling sofort hinaus, und zwar in der „Allgemeinen Deduktion des dynamischen Prozesses oder der Kategorien der Physik" von 1801. Im gleichen Jahre etabliert er den weitergetriebenen Systemgedanken in „Darstellung meines Systems der Philosophie", jetzt eines „absoluten Identitätssystems".

Sein sich der Form nach an Spinoza anlehnender Systementwurf beginnt: „Ich nenne Vernunft die absolute Vernunft, oder die Vernunft, insofern sie als totale Indifferenz des Subjektiven und Objektiven gedacht wird." § 2 folgt: „Außer der Vernunft ist nichts, und in ihr ist alles." Ihr höchstes Gesetz sei das Gesetz der Identität, § 7: „Die einzige unbedingte Erkenntniß ist die der absoluten Identität", so daß § 12 gilt: „Alles, was ist, ist die absolute Identität selbst", und: „Alles, was ist, ist an sich Eines." Daher: „Nichts ist dem Seyn an sich nach entstanden." – „Nichts ist an sich betrachtet endlich", weil: „Alles, was ist, ist dem Wesen nach, insofern dieses an sich und absolut betrachtet wird, die absolute Identität selbst, der Form des Seyns nach aber ein Erkennen der absoluten Identität."[211] Diese absolute Identität ist daher absolute Totalität, es gibt kein einzelnes Ding an sich, sie ist das Universum selbst.

Das absolute Identitätssystem Schellings geht von einer

äußersten Abstraktion der „Vernunft" aus, es beweist freilich nicht, warum er von der Vernunft ausgehen müsse. Er führt die Operation vor: „. . . um sie als absolut zu denken, um also auf den Standpunkt zu gelangen, welchen ich fordere, muß vom Denkenden abstrahirt werden. Dem, welcher diese Abstraktion macht, hört die Vernunft unmittelbar auf etwas Subjektives zu seyn, wie sie von den meisten vorgestellt wird, ja sie kann selbst nicht mehr als etwas Objektives gedacht werden, da ein Objektives oder Gedachtes nur im Gegensatz gegen ein Denkendes möglich wird, von dem hier völlig abstrahirt ist; sie wird also durch jene Abstraktion zu dem wahren An-sich, welches eben in den Indifferenzpunkt des Subjektiven und Objektiven fällt. Der Standpunkt der Philosophie ist der Standpunkt der Vernunft, ihre Erkenntniß ist eine Erkenntniß der Dinge, wie sie an sich, d. h. wie sie in der Vernunft sind."[212]

Der alte Schelling hat diese seine Argumentation widerlegt, als er gegen Hegel kämpfte: „Der Beweis, daß etwas ist, hat keinen anderen Sinn, als daß etwas nicht nur Gedachtes ist. Dieser Beweis kann aber nicht aus dem Denken selbst geschöpft werden. Wenn zu einem Objekt des Denkens das Sein hinzukommen soll, so muß zum Denken selbst etwas vom Denken Unterschiedenes hinzukommen."[213] Doch da war Schelling schon die Welt selbst irrational geworden.

Hier wird Vernunft zum „wahren An-sich" als vom Denkenden und vom Gedachten abstrahiertes Denken: die Abstraktion des gesellschaftlichen Erkenntnisprozesses wird zu einem unmenschlich-autonomen Wesen entfremdet, sie vereint die Abstraktion vom Ich mit der Abstraktion von der Natur, die nun als Über-Subjekt ihnen gegenübergestellt wird. Der Gedanke des Denkens wird zum Produzenten des Denkenden. Von dieser Abstraktion her ist nun der Weg zur wirklichen Welt von Natur und Geschichte zu finden. Diese absolute Vernunft ist das Absolute, Identität, Totalität, späterhin Kraft.

Schelling findet keine homogene Lösung, insofern er einerseits in der absoluten Identität alle wirklichen Dinge ertränken muß, andererseits diese Identität in allem Wirklichen philosophisch bewußtmachen, also die Einheit des Widersprechen-

den und Entgegengesetzten in der Vielheit als gesetzlichen Zusammenhang dialektisch aufweisen will. Sofern er aus dem Absoluten ableitet, konstruiert er die Subjekt-Objekt-Relation als
Identität und Differenz; als Differenz seien beide Pole nur
quantitativ unterschieden, beide haben Natur und Geist in sich,
nur in entgegengesetztem Dominanzverhältnis. Daraus folgen
dann zwei „relative" Totalitäten des Objektiven und des Subjektiven, wobei die Materie als erste relative Totalität erscheint,
aufgefaßt als „unendlicher Magnet" in der Einheit und Entgegensetzung seiner Pole, so daß aus immer höheren Polaritäten
sich die Natur aufbaut. Dies führt Schelling bis zur Bestimmung
des Organismus als grundlegendes Naturmodell, denn: „Die
unorganische Natur als solche existirt nicht."[214]

Auf die zum Teil höchst abenteuerliche Konstruktion sei
hier nicht eingegangen, zumal Schelling sie abbricht. Den Plan,
sie bis zu den höchsten Tätigkeitsäußerungen der organischen
Natur durchzuführen, von hier aus zur absoluten Indifferenz
und von dieser zur Konstruktion der ideellen Reihe überzugehen, hat er nicht ausgeführt. Wichtiger ist, daß die Konstruktion aufgeht in der Gesamtschau eines Pantheismus, der ästhetische Züge trägt und der von Schelling mit außerordentlich
hohem Selbstbewußtsein als Philosophie der Epoche, des Welt-
alters verkündet wird, als eine Frohe Botschaft, so noch in der
„Darlegung des wahren Verhältnisses der Naturphilosophie zu
der verbesserten Fichteschen Lehre" von 1806: „Jetzt hilft nicht
mehr Wehren oder Zudecken, denn die Frucht, die reif ist, bricht
mit Macht an den Tag. In den Herzen und Geistern vieler Menschen liegt ein Geheimnis, das da ausgesprochen seyn will; und
es wird ausgesprochen werden. Alle Eigenheit, aller Zwang der
Schulen und Geschiedenheit der Meinungen muß aufhören und
alles zusammenfließen zu Einem großen und lebendigen Werk.
. . . Die lang verkannte Natur selbst wird, alles erfüllend, durchbrechen, alle Blättlein und Bücher werden sie nicht aufhalten,
alle Systeme der Welt nicht hinreichen sie zu dämmen. Dann
wird alles einig und eins werden, auch in der Wissenschaft und
Erkenntniß: wie schon von Ewigkeit alles einig und eins war
im Seyn, und im Leben der Natur."[215]

Das also ist die Sendung der Identitätsphilosophie, das bringt sie zur Sprache: die große künftige, von der Natur selbst zu bewerkstelligende Vereinigung. Und in diesem Sinne gewinnt sie schwärmerisch-begeisterte ästhetische Züge in dem Gespräch „Bruno oder über das göttliche und natürliche Prinzip der Dinge" (1802): Denn, da „sich die Philosophie nur mit den ewigen Begriffen der Dinge zu beschäftigen habe, so wird die Idee aller Ideen der einzige Gegenstand aller Philosophie seyn, diese aber ist keine andere als, welche die Ungetrenntheit des Verschiedenen vom Einen, des Anschauens vom Denken ausgedrückt enthält. Die Natur dieser Einheit ist die der Schönheit und der Wahrheit selbst. Denn schön ist, worin das Allgemeine und das Besondere, die Gattung und das Individuum, absolut eins sind . . ."[216]

„Das Innere aber einer solchen Natur, welche an sich weder Denken noch Seyn, aber die Einheit davon ist, einigermaßen zu fühlen, vermöchte nur der, welcher mehr oder weniger an ihr Theil nähme. Dieses innere Geheimniß jedoch ihres Wesens, nichts in ihr selbst weder von einem Denken noch einem Seyn zu enthalten, aber die Einheit davon zu seyn, die über beiden ist, ohne von beiden getrübt zu seyn, offenbart sich an der Natur der endlichen Dinge; denn im Reflex tritt die Form auseinander in Ideelles und Reelles, nicht als wäre dieses in jenem zuvor gewesen, sondern damit es als das, was die bloße Einheit davon ist, ohne es selbst zu seyn, erkannt würde.

Das Ewige demnach erkennen, heißt, in den Dingen Seyn und Denken nur durch sein Wesen vereinigt erblicken, nicht aber, es sey der Begriff als die Wirkung des Dings oder das Ding als Wirkung des Begriffs zu setzen. . . . Denn Ding und Begriff sind . . . durch das Absolute eins, wahrhaft betrachtet aber nur die verschiedenen Ansichten eines und desselben . . ."[217]

Der Hymniker der Identität erstickt nicht den Dialektiker, der Schelling hier auch ist in aller Phantastik: „Um in die tiefsten Geheimnisse der Natur einzudringen, muß man nicht müde werden, den entgegengesetzten und wiederstreitenden äußersten Enden der Dinge nachzuforschen; den Punkt der Vereinigung zu finden, ist nicht das Größte, sondern aus demselben auch sein Entgegengesetztes zu entwickeln, dieses ist das eigentliche und tiefste Geheimniß der Kunst."[218]

Und rauschhaft-visionär steigert sich Giordano Brunos Rede in der Antizipation und dem Versprechen dessen, was auf identitätsphilosophischem Wege erkannt werde: „Diesem folgend werden wir erst in der absoluten Gleichheit des Wesens und der Form die Art erkennen, wie sowohl Endliches als Unendliches aus ihrem Inneren hervorquillt, und das eine nothwendig und ewig bei dem andern ist, und wie jener einfache Strahl, der vom Absoluten ausgeht und es selbst ist, in Differenz und Indifferenz, Endliches und Unendliches getrennt erscheine, begreifen, die Art aber der Trennung und der Einheit für jeden Punkt des Universums genau bestimmen, und dieses bis dahin verfolgen, wo jener absolute Einheitspunkt in die zwei relativen getrennt erscheint, und in dem einen den Quellpunkt der reellen und natürlichen, in dem andern der ideellen und der göttlichen Welt erkennen, und mit jener zwar die Menschwerdung Gottes von Ewigkeit, mit dieser die nothwendige Gottwerdung des Menschen feiern . . ., die Natur in Gott, Gott aber in der Natur sehen."[219]

Was Schelling begeistert kündet, ist nicht die Forderung der Gottesrechte des Menschen gegen deren erzwungene Rechtlosigkeit. Das ist aus seinem Pantheismus erst noch politisch und sozial zu entnehmen.

Das Absolute ist Gott; was vorher gedankliche Konstruktion, nimmt den ganzen Bedeutungshof höchster Sinngebung und -erwartung auf. Schelling greift auf den Nolaner, auf dessen die mittelalterliche Weltsicht sprengende, Kopernikus' Entdeckung verallgemeinernde Weltvision zurück. Diese liegt vor der eigentlichen exakten Naturwissenschaft, die Spinoza philosophisch verallgemeinerte, vor der Mechanisierung des Weltbildes, kommt in ihrer rhetorisch-poetischen Vortragsweise, ihrer dialektischen Tiefe, die Schelling keineswegs ausgeschöpft hat, dessen Anliegen eines organischen Naturbildes entgegen.

Doch die zweihundert Jahre naturwissenschaftlicher Entwicklung verhindern, daß „Bruno" 1800 den Stellenwert gewinnt, den der philosophische Revolutionär einst hatte. Schellings Philosophie verliert an materialistischem Gehalt und wird ästhetisches Gewand einer die Welt bejahenden, ja ihr sich hingebenden Philosophie, doch das Objekt dieser Hingabe ist nicht die begriffene wirkliche Welt, sondern das schöne Bild von ihr, die utopische Versöhnungseinheit, die nicht ist – und gerade die Vermittlung zum Wirklichen läßt Schelling offen. Er greift stärker auf Platons Ideenlehre zurück, eine Vermittlung zwischen dem Einen und dem Mannigfaltig-Realen zu finden, und die Schau des göttlichen Ganzen erscheint in platonischer Entrückungssprache.

Die Parallelen zu Hölderlin in bezug auf allgemeine theoretisch-weltanschauliche Konzepte liegen auf der Hand. Gemeinsam ist ihnen die Idee der pantheistischen All-Einheit, gemeinsam auch die Zweideutigkeit, die Einheit als ewige Natur und Sein und zugleich als herzustellend zu fassen. Demgegenüber ist Hölderlins intensivere Historizität von Schellings Konzept der Zeitlosigkeit unterschieden. Wichtiger ist die Funktion, welche diese weltanschauliche Grundidee im wirklichen Weltanschauen einnimmt. Für Hölderlin wird die Dialektik des Ausbleibens und Ausstehens der Harmonie Gegenstand seiner Poesie.

Für Schelling beginnt die absolute Identität, kaum etabliert, wieder brüchig zu werden. Er bedarf des Platonismus als Vermittler von Identität und realer Vielheit. Unterderhand, ihm selbst kaum bewußt, verwandelt sich das Absolute oder Gott aus der Systemfunktion in eine Person. Christliche Gedanken brechen auf, und 1804 wird das Verhältnis von Identität und realer Erscheinung in „Philosophie und Religion" als Abfall bestimmt – Konsequenz dessen, was in „Bruno" und in den „Vorlesungen über die Methode des akademischen Studiums" (1802) sich anzudeuten begonnen hatte.

Eine erstaunlich schnelle Entwicklung. Schellings philosophische Genialität und Phantasie nährten sich von starker Rezeptivität dessen, was in seinem Milieu kollektiv gesucht, ersehnt, diskutiert wurde. Im Kommunikationskreis seiner Mitstudenten war er revolutionär gestimmt. Der die Naturphilosophie schuf, war erfüllt vom Sturm und Drang gegen eine bestehende Welt. Noch der Kreis der Frühromantiker inspirierte ihn mit dem enthusiastischen Bewußtsein eines Epochenanbruchs, sosehr dieser schon ästhetisiert wurde. Das Selbstbewußtsein des Schöpfers einer neuen epochalen Weltphilosophie mußte sich halten im Gefühl gänzlicher Ohnmacht, entschwindender Perspektive und schließlich Stabilisatoren im Bestehenden suchen. Nach Verlust des Jenenser Milieus nehmen die konservativen Züge zu, der Untertan des Absolutismus mit liberalen Vorbehalten wird allmählich zur Repräsentationsfigur des politisch-weltanschaulichen Obskurantismus.

Der Sturmlauf, der Schelling die avancierteste Form klassisch-bürgerlicher Philosophie um 1800 vor Hegel entwickeln und den Bann des transzendentalphilosophischen subjektiven Idealismus durchbrechen ließ, war freilich schon ein Weg mit Verlusten. Mit der Französischen Revolution ließ er Kant hinter sich im Bewußtsein, „daß es ein und derselbe von lange her gebildete Geist war, der sich nach Verschiedenheit der Nationen und der Umstände dort in einer realen, hier in einer idealen Revolution Luft schaffte"[220]. Mit Fichtes subjektivem Idealismus schob er dessen demokratischen Rigorismus weg. Seine originellste Leistung war die Naturphilosophie, und diese war – ihrer sozialen Bedeutung nach – innerhalb der Philosophie ein revolutionärer Akt. Gewiß, man kann sie – wie Schelling selbst – als Umweg und Ausweitung des transzendentalen Idealismus betrachten. Aber ihren Gehalt gewann sie vom Gegenstand her, der gerade den Idealismus negierte. Die Ahnungen der Dialektik der Natur, das Etablieren der an sich seienden Objektivität der „schaffenden" Natur wurde von einem stürmisch sich äußernden Lebens- und Selbstgefühl getragen, das der nachthermidorianischen Lebensstimmung entsprach, den jakobinischen Asketismus abtat und dadurch der untertänig gedrückten, frömmelnden Lebensnorm des deutschen Bürgertums widersprach. Hier liegt ein philosophisch-materialistisches Moment, das keineswegs aufgehoben wird in der transzendentalphilosophischen Ableitung der Natur als unbewußtes Schaffen des Geistes.

Gewiß ist dies ideologisch durchaus ambivalent. Zur gleichen Zeit feiert Hölderlin die moralisch-politische Kur des deutschen Volkes durch Kant und Fichte, bezeichnet Kant als Mose der Nation und reflektiert das Bewußtsein eines allgemeinen Interesses als dringendstes Bedürfnis. Eben da äußert sich in Schelling eruptiv die Feier des materiellen individuellen Lebensgenusses. Im Grunde handelt es sich hier um Alternativen innerhalb der deutschen bürgerlichen Ideologie, deren wirkliche historische Ausweglosigkeit Georg Büchner in „Dantons Tod" auf der Ebene der historischen Tragödie zeigte, was in Deutschland bei Hölderlin zur Lebenstragödie wurde und bei Schelling zur Selbstkorrektur über ästhetische Sublimierung führte. Die Weltfeier seines Pantheismus hat die in der Philosophie verbotene Frucht – um im Bilde zu bleiben – in den ästhetischen Blütenduft zurückverwandelt.

Dies zu belegen, sei auf das „Epikurisch Glaubensbekenntnis Heinz Widerporstens" von 1799 eingegangen, zumal dieses in plastischer Form auch die Quintessenz der Naturphilosophie darstellt. Hier spricht Schelling

> . . . wie unser einer,
> Der hat Mark, Blut, Fleisch und Gebeiner.
> Weiß nicht, wie sie's können treiben,
> Von Religion reden und schreiben;
> . . .
> Halt' mich allein am Offenbaren,
> Was ich kann riechen, schmecken und fühlen,
> Mit allen Sinnen drinnen wühlen.[221]

Hier ist er selbstbewußter Sensualist, der die Welt genießt und explodiert gegen Muckertum und Askese.

> Wüßt' auch nicht, wie mir vor der Welt sollt' grausen,
> Da ich sie kenne von innen und außen.

Doch diese Welt und Natur ist nicht toter Stoff, sondern drängendes Leben:

Stickt zwar ein Riesengeist darinnen,
Ist aber versteinert mit allen Sinnen,
Kann nicht aus dem engen Panzer heraus
Noch sprengen sein eisern Kerkerhaus,
Obgleich er oft die Flügel regt,
Sich gewaltig dehnt und bewegt,
In toten und lebend'gen Dingen
Tut nach Bewußtsein mächtig ringen;
Daher der Dinge Qualität,
Weil er drin quellen und treiben tät,
Die Kraft, wodurch Metalle sprossen,
Bäume im Frühling aufgeschossen,
Sucht wohl an allen Ecken und Enden
Sich ans Licht herauszuwenden . . .[222]

Und dieser Lebensgeist erkennt sich erst im Menschen:

Gegen widrig Element,
Lernt er im Kleinen Raum gewinnen,
Darin er zuerst kommt zum Besinnen;
In einen Zwergen eingeschlossen
Von schöner Gestalt und graden Sprossen,
Heißt in der Sprache Menschenkind,
Der Riesengeist sich selber find't.

Und von diesem gilt:

Könnt also zu sich selber sagen:
Ich bin der Gott, der sie im Busen hegt;
Der Geist, der sich in allem bewegt.
Vom frühsten Ringen dunkler Kräfte
Bis zum Erguß der ersten Lebenssäfte,
Wo Kraft in Kraft und Stoff in Stoff verquillt,
Die erste Blüt', die erste Knospe schwillt,
Zum ersten Strahl von neu gebornem Licht,
Das durch die Nacht wie zweite Schöpfung bricht
Und aus den tausend Augen der Welt

> Den Himmel so Tag wie Nacht erhellt,
> Herauf zu des Gedankens Jugendkraft,
> Wodurch Natur verjüngt sich wieder schafft,
> Ist Eine Kraft, Ein Pulsschlag nur, Ein Leben,
> Ein Wechselspiel von Hemmen und von Streben.[223]

Es folgen Hohn auf die Menschenklasse geistlicher Rasse, die der Materie Haß geschworen, und ein widerborstig-leidenschaftliches Bekenntnis zur Anbetung von Materie und Licht, zu Liebe und Liebesgenuß mit Berufung auf Schlegels „Lucinde".

Es gibt keinen kräftigeren Ausdruck eines materialistischen, „fleischlichen" Sensualismus und vitaler Lebensbejahung im Umkreis der Jenenser Frühromantik – Ausdruck auch der Lebensstimmung, die da im Intellektuellenkreise der Romantiker gehegt wurde und die den Anspruch auf sinnlichen Lebensgenuß bewußt artikulierte und auch ausdrückte – ganz entgegengesetzt dem immanenten Asketismus Fichtes, aber auch diesem noch verbunden: es ist mehr der Lebensrausch in der Phantasie denn ein gelebter. Dies gehört zur Physiognomie der Frühromantik und ist Ferment der Naturphilosophie Schellings.

Die Anregungen aus Goethes „Faust" sind nicht zu übersehen, auch nicht die Unterschiede: Der Gott, der in Fausts Busen wohnt, leidet daran, nach außen nichts bewegen zu können; der Schellingsche Mensch ist der Gott, dem die Natur schon im Busen wohnt, er hat sie schon. Auch Jakob Böhme klingt an. Entscheidend ist die Sicht einer lebendig werdenden, in Streben und Hemmen einheitlichen belebten Natur, deren Riesengeist im Menschen zu sich kommt, umgekehrt ein Menschengeist, dem sie im Busen liegt, der sich in ihr erkennt. Natur als sichtbarer Geist und Geist als unsichtbare Natur bilden eine Einheit.

Blicken wir von hier zu Hölderlin. Er hat niemals solche sinnliche Vitalität ausgedrückt und ausdrücken können. Sosehr er in der Bestimmung des Menschen eine analoge Mensch-Natur-Einheit entwirft, so ist sie die ausstehende Einheit, nicht der reale Genuß. Der Widerspruch gegen eine bestehende Welt – nicht gegen die geistliche Rasse in der Welt –, der Hölderlins

wie Fichtes Ausgangspunkt charakterisiert, fehlt. Und blicken
wir zu Heine vorwärts, so zeigt sich eine andre Dimension des
Sensualismus, die soziale, die Heine mit dem proletarischen
Klassenkampf verbindet.

Im „System des transzendentalen Idealismus" von 1800 faßt
Schelling seine Naturphilosophie unter folgendem Aspekt zusammen: „Die vollendete Theorie der Natur würde diejenige
sein, kraft welcher die ganze Natur sich in eine Intelligenz auf-
löste. – Die toten und bewußtlosen Produkte der Natur sind
nur mißlungene Versuche der Natur sich selbst zu reflektieren,
die sogenannte tote Natur aber überhaupt eine unreife Intelligenz, daher in ihren Phänomenen noch bewußtlos schon der in-
telligente Charakter durchblickt. – Das höchste Ziel, sich selbst
ganz Objekt zu werden, erreicht die Natur erst durch die höchste
und letzte Reflexion, welche nichts anderes als der Mensch, oder,
allgemeiner, das ist, was wir Vernunft nennen, durch welche zuerst die Natur vollständig in sich selbst zurückkehrt, und wodurch offenbar wird, daß die Natur ursprünglich identisch ist
mit dem, was in uns als Intelligentes und Bewußtes erkannt
wird."[224]

So wird der Materialismus aufgesogen vom Idealismus des
Geistes, der als Natur unbewußt tut, außer sich ist, auf dem
Wege des Zu-sich-Kommens, was dann in der Geschichte des
Selbstbewußtseins im Menschen sich vollzieht. Der „Riesengeist" des Gedichts ist nicht poetische Metapher, sondern philosophischer Konstruktionsgedanke, wodurch Natur antimecha-
nistisch als Selbsttätigkeit konstruierbar und zugleich deren Produktivität identisch mit der Bewußtseinstätigkeit wird: das
Identische ist die Tätigkeit in dialektischer Bewegungsform.

Was zwang Schelling, über Fichtes subjektiven Idealismus
hinauszugehen? Philosophisch ist der Hebel dazu die Naturphilosophie. In ihr emanzipiert sich der Stiftsschüler von theo-
logischem Druck und Lebensverkümmerung und entdeckt die
wissenschaftlich zu erkennende Welt – und dies im rebellischen
Gefühl des Werdens einer neuen, freieren Epoche. Und dieser
organisch-sinnlichen Natur gegenüber muß Fichtes Philosophie
bei allem mitreißenden Pathos eng und entfremdet erscheinen.

Sie gestand das auch insofern ein, daß ihr das Konkrete, das Faktische, das Individuelle unerklärbar und unkonstruierbar bleiben mußte; so weit reicht die Macht des Ich, das Nicht-Ich zu setzen, nicht. Andererseits bleibt Schelling in seinem theoretischen Denkmodell an Fichte gebunden. Leben, Aktivität, Selbstkonstruktion ist letztlich nur nach Analogie des Menschen aus geistiger Tätigkeit zu erklären. Die Beziehung auf die Natur aber findet ihre Anknüpfungsmomente – wie Schelling poetisch zeigt – im körperlichen Selbstgefühl und Genuß einerseits, im großen ästhetischen Bilde andererseits. Die Identität Mensch –Natur faßt nicht die Veränderung der Natur durch den Menschen, die Arbeit, diese entfremdet sich in die Selbsterzeugung der Natur, die der Philosoph nachkonstruiert. Daher kann das fichteanische Konstruktionsprinzip naturphilosophisch produktiv werden. Andererseits kann die Natur als sichtbarer Geist, als reale Seite des ewigen Handelns des Absoluten interpretiert werden: der das Absolute in ihr sah, abstrahiert es von ihr, macht es ihr gegenüber letztlich zum Subjekt, sie selbst zur Erscheinung eines anderen.

Das von Heine so energisch bejahte Moment frißt der idealistische Systemgedanke auf: und er siegt endgültig in dem Moment, wo er sich selbst transformiert und preisgibt – wenn die absolute Identität ins Religiöse wandert und der Wille als „Ursein" behauptet wird.

„Das älteste Systemprogramm des deutschen Idealismus"

Schellings „System des transzendentalen Idealismus" von 1800 endet mit dem Gedanken, „daß die Philosophie, so wie sie in der Kindheit der Wissenschaft von der Poesie geboren und genährt worden ist, und mit ihr alle diejenigen Wissenschaften, welche durch sie der Vollkommenheit entgegengeführt werden, nach ihrer Vollendung als ebensoviel einzelne Ströme in den allgemeinen Ozean der Poesie zurückfließen, von welchem sie ausgegangen waren". Das Mittelglied der Rückkehr zur Poesie sei die Mythologie, die vor der Trennung von Poesie und Philosophie existiert habe. „Wie aber eine neue Mythologie, welche nicht Erfindung des einzelnen Dichters, sondern eines neuen, nur Einen Dichter gleichsam vorstellenden Geschlechts sein kann, selbst entstehen könne, dies ist ein Problem, dessen Auflösung allein von den künftigen Schicksalen der Welt und dem weiteren Verlauf der Geschichte zu erwarten ist."[225]

Beide Gedanken stehen annähernd im sogenannten „Ältesten Systemprogramm des deutschen Idealismus", dem in Hegels Handschrift vorliegenden Fragment von der Jahreswende 1796/97, das mit dem Programm einer neuen Mythologie endet. Der erste ist in Hölderlins „Hyperion" nachzulesen.

Die Verfasserschaft ist umstritten. Zunächst wurde sie Schelling zugeschrieben, und das Ende des „Systems des transzendentalen Idealismus" spricht für die Wahrscheinlichkeit dieser Annahme. In jüngerer Zeit wird Hegel als Verfasser behauptet; eindeutig ist jedoch nur, daß er den Text geschrieben, nicht, ob er ihn abgeschrieben oder selbst verfaßt: er wäre in Gedankengang und Gestus unikal in Hegels Werk. Auch Hölderlins Autorschaft wurde erwogen, aber der erste Teil trägt gut fichteanische Züge – nicht die seinen; der zweite Teil läßt – soweit herrscht Übereinstimmung – eine Aufnahme Hölderlinscher Gedanken erkennen.

Wenn Schelling der Autor ist – mir scheint er noch der wahrscheinlichste –, dann kann ihm Hölderlin in Diskussionen im Sommer und Herbst 1795 und im April 1796 seine Gedanken – sowohl zur Fichte-Kritik als auch zur Schönheit – vorgetragen haben. In Briefen an Niethammer spricht Hölderlin von Differenzen (22. Dezember 1795, 24. Februar 1796), was erklärlich ist, insofern Schelling als Fichteaner auftrat, Hölderlin dagegen in „Urteil und Sein" seine Position fixiert hatte.

Es handelt sich um einen sehr selbstbewußt formulierten Text, vielleicht einen Redeentwurf, in dem ein Systemkonzept vorgestellt wird, mindestens um eine auf Systemzusammenhänge verweisende Darstellung dessen, was not tut. Grundgestus ist: Ich weiß, was der Menschheit not tut – und das ist die neue Mythologie. Die geschichtliche Situation läßt dies zuspitzen: Nicht eine Revolution, sondern eine neue Mythologie ist not, diese wird erreichen, was die Revolution, was der neue bürgerliche Staat nicht erreichen konnten und je werden können.

Der erste erhaltene Satz beginnt: „Da die ganze Metaphysik künftig in die Moral fällt . . ." (II, 441) Anschließend wird die Ethik als über Kant hinausgehendes vollständiges System aller Ideen bzw. der praktischen Postulate angekündigt. Zweckmäßig ist, hier daran zu erinnern, daß Schelling 1795 im Vorwort zu „Vom Ich als Prinzip der Philosophie" ein „Gegenstück zu Spinozas Ethik aufzustellen"[226] versprochen hatte, das eben nicht vom absoluten Objekt, sondern vom Unbedingten im Ich ausgehen müsse. Die gesamten Gedanken des „Systemprogramms" bewegen sich in einem analogen Rahmen: dem Ausgang „von mir selbst als einem absolut freien Wesen", mit dem allerdings schon die Welt gesetzt sei (also von einem das Nicht-Ich setzenden Ich ist hier keine Rede), folgt der Übergang zur Natur, von dort zum Menschenwerk, zur Menschheit, zur Schönheit als alles vereinender Idee und von hier aus zum Programm der neuen Mythologie.

Die Natur steht unter der Frage: Wie muß eine Welt für ein moralisches Wesen beschaffen sein? Der Verfasser wolle der

Physik „einmal wieder Flügel geben". Nur wenn die Philosophie die Ideen, die Erfahrung die Daten gäbe, können wir endlich eine Physik im Großen bekommen. Die Natur steht – von der Frage her – unter dem Aspekt menschlicher Sinngebung; zu denken wäre an ein Weiterführen der Problemstellung der „Kritik der teleologischen Urteilskraft". Die Frage müßte erkenntnistheoretisch umformuliert werden, wenn die Naturphilosophie Schellings die Antwort darauf gäbe.

Von hier aus erfolgt der Sprung zu Gesellschaft und Geschichte: „Von der Natur komme ich aufs Menschenwerk. Die Idee der Menschheit voran – will ich zeigen, daß es keine Idee vom Staat gibt, weil der Staat etwas Mechanisches ist ... Nur was Gegenstand der Freiheit ist, heißt Idee. Wir müssen also auch über den Staat hinaus! – Denn jeder Staat muß freie Menschen als mechanisches Räderwerk behandeln; und das soll er nicht; also soll er aufhören." Der Abschnitt endet in einem unvollständigen Satz: „Absolute Freiheit aller Geister, die die intellektuelle Welt in sich tragen und weder Gott noch Unsterblichkeit außer sich suchen dürfen." (II, 441 und 442)

Doch dieser Souveränitätserklärung folgt, was der Souveränität das rigoros Herrscherliche nimmt: „Zuletzt die Idee, die alle vereinigt, die Idee der Schönheit, das Wort in höherem, platonischem Sinne genommen. Ich bin nun überzeugt, daß der höchste Akt der Vernunft, der, indem sie alle Ideen umfaßt, ein ästhetischer Akt ist, und daß Wahrheit und Güte nur in der Schönheit verschwistert sind." Daran schließt an: „Der Philosoph muß ebensoviel ästhetische Kraft besitzen als der Dichter. ... Die Philosophie des Geistes ist eine ästhetische Philosophie. ... Die Poesie ... wird am Ende wieder, was sie am Anfang war – Lehrerin der Menschheit", die Dichtkunst werde allein „alle übrigen Wissenschaften und Künste überleben".

Es folgt die berühmte Forderung: „Zuerst werde ich hier von einer Idee sprechen, die, soviel ich weiß, noch in keines Menschen Sinn gekommen ist – wir müssen eine neue Mythologie haben, diese Mythologie aber muß im Dienste der Ideen stehen, sie muß eine Mythologie der Vernunft werden." (II, 442 f.)

Dies wird zugleich politisch begründet: „Ehe wir die Ideen

ästhetisch, d. h. mythologisch machen, haben sie für das Volk kein Interesse, und umgekehrt: ehe die Mythologie vernünftig ist, muß sich der Philosoph ihrer schämen. So müssen endlich Aufgeklärte und Unaufgeklärte sich die Hand reichen, die Mythologie muß philosophisch werden, um das Volk vernünftig, und die Philosophie muß mythologisch werden, um die Philosophen sinnlich zu machen. Dann herrscht ewige Einheit unter uns . . . gleiche Ausbildung aller Kräfte . . . allgemeine Freiheit und Gleichheit der Geister!"

Mit gesteigertem Tone kündet der Schluß: „Ein höherer Geist, vom Himmel gesandt, muß diese neue Religion unter uns stiften, sie wird das letzte, größte Werk der Menschheit sein." (II, 443)

Die Kernprobleme sind: 1. die Forderung, den Staat abzuschaffen; 2. Ästhetisierung der Philosophie und Apotheose der Poesie; 3. die daraus resultierende Forderung nach einer neuen Mythologie als entscheidender Bedingung einer neuen idealen Vereinigung der Menschheit; 4. widersprüchlich genug: ein höherer Geist vom Himmel ist für die Stiftung der neuen Religion gefordert – Metapher eines Genies –, aber sie wird Werk der Menschheit sein.

Das „Systemprogramm" ist in der nachthermidorianischen Situation gedacht und gesprochen, speziell in der junger deutscher Intellektueller. Es ist, so es keine stürmische Selbstverständigung, adressiert an einen Kreis Gleichgesinnter, wo man unter sich ist.

Hegels Brief an Schelling vom 16. April 1795 zeigt die perspektivische Ungeduld: „Ich glaube, es ist kein besseres Zeichen der Zeit als dieses, daß die Menschheit an sich selbst so achtungswert dargestellt wird; es ist ein Beweis, daß der Nimbus um die Häupter der Unterdrücker und Götter der Erde verschwindet. Die Philosophen beweisen diese Würde, die Völker werden sie fühlen lernen und ihre in den Staub erniedrigten Rechte nicht fodern, sondern selbst wieder annehmen, – sich aneignen. Religion und Politik hat unter *einer* Decke gespielt, jene hat gelehrt, was der Despotismus wollte . . ." Und vorher formulierte Hegel: „Vom Kantischen System und dessen höchster

Vollendung erwarte ich eine Revolution in Deutschland, die von
Prinzipien ausgehen wird, die vorhanden sind und nur nötig
haben, allgemein bearbeitet, auf alles bisherige Wissen ange-
wendet zu werden."[227] Im Januar 1796 schreibt ihm Schelling:
„Es kommt darauf an, daß junge Männer, entschieden, alles zu
wagen und zu unternehmen, sich vereinigen, um von verschiednen Seiten her dasselbe Werk zu betreiben, nicht auf einem,
sondern auf verschiednen Wegen dem Ziel entgegenzugehen,
überall aber gemeinschaftlich zu handeln übereinkommen, und
der Sieg ist gewonnen. Es wird mir alles zu enge hier – in uns-
rem Pfaffen- und Schreiberland."[228]

Die „unsichtbare Kirche" brodelt. Und doch ist es zweierlei:
von philosophischen Prinzipien und deren Bearbeitung eine Revolution zu erwarten oder eine wirkliche politische Umwälzung
des so vielgestaltigen, halb mittelalterlichen, äußerste historische
Gegensätze in sich bergenden Heiligen Römischen Reiches Deutscher Nation zu konzipieren, ja auch nur sich vorzustellen. Es
war nicht nur Georg Forster unter den deutschen Revolutionären, der Deutschland für nicht reif für eine Revolution hielt,
andererseits seine Leser begreifen ließ, „daß die Revolution
sich so lange fortwälzen müsse, bis ihre bewegende Kraft ganz
aufgewendet seyn wird", der die in philosophischen Prinzipien
bewegenden Kräfte zu erkennen glaubte und lehrte: „Diese bewegende Kraft ist allerdings nichts rein Intellektuelles, nichts
rein Vernünftiges; sie ist die rohe Kraft der Menge. In so fern,
wie Vernunft ein vom Menschen unzertrennliches Prädikat ist,
in so fern hat sie freilich auf die Revolution ihren Einfluß . . .,
bestimmt zum Theil ihre Richtung; aber präponderiren kann sie
nicht, und wenn – wie wir doch nicht in Abrede seyn wollen? –
die Revolution einmal im Rathe der Götter beschlossen war,
durfte sie es auch nicht, weil ihre Präponderanz an und für sich
nur die Revolution hemmen, nie sie treiben und vollbringen
kann."[229]

Wie also sind die Menschheitsideale der Aufklärung, wie sind
Freiheit und Gleichheit dem Wirklichen zu vermitteln, wie dies
zum Äußersten getriebene Selbstbewußtsein und der Anspruch
der Subjektivität, die Welt autonom vernünftig zu gestalten,

mit einer Geschichtserfahrung zu verbinden, die Goethe in dem Vers zusammenfaßte: „Du glaubst zu schieben, und du wirst geschoben" („Faust", V. 4117). Die Französische Revolution wirkte als Befreiungsfanal und als Epochenlehrstück vom Zauberlehrling. Hölderlin, Schelling und Hegel hatten den Freiheitsbaum gefeiert, doch sich entsetzt über die „Schändlichkeit der Robespierroten". Hölderlin hatte überschwenglich den Sturz der Jakobiner begrüßt. Welches Bild bot die Revolution jetzt diesen ihren deutschen Zeitgenossen?

Im August 1796 war Hölderlins Freund Ebel nach Paris gegangen und schrieb trübselige Desillusionierungsbriefe. Ebel, Briefkorrespondent von Engelbert Oelsner, Hegels Gesprächspartner in Bern, war zeitweise Geschäftsträger Frankfurts bei der französischen Regierung. Der Anhänger der Gironde war vor der Terreur in die Schweiz geflohen; begeistert kehrte er nach dem 9. Thermidor zurück, und in der Folgezeit erfuhr er, der doch fürs „Sach- und Personeneigentum" konterrevolutionäre Bewegungen gegen die Jakobiner unterstützt hatte, den absoluten Widerspruch zwischen girondistischer Illusion und deren ökonomischem Inhalt: an der Unversöhnlichkeit der Klassengegensätze angesichts der ausgebrochenen Bourgeoisorgie.

Georg Friedrich Rebmann berichtet von seiner Frankreichreise 1796: „Das Volk, welches gelitten, gekämpft, gearbeitet, gefochten, gehungert hat, zahlt sein Brot um ein Drittel teurer in barem Gelde als im Jahre 1792 unter Robespierren in Papier und um ein Viertel teurer als unter der alten Regierung." Und bedachten Hölderlin und Hegel den „Gemeingeist" als Voraussetzung einer Erneuerung der Gesellschaft, so stellte Rebmann fest, „der ganze Gemeingeist geht hier darauf hinaus, Geld zu erwerben und zu vertun, und bei der gemeinen Menschenklasse, auf eine ehrliche Art ihre Subsistenz zu fristen". Und er sah dennoch: „Nie war in Frankreich der Ackerbau und die Viehzucht auf eine so hohe Stufe gebracht als jetzt."[230]

Auch das Frankreich des Directoire war noch revolutionäre Zukunft gegenüber dem feudalen Europa – aber der kapitalistische Inhalt seiner Revolution wurde freigesetzt, die Diktatur der Jakobiner, nachdem sie die Revolution gerettet, war hinter dem

Rauchvorhang der konterrevolutionären feudalen und großbürgerlichen Schreckenspropaganda verschwunden. Doch im Frühjahr 1796 schon hieß es in der Flugschrift Buonarrotis: „Die Revolution ist nicht beendet, denn die Reichen reißen alle Güter an sich und gebieten allein, während die Armen wie wahre Sklaven arbeiten, im Elend umkommen und im Staate nichts zu sagen haben."[231] In Archenholz' „Minerva" wurde dann 1797 ausführlich über Prozeß, Anklage, Reden der Angeklagten und das Programm der Verschwörung der Gleichen berichtet: „Beendigung der Revolution" war die Parole der thermidorianischen Bourgeoisie und Diktum des Verfassungsdekrets Napoleons von 1799. Und 1798 schrieb Rebmann in der „Geißel": „Der schöne Traum, Deutschland zu einer Republik und die Deutschen zu einer Nation werden zu lassen, mußte aufgegeben werden."[232] Es ist das Jahr, da die Armee des Directoire offiziell revolutionäre Bestrebungen unterband.

Der Traum der revolutionären Demokraten in Deutschland scheiterte an der Unreife der Verhältnisse. Die Volksunruhen und -bewegungen antifeudalen Charakters, die immer wieder ausbrachen, blieben sporadisch, zersplittert, auf enge Ziele begrenzt, gewannen keine überterritoriale Bedeutung. Das Bürgertum – gewesener Stand und werdende Klasse – litt zwar unter ständischer Hierarchie und politischer Zersplitterung, lebte aber zu sehr davon; die deutschen Demokraten, so sie über publizistisches Wirken hinausgingen, mußten mit der Armee der Revolution konspirieren, und diese ließ sie im Stich – das gilt auch für die süddeutsche republikanische Verschwörung, mit der Hölderlin Berührung hatte und zu deren Nachwehen Sinclairs Verhaftung gehörte. Die stärkste Gruppe bürgerlich-progressiver Bestrebungen, die auf Reform oder Revolution von oben setzte, zumal sie keine eigene Klassenbewegung als Basis hatte, erfuhr die Demontage ihrer Illusionen selbst in Enklaven relativ liberaler Musenhöfe.

Dennoch: das Faktum der Revolution hatte mit dem internationalen Kräfteverhältnis auch das Kräfteverhältnis der Klassen in Deutschland verändert, die Legitimität der bestehenden Machtverhältnisse hatte ihren Nimbus verloren. Der Widerspruch zwischen bürgerlicher intellektueller Idealität und der Realität war schmerzhaft bis zum äußersten, untertänige Ohnmacht konnte nur mit dem sacrificium intellectus ihr gutes Gewissen erkaufen, die praktische Ohnmacht in der zersplitterten Welt der Absolutismen, Residenzen und Reichsstädte war ein Dauerstachel, der die wirkliche Bewegungslosigkeit und -bedürftigkeit ständig bewußthielt. Die ungeheure geistige Produktivität der neunziger Jahre ist dem zu verdanken. Sie ist insgesamt in Produktion, Auseinandersetzung, Fraktionsbildung der schöpferische Versuch einer produktiven geistigen Selbstbestimmung und -aufklärung über das Woher und Wohin, eben einen Ausweg zu suchen, eine Perspektive und perspektivische Strategie.

Unser „Systemprogramm" ist aus dieser Situation heraus entstanden, getragen von dem von Kant und Fichte gelernten Anspruch der sich selbst bestimmenden Subjektivität. Es ist Antwort auf das Zusammenstoßen dieser bewegten Subjektivität mit dem unveränderten, sterilen Lebenszustand, dem nur Nachrichten von ferne große Entwicklungen vermitteln, zu denen die Alltagsanschauung kein Verhältnis findet. Die Proklamation der Einbildungskraft als Organ auch philosophischen Erkennens ist – von allen innerphilosophischen Konstruktionsbedingungen abgesehen – Ausdruck, im gehaltlosen Leben Gehalt zu sehen, sich seiner anschaulich zu vergewissern, ein Wirklichkeitshunger, der empirisch ins Leere greift.

In dieser Gesamtsituation ist das „Systemprogramm" eine sehr selbstbewußte Positionsbestimmung. Fragwürdig ist es, über fehlende Teile zu spekulieren. Wir müssen uns an den Gedankengang der projektierten Ethik halten, der vom Ich zur Vereinigung der Menschheit führt. Auffällig ist die radikale Forderung nach Abschaffung des Staates als eines elenden, den Menschen, der doch ein selbstbewußtes und sich selbst bestimmendes Subjekt, wie ein mechanisches Räderwerk behandelnden „Menschenwerks". Die künftige Vereinigung der Menschheit setzt deren Mangel als Ausgangspunkt voraus, eine bestehende und zu überwindende Zwietracht. Weder von einer Revolution noch von einer Veränderung politischer Verhältnisse – etwa der

Fürsten- und Adelsherrschaft – ist die Rede, noch vom Gegensatz zwischen Monarchie und Republik, noch davon, wie sich die
„Menschheit" zu den national und staatlich getrennten wirklichen Menschen verhält. Statt dessen verschwindet die politische
Sphäre aus der Diskussion.

Nun ist der Gedanke, daß der Staat kein Letztes sei, so neu
nicht. „Das Leben im Staate gehört nicht unter die absoluten
Zwecke des Menschen, was auch ein sehr grosser Mann darüber
sage; sondern es ist ein nur unter gewissen Bedingungen statt-
findendes Mittel zur Gründung einer vollkommenen Gesellschaft. Der Staat geht, ebenso wie alle menschlichen Institute,
die blosse Mittel sind, auf seine eigene Vernichtung aus: es
ist der Zweck aller Regierung, die Regierung überflüssig zu machen. Jetzt ist der Zeitpunct sicher noch nicht – . . . – und es ist
überhaupt hier nicht von einer Anwendung im Leben, sondern
von Berichtigung eines speculativen Satzes die Rede . . .; aber
es ist sicher, dass auf der a priori vorgezeichneten Laufbahn des
Menschengeschlechtes ein solcher Punct liegt, wo alle Staats-
verbindungen überflüssig seyn werden. . . . wo . . . die blosse
Vernunft als höchster Richter allgemein anerkannt seyn
wird."[233] So Fichte in den „Vorlesungen über die Bestimmung
des Gelehrten". Wie ernst er den Staat nahm, zeigt der „Geschlossene Handelsstaat".

Und Rebmann formuliert sein Grundkonzept:

„. . . diese Revolution ist nur erst der Anfang einer weit größern, ohne welche alles, was bisher geschehen ist, eitles Spielwerk sein würde. Sie ist noch in Jahrhunderten schwerlich vollendet, und jeder Versuch, sie gegen die Stimmung der Menschen
mit Gewalt in der gegenwärtigen Generation zu beschleunigen,
entfernt uns weiter vom Ziele . . . Jetzt haben wir noch nichts
gewonnen als eine neue Form, ungleich besser als alle vorhergehenden, denn sie hat das Verdienst, daß die sogenannten Re-
gierenden die Menschheit nicht direkt an ihre Vervollkommung
hindern können . . . Wir müßten erst die Regierungen revolu-
tionieren und republikanisieren, um auch die Menschen republikanisieren zu können.

Meine Republik fängt erst dann an, wenn die Menschheit gar

keiner Regierung mehr bedarf, wenn jeder seinen Acker baut oder seine Schuhe macht und sich nicht träumen läßt, daß er mehr tue, wenn er die Leitung der öffentlichen Geschäfte übernehme, als wenn er Schuhe mache. Meine Republik braucht weder Direktorium noch auswärtige Gesandten, noch bleibende Ämter, noch stehende Heere, noch Bankiers . . .“[234]

Beide fordern einen demokratischen Staat und in der Perspektive sein Aufhören im Maße der realen Selbstbestimmung der Individuen durch Vernunft.

Die Vorstellung, daß der Staat etwas Mechanisches, eine Maschine sei, der freie, sich selbst bestimmende, aus sich lebende Menschen als Räderwerk, eben als Mittel für seine Zwecke behandle, hat eine kräftige Tradition – seit Rousseaus Gegenentwurf gegen Hobbes' „Leviathan". Kant hatte in der „Kritik der Urteilskraft" gezeigt, daß der Begriff des Organismus auf einen nach inneren Volksgesetzen regierten Staat übertragen, während der despotische Staat durch eine Maschine symbolisiert werden könne. Herders Kritik am Absolutismus, gerade am aufgeklärten, setzte gegen die Maschine die organische Bildung der Individuen und des Volkes. An Lessings „Ernst und Falk", an die „Erziehung des Menschengeschlechts" und an Jacobis Bericht über Lessings mündliche Meinungsäußerungen sei erinnert. Schließlich an Schillers Kritik im sechsten der „Briefe über die ästhetische Erziehung" sowie an das Konzept des ästhetischen Staates, sofern dies als Realität gesetzt wird.

Im Vorfeld der bürgerlichen Revolution richtet sich die Kritik am Staat gegen den absolutistischen Staat, den Staat der feudalen Klasse, dem als entfremdeter, repressiver absolutistischer Herrschaftsmaschine ein demokratischer und republikanischer oder auch ein „organischer" Staat entgegengesetzt wird. „Ein organisiertes Produkt der Natur ist das, in welchem alles Zweck und wechselseitig auch Mittel ist"[235], definierte Kant. Dementsprechend wäre es der organische Staat, der seine Bürger nicht als Mittel verbraucht, sondern der Einheit und Mittel der wechselseitigen Beziehungen seiner Bürger ist – im Gegensatz zum sich als Selbstzweck setzenden und die Untertanen als Mittel behandelnden Despoten und despotischen Staat.

Beginnend mit der Hinrichtung Ludwigs XVI., dann vor allem in der Phase der Jakobinerdiktatur und ihres Selbstbehauptungskampfes entsteht innerhalb der bürgerlichen Intelligenz die Tendenz, daß diese Kritik am absolutistischen Staat in eine Kritik des revolutionären bürgerlichen Staates bzw. des Staates schlechthin umschlägt. Unter dem dominanten Gesichtspunkt bürgerlicher Sicherheit und individueller Freiheit erscheint die Diktatur des Konvents nicht als demokratische Herrschaft, nicht als Macht der eigenen Klasse und des Volkes – wenigstens in der Zeit der relativen Einheit von Jakobinern und Sansculotten –, sondern als fremde repressive Gewalt. Unter dem Gesichtspunkt des Führungsanspruchs der Bildungselite, vermittelt durch die Normativität ihrer Ideale, wird Massenaktivität als Triebentfesselung, Volksmacht als Ochlokratie gewertet; unter dem Gesichtspunkt, illegitime Gewalt nur als nationale Selbstbefreiung legitimieren zu können – das Modell ist der niederländische Freiheitskampf –, erscheint der Bürgerkrieg als Selbstzerstörung, revolutionäre Gewalt als Zerstörung der Humanität. So konnten großbürgerlich-konstitutionelle und girondistisch-republikanische Ideale, Phraseologie und Wertung bejaht, aus deren Scheitern aber das notwendige Scheitern jedes politisch-gewaltsamen Handelns geschlußfolgert werden – schon von einem Gesichtspunkt her, der in den unaufgeklärten Massen allein Objekte von Führung und Erziehung sieht.

Reflektiert dies die Rückständigkeit der deutschen Zustände und die Unselbständigkeit des deutschen Bürgertums bzw. seiner Ideologen, so liegt darin noch mehr. In Frankreich verdampfen die heroischen Illusionen in der Bourgeoispraxis, der antikisch kostümierte Citoyen scheitert am Bourgeois. In der deutschen Situation wird dieser Gegensatz losgelöst von der politischen Kollision entgegengesetzter Klassen und Klassenfraktionen auf der abstrakten Ebene philosophischer Bestimmungen reflektiert: im Widerspruch von Sinnlichkeit und Vernunft, von Individuellem und Allgemeinem. Das wird deutlicher, wenn wir nach dem Subjekt der Selbstbestimmung fragen, Selbstbestimmung als allgemeiner Emanzipationsidee und Gegenbegriff gegen Fremdbestimmung und äußerliche Determination, gegen die Unterordnung unter eine die Subjektivität als Objekt behandelnde materielle Welt.

Handelt es sich um die Autonomie der praktischen Vernunft, so trägt diese einen allgemeinen, unsinnlich-asketischen, das Individuelle überrollenden Charakter: sie hat Rousseaus volonté générale in eine allgemeine Vernunftbestimmung verwandelt. Ihr korrespondiert ein Staat, der diesen allgemeinen Willen durchsetzt und dabei den individuellen Willen unterdrückt und zwingt.

Wird Selbstbestimmung auf das „totale" Subjekt bezogen, insofern dieses Sinnlichkeit und Vernunft vereint, ideal den Antagonismus beider und damit den Antagonismus zwischen Einzelinteresse und Allgemeininteresse aufhebt, so wäre, wo dieses Ideal verwirklicht wäre, ein selbständiger, das allgemeine Interesse repräsentierender und auch gegen die Individuen durchsetzender Staat überflüssig. Schillers sich selbst resignativ kommentierende Utopie entwirft dies in dem machtlosen „ästhetischen Staat" im Verhältnis zum „dynamischen" und „ethischen Staat". Der dynamische bezähme Natur durch Natur, der ethische Staat ordne dem Allgemeinwillen den Einzelwillen unter, während der ästhetische Staat den „Willen des Ganzen durch die Natur des Individuums vollzieht".

Wird das Ideal als allgemein realisiert vorgestellt, erübrigt sich ein besonderer Staatsmechanismus. Der Staat als Herrschaftsmechanismus löst sich auf in der freien Bewegung der Individuen der Gesellschaft, die den Gesamtwillen in sich tragen. Freilich: Voraussetzung solcher Idealbildung ist die Abstraktion von den wirklichen materiellen Interessen, von der Verhaltenslogik des Privateigentums und der Eigentümer. Was als Ideal Aufhebung von Entfremdung verspricht, ist deren Ausdruck zugleich: insofern die Abstraktion von den realen Antagonismen diese bestätigt, als ästhetischer Protest in bewußter Ohnmacht, ohne Vermittlung zur gesellschaftlichen Praxis. Liegt in dem unaufgegebenen Anspruch, der weder in der feudalen noch in der bürgerlichen Gesellschaft erfüllt werden kann, auch ein perspektivisches Moment, so gewinnt es reelle Bedeutung allein über den konkreten poetischen Gestaltungs-

prozeß, der das Abstraktionsgehäuse verlassen und die ausge-
schlossene Praxis als Gegenstand wieder hereinholen muß: so
als geschichtlicher Konflikt zwischen dem „Reich der Kräfte"
und dem „Reich der Gesetze".

Doch es würde das Verständnis der Differenz von Kant und
Schiller ungemein verkürzen, wollten wir sie mit dem Gegensatz von Citoyen und Bourgeois abzudecken suchen, die hier in
deutsch-philosophischer Spiritualisierung auftrete. Der Sach-
gehalt dessen, was unter dem Motto von Sinnlichkeit und Individualität diskutiert wird, ist nicht in die Bürgerlichkeit der Ideologie aufzulösen, innerhalb der diskutiert wird und die diesen
Gehalt vermittelt. Beider Position sucht das Gesellschaftlich-
Allgemeine und zugleich Zukünftig-Perspektivische im Ästhetischen. Kant konnte diese Potenz des Ästhetischen und der Kunst
nur in der Abstraktion vom und im Gegensatz zum egoistischen
Individuum entdecken, und darin folgte ihm Schiller, um nun
innerhalb der so gefundenen Abstraktionsebene den Widerspruch von Individuellem und Gesellschaftlichem zu überwinden – als im Ästhetischen vergewisserte reale Möglichkeit: „Das
Schöne allein genießen wir als Individuum und als Gattung zugleich, d. h. als Repräsentanten der Gattung."[236] Indem dieser
Genuß ein realer Genuß ist, der nicht Raub am anderen, scheint
in ihm eine humane Möglichkeit auf.

Das „Systemprogramm" setzt dieselbe Abstraktionsebene
voraus, ohne sie eigens zu reflektieren. Das politische Konzept
korrespondiert dem Systemgedanken. Wenn die höchste vereinigende Idee die Schönheit ist, wie behauptet wird, so ergibt
sich die Forderung, den Staat abzuschaffen, zwingend aus dem
Konzept des ästhetischen Staates als realer Zielperspektive,
ohne daß die Vermittlung zu materiellen Bedürfnissen, Interessen, Antagonismen als Problem erscheint.

Von hier aus ist es ganz konsequent – und nicht der notwendigen Verkürzung einer solchen programmatischen Fanfare
geschuldet –, daß kein Ansatz zur politischen Vermittlung von
Gegenwart und Zukunft erkennbar wird, da weder Lessings
Gedanken zum Verhältnis von Vereinigung und Trennung oder
zum guten Handeln, das gute Taten überflüssig machen soll,

noch Fichtes dialektische Bemerkung, daß der vernunftgemäße demokratische Staat an seiner eigenen Vernichtung arbeite, als konstitutive Momente auftauchen. Dadurch gewinnt der Höhenrausch der postulierenden Behauptung der absoluten Freiheit aller Geister, welche die intellektuelle Welt in sich tragen, höheren Stellenwert als die religiöse Emanzipation von einem Gott jenseits ihrer Subjektivität. Der Gedankengang springt aus einer möglichen politischen Verbindlichkeit heraus. Diese Freiheit bindet sich nicht an politische Fronten. Sie ist mit dem Staat fertig, läßt also die wirklichen Staatsprobleme auf sich beruhen. Der Inhalt der intellektuellen Welt ist – mit einer charakteristischen Wende – gebunden an die Grundüberzeugungen der Transzendentalphilosophie in ihrer emanzipatorischen Gesamttendenz.

Erscheint als Zukunftsziel eine Gemeinschaft freier und gleicher Individuen in einer repressionsfreien Beziehung, worin sie ihre Kräfte entwickeln, so liegt das bei aller Abstraktheit ganz im Rahmen des moralisch-politischen bürgerlich-emanzipatorischen Ideals. Auch die neue Mythologie fordert keine Rückwendung zu vergangenen Mythen, selbst wenn der griechische Polytheismus als Modell Pate stand. Sie steht programmatisch im Gegensatz zum praktizierten Aber- und Afterglauben, dem der Kampf angesagt bleibt. In der Orientierung auf eine neue Mythologie ist die Aufklärung nicht zurückgenommen.

Daß er von Kant und Fichte herkommt, begründet der Verfasser nicht weiter, er setzt es als akzeptiert beim Adressaten voraus, ebensowenig muß er begründen, daß er sein System bei sich selbst als absolut freiem Wesen – als erster Idee – beginne. Zeichnen sich hinter dem Problemaufriß sowohl Konturen der „Kritik der Urteilskraft" wie in der Hervorhebung des Ich Fichtes Ansatz ab, so rückt im Systematischen – wenn in der Schönheit die höchste vereinende Idee verkündet wird – in den Mittelpunkt, was von Kant und Fichte her nicht zu begründen ist. Wenn wir einen äußeren Anstoß suchen, kann dieser nur bei Schiller und bei Hölderlin gefunden werden, nur erhebt weder Schiller das Schöne zur vereinenden Systemidee schlechthin, noch entwickelt Hölderlin Schönheit vom Ich her, sondern bestimmt

sie als das aller Subjekt-Objekt-Entgegensetzung vorausgehende
eine Sein.

Wenn der Verfasser schreibt: „Ich bin nun überzeugt, daß der
höchste Akt der Vernunft ... ein ästhetischer Akt ist", so
scheint die Formulierung auf Diskussionen anzuspielen, in denen er davon nicht überzeugt war, auch auf eine Wendung in
seinem philosophischen Denken, so daß er jetzt postulieren
kann, der Philosoph müsse „ebensoviel ästhetische Kraft besitzen als der Dichter", wodurch ja grundsätzlich das Paradigma
der Philosophie als Wissenschaft selbst in Frage gestellt zu werden beginnt. Der Übergang zur Schönheit ist im Konzept nicht
gedanklich vorbereitet: er tritt als Überraschung auf. Die Berufung auf Platon zielt auf die Einheit der Ideen des Wahren,
Guten und Schönen, eine seit Shaftesbury propagierte Formel,
die, besonders von Herder häufig benutzt, allgemeines Bildungs-
gut war und noch keinen Aufschluß über spezifisch Platonische
Ideen vermittelt.

Die Frage, wie die Welt für ein moralisches Wesen beschaffen sein müsse, findet die theoretische Grundlage ihrer Beant-
wortung einmal im gleichursprünglich gesetzten Verhältnis von
Ich und Welt, zum anderen in der exzeptionellen Stellung der
Idee der Schönheit. In „höherem platonischem Sinne" bedeutet sie nicht konkret-sinnliche Schönheitserfahrung, sondern deren aufs Ganze der Ideenwelt verweisende Funktion: als Erscheinen der Idee, die das Ganze der Ideen in sich vereine. Und
wie der Verfasser die Ideen wiederum nicht ontologisch, wie
Platon, sondern als Postulate faßt, so folgt er notwendig in der
Sache Schiller, insofern dieser Schönheit als Imperativ faßte –
was nur möglich, wenn sie „Freiheit in der sinnlichen Erscheinung", Erscheinungsbild aufgehobener Entfremdung ist und
somit auch ein ideales Menschheitsbild in sich trägt. Ist der höchste Akt der Vernunft ein ästhetischer, so kann er nur ein zugleich schauender und bildender sein: die Einbildungskraft vereint sich mit dem Denken.

Dies ist als Ästhetisierung der Philosophie bestimmbar.
Schönheit vereint Güte und Wahrheit, praktische und theoretische Vernunft, und zwar in einer Weise, daß sie nicht nur ge-

dacht, sondern anschaubar werden, mindestens dem Anspruch nach zur Erscheinung kommen. Innerhalb der vom Ich ausgehenden Systemkonstruktion repräsentiert das Schöne mit der höchsten Idealität zugleich eine sinnfällige Vermittlung zur Realität, das Zur-Wirklichkeit-Kommen des Idealen – freilich nur als Schein innerhalb der Idealität, Mitte zwischen abstraktem Gedanken und sinnlicher Empirie.

Die Bestimmung der Idee als höchster, alles vereinigender Idee organisiert den weiteren Zusammenhang – das Ziel einer vereinten, versöhnten Menschheit: ein Ganzes der sich frei entfaltenden Individuen ohne Repression, in schöner Organik. Den Weg dorthin weist die neue Mythologie, welche aus der Vereinigung von Philosophie und Sinnlichkeit entsteht, als Leistung von Vernunft und Einbildungskraft zugleich, mit der Funktion, Aufgeklärte und Unaufgeklärte, den großen Haufen und die Gelehrten, Sinnlichkeit und Verstand zu vereinen.

Es spricht für den Verfasser, wenn er in der Trennung von Sinnlichkeit und Verstand mehr als die wechselseitige Entfremdung geistiger Kräfte sieht. Im Verhältnis von Aufgeklärten und Unaufgeklärten manifestiert sich die soziale Arbeitsteilung zwischen geistig und physisch Arbeitenden. Das ist zwar eine Reduktion, denken wir nur an Schillers Feststellung der Trennung von Arbeit und Genuß. Dennoch zielt der Verfasser auf das soziale Problem, zu dem er Zugang hat von einem Konzept aus, das vom Ich, vom Selbstbewußtsein ausgeht und zu dessen Lösung er dann freilich nur innerhalb des Bewußtseins Mittel anzugeben weiß. Die materielle Produktion dieser Arbeitsteilung liegt außerhalb des philosophischen Horizonts. Gegenüber historisch bestehenden Erkenntnismöglichkeiten haben wir eine sehr einseitige, ideologisierende vor uns, die allein das Mittel betrifft, das schon längst immer wieder diskutiert wird: die Volkserziehung, ergänzt durch Erziehung der Aufgeklärten selbst; die Vereinigung von Einbildungskraft und Vernunft in einem produktiv Höheren, der Mythologie als Versinnlichung der Vernunft bzw. des philosophisch Erkannten.

Tatsächlich weist das auf eine Grunderfahrung der progressiven Intelligenz, die sie in dieser Epoche machen mußte: ihre

Ideale waren nicht der Massen Ideale, ihre Sprache und Metaphorik blieben unverständlich, wie ihnen letztlich die wirklichen Motive, Triebkräfte und Denkweise des Volkes fremd blieben. Die Jakobinerdichtung, die doch agitatorische Zwecke erfüllen sollte, ist dafür in ihrer Unsinnlichkeit und Begrifflichkeit ein Beleg, und die Bemühungen deutscher Jakobiner, im Gebiet von Mainz und dann im Linksrheinischen das Volk in Bewegung zu bringen, stellten eine desillusionierende Lehrzeit dar.

Herder ist das Paradigma eines Volksaufklärers, der die bestehende Kirche als Forum und Medium nutzt, freilich auch hier nur vernehmlich einem schon relativ gebildeten städtischen Publikum gegenüber. Hegels Überlegungen zur Volkserziehung implizieren die Frage, wie die Religion, die dem Volk vertraut und verständlich, aus einem Mittel seiner Verdummung in ein Mittel seiner Emanzipation und Bildung verwandelt werden, aus orthodoxen Händen in aufgeklärte übergehen könne, Lessings „Erziehung des Menschengeschlechts" also in volkserzieherische Praxis umzusetzen wäre. Analog wäre Schillers „Sendung Mosis" zu bedenken, die sich Beethoven als Mahnung täglich vor Augen führte. Unser Programm findet dafür die Lösung der neuen Mythologie als Mythologie der Vernunft, die im Grunde nichts andres kann, als die vorhandene Transzendentalphilosophie in sinnfällige Gestalt zu verwandeln, wodurch die Mythologie philosophisch, die Philosophie mythologisch, das Volk vernünftig, die vernünftigen Philosophen sinnlich und Aufgeklärte wie Unaufgeklärte schließlich in einer neuen Religion zur freien harmonischen Gemeinschaft geführt würden: „Dann herrscht ewige Einheit unter uns." (II, 443)

Das Zukunftspathos scheint Aufhebung aller gegenwärtigen Schmerzen zu versprechen, und durch die Vermittlung des Ästhetischen und der Einbildungskraft ist die künftige Gemeinschaft eben als freie Vermittlung und harmonische Einheit der Mannigfaltigkeit der Individuen zu denken, ohne Unterordnung des Einzelnen unter das Allgemeine, des Sinnlichen unter das Vernünftige. Sowenig dies weder als feudale Gesellschaft der Ungleichheit noch als staatlich organisierte Gesellschaft der Gleichheit gedacht ist, im Absehen von aller sozialen Faktizität bleibt das Identischwerden von Freiheit und Gleichheit, bleibt die Versöhnung von Vernunft und Sinnlichkeit unbestimmt und allgemein.

Es zeigt die tatsächliche soziale Wirksamkeit religiöser Vorstellungen, daß eine neue, vergemeinschaftende Ideologie allein als Religion gedacht werden kann, es zeigt aber auch den Autoritätsverlust der christlichen Kirchen nach Aufklärung und Revolution, daß eine neue Religion gefordert wird; es zeigt den Autoritätsanspruch der bürgerlichen Philosophie an, daß diese deren Gehalt, und die Intensität der Herausbildung einer weltlichen bürgerlichen Kultur, daß ihre Gestalt die Poesie sein muß. Auch kann der letzte Satz des Programms so verstanden werden, daß, wer da eine neue Religion stiftet, als vom Himmel gesandter Geist zu behandeln wäre. Die muntere wechselseitige Bestätigung im Briefwechsel zwischen Friedrich Schlegel und Novalis über das Herstellen einer neuen Religion und das Verfassen einer neuen Bibel sei nur als Illustration der Möglichkeiten dieses ästhetisch fundierten Selbstbewußtseins herangezogen.

Die Gesamterfahrung, die Schiller so ingeniös im sechsten der „Briefe über die ästhetische Erziehung" bilanziert hat, kann als Widerspruchsfeld betrachtet werden, für das die neue Mythologie die Lösung angibt. Die vieldiskutierten Entzweiungen des Lebens schienen nicht behebbar, zumal die theoretische Vernunft keine Sinngewißheit, die praktische Vernunft wohl erhabene Normen, aber keine Erkenntnis und nur das theologische Minimum der Postulate lieferte; wenn Fichte das Selbstbewußtsein menschlicher Produktivität und Tatfähigkeit ins Heroische trieb, aber die wirkliche Welt darüber verlor. Der Griff nach der Schönheit als höchster integrativer Idee im Rahmen der Ethik kann diese letztlich nur als Postulat bestimmen, gibt ihr jedoch eine Funktion, in der sie praktisch weltbestimmend werden soll.

Vom Ausgangspunkt der Gleichursprünglichkeit von Ich und Welt, von Selbst- und Gegenstandsbewußtsein her bedeutet das eine Harmonie zwischen beiden, Aufhebung ihrer Entzweiung, Forderung einer nach dem Gesetz des Schönen geordneten orga-

nischen Welt der voll ihre Kräfte entwickelnden Individuen in
Freiheit und Gleichheit – eine dem Menschen angemessene
Welt, die dadurch, daß sie die aus der Kunst abstrahierte Schönheit zur Norm erhebt, diese Welt letztlich als machbar hin-
stellt.

Schiller hatte das Entscheidende formuliert, als er den Spieltrieb als Vereinigung von Stoff- und Formtrieb entwickelte: als
Forderung der Vernunft, „weil nur die Einheit der Realität mit
der Form, der Zufälligkeit mit der Nothwendigkeit, des Leidens mit der Freyheit den Begriff der Menschheit vollendet".
Sobald also die Vernunft sagt, „es soll eine Menschheit existieren, so hat sie eben dadurch das Gesetz aufgestellt: es soll eine
Schönheit seyn"[237]. Diesen Totalitätsbegriff der Schönheit, die
in sich die Gegensätze von Vernunft und Sinnlichkeit, Notwendigkeit und Zufall als Begriff der Menschheit aufhebe, hat
Hegel dann ausdrücklich als Vorläufer der „Idee" anerkannt.

Was Hegel ausspricht, ist Ausdruck der tatsächlichen Entwicklung zum objektiven Idealismus in der Kontinuität des philosophischen Gedankenfortschritts. Es zeigt, was er und Schelling Schillers Denken entnahmen, zum Teil durch Hölderlins
Vermittlung, wie sie Schillers Resultate und welche sie gebrauch-
ten. Schillers Totalitätsbegriff des Schönen dagegen behält den
Begriff des „furchtbaren Reiches der Kräfte" und des „Reiches
der Gesetze" als Opposition an sich und gewinnt seinen Gehalt
gerade vom Gegensatz her, den er auch im Aufheben bewahrt.
Schillers Realismus nahm lieber das Abbrechen der Gedanken
in Kauf, als den Begriff, worin sich seine Utopie versammelte,
der Wirklichkeit als verborgenes Wesen zu unterstellen. So hätte
er – trotz des Briefes an die Gräfin Schimmelmann – nicht der
Deduktion von der Schönheit als höchster Idee über die neue
Mythologie zur neuen Religion als Königsweg der Bildung einer
vereinten Menschheit folgen können und wollen. Angesichts der
Resignation am Ende der „Briefe über die ästhetische Erziehung" wirkt das „Systemprogramm" in seinen sieghaften Tönen wie ein neuer Aufbruch. Freilich ist dieser auch einfacher zu
vollziehen, wenn die Abschaffung des Staates sich auf die neue
Mythologie verlassen kann.

Die Inthronisierung der Idee des Schönen als Totalitätsbestimmung drängt gedanklich-weltanschaulich über sich hinaus. Das Postulat antizipiert eine versöhnte Menschheit. Die Totalitätsbestimmung aber muß die Realität ihres Gegenteils übergreifen, soll es nicht ein ewiges Gegenüber bleiben und die Totalität als Partialität resignieren.

An Hölderlin haben wir gesehen, daß ihm das ästhetische Moment den Pantheismus legitimiert, was wiederum Voraussetzung ist, das Sein als Totalität, die Natur als Werden und die Dialektik als Struktur dieses Werdens in der Einheit von Natur und Mensch zu denken. Sein Ansatz zeigt eine Möglichkeit, die aus der Transzendentalphilosophie in den objektiven Idealismus führt.

Im „Systemprogramm" ist dieser Weg nicht oder noch nicht beschritten. Ein weiterführendes Moment liegt in der Bestimmung der Rolle der Einbildungskraft im Kontext dieser Ethik. Dies knüpft an Kant an. In der „Kritik der reinen Vernunft" bestimmte Kant die Einbildungskraft als produktives Vermögen, dessen Leistung die Vermittlung von Sinnlichkeit und Verstand durch die Bildung des transzendentalen Schemas ist, das zugleich sinnlich und intellektuell sei. Selbständig-schöpferisch wird die Einbildungskraft als ästhetisches Vermögen, das aus dem Stoff der wirklichen empirischen Welt eine andre, zweite formt, dadurch die Schranken der Erfahrung sprengt. Für Fichte entsteht die Vorstellung der Realität für uns aus der produktiven Einbildungskraft. Hier scheint das „Systemprogramm" anzuknüpfen, denn erst die Einbildungskraft in der Einheit von „Monotheismus der Vernunft und des Herzens, Polytheismus der Einbildungskraft und der Kunst" (II, 442) macht die Vernunft wirklichkeitsmächtig und befreit sie von der Sinnesentfremdung.

Die philosophisch zentrale Funktion des Schönen erscheint als theoretische Behauptung, die ihrerseits begriffliche Theorie im Schönen, folglich das Denken im Anschauen aufhebt. Sie postuliert das Zusammengehen von Vernunft und Einbildungskraft, doch die höchste Idee subordiniert der Einbildungskraft die Vernunft. Einbildungskraft erscheint als das Vermögen, das

Getrennte zu vereinen: Allgemeines und Einzelnes, Einheit und Mannigfaltigkeit, Vernunft und Sinnlichkeit. Was Kant auf die ästhetische Sphäre begrenzt, ist universalisiert. Diese Position trägt in sich die Tendenz, Fichtes Bestimmung der Einbildungskraft weiterzuführen, zugleich Schillers Beschränkung des Bereichs ihrer Freiheit und Gesetzgebung auf das Reich des schönen Scheins aufzuheben. In der versöhnten und befreiten Menschheit erscheint ihre Verwirklichung, deren Instrument die neue Mythologie als Einheit von Vernunft und Einbildungskraft sei.

Was bei Schelling später und auch bei Novalis als Verabsolutierung der Einbildungskraft festzustellen ist, ist im „Systemprogramm" erst tendenziell angelegt, wird aber im Gleichgewicht zwischen Vernunft und Einbildungskraft aufgefangen. Auch die These, daß der Poesie alle Wissenschaft nicht nur entsprungen (eine aus der Antike weitergetragene Traditionsanschauung), sondern in sie auch münde, zielt auf eine Poesie oder Mythologie im Dienste der Ideen: sie hat die Vernunft in sich aufgenommen. Von hier aus erscheint in diesem System der Ethik ein innerer Widerspruch, der auf Auflösung drängt: entweder ist begriffliche Erkenntnis das bestimmende Erkenntnisorgan und -medium, dann muß die Vernunft bzw. der Verstand die Grenze überwinden, die ihn in abstrakter Allgemeinheit festhält, oder diese Grenze wird gerade bestätigt dadurch, daß ihre Überwindung außerrationalen Verfahren und Verhaltensweisen zugewiesen und für diese beansprucht wird.

Insgesamt deutet das Systemfragment durch die Totalitätsbestimmung der Schönheit als oberster Idee eine Achsendrehung in bezug auf die Voraussetzungen des transzendentalen Idealismus an. Es ist ein Dokument des Übergangs, ein in Voraussetzung und Konsequenz erst skizzierter, nicht durchdachter Entwurf. Die Wendung liegt 1. in der prinzipiellen Eliminierung der staatlich-politischen Problematik aus der Zielsetzung und dem Weg des Menschheitsganges; 2. in der Ästhetisierung der Philosophie.

In beiden Aspekten wird mit der Kant-Fichteschen Konzeption der Unterordnung des empirisch-sinnlichen Ich unter ein rational Allgemeines, eine rigorose Pflichtnorm gebrochen. In beiden zeichnet sich in der nachthermidorianischen Situation ein Wandel im Verhältnis zur gesellschaftlichen Wirklichkeit ab. Das erste Moment ist zwar sehr revolutionär im Gestus, erhebt aber grundsätzlich die politische Ohnmacht zur Tugend einer geistigen Aktivität ohne politische Intention, nimmt der Philosophie den Citoyen-Anspruch. Das zweite Moment impliziert ein Sichöffnen der sinnlich erfahrenen Realität, den Übergang vom Subjektiven zum Objektiven, vom subjektiven zum objektiven Idealismus.

Wird der Citoyen-Anspruch der Philosophie, wie ihn Fichte zum Beispiel repräsentiert, bewahrt, ergibt sich daraus die Möglichkeit einer universelleren Konfrontation von bestehender Wirklichkeit und zur Wirklichkeit drängenden Bedürfnissen bzw. ihrem Erfüllungsideal; wird er hingegen durch den privaten Bourgeois ersetzt, kann daraus eine Rehabilitierung des individuellen Weltgenusses und entsprechende Affirmation der Eingliederung in die bestehende schöne Welt resultieren – unter der Voraussetzung eben der Negation des Asketismus der Postulate der praktischen Vernunft. Dann liegt ein Ästhetisieren der Weltbeziehung bis zum Betrachten der Wirklichkeit als Kunstwerk nahe, ein Abbau der rational-wissenschaftlichen Erkenntnisbeziehung zugunsten einer emotionalen Unmittelbarkeit, die, wenn der im Programm ausgedrückte lebenszugewandte optimistische Schwung in die Krise gerät und die negative Erfahrung überhandnimmt, statt der Mythologie der Vernunft die rettende, erlösende Mythologie religiöser Verheißung sucht. Der Impuls des Citoyens findet seine äußerste politische Möglichkeit im Traum der „schönen" Revolution, der Impuls des Privatiers kann zu retrograden Tendenzen der Romantik führen. In beiden kann sich das Verhältnis zum bestehenden Staat ideologisch-politisch artikulieren – im ersten zwischen demokratischer Kritik und liberal-reformistischem Akzeptieren, im zweiten als schlichte Einrichtung im Bestehenden bis zu seiner Feier. Doch das sind Möglichkeiten, die damit erst abstrakt abgesteckt sind, deren Verwirklichung vielfältiger geschichtlicher Vermittlung, konkreter Bedingungen bedarf, die Übergänge,

Varianten etc. zeitigen, die nicht deduzierbar sind, wobei generell die konkrete Realitätsbeziehung und -erfahrung die ideologischen Regulative und Deutungsmuster auch zu durchschlagen vermag.

Die Idee der Schönheit als vereinigender, synthetisierender Totalitätsbestimmung der vom Ich ausgehenden, in ihr gipfelnden und zum Konzept einer ewig vereinten Menschheit führenden Ethik wird nicht begründet, sondern verkündet.

Wir haben gesehen, daß und wie Hölderlin Schönheit ins Zentrum seiner Weltanschauung rückte, sie dann aber doch in dieser zentralen Funktion preisgab – um der Widersprüche willen, in die er sich verstrickte: er historisierte sie, und als „Versöhnung mitten im Streit" muß die Schönheit als Natur ihre Negation aufnehmen.

Im Systemzusammenhang einer vom Ich ausgehenden, gut fichteanischen Ethik, welche die Metaphysik einschließt, die also die Welt- und Selbstgestaltung des Nicht-Ich betrifft, kann Schönheit kein Sein offenbaren; als Idee integriert sie die Welt der Subjektivität und realisiert sich in der wiewohl fernen, erst zu bildenden vereinten Menschheit. Durch ihre integrierende, synthetisierende, vereinende Funktion ist sie zunächst ausgezeichnet.

Es ist anzunehmen, daß der Verfasser Herders historisches Konzept kannte: „Es ist schlechthin unmöglich, daß eine philosophische Theorie des Schönen in allen Wissenschaften und Künsten seyn kann, ohne Geschichte . . . Warum? Nirgend oder selten sind hier durch sich bestimmte, oder gar willkürlich gegebene, Ideen, wie in Mathematik oder der allgemeinsten Metaphysik, sondern aus vielerlei Concretis erwachsene, in vielen Gattungen und Erscheinungen vorkommende Begriffe, in denen also γένεσις Alles ist."[238] Weder eine unwandelbare Idee der Schönheit oder die Idee einer unwandelbaren Schönheit kann im „Systemprogramm" gemeint sein noch ein artikulierbares Schönheitsideal, noch eine vorgegebene Schönheit, sondern als Idee kann nur Schönheit als Aufgabe, und zwar als Aufgabe der Synthesis des Entzweiten, die in allen Schönheitsgestaltungen sich durchhaltende und weltanschaulich verallgemeinerte Funktion sein.

Das Schöne impliziert zweierlei: sowohl ein Harmonie-, Bejahungs- und Bestätigungsverhältnis zwischen Subjekt und Objekt als auch die Sinnfälligkeit: es muß sinnlich-anschaulich erfahren oder imaginiert werden. Schönheit als höchste integrative Idee ist keine sinnliche Erfahrung, auch nicht als individuelle Schönheit zu denken, aber – im Platonischen Sinne genommen – auch kein bloßer Begriff. Sie muß schon in allgemeiner Weise Gedanke und Sinnfälligkeit vereinen, nicht nur diese Vereinigung postulieren.

Als solche Idee einer allgemeinen Schönheit ist sie als Vermittlung zwischen Vernunft und Sinnlichkeit denkbar, als ein Schema, wie es Kant als spezifische Leistung der Einbildungskraft als transzendentale Bedingung empirischer Erkenntnis entwickelt hat, das zugleich intellektuell und sinnlich ist, keine Anschauung des einzelnen, wie ein Bild, wohl aber Methode, allgemeinen Begriffen Bildlichkeit zu verschaffen. Sie ist im Kontext des „Systemprogramms" durchaus von ihrem Anwendungsbereich bestimmt: sie bezieht sich auf das, was durch Entzweiung, Trennung, Repression durch allgemeinen staatlichen Mechanismus negativ bestimmt und aufzuheben ist. Das Schema kann sich, wenn dies richtig ist, nur auf ein allgemeines organisches Beziehungsmodell beziehen, das Subjekt und Objekt, Individuum und sein soziales Ganzes, Mensch und Welt harmonisch vereinigt, Vernunft und Sinnlichkeit in der neuen Mythologie poetisch schön vereinigt. Also das Schema einer organischen Ganzheit, bezogen auf den menschlichen Gehalt der Freiheit und Vereinigung der Individuen. Es ist in dieser Allgemeinheit und unbestimmten Bestimmtheit eine poetische Idee, insofern Poesie die Sinnlichkeit aller Künste in sich trägt, aufgehoben in der Vorstellung.

Wie Fichte die Freiheit des Ich gegen die Determiniertheit der äußeren Dingwelt setzt, so ist hier Schönheit gegen eine äußere Welt ihrer Negationen gesetzt. Darin liegt zugleich der Unterschied zu Fichtes Konzept. Während für Fichte die sittliche Aufgabe darin besteht, das – wiewohl vom Ich gesetzte – Nicht-Ich der Einheit des Ich zu integrieren, ist die ästhetische Beziehung anders geartet. Sosehr sie als Kunst Stoff formt, so

wird doch im ästhetischen Verhalten des Anschauens eines Gegenstandes als „schön" die Harmonie im Schönen gerade dadurch erfahren, daß der Gegenstand selbst dem Subjekt gegenüber frei erscheint, daß die Einheit von Subjekt und Objekt
nicht gegenüber beiden sich verselbständigt, sondern in diesem
Identitätsverhältnis beide ihre Individualität nicht aufgeben,
vielmehr ihre Identität frei bewahren und betätigen – auch in
der Hingabe.

(Der Spielraum ist hier so groß wie der Spielraum historischer Subjektivität überhaupt. Selbst in dem von Hölderlin be-
schworenen „Einssein mit allem", worin Hyperion schwärmt, bevor er ernüchtert wird, handelt es sich nicht um eine Selbstauflösung und -auslöschung; ohne sein Ichsein wäre auch keine
Seligkeit zu erfahren. Das im ästhetischen Akt sich betätigende
Selbst wäre dann nicht durch die Abstraktion, in der es sich
reflektiert, sondern vom geschichtlich-sozialen Gesamtkontext
seiner Tätigkeiten, Verhaltensweisen und ideellen Beziehungs-
möglichkeiten zu bestimmen. Das schließt auch die Übergänge
zu anderen denn ästhetischen Verhaltensweisen und Bewußtseinsformen ein, auch die Skala möglicher Tiefendimensionen,
in denen die Subjektivität in Bewegung gerät.)

Gegenüber dem Rigorismus Fichtes fordert Schönheit als
Postulat und Integrationsidee – auch und gerade mit der inneren
Orientierung auf Freiheit und Gleichheit – nicht Gehorsam und
Unterordnung des Individuellen unter das Allgemeine, des Sinnlichen unter die asketische Vernunft, sondern eine das Individuum als – relative – Ganzheit betreffende Selbstbetätigung;
sie evoziert Lust, rechtfertigt ein Lebensgefühl als Welt- und
Selbstgenuß, das moralische Ziel verliert seine vom Individuum
sich loslösende Absolutheit und Abstraktheit. Als Zukunft erscheint eine schöne, also zu genießende Welt. So könnte diese
Idee des Schönen in ihrer Systemfunktion interpretiert werden.

Schlüssig wäre das „Systemprogramm" theoretisch nur, wenn
die idealistische Voraussetzung, die eine Setzung ist, daß das
Ziel schon in der subjektiven Transzendentalität angelegt sei,
beweisbar wäre. Dann bleibt allerdings die Frage unbeantwor-
tet, warum es nicht schon längst erreicht sei. Der Herdersche Hi-

storismus aber ist für die eigene Gegenwart aufgehoben. Er gilt dann höchstens für die Vorgeschichte, nicht aber für die Allgemeinheit der eigenen Spekulation, in welcher die bürgerliche Besonderheit allgemeinmenschlich auftritt, theoretisch auch gar nicht anders handeln kann. Die ästhetische Sinnlichkeit aber findet – im Ausgang von der Idee der Schönheit – ihre Grenze darin, daß sie von der wirklichen leibhaftigen, nicht nur anschauenden, sondern lebendigen körperlichen Sinnlichkeit und sinnlich-gegenständlichen Tätigkeit abstrahiert. Das ist die Grenze dieses ästhetischen Sensualismus. Der Griff ins volle Menschenleben erfaßt nur seine ästhetisch allgemeine Repräsentanz.

Die Wende, die das „Systemprogramm" signalisiert, ist noch nicht eindeutig bestimmt. Das Abstoßen von Kant-Fichteschen Positionen zeigt, wie revolutionär vorwärtsführende und konservative Möglichkeiten untrennbar noch beieinanderliegen, und erst das künftige Bezugssystem wird zeigen, ob hier in der Konsequenz Realität tiefer erfaßt, die Methode der Erkenntnis dialektisch vorangetrieben wurde oder ob Errungenes zurückgenommen oder beides miteinander amalgamiert wurde. Ob die Forderung, den Staat abzuschaffen, Moment einer umfassenden sozialen und politischen Kritik an der bestehenden, vom Feudalismus zum Kapitalismus übergehenden Gesellschaft wird, die mittels des Organismusmodells Entfremdung sichtbar macht, Repression aufdeckt, geschichtstheoretisch Perspektiven über eine Gesellschaft der Antagonismen hinaus entwirft – oder zum Vorwand, historische Antagonismen nicht auszutragen, sich in die Innerlichkeit und Privatheit zurückzuziehen. Ob der Begriff des Organismus als kritisches Instrument dazu dient, aus der Analogie zur Sacheinsicht hinüberzuführen – oder zur romantischen Verklärung von Verhältnissen und Strukturen feudaler und patriarchalischer Art wird, dadurch eine restaurative, konterrevolutionäre Politik fördert. Ob die Inthronisierung der Schönheit zu einer tieferen Realitätskonfrontation führt als mittels der moralischen Kritik möglich – oder zum ästhetizistischen Regreß. Ob der sich andeutende Übergang vom subjektiven zum objektiven Idealismus die Aufklärung über sich hinausführt –

oder hinter sie zurück. Ob die Forderung „absoluter Freiheit"
dieser Freiheit einen gesellschaftlich relevanten, allgemeinen
Gehalt zu geben vermag – oder in bloße Anbetung individueller privater Spontaneität führt. Ob innerhalb der sich emanzipie-
renden bürgerlichen Ideologie erste Vorzeichen des utopischen
Sozialismus sich ankünden bzw. Elemente vorbereitet werden,
ein höheres historisches Selbstverständnis der Welt nach der
Revolution zu gewinnen – oder unterderhand der romantische
Konservatismus sich vorbereitet. Der Gedanke selbst ist noch
unbestimmt, und er gewinnt Bestimmtheit an den geschichtlichen
Inhalten, denen er sich stellt, an den Erfahrungen, die er verarbeitet.

Auch wenn das „Systemprogramm" nicht eindeutig Schelling
zugeschrieben werden kann, dazu reichen die Beweise kaum
aus, so bewegt sich dessen künftiges Denken durchaus auf seinen Bahnen – bei zunehmendem Vordringen der konservativen
und retrograden Momente. Auch die künftige Problematik ist
gleichsam vordisponiert. Die Philosophie des ästhetischen Pantheismus, sofern sie Schönheit als Weltstruktur behauptet, eliminiert in der Schau des Ganzen eben den Widerspruch zwischen Mensch und Welt, den zu überwinden sie entworfen
wurde, woraus die Ambivalenz entsteht zwischen Verklärung
und Anspruch, Feier und Forderung. Das Beiseiteschieben der
historisch-politischen Probleme, das dieses Programm trotz aller emanzipatorischen Intention praktiziert, nimmt dies ebenso
vorweg wie die Ästhetisierung der Wirklichkeitsbeziehung, welche den romantischen Rückweg zur Religion einleitet.

Schelling hegt jedenfalls den Gedanken einer neuen Religion
und Mythologie weiter. So schreibt er im Zusatz zur Einleitung
der „Ideen zu einer Philosophie der Natur" in der zweiten Auflage von 1802, die Philosophie habe „die Menschheit, die lange
genug, es sei im Glauben oder im Unglauben, unwürdig und unbefriedigt gelebt hat, endlich ins Schauen einzuführen. Der Charakter der ganzen modernen Zeit ist idealistisch, der herrschende
Geist das Zurückgehen nach innen. Die ideelle Welt drängt sich
mächtig ans Licht, aber noch wird sie dadurch zurückgehalten,
daß die Natur als Mysterium zurückgetreten ist. Die Geheim-

nisse selbst, welche in jener liegen, können nicht wahrhaft objektiv werden, als in dem ausgesprochenen Mysterium der Natur. Die noch unbekannten Gottheiten, welche die ideelle Welt bereitet, können nicht als solche hervortreten, ehe sie von der Natur Besitz ergreifen können. Nachdem alle endlichen Formen zerschlagen sind, und in der weiten Welt nichts mehr ist, was die Menschen als gemeinschaftliche Anschauung vereinigte, kann es nur die Anschauung der absoluten Identität in der vollkommensten objektiven Totalität sein, die sie aufs Neue und in der letzten Ausbildung zur Religion auf ewig vereinigt."[239]

Hier meldet sich innerhalb des ästhetischen Pantheismus der Übergang zur religiösen Phase an. Wie als Heilmittel im „Systemprogramm" die neue Mythologie, so erscheint hier die Naturphilosophie als Vorbereitung der in der ideellen Welt sich vorbereitenden neuen Gottheiten. Ist das auch poetisch gedacht, so doch schon mit weit darüber hinausgehendem Anspruch: der Illusion, die Menschheit durch die „Anschauung" der absoluten Identität neu vereinen zu können – wann war sie je vereint? Der Absolutheitsanspruch der Religion als einzig vereinender Kraft zementiert den Weg, auf dem die kommenden Götter aus einer poetischen Metapher zur religiösen Illusion werden.

Romantische Alternative

Im dritten Bande des „Athenäums" (1800) konnte Schelling in Friedrich Schlegels „Ideen" lesen: „Ihr staunt über das Zeitalter, über die gährende Riesenkraft, über die Erschütterungen, und wißt nicht welche neuen Geburten ihr erwarten sollt. Versteht euch doch und beantwortet euch die Frage, ob wohl etwas in der Menschheit geschehen könne, was nicht seinen Grund in ihr selbst habe. Muß nicht alle Bewegung aus der Mitte kommen, und wo liegt die Mitte? – Die Antwort ist klar, und also deutet auch die Erscheinungen auf eine große Auferstehung der Religion, eine allgemeine Metamorphose."[240]

In fast prophetischem Gestus kündet Friedrich Schlegel die „Auferstehung" der Religion an, obwohl sonntäglich die Kirchen im Lande ihren Gottesdienst abhalten, obwohl nur die Toten auferstehen. Die Metamorphose der Menschheit sei es, die in Zeichen, den Erschütterungen der Epoche sich ankündige. Offenkundig ist diese Religion nicht die traditionell kirchliche, landesübliche. Und offenkundig ist, was da kommen soll, nicht, was man schon hat: Poesie und Philosophie, und sie ist nicht, was gewesen: die Aufklärung des 18. Jahrhunderts.

Im selben Bande des „Athenäums" fällt das Stichwort der „neuen Mythologie", die notwendig sei, die wir brauchen – im „Gespräch über die Poesie", das Friedrich Schlegel verfaßte und in dem, wenn auch kaum aufgeschlüsselt, die Diskussionen des romantischen Freundeskreises ihren Niederschlag gefunden: „Kann eine neue Mythologie sich nur aus der innersten Tiefe des Geistes wie durch sich selbst herausarbeiten, so finden wir einen sehr bedeutenden Wink ... in dem großen Phänomen des Zeitalters, im Idealismus! Dieser ist auf eben die Weise gleichsam wie aus Nichts entstanden ... Alle Wissenschaften und alle

Künste wird die große Revoluzion ergreifen." Dies zeige den „geheimen Zusammenhang und die innre Einheit des Zeitalters. Der Idealismus, in praktischer Ansicht nichts anders als der Geist jener Revoluzion, die großen Maximen derselben, die wir aus eigner Kraft und Freyheit ausüben und ausbreiten sollen, ist in theoretischer Ansicht ... nur ein Theil ... von dem Phänomene aller Phänomen, daß die Menschheit aus allen Kräften ringt, ihr Centrum zu finden. Sie muß, wie die Sachen stehn, untergehn oder sich verjüngen."[241]

Voraussetzung dieses Ideenganges ist, daß die Revolution in Frankreich nicht den Weg der Erneuerung gezeigt habe. Dieser gehe vielmehr über die Revolution der Wissenschaften und Künste. Rhetorisch spitzt Schlegel die Frage extrem zu, Alternative ist: Verjüngung oder Untergang der Menschheit. Dahinter steht der ungeheure enthusiasmierende Eindruck fichteanischer Selbstbestimmung des Geistes angesichts einer Welt, in der dieser offenkundig ohnmächtig ist.

Schelling gehörte dem Kreis der Frühromantiker in Jena an. Daß er der Kunst eine so zentrale Stellung in seinem System zumaß, dürfte dem gemeinsamen Kunstenthusiasmus entstammen – und hörte mit dem Zerfall dieses Kreises auf. In ihm war Friedrich Schlegel nicht nur der literaturgeschichtlich und -kritisch konzeptive Denker. Seine Grundthese, „die Wissenschaft der Kunst ist ihre Geschichte"[242], hat seine bahnbrechende Leistung programmiert. Das meint nicht Auflösung der Theorie in Geschichte, sondern theoretisch durchdrungene Geschichte und Theorie als Fazit von Geschichte. Die Aussagen über die wissenschaftlichen Disziplinen setzen die Einsicht voraus, daß deren Gegenstand historisch und innerlich systematisch ist. Das gleiche gilt in bezug auf die Philosophie, so daß Schlegel sagen kann, die „Geschichte sei eine werdende Philosophie und die Philosophie eine vollendete Geschichte". Dies Bewußtsein der Historizität läßt ihn Herder weiterführen, und mit Schillers philosophisch-ästhetischen Schriften bilden seine historisch-systematischen Entwürfe eine geschichtliche Voraussetzung für die Ästhetik Hegels, in der mehr Anregungen Schlegels verarbeitet sind, als die heftige Kritik Hegels vermuten läßt. Freilich ist die

Härte seines Urteils von ideologisch-politischer und weltanschaulicher Gegnerschaft gegenüber dem Schlegel ab 1804 getragen.

Das Jahr der Ankunft Hegels in Jena – 1801 – war das Jahr,
in dem Friedrich Schlegel Jena verließ, nachdem er sich ohne
Glück als Dozent in einer systematischen Vorlesung über Transzendentalphilosophie versucht hatte. Ein Berührungspunkt war
Schelling: Hegel verband sich philosophisch mit dem Stifts-
freunde, als dessen „Symphilosophein" mit Schlegel in Gegnerschaft und akademische Konkurrenz umgeschlagen war (abgesehen sei hier von den privaten Gründen). Wenig später gingen
Hegels und Schellings Wege auseinander, und Schellings Wendung zur traditionellen Religion begann sich stärker auszuprägen. Hegel und Friedrich Schlegel mußten sich beide den gleichen historischen Problemen stellen unter dem ungeheuren Eindruck der Französischen Revolution und der geistigen Krise der
nachthermidorianischen Phase, beide in der Wirklichkeit
Deutschlands Position und Auswege suchen. Beide gehen aus
von der Transzendentalphilosophie – Hegel mehr von Kant,
Schlegel mehr von Fichte – und spüren deren Ungenügen; beide
sind mit Platon vertraut, entdecken – wesentlich über Lessing,
Jacobi und Herder – Spinoza, erfahren Herders historische und
Schillers ästhetische Orientierung und suchen in der Wendung
zu einem objektiven, den transzendentalen bewahrenden Idealismus ein Systemkonzept, von dem her sich die Einheit von
Absolutem und Geschichte, unendlichem und endlichem Leben,
Welt und Ich, Ganzem und Individuum als ein widersprüchlicher Prozeß begreifen läßt, der den epochalen und individuellen Antagonismen, den gelebten, erfahrenen und theoretisierten,
eine Lösungsperspektive vermittelt. Beide suchen gedanklich-
methodisch die Sphäre von Reflexion und Abstraktion zum „Lebendigen" hin zu durchstoßen. Beide sind erfüllt vom Gedanken einer geistigen Revolution, die anstehe und im Gange sei,
beide, so rational sie vorgehen und obwohl sie innerlich außerhalb konfessioneller Bindung stehen, suchen in der „Religion"
Signum und Ziel der epochalen Bewegung: Hegel noch in der
„schönen Religion" sich erneuernder Polis-Idealität, Schlegel in
einer Poesie und Philosophie vereinenden, letztlich mit roman-

tischer Universalpoesie verschmelzenden Religion – beiden also war diese ästhetisch geprägt.

Hegel hatte im Frankfurter Systemfragment von 1800 seine Position zu einem objektiv idealistischen pantheistischen Vorentwurf der Dialektik vorangetrieben: in der Bestimmung des Lebens bzw. seiner Struktur als „die Verbindung der Verbindung und der Nichtverbindung" – worin Hölderlins dialektische Formel aufgenommen ist –; in der Bestimmung der Objektivität dieses dialektischen Zusammenhangs, so daß, „was Verbindung der Synthesis und Antithesis genannt wurde", nicht ein „Gesetztes, Verständiges, Reflektiertes, sondern ... ein Sein außer der Reflexion" sei; schließlich im Konzept, das „unendliche Leben" als „Geist" zu fassen: „Geist ist die lebendige Einigkeit des Mannigfaltigen im Gegensatz gegen dasselbe als seine Gestalt ..., das alsdann ein Belebtes ist."[243] Und in dem Aufsatz über die „Differenz des Fichteschen und Schellingschen Systems ...", der in der zweiten Hälfte des Jahres 1801 erschien, konnte Schlegel lesen (er tat's mit Abwehr, Widerwillen, auch wenn er Verwandtes spüren mochte, mußte er sich in Frage gestellt sehen durch die Konsequenz, mit der hier Philosophie selbst geschichtlich begriffen, die „Entzweiung" als „Quell des Bedürfnisses der Philosophie, und als Bildung des Zeitalters die unfreie gegebene Seite der Gestalt", als Schwinden der „Macht der Vereinigung aus dem Leben" bestimmt und daraus das Programm der Dialektik entwickelt wurde): „Für den Standpunkt der Entzweiung ist die absolute Synthese ein Jenseits, das ihren Bestimmtheiten entgegengesetzte Unbestimmte und Gestaltlose. ... Die Aufgabe der Philosophie besteht aber darin ..., das Sein in das Nichtsein als Werden; die Entzweiung in das Absolute als dessen Erscheinung; das Endliche in das Unendliche als Leben zu setzen."[244]

Hegel begründet hier Schellings Ansatz als Überwindung Fichtes, er hat ihn sich zu eigen gemacht und zugleich im Entwurf der dialektischen Philosophie, die das Absolute zu bestimmen sucht, mit deutlich auch unterscheidenden Zügen als philosophisches Programm gebündelt. Hatte er vorher an Schelling am 2. November 1800 geschrieben, er suche nun aus dem System

„Rückkehr zum Eingreifen in das Leben der Menschen zu finden"[245], so verkündete er in dem erst jüngst aufgefundenen Fragment des Vorlesungsmanuskripts für den Winter 1801/02: „Denn
das wahre Bedürfniß der Philosophie geht doch wohl auf nichts
anders als darauf, von ihr und durch sie leben zu lernen."[246]
Gleichzeitig arbeitete er an den aus Frankfurt mitgebrachten
Entwürfen über die Verfassung Deutschlands, habilitierte sich,
freilich mit einer Arbeit, welche die Grenze spekulativer Philosophie angesichts naturwissenschaftlicher Fragen wider Willen darstellt („Dissertatio philosophica de orbitis planetarum").

Gegenüber dieser mit Energie auftretenden Tendenz denkenden Begreifens der wirklichen Welt und systematischen Philosophierens, „das Endliche in das Unendliche als Leben zu
setzen", ist es verständlich, daß Friedrich Schlegel auf Hegel
keinen positiven Eindruck machen, dieser wohl manch Verwandtes berührende Anregung erhalten, Schlegels aphoristisches Philosophieren aber nicht sonderlich ernst nehmen konnte. Seine
Auseinandersetzung mit der Romantik, die in der „Phänomenologie des Geistes" ihren Niederschlag gefunden, steht noch
bevor.

Daß beider Entwicklung antagonistisch verlief, lag nicht primär an der Charakter- und Begabungsdifferenz. Schlegel fehlte
es weder an Ideenfülle noch Scharfsinn, selbst nicht an einer inneren Systematik, wohl aber an der Fähigkeit, vom Einfall zu
systematischer theoretischer Entwicklung überzugehen und in
der Theorie von seinen emotionalen Weltanschauungsbedürfnissen zu abstrahieren. Seine poetische Sensitivität, seine seismographische Bestimmbarkeit, die mit seine Stärke als Historiker
charakterisieren, ließen ihn in der Philosophie existentialisieren, so daß er trotz lebenslanger Bemühung zu keinem konsistenten theoretischen Ganzen gelangen konnte. Dennoch hat er
als „experimentaler" Denker eine Fülle von Motiven vorweggenommen, die erst in der bürgerlichen Philosophie des 20. Jahrhunderts die Wendung zu einem religiös strukturierten Denken erneuerte. Beide kamen von der Aufklärungsbewegung her:
Hegel führte sie bei aller Kritik auf höherer Stufe weiter, Friedrich Schlegel propagierte deren Zurücknahme. Als der spätere

konservative christliche Philosoph bescheinigte er Hegel die
„Beschränkung eines absoluten Stumpfsinns für alles Göttliche"[247] – keineswegs inkonsequent von seinem restaurativ ka-
tholischen Standpunkt aus.

Hegel dagegen schreibt am 7. Mai 1809 an Niethammer einen
Glückwunsch zur Befreiung von den Feinden – gemeint ist, daß
Napoleon die Österreicher aus Regensburg verdrängt habe –:
„Wogegen die gegenteilige, nämlich die Friedrich Schlegelsche
Befreiung und Katholizierung unser aller, geradezu vor die
Schweine gegangen ist und derselbe es für Glück wird anzusehen
haben, wenn nur der Galgen von ihm befreit bleibt. Da Fr. Schlegel hier viele seinesgleichen, arbeitslose und ausgehauste Lum-
pen hat . . ."[248] Trotz aller Widersprüche: in Hegel stand bürgerlicher Progreß gegen die blanke Restauration des späten
Schlegel. Wenn der reife Hegel die Vernunft im Wirklichen auf-
suchte, trug sie immer noch Gehalte der volonté générale an
sich. Schlegels Kernpunkt ist der Ausgang von dem, was als
andre Seite Rousseaus zu betrachten, dem Selbstbewußtsein der
Individualität. Er kennt keine Gesetzlichkeit in Abstraktion
vom Individuum, seit er seinen Republikanismus und Klassizismus abbaute. Der extreme, überschwengliche Individualismus
seiner frühromantischen Phase, der eine neue Religion ästhetisch
imaginierte, findet um 1804 Ruhe und Geborgenheit in der
wirklichen – er endet „mit einem Salto mortale in den Abgrund
der göttlichen Barmherzigkeit"[249].

Hegel konnte noch in der Vorlesung Schlegels hören: „Da
wir keine andere Realität annehmen als geistige, so ist alles
Reelle genialisch. Der Idealismus betrachtet die Natur wie ein
Kunstwerk, wie ein Gedicht. Der Mensch dichtet gleichsam
die Welt, nur weiß er es nicht gleich." Ohne Schellings naturwissenschaftliche Substanz, philosophiert er mit dessen Resul-
taten. Diese ästhetisch-enthusiastische Weltsicht erfüllt pantheistischer Höhenrausch: „Die Natur ist die werdende Gottheit.
Aus dieser Ansicht geht die Gemeinschaft hervor, in der wir
mit der Gottheit stehen . . . Die beyden Urfakta, nämlich der
Duplicität und Identität, sind selbst Gott. Denkt man sie nicht
bloß rein theoretisch, sondern mit Phantasie, mit Liebe, und in

Beziehung auf das Leben, so denkt man Gott."[250] Die beiden
religiösen „Stimmungen", die daraus folgen, seien „Ergebung
und Hoffnung".[251]

Im letzten Abschnitt seiner Vorlesung faßt Schlegel zusammen: „Es soll ein Ganzes werden. Die Trennung soll aufhören.
Es giebt nur ein Reelles."[252] Hegel hätte kaum die Formulierung, wohl aber deren aktuelle weltanschauliche Tendenz bejaht, genauer, die allgemeine Form, den Schmerz der Trennung
oder Entzweiung durch eine Wiederherstellung des Ganzen, der
Totalität zu überwinden. Das ist überhaupt eine allgemeine
Denkform, in der die erste Krise der bürgerlichen Ideologie
in Deutschland und ihre Lösungsbedürftigkeit zu Bewußtsein
kam in der Optik einer jungen philosophisch gebildeten Intelligenz, die in der kirchlichen Tradition nicht mehr heimisch, in
ihren von der vorrevolutionären Emanzipationsbewegung ge-
nährten Erwartungen enttäuscht und sich selbst, als Vereinzelte,
der etablierten Gesellschaft, einer geordneten deutschen Welt
wertmäßiger Unordnung, gegenübersah und gleichzeitig nur
geistiger Zeitgenosse der geschichtlichen Umwälzungen in Frankreich sein konnte. Schiller hatte die Entfremdungserfahrungen
inhaltlich zusammengefaßt und Fichte ihre höchste Verallge-
meinerungsform geprägt. Die spekulative weltanschauliche Verarbeitung vollzog sich – unter pantheistischem Vorzeichen – in
der Reflexion des Verhältnisses von Unendlichem und Endlichem.

Hegels Weg bestand nun darin, daß er das obengenannte
Programm wirklich duchführte, indem er die endliche geschichtliche Wirklichkeit als Erscheinung des Absoluten und dieses als
deren notwendigen inneren Zusammenhang, der sich in Setzung und Lösung von Widersprüchen bewegt, zu bestimmen und
dadurch den Begriff mit der Wirklichkeit, wie er wenig später
formulierte, zu versöhnen suchte. So phantastisch die idealistische Grundidee, sie ermöglicht das Zusammendenken von Natur und Geschichte bis hin zur Selbsterkenntnis des Absoluten
in der bewußten Identität von Subjekt und Objekt als einen
dialektischen historischen Prozeß.

Dies geschieht im Gegensatz zur Auffassung des Absoluten

als Unterschiedslosigkeit, des Endlichen als verschwindend gegenüber dem Unendlichen, als bloßen Zeichens eines nur ahnbaren Ganzen – oder im Gegensatz zur Suche nach der Totalität als verlorener Heimat und zum Verebben von Ahnung und Sehnsucht im Unbestimmten gegenüber der das Wesen der Sache ergreifenden Arbeit des Begriffs. Sosehr dies innerhalb der idealistischen Verkehrung des Verhältnisses von Materie und Bewußtsein, von Produzenten und Produziertem, Abbild, Abbildendem und Abgebildetem geschieht, so wurde doch die Hegelsche Philosophie zur spekulativen Form, in der der geschichtliche Erkenntnisprozeß, vor allem die Selbsterkenntnis der Gesellschaft, vorangetrieben wurde, bis diese idealistisch-spekulative Form zerbrach – angesichts der Julirevolution, der in Deutschland sich durchsetzenden industriellen Revolution und der anhebenden demokratischen Bewegung –, woraus die aus den gesellschaftlichen Entwicklungsbedürfnissen erwachsende Wende zur empirischen Wissenschaft und zum Bewußtwerden der politischen Selbstbewegung der Gesellschaft gegenüber dem von Hegel fetischisierten Staat resultierte. Die „Identität von Denken und Sein" mußte als Hypertrophie des Gedankens kapitulieren, wodurch erst der objektive Erkenntnisgehalt freigesetzt wurde. Ebenso wurden dadurch Voraussetzung und geschichtliche Bedingtheit des spekulativen Systems und seines Bildungsgesetzes erkennbar: als geistige Reproduktion der Wirklichkeit in ebender Entfremdung, die durch die nur gedachte, behauptete, gedanklich konstruierte Subjekt-Objekt-Identität überwunden werden sollte.

Friedrich Schlegels Entwicklung verlief ganz anders. Die Ideenfülle der frühromantischen Phase steuerte auf die Zurücknahme ihres emanzipatorischen Impetus zu. In seiner ruhelosen Produktivität setzte sich schließlich die Wendung zur bestehenden Religion durch, weil das Unendliche nicht als Zusammenhang und Gesetz des Endlichen gedacht und gesucht, sondern als emotional gewisse Sinnerfüllung, nicht als Objekt, sondern als Voraussetzung und Verhaltenssteuerung des Reflektierens und Handelns Bedürfnis war: diese entlastende scheinbare Unmittelbarkeit war nur über die historisch tradierte Institution zu gewinnen. „In meinem Leben und philosophischen Lehrjahren ist ein beständiges Suchen nach der ewigen Einheit (in der Wissenschaft und in der Liebe) und ein Anschließen an ein äußeres, historisch Reales oder ideal Gegebenes (zuerst Idee der Schule und einer neuen Religion der Ideen) dann Anschließen an den Orient, an das Deutsche, an die Freiheit der Poesie, endlich an die Kirche, da sonst überall das Suchen nach Freiheit und Einheit vergeblich war. War jenes Anschließen nicht ein Suchen nach Schutz, nach einem festen Fundament?"[253] So beschrieb Friedrich Schlegel 1817 seine Entwicklung. Das setzte das Gefühl der Schutzbedürftigkeit und der Fundamentlosigkeit voraus. Erst die Einheit von Institution – Hierarchie und Gemeinde – und deren religiöser Leitvorstellung bzw. -idee, die der rationalen Kritisierbarkeit enthoben, vermittelte ihm die Gewißheit von Schutz und Fundament als Überzeugungssicherheit.

Schlegel war kein Einzelfall, was seine Konversion betrifft. Diese ist nur extremer Schlußpunkt und besondre Lösung seines Lebenskonflikts. Die soziale Produktion dieses Bedürfnisses im Krisenraum der neunziger Jahre des 18. Jahrhunderts hatte zur Grundlage die allmähliche Verbürgerlichung der feudal-kleinbürgerlichen Verhältnisse, die Schockerfahrung des auf den Markt angewiesenen Intellektuellen. Diese Erfahrung wird – in sozialpsychologisch und gedanklich strukturell analoger Weise – am Ende des 19. Jahrhunderts wiederholt, auf der ungleich breiteren Basis der Mittelschichten zwischen Großbourgeoisie und Proletariat, deren Ängste, Sehnsüchte, Stabilitäts- und Sicherheitsbedürfnisse von einer sehr viel breiteren Intelligenzschicht mitvollzogen und ideologienproduktiv gemacht werden. Wie sich aus der Romantik eine konservative bürgerliche Ideologie nährte, so bildete sich nun auf unterschiedlichen Bildungsebenen eine in sich sehr komplexe romantisierende ideologische Welle, multipliziert durch die im Übergang zum Monopolkapitalismus und Imperialismus sich herausbildende Medienkultur. Dies wiederum produzierte weltanschauliche Voraussetzungen, Werte, Gefühlsmuster der ein antisozialistisches Heil versprechenden, gegen konkurrierende imperialistische Mächte gerichteten Massendemagogien der ersten Hälfte des 20. Jahrhunderts. Und ebendiese neunziger Jahre sind eine Zeit der Neurezeption der Romantik. Sosehr dies unser Thema sprengt: eine Gesellschaft materieller Desintegration produziert über ihre sachliche Integration den Zwang und das Bedürfnis ideologisch-illusionärer Integration und bedarf dazu gefühls- und wertbindender irrationaler, d. h. rationaler Kritik entzogener oberster Ideen, die das bewußte Verhältnis der Individuen zu ihren eigenen Lebensbedingungen vermitteln und regulieren. Romantisierende Tendenzen in der Gegenwart signalisieren – analog der Wende vom 18. zum 19. Jahrhundert – Realprobleme, für die allgemein rezipierbare rationale Lösungen nicht gefunden oder nicht akzeptabel sind – und sie zeigen die Macht sozialpsychologischer und weltanschaulicher Muster, die als Konfliktlösung reproduziert werden, wobei durch die Veränderung der Realität, der Gesellschaftswirklichkeit die Semantik unterderhand sich verwandelt. Und sie zeigen dennoch auch eine in allen historischen Wandlungen sich reproduzierende Analogiestruktur der Probleme an, die zu lösen die Jenenser Frühromantik zunächst so siegesgewiß angetreten war.

Darum interessiert hier auch nicht so sehr die Konversion, sondern die gedankliche Tendenz Friedrich Schlegels auf dem Höhepunkt seiner frühromantischen Phase, aus der heraus die Krise erwuchs, die in der Konversion ihre individuelle Lösung fand.

Friedrich Schlegels philosophische Position in der „Athenäum"-Zeit ist in keinem Text explizit dargestellt, sie drückt sich in den Aphorismen, Aufsätzen und Essays, auch in der – immer problematischen – Vorlesungsnachschrift aus. So dominant das Interesse an Poesie, so zielt Schlegel doch immer auf eine „letzte Synthese", in der, was er als Religion entwirft, nicht ganz durchsichtig mit der romantischen Universalpoesie verschmilzt, die, ganz im Ästhetischen noch bleibend, über das Ästhetische hinausweist. Das „Athenäum" zeigt 1800 noch die ungebrochene Zukunftsgewißheit einer Metamorphose der Menschheit in einer ästhetisch-weltanschaulichen Konzeption, die auf Goethe und Fichte sich beruft und eine Synthese beider auf den Begriff zu bringen sucht: als Religion. 1808 verurteilt

Schlegel dann – recht zelotisch – die bloß ästhetische Ansicht der
Dinge, die in der Literatur Gott und Vaterland habe vergessen
lassen, als ästhetische Träumerei und unmännlichen pantheistischen Schwindel.

Seine Position, wie sie vor allem im letzten Band des „Athenäums" zum Ausdruck kommt, hatte sich im Gespräch mit Novalis, Schleiermacher, Schelling und Fichte herausgebildet – in
ständigem Hinblick auf Goethe –, hatte vorkantische Motive
aufgenommen – so Hemsterhuis – und zeigte auch das Abrük-
ken von der stärker republikanischen Position der Forster-, Re-
publikanismus- und Lessing-Aufsätze: Unter- und Hintergrund
der poesiegeschichtlichen Arbeit. Betrachten wir seine Konzeption in der „Athenäum"-Zeit näher.

„Poesie und Philosophie sind, je nachdem man es nimmt, verschiedne Sphären, verschiedne Formen, oder auch die Factoren
der Religion. Denn versucht es nur beyde wirklich zu verbinden, und ihr werdet nichts anders erhalten als Religion." Und:
„Die Religion ist nicht bloß ein Theil der Bildung, ein Glied
der Menschheit, sondern das Centrum aller übrigen, überall
das Erste und Höchste, das schlechthin Ursprüngliche." Denn:
„Die Religion ist die centripetale und centrifugale Kraft im
menschlichen Geiste, und was beyde verbindet."[254]

Schlegels „Religion" ist Abstraktion von allen bestimmten
Religionen, speziell der protestantischen seiner Herkunft; die
Abstraktion bewahrt freilich Allgemeinstes: Bedürfnis und Totalität. Zunächst ist sie Programm einer Neuintegration der arbeitsteiligen, sich gegeneinander verselbständigenden Sphären
der bürgerlichen kulturellen Bildung, die ihrerseits die Arbeitsteilung der bürgerlichen Gesellschaft und Lebensweise reproduziert. Zudem liegt in dieser Religion ein seinen sozialen Gehalt verhüllendes, weil ihn nicht begreifendes, sehr vages Ideal
einer unentfremdeten Gesellschaft. Im Kern läßt sich Schlegels
Religionskonzept als seine Antwort auf die Widersprüche fassen, die Schillers Kritik im sechsten der „Briefe über die ästhetische Erziehung" herausgefordert hatten, nur daß der soziale
und politische Gehalt ungleich radikaler verdrängt ist vom individuellen Bildungskonzept, ohne freilich ganz zu verschwin-

den. Dies Abstraktum Religion bezieht Schlegel – gut prote-
stantisch – auf das vereinzelte Individuum und dessen Innerlichkeit, und von einer sinngebenden Mitte her sucht er dessen
Integration und Identität zu gewinnen.

Schlegels Philosophieren erreichte in Jena seinen euphorischen
Gipfel. „Ich denke eine neue Religion zu stiften oder vielmehr
sie verkündigen zu helfen: denn kommen und siegen wird sie
auch ohne mich"[255], schreibt er an Novalis. Doch die Konturen
dieser Religion fließen. Der Gedanke, daß das „ewige Leben
und die unsichtbare Welt ... nur in Gott zu suchen" seien,
drückt den erlebten Mangel des endlichen Lebens und der sichtbaren Welt aus. Die „Idee der Gottheit ist die Idee aller Ideen",
d. h., ihr wird ideelle Totalität zugeschrieben: „Gott ist jedes
schlechthin Ursprüngliche und Höchste, also das Individuum
selbst in der höchsten Potenz. Aber sind nicht auch die Natur
und die Welt Individuen?" – „Gott erblicken wir nicht, aber
überall erblicken wir Göttliches; zunächst und am eigentlichsten
jedoch in der Mitte eines sinnvollen Menschen, in der Tiefe eines
lebendigen Menschenwerks." Programmatisch heißt es – gegen
die Aufklärung: „Doch gesteht und erkennet die Philosophie
schon, daß sie nur mit Religion anfangen und sich selbst vollenden könne, und die Poesie will nur nach dem Unendlichen
streben und verachtet weltliche Nützlichkeit und Cultur, welches die eigentlichen Gegensätze der Religion sind." „. . . die
Fantasie ist das Organ des Menschen für die Gottheit." Und
zusammenfassend heißt es: „Jede Beziehung des Menschen aufs
Unendliche ist Religion, nämlich des Menschen in der ganzen
Fülle seiner Menschheit."[256]

Schlegels auf die Religion zielendes Philosophieren ist ein
eigentümlich fieberhaft kreisendes Denken, das zu keinem Ende
kommt. Er versucht, Fichtes Idealismus – freilich ohne dessen
demokratische politische Intention – mit Goethe als Modell
der Poesie, mit dem mystisch aufgefaßten Spinoza und Jakob
Böhme zusammenzudenken, somit einen Pantheismus zu gewinnen, der von Fichte her die innere Produktivität in Universum
und Individuum sucht und diese wiederum in der „Liebe" vereint als verbindendem Band – was letztlich nur ausspricht, daß

Unendlichkeit und Universum die phantasmagorische Gestalt
ist, worin der Wunsch nach bestätigenden harmonischen perso-
nalen Beziehungen seine Erfüllung universell und objektiv, ins
Allgemeinste entfremdet setzt. Nicht als Objekt der Physik
als mathematischer und empirischer Wissenschaft, sondern als
Erscheinung des göttlichen Unendlichen, einer nur zu ahnen-
den und zu schauenden Totalität, interessiert dies Universum.
Nicht die Vernunft, vielmehr die Liebe sei die universelle verbindende, im Menschen schöpferische, ihn mit dem Ganzen produktiv einende Kraft, die intuitiv zu erfassen, zu fühlen ist –
nicht als poetische Metapher, sondern als philosophische These
gemeint. Diese ursprüngliche Liebe aber erscheine in vielfältiger Gestalt, „am meisten aber als Sehnsucht und als stille
Wehmuth"[257]. Kunst soll Wissenschaft, Wissenschaft Kunst und
beide sollen Religion werden: Zentrum dessen ist die Auflösung
spezifisch wissenschaftlicher Rationalität in der These: „Die
intellektuale Anschauung ist der kategorische Imperativ der
Theorie."[258] Das von ihm nicht publizierte Notat von 1799:
„Die Religion oder Theosophie, enthält die Prinzipien der
Kunst und Wissenschaft. Die Philosophie muß diese Prinzipien
nur konstruieren, Poesie sie darstellen"[259], deutet darauf, daß
diese Religion eben identisch ist mit dem Ganzen von Philosophie und Poesie und beider Gefühlsbasis.

Wenn dann das Sichtbare – wie für den „wahren Dichter" –
„nur Hindeutung auf das Höhere, Unendliche, Hieroglyphe der
Einen ewigen Liebe und der heiligen Lebensfülle der bildenden
Natur"[260], verschmilzt die Philosophie mit dem Poesieprogramm
romantischer Universalpoesie und einer neuen Mythologie. Das
„Universum" gewinnt poetische Analogiestruktur, sein Kern ist
ein Geisterreich. So zeichnet sich der Weg der Spekulation zwischen Novalis und Schelling ab, ein idealistischer Pantheismus
phantastischer Art, der – mit der Phantasie als Organ des Göttlichen – die ästhetischen Beziehungen religiös auflädt, die religiösen ästhetisiert, Religion nur als ersehnte und erspekulierte
Bildungsreligion kennt, als Ästhetik von Schleiermacher bezogener Gefühlsbestimmungen, Utopie der Kunst, die religiöse Sinngarantie leisten soll in einer Welt, die selbst nach dem Modell

eines romantischen Kunstwerks gedacht ist, nicht die wirkliche, sondern die von der Phantasie geschaute ist: „Alle heiligen Spiele der Kunst sind nur ferne Nachbildungen von dem unendlichen Spiele der Welt, dem ewig sich selbst bildenden Kunstwerk." Daher öffnen die „Mysterien der Poesie" das „Innre der Physik", die – über die Theosophie besonders Jakob Böhmes – in eine „mystische Wissenschaft vom Ganzen"[261] sich verwandele.

Friedrich Schlegel hat später, aus der Distanz dessen, der in christlichen Glaubenspositionen sich stabilisierte, seine Position als ästhetischen Pantheismus bezeichnet. Doch das drückt nur ungefähr aus, worum es ihm ging. Philosophisch hatte er ein klares Programm: „Die Philosophie ist eine Ellipse. Das eine Centrum, dem wir jetzt näher sind, ist das Selbstgesetz der Vernunft. Das andre ist die Idee des Universums, und in diesem berührt sich die Philosophie mit der Religion."[262] Aber es ging Schlegel nicht nur um theoretische Problemlösungen. Wenn er sagt: „Was sich thun läßt, so lange Philosophie und Poesie getrennt sind, ist gethan und vollendet. Also ist die Zeit nun da, beyde zu vereinigen"[263], so ist das keine Sache der theoretischen Reflexion mehr, sondern der Einheit von Reflexion, Phantasie und Gefühl in der „Religion".

Ästhetischer Pantheismus bedeutet Wandlung der beiden Brennpunkte der Ellipse: das Selbstgesetz der Vernunft wird zum fühlenden und sensuellen Ich, das Universum zur göttlichen schönen Natur, jenes zum individuellen Subjekt sensueller Genuß- und Lebensansprüche, zum Subjekt des physisch-psychischen Vereinigungsstrebens mit dem Du des anderen Ich – und dem Du der übergreifenden Natur, diese wiederum zur göttlichen Totalität unendlicher Lebensproduktivität, die nur in der Phantasie zu erfassen ist, und beide Pole vereinen sich in einem Ganzen der idealen Welt, aus welchem freilich die Prosa der realen herausfällt. „Ja wir alle, die wir Menschen sind, haben immer und ewig keinen andern Gegenstand und keinen andern Stoff aller Thätigkeit und aller Freude, als das eine Gedicht der Gottheit, dessen Theil und Blüthe auch wir sind – die Erde."[264]

Als Gedicht Gottes ist die Erde nicht, was sie an sich ist,

sondern Hieroglyphe; nicht das Wirkliche wird gegen Transzendenz gesetzt, indem ihm Göttlichkeit zugesprochen, sondern die Göttlichkeit macht es zur Hieroglyphe. Wenn Schlegel erklärt: „Und was ist jede schöne Mythologie anders als ein hieroglyphischer Ausdruck der umgebenden Natur in dieser Verklärung von Fantasie und Liebe?", so scheint hier ein Ansatz gegeben, nach Bedürfnis und Gesetzen dieser Hieroglyphisierung zu fragen. Doch schlägt das sofort um: „. . . alle Schönheit ist Allegorie. Das Höchste kann man eben weil es unaussprechlich ist, nur allegorisch sagen." Dem folgt als Konsequenz: „Darum sind die innersten Mysterien aller Künste und Wissenschaften ein Eigenthum der Poesie. Von da ist alles ausgegangen, und dahin muß alles zurückfließen."[265] Das Höchste, das Absolute ist nicht objektivierbar. Was Schlegel als „Mystizismus" bezeichnet, ist Kern der Poesie wie der Religion. Die Frage, wie denn nun die wirkliche Welt zu begreifen sei, wird nicht stellbar. Diese phantastische göttliche Welt erscheint als Alternative, als „idealischer Zustand" gegen den wirklichen gesetzt: „In einem idealischen Zustande der Menschheit würde es nur Poesie geben . . ."[266]

Diese „höhere idealische Ansicht der Dinge, sowohl des Menschen als der äußern Natur", als „Wesen der Poesie" entwirklicht die empirische Realität als „Zeichen, Mittel zur Anschauung" gegenüber der unaussprechlichen Bedeutung des Ganzen, so daß für die geforderte Poesie „das ganze Spiel des Lebens wirklich auch als Spiel genommen uns dargestellt sey",[267] im Sinne jener Ironie, in der vom Unendlichen aus das Endliche erscheint, sowenig umgekehrt das Unendliche jenseits des Individuellen und Endlichen faßbar wäre.

Friedrich Schlegel entwirft die romantische Poesie als progressive Universalpoesie, die „gleich dem Epos ein Spiegel der ganzen umgebenden Welt, ein Bild des Zeitalters"[268] in Gestalt des Romans sein werde. Doch wird sie als Epochenspiegel problematisch, wenn die empirischen Erscheinungen des Zeitalters Zeichen und Hieroglyphen des nur mit der Phantasie zu erfassenden Ganzen, eines unendlichen Sinnes seien und die realen geschichtlichen Prozesse als Spiel genommen werden, das andres bedeutet, als es ist. Ist diese Bedeutung einerseits Gott,

das Unendliche, so versinkt ihm gegenüber die empirische endliche Welt in einer Poesie, die „am meisten zwischen dem Dargestellten und dem Darstellenden, frey von allem realen und
idealen Interesse auf den Flügeln der poetischen Reflexion in
der Mitte schweben, diese Reflexion immer wieder potenziren
und wie in einer endlosen Reihe von Spiegeln vervielfachen"[269]
kann. In der Polarität zwischen dem notwendig alle Bestimmtheit transzendierenden Unendlichen, Göttlichen als phantastischer Objektivität und der poetischen Subjektivität, der Forderung ihrer bedingungslosen „Willkür", ihrer Produktivität, die
von der Innerlichkeit des Gefühls in die endlose Reihe der Reflexion steigt, in der Polarität zwischen dem phantastisch-pan-
theistisch objektivierten Ich Fichtes und seiner Individualisierung im poetischen Ich wird nun die Norm des „Werks" prekär,
in dem die unendliche, jede Fixierung ironisch sprengende Prozessualität doch zur fixen Gestalt gerinnt – des Werks, das durch
das „Selbständige, Insichvollendete" bestimmt, ja definiert wird
dadurch, daß es „eine Offenbarung der Natur" sein müsse: „Nur
dadurch, daß es Eins und Alles ist, wird ein Werk zum
Werk."[270]

Hier wird eine Spannung der Extreme sichtbar, die Schlegel
wiederum zu vermitteln sucht. So sei der Geist der Poesie stets
einer, und ihn kann man als „romantisch" im allgemeinsten Sinne
verstehen – aus dem Bezug aufs Unendliche –, während ein engerer Begriff das Romantische als die nachantike und nachklassische Poesie versteht, die keine allgemeine feste Mythologie zur Grundlage hat, während eine dritte, die erste aufneh-
mende Akzentuierung die romantische Dichtung perspektivisch
sieht: „Die romantische Dichtart ist noch im Werden; ja das
ist ihr eigentliches Wesen, daß sie ewig nur werden, nie vollendet seyn kann. ... Sie allein ist unendlich, wie sie allein frey
ist, und das als ihr erstes Gesetz anerkennt, daß die Willkühr
des Dichters kein Gesetz über sich leide. Die romantische Dichtart ist die einzige, die mehr als Art, und gleichsam die Dichtkunst selbst ist: denn in einem gewissen Sinn ist oder soll alle
Poesie romantisch seyn."[271]

Als unendlicher Prozeß, der eine „Aussicht auf eine gränzen-

los wachsende Klassizität eröffnet"[272], ist Poesie nicht als ge-
staltlos subjektivistische Willkür konzipiert: sie ist „Kunst" als
bewußte, die akkumulierte Erfahrung der Geschichte fortfüh-
rende Gestaltung und Bildung: „Das wesentlichste sind die bestimmten Zwecke, die Absonderung, wodurch allein das Kunstwerk Umriß erhält und in sich selbst vollendet wird. Die Fantasie des Dichters soll sich nicht in eine chaotische Ueberhaupt-
poesie ergießen, sondern jedes Werk soll der Form und der
Gattung nach einen durchaus bestimmten Charakter haben."[273]

Wie das Unendliche sich nur realisiert im schöpferischen Bilden der Individualitäten, so gilt analog für den schöpferischen
geschichtlichen Prozeß der Poesie, daß dieser sich nur im Prozeß der Individualisierung als Werkbildung realisiert. Erscheint
einmal die antike Poesie dank ihrer Einheit durch die fundierende Mythologie „als ein einziges, unteilbares Gedicht", so gilt
diese Einheit, oszillierend zwischen Ist und Soll, als Wesensbestimmung und Zukunftsentwurf generell: „Das Wesen der
höhern Kunst und Form besteht in der Beziehung aufs Ganze.
... Darum sind alle Werke ein Werk, alle Künste eine Kunst,
alle Gedichte ein Gedicht. Denn alle wollen ja dasselbe, das
überall Eine..."[274] Und dies, daß jedes Werk das Ganze
„wirklich und in der Tat" bedeute, nennt Schlegel „symbolische
Form".[275] Diese Totalität wurzelt in der Innerlichkeit der Subjektivität als Sehnsucht, Gefühl und Phantasie, sie realisiert sich
in der Produktivität dieser durch und durch individualisierten
transzendentalen Subjektivität in der unendlichen Vielfalt der
Individualitäten, sie wird objektiv und kommunikabel in Poesie und Philosophie als einem werdenden Universum. Dies wiederum ist geschichtlicher Prozeß, der in der Chaotik der Gegenwart den Punkt erreicht hat, an dem eine neue innere und
sinnfällige Einheit geboren wird.

Darauf zielt die Idee der neuen Mythologie, und darauf
zielt die ästhetische Zielsetzung, das unendlich Individualisierte
und Mannigfaltige doch wieder zu objektiver Form und Ordnung finden zu lassen – in der „Aussicht auf das, was die höchste Aufgabe aller Dichtkunst zu seyn scheint, die Harmonie des
Classischen und des Romantischen"[276], dies wiederum gedacht

von dem unendlichen Bildungsprozeß her, der jede bestimmte Form transzendiert, der äußerste Universalität fordert und gebiert: „Universalität ist Wechselsättigung aller Formen und aller Stoffe. Zur Harmonie gelangt sie nur durch Verbindung der Poesie und der Philosophie: auch den universellsten vollendetsten Werken der isolirten Poesie und Philosophie scheint die letzte Synthese zu fehlen; dicht am Ziel der Harmonie bleiben sie unvollendet stehn. Das Leben des universellen Geistes ist eine ununterbrochne Kette innerer Revoluzionen; alle Individuen, die ursprünglichen, ewigen nämlich leben in ihm. Er ist ächter Polytheist und trägt den ganzen Olymp in sich."[277]

Dies „Leben des universellen Geistes" drückt als Ideal der Bildung und geistigen Lebens aus, was weltanschaulich die neue Religion meint: eine „letzte Synthese" absoluter Freiheit des Wechsels, Tausches, des Spiels von Formen und Stoffen im Spannungsfeld zwischen unendlichem Universum, dem Göttlichen, und künstlerisch-intellektueller Subjektivität. Daher gestaltet sich vom Unendlichen gegenüber dem Endlichen, vom Produzierenden gegenüber dem Produzierten, vom Bestimmenden und Unbestimmten gegenüber dem Bestimmten, vom Subjekt, das genial ein Unendliches, das Ganze in sich fühlt, glaubt und sucht, gegenüber dem empirisch Objektiven, Endlichen nur ein ironisches Verhältnis.

Während der universelle Geist von der rezipierenden historischen Bildung her gesehen ist, so die Werknorm von der Produktion her – jener ist die Monade der Monaden, diese das Gesetz der individuellen Monade, jener umfaßt das prozessierende Universum des geschichtlich Produzierten und dessen individuellen Gebrauch, diese das bestimmte individuelle Produkt und seine Produktion. Darin liegt einerseits ein Bewußtsein des Widerspruchs, daß alle Geschichte der Künste – gleichsam für sich genommen – ein Totalitätsprozeß individueller Totalitäten ist, ein Widerspruch, der freilich im Realzusammenhang gesellschaftlichen Gebrauchs und Produziertwerdens ständig gesetzt und gelöst wird. Die Extremisierung dieses Widerspruchs resultiert aus der Abstraktion des Kunst- und Geisteslebens von seinem geschichtlich-materiellen Lebensprozeß.

Doch objektiviert dies Problem Friedrich Schlegels eigenen Widerspruch, insofern er es auf die intellektuelle Subjektivität oder die Subjektivität des Intellektuellen bezieht. Der Gedanke, alle Kunstwerke als ein Kunstwerk zu sehen, ist metaphorischer Ausdruck eines – sehr spezialisierten – Betrachterstandpunktes. Die letzte Synthese artikuliert das Ungenügen an Poesie und Philosophie in der Suche nach einer Harmonie, die aus deren Synthese zu gewinnen sei, die dennoch wiederum nur Halt an einem Gebilde analog der Norm des Werks findet. Universelle Entgrenzung – als Bedürfnis, Lebensgefühl, historische Erfahrung und Spiel der Möglichkeiten – und das bestimmte, individuelle, objektive Werk, das nur durch Begrenzung sein kann und das der individuellen Begrenztheit, Ordnung bedarf, um als endliches eine unendliche Bedeutung tragen und vermitteln zu können, widersprechen sich. Die Synthese wird sehnsüchtig in der Religion als Synthese von Philosophie und Poesie gesucht, von Fichtes unendlich prozessierendem Ich und Goethes Objektivität. Sie kann aber darin gar nicht gefunden werden, da im Kreisen von Poesiewerden der Wissenschaft und Wissenschaftwerden der Poesie der Bezugspunkt beider, die empirische Realität, ausgespart ist. Aller geforderter „Realismus" bezieht sich auf die Anschaulichkeit des künstlerischen Gebildes und Bildes als Produkt eben der Transzendentalpoesie: Fichtes absolutes Ich ist Subjekt poetischer Einbildungskraft.

Die Programmierung der romantischen Universalpoesie und die der neuen Religion laufen nach-, neben- und ineinander. Was Friedrich Schlegel von der Poesie erwartet, fordert und in ihr sucht, ist auf allgemeinerer Stufe die neue Religion als Weltanschauungsrichtung und Konzept geistigen Verhaltens, während die Poesiekonzeption selbst einen totalisierenden, über Poesie als Kunstart hinausführenden Charakter trägt. Es ist letztlich ein Perspektiventwerfen in unterschiedlicher Allgemeinheit und von unterschiedlichen Gesichtspunkten aus, wobei das Woher und Wogegen bestimmter ist als das Wofür und Wohin, das Entgrenzen sich klarer abzeichnet als die neue Gestalt, die, im Medium der Poesie und Spekulation gefaßt, doch eine Gestalt des geschichtlichen Lebens sein will. Das Unbestimmte des Ja verbirgt sich freilich auch im Nein, und das bedingt, daß der Ausbruch aus der empirischen deutschen Welt und dem Weltzustande, den sie repräsentiert, am Gängelbande der negativen Abhängigkeit geschieht.

In dem poetisch gewiß problematischen Roman „Lucinde" hat Friedrich Schlegel gezeigt, wovon er sich abstößt. „Lucinde" ist, als Fazit seiner „Lehrjahre der Männlichkeit", wie der Mittelteil heißt, eine romantische Apotheose der auf wechselseitiger erfüllter und erfüllender Liebe beruhenden Ehe – als „Vollendung des Männlichen und Weiblichen zur vollen, ganzen Menschheit"[278], wobei diese Liebe in der Einheit des Körperlichen und Seelischen gründet. Insofern ist es ein antipatriarchalischer und antiasketischer Roman der bürgerlichen Emanzipation von bürgerlicher Konvention und Norm im Sinne der Emanzipation sich verwirklichender Individuen, deren gemeinsames Glück ihre Vollendung ist. Menschheit verkörpert sich in der Individualität. „Lucinde" ist zugleich Schlegels – freilich Fragment bleibendes – Experiment mit dem Roman als romantischer Form, in seinem Sinne ein Roman des Romans. Schließlich dürfen das Entsetzen der prüden Mitwelt und die Skandalatmosphäre, welche Schlegel in wohlgemuter Frechheit und Schwärmerei evoziert, nicht verdecken, daß es noch um mehr geht. Der Spannungsbogen, den er im Aussprechen und Darstellen des Liebesverhältnisses „von der ausgelassensten Sinnlichkeit bis zur geistigsten Geistigkeit"[279] durchmißt, ist selbst Teil und Allegorie eines phantastisch gärenden Natur- und Freiheitstraumes, der höhnisch gesetzt wird gegen das Gewohnte, Geregelte, Übliche. Aber darin, daß er allgemeinste weltanschauliche Zusammenhänge bemüht, um in der Liebe die höchste Erfüllung zu zeigen, gibt er zugleich Antwort auf Epochenfragen, auf das Wozu angesichts einer Welt, in welcher der Kampflärm um die Revolution und ihre Konsequenzen nicht verstummt ist.

Und dieses dritte Moment sei an Hand einiger Textstellen näher betrachtet. Zunächst eine träumerisch-erotische Phantasie: „Und so sah ich denn bald bekannte und unbekannte liebe Gestalten in wunderlichen Masken, wie ein großes Karneval der Lust und Liebe. Innre Saturnalien, an seltsamer Mannigfaltigkeit und Zügellosigkeit der großen Vorwelt nicht unwürdig. Aber nicht lange schwärmte das geistige Bacchanal durcheinander, so zerriß diese ganze innre Welt wie durch einen elektrischen Schlag, und ich vernahm, ich weiß nicht wie und woher, die geflügelten Worte: ‚Vernichten und Schaffen, eins und alles; und so schwebe der ewige Geist ewig auf dem ewigen Weltstrome der Zeit und des Lebens und nehme jede kühnere Welle wahr, ehe sie verfließt.‘ – Furchtbar schön und sehr fremd tönte diese Stimme der Fantasie, aber milder und mehr wie an mich gerichtet die folgenden Worte: ‚Die Zeit ist da, das innre Wesen der Gottheit kann offenbart und dargestellt werden, alle Mysterien dürfen sich enthüllen, und die Furcht soll aufhören.‘“ Unfähig, dem Trieb nach künstlerischer Äußerung nachzugeben, hört unser Held dann: „‚Bilde, erfinde, verwandle und erhalte die Welt und ihre ewigen Gestalten im steten Wechsel neuer Trennungen und Vermählungen. Verhülle und binde den Geist im Buchstaben. Der echte Buchstabe ist allmächtig und der eigentliche Zauberstab. Er ist es, mit dem die unwiderstehliche Willkür der hohen Zauberin Fantasie das erhabene Chaos der vollen Natur berührt und das unendliche Wort ans Licht ruft, welches ein Ebenbild und Spiegel des göttlichen Geistes ist und welches die Sterblichen Universum nennen.‘“[280]

Poetisch überzeugend ist die blaß bleibende Karnevalsphantasie gewiß nicht und auch nicht die innere Offenbarung im Stile der Zauberoper. Doch Nicht-Können und Stilwille konvergieren hier, der Text springt unmittelbar vom Erhabenen zum Mutwilligen über: „Wie die weibliche Kleidung vor der männlichen, so hat auch der weibliche Geist vor dem männlichen den Vorzug, daß man sich da durch eine einzige kühne Kombination über alle Vorurteile der Kultur und bürgerlichen Konventionen wegsetzen und mit einem Male mitten im Stande der Unschuld und im Schoß der Natur befinden kann.“[281] Das Spiel von Einfall, Reflexion, Erhabenem und Komischem, Vision und Nüchternheit ist die Form, in der diesen Vorurteilen der Fehdehandschuh hingeworfen und der Bogen vom „höhern Kunstsinn der Wollust" zur „Demut, die Göttlichkeit des anderen zu ehren",[282] geschlagen wird.

Die Metapher des Karnevals, den sinnlich zu gestalten die Kraft fehlt – denken wir an Goethes Blocksbergszenen oder auch nur an die „Nachtwachen des Bonaventura" –, ist aufschließend. Sowenig sozialer Hintergrund und Inhalt des Karnevals hier begriffen werden und sosehr er auf innere Saturnalien beschränkt wird, er steht für ersehntes, unterdrücktes Lebens- und Liebesbedürfnis, für sinnliche Genußfähigkeit und -bedürftigkeit, der ihr Recht nicht ward und die es sich eben – in der Phantasie – nimmt.

Blicken wir auf die „Idylle über den Müßiggang", den Preis der „gottähnlichen Kunst der Faulheit".[283] Auch hier zaubert die Phantasie innere Saturnalien: „Erst nachdem die Kraft der angespannten Vernunft an der Unerreichbarkeit des Ideals brach und erschlaffte, überließ ich mich dem Strome der Gedanken und hörte willig alle die bunten Märchen an, mit denen Begierde und Einbildung, unwiderstehliche Sirenen in meiner eignen Brust, meine Sinne bezauberten. ... Gleich einem Weisen des Orients war ich ganz versunken in ein heiliges Hinbrüten und ruhiges Anschauen der ewigen Substanzen, vorzüglich der Deinigen und der meinigen. ... Warum sind denn die Götter Götter, als weil sie mit Bewußtsein und Absicht nichts tun, weil sie das verstehen und Meister darin sind? Und wie streben die Dichter, die Weisen und die Heiligen, auch darin den Göttern ähnlich zu werden! ... alles Gute und Schöne ist schon da und erhält sich durch seine eigne Kraft. Was soll also das unbedingte Streben und Fortschreiten ohne Stillstand und Mittelpunkt? ... Nichts ist es, dieses leere unruhige Treiben, als eine nordische Unart und wirkt auch nichts als Langeweile, fremde und eigne. Und womit beginnt und endigt es, als mit der Antipathie gegen die Welt, die jetzt so gemein ist? ... der Fleiß und der Nutzen sind die Todesengel mit dem feurigen Schwert, welche dem Menschen die Rückkehr ins Paradies verwehren. Nur mit Gelassenheit und Sanftmut, in der heiligen Stille der echten Passivität kann man sich an sein ganzes Ich erinnern ... in allen

Künsten und Wissenschaften (ist) das Wesentliche – das Denken und Dichten, und das ist nur durch Passivität möglich. ...
Und also wäre ja das höchste, vollendetste Leben nichts als ein reines Vegetieren."[284]

Dem folgt eine Theaterphantasie, wo „ein Prometheus abgebildet, der Menschen verfertigte. Er war an einer langen Kette gefesselt und arbeitete mit der größten Hast und Anstrengung; auch standen einige ungeheure Gesellen daneben, die ihn unaufhörlich antrieben und geißelten." Da wirbeln jugendliche Gestalten herum – „jeder hatte eine eigne Manier, eine auffallende Originalität des Gesichts, und alle hatten irgendeine Ähnlichkeit von dem Teufel der christlichen Maler oder Dichter; man hätte sie Satanisken nennen mögen."

Herkules wird mit Prometheus konfrontiert: „„... Er hat auch gearbeitet und viel grimmige Untiere erwürgt, aber das Ziel seiner Laufbahn war doch immer ein edler Müßiggang, und darum ist er auch in den Olymp gekommen. Nicht so dieser Prometheus, der Erfinder der Erziehung und Aufklärung. Von ihm habt ihr es, daß ihr nie ruhig sein könnt und euch immer so treibt ... Prometheus aber, weil er die Menschen zur Arbeit verführt hat, so muß er nun auch arbeiten, er mag wollen oder nicht. Er wird noch Langeweile genug haben und nie von seinen Fesseln frei werden.'" Eine geträumte „allegorische Komödie".[285]

Die letzten „Tändeleien der Fantasie" beginnen mit dem Satz: „Durch die schweren, lauten Anstalten zum Leben wird das zarte Götterkind Leben selbst verdrängt und jämmerlich erstickt in der Umarmung der nach Affenart liebenden Sorge." Dagegen steht das Traumland Phantasie: „Alles liebt und lebt, klaget und freut sich in schöner Verwirrung. Hier öffnen sich am rauschenden Fest die Lippen aller Fröhlichen zu allgemeinem Gesange ... Nun versteht die Seele die Klage der Nachtigall und das Lächeln des Neugebornen, und was auf Blumen wie an Sternen sich in geheimer Bilderschrift bedeutsam offenbart, versteht sie, den heiligen Sinn des Lebens wie die schöne Sprache der Natur."[286]

Jux und Schwärmerei, Spiel mit dem „épater le bourgeois",

mit koketter Selbstironie und dennoch ernst-religiösem Weltanschauungsanspruch, der wiederum sich auflöst in kosmische
Weihe des privaten Liebesgenusses; Feier sensuellen Genusses, die übergeht in pantheistische Allgefühle, Ironie, die im Iro-
nisieren das Ironisierte um so mystischer aufwertet, Travestie
der Feierlichkeit und ausgelassener Witz, der sich dennoch philosophische Abgründigkeit unterstellt: eine romantische Maske-
rade, in der sehr wohl im lauten Genuß, in Gefühlsrausch und
hochfliegender Spekulation auch die Suche nach Schutz und Fundament zu spüren ist, daher echter Humor fehlt und in der Ar-
tistik die Anstrengung zu spüren ist. Im Witzigen stellt sich
Metaphysik dar, im vergehenden Augenblick wird die Bedeutung des Unendlichen als deren Witz behauptet und genossen:
als „Allgegenwart der namenlosen unbekannten Gottheit. Die
Natur selbst will den ewigen Kreislauf immer neuer Versuche;
und sie will auch, daß jeder einzelne in sich vollendet einzig
und neu sei, ein treues Abbild der höchsten unteilbaren Individualität. [–] Sich vertiefend in diese Individualität, nahm die
Reflexion eine so individuelle Richtung, daß sie bald anfing, auf-
zuhören und sich selbst zu vergessen."[287] Das geschieht, wenn
zwei Menschenmonaden aneinander sich vergnügen, einander
das Universum werden.

Der Sprung vom Allgemeinsten zum Privaten ist typisch: der
höchste Anspruch und die metaphysische Würde des Individuums ist ein Witz der Natur, einer ihrer Versuche, der wiederum des Individuums schrankenlose Freiheit legitimiert; die
höchste Reflexion schlägt ins Vegetabilische um, das Universum
webt in privater Intimität. Das poetische Feuerwerk vermittelt
den Ausbruch aus der Konvention der bürgerlichen Gesellschaft
– und vermittelt zugleich, nachdem das Nein zur bürgerlichen
prosaischen Philisterwelt, ihrer Arbeit, ihren Nützlichkeitswer-
ten, ihrem Betrieb, explodiert ist, die Rückkehr in Gestalt der
Fluchtidylle eines Landgutes, wo die Liebenden als glückliche
Familie ihre rousseausche Erfüllung finden: „Nun hat das Hei-
ligtum der Ehe mir das Bürgerrecht im Stande der Natur gegeben. ... ich sehe das Nützliche in einem neuen Lichte ..."[288]
Die ökonomischen Bedingungen und Mittel sind vorausgesetzt.

Das ist mehr und anderes als ein Jugendstreich, eine Entgleisung, eine bloße Privatangelegenheit oder mißglückte Poesie. Friedrich Schlegel selbst nahm „Lucinde" ernster und plante eine Fortsetzung. Das Schicksal des romantischen Aufbruchs ist daran abzulesen, nicht nur Schlegels Perspektive. Die freche, witzige, soviel Entrüstung und Indignation hervorrufende Attacke auf die konventionelle bürgerliche Moral und die Hymnik seiner Liebe zu Dorothea Veit, in die ältere Versuche, sein Verhältnis zu Caroline Schlegel, spätere Schelling, eingegangen sein mögen: das ist nur eine Seite und auch Verhüllung einer Flucht vor der „zur Prosa geordneten Wirklichkeit" der deutschen Bürger/Kleinbürger- und Bürokratenwelt.

Ungleich dichterischer und auch religiöser hatte Wackenroder kurz zuvor die romantische Wende eingeleitet. Sie ist nicht Schlegels Erfindung. Im Gegenteil. Das zwingt zu einem Blick auf dessen wohl wichtigsten Aufsatz „Über das Studium der griechischen Poesie", der 1795 geschrieben und zwei Jahre später veröffentlicht wurde. Hier verkündet er, daß „die Geschichte der griechischen Dichtkunst ... eine allgemeine Naturgeschichte der Dichtkunst; eine vollkommne und gesetzgebende Anschauung"[289] sei. Maßstab ist die vorausgesetzte „Natürlichkeit" der Griechen: ihre Ganzheit, ihre Totalität in individueller wie in kollektiv-öffentlicher Hinsicht. Hier folgt Schlegel dem idealisierten Griechenbild. Er hält es – wie Winckelmann – als Norm fest, aber begreift – Herder folgend – dessen Unwiederholbarkeit.

Diese programmatische Erklärung ist das Fazit einer Analyse der modernen, d. h. der nachklassischen Kunst. Bei den Griechen habe die Poesie das „Ganze der menschlichen Natur" umfaßt und den Gipfel der Idealität – vollständige Selbstbestimmung der Kunst und Schönheit – in ihrer Goldenen Zeit erreicht. Die moderne Poesie basiert dagegen auf künstlicher Bildung. Dieser Gegensatz ist fundamental, wenn auch nicht originell: er ist Rousseausches Aufklärungsgut. Doch Schlegel gibt ihm eine bedeutsame Wendung: die künstliche Bildung entsteht auf den Trümmern der antiken Kultur, der Keim der Künstlichkeit liegt schon in der „künstlichen universellen Religion". Auf der Grundlage dieser Künstlichkeit entsteht eine Poesie, die er als historische Einheit begreift, als „ein zusammenhängendes Ganzes", das auch durch die „totale Revolution",[290] in deren Verlauf der dritte Stand in Europa aufgestiegen, nicht aufgesprengt, sondern in seinen inneren Widersprüchen gesteigert wird. Darin wird ihm Hegel folgen, doch mit dem entscheidenden Unterschied: Wo Hegel einen Prozeß des Hinausgehens der Kunst über sich selbst und ihre Auflösung konstatiert, prognostiziert und fordert Schlegel eine ästhetische Revolution und Erneuerung.

Dies ist in einer aufklärerischen und von Fichte inspirierten geschichtsphilosophischen Sicht begründet, die ihre optimistische Perspektive aus der Idee der Perfektibilität des Menschen, aus dem „Satz der Vernunft von der notwendigen unendlichen Vervollkommnung der Menschheit"[291] herleitet, zugleich diesen Gang als keineswegs linearen, sondern widersprüchlichen denkt. Grundthese ist, daß der Mensch nicht tätig sein kann, ohne sich zu bilden. Bildung (was zunächst die gesamte Selbst- und Weltgestaltung betrifft) ist identisch mit Entwicklung der Freiheit, sie ist selbst Folge menschlichen Tuns und Leidens, der Wechselwirkung von Freiheit und Natur. Hier denkt Schlegel sein Konzept nicht zu Ende, weil Freiheit sowohl als Betätigung des „Selbst" als auch als die aktiv-produktive Tätigkeit nach Zwecken erscheint, ihr Inhalt aber offenbleibt. Analoges gilt vom unaufgeklärten Verhältnis von Schicksal und Natur. Entscheidend bleibt die Notwendigkeit der Wechselbeziehung: diese dient, die Grundunterscheidung zu begründen, ob die „Freiheit" oder die Natur der menschlichen Bildung den ersten Anstoß gebe, womit das „Gesetz der Progression" bestimmt werde. Ist es die Natur, so treibt ein unbestimmtes Verlangen die Tätigkeit an, der Verstand ist Handlanger und Dolmetscher der Neigung, der „zusammengesetzte" Trieb Führer der Bildung – das ist die natürliche Bildung. In der künstlichen gibt die Freiheit den Anstoß, die bewegende Macht sei auch hier der „Trieb", der Verstand dabei aber lenkend und gesetzgebend. Wie die Praxis der Theorie vorausgeht, nehme die Bildung von der Natur ihren Anfang; auf die natürliche Bildung folge eine künstliche.

Die theoretischen Bestimmungen haben für Schlegel eher instrumentalen Wert: sie liefern Beschreibungs- und Konstruktionsinstrumente. Sie dienen dazu, die klassische Antike als unerreichbare und auch unwiederholbare in sich geschlossene Totalität zum absoluten Gegensatz zur modernen Poesie zu stilisieren; zum andern: ein Gesetz der Progression zu finden, das es möglich macht, die moderne Poesie historisch zu begreifen, zu kritisieren bis zur „letzten Konvulsion des sterbenden Geschmacks" und ihr dennoch eine Perspektive des „höchsten Ziels jeder möglichen Poesie"[292] zu weisen, die durch Kunst, durch Bewußtsein gewinnt, was durch Natur nicht mehr zu gewinnen ist.

Sein Motiv spricht Schlegel am Anfang der Abhandlung aus: „Es springt in die Augen, daß die moderne Poesie das Ziel, nach welchem sie strebt, entweder noch nicht erreicht hat; oder daß ihr Streben überhaupt kein festes Ziel, ihre Bildung keine bestimmte Richtung, die Masse ihrer Geschichte keinen gesetzmäßigen Zusammenhang, das Ganze keine Einheit hat." Selbst und gerade ihre stärksten künstlerischen Leistungen „lassen einen verwundenden Stachel in der Seele zurück, und nehmen mehr als sie geben. Befriedigung findet sich nur in dem vollständigen Genuß, wo jede erregte Erwartung erfüllt, auch die kleinste Unruhe aufgelöst wird; wo alle Sehnsucht schweigt. Dies ist es, was der Poesie unsres Zeitalters fehlt!"[293]

Wo alle Sehnsucht schweigt, welches Bedürfnis fordert da Erfüllung? Der vollständige Genuß von Kunst sei, wenn nicht nur alle erregte Erwartung erfüllt ist, sondern jede kleinste Unruhe in der großen Ruhe erlischt? Also jede Bewegung aufhört? Denn Unruhe und Sehnsucht widersprechen hier dem Genuß. Er erscheint als Aufgehobensein in einer großen, erfüllenden, bergenden Harmonie.

Ob dies als Erfahrung an griechischen Werken gewinnbar, sei dahingestellt. Es ist geforderte, ersehnte Kunsterfahrung. Also Forderung, daß Poesie leiste, was offenkundig die Wirklichkeit nicht leistet. Auch die wirkliche Poesie nicht, die ziellos, ohne bestimmte Richtung, verwirrend erscheint und verwundend wirkt. Im Postulat fehlt jeder Bezug auf das Verhältnis der Poesie zur Wirklichkeit, beherrschend ist der auf die subjektive Be-

findlichkeit des Betrachters, der Genuß nur in der vollendeten
Ruhe findet, die ihm fehlt. Die Verabsolutierung der Griechen,
ihrer natürlichen Bildung und Poesie, erscheint von hier aus als
Fluchtgehäuse, als Fixpunkt in einer Bewegung der Unruhe,
Unbehaustheit, Disharmonie und Ziellosigkeit. Der Traum von
Poesie will nicht nur Poesie: es wird dort eine solche Ordnung
und Totalität als Leben geträumt, welche griechische Kunst im
Gegensatz zum gegenwärtigen Leben zu versprechen scheint.
Diese Diagnose der Gegenwartspoesie ist Diagnose eines, der
ein Ziel, ein andres Leben, einen Sinn im Ganzen sucht, dafür
ein ästhetisches Erfüllungsbild hat – und eine Erfüllungsnorm
des vermißten Genusses.

Die Charakteristik und Kritik der modernen Poesie – der unter der Herrschaft des Verstandes stehenden künstlichen ästhetischen Bildung – bezieht sich auf die europäische Literatur in
der Gemeinsamkeit ihrer Herkunft, ihrer Bestrebungen und Verhältnisse. Der Hauptvorwurf, den Schlegel ihr macht, ist, daß
sie nicht ihrem eigenen Gesetz folge, sondern fremden Zwecken
diene. Daher nicht die Schönheit, sondern das Interessante ihre
ästhetische Hauptbestimmung sei. Daraus folgt schon der Verlust der inneren Einheit, des Lebensprinzips und damit der Harmonie und Schönheit des Werks.

Wohl konstatiert er, es sei „ein schönes Verdienst der modernen Poesie, daß so vieles Gute und Große, was in den Verfassungen, der Gesellschaft, der Schulweisheit verkannt, verdrängt
und verscheucht worden war, bei ihr bald Schutz und Zuflucht,
bald Pflege und Heimat fand"[294]. Aber was geschichtlich ein
Verdienst, sei ästhetisch ein Manko: nicht das Schöne, sondern
andre Zwecke – Wahrheit, das Gute – seien dann letzter Maßstab. Viele der Werke seien geradezu „Darstellungen des Häßlichen"; die Maßstäbe geistiger Ordnung seien verwirrt, die
„Philosophie poetisiert und die Poesie philosophiert", das Wahre
und Schöne, Wissenschaft und Kunst verlieren ihre Grenzen und
Gesetzlichkeiten: „Geschichte wird als Dichtung, diese aber als
Geschichte behandelt."[295] Das Verhältnis von Theorie und Praxis sei verwirrt, ein „schneidender Kontrast der höhern und niedern Kunst" bestehe, aus dem Übergewicht des Charakteristi-

schen und Interessanten folge das „unersättliche Streben nach
dem Neuen, Piquanten und Frappanten, bei dem dennoch die
Sehnsucht unbefriedigt"[296] bleibe. Jeder Künstler existiere für
sich, „ein isolirter Egoist in der Mitte seines Zeitalters und seines Volks", während „auch das feinere Publikum von dem
Künstler nichts als interessante Persönlichkeit"[297] verlange. Und
diese Kritik steigert er zu einer Gesamtcharakterisierung des
Marktes ästhetischer Waren: „Wie in einem ästhetischen Kram-
laden steht hier Volkspoesie und Bontonpoesie beisammen, und
selbst der Metaphysiker sucht sein eignes Sortiment nicht vergebens; nordische oder christliche Epopöen für die Freunde
des Nordens und des Christentums; Geistergeschichten für die
Liebhaber mystischer Gräßlichkeiten, und irokesische und kan-
nibalische Oden für die Liebhaber der Menschenfresserei, grie-
chisches Kostüm für antike Seelen, und Rittergedichte für heroische Zungen; ja sogar Nationalpoesie für die Dilettanten der
Deutschheit!"[298] So steigert sich die Kritik mit der Gegenwarts-
nähe ihres Objekts und gewinnt ihre äußerste höhnische Schärfe
gegenüber dem Büchermarkt des 19. Jahrhunderts.

Durchgehend ist die strenge Norm, insofern genau die Unterschiede, die jeweilige Eigengesetzlichkeit von Wissenschaft
und Kunst und innerhalb der Künste die genaue Trennung der
Gattungen gegen alle Vermischung, gegen die „Scheidung und
Mischung aller gegebenen Stoffe und vorhandenen Kräfte" behauptet werden – eine klassizistische Rigorosität, mit der Schlegel ziemlich einzig dasteht. Aus der Herrschaft des Verstandes
ergibt sich, daß die höchste Leistung, daß eine „gewisse Vollendung, ein Höchstes in ihrer Art"[299] in der philosophischen, der
Vernunft folgenden Dichtung erreicht werde. Shakespeare ver-
körpere den Geist der modernen Poesie am vollendetsten. Schlegel führt dies näher aus in einer Charakteristik des „Hamlet"
als „philosophischer Tragödie". Die philosophische Tragödie sei
der vollkommene Gegensatz zur ästhetischen Tragödie: „Diese
ist die Vollendung der schönen Poesie, besteht aus lauter lyrischen Elementen, und ihr endliches Resultat ist die höchste Harmonie. Jene . . . besteht aus lauter charakteristischen Elementen,
und ihr endliches Resultat ist die höchste Disharmonie."[300]

Im Urteil Schlegels reflektiert sich sein Verhältnis zum eigenen gefährdeten Dasein – im Medium des großen Modells: „Es gibt vielleicht keine vollkommnere Darstellung der unauflöslichen Disharmonie, welche der eigentliche Gegenstand der philosophischen Tragödie ist, als ein so grenzenloses Mißverhältnis der denkenden und der tätigen Kraft, wie in Hamlets Charakter. Der Totaleindruck dieser Tragödie ist ein Maximum der Verzweiflung. Alle Eindrücke, welche einzeln groß und wichtig schienen, verschwinden als trivial vor dem, was hier als das letzte, einzige Resultat alles Seins und Denkens erscheint; vor der ewigen kolossalen Dissonanz, welche die Menschheit und das Schicksal unendlich trennt."[301]

Repräsentiere Shakespeare den Gipfel der modernen Poesie, so mische er doch wie „die Natur Schönes und Häßliches durcheinander", verwunde uns „mitten unter den heitern Gestalten unbefangner Kindheit oder fröhlicher Jugend" durch eine „bittre Erinnerung an die völlige Zwecklosigkeit des Lebens, an die vollkommne Leerheit alles Daseins". Er führe uns nicht zu der „reinen Wahrheit", seine Darstellung sei „nie objektiv, sondern durchgängig maniert ... Unter Manier verstehe ich in der Kunst eine individuelle Richtung des Geistes und eine individuelle Stimmung der Sinnlichkeit ..."[302]

Gut zwanzig Jahre vorher hatte Herder Shakespeare für den Sturm und Drang entdeckt: als Natur, geschichtliche Wahrheit, Poesie gewordenen Gott des Spinoza. Für Schlegel ist er gerade Vollender der Künstlichkeit und Manieriertheit. Wo Herder eine Offenbarung der Wahrheit in der Poesie preist, vermißt Schlegel die „reine" Wahrheit, Hamlet sei nur einseitig wahr. Schlegel setzt damit eine gewußte totale Wahrheit voraus: seinen sehnsüchtigen Entwurf eines gewünschten sinnvollen harmonischen Universums, den er aus der griechischen Tragödie ablesen zu können glaubt. Die ästhetische Utopie vergißt ihren Wunsch- und Intentionscharakter.

Sehen wir davon ab, wie wenig Schlegel die im „Hamlet" konfrontierten „Welten" begreift. Seine Charakteristik zeigt, was ihn verwundend trifft: er erkennt die eigene Bedrohung im Hamlet, die ersehnte Harmonie ist sein Wunsch. Sinnfülle, Ord-

nung, Harmonie, die er der griechischen Tragödie zuspricht –
wir lesen und realisieren sie heute anders und müssen dies tun –,
werden festgehalten, gleichsam als „Anschluß" an eine autori-
tative Kraft und Wertordnung – als Gegenentwurf, Halt und
Sinngarantie gegen eine empirische geschichtliche Welt, in der
er sich nicht zu Hause weiß, die Richtung und Zusammenhang
im Chaotischen zu verlieren droht. Dies Ideal der Antike trägt
die emanzipatorisch-politischen Züge des Republikanismus des
jungen Schlegel, sein Betonen von Öffentlichkeit und öffentlicher
Sittlichkeit fände nur ein Pendant in der Tugendrepublik. Es
negiert eine Welt der Leibeigenschaft, des Absolutismus und des
Reichtums, der als Sieger der Revolution in Frankreich sich ab-
zuzeichnen beginnt. Doch ist in der Akzentuierung der universellen Harmonie als unbedingtes Postulat und Weltanschauungs-
norm zugleich ein Motiv angeschlagen – es wird besonders sichtbar an der Auseinandersetzung mit Shakespeare –, das als phantastische Sinnerfüllung gegenüber der erlebten Bedürftigkeit des
vereinzelten intellektuellen, freigesetzten Individuums in dieser
sich herausbildenden bürgerlichen Gesellschaft fungiert. Wenn
Friedrich Schlegel empört feststellt, daß die „Überzeugung von
der Unwandelbarkeit jener ewigen Grenzen" der Wissenschaft
und Kunst, des Wahren und Schönen wankend geworden sei, so
übersieht er, daß ihm das Erfüllungsbild eines autonomen Schönen Weltanschauungsideal und Wahrheitsnorm geworden ist.
Doch dies ermöglicht ihm, nicht im Negativen steckenzubleiben.

Was bei den Griechen die Natur, soll und kann bei den Modernen die Künstlichkeit, das Bewußtsein leisten. Die Epoche
der Herrschaft des Interessanten gehe zu Ende, weil dieses nicht
„das in der menschlichen Natur gegründete Verlangen nach voll-
ständiger Befriedigung" erfüllen, sondern durch das einzelne
und Veränderliche nur täuschen kann, je gieriger und rastloser
es geworden. Denn: „Nur das Allgemeingültige, Beharrliche und
Notwendige – das Objektive kann diese große Lücke ausfül-
len; nur das Schöne kann diese heiße Sehnsucht stillen."[303] Dies
Schöne wird dann in kantischer Weise zu bestimmen gesucht,
vor allem als „vom Zwange des Bedürfnisses und des Gesetzes
gleich unabhängig" – als autonom.

Daß im genannten Sinne objektive Kunst möglich sei, dafür wird ihm Goethe ein „merkwürdiges und großes Symptom. Goethens Poesie ist die Morgenröte echter Kunst und reiner Schönheit", er stehe „in der Mitte zwischen dem Interessanten und dem Schönen, zwischen dem Manierierten und dem Objektiven", er eröffne dadurch die „Aussicht auf eine ganz neue Stufe der ästhetischen Bildung". Das Objektive sei hier wirklich schon erreicht, und siegesgewiß heißt es, es werde „durchgängig herrschend werden. Dann hat die ästhetische Bildung den entscheidenden Punkt erreicht, wo sie sich selbst überlassen nicht mehr sinken, sondern nur durch äußre Gewalt in ihren Fortschritten aufgehalten, oder (etwa durch eine physische Revolution) völlig zerstört werden kann. Ich meine die große moralische Revolution, durch welche die Freiheit in ihrem Kampf mit dem Schicksal (in der Bildung) endlich ein entschiedenes Übergewicht über die Natur bekommt." Somit: „Der Augenblick scheint in der Tat für eine ästhetische Revolution reif zu sein, durch welche das Objektive in der ästhetischen Bildung der Modernen herrschend werden könnte."[304] Um jedoch aus dem Bestehenden dies zu erreichen, „bedarf es einer völligen Umgestaltung, eines totalen Umschwunges, einer Revolution"[305].

Schlegel fordert kein klassizistisches Kopistentum gegenüber griechischer Poesie, sondern Aneignung der Methode, also daß man „sich die Gesetzmäßigkeit jenes Urbildes zueignet, ohne sich durch die Eigentümlichkeit, welche die äußre Gestalt, die Hülle des allgemeingültigen Geistes, immer noch mit sich führen mag, beschränken zu lassen"[306]. Alle Einsicht in die Gesellschaftsbedingtheit der Kunst, die Schlegel sehr wohl von Winckelmann, Herder, Forster her begriffen hatte, schwindet angesichts dieser prognostizierten und geforderten Kunst- und Bildungsrevolution, deren nähere Konturen freilich ebenso unbestimmt bleiben wie ihr Verhältnis zur geschichtlichen Wirklichkeit, aus der sie entstehen und deren Akteure allein sie produzieren könnten.

Die Abhandlung endet in einem Komplex unausgetragener Widersprüche. Der vordergründigste liegt im Auseinanderklaffen von Pathos der kommenden „totalen" ästhetischen Revolution und dem, was es einleitet: das philologische Studium der griechischen Poesie. Der revolutionäre Impetus, der nicht die resignativen Züge von Schillers „Briefen über die ästhetische Erziehung" trägt, aber durchaus mit ihm als „allgemeinen Geist des Zeitalters . . . aufgelöste Erschlaffung und Sittenlosigkeit"[307] behauptet, nimmt sich ganz in die ästhetische Bildung zurück. Die moralische Revolution, die im Übergewicht der Freiheit über die Natur sich verwirkliche – Konsequenz des fichteanischen Ausgangskonzepts und des Perfektibilitätsgedankens –, kann nicht in der Bildung statthaben, ohne das Handeln zu verändern, das menschliche Zusammenleben und damit die Politik. Sonst wäre der Sieg der Selbstbestimmung keine wirkliche Selbstbestimmung. Andererseits: Wenn die Gesetzlichkeit griechischer Poesie eine allgemeingültige Gesetzlichkeit ausdrückt, eben eine natürliche, ahistorische – wie das nicht näher bestimmte Gesetz der Schönheit –, so wäre das historisch bewußte künstliche Herstellen einer objektiven Bildung und Poesie Durchsetzen einer präexistenten überhistorischen natürlichen Gesetzlichkeit gegen die Wechselbäder der künstlich-interessanten Bildung: bewußt vermittelte Rückkehr zur Natur. Aber gewiß nicht zu derjenigen, der gegenüber die Freiheit das Übergewicht gewinnen soll. Der Form nach ist dies Konzept der ästhetischen totalen Revolution die Reproduktion des Denkschemas, das in der bürgerlichen Revolution, in der Abschaffung des Feudalismus das Freisetzen der (bürgerlichen) Natur fordert und feiert. Aber: gerade die physische Revolution erscheint als Zerstörungsgefahr gegenüber der aus immanenter geistiger Selbstbestimmung sich frei entwickelnden ästhetischen Bildung. Das mag auch als politische Absicherung verstanden werden, ist aber mehr: es ist Konsequenz der durch und durch ideologisierten Sicht, die im ökonomischen und politischen Tun allein die Herstellung äußerer Bedingungen der geistigen Tätigkeit sieht und darin die beklagte Zerstückelung der menschlichen Kräfte voraussetzt.

Der Gedanke der Selbstbestimmung hat seine reale historische Grundlage darin, daß im 18. Jahrhundert immer stärker ein Grundzug der seit der Renaissance sich herausbildenden bürgerlichen Gesellschaft hervortritt und zu Bewußtsein kommt, den Marx so formuliert hat: „In allen Formen, worin das Grundeigentum herrscht, die Naturbeziehung noch vorherrschend. In denen, wo das Kapital herrscht, das gesellschaftlich, historisch geschaffne Element."[308] Dies historisch-gesellschaftlich geschaffene Element – so z. B. die Trennung der Produzenten von den Produktionsmitteln – erscheint in der bürgerlich-ideologischen Widerspiegelung unter dem Aspekt der frei werdenden Produktivkräfte und der von persönlichen Bindungen frei werdenden Subjekte als ideale „Natur" oder als Bestimmung der Vernunft oder Selbstbestimmung, jeweils mit dem Akzent des zu Realisierenden. Eine hinreichende Analyse des Bewußtwerdens dieses Aspektes steht noch aus und wäre – gerade angesichts der Formationssprünge in der dritten Welt – von erstrangiger Bedeutung.

Im Verhältnis von natürlicher und künstlicher Bildung reflektiert Schlegel einen geschichtlich-objektiven Gegensatz, den er nur in ästhetischer Hinsicht und nur auf abstraktester Ebene im Mit- und Nebeneinander von Natur- und Selbstbestimmung idealistisch-unbegriffen spiegelt, zumal „Natur" Name eines Geschichtlichen, des Griechischen, ist, in dem die tiefsten Bedürfnisse der künstlichen Bildung Erfüllung finden sollen. Und doch steckt ein Ahnen in dem Gedanken, der unspezifiziert bleibt, daß das Übergewicht der Freiheit über die Natur in der Realisierung einer natürlichen, aber geschichtlich verwirklichten Gesetzlichkeit als deren bewußte Anwendung sich manifestieren müsse. Schlegels Gedanken tragen weiter, als die idealistischen Systembestimmungen zulassen.

Auch als Schillers Abhandlung „Über naive und sentimentalische Dichtung" ihm das Eigenrecht und die eigene Qualität der sentimentalischen, eben „modernen" Dichtung überlegen darstellte und erst in einer höheren Synthese des Naiven und des Sentimentalischen die höchste Vollkommenheit der Poesie, weil dem Menschheitsbegriff entsprechend, entwarf, gab er die antikische Norm nicht preis, weshalb auch Goethe als Mitte zwischen dem Schönen und Interessanten nicht Synthese, sondern Übergang ist. Das Interessante habe nur „provisorischen ästhe-

tischen Wert", es habe „in der Poesie nur eine provisorische Gül-
tigkeit, wie die despotische Regierung". Absolut aber bleibe der
Widerspruch zwischen den „reinen Gesetzen der Schönheit und
der Kunst"[309] und der wirklichen Poesie des Zeitalters. Diese
reinen Gesetze sind eben die Abstraktion des klassizistischen
Ideals, gesetzt als Naturnorm utopischen Gehalts. Das Behaupten einer absoluten Norm ist genau der Punkt, an dem Schlegels politisch-ideologische Position festmacht, und hier zerbricht
ihm die Vermittlung zwischen ahistorischer Norm und Gesetzlichkeit und historischer Wirklichkeit.

In den im gleichen Jahr, 1797, im „Lyceum der Schönen
Künste" erschienenen, aber später als das „Studium der griechischen Poesie" verfaßten Fragmenten heißt es: „Mein Versuch über das Studium der griechischen Poesie ist ein manierier-
ter Hymnus in Prosa auf das Objektive in der Poesie. Das
Schlechteste daran scheint mir der gänzliche Mangel der unentbehrlichen Ironie . . ." Und: „Man sollte sich nie auf den Geist
des Altertums berufen, wie auf eine Autorität. . . . Das Kür-
zeste und das Bündigste wäre wohl auch hier, den Besitz des
alleinseligmachenden Glaubens durch gute Werke zu beweisen."[310]

„Lucinde" besiegelt das Begräbnis des klassizistischen Glaubens und vereint in sich alle Sünden, die Schlegel der Literatur
des „Interessanten" vorgeworfen hat. Was er in den „Lyceum"-
Fragmenten gesagt: „Alle klassischen Dichtarten in ihrer strengen Reinheit sind jetzt lächerlich"[311] – praktiziert er selbst. Was
er vorher kritisierte, bedient er jetzt: Stellte er empört fest, daß
das „feinere Publikum von dem Künstler nichts als interessante
Individualität"[312] verlange, so gibt er ein Selbstbekenntnis, die
„Quintessenz seiner Eigenthümlichkeit"[313]. „Lucinde" ist eine
Mischform, hochartistisch konstruiert aus unterschiedlichen, in
Prosa gegebenen Gattungsformen, die von der Lyrik über Bericht zum Dialog und zur theoretischen Reflexion reichen. Die
strukturelle Modernität kontrastiert mit der idyllischen Ideal-
lität des Erfüllungsbildes, dem Gestus einer – paradox sich ver-
hüllenden – Moralpredigt.

Nicht preisgegeben ist, wie oben gezeigt, das Ideal objekti-

ver Poesie, die Norm des „Werks". Daran hält Friedrich Schlegel bis zuletzt fest. Und die Zielsetzung im „Gespräch über die
Poesie", die Vereinigung des Klassischen und des Romantischen,
begreift auch die eigene romantische Poesie als Übergang. Nicht
preisgegeben ist die Charakteristik der nachklassischen Kunst,
wohl aber erscheint die Wertung umgekehrt: sie zeigt sich in
der Bestimmung romantischer progressiver Universalpoesie als
unabgeschlossenes Werden. Das Manko der Gattungs- und
Stoffmischungen ist jetzt romantische Tugend. Sosehr sich Schlegel der Bewertung Schillers in bezug auf die sentimentalische
Poesie nähert, so entfernt er sich doch um so radikaler von ihm:
Schillers Streben nach Objektivität und Idealität steht Schlegels
Kult des Individuellen, Subjektiven, Künstlichen, vor allem aber
die religiöse Orientierung gegenüber.

So tritt uns in „Lucinde" ein gewandelter Schlegel entgegen,
der in Haltung und Methode gerade das repräsentiert und vor-
macht, was er verdammt hatte. Hatte er im Klassizismus sich
selbst unterdrückt, eine Rolle übernommen, die ihm Halt und
Wert geben sollte? Nicht primär die ästhetischen Wertungen,
sondern das grundlegende bewußte Verhältnis zur geschichtlichen Gesellschaftswirklichkeit und deren Perspektive hat sich
gewandelt. In der ästhetischen Revolution, so geschichtsfremd
sie konzipiert war, wetterleuchtet noch die Idealität der Französischen Revolution. In der „neuen Religion" ist sie verdrängt,
negativ gewertet – nur der Gestus ist geblieben, der im Chaos
der Zeit die Neugeburt ahnt. „Lucinde" stellt dar, daß der Intellektuelle als Citoyen, der eine neue befreite Gesellschaft sucht,
aus seiner Rolle geschlüpft ist und nun als intellektueller Bourgeois seinen Anteil am Genuß, seinen Genuß sucht, indem er
sich „zynisch" – im Sinne der Kyniker – von der Gesellschaft
abwendet. In einem Brief an Novalis vom 20. Oktober 1798
heißt es: „Was mich betrifft, so ist das Ziel meiner literarischen
Projekte eine neue Bibel zu schreiben, und auf Muhameds und
Luthers Fußstapfen zu wandeln. Diesen Winter denke ich wohl
einen leichtfertigen Roman ‚Lucinde' leicht zu fertigen."[314]

Zur gleichen Zeit etwa schreibt Hölderlin am „Hyperion".
Nun ist Schlegel nicht mit Hölderlin als Dichter vergleichbar.

Aber mit dem Verfasser des „Studium"-Aufsatzes, soweit er mit diesem identisch, hätte Hölderlin Gemeinsames besprechen können, mit dem Verfasser der „Lucinde" nicht mehr. Obwohl, formell gesehen, auch noch Gemeinsames erscheint: die Kritik an der bürgerlichen Alltagswelt und der Widerwille gegen sie, der Kult der Natur, der pantheistische Naturbegriff, die Unbehaustheit in der wirklichen deutschen Gesellschaft. Beide brechen aus. Aber selbst gleichlautende weltanschauliche Formeln gewinnen sehr unterschiedliche Bedeutung durch die Beziehung auf die wirkliche geschichtliche Welt und Gesellschaft. Hölderlin will als Dichter Organ ihrer Revolutionierung sein – bis zur gewiß illusionären und tragischen Idee des Dichters als zeitwendendes Opfer im „Empedokles". „Natur" ist ihm im Wesen mit „Geschichte" identisch. Für Schlegel ist eben dieser universelle Gehalt verdampft. Hinter seinem Anspruch steht das vereinzelte, persönliche, auf sich bezogene Ich als zufälliges privates Subjekt. Sein Kunsttraum sucht keine andre Welt, sondern siedelt sich an im Landgut, der Idylle eines ästhetischen Salons: in einer gelebten Illusion.

Hölderlin hält mit der heroischen Illusion, über welche die bürgerliche Gesellschaft real und irreversibel schon hinweggeht, die uneingelösten Erwartungen und Versprechungen der Revolution fest. „Hyperion", als politischer Roman, fragt, wie es weitergeht. Friedrich Schlegel hat die heroische Illusion, die ihm im antikischen Gewande sich darstellte, über Bord geworfen. „Religion" – in einem ästhetisierten Sinne – ist dafür der Ersatz. Religion gibt der privatisierten Innerlichkeit Bedeutung und allgemeine Beziehungen: in der Imagination webt sie den Zusammenhang zwischen der punktualen Innerlichkeit, dem intimen Kreis und dem gedachten unfaßbaren Ganzen. Hölderlin sucht – in seiner Illusion – Zukunft als kollektive Realität. Schlegel verabschiedet den bewußten Bezug auf ein gesellschaftliches Ganzes in Konfrontation von Ideal und Wirklichkeit, sucht Selbstbefreiung, Erfüllung im Ich, in der Intimität und von diesem Ausgangspunkt her in der Phantasie. Diese Wendung Schlegels vermittelt und leitet den Übergang auf eine restaurative Position ein. Er tritt nicht aus der Sphäre der politischen

Illusion, um die soziale Realität zu begreifen. Er macht fest am privaten Ich in seiner spontanen Selbstinterpretation, Selbstillusionierung, seiner ideologischen und psychischen Gegebenheit. Er verläßt die Sphäre der Ideologisierung nicht. Dem entspricht die ästhetische Bildungsreligion in ihrer Unbestimmtheit als gleichsam phantastisches Entwerfen eines universellen Du, und dem entspricht zugleich die vehemente Aufgipfelung des Selbstbewußtseins in einer hypertrophen Künstlerideologie.

Anders dachte der junge Friedrich Schlegel, als er 1791 an seinen Bruder schrieb: Maßstab zur Schätzung des Wertes der Dichter „ist für die öffentliche Dichtkunst die Wirkung auf das Volk und also der Grad des Vergnügens und die Erhöhung zur Wirkung für dieses. . . . ich nehme auch eine geheime Dichtkunst an. Je inniger diese mit der Eigentümlichkeit der wenigen, von denen und für die sie ward, verkettet ist; je mehr erfüllt sie ihre Bestimmung und je mehr ist sie vielleicht dem Volke ungenießbar. . . . ich für meinen Teil würde nie imstande sein, mein innerstes Ich, gleichsam als eine Naturseltenheit . . . den Liebhabern vorzuzeigen. Wenn ich von der Wirkung auf das Volk ausgehe, so würde ich wünschen, der Dichter möchte ganz in das Interesse derer, auf die er wirken will, eindringen, alle ihre Verhältnisse erforschen. . . . was das Herz von Millionen ausfüllt, das muß in seinem Geiste Raum haben."[315] Und im Mai 1793 schreibt der Herderianer: „Unsre Künstler dichten meist nur für sich selbst, und denken so wenig an die Welt, wie diese an sie. Und doch ist es eine ewige Wahrheit; wer für die Welt lebt, in dessen Herzen muß Raum sein für eine Welt."[316]

Erst in den zwei Berliner Jahren wird Friedrich Schlegel zum Romantiker im engeren Sinne. Der Freund Novalis', der Verehrer Goethes und Fichtes, der die „Griechheit" noch absolut setzte, findet in Schleiermacher den philosophisch-theologischen, ihm einen Religionsbegriff vermittelnden Freund, in Tieck ein Modell romantischer Poesie. Er stößt in Tiecks Umkreis auf die Initiativleistung Wackenroders, so fremd ihm dessen Musikalität und musikprogrammatisches Denken bleiben; er stößt somit auf eine wenn auch junge lebendige Tradition, die sich im Umkreis von Karl Philipp Moritz und Johann Friedrich Rei-

chardt opponierend entwickelt hat. Der Briefwechsel zwischen
Tieck und Wackenroder ist dafür lebendiges Zeugnis. Beide stehen für eine junge Generation, der die Aufklärung, vor allem
in ihrer berlinischen Gestalt, konfrontiert mit der mystisieren-
den Reaktion der Woellnerschen Religionspolitik, entgegentrat.
Der Friederizianische Staat, so morsch er war, schloß sie von
jeder Macht aus, während die bürgerliche Geschäfts- und Be-
amtenwelt sie anödete. Die anfängliche Revolutionsbegeisterung
blieb ohne reale Verbindlichkeit, reichte jedoch hin, die bestehenden Zustände in ihrer Überholtheit bewußtzumachen.

So erscheinen Poesie und Musik als Freiheits- und Sinnerfül-
lungsraum gegenüber der prosaischen äußeren Welt; die Phantasie sucht in Dürers Werk das Ideal einer heimischen Welt gegen die flach und seelenlos erscheinende Rokokokunst. Der
Künstler wird Repräsentant „des" Menschen in einer entfremdeten Gesellschaft, an dem deren Tragik abzulesen ist und in
dessen Tragik die Fremdheit der Kunst gegenüber ihrem Ver-
brauch und Gebrauch erscheint, zugleich ihre Fragwürdigkeit,
die den Künstler vom Mitmenschen isoliert. Wackenroder hat
mit seinem Berglinger-Roman ein Muster geschaffen, dessen
Problematik auch in Thomas Manns „Doktor Faustus" noch
nicht ausgekämpft ist. Kunst, vor allem Poesie und Musik, wird
religiös, die Religion ästhetisch gefaßt, die Musik erlöst Wak-
kenroders „nackten Heiligen", und die mondbeglänzte Zauber-
nacht Tiecks verspricht das Aufkommen der alten Märchen-
pracht, die einst gewesen: eine sehnsüchtige Beschwörung.

Das alles findet seinen Resonanzboden dort, wo von den gleichen bzw. analogen Voraussetzungen her Poesie, überhaupt
ästhetische Kultur zum Medium einer selbstbewußter werdenden bürgerlichen Geselligkeit wird: in den entstehenden Berliner Salons. In den Salons der Henriette Herz und der Rahel
Levin fand Schlegel nicht nur seine spätere Frau Dorothea Veit,
die Tochter Moses Mendelssohns, er fand hier eine Form von
bürgerlicher Geselligkeit, von Geistes-, Verhaltens- und Bildungskultur in freier Kommunikation, die sich selbstbewußt gegenüber der höfischen Welt, aber auch gegenüber der Welt täg-
licher Arbeit und Geschäfte etablierte, an der kultivierte Ad-

lige partizipierten, die sich von ihrer repräsentativen Rolle erholten. Zugleich waren sie Raum individueller Bildung wie kollektiver Reflexion der politischen und kulturellen Ereignisse, der literarischen und wissenschaftlichen Neuerscheinungen, auch musikalischer Betätigung; Frauen, und gerade Jüdinnen, die hier eine Emanzipationssphäre fanden, spielten eine bestimmende Rolle. Das schönste Dokument dieser bald sich verbreitenden Salonkultur ist Rahel Varnhagens Briefwechsel, die wichtigste theoretische Reflexion Schleiermachers Theorie der Geselligkeit.

Diese Gesellung bildete keine feste Organisation und Konvention wie etwa der sich gegen die Öffentlichkeit durchs Geheimnis abschottende Freimaurerorden; sie war zugleich lockerer und weiter als die ältere bürgerliche Lesegesellschaft, stabiler jedoch als die Freundschaftskreise der Sturm-und-Drang-Bewegung, entspannter und nicht-aktivistisch im Unterschied zu den späteren Bundbildungen. Wie die Spenerschen pietistischen Zirkel dazu dienen sollten, die Standesunterschiede innerhalb der Kirche aufzuheben, so wurden diese hier im Rahmen einer kulturellen und persönlichen Geselligkeit aufgehoben. Innerhalb der stagnierenden Gesellschaft fungierten sie als eigentümlich stationäre Pflanz- und Pflegestätten einer intensiveren Kultur des individuellen geistigen Lebens, persönlicher Beziehungen und Gemeinsamkeiten, der wechselseitigen Bildung, einer kleinen, aber selbstbewußten Ersatzöffentlichkeit bürgerlicher Bildung als Privatkultur. Ihre Voraussetzung ist die reale Ohnmacht, das absolutistisch-junkerliche Gewaltmonopol, das hingenommen, aber nicht mehr als legitim, geschichtlich sinnvoll angesehen wurde, ohne daß ein eigener bürgerlicher politischer Wille schon ausgeprägt oder reale Betätigungsformen konzipiert waren. Es ist dies eine kulturelle Vereinigungsform des gehobenen Bürgertums vor dem eigentlichen politischen Erwachen der Klasse in den vierziger Jahren.

Was Schlegel in „Lucinde" tat, war im Grunde eine Verabsolutierung dieser Salonkultur unter Abschneiden aller ihrer dennoch vorhandenen praktischen und politischen Beziehungen. Das Progressive, das im Emanzipationsanspruch der Individualität, vor allem in bezug auf die bedingungslose Gleichstellung der Geschlechter, liegt, hat einmal den Regreß gegenüber der eigenen, auf allgemeine Öffentlichkeit einer idealen Republik zielenden Konzeption, die in Schlegels Klassizismus sich verbarg, zur Voraussetzung. Zum anderen aber hebt es sich in seinem extremen Individualismus auf: das phantasierte Traumglück kann sich nur verwirklichen im Verzicht auf gesellschaftliche Verbindlichkeit in ebendieser vorhandenen Gesellschaft. Die rousseausche Natur nimmt unterderhand sozial entgegengesetzte Züge an, sie entsprechen dem Sich-Einkaufen reicher Bürger in eine sich schon auflösende Gesellschaft feudaler Grundeigentümer. Dem entspricht der Preis des Müßigganges: er kann nicht in den Lobgesang bäuerlicher oder einer anderen produktiven Arbeit umschlagen. So erhält „Lucinde" den unfreiwillig ironischen Charakter eines Traums von sozialer Sicherstellung, die Schlegel gerade fehlte. Das stempelt ihn zum Außenseiter der Salons.

Es ist eben kein feudaler Traum, den Schlegel da poetisch exerziert, er antwortet auf Lebenskonflikte und Bedürfnisse, die in der Gesellschaft um 1800 bewußt werden. Hier liegt auch ein Wahrheitsmoment des konzeptionellen Ganzen, das sich in „Lucinde" abzeichnet: in dem Bewußtsein des Lebensstaus, des Unterdrücktseins von Lebens- und Liebesbedürfnissen in der Arbeits- und Lebenssphäre der gegebenen Gesellschaft mit ihrer Standes-, Eigentums- und Berufsgliederung. In deren Zwängen, Regulierungen und Konventionen setzte sich schrittweise und unwiderruflich im Laufe des 18. Jahrhunderts mit den beginnenden kapitalistischen Verhältnissen deren Arbeitsdisziplinierung, rationale Organisation, Kontrolle und Verhaltensberechnung durch. Die Bürokratie des aufgeklärten Absolutismus leitete ihre Rationalität aus dieser bürgerlichen Praxis ab. Hier liegt die lebenspraktische alltagswirksamste Seite der Aufklärung als Gesamtprozeß. Im Maße der kapitalistischen Organisation, Rationalisierung und Mechanisierung der Arbeit in fortschreitender Arbeitsteilung, im Maße der Trennung der Arbeit vom persönlichen Leben – auf der Grundlage der Trennung des Produzenten von den Produktionsmitteln – beginnt die ästhetische Kultur Freizeitkultur zu werden, die Regenerations-, Unterhaltungs- und Kompensationsbedürfnisse zu befriedigen hat. In ebendiesem Maße wird die Trennung der höheren von der niederen Kultur forciert, der Ausschluß der Produzenten, vor allem des Frühproletariats, von der werdenden bürgerlichen Kultur durch Lebensweise, Arbeitsbedingungen und den Markt ästhetischer Waren fixiert. Das bestimmt die Bedingungen des Klassenkampfes in und um die Kultur im 19. Jahrhundert.

Um 1800 war die literarische Kultur – unabhängig von der Qualität des Konsums – Sache der städtischen Mittelschichten, der Höfe, des Adels, sofern er gebildet, der bürgerlichen Religions- und Bildungsfunktionäre auf dem Lande. Die eigentlichen unmittelbaren Produzenten steckten noch tief im Halb- und Vollanalphabetismus, der schon durch die ländlichen Lebens- und Arbeitsbedingungen produziert wurde, und von den städtischen Unterschichten partizipierten vor allem diejenigen, deren Bildungschancen, Umgang und Aufstiegsbemühungen dazu anreizten. Doch auch bei den Bauern – deren Bewegungen, Unruhen und darauf folgende obrigkeitlichen Untersuchungen bezeugen es – hat die Französische Revolution das Lesebedürfnis über Bibel und Kalender hinaus zu wecken begonnen.

In diesen Zusammenhang gehört, daß der größte Teil der eigentlichen Volksaufklärung dazu diente, Arbeitsfähigkeit, Arbeitsamkeit und geduldigen Gehorsam der Untertanen zwecks Steigerung ihrer Produktivität zu höherem Gewinne der feudalen und bürgerlichen Herren zu fördern. Erst vor diesem Hintergrunde wird der Heroismus demokratisch gesinnter Aufklärer in den Lesegesellschaften und -stuben der Rheinlande, wird das Vorlesen revolutionärer Zeitungen und Zeitschriften durch Schulmeister und andre Gebildete in seiner Bedeutung faßbar.

Die Lebenswirklichkeit der Volksmassen lag außerhalb des Horizonts des jungen Schlegel. Als junger Literat und Eleve der Gelehrtenrepublik spürte er spontan die Spesen der Verbürgerlichung für das Bürgertum und selbst seine Bildungs-

träger und -produzenten, insofern das Einsteigen in die „Rolle"
die subjektiven Möglichkeiten selektiert, hemmt, unterdrückt
nach dem Maße der geltenden Normen des Nutzens und der
Ordnung. Sucht Goethes Wilhelm Meister einen Weg, menschliche Ganzheit mit Spezialisierung und notwendiger, nützlicher
Arbeit zu vereinen, so geht Schlegels Julius den entgegengesetzten Weg: er sucht sein Glück jenseits der Arbeits- und Tätigkeitssphäre. Hebt Goethe den Traum von der Kunst als
subjektiver Verwirklichung in der Kunst auf, so Julius gerade
nicht: er lebt im künstlichen Paradies. Daß er ironischerweise
über die Ehe den Nutzen schätzenlernt, ändert daran nichts.

So relativ eng der Problemhorizont Schlegels auch ist, so
spontan sein Reagieren auf das Mißverhältnis von Anspruch
und Realität, sosehr sich dieser Anspruch auch allein auf das
Ich und seine Intimsphäre einschließlich des ergänzenden Du
bezieht, wobei weder ein produktives noch ein politisches Aktionsbedürfnis reflektiert und nur der konsumptive Aspekt ergriffen wird – daher die „feudale" Lösung –, genau an diesem Widerspruch findet er den Ansatzpunkt der Phantasie.
Das Gedicht des Lebens, das von der Gesellschaft erstickt, das
vom Alltag stumm gemacht wird und im geregelten und kon-
trollierten Rhythmus der Arbeit stirbt, findet im Traumreich
der Phantasie seine Verwirklichung – mit der Intention, das
individuelle Leben, das Künstlerleben als Gedicht zu gestalten.

In früherem Zusammenhang wurde darauf hingewiesen, daß
der gleiche Systemprozeß des Werdens bürgerlicher Verhältnisse ebenso den neuen Persönlichkeitsanspruch des von feudalen Banden befreiten Individuums erzeugt, wie er seine
Negation, die Einschränkung dieses Anspruchs, die Deformierung der Persönlichkeit, praktisch produziert. Aus der spezifisch antagonistischen Struktur und Funktionsweise der kapitalistischen Verhältnisse resultiert der Gegensatz zwischen
dem idealen Citoyen und dem realen Bourgeois, d. h., ob das
Individuum sich dominant als Citoyen, bezogen auf ein gesellschaftlich-politisches Ganzes, begreift, dessen Klasseninhalt
im idealen Gesamtinteresse verschwindet, oder ob es sich als

Bourgeois begreift, der als privater Einzelner sein Glück sucht und fordert.

In Deutschland um 1800 gerät ersteres in eine Krise, weil die Realität der bürgerlichen Revolution zutage tritt bei Fortbestehen von Adelsherrschaft und Absolutismus. Was letzteres betrifft, so wird entweder die Übergangsgesellschaft realistisch und utopisch erkundet und in ihrem Prozeß eine Lösung des Konflikts von Individuum und Gesellschaft in einem produktiven Sinne gesucht, wobei der Kern der Individualität in ihre Produktivität verlegt wird, die wiederum nicht vom gesellschaftlichen Nutzen zu trennen ist; oder aber der Konflikt wird durch Flucht in ein Traumland der Poesie, der Kunst oder der Religion zu lösen versucht, wobei die reale Gesellschaftsproblematik, indem man sie gleichsam einklammert, als gegeben hingenommen wird. Die Differenz besteht also darin, ob versucht wird, Gesellschaftszusammenhänge als Objektivität zu erkennen und zu begreifen, d. h., ob die scheinbare Unmittelbarkeit im Verhältnis von Wunsch und Wunscherfüllung realistisch aufgehoben oder ob an ihr festgemacht wird. Entsprechend vermittelt Poesie ein unterschiedliches, ja entgegengesetztes Bewußtseinsverhalten zum Wirklichen, das entweder darauf zielt, innerhalb der Wirklichkeit Momente ihrer Bewegung zu entdecken, oder eine Erlösung von dieser Wirklichkeit sucht.

Die private Grundorientierung im zweiten Sinne ist für den Ansatz der Romantik in ihrer deutschen Ausprägung charakteristisch: als ein früher Ausdruck des bürgerlichen Unbehagens an der bürgerlichen Kultur, Lebensweise und Gesellschaftspraxis, das in Kunst seine Katharsis sucht, ohne das Problem der Änderung dieser Gesellschaft stellen zu können, für die Kunst als Traum und Erlösung fungiert. Auch das hat seine politischen Implikationen, zwar in keinem Falle im Sinne einer bürgerlichen Revolution, wohl aber im Sinne entweder des Anschlusses an die gegebene „positive" Staatsordnung und ihre Institutionen, Vaterland, Kirche etc., oder aber im Sinne eines über „Romantik" hinausgehenden realistischen Ernstnehmens des „Privaten" durch Bewußtwerden sozialer Antagonismen zwischen Arm und Reich (Bettina von Arnim).

Das ist zunächst eine Vereinfachung, welche die allgemeine
Struktur der bürgerlichen Ideologie, wie sie ihre klassische Gestalt im Zeitalter der Französischen Revolution gewann, als
Maßstab nimmt, gegensätzliche Tendenzen innerhalb der deutschen Entwicklung schärfer zu charakterisieren als entgegengesetztes Verhalten zur gesellschaftlichen Realität, das aus dieser
selbst erwächst, von ihr produziert wird. Natürlich, kein Individuum und keine individuelle Konzeption ist auf solch Allgemeines zu reduzieren, andererseits zeigt sich darin ein gesetzlicher Zusammenhang sozialer Widerspiegelung und Wert-
bildung.

Doch gibt dies Modell die Möglichkeit, allgemeine Wesens-
züge, ja selbst die Notwendigkeit der Produktion und Rezeption romantischer Kompensationen eines zur „Prosa" verfestig-
ten Alltagslebens näher zu bestimmen. Diese ließen sich bis in
die gegenwärtige „Freizeitkultur" verfolgen, ohne sie in ihrer
Totalität freilich erschöpfen zu können, dazu haben sich der
Alltag und die Mittel, ihn ästhetisch zu illuminieren, zu sehr
verändert. Freilich würde der Terminus „Romantik" losgelöst
werden von der Bedeutung einer bestimmten literarischen Richtung, und er wäre auf verwandt scheinende, doch eine entgegengesetzte Intention in bezug auf gesellschaftliche Realität
vermittelnde Erscheinungen wie die „revolutionäre Romantik"
nicht anwendbar.

Entscheidend ist, daß die deutsche literarische Romantik methodisch bewußt und hochreflektiert die bewußte Illusion, die
Flucht ins Imaginäre als Reaktion auf eine ebenso prosaische
wie verwirrende, Geborgenheit verweigernde Wirklichkeitserfahrung als poetische Methode in die „hohe" Literatur mit dem
Anspruch höchster weltanschaulicher Würde eingeführt hat.

Die radikalste Fragestellung und sublimste, ätherischste Lösung des frühromantischen Lebenskonflikts entwarf Novalis,
weshalb auf ihn eingegangen werden muß, bevor das Thema
Friedrich Schlegel abgeschlossen wird.

Klassisch ist des Novalis Bestimmung des „Romantisierens"
als Weg, den ursprünglichen, also verlorenen und vermißten

Sinn wiederzufinden: „Die Welt muß romantisirt werden.
So findet man den ursprünglichen Sinn wieder. Romantisiren
ist nichts, als eine qualitative Potenzirung. Das niedre Selbst
wird mit einem bessern Selbst in dieser Operation identificirt.
So wie wir selbst eine solche qualitative Potenzreihe sind. Diese
Operation ist noch ganz unbekannt. Indem ich dem Gemeinen
einen hohen Sinn, dem Gewöhnlichen ein geheimnißvolles An-
sehn, dem Bekannten die Würde des Unbekannten, dem Endlichen einen unendlichen Schein gebe so romantisire ich es –"

Das Gemeine, Gewöhnliche, Bekannte verweigert den
„Sinn", ebenso das empirische Ich, das niedere Selbst. Dem
analog ist das vorhergehende Fragment: „Ehemals war alles
Geistererscheinung. Jezt sehn wir nichts, als todte Wiederholung, die wir nicht verstehn. Die Bedeutung der Hieroglyfe
fehlt. Wir leben noch von der Frucht besserer Zeiten."[317]

Novalis spricht klar aus, was er will und macht. Romantisieren ist eine Operation, die als „todte Wiederholung" entfremdet erscheinende, bekannte – gerade nicht erkannte –, gewohnte Welt durch interpretierende Darstellung für sich zu verwandeln. Sie wird in eine Kommunikationsgemeinschaft, eine
Welt personaler Sinnmitteilung durch Hieroglyphen verwandelt, in eine Geistererscheinung, die durch Zeichen spricht, be-
deutungsvoll vertraut wie das Kindermärchen. Die Operation
des Romantisierens verwandelt das empirische Selbst in ein
ideales Subjekt der Sehnsucht und Liebe, das mit dem Selbstbild identifiziert wird, und die Welt in dessen Welt, in der es
sich findet, erfüllt und aufgeht. Romantisieren ist Verwandlung der Welt durch und für das phantasierende Subjekt.

Programmatisch und weitwirkend stand im ersten Band
des „Athenäums": „Ist denn das Weltall nicht in uns? Die Tiefen unsers Geistes kennen wir nicht – Nach Innen geht der ge-
heimnißvolle Weg. In uns, oder nirgends ist die Ewigkeit mit
ihren Welten – die Vergangenheit und Zukunft. Die Außenwelt
ist die Schattenwelt – Sie wirft ihren Schatten in das Licht-
reich. Jezt scheints uns freylich innerlich so dunkel, einsam, ge-
staltlos – Aber wie ganz anders wird es uns dünken – wenn
diese Verfinsterung vorbey, und der Schattenkörper hinwegge-

rückt ist – Wir werden mehr genießen als je, denn unser Geist hat entbehrt."[318]

Dies ist nun keine nur kunstprogrammatische, sondern eine lebensprogrammatische These, die stärkeres Gewicht hatte als die spätere Einschränkung: „Wer hier stehn bleibt geräth nur halb. Der 2te Schritt muß wircksamer Blick nach außen – selbstthätige gehaltne Beobachtung der Außenwelt seyn."[319]

Die Einheit beider Blicke charakterisiert Novalis auf dem Wege von Fichte zu einer die Natur umfassenden theosophischen Identitätsphilosophie, in der die Traditionen der Mystik und mystischen Naturphilosophie auferstehen, bis auch diese in der allegorisch-symbolischen Phantastik und religiös-mystischen Poesie des „Heinrich von Ofterdingen", des Gegenentwurfs zu Goethes „Wilhelm Meisters Lehrjahren", aufgehoben wird. In Novalis' Augen sind die „Lehrjahre" „durchaus prosaisch – und modern", von „gewöhnlichen menschlichen Dingen" handelnd, „die Natur und der Mystizism sind ganz vergessen": „Das Wunderbare darinn wird ausdrücklich, als Poesie und Schwärmerey, behandelt. Künstlerischer Atheismus ist der Geist des Buchs."[320]

Die Formel faßt den weltanschaulichen und künstlerisch-methodischen Gegensatz zu Goethe zusammen, objektiviert im „Heinrich von Ofterdingen", dem Roman des Erlösungsweges des Poeten zur Poesie, der Poetisierung der Welt als mittelalterlicher Märchenwelt: „Eine liebliche Anmut schmückte diese Zeiten mit einer eigentümlichen ernsten und unschuldigen Einfalt . . ., so hat sich auch zwischen den rohen Zeiten der Barbarei und dem kunstreichen, vielwissenden und begüterten Weltalter eine tiefsinnige und romantische Zeit niedergelassen, die unter schlichtem Kleide eine höhere Gestalt verbirgt."[321]

Die ideologisch-ästhetische Wendung zum Mittelalter als romantischer Verklärungswelt und Alternativmodell ist vollzogen. Subjektive Erlösungssehnsucht – „Der Tod ist das romantisirende Princip unsers Lebens"[322] – befreit und befriedigt sich im Rausch der Produktion einer romantischen Gegenwelt, in deren bunten Verschlingungen die erlösende Einheit eines Goldenen Zeitalters aufscheint, die Utopie einer bergenden Harmonie unendlicher Liebe und Lust. In der Verschlingung von sinnlicher und religiös übersinnlicher Welt, Traum und Realität, von Mythen- und Märchenmotiven, Christentum und Platonismus wird der „magische Idealismus" poetische Gestalt, im Ineinander von Hypertrophie dichterischer Phantasie und religiöser Demut: „Ein Traum bricht unsre Banden los / Und senkt uns in des Vaters Schoos"[323] – diese Grundhaltung, welche die letzten Verse der „Hymnen an die Nacht" aussprechen, verbindet sich mit einem idealen, erlösenden, Fichte irrationalisierenden Tugendanspruch des Dichters: „... die Tugend ist der Geist seiner irdischen Bewegungen und Einflüsse. So wie diese die unmittelbar wirkende Gottheit unter den Menschen und das wunderbare Widerlicht der höhern Welt ist, so ist es auch die Fabel. ... Auch in ihm [dem Dichter] redet die höhere Stimme des Weltalls und ruft mit bezaubernden Sprüchen in erfreulichere, bekanntere Welten." Die Verbindung dieser mit einer höheren Welt führt „nun zu einer wunderbaren, einheimischen unendlich mannigfaltigen und durchaus befriedigenden Welt, zu einer unbegreiflich innigen Gemeinschaft aller Seligen in Gott, und zur vernehmlichen, vergötternden Gegenwart des allerpersönlichsten Wesens, oder seines Willens, seiner Liebe zu unserm tiefsten Selbst".[324]

Der Gesprächspartner Heinrichs antwortet: „Euch wird alles verständlich werden, und die Welt und ihre Geschichte verwandelt sich Euch in die Heilige Schrift..."[325] Diese Welt ist dann lesbar als Buch, als Heilige Schrift, eine imaginierte, poetisch hergestellte Welt nach Maß. Fichtes Ich gewinnt mystische Objektivität und schaut sich an im Vergessen seiner transzendentalen Vorgeschichte und immanenten Rationalitätsnorm als magisches Zaubermärchen, in hochreflektierter Poesie, als Poesie der Poesie, die sich als Erlösung erfährt, zugleich als Allmacht: „Poesie ist wahrhafter Idealismus – Betrachtung der Welt, wie Betrachten eines großen Gemüts – Selbstbewußtsein des Universums."[326]

Im „Lied der Toten" wird das geschichtsphilosophische Fazit gezogen: „Erdgeist, deine Zeit ist um."[327] Die gesellschaft-

liche geschichtliche Gegenwart ist ausgeschlossen – und sie ist
in der Negation anwesend: in der geisterhaft-traulich beschwö-
renden Sprache, die den Sehnsuchtston festhält und das Bedürfnis ausspricht, das sie zu erfüllen sucht. Sie schlägt prosaisch durch, wenn Novalis naiv von einer wunderbaren, durchaus bekannten, von einer erfreulicheren bekannteren Welt
spricht, die der Dichter schaffe. Sie feiert Triumph in der sinnlichen Wunscherfüllungsphantasie – im Totenreich:

> Alles was wir nur berühren
> Wird zu heißen Balsamfrüchten
> Wird zu weichen zarten Brüsten,
> Opfern kühner Lust.
>
> . . .
>
> Immer wächst und blüht Verlangen
> Am Geliebten festzuhangen
> Ihn im Innern zu empfangen,
> Eins mit ihm zu seyn,
>
> Seinem Durste nicht zu wehren
> Sich im Wechsel zu verzehren,
> Von einander sich zu nähren
> Von einander nur allein.
>
> . . .
>
> So in Lieb und hoher Wollust
> Sind wir immerdar versunken
> Seit der wilde trübe Funken
> Jener Welt erlosch . . .[328]

Der Dauerlust im Jenseits korrespondiert das poetische Geisterreich. Die extreme Spiritualisierung der Welt wird zur Form,
in welcher elementar sinnlicher Wunsch durchbricht, sich ebenso artikuliert wie die Erfüllung versagt. Erotik saugt die Totalität möglicher Lust und Freude in sich auf, verliert als Dauer-
genuß ihre Lebensproduktivität, nimmt hier das Ganze gesellschaftlicher Beziehungen und Aktionsbedürfnisse in den In-

timraum zurück, wird zugleich als Dauerlust unendlicher Konsum. Des Ich Aktivität wird von unendlicher Bedürftigkeit verzehrt, deren Befriedigung sich die Phantasie in einer anderen Welt träumt. Bleibt der unaufgebbare Anspruch auf eine dem Menschen gemäße Welt, der hier zur Sprache kommt, allerdings auf eine Weise, die der Unerfülltheit die Kompensation des Traumgenusses abgewinnt und ein aktives Verhalten, die Welt menschlicher zu gestalten, ausschließt.

Novalis' Roman zielt auf märchenhafte Verklärung. Aus den Skizzen wird ein – wenn auch vieldeutiger – Bogen vorstellbar: „Die entferntesten und verschiedenartigsten Sagen und Begebenheiten verknüpft. Dies ist eine Erfindung von mir." Ein Synkretismus, der aus unterschiedlichsten Stoffen eine Verklärungswelt webt: „Das ganze Menschengeschlecht wird am Ende poetisch. Neue goldne Zeit. / Poetisierter Idealism. / Menschen, Tiere, Pflanzen, Steine und Gestirne, Flammen, Töne, Farben müssen hinten zusammen, Wie Eine Familie oder Gesellschaft, wie Ein Geschlecht handeln und sprechen. / Mystizism der Geschichte."[329] So gilt:

> Und man in Märchen und Gedichten
> Erkennt die wahren Weltgeschichten,
> Dann fliegt von Einem geheimen Wort
> Das ganze verkehrte Wesen fort.[330]

Der fragmentarische Roman ist ungeheuerlich im ausgreifenden Schwunge seiner Phantasie, faszinierend in der Verbindung von Kindlichkeit und sublimer Raffinesse, fatal im Verschmelzen „modernster" Reflektiertheit und Regression. Was Ausbruch aus entfremdeter Wirklichkeit, reproduziert sie, da im Ästhetisieren – trotz allem Moralismus – der menschliche Gehalt zu verdunsten droht: so in der Poesie des Krieges. Der weltliche Gehalt dessen, was in religiöser Stimmung sich wohlig Geborgenheit schafft, wird erkennbar: Was Marx als Opium des Volks bestimmt, produziert hier dichterische Phantasie eines einzelnen spontan – wenn auch voll alter Muster – in manchmal geisterhafter Schönheit von Bild und Sprache.

Die atemberaubende Leichtigkeit des kombinatorisch-phan-
tastischen Denkens kommt aus der Schule des Rokoko. In der
Poesie des Märchens gewinnt adäquatere Form, was in den
Entwürfen zu einer „Enzyklopädie" manchmal genialisches,
manchmal absurdes spielendes Kombinieren und Analogisie-
ren ist, Freilauf jenseits möglicher Kontrolle: „Physik ... als
die Lehre von der Fantasie" wird möglich, wenn erwogen wird:
„Den Satz des Widerspruchs zu vernichten, ist vielleicht die
höchste Aufgabe der höhern Logik."[331] Nicht der gleichzeitige
Vorstoß zu dialektischem Denken ist dies, der am Widerspruch
der Sache, des Gegenstandes vorankommt, sondern eine nur
subjektive Kombination von Erkenntnissen und Sätzen in spielender Willkür. Logische Strenge gewinnt diesem Bedürfnis
nach mystisch-unendlicher Einung gegenüber den Charakter jener entfremdeten, bleichen, prosaischen Ordnung, die ja überwunden werden soll. Dem korrespondiert die Erwägung: „Gesetze sind nothwendige Folgen des unvollkommnen Denkens –
oder Wissens." Im Gesetz erscheint das Erstarrte, Vergangene:
„Wo ewige, unabänderliche Gesetze walten – da ist Alterthum,
Vergangenheit. Der Process der Geschichte ist ein Verbrennen.
Die Mathematische Natur verzehrt die Unermeßliche –" Die
lebendige, prozessuale, unendliche Einheit des Lebens als dessen poetische Qualität bedingt: „Alle Schrancken sind blos des
Übersteigens wegen da ..." Dies Übersteigen ist zugleich unendliches Aufeinanderverweisen. So kann er erwägen: „Sym-
bolistik des menschlichen Körpers – der Thierwelt – der Pflan-
zenwelt – (Alles kann Symbol des Andern seyn ...) – der Natur – der Mineralien ... – der Gestirne – der Empfindungen –
Gedanken – der Seele – der Geschichte – der Mathematik."[332]
Romantik gipfelt im Märchen: „Die ganze Natur muß auf
eine wunderliche Art mit der ganzen Geisterwelt vermischt
seyn. Die Zeit der allgemeinen Anarchie – Gesezlosigkeit –
Freyheit – der Naturstand der Natur – die Zeit vor der Welt
(Staat). Diese Zeit vor der Welt liefert gleichsam die zerstreu-
ten Züge der Zeit nach der Welt – wie der Naturstand ein son-
derbares Bild des ewigen Reichs ist. Die Welt des Märchens
ist die durchausentgegengesezte Welt der Welt der Wahrheit

(Geschichte) – und eben darum ihr so durchaus ähnlich – wie das Chaos der vollendeten Schöpfung. ... In der künftigen Welt ist alles, wie in der ehemaligen Welt – und doch alles ganz Anders. Die künftige Welt ist das Vernünftige Chaos – das Chaos, das sich selbst durchdrang – in sich und außer sich ist ..." Chaos ist das unendlich fruchtbare ursprüngliche Leben, das in der vollendeten Schöpfung als bewußtes, sich selbst durchdringendes, aus aller Entfremdung befreit, gebiert. „Unser Leben ist kein Traum – aber es soll und wird vielleicht einer werden." „Das ächte Märchen muß zugleich Prophetische Darstellung – idealische Darstellung – absolut nothwendige Darstellung seyn. Der ächte Märchendichter ist ein Seher der Zukunft."[333]

Das sind Bruchstücke aus Novalis' Denkwerkstatt, in der über den allgemeinen Synkretismus hinaus ein Gesamtkonzept der universellen Erlösung von Natur und Menschen jenseits aller fixen Bestimmtheit, Beschränktheit als Goldene Zeit tendenziell sich andeutet, unbestimmt genug im Oszillieren von Jenseits und Zukunft. Nicht zu verkennen ist das Bestreben, alle fixierten Denkbestimmungen zu verflüssigen und so zu einer Konzeption der universalen organischen und individuellen Seinstotalität vorzustoßen, die ihrerseits als Prozeß, Werden, schöpferisches Leben gedacht wird, wobei die naturwissenschaftlichen Bestrebungen der Epoche, ihre Entdeckungen und spekulativen Lösungsversuche (Ritter, Baader u. a.) aufgenommen und schließlich in religiöser Grundorientierung und Märchenphantasie aufgehoben werden.

Doch erschöpft diese Tendenz Novalis' Denken nicht. Wie er seine Fragmente als „Bruchstücke des fortlaufenden Selbstgesprächs in mir"[334] auffaßt, so ist dieses immer unabgeschlossen, auch poetisch kein letztes Wort gesagt. Sein philosophischkombinatorisches Reflektieren, ja Spielen ist ebenso intensive Welt- wie Selbstreflexion, Verarbeiten von Selbsterfahrung, ja oft Selbstaufklärung. Dem philosophischen Spiritualismus begegnet eine intensive Sensualität, deren synästhetische Ausweitung zugleich das geheime Leben der poetischen Sprache durchdringt. Gilt ihm einerseits die Mathematik als „Hauptbeweis

der Sympathie und Identitaet der Natur und des Gemüths"[335],
so begegnet die so abstrakte, eine unendliche Kombinatorik
einschließende Gesamtsicht zugleich einer gesteigerten antiaske-
tischen Bewußtheit der Leiblichkeit: nicht nur des Leibes als
die Identitätskonzeption voraussetzenden Universaltropus des
Geistes, sondern zugleich als Erfahrungsquelle – „Ich kann nur
etwas erfahren in so fern ich es in mir aufnehme; es ist also
eine Alienation meiner selbst und eine Zueignung oder Verwandlung einer andern Substanz in die meinige zugleich"[336] –
bis hin zu psychologischen Einsichten in den Zusammenhang
von Krankheit und Gesundheit, zum Einbeziehen der Krankheit in die Gesundheit, zur inneren Beziehung der Gefühle
und des Verhaltens von Wollust, Schmerz und Grausamkeit.
Der Weg nach innen ist nicht nur Flucht aus der Realität, er
impliziert eine auch desillusionierend-empirische Beobachtung
der eigenen leibseelischen Regungen und Bewegungen, die
ihrerseits hinter der gesellschaftlichen Ordnungsform die Psyche des „Privaten" in seiner Epochentypik aufschließen lassen. Novalis schlägt Motive an, die von der Literatur des 19.
und 20. Jahrhunderts ausgeführt werden.

Mit Friedrich von Hardenbergs religiöser Wende – 1796 –,
die wesentlich von seiner herrnhutischen Erziehung ausgeht und
zu einem mystischen, dem Katholizismus zuneigenden Christentum führt, vollzieht sich die Abwendung von der Französischen Revolution, der Übergang zur Bejahung, ja Verklärung der Monarchie. Mit „Glauben und Liebe" von 1798 wird
er zum Initiator einer romantischen Staats- und Gesellschafts-
theorie in Deutschland – im Gefolge Burkes – und gibt in der
Schrift „Die Christenheit oder Europa" eine erste romantische
Epochendeutung und Kulturprogrammatik, bis er vor allem
unter Tiecks Einfluß sich ganz der Poesie hingibt – neben der
beruflichen Tätigkeit. Das so leicht und spielerisch erscheinende Spekulieren und poetische Phantasieren gründet eben
auf dem Fundament einer Frömmigkeit, die, orthodox-zelo-
tisch wie beim späteren Friedrich Schlegel, immer pantheistische
Züge bewahrt, die zum andern den Gegensatz zur irdischen
Welt fixiert, zugleich aber mit ihr versöhnt, was einmal in der

politischen Programmatik, zum anderen im Märchentraum, gerade über die Flucht in die Phantasie, geschieht. Der von ihm faszinierte und ergriffene Henrik Steffens erinnert: „So aus einer tiefen Vergangenheit des Geistes, aus einer ursprünglichen, welche sich in der thätigen Gegenwart nur unklar zu äußern vermag, heraus, schien Novalis zu sprechen wie zu schreiben."[337]

Die Glaubensgeborgenheit verband sich mit der Romantik einer anderen Welt, woraus die Freiheit des Spiels erwuchs: eine durchaus aus Traditionselementen gewebte Lebensrolle, in der mit gebrochenen Schwingen wirkliches Lebensbedürfnis aufbricht – und sich verliert im Spiel der Phantasie, in einer letztlich gestischen Bewegung, die nicht festhalten kann, was sie sucht: das Märchen bleibt ja als Märchen bewußt. So erklärte er sich gegenüber Schlegel: „Die Antipathie gegen Licht und Schatten, die Sehnsucht nach klaren, heißen, durchdringenden Äther, das Unbekannt Heilige, die Vesta, in Sofieen, die Vermischung des Romantischen aller Zeiten, der Petrificirende und Petrificirte Verstand, Arctur, der Zufall, der Geist des Lebens, Einzelne Züge blos, als Arabesken – so betrachte nun mein Märchen."[338]

Der Sehnsucht korrespondiert das „vorzüglichste Element meiner Existenz, die Phantasie"[339]. Was er als Anweisung für die Lektüre seines Märchens gibt, charakterisiert die Gesamtvision, die einzelne Züge ergreift und in der Sehnsucht nach klarem heißem Äther jenseits des petrifizierenden Verstandes das Goldene Zeitalter im Unbestimmten eines grenzenlosen Vereinigungs- und Versöhnungsgefühls, eher noch in der geheimnisvollen Stimmung der Bereitschaft solchen Gefühls arabeskenhaft sich andeutet. Letztlich muß in diesem Streben aus der Realität heraus das Angedeutete in der Andeutung sich verlieren.

Novalis ist – von ganz anderen Voraussetzungen her – Schlegels Weg von der bürgerlichen Aufklärung, die seine Bildungswelt war, zur religiösen Romantik gegangen. Politisch stand er der Reformgruppierung des sächsischen Adels um die Brüder Carlowitz nahe. Im Gegensatz zu Schlegel war er praktisch tätig, ernsthaft und gerne, durchaus erfolgreich und anerkannt. Sein politisches Sympathisieren mit der Revolution ist vermittelt durch den innerfamiliären Gegensatz zum adelsstolzen Vater, durch Umgang mit aufgeklärt gebildeten Adels- und Bürgerfamilien, schließlich durch den Widerwillen gegen die sächsischen Stände. Die persönliche Krise, die seine religiöse Wendung veranlaßte – der Tod der geliebten Sophie von Kühn und seines Bruders –, löste sich in der Doppelexistenz als Bergbaufachmann und als Dichter. Die inneren Bedürfnisse und Zwänge, die ihn zur poetischen Produktivität trieben, sind aus seiner praktischen Tätigkeit nicht unmittelbar abzuleiten.

Die Trennung der Arbeits- von der Kunstsphäre ist die Voraussetzung, um desto ungehemmter, nur dem eigensten Antriebe folgend, die poetische Subjektivität zu entfalten. Poesie wird Organ dessen, was von der „normalen", der sozialen Arbeitstätigkeit nicht besetzt ist, und kann um so radikaler, von keiner Marktrücksicht oder Wirkungsabsicht gehemmt, dem Bogen von den dunklen, unbewußten und unkontrollierten Regungen und Wünschen zur phantastischen Erfüllungswelt im Märchentraum folgen. Die „vernünftige", prosaische Welt ist neutralisiert im Arbeitsbereich. Dessen Erfahrungen vermitteln keinen Gegenstand, nur Material des Romantisierens. „Man muß eine poetische Welt um sich her bilden und in der Poesie leben", schreibt Novalis an Caroline Schlegel, der er die „magische Atmosphäre" zu erhalten wünscht, „mitten unter kümmerlichen Moosmenschen, wie eine Geisterfamilie isolirt, so daß keine niedern Bedürfnisse und Sorgen ... zu Boden drükken können". Er realisiert sie selbst, obwohl „ich jezt viel unter der Erde bin und über der Erde mit so viel nüchternen Studien geplagt bin". Daher Poesie im oft vermißten „ideenreichen Müßiggange", wo „ich auf meinen innren Sprachorganen fantasiren kann". „Indeß weiß ich auch, wie sehr alle Fantasie, wie ein Traum ist – der die Nacht, die Sinnlosigkeit und die Einsamkeit liebt – Der Traum und die Fantasie sind das eigenste Eigenthum – sie sind höchstens für 2 – aber nicht für mehrere Menschen. ... ich ... wünschte heimlich immer zu wachen."[340]

Diese Einsicht hemmte freilich nicht die eigene Phantasie. Darin aber liegt Novalis' eigentümliche „Modernität". Diese Poetisierung des Lebens ist ein stationäres Verhalten, das des Lebens äußere Strukturen unberührt läßt, sich willig einordnet in die Lebensorganisation, hier das Nützliche zu realisieren sucht, während das in der Tageswelt unausgelebte Leben in der poetischen Phantasie seine fernsten Erlösungen schafft.

Doch die Freiheit dieser Phantasie hängt am Gängelband ihrer ideologischen Bindung. Der Weg nach innen als Grundsatzparole gegen Intention und Engagement, die gestaute, in die Krise geratene ideologische und politische Emanzipationsbewegung weiterzuführen und der Epochenproblematik nicht auszuweichen, weist keinen Ausweg aus der Krise, sondern gibt die Bewegung selbst preis. Der Rückgang auf das „eigenste Eigentum" ist Regreß auf Muster intakter, als intakt erfahrener oder ersehnter familiärer Geborgenheit und Beziehungen, die ihrerseits dann die Phantasie politischer Utopie und weltumgreifender Ordnungen steuern. Sie sind historisch produziert wie die früh gelernte, verinnerlichte Religion und Märchenwelt. „,Wo gehn wir denn hin?' ,Immer nach Hause.'" („Heinrich von Ofterdingen") Der dunkle Herzenston läßt die reale Vergeblichkeit ebenso ahnen wie die innerliche imaginäre Heimat. Dies Zuhause kann nicht geschaffen, gemacht werden: es wird gefunden, als irgendwie vorhanden, nur verborgen, der unbestimmte Ort, wo alles wieder gut ist. Das verspricht die geglaubte Religion, imaginieren die makabre Verklärung des preußischen Königspaares und die Vision einer christlich-abendländischen Kultur als Lebenseinheit. Diese Suche als schmerzlicher Genuß ist gesichert durch den Konservatismus der äußeren Ruhe. Die jagende spekulative und poetische Phantasie umkreist jenes Zuhause, erhebt die Suche zum Genuß, weil das Gesuchte durch den Glauben schon gewiß scheint, und verlockt so lange, als eine entfremdete, das Individuum als Objekt und Instrument gebrauchende gesellschaftliche Gesamtpraxis bei entsprechender materieller Existenzsicherung das Bedürfnis nach solch imaginärer Erlösung produziert. Von der blauen Blume illuminiert, scheint sie erträglich.

Wie tief der Bruch mit der Emanzipationsideologie ist, wird deutlich, wenn wir des Novalis „Lied der Toten" vergleichen mit Schillers Lied „An die Freude". Ist jenes Novalis' poetisch-weltanschauliches Vermächtnis, so zieht Schiller in seiner Ode eine Summe des Aufklärungseudämonismus und Optimismus, gesteigert im rauschhaften Lebensgefühl unbedingter diesseitiger Zukunftsgewißheit und eines Zukunftswillens. Die ideengeschichtlichen Zusammenhänge weisen auf Shaftesbury und Leibniz zurück, Herder mag mitreißend gewirkt, die Tradition, die Göttin Freude zu besingen, angeregt haben. Schiller bringt in Verse, was seine frühe Philosophie, sein begeistertes Spekulieren über die Liebe als kosmische Kraft, seine Theodizee aussprechen. Freude erscheint in der Ode als höchster irdischer Gefühlszustand der Begeisterung, in der Menschheitsbefreiung und -verbrüderung vorweggenommen werden; zugleich ist Freude kosmische Kraft: „Freude, Freude treibt die Räder/ in der großen Weltenuhr", und sie ist Zukunftskraft, zu vereinen, was noch geteilt. Es mag ein leichtes sein, Schiller die Überschwenglichkeiten dieser poetischen Utopie vorzurechnen, sehr viel schwerer dagegen, den tiefen Gehalt seines Konzepts der vereinenden, gemeinschaftsbildenden Freude, gesungen in einer freudlosen Welt, in seiner Lebenstiefe und Sinnfülle zu erfassen, weil Banalitäten und die Vergnügungsindustrie mit ihren „Freuden" erst weggedacht werden müssen. Schon zur Zeit der Französischen Revolution wurde als Revolutions- und Festlied gesungen, was dann Beethoven als unaufgebbaren Anspruch in Töne gebracht.

Von Freude ist in Novalis' Totenreich nicht die Rede. Schillers irdische Perspektive ist abgebrochen, dafür aber bietet das Totenreich Lust und Wollust – sinnlicher als Freude, aber eben nur das. In der „Freude" sind Citoyen und Bourgeois – um diese Begriffe zu verwenden – auf eine in der Eigentümergesellschaft nicht mögliche Weise utopisch vereint. Die Wollust genießen nur einzelne. Friedrich Schlegel spricht in „Lucinde" wohl von Freude, sie hat hier aber ihren universellen und politisch-perspektivischen Charakter verloren. Sie ist Genuß geworden, Moment seiner Liebesphilosophie. „Durch die Magie der Freude zerfließt das große Chaos streitender Gestalten in ein harmonisches Meer der Vergessenheit."³⁴¹ Aber diese Freude vereint nur zwei Menschen. Wo Schillers Ode ideale Zukunft herbeizwingen will, feiert Schlegel den Genuß im Vorhandenen. Was in Schillers Ode die Freude, ist für Hölderlin die Begeisterung.

Zurück zu Friedrich Schlegel. Oben wurde seine Zurücknahme der ästhetisch formulierten Citoyen-Position betont. Aus dem Saulus der Kritik am Interessanten wird der Paulus von dessen Extremisierung. „Lucinde" bleibt Schlegels wichtigster poetischer Versuch, auch sein „romantischster", allerdings weniger seiner poetischen als seiner symptomatischen Bedeutung wegen. „Lucinde" demonstriert provokativ Selbstbehauptung, ja Erlösung im individualistisch Privaten, aber eben von der Position des ästhetisch aktiven Intellektuellen her. Sie provoziert die moralische Konvention um einer sehr ernst genommenen Ehemoral willen. Der Gestus des Spielerischen, Heiteren verdeckt den Ernst, der intendiert ist. Sind die allgemeinverbindlichen ästhetisch-politischen Werte, die Schlegels Aufsatz „Über das Studium der griechischen Poesie" tragen, verdampft, bleibt nur ein Vereinzelter übrig, der aus der Not, von seiner Feder leben zu müssen, eine provokative, anarchistelnde Tugend des Gegensatzes zum bürgerlichen Normalleben macht.

Insofern probiert „Lucinde" eine neue Lebenshaltung. Was für Novalis der Bergbau, bedeutet für Schlegel das emsige Gelehrtenleben, das er zugleich führt. Das Abstoßen von der Aufklärung ist für ihn identisch mit dem Abstoßen von einer integrierenden bürgerlich untertänigen geordneten Lebenspraxis und zugleich Befreiung der Individualität aus den Fesseln eines als repressiv gewerteten Allgemeinen, das von ihr absieht – sei es ein Allgemeininteresse, sei es eine institutionelle staatliche Allgemeinheit, die dem Individuum verselbständigt gegenübertritt, sei es ein logisch-begrifflich Allgemeines. Darin fließen soziale und gnoseologische Aspekte zusammen. „Die Vernunft ist nur eine und in allen dieselbe: wie aber jeder Mensch seine eigne Natur hat und seine eigne Liebe, so trägt auch jeder seine eigne Poesie in sich. Die muß ihm bleiben und soll ihm bleiben, so gewiß er der ist, der er ist, so gewiß nur irgend etwas Ursprüngliches in ihm war . . ."³⁴²

Dieser Einleitungsgedanke des „Gesprächs über die Poesie" ist keine Reprise des Sturm-und-Drang-Aufstands wider die bürokratische Vernunft Wolffischen Typs. Gemeint ist auch nicht allein die popular gewordene spätaufklärerische Vernunft, die amtlich und kleinbürgerlich gewordene Vernunft rational geordneter Lebensführung und Verwaltung im Horizont des aufgeklärten Absolutismus. Eingeschlossen ist die Aufklärungsvernunft des Ausgangs des Menschen aus selbstverschuldeter Unmündigkeit – im Sinne des Kantischen Emanzipationsanspruchs – und die Vernunft der exakten, methodisch streng arbeitenden Naturwissenschaften. Dagegen steht die Individualität, ein „Ursprüngliches" der Individualität, dem gegenüber die Vernunft äußerlich und fremd erscheint. Es ist, als ob das vernünftige methodische Denken nicht des gesellschaftlichen Individuums Denken, sondern ein dem einzelnen vorgesetztes Resultat wäre. Von vornherein sind Vernunft und Wissenschaft nicht des Menschen allerhöchste Kraft, weil es dieser Individualität gar nicht um Welterkenntnis und -gestaltung geht.

Kant hatte – im Gegensatz zum kognitiven und zum moralischen Verhalten – der Individualität in Gestalt des Genies in der Kunst eine produktive Funktion zugesprochen, mit der das Kunstwerk als organische Totalität korrespondiert. Der entscheidende Gegensatz, in den Schlegel zu ihm tritt, liegt darin, daß Kant die tiefste Selbstbestimmung des Menschen in seiner moralischen Autonomie sieht, im kategorischen Imperativ, den er in sich vorfindet, also in einem geistig Allgemeinen, dem gegenüber die empirische Individualität äußerlich ist, während Schlegel die „Ursprünglichkeit" vom Rational-Allgemeinen trennt und dort ansiedelt, wo für Kant der Mensch als Egoist sich verhält. Die Vernunft erscheint dann gegenüber dem Individuum verselbständigt, wie die wirklichen bürgerlichen Verhältnisse gegenüber dem Denken und Wollen der Individuen selbständige Macht werden.

Kant reflektiert durchaus die gleiche Struktur – im utopi-

schen Entwurf der funktional arbeitsteiligen Einheit und Harmonie im inneren System des Gemüts – und seine Objektivierung als Kulturaufgabe, die im geschichtlichen Prozeß allein
verwirklicht werden soll und kann. Und er entwickelt – in der
Einheit seiner drei Kritiken – die begrifflichen und methodischen Momente, die bei Durchbrechen des subjektiven Idealismus, speziell des agnostizistischen Dualismus, die Dialektik
des Allgemeinen und des Einzelnen zu begreifen ermöglichen:
sowohl in allgemeiner gnoseologischer und ontologischer Hinsicht wie in bezug auf den Menschen als Subjekt und Objekt seiner Erkenntnis und seines Handelns.

Doch ist das nicht auf logische Operationen zu reduzieren.
Es schließt ein positives Neubestimmen der Wirklichkeits- und
Sozialbeziehungen ein, zugleich eine Reflexion des Kantischen
Systems, welche dieses historisch begreift als System der „neueren Bildung" und des modernen Verstandes, das durch „Zwiespältigkeit des Lebens und Bewußtseins"[343] ausgezeichnet sei.
Hier sei nur auf Hegels zusammenfassende Charakterisierung
in der „Ästhetik" hingewiesen – und auf sein durchgängiges Bemühen, das seit der „Differenz"-Schrift sich abzeichnet, diese
Zwiespältigkeit gedanklich zu überwinden, die „durchgreifende
Scheidung und Entgegensetzung dessen . . ., was an und für
sich, und dessen, was äußere Realität und Dasein ist. Ganz
abstrakt gefaßt ist es der Gegensatz des Allgemeinen, das für
sich in derselben Weise gegen das Besondere, wie dieses seinerseits gegen das Allgemeine fixiert wird . . ."[344]

Schlegels Ansatz muß für Hegel diesen Gegensatz auf die
Spitze treiben, wenngleich er von ihm als Schmerz, als zu
Überwindendes ausgeht und von einem bewußten Positions-
wechsel auf den Standpunkt einer modernen Literatur, die sich
absolut von der antiken trennt, einer Moderne, welche in der
Französischen Revolution, in Fichtes Wissenschaftslehre und
in Goethes „Wilhelm Meister" die stärksten Manifestationen
ihrer Tendenzen zeige – wie es in ironischer Provokation
heißt.[345] Doch solche Behauptung eines Fragments, das sich kokett als nur ahnbare Spitze eines Eisbergs von Einsicht präsentiert, wird noch zu konkretisieren sein. Der Friedrich Schlegel,

der Poesie programmatisch entwirft, verhält sich durchaus anders, als er sich als Philosoph verhält. Indem er die Poesie auf die der allgemeinen Vernunft entgegengesetzte Individualität bezieht, setzt er eben eine abstrakte Allgemeinheit der Vernunft, die undialektisch das Individuelle negiert, und eine Individualität, die sich dem Allgemeinen verweigert. Als Philosoph aber weiß er gemäß der Vorlesung von 1801: „Eine Geschichte des Bewußtseyns ist zwar nothwendig, aber sie ist noch nicht die Kenntniß des Menschen, weil die einzige höhere Kraft zersplittert wird. Wer den Menschen ganz kennen lernen will, der muß ihn betrachten in Gesellschaft, da er hier mit seiner ganzen Kraft handelt."[346] Sosehr die Vorlesung Schlegels Unfertigkeit demonstriert, so doch auch sein Gedachtes und Gewußtes.

In der Ortung der Poesie denkt Schlegel auf anderer Ebene, einer „lebensphilosophischen". Er denkt von einer ihn tief treffenden Grunderfahrung her: daß sein Eigenstes, Ursprüngliches, Individuelles nicht auf der Ebene des Gesellschaftlichen, des Allgemeinen, der objektiven Welt liegt und sich realisiert, sondern hier negiert ist, während es in der Innerlichkeit, jenseits der allgemeinen Vernunft, rebelliert, seinen Anspruch im Gefühl anmeldet und in der Poesie eine Erfüllung zu finden vermag. Der Gegensatz von Entfremdetem als der Individualität Äußerlichem, Fremdem, sie Unterdrückendem und dem eigentlich Eigenen kann von der Vernunft deshalb nicht kritisch analysiert oder befragt werden, weil sie das Individuelle ihrem Allgemeinen unterwerfen müßte.

In Schlegels Grundunterscheidung artikuliert sich ein zum Äußersten getriebenes Bewußtsein des Entfremdetseins. Die subjektive Ursprünglichkeit menschlicher Natur erscheint herausgefällt aus der Gesellschaft in die Abstraktion einer punktualen Emotionalität und Bedürftigkeit. Das Fichtesche Ich ist hier tatsächlich reduziert auf das individuelle Ich, genauer, auf dessen Selbstbild und Selbstinterpretation, die unmittelbare Gefühligkeit des Ich. Des Citoyens Allgemeinheit ist verflüchtigt, des Bourgeois materielles Interesse und mögliche Produktivität zugedeckt; es bleibt Individualität als Bedürfnis- und

Genußanspruch des auf Privatheit, Intimität und Innerlichkeit reduzierten Ich, nur von der Allgemeinheit der Geschlechtsunterschiede wird nicht abstrahiert.

Diese Abstraktion ist keine methodische Operation, sondern artikuliert das Selbstbewußtsein und Sich-selbst-Erfahren des unter die Arbeitsteilung subsumierten kleinbürgerlichen Intellektuellen, dem die gesellschaftliche Beziehungswelt zur Äußerlichkeit, seine Berufsarbeit als „Allgemeines" sich entfremdet hat. Das wirkliche, tätige Ich schrumpft auf das egoistische, der Bestätigung und Bejahung bedürftige Subjekt seiner Wünsche, seines Begehrens. Dessen Inhalte sind jedoch mit dem Herausfällen aus dem Allgemeinen und Objektiven vorgegeben. Die Gehaltlosigkeit des zufälligen Ich besorgt sich den Gehalt vom Negierten: Aufhebung der Entfremdung in der Illusion des entfesselten Genusses, des allmächtigen Spiels mit der Objektivität und der auflösenden Hingabe an ein irrational Allgemeines. Der Irrationalität dieser Subjektivität als Einzelheit entspricht die imaginierte Objektivität und Allgemeinheit des irrationalen „Lebens", dessen Organik und vegetabilische Unbestimmtheit ebenso als Grund der Subjektivität, als universale Objektivität und Objekt der Sehnsucht nach solch bergender, gerade diese Individualität aufsaugender Einheit fungiert. Das Verhältnis zur Wirklichkeit als Ironie, das Erheben der Zufälligkeit des Individuums als Einzelheit zur rational nicht zu begründenden Willkür und Scheinsouveränität sind die bis zum Jux sich steigernde Kompensation – ein Rollenspiel, das den Katzenjammer zerbrochner Gewißheiten, Zielsetzungen und tragender Traditionsbeziehungen überspielt. Der Weltschmerz in entgötterter Welt ist ebenso Voraussetzung der Suche nach neuer Religion und Mythologie, wie die auf sich geworfene vereinzelte und entleerte Individualität nicht nur ihre Not zur Tugend taumelnder Willkür erhebt, sondern nach neuer, anderer, bestätigender Gemeinschaft sucht.

Daß dies ein spezifisch modernes Welt- und Selbsterfahren ist, wurde der nachthermidorianischen intellektuellen Generation bewußt. Es allgemein theoretisch zu begreifen, im Chaos die Ordnung, Notwendigkeit und Zusammenhang, Ein-

heit und Bewegung der Widersprüche und von hier aus auch
Wege und Irrwege zu begreifen war Hegels zentrales Anliegen, wobei ihm Friedrich Schlegel Modell wurde sowohl für
das hypertrophe Aufblähen der subjektiven Einzelheit wie für
das Umschlagen in blindgläubige Bindung.

In seinen „Grundlinien zur Philosophie des Rechts" hat Hegel später bestimmt, was ihm das Charakteristische der modernen Zeit scheint: „Das Recht der Besonderheit des Subjekts,
sich befriedigt zu finden, oder, was dasselbe ist, das Recht der
subjektiven Freiheit macht den Wende- und Mittelpunkt in dem
Unterschiede des Altertums und der modernen Zeit. Dies Recht
in seiner Unendlichkeit ist im Christentum ausgesprochen und
zum allgemeinen wirklichen Prinzip einer neuen Form der Welt
gemacht worden. Zu dessen näheren Gestaltungen gehören die
Liebe, das Romantische, der Zweck der ewigen Seligkeit des
Individuums, u. s. f. – alsdann die Moralität und das Gewissen, ferner die anderen Formen, die teils im folgenden als Prinzip der bürgerlichen Gesellschaft und als Momente der politischen Verfassung sich hervortun werden, teils aber überhaupt
in der Geschichte, insbesondre in der Geschichte der Kunst,
der Wissenschaften und der Philosophie auftreten. – Dies Prinzip der Besonderheit ist nun allerdings ein Moment des Gegensatzes, und zunächst wenigstens ebensowohl identisch mit
dem Allgemeinen, als unterschieden von ihm."[347]

Hegel gibt ein ideologisierendes Resümee des Gesamtprozesses der bürgerlichen Gesellschaft. Er besteht von vornherein auf
Einheit und Gegensatz von Allgemeinem und Besonderem. Er
tut dies in Polemik gegen die Verstandesreflexion, die das Besondre in Unterschied und Entgegensetzung gegen das Allgemeine fixiere. Darunter fällt einmal das Kantische Sittengesetz. Darunter fällt, immer wieder mit Erbitterung ausgesprochen, noch mehr der Ansatz der sich als das Absolute setzenden (individuellen) Subjektivität als „abstrusester Form des Bösen". Das zielt auf Friedrich Schlegels Ironie, auf dessen Jenenser Konzept der Poesie und, was darin enthalten, des poetischen Lebens. Dies ist schon Resultat der Auseinandersetzung
Hegels mit der Romantik.

Das Recht der Besonderheit des Subjekts mußte in der Gestalt, in der es an Schlegel zutage trat, in der Verbindung von extremem Individualismus, elitärem Anspruch und Irrationalismus, Hegel als verkörperte Widervernunft, aufbrechende Haltlosigkeit erscheinen. Es ist mit an Schlegel gedacht, wenn es in der Vorrede der „Phänomenologie des Geistes" programmatisch heißt: „Indem jener sich auf das Gefühl, sein inwendiges Orakel beruft, ist er gegen den, der nicht übereinstimmt, fertig; er muß erklären, daß er dem weiter nichts zu sagen habe, der nicht dasselbe in sich finde und fühle; – mit andern Worten, er tritt die Wurzel der Humanität mit Füßen. Denn die Natur dieser ist, auf die Übereinkunft mit andern zu dringen, und ihre Existenz nur in der zustande gebrachten Gemeinsamkeit der Bewußtsein[e]. Das Widermenschliche, das Tierische besteht darin, im Gefühle stehen zu bleiben und nur durch dieses sich mitteilen zu können."[348]

Hegels Sätze sind für die heutige Weltsituation geschrieben. Wenn es Einsichten gibt, die durch die Geschichte „wahrer" werden, so gilt dies von jenen Sätzen. Sie stempeln freilich Schlegel nicht ab. Aber eine Ahnung liegt in ihnen, die fürchterlichere Realität wurde, als Hegel sich vorstellen konnte.

Hegel setzte den Kampf fort, den Kant gegen den philosophischen Obskurantismus geführt. Wie Kant in wohlbestimmter Ordnung von Erkenntnis, Moral und Kunst dem Gefühl eine funktionale Notwendigkeit und spezifische Rolle im Ganzen der menschlichen Kultur zugewiesen hatte, so versuchte Hegel aufs neue – für die nachrevolutionäre Periode –, dieses Ganze in seiner Notwendigkeit zu begreifen. Wo für Kant Geschichte als Zukunft anwesend war und seine Kritiken eine kritische Funktion gegenüber dem Bestehenden beanspruchten, führte Hegels Denken auf den Abschluß, das Wirkliche in seiner Notwendigkeit zu begreifen. Sein Historismus erwächst aus den Erfahrungen der geschichtlichen Geburtswehen der modernen bürgerlichen Gesellschaft.

Von Kant, mehr noch von Fichte her war die Subjektivität in ihrem Tätigkeits- und Vernunftsanspruch als Produzent der Geschichte gedacht worden. Zwischen Kant und Hegel war –

seit der Krise der neunziger Jahre – schmerzhaft bewußt, genauer, bewußter geworden:

1. daß die Resultate des subjektiven Handelns als Ordnungen, Institutionen, Staat etc. gegenüber den Individuen sich verselbständigen zu repressiven Mächten und fremder Gewalt;

2. daß das bewußte, von Absichten und Plänen geleitete geschichtliche Handeln Ergebnisse zeitigt, die den Absichten und Plänen der Akteure sich entziehen, ihnen entgegengesetzt sind, ja ihre Protagonisten verschlingen;

3. daß sich im Ganzen der geschichtlichen Kämpfe – trotz aller deutschen Stagnation, Heiligen Allianz – eine neue Gesellschaft herausbildet, deren Grundlage das bürgerliche Eigentum ist und deren Perspektiven sich in den Veränderungen, die die industrielle Revolution in England und ansatzweise auf dem Festland brachte, abzeichnen;

4. daß in dem, was schon vorhanden und sich unausbleiblich weiterentwickelt, die heroischen Ideale und Erwartungen von Freiheit und Demokratie, antiker Größe und menschlicher Gemeinschaft, von Gleichheit und Brüderlichkeit widerlegt werden;

5. daß die Geschichte der Niederlage individueller Rebellionen, Ideale und Träume, so sie sich nicht in der Prosa des Wirklichen resignierend arrangieren, eine wichtige Lehre ist.

Hegel suchte die Vernunft, d. h. die immanente Notwendigkeit dieser neuen bürgerlichen Gesellschaft zu bestimmen und von hier aus zugleich im verbürgerlichten Feudalstaat eine harmoniesichernde Garantie ihrer inneren Sprengkräfte zu finden. Er scheiterte an der Eigendynamik ihrer materiellen Basis, der sein Idealismus das Gesetz diktieren zu können glaubte.

Schlegels Bedeutung ist gegenüber dem immensen Erkenntnisgewinn Hegels bescheidener und doch sehr weitreichend. Er leitete in seiner „ästhetischen Periode" eine Entwicklung ein, welche die individuellen Rebellionen mit der Anerkennung des Bestehenden nicht nur versöhnte, sondern durch die Art ihrer Befriedigung zu dessen kulturellem Stabilisator werden ließ.

„Die Menschen", so beginnt der erste Brief Julius' an Lucinde, „und was sie wollen und tun, erschienen mir . . . wie aschgraue Figuren ohne Bewegung: aber in der heiligen Einsamkeit um mich her war alles Licht und Farbe, und ein frischer warmer Hauch von Leben und Liebe wehte mich an ... zum Gliedern und Zergliedern der Begriffe war ich nicht sonderlich gestimmt. Aber gern und tief verlor ich mich in alle die Vermischungen und Verschlingungen von Freude und Schmerz, aus denen die Würze des Lebens und die Blüte der Empfindung hervorgeht, die geistige Wollust wie die sinnliche Seligkeit.... was ich träumte, ... war eine romantische Verwirrung ... Alle Mysterien des weiblichen und des männlichen Mutwillens schienen mich zu umschweben ...; wir umarmten uns mit ebensoviel Ausgelassenheit als Religion." Doch das alles „läßt sich leicht aus der Psychologie erklären. Es war Illusion ..." Es folgt die Reflexion dieses Darstellens, für das kein Zweck zweckmäßiger sei als der, „daß ich gleich anfangs das, was wir Ordnung nennen, vernichte", um „das schönste Chaos von erhabnen Harmonien und interessanten Genüssen" nachzubilden.[349]

Der Traum erscheint als Speisekarte, der Dichter als Gourmet und Gourmand zugleich, der nachkostend gelebtes poetisches Leben in eine Nachbildung bringt, in der wiederum dieses chaotische Leben sich äußert und darstellt. Dies geschieht in einer Form, die schockierend als Aufhebung aller Ordnung sich ankündet. Die irdische Souveränität plaudert vertraulich mit dem Leser, um ihm um so distanzierter wahres Leben jenseits der Ordnung, befreites individuelles Leben vorzuführen, dem Traume analog, als Einheit von Ausgelassenheit und Religion, angeboten in der Mischung von Erhabenheit und Genuß. Die ironische Aufhebung des Traumes antizipiert den kommenden Stoff als das, was geträumt, als Erfüllungstraum gesucht wird.

Kierkegaard, für den Schlegel ein erstes Modell des Ästhetischen abgab, bezeichnet die Grundhaltung der „Lucinde" in seiner — gewiß theologisch-moralistischen — Kritik nicht mit Unrecht als „Hinsinken in ästhetische Betäubung, was in der ganzen Lucinde eigentlich als die Bezeichnung dessen auftritt, was es heißt, poetisch zu leben, und das, indem es das tiefere Ich in einen somnambulen Zustand versetzt, dem willkürlichen Ich freien Spielraum in ironischer Selbstgefälligkeit gibt".[350] Es ist verständlich, daß von seiner theologischen Position aus der Hauptcharakter der „Lucinde" ist, „daß man von der Freiheit und konstitutiven Vollmacht des Ich ausgehend, statt zu einer noch höheren Geistigkeit zu kommen, nur zur Sinnlichkeit, und also zu seinem Gegensatz kommt"[351]. Nicht in der Sinnlichkeit aber liegt der Mangel der „Lucinde", sondern darin, daß Schlegel, dem sie ja nicht dominanter Gegenstand, sondern Stoff und Symbol zugleich ist, in ihr nicht mehr an menschlicher Beziehung findet: die „frech" geforderte Genußidylle in einer Gesellschaftsritze, als Freiheit von über den Liebeskreis hinausgehender Verantwortung, als Beziehung unter Vergessen der gesellschaftlichen Realität – eben als „ästhetische Betäubung".

Wie in einer Nußschale enthält der Anfang der „Lucinde", was dann allgemeiner und prinzipieller im „Gespräch über die Poesie" ausgeführt wird: In der „Rede über die Mythologie" kommt Schlegel auf Cervantes und Shakespeare zu sprechen: „Ja, diese künstlich geordnete Verwirrung, diese reizende Symmetrie von Widersprüchen, dieser wunderbare ewige Wechsel von Enthusiasmus und Ironie, der selbst in den kleinsten Gliedern des Ganzen lebt, scheinen mir schon selbst eine indirekte Mythologie zu seyn. Die Organisazion ist dieselbe und gewiß ist die Arabeske die älteste und ursprüngliche Form der menschlichen Fantasie. Weder dieser Witz noch eine Mythologie können bestehn ohne ein erstes Ursprüngliches und Unnachahmliches, was schlechthin unauflöslich ist, was nach allen Umbildungen noch die alte Natur und Kraft durchschimmern läßt, wo der naive Tiefsinn den Schein des Verkehrten und Verrückten, oder des Einfältigen und Dummen durchschimmern läßt. Denn das ist der Anfang aller Poesie, den Gang und die Gesetze der vernünftig denkenden Vernunft aufzuheben und uns wieder in die schöne Verwirrung der Fantasie, in das ursprüngliche Chaos der menschlichen Natur zu versetzen, für das ich kein schöneres Symbol bis jetzt kenne, als das bunte Gewimmel der alten Götter."[352]

Später wird August Wilhelm Schlegel, der seines Bruders Konzepte populärer und eindeutiger zu formulieren verstand, erklären: „Eben auf dem Dunkel, worein sich die Wurzel unseres Daseins verliert, auf dem unauflöslichen Geheimnis beruht der Zauber des Lebens, dies ist die Seele der Poesie. Die Aufklärung nun, welche gar keine Ehrerbietung vor dem Dunkel hat, ist folglich die entschiedene Gegnerin jener."[353] Und da Aufklärung nur von dem „ökonomischen Prinzip" geleitet sei, setze sie auch nur die zu irdischen Tätigkeiten tauglichen Fähigkeiten in Gang, den in lauter Endlichkeiten befangenen Verstand.

Wie „ökonomisches Prinzip" und „in lauter Endlichkeiten befangener Verstand" zusammengehören, so die Nichtwirklichkeit der Phantasiewelt und die Aufhebung der Gesetze der Vernunft. Ist für Kant noch entscheidend, daß die ästhetische Idee zu denken gebe, so ist hier das Denken ausgeschaltet. Es geht also nicht darum, ein falsches, borniertes, verhärtetes Denken über die Macht der Phantasie und des Gefühls aufzubrechen zu einem offeneren Fragen, zu einem tieferen Erkennen zu befähigen, Ungelöstes im scheinbar Gelösten bewußtzumachen, sondern dominant um die schöne Verwirrung, den Genuß des „unauflöslichen Geheimnisses".

Das folgt aus dem Ansatz, der das Individuelle und das Allgemeine mit dem Gegensatz des Eigentlich-Eigenen und des Entfremdeten besetzt. Die extreme individualistische Irrationalisierung muß sich freilich, um sich selbst auszusprechen, gerade in ihrer Individualität aufgeben und im unbestimmt Allgemeinen auflösen zu einer irrationalen Allgemeinheit. Diese ist das bewußtlose, poetisch gefühlte „Leben" als Ganzes, das zugleich die Kollektivität mystifiziert enthält, zumal der poetische Geist, „ohne es zu wissen, es dennoch weiß, daß kein Mensch schlechthin nur ein Mensch ist, sondern zugleich auch die ganze Menschheit wirklich und in Wahrheit seyn kann und soll"[354]. Ist aber das „Ursprüngliche" des Einzelnen das Irrationale, vor dem allgemeinen Denken Liegende, so gilt das auch vom Ursprünglichen der Menschheit als seinem „Allgemeinen", denn aus dem Denken entläßt auch das Wegschieben des Denkens nicht, es bleibt im Spiel der abstraktesten, entleerten logischen Abstraktionen als Gerüst der Stimmung. Dementspre

chend setzt Schlegel diese Poesie menschlicher Individualität
in Beziehung und Analogie zum poetisch gefühlten Leben, zur
„formlosen und bewußtlosen Poesie, die sich in der Pflanze regt,
im Lichte strahlt, im Kinde lächelt, in der Blüte der Jugend
schimmert, in der liebenden Brust der Frauen glüht"[355].

Von hier aus ist der Übergang zu einem pantheistisch-mysti-
schen Konzept unmittelbar gegeben, sofern die „Musik des
unendlichen Spielwerks" zu vernehmen wir nur fähig seien, weil
ein Teil des Weltendichters, der Gottheit, in uns lebe und „tief
unter der Asche der selbstgemachten Unvernunft mit heim-
licher Gewalt zu glühen niemals aufhört".[356] Was als das Eigentliche der Individualität im Gegensatz zur empirischen gesellschaftlichen Welt, im Gegensatz zum Allgemeinen der Vernunft gesetzt wird, demgegenüber der Dichter nur Ironie haben
kann, das enthüllt sich im gleichen Gedankengange als das Allgemeinste und Unbestimmteste, gerade als das imaginäre Nicht-
Ich der unendlichen Gottheit. Des Dichters absolute Freiheit
wird von ihr bezogen, dies als Postulat auf sie übertragen, daher gilt: „Alle heiligen Spiele der Kunst sind nur ferne Nachbildungen von dem unendlichen Spiele der Welt, dem ewig sich
selbst bildenden Kunstwerk."[357]

Ein solches Konzept der Poesie als Aufhebung der empirischen, „prosaischen" Objektivität, der gesellschaftlichen Zwänge
und Normen in der Imagination einer Gegenwelt erwächst aus
wirklicher Entfremdung und vertieft sie durch die Ästhetisierung des Wirklichkeitsverhältnisses. Der Privatisierung folgt
die grundlegende Entpolitisierung, folgt eine hypertrophe
Künstlerideologie, schließlich die Verabsolutierung der eigenen
poetischen Tätigkeit als werdender neuer Religion.

Wohl negiert Schlegel um 1800 nicht konservativ die Französische Revolution. Kokett und provokant subjektivistisch
heißt es, er halte sie „für eine vortreffliche Allegorie auf das
System des transcendentalen Idealismus"[358]. Sie als das „merk-
würdigste Phänomen der Staatengeschichte", als „unermeßliche
Überschwemmung in der politischen Welt" oder als Urbild der
Revolutionen zu betrachten seien „gewöhnliche Gesichtspunkte". Der eigene ungewöhnliche aber betrachtet sie „als die

furchtbarste Groteske des Zeitalters, wo die tiefsinnigsten Vor-
urtheile und die gewaltsamsten Ahndungen desselben in ein
grauses Chaos gemischt, zu einer ungeheuren Tragikomödie der
Menschheit so bizarr als möglich verwebt sind".[359]

Damit ist die Revolution ästhetisch bewertet und der ästhetische Gesichtspunkt der dominierende. Doch die Frage, die
sie stellte, ist so drängend, daß dies nicht genügt: „Nichts ist
mehr Bedürfnis der Zeit, als ein geistiges Gegengewicht gegen
die Revoluzion, und den Despotismus, welchen sie durch die
Zusammendrängung des höchsten weltlichen Interesse über die
Geister ausübt. Wo sollen wir dieses Gegengewicht suchen und
finden? Die Antwort ist nicht schwer; unstreitig in uns, und wer
da das Centrum der Menschheit ergriffen hat, der wird eben da
zugleich auch den Mittelpunkt der modernen Bildung und die
Harmonie aller bis jetzt abgesonderten und streitenden Wissenschaften und Künste gefunden haben."[360]

Das geistige Gegengewicht gegen die Revolution ist zunächst
nicht als deren Negation gedacht, sondern als Überholung:
„. . . in der künftigen Historie wird es als die höchste Bestimmung und Würde der Revoluzion erscheinen, daß sie das hef-
tigste Incitament der schlummernden Religion war." – „Ihr
staunt über das Zeitalter, über die gährende Riesenkraft, über
die Erschütterungen, und wißt nicht welche neue Geburten ihr
erwarten sollt. Versteht euch doch und beantwortet euch die
Frage, ob wohl etwas in der Menschheit geschehen könne,
was nicht seinen Grund in ihr selbst habe. Muß nicht alle Bewegung aus der Mitte kommen, und wo liegt die Mitte? – Die
Antwort ist klar, und also deutet auch die Erscheinung auf eine
große Auferstehung der Religion, eine allgemeine Metamorphose. Die Religion an sich zwar ist ewig, sich selbst gleich und
unveränderlich wie die Gottheit; aber eben darum erscheint sie
immer neu gestaltet und verwandelt."[361]

Wohl hatten um 1800 selbst die deutschen Jakobiner angesichts deutscher Ohnmacht und Bewegungslosigkeit einerseits,
der ihre Erwartungen desillusionierenden Diktatur Napoleons
andererseits resigniert. Doch Schlegel spricht nicht Resignation
aus, vielmehr als einzig sinnvoll-würdige, „göttliche" Auf-

gabe: „Nicht in die politische Welt verschleudere du Glauben und Liebe, aber in der göttlichen Welt der Wissenschaft und der Kunst opfre dein Innerstes in den heiligen Feuerstrom ewiger Bildung."[362]

Der kurz zuvor Georg Forster noch als Schriftsteller kühn gefeiert hatte, folgt nun der Logik seiner Wendung vom Paradigma des Citoyen zum Bourgeois in Gestalt des Privatiers, des kleinbürgerlichen Intellektuellen. Der historische Widerspruch von bürgerlich-emanzipatorischem Interesse und bestehender absolutistischer Herrschaft und feudalen Verhältnissen verliert für ihn seine progressiv-ideologische Gestalt als Widerspruch zwischen Emanzipationsidealen und deutscher Wirklichkeit und verwandelt sich in die doppelt illusorische Form des Widerspruchs subjektiver künstlerischer Intellektualität und stumpfsinniger Masse, deren Allgemeines das Gemeine, Geistlose, bloß auf den nächsten Nutzen Bedachte ist. Die soziale Wirklichkeit verschwindet hinter dem „Fantom / Der trägen, todten Meng'" als bloßem „Splitter" in „der Zeiten Riesenstrom".[363] Das „Reich des schönen Scheins" wird zur eigentlichen Realität, die Republik der Künstler als der Auserwählten, ein „Volk von Königen", das allein zählt, gegründet für jeden auf „den Entschluß, der mich auf ewig von allem Gemeinen absonderte und isolirte".[364]

Von hier aus ist das künstlerische Selbstbewußtsein ins Ungemessene zu steigern: „Was die Menschen unter den andern Bildungen der Erde, das sind die Künstler unter den Menschen." Dieser Satz ist von fataler Doppelsinnigkeit. Wird, gut schellingisch, gesetzt: „Der Mensch ist ein schaffender Rückblick der Natur auf sich selbst", so wären Kunst und Philosophie bzw. deren Akteure als Organe „des" Menschen zu verstehen. Schon die Behauptung: „Sie sind das höhere Seelenorgan, wo die Lebensgeister der ganzen äußern Menschheit zusammentreffen und in welchem die innere zunächst wirkt", setzt einen Abgrund zwischen denen, die dies Organ sind, und denen, die es nicht sind. Der vorausgehende Satz: „Durch die Künstler wird die Menschheit ein Individuum, indem sie Vorwelt und Nachwelt in der Gegenwart verknüpfen", versubjektiviert jene objektive Verknüpfung und macht sie zum Privileg. Ist Künstlertum definiert durch „eine eigne Religion, eine originelle Ansicht des Unendlichen", dadurch, daß der Künstler „sein Centrum in sich selbst" habe und Mittler des Göttlichen sei, die Individualität hingegen behauptet als „das Ursprüngliche und Ewige im Menschen", so daß an der „Personalität" nicht soviel gelegen sei, dann gilt: „Die Bildung und Entwicklung dieser Individualität als höchsten Beruf zu treiben, wäre ein göttlicher Egoismus."[365] Es zeichnet sich eine Steigerungskurve der Hypertrophie des Künstlerischen und des Künstlers ab, die den ursprünglich emanzipatorischen Inhalt der ideologischen Avantgarde in deren Einzigkeit und Einzigartigkeit, in der wertmäßig fixierten sozialen Distanz verspielt. Der Weg zu Stirner und Nietzsche ist angelegt.

Schlegels Konzept führt zu keiner geschlossenen Theorie. Aus der widersprüchlichen Vielfalt seiner Ideen wurde ein Komplex herausgehoben, von seinen bahnbrechenden literarwissenschaftlich-historischen Einsichten aber abgesehen. Es ging uns hier um die Zuspitzung des „göttlichen Egoismus" in hypertrophiertem Künstlertum und um die Religion als Einbindung in ein phantastisches Universum sowie die mystische Einheit beider, die sich dennoch widersprechen. „Gott werden, Mensch seyn, sich bilden, sind Ausdrücke, die einerley bedeuten"[366] – hierin liegt ein emanzipatorischer Pantheismus, der sich gerade nicht verträgt mit der Gottähnlichkeit eines Künstlertums, dem die übrigen Menschen als nichtuniverselle Naturen der Alltäglichkeit und Ökonomie überantwortet bleiben. Philosophisch hatte Schlegel ein klares Programm: „Die Philosophie ist eine Ellipse. Das eine Centrum, dem wir jetzt näher sind, ist das Selbstgesetz der Vernunft. Das andre ist die Idee des Universums, und in diesem berührt sich die Philosophie mit der Religion." – Aber: „Was sich thun läßt, so lange Philosophie und Poesie getrennt sind, ist gethan und vollendet. Also ist die Zeit nun da, beyde zu vereinigen."[367] Die pantheistische Wendung Schlegels irrationalisierte unterderhand die Brennpunkte der Ellipse. Das Selbstgesetz der Vernunft wird zum fühlenden Ich, das Universum zur göttlichen schönen Natur, jenes zum Sub-

jekt seiner sensuellsten Lebens- und Genußansprüche, dieses
zur Phantasiewelt, die auch nur in Phantasie zu erfassen.

Wie die Religion, die Schlegel verkündet, nicht eine wirkliche, sondern Bildungsentwurf der Sehnsucht ist, aus der Bü-
cherwelt ein selbständig-objektives Ganzes zu weben, so ist auch
die euphorische Künstlerschaft mit ihrem absoluten Freiheits-
anspruch nicht aus dem Bewußtsein realer künstlerischer Produktivität gewachsen, sondern Identifikation mit dem Ersehnten, Spezialideologie des Künstlerischen, in der Fichtes Ich
sich überschlägt, seinen rousseauistisch-politisch-sozialen Gehalt
verliert und die – auch von Rousseau in den „Bekenntnissen"
vorgeprägte – Individualität als private Besonderheit verabsolutiert.

Eben diese Sehnsucht prägt den Entwurf einer neuen Mythologie. Sie wird fundiert „in dem großen Phänomen des Zeitalters, im Idealismus"[368], als einem Beispiel und als Quelle
für die neue Mythologie, in deren Perspektive sich die Vereinigung von Spinoza und Fichte, von Mystik und Bewußtseins-
philosophie abzeichnet. Der fließende Gedanke steigert sich
zum Enthusiasmus fichteanischer und dennoch ganz unfichteani-
scher Prägung: „Alles Denken ist ein Diviniren, aber der
Mensch fängt erst eben an, sich seiner divinatorischen Kraft bewußt zu werden. ... Mich däucht, wer das Zeitalter, das heißt
jenen großen Proceß allgemeiner Verjüngung, jene Principien
der ewigen Revoluzion verstünde, dem müßte es gelingen können, die Pole der Menschheit zu ergreifen und das Thun der
ersten Menschen, wie den Charakter der goldnen Zeit, die
noch kommen wird, zu erkennen und zu wissen."[369] Schelling
spielt hier mit: einer der Kontrahenten des „Gesprächs über
die Poesie" verkündet die Verwandlung der Physik in eine mystische Wissenschaft vom Ganzen.

Das klingt euphorisch, siegesbewußt – und ist, wie das
Ganze dieser spekulativen Anstrengung, Sprung ins Abenteuer,
legitimiert durch die intellektuelle Anschauung als kategorischen Imperativ der Theorie, dennoch auf der Basis empirischer Ohnmacht und Unsicherheit gedacht. Diese Ohnmacht
wird auch eingestanden, auch als geistige, das Unvermögen,

den „Riesen [das Zeitalter – W. H.] auch nur silhouettiren zu
können". „Denn wie wollte man ... bestimmen, ob das Zeitalter wirklich ein Individuum, oder vielleicht nur ein Collisions-
punkt andrer Zeitalter sey ...? Wie wäre es möglich, die gegenwärtige Periode der Welt richtig zu verstehen und zu interpun-
giren, wenn man nicht wenigstens den allgemeinen Karakter des
nachfolgenden anticipiren dürfte?"[370]

Die Erwägung eines dem gegenwärtigen chemischen Zeitalter
folgenden „organischen" schließt sich an, und diese Terminologie finden wir im Saint-Simonismus, in der Abfolge kritischer
und organischer Perioden. Welche Gewißheit macht die Umkehr von Not in Tugend zwingend in der Feststellung: „Geheimniß und Mysterie ist alles was nur durch Enthusiasmus und
mit philosophischem poetischem oder sittlichem Sinn aufgefaßt
werden kann."[371]

In dieser Konstellation erscheint die Wendung zur neuen
Religion als der notwendig scheiternde Versuch einer Sinngebung, in der dann doch rührend platte Wunschträume lebendig werden: „Willst du die Menschheit vollständig erblicken, so
suche eine Familie. In der Familie werden die Gemüther organisch Eins, und eben darum ist sie ganz Poesie."[372] Sollte in
dieser Idylle nicht die notwendige Ergänzung zum göttlichen
Egoismus liegen, in dem der kleine bourgeoise Intellektuelle
sich illuminiert?

Jean Paul hatte ein ungleich tieferes Bewußtsein der sozialen
Realität, wie er zugleich den Jenaer Romantikern an politischer
Progressivität und Konsequenz und an poetischem Weltgehalt
überlegen war. Im „Billett an meine Freunde"[373], der Vorrede
zum „Quintus Fixlein", hat er seine grundsätzliche Position
formuliert: „Ich konnte nie mehr als drei Wege, glücklicher
(nicht glücklich) zu werden, auskundschaften. Der erste, der
in die Höhe geht, ist: so weit über das Gewölke des Lebens
hinauszudringen, daß man die ganze äußere Welt mit ihren
Wolfsgruben, Beinhäusern und Gewitterableitern von weitem
unter seinen Füßen nur wie ein eingeschrumpftes Kindergärt-
chen liegen sieht. – Der zweite ist: gerade herabzufallen ins

Gärtchen und da sich so einheimisch in eine Furche einzunisten,
daß, wenn man aus seinem warmen Lerchennest heraussieht,
man ebenfalls keine Wolfsgruben, Beinhäuser und Stangen,
sondern nur Ähren erblickt, deren jede für den Nestvogel ein
Baum und ein Sonnen- und Regenschirm ist. – Der dritte endlich – den ich für den schwersten und klügsten halte – ist der,
mit den beiden andern zu wechseln."

Der erste Weg:

„. . . jeder Mensch mit einem großen Entschluß oder auch
nur mit einer perennierenden Leidenschaft . . ., alle diese bauen
sich mit ihrer innern Welt gegen die Kälte und Glut der äußern
ein wie der Wahnsinnige im schlimmern Sinn: jede fixe Idee . . .
scheidet den Menschen erhaben von Tisch und Bett der Erde,
von ihren Hundsgrotten und Stechdornen und Teufelsmauern –
gleich dem Paradiesvogel schläft er fliegend, und auf den aus-
gebreiteten Flügeln verschlummert er blind in seiner Höhe
die untern Erdstöße und Brandungen des Lebens im langen
schönen Traume von seinem idealischen Mutterland.

Diese Himmelfahrt ist aber nur für den geflügelten Teil des
Menschengeschlechts, für den kleinsten. Was kann sie die armen Kanzleiverwandten angehen, deren Seele oft nicht einmal
Flügeldecken hat, geschweige etwas darunter – oder die ge-
bundnen Menschen mit den besten Bauch-, Rücken- und Ohren-
floßfedern, die im Fischkasten des Staates stillestehn und nicht
schwimmen sollen, weil schon der ans Ufer lang gekettete Ka-
sten oder Staat im Namen der Fische schwimmt? Was soll ich
dem stehenden und schreibenden Heere beladener Staatshaus-
knechte, Kornschreiber, Kanzlisten aller Departements und
allen im Krebskober der Staatsschreibstube aufeinander gesetzten Krebsen, die zur Labung mit einigen Brennesseln überlegt
sind, was soll ich solchen für einen Weg, hier selig zu werden,
zeigen? –

Bloß meinen zweiten; und das ist der: ein zusammengesetztes
Mikroskop zu nehmen und damit zu ersehen, daß ihr Tropfe
Burgunder eigentlich ein rotes Meer . . ., der Schimmel ein blü-
hendes Feld und der Sand ein Juwelenhaufe ist."

Jean Paul denkt nicht nur an Kanzlisten. Der zweite Weg

aber sei „nicht gut für den Menschen, der hier auf der Erde
nicht bloß den Obstbrecher, sondern auch die Pflugschar in die
Hände nehmen soll. Der erste ist zu gut für ihn. Er hat nicht
immer die Kraft, wie Rugendas mitten in einer Schlacht nichts
zu machen als Schlachtstücke ... Und dann halten seine Schmerzen so lange an als seine Ermattungen. Noch öfter fehlet der
Spielraum der Kraft: nur der kleinste Teil des Lebens gibt
einer arbeitenden Seele Alpen – Revolutionen – Rheinfälle –
Wormser Reichstage – und Kriege mit Xerxes, und es ist so
fürs Ganze auch besser; der längere Teil des Lebens ist ein wie
eine Tenne platt geschlagener Anger ..."

Die Länge des Zitats ist gerechtfertigt durch die Klarheit,
mit der Jean Paul die Alternative zwischen der Flucht in eine
idealische Welt und der für die gewöhnlichen Menschen gedachten Lebensverklärung und -versöhnung ausspricht. Wie
sehr er dem Empfinden des kleinbürgerlichen revolutionären
Demokratismus zu entsprechen vermochte, spricht Börnes Ge-
denkrede von 1825 aus: „Jeder Schlag des Herzens schlägt uns
eine Wunde, und das Leben wäre ein ewiges Verbluten, wenn
nicht die Dichtkunst wäre. Sie gewährt uns, was uns die Natur
versagt ... Er war der Dichter der Niedergebornen, er war der
Sänger der Armen, und wo Betrübte weinten, da vernahm man
die süßen Töne seiner Harfe." – „Für die Freiheit des Denkens kämpfte Jean Paul mit andern; im Kampf für die Freiheit
des Fühlens steht er allein." – „Der Humorist ist der Hofnarr
des Königs der Tiere in einer schlechten Zeit, wo die Wahrheit nicht tönen darf ... Der Humorist löst die Binde von den
Füßen des Saturns, setzt dem Sklaven den Hut des Herrn auf
und verkündigt das saturnalische Fest, wo der Geist das Herz
bedient und das Herz den Geist verspottet. ... Jean Paul war
der Jeremias seines gefangenen Volkes. Die Klage ist verstummt, das Leid ist geblieben."[374] Börnes Rede ist eine revolutionäre Anklage.

Dies wurde möglich, weil Jean Pauls poetische Praxis keineswegs in seiner Strategie aufgeht. Und die präzise Programmatik, die er entwirft, trifft nicht nur Schlegels Konzept mit;
sie übertrifft dessen Methode durch soziale Konkretheit, selbst

in der humoristischen Camouflage. Unübersehbar steht der die Pflugschar führt im Raum, und auch der Horizont dessen, worin er seine Kraft bewähren kann, leuchtet auf, um dann ironisch-beschwichtigend durch den Hinweis auf die stagnierende Gesellschaft verhüllt zu werden.

Doch die Versöhnung, der Trost durch Poesie ist Jean Paul nur möglich, weil er die wirkliche Unversöhntheit sieht und erfährt und dennoch im christlichen Jenseits einen Halt für das Ertragen findet. Ohne den Glauben, ohne die Gewißheit Gottes bleibt – in seiner Sicht – nur ein eisiger Nihilismus, dessen Grauen – und es ist das Grauen einer entfremdeten, versteinten, sinnlos übermächtigen Welt – er in des toten Christus Rede vom Himmelsgewölbe, daß kein Gott sei, suggestiv ausspricht im „Siebenkäs". Trotz seiner politischen Radikalität und auch utopischen Projekte fehlt ihm die Möglichkeit jener Dialektik, die den Bann der Alternativen einer stationär, versteint erfahrenen Realität aufbricht. Seine Größe als Epiker und als Denker, auch seine Grenze zu charakterisieren sowie seine außerordentliche Breitenwirkung im Spektrum von oben und unten und sein Weiterwirken sprengt unser Thema. Nur hingewiesen sei auf die soziale und politische Dimension, in der Börne des humoristischen Dichters saturnalische Funktion sieht, auch daß ihn selbst eine spezielle politisch-moralische Aufklärungstradition mit Herder und Jean Paul verbindet, die dann bei ihm unmittelbar politisch operativ wird.

Jean Pauls Position gewinnt ihren ideologischen Gehalt dadurch, daß er kollektive Nöte demokratisch als Orientierungspunkt seiner Poesie sieht und im „Trost" sichtbar macht, wer des Trosts bedürftig. Friedrich Schlegel kritisiert Jean Paul – ähnlich Heinrich Heine – in ästhetischer Hinsicht, feiert ihn dennoch als großen Dichter – wie Heine auch –, ignoriert jedoch seine soziale und politische Tendenz, die Heine an Jean Paul als dem Ahn und Vorbild des Jungen Deutschland heraushebt: Er habe „sich ganz seiner Zeit hingegeben ... Sein Herz und seine Schriften waren eins und dasselbe. Diese Eigenschaft, diese Ganzheit finden wir auch bei den Schriftstellern des heutigen jungen Deutschlands"[375], die Börne dann als Einheit von Künstler, Apostel und Tribun bezeichnete. Freilich, den neuen Saint-Simonismus konnte er in Jean Paul nicht finden.

Schlegel dagegen beanspruchte ihn bei aller Kritik für sein Programm im „Gespräch über die Poesie": Solche Grotesken und Bekenntnisse seien „noch die einzigen romantischen Erzeugnisse unsers unromantischen Zeitalters"[376], während er als Gehalt die „ewige Liebe" und die „heilige Lebensfülle der bildenden Natur"[377], das „geistige Gefühl" der Liebe und des Unendlichen findet, weshalb Jean Pauls Romane ihm als eine – freilich niedere und untergeordnete – Form romantischer Dichtung erscheinen. Insofern löst er trotz aller Behauptung, daß romantische Poesie auf historischem Grunde ruhe, ebendies Historische wirklicher Begebenheiten, Handlungen, Personen und Erfahrungen in Zeichensprache und Durchgang zum Unendlichen auf, das freilich ganz bestimmungslos bleiben muß.

Hegel, sosehr er anerkennt, daß er oft „durch die Tiefe des Witzes und die Schönheit der Empfindung" überrasche, wirft Jean Paul die Willkür des subjektiven Humors vor: „Die Geschichte, der Inhalt und Gang der Begebenheiten ist in seinen Romanen das am wenigsten Interessante. Die Hauptsache bleiben die Hinundherzüge des Humors, der jeden Inhalt nur gebraucht, um seinen subjektiven Witz daran geltend zu machen. In diesem Beziehn und Verketten des aus allen Weltgegenden und Gebieten der Wirklichkeit zusammengerafften Stoffs kehrt das Humoristische gleichsam zurück zum Symbolischen, wo Bedeutung und Gestalt gleichfalls auseinanderliegen; nur daß es jetzt die bloße Subjektivität des Dichters ist, welche über den Stoff wie über die Bedeutung gebietet ..."[378]

Hegel sieht – in der „Ästhetik" – in Jean Pauls Poesie die Züge der Endgestalt des romantischen subjektiven Humors, in dem die Kunst über sich selbst hinauszugehen beginnt. Doch charakteristisch ist, daß er blind bleibt gegenüber dem gesellschaftlichen Gehalt, den Jean Pauls Subjektivismus zur Sprache bringt und den Heine und Börne aufgriffen und weiterführten. Schlegel ist für diesen Gehalt ebenfalls blind, bejaht Jean Paul gerade um des Subjektivismus willen. Formell, in der

ästhetischen Kritik an Jean Pauls „barocker" Form, am Nebeneinander von Sentimentalismus und Humor, dem Ungestalteten
der Einfälle etc., mögen Hegel, Heine und Schlegel durchaus
konvergieren.

Jean Paul hat im „Titan", im „Clavis Fichtiana", eine vehemente parodistische Kritik am subjektiven Idealismus geübt,
den Schlegel gerade als Grundlage seines ästhetischen Konzepts
mit beschwor, und diese Kritik keineswegs auf Fichte, sondern
auf viele „transzendente renommistische Jenenser" bezogen,
ausdrücklich auf die Brüder Schlegel, denen er philosophische
Originalität bestritt, auf Schelling und Hülsen sowie auf die
Schlegelsche Kunstreligion als Konsequenz der Verabsolutierung des Ich einschließlich der Tendenz zum Mystizismus:

„Wahrlich es ist Zeit zu ahnen, welcher unauflöslichen schwär-
merischen Sprachen- und Gedanken-Verwirrung wir zutreiben.
Der höhere – als Kunstwerk unsterbliche und genialische –
Idealismus Fichtes strecket seine Polypen-Arme nach allen Wissenschaften aus und zieht sie in sich und tingiert sich damit. –
Der Hylozoismus in der Physik und Chemie der einen Fich-
tianer, die das vom Ich nur im Grade verschiedene Nicht-Ich
durch den Organismus beseelen, indes die andern den Geist in
physische und galvanische Erscheinungen oder Metaphern ver-
körpern – die Vergötterung der Kunst und Phantasie, weil die
Bilder der letztern so reell sind als alle ihre Urbilder – das
poetische, keinen Ernst unterlegende Spiel und die Ertötung
(statt Belebung) des Stoffes durch die Form – die jakob-böh-
mische Bilder-Philosophie, worin wie in den gotischen Kirchen
durch Übermalen der Fensterscheiben eine erhabene Dunkelheit entstehen soll – die mehr dichterische als philosophische
Toleranz für jeden Wahn, besonders für jeden abergläubigen
der Vorzeit, ja das dichterisch spielende Glauben an ihn und
oft an die Wahrheit, um das ernste an diese zu umgehen – der
malerische Standpunkt für alle Religionen, wie ihn der Dichter
für die mythologische hat und der Maler für die katholische –
die stofflose formale Moral, welche der Sonne einiger ältern
Astronomen gleicht, die bloß mit ihren Strahlen, ohne wechsel-
seitge Anziehungskräfte die Erden um sich lenken soll – und

der moralische Egoismus, der sich mit dem transzendenten
mehr verschwägert, als der edle Fichte errät . . ." Dagegen „sei
uns die Vernunft oder das lichte Ich keine selbstschaffende ziehende Sonne, sondern nur eine lichte Ritze und Fuge am irdischen Klostergewölbe, durch welche der ferne ausgebreitete
Feuerhimmel in einem sanften und vollendeten Kreise bricht
und brennt!"[379]

Diese kritische und wesentlich treffende Charakterisierung
der romantischen Schule macht auch Jean Pauls Grenze deutlich. Der „gesunden Vernunft" der Aufklärung verschworen,
philosophisch von Jacobi und Herder beeindruckt, vermag er
in der Bewegung nicht das Neue, in Fichtes Ich nicht das Produktive seines Tätigkeitsprinzips zu erkennen. Der Sentimentalismus setzt allemal eine stationäre Welt voraus. Dennoch
trifft er präzise das Realitätsproblem, die idealistische Negie-
rung der objektiven Realität, zugespitzt auf den gesellschaftlichen Aspekt: die Realität des anderen Menschen, der je erst
konstruktiv mühsam gesetzt werden muß. Und die Verschwä-
gerung von transzendentalem und egoistischem Ich wird scharf-
äugig als das ideologisch wirksame Ferment erkannt.

Doch reicht die Persiflage weiter als ihr unmittelbarer Gegenstand: „Sah ich einen Rittergutsbesitzer, so sagt ich: ‚Als
Deus majorum gentium betrachtet, bist du der Vater deines
Ururgroßvaters und des ganzen Stammbaums, so wie die pro-
duzierende Klasse dein Produkt ist; du darfst stolz sein, aber
bloß nach der ‚Wissenschaftslehre' (§ 6–8)."[380] Der Hohn enthüllt die Realität, in der da geschwärmt und philosophiert wird;
ihm verfällt mit dem Ich der „Wissenschaftslehre" das Adel-
Ich, das von der produzierenden Klasse lebt.

Anhang

Anmerkungen

Die Anmerkungen beschränken sich auf Zitatnachweise. Ein Verzeichnis der für ihn wichtigen Publikationen zu Hölderlin und dem in der vorliegenden Arbeit ausgeschrittenen Problemkreis war vom Autor geplant, konnte aber nicht mehr realisiert werden.

Die Hölderlin-Zitate folgen der im Aufbau-Verlag erschienenen Ausgabe: Friedrich Hölderlin, Sämtliche Werke und Briefe. Hrsg. von Günter Mieth. 4 Bände, Berlin und Weimar 1970 (Band 1: Gedichte, Band 2: Hyperion. Theoretische Versuche, Band 3: Der Tod des Empedokles. Übersetzungen, Band 4: Briefe); die Nachweise, bezogen auf Band und Seite, stehen unmittelbar hinter den Zitaten im Text. [–] steht für Absatz.

1 Georg Wilhelm Friedrich Hegel, Ästhetik. Mit einem einführenden Essay von Georg Lukács. Hrsg. von Friedrich Bassenge. Berlin 1955, S. 57.
2 Ebenda, S. 54.
3 Ebenda, S. 57.
4 Ebenda, S. 75 und 76.
5 Ebenda, S. 75.
6 Ebenda, S. 74.
7 Ebenda, S. 110.
8 Ebenda, S. 59.
9 Ebenda, S. 58.
10 Ebenda, S. 983.
11 Vgl. Wolfgang Heise, Über die Geschichtlichkeit der Wahrheit in der Kunst (Überlegungen zu Hegel). In: Jürgen Kuczynski/Wolfgang Heise, Bild und Begriff. Studien über die Beziehungen zwischen Kunst und Wissenschaft. Berlin und Weimar 1975, S. 147–255.
12 Georg Wilhelm Friedrich Hegel, Enzyklopädie der philosophischen Wissenschaften im Grundrisse. Hrsg. von Georg Lasson. 4. Aufl., Leipzig 1930 (Hegel, Sämtliche Werke. Hrsg. von Georg Lasson. Band 5), § 562, S. 480.
13 Ebenda, S. 478 f.
14 Ebenda, § 11, S. 43.
15 Ebenda, § 577, S. 499.

16 Karl Marx, Zur Kritik der Hegelschen Rechtsphilosophie. Einleitung.
   In: Marx/Engels, Werke. Berlin 1956–1968, Band 1, S. 383.

17 Briefe von und an Hegel. Hrsg. von Johannes Hoffmeister. 4 Bände,
   Berlin 1970–1982, Band 1: 1785–1812, S. 18.

18 Georg Friedrich Rebmann, Vollständige Geschichte meiner Verfolgun-
   gen und meiner Leiden. In: Rebmann, Hans Kiekindiewelts Reisen in
   alle vier Weltteile und andere Schriften. Hrsg. von Hedwig Voegt. Berlin 1958, S. 351 f.

19 Zitiert nach: Reinhard Breymayer, Zu Friedrich Christoph Oetingers
   emblematischer Musiktheorie.. In: Blätter für württembergische Kir-
   chengeschichte, 76. Jg., 1976, S. 175.

20 Wilhelm Heinse, Ardinghello und die glückseligen Inseln. Hrsg. von
   Klaus Hammer. Leipzig 1973, S. 250 f.

21 Immanuel Kant, Idee zu einer allgemeinen Geschichte in weltbürgerlicher Absicht. In: Immanuel Kants Werke. Hrsg. von Ernst Cassirer.
   11 Bände, Berlin 1921–1923, Band 4, S. 153.

22 Ebenda, S. 155.

23 Ebenda, S. 156.

24 Ebenda, S. 155.

25 Ebenda, S. 156.

26 Ebenda, S. 157.

27 Ebenda, S. 161.

28 Immanuel Kant, Mutmaßlicher Anfang der Menschengeschichte. In:
   Ebenda, S. 333.

29 Ebenda, S. 334.

30 Friedrich Schiller, Etwas über die erste Menschengesellschaft nach dem
   Leitfaden der mosaischen Urkunde. In: Schillers Werke. Nationalaus-
   gabe. Weimar 1943 ff., Band 17, S. 399 (im folgenden: SNA).

31 Kant, Mutmaßlicher Anfang der Menschengeschichte. In: Immanuel
   Kants Werke, Band 4, S. 334 f.

32 Ebenda, S. 336.

33 Ebenda, S. 338 und 336.

34 Ebenda, S. 334.

35 Johann Gottlieb Fichte, Einige Vorlesungen über die Bestimmung des
   Gelehrten. In: Fichtes Werke. Hrsg. von Immanuel Hermann Fichte.
   11 Bände, Berlin [West] 1971, Band 6, S. 342 f. und 344 (Fotomechanischer Nachdruck der „Sämtlichen Werke" von 1845/46 und der „Nachgelassenen Werke" von 1834/35).

36 Friedrich Schiller, Geschichte des Abfalls der vereinigten Niederlande
   von der Spanischen Regierung; SNA, Band 17, S. 11.

37 Ebenda, S. 21.

38 Friedrich Schiller, Was heißt und zu welchem Ende studiert man Universalgeschichte; SNA, Band 17, S. 368 f.

39 Ebenda, S. 375.

40 Ebenda.

41 Schiller, Etwas über die erste Menschengesellschaft nach dem Leitfaden der mosaischen Urkunde; SNA, Band 17, S. 400.

42 Johann Gottfried Herder, Tithon und Aurora. In: Herders Sämmtliche Werke. Hrsg. von Bernhard Suphan. 33 Bände, Berlin 1877–1913, Band 16, S. 112 und 114 (im folgenden: Suphan).

43 Ebenda, S. 115 und 116 f.

44 Ebenda, S. 117, 118 und 119.

45 Ebenda, S. 119 und 120 f.

46 Ebenda, S. 125 f.

47 Herder an Johann Georg Müller, 4. April 1791. In: Herders Briefe in einem Band. Ausgewählt und erläutert von Regine Otto. 2., verbesserte Aufl., Berlin und Weimar 1983, S. 309.

48 Friedrich Schiller, Ankündigung der „Horen"; SNA, Band 22, S. 106 und 107.

49 Friedrich Schiller, Über naive und sentimentalische Dichtung; SNA, Band 20, S. 428.

50 Goethe, Berliner Ausgabe. Band 17, Berlin und Weimar 1970, S. 458.

51 Goethe, Berliner Ausgabe, Band 2, Berlin und Weimar 1966, S. 93.

52 Goethe, Berliner Ausgabe, Band 17, S. 161.

53 Friedrich Schiller, Über den Zusammenhang der tierischen Natur des Menschen mit seiner geistigen; SNA, Band 20, S. 41.

54 Ebenda, S. 40.

55 Friedrich Schiller, Briefe an den Erbprinzen Friedrich Christian von Holstein-Sonderburg-Augustenburg. In: Schillers Sämtliche Werke (Horenausgabe). Band 10, München – Leipzig 1913, S. 114.

56 Schiller, Über naive und sentimentalische Dichtung; SNA, Band 20, S. 487 und 490.

57 Ebenda, S. 321 und 322.

58 Ebenda, S. 326.

59 Ebenda, S. 323.

60 Ebenda, S. 319 f.

61 Ebenda, S. 320.

62 Karl Marx/Friedrich Engels, Die deutsche Ideologie. In: Marx/Engels, Werke, Band 3, S. 355.

63 Friedrich Schiller, Über die ästhetische Erziehung des Menschen in einer Reihe von Briefen; SNA, Band 20, S. 320.

64 Ebenda, S. 319.

65 Schiller an Johann Benjamin Erhard, 26. Mai 1794; SNA, Band 27, S. 4 f.

66 Johann Benjamin Erhard, Über das Recht des Volkes zu einer Revolution, 1795.

67 Ebenda.

68 Ebenda.

69 Friedrich Schiller, Von deutscher Größe; SNA, Band 2, 1. Teil, S. 431.

70 Ebenda, S. 433.

71 Schiller, Über die ästhetische Erziehung des Menschen; SNA, Band 20,
    S. 316.

72 Ebenda, S. 317.

73 Ebenda, S. 328.

74 Ebenda, S. 332.

75 Ebenda, S. 339.

76 Ebenda, S. 334.

77 Ebenda, S. 340.

78 Hegel, Ästhetik, S. 101.

79 Ebenda, S. 102.

80 Schiller, Über die ästhetische Erziehung des Menschen; SNA, Band 20,
    S. 344.

81 Ebenda, S. 345.

82 Ebenda, S. 347 f. (Anm.)

83 Ebenda, S. 352.

84 Ebenda, S. 352 f.

85 Ebenda, S. 349.

86 Ebenda, S. 354.

87 Ebenda, S. 356.

88 Ebenda, S. 359.

89 Ebenda.

90 Ebenda, S. 370.

91 Ebenda, S. 366.

92 Ebenda, S. 371.

93 Schiller, Über naive und sentimentalische Dichtung; SNA, Band 20,
    S. 413.

94 Schiller, Über die ästhetische Erziehung des Menschen; SNA, Band 20,
    S. 373.

95 Ebenda, S. 379.

96 Ebenda, S. 384 f.

97 Ebenda, S. 394.

98 Ebenda, S. 396.

99 Ebenda.

100 Ebenda, S. 399.

101 Ebenda, S. 400.

102 Ebenda, S. 401.

103 Ebenda, S. 402.

104 Ebenda, S. 410.

105 Ebenda, S. 412.

106 Ebenda, S. 410.

107 Ebenda, S. 409.

108 Ebenda, S. 412.

109 Ebenda, S. 397.

110 Friedrich Schiller, Anmerkungen zu Humboldts Aufsatz „Über das Studium des Altertums, und des griechischen insbesondre"; SNA, Band 21, S. 63.

111 Schiller, Über naive und sentimentalische Dichtung; SNA, Band 20, S. 414.

112 Ebenda, S. 431.

113 Ebenda, S. 432.

114 Ebenda, S. 437.

115 Ebenda, S. 466.

116 Ebenda, S. 438.

117 Ebenda, S. 473.

118 Ebenda, S. 476 f.

119 Ebenda, S. 490.

120 Friedrich Schiller, Über das Erhabene; SNA, Band 21, S. 49.

121 Ebenda, S. 50.

122 Ebenda, S. 53.

123 Ebenda, S. 51 f.

124 Schiller an Goethe, 7. Januar 1795; SNA, Band 27, S. 116.

125 Schiller an Herder, 4. November 1795; SNA, Band 28, S. 18.

126 Schiller an Goethe, 14. September 1797; SNA, Band 29, S. 131.

127 Schiller an Gräfin Schimmelmann, 4. November 1795; SNA, Band 28, S. 99.

128 Immanuel Kant, Von einem neuerdings erhobenen vornehmen Ton in der Philosophie. In: Immanuel Kants Werke, Band 6, S. 478.

129 Ebenda, S. 486.

130 Schiller an Goethe, 9. Februar 1798; SNA, Band 29, S. 201 f.

131 Schiller an Goethe, 24. November 1797; SNA, Band 29, S. 160.

132 Schiller an Goethe, 7. Juli 1797; SNA, Band 29, S. 98.

133 Schiller an Goethe, 27. Februar 1798; SNA, Band 29, S. 212.

134 Schiller an Goethe, 27. März 1801. In: Schillers Sämtliche Werke, Band 17, Berlin o. J., S. 371 f.

135 Goethe an Schiller, 3./4. April 1801. In: Goethes Briefe in drei Bänden. Ausgewählt und erläutert von Helmut Holtzhauer. 2. Aufl., Berlin und Weimar 1984, Band 2, S. 58.

136 Immanuel Kant, Kritik der Urteilskraft. In: Immanuel Kants Werke, Band 5, S. 244.

137 Hegel, Ästhetik, S. 97 und 98.

138 Georg Friedrich Wilhelm Hegel, Vorlesungen über die Geschichte der Philosophie. Leipzig 1971, Band 3, S. 538.

139 Fichte an Jens Immanuel Baggesen, April–Mai 1795. In: Johann Gottlieb Fichte, Briefe. Hrsg. von Manfred Buhr. Leipzig 1986, S. 144.

140 Johann Gottlieb Fichte, Die Wissenschaftslehre. In: Fichtes Werke, Band 10, S. 102 und 104.

141 Immanuel Kant, Kritik der reinen Vernunft. In: Immanuel Kants Werke, Band 3, § 18, S. 119.

142 Ebenda, S. 118.

143 Johann Gottlieb Fichte, Grundlage der gesamten Wissenschaftslehre. In: Fichtes Werke, Band 1, S. 98.

144 Ebenda, S. 96.

145 Johann Gottlieb Fichte, Zweite Einleitung in die Wissenschaftslehre. In: Fichtes Werke, Band 1, S. 515.

146 Ebenda, S. 516.

147 Fichte, Grundlage der gesamten Wissenschaftslehre. In: Fichtes Werke, Band 1, S. 97.

148 Johann Gottlieb Fichte, Versuch einer neuen Darstellung der Wissenschaftslehre. In: Fichtes Werke, Band 1, S. 528.

149 Georg Wilhelm Friedrich Hegel, Differenz des Fichteschen und Schellingschen Systems der Philosophie. In: Georg Wilhelm Friedrich Hegel, Jenaer Schriften. Hrsg. und eingeleitet von Gerd Irrlitz. Berlin 1972, S. 14.

150 Fichte, Grundlage der gesamten Wissenschaftslehre. In: Fichtes Werke, Band 1, S. 103.

151 Ebenda, S. 109.

152 Ebenda, S. 110.

153 Fichte, Einige Vorlesungen über die Bestimmung des Gelehrten. In: Fichtes Werke, Band 6, S. 295.

154 Fichte, Grundlage der gesamten Wissenschaftslehre. In: Fichtes Werke, Band 1, S. 294 f.

155 Ebenda, S. 216.

156 Ebenda, S. 215.

157 Ebenda, S. 247.

158 Ebenda, S. 264 f.

159 Ebenda, S. 268 f.

160 Ebenda, S. 277.

161 Ebenda.

162 Ebenda, S. 280 f.

163 Ebenda, S. 270.

164 Fichte, Einige Vorlesungen über die Bestimmung des Gelehrten. In: Fichtes Werke, Band 6, S. 297.

165 Ebenda, S. 299.

166 Ebenda, S. 296 und 297.

167 Ebenda, S. 299 f.

168 Ebenda, S. 310.

169 Ebenda, S. 314.

170 Ebenda, S. 322 f.

171 Fichte an Karl Leonhard Reinhold, 2. Juli 1795. In: Fichte, Briefe, S. 161 f.

172 Fichte, Zweite Einleitung in die Wissenschaftslehre. In: Fichtes Werke, Band 1, S. 463.

173 Fichte, Versuch einer neuen Darstellung der Wissenschaftslehre. In: Fichtes Werke, Band 1, S. 529.

174 Fichte, Zweite Einleitung in die Wissenschaftslehre. In: Fichtes Werke, Band 1, S. 466.

175 Fichte an Friedrich Heinrich Jacobi, 30. August 1795. In: Fichte, Briefe, S. 184 f.

176 Marx/Engels, Die heilige Familie. In: Marx/Engels, Werke, Band 2, S. 146 und 147.

177 Fichte, Einige Vorlesungen über die Bestimmung des Gelehrten. In: Fichtes Werke, Band 6, S. 322.

178 Ebenda, S. 323.

179 Heinrich Heine, Zur Geschichte der Religion und Philosophie in Deutschland. In: Heine, Werke und Briefe. Hrsg. von Hans Kaufmann. 10 Bände, Berlin 1961–1964, Band 5, S. 274.

180 Ebenda, S. 276.

181 Ebenda, S. 294.

182 Ebenda, S. 288.

183 Kant, Kritik der Urteilskraft. In: Immanuel Kants Werke, Band 5, § 76, S. 481.

184 Ebenda, § 77, S. 486.

185 Platon, Phaidros oder Vom Schönen. In der Übersetzung von Friedrich Schleiermacher. Neu herausgegeben und eingeleitet von Dieter Bergner. Leipzig 1954, S. 40.

186 Ebenda, S. 41.

187 Ebenda.

188 Ebenda.

189 Ebenda, S. 41 f.

190 Ebenda, S. 42.

191 Kant, Kritik der Urteilskraft. In: Immanuel Kants Werke, Band 5, § 29, S. 344.

192 Georg Wilhelm Friedrich Hegel, Vorlesungen über die Philosophie der Weltgeschichte. Vollständige neue Ausgabe von Georg Lasson. Band 4: Die germanische Welt, Leipzig 1944, S. 926 (Die französische Revolution und ihre Folgen).

193 Schelling an Hegel, 14. Juli 1804. In: Briefe von und an Hegel, Band 1, S. 82.

194 Heinrich Heine, Ludwig Börne. Eine Denkschrift. In: Heine, Werke und Briefe, Band 6, S. 126.

195 Friedrich Engels, Dialektik der Natur. Notizen und Fragmente. In: Marx/Engels, Werke, Band 20, S. 498.

196 Kant, Kritik der reinen Vernunft. In: Immanuel Kants Werke, Band 3, § 18, S. 119 (vgl. Anm. 141).

197 Schelling an Hegel, 4. Februar 1795. In: Briefe von und an Hegel, Band 1, S. 22.

198 Schelling, Vom Ich als Prinzip der Philosophie oder über das Unbedingte im menschlichen Wissen. In: Friedrich Wilhelm Josef Schelling, Frühschriften. Eine Auswahl in zwei Bänden. Hrsg. und eingeleitet von Helmut Seidel und Lothar Kleine. Band 1, Berlin 1971, S. 15.

199 Heine, Zur Geschichte der Religion und Philosophie in Deutschland. In: Heine, Werke und Briefe, Band 5, S. 300.

200 Ebenda, S. 302.

201 Schelling, Philosophische Briefe über Dogmatismus und Kritizismus. In: Schelling, Frühschriften, Band 1, S. 106.

202 Ebenda, S. 147.

203 Ebenda, S. 20.

204 Ebenda, S. 31.

205 Ebenda, S. 50.

206 Schelling, Ideen zu einer Philosophie der Natur. In: Schelling, Frühschriften, Band 1, S. 170 und 171.

207 Ebenda, S. 171.

208 Ebenda, S. 172.

209 Ebenda, S. 171.

210 Schelling, System des transzendentalen Idealismus. In: Schelling, Frühschriften, Band 2, S. 534 f.

211 Schelling, Darstellung meines Systems der Philosophie. In: Schellings Werke. Nach der Originalausgabe in neuer Anordnung hrsg. von Manfred Schröter. Band 3: Schriften zur Identitätsphilosophie, München 1927, S. 10, 11, 13, 15 und 18.

212 Ebenda, S. 10 f.

213 Nicht ermittelt.

214 Schelling, Darstellung meines Systems der Philosophie. In: Schellings Werke, Band 3, S. 102.

215 Schelling, Darlegung des wahren Verhältnisses der Naturphilosophie zu der verbesserten Fichteschen Lehre. In: Schellings Werke, Band 3, S. 715 und 720.

216 Schelling, Bruno oder über das göttliche und natürliche Prinzip der Dinge. In: Schellings Werke, Band 3, S. 139.

217 Ebenda, S. 198.

218 Ebenda, S. 224.

219 Ebenda, S. 224 f.

220 Schelling, Darstellung meines Systems der Philosophie. In: Schellings Werke, Band 3, S. 588.

221 Friedrich Schelling, Gedichte. Hrsg. von Otto Baensch. Jena 1917, S. 7 und 9.

222 Ebenda, S. 14.

223 Ebenda, S. 16.

224 Schelling, System des transzendentalen Idealismus. In: Schelling, Frühschriften, Band 2, S. 527.

225 Ebenda, S. 827 und 828.

226 Schelling, Vom Ich als Prinzip der Philosophie oder über das Unbedingte im menschlichen Wissen. In: Schelling, Frühschriften, Band 1, S. 12.

227 Hegel an Schelling, 16. April 1795. In: Briefe von und an Hegel, Band 1,
S. 24 und 23 f.

228 Schelling an Hegel, Januar 1796. In: Briefe von und an Hegel, Band 1,
S. 36.

229 Georg Forster, Pariser Umrisse. In: Forster, Werke in vier Bänden.
Hrsg. von Gerhard Steiner. Leipzig o. J., S. 732.

230 Georg Friedrich Rebmann, Holland und Frankreich in Briefen, geschrieben auf einer Reise von der Niederelbe nach Paris im Jahr 1796 und
dem fünften der französischen Republik. Hrsg. von Hedwig Voegt. Berlin 1981, S. 156, 230 und 237.

231 Walter Markov, Revolution im Zeugenstand. Frankreich 1789–1799.
2 Bände, Leipzig 1982, Band 2, S. 694.

232 Rebmann, Holland und Frankreich in Briefen, S. 317 (Nachwort von
Hedwig Voegt).

233 Fichte, Einige Vorlesungen über die Bestimmung des Gelehrten. In:
Fichtes Werke, Band 6, S. 306.

234 Rebmann, Holland und Frankreich in Briefen, S. 12 f.

235 Kant, Kritik der Urteilskraft. In: Immanuel Kants Werke, Band 5,
§ 66, S. 454.

236 Schiller, Über die ästhetische Erziehung des Menschen; SNA, Band 20,
S. 411.

237 Ebenda, S. 356.

238 Johann Gottfried Herder, Rezension zu: Allgemeine Theorie der Schönen Künste von Johann Georg Sulzer. 1771 und 1773; Suphan, Band 5,
S. 380.

239 Schelling, Ideen zu einer Philosophie der Natur. In: Schelling, Frühschriften, Band 1, S. 231.

240 Friedrich Schlegel, Ideen. In: Athenaeum. Eine Zeitschrift. Hrsg. von
August Wilhelm und Friedrich Schlegel. 3 Bände, Berlin 1798–1800
(fotomechanischer Nachdruck, Berlin 1960), Band 3, S. 13.

241 Friedrich Schlegel, Gespräch über die Poesie. In: Athenaeum, Band 3,
S. 97 f.

242 Ebenda, S. 67.

243 Hegels theologische Jugendschriften. Hrsg. von Herman Nohl. Tübingen
1907, S. 348 und 347.

244 Hegel, Differenz des Fichteschen und Schellingschen Systems der Philosophie. In: Hegel, Jenaer Schriften, S. 13, 14 und 17.

245 Hegel an Schelling, 2. November 1800. In: Briefe von und an Hegel,
Band 1, S. 59 f.

246 Zitiert nach: Manfred Baum/Kurt Meist, Durch Philosophie leben ler-
    nen. Hegels Konzeption der Philosophie. In: Hegel-Studien, Band 12,
    Bonn 1977, S. 45 f.

247 Friedrich Schlegel, Neue philosophische Schriften. Hrsg. von Josef Kör-
    ner. Frankfurt a. M. 1935, S. 288.

248 Hegel an Niethammer, 7. Mai 1809; Briefe von und an Hegel, Band 1,
    S. 283.

249 Friedrich Schlegel, Jacobis „Woldemar". In: Schlegel, Kritische Schrif-
    ten. Hrsg. von Wolfdietrich Rasch. München 1956, S. 201.

250 Schlegel, Neue philosophische Schriften, S. 219.

251 Ebenda, S. 194.

252 Ebenda, S. 219.

253 Friedrich Schlegels Philosophische Vorlesungen aus den Jahren 1804
    bis 1806. Nebst Fragmenten vorzüglich philosophisch-theologischen
    Inhalts. Hrsg. von Carl J. H. Windischmann. Band 2, Bonn 1837,
    S. 524 f.

254 Schlegel, Ideen. In: Athenaeum, Band 3, S. 12, 6 und 9.

255 Friedrich Schlegel und Novalis. Biographie einer Romantikerfreund-
    schaft in ihren Briefen. Auf Grund neuer Briefe Schlegels hrsg. von Max
    Preitz. Darmstadt 1957, S. 138.

256 Schlegel, Ideen. In: Athenaeum, Band 3, S. 5, 6, 12, 11, 5 und 17.

257 Ebenda, S. 22.

258 Friedrich Schlegel, Fragmente. In: Athenaeum, Band 1, S. 196.

259 Kritische Friedrich-Schlegel-Ausgabe. Hrsg. von Ernst Behler. München –
    Paderborn – Zürich 1958 ff., Band 18, S. 340.

260 Schlegel, Gespräch über die Poesie. In: Athenaeum, Band 3, S. 121.

261 Ebenda, S. 108.

262 Schlegel, Ideen. In: Athenaeum, Band 3, S. 24 f.

263 Ebenda, S. 23.

264 Schlegel, Gespräch über die Poesie. In: Athenaeum, Band 3, S. 59.

265 Ebenda, S. 101, 107 und 108.

266 Ebenda, S. 108.

267 Ebenda, S. 107.

268 Schlegel, Fragmente. In: Athenaeum, Band 1, S. 205.

269 Ebenda.

270 Schlegel, Gespräch über die Poesie. In: Athenaeum, Band 3, S. 111.

271 Schlegel, Fragmente. In: Athenaeum, Band 1, S. 205 f.

272 Ebenda, S. 205.

273 Schlegel, Gespräch über die Poesie. In: Athenaeum, Band 3, S. 90.

274 Friedrich Schlegel, Über Lessing. In: Schlegel, Kritische Schriften,
    S. 259 f.

275 Ebenda, S. 260.

276 Schlegel, Gespräch über die Poesie. In: Athenaeum, Band 3, S. 179.

277 Schlegel, Fragmente. In: Athenaeum, Band 1, S. 322.

278 Friedrich Schlegel, Lucinde. In: Schlegel, Werke in zwei Bänden. Ausgewählt und eingeleitet von Wolfgang Hecht. Berlin und Weimar 1980, Band 2, S. 16.

279 Ebenda, S. 14.

280 Ebenda, S. 24 f.

281 Ebenda, S. 25.

282 Ebenda, S. 26.

283 Ebenda, S. 31.

284 Ebenda, S. 32 f. und 34.

285 Ebenda, S. 35 f.

286 Ebenda, S. 97, 98 und 99.

287 Ebenda, S. 89.

288 Ebenda, S. 76.

289 Friedrich Schlegel, Über das Studium der griechischen Poesie. In: Schlegel, Kritische Schriften, S. 158.

290 Ebenda, S. 158, 128, 120 und 121.

291 Ebenda, S. 148.

292 Ebenda, S. 141.

293 Ebenda, S. 113.

294 Ebenda, S. 114.

295 Ebenda, S. 115.

296 Ebenda, S. 122.

297 Ebenda, S. 130 und 118.

298 Ebenda, S. 118.

299 Ebenda, S. 134.

300 Ebenda, S. 135.

301 Ebenda, S. 136 f.

302 Ebenda, S. 138 f.

303 Ebenda, S. 140.

304 Ebenda, S. 145, 146, 147 und 153.

305 Ebenda, S. 154.

306 Ebenda, S. 157.

307 Ebenda, S. 143.

308 Karl Marx, Einleitung zur Kritik der Politischen Ökonomie. In: Marx/ Engels, Werke, Band 13, S. 638.

309 Schlegel, Über das Studium der griechischen Poesie. In: Schlegel, Kritische Schriften, S. 111, 112 und 107.

310 Friedrich Schlegel, Kritische Fragmente. In: Schlegel, Kritische Schriften, S. 5 und 11.

311 Ebenda, S. 13.

312 Schlegel, Über das Studium der griechischen Poesie. In: Schlegel, Kritische Schriften, S. 118.

313 Schlegel, Gespräch über die Poesie. In: Athenaeum, Band 3, S. 126.

314 Friedrich Schlegel und Novalis, S. 130.

315 Friedrich Schlegel an August Wilhelm Schlegel, Anfang Dezember 1791.
     In: Briefe deutscher Romantiker. Hrsg. von Willi A. Koch. Leipzig
     1938, S. 14.

316 Friedrich Schlegel an August Wilhelm Schlegel, Mai 1793. In: Briefe
     deutscher Romantiker, S. 38 f.

317 Novalis, Schriften. Die Werke Friedrich von Hardenbergs. Hrsg. von
     Paul Kluckhohn und Richard Samuel. 2., nach den Handschriften er-
     gänzte, erweiterte und verbesserte Aufl. in vier Bänden und einem
     Begleitband. Stuttgart 1960, Band 2, S. 545.

318 Ebenda, S. 418.

319 Ebenda, S. 422.

320 Novalis, Schriften, Band 3, S. 638 f.

321 Novalis, Schriften, Band 1, S. 203 und 204.

322 Novalis, Schriften, Band 3, S. 559.

323 Novalis, Schriften, Band 1, S. 156.

324 Ebenda, S. 332 f.

325 Ebenda, S. 333 f.

326 Ebenda, S. 335. (Paralipomenon zu „Heinrich von Ofterdingen").

327 Ebenda, S. 355.

328 Ebenda, S. 352 f.

329 Ebenda, S. 345 und 347.

330 Ebenda, S. 344 f.

331 Novalis, Schriften, Band 3, S. 558 und 570.

332 Ebenda, S. 285, 273, 269 und 398.

333 Ebenda, S. 280 f.

334 Novalis an Friedrich Schlegel, 26. Dezember 1797. In: Novalis, Schrif-
     ten, Band 4, S. 242.

335 Novalis, Schriften, Band 3, S. 684.

336 Novalis, Schriften, Band 2, S. 551.

337 Novalis, Schriften, Band 4, S. 640.

338 Novalis an Friedrich Schlegel, 18. Juni 1800. In: Novalis, Schriften,
     Band 4, S. 333.

339 Novalis an Kreisamtmann Just, 26. Dezember 1798. In: Novalis, Schrif-
     ten, Band 4, S. 272.

340 Novalis an Caroline Schlegel, 20. Januar 1799 und 27. Februar 1799.
     In: Novalis, Schriften, Band 4, S. 275, 276, 278 und 280.

341 Schlegel, Lucinde. In: Schlegel, Werke in zwei Bänden, Band 2, S. 152.

342 Schlegel, Gespräch über die Poesie. In: Athenaeum, Band 3, S. 58.

343 Hegel, Ästhetik, S. 95.

344 Ebenda, S. 94.

345 Vgl. Schlegel, Fragmente. In: Athenaeum, Band 1, S. 232.

346 Schlegel, Neue philosophische Schriften, S. 159 f.

347 Georg Wilhelm Friedrich Hegel, Grundlinien zur Philosophie des Rechts.
     Berlin 1981, § 124, S. 150 f.

348 Georg Wilhelm Friedrich Hegel, Phänomenologie des Geistes. Hrsg. von Georg Lasson. Leipzig 1928, S. 56 (Sämtliche Werke, Band 2).

349 Schlegel, Lucinde. In: Schlegel, Werke in zwei Bänden, Band 2, S. 9 f., 11 und 12.

350 S. A. Kierkegaard, Der Begriff der Ironie mit ständiger Rücksicht auf Sokrates. München 1929, S. 306 f.

351 Ebenda, S. 312.

352 Schlegel, Gespräch über die Poesie. In: Athenaeum, Band 3, S. 102 f.

353 Nicht ermittelt.

354 Schlegel, Gespräch über die Poesie. In: Athenaeum, Band 3, S. 60.

355 Ebenda, S. 59.

356 Ebenda, S. 59 und 60.

357 Ebenda, S. 107.

358 Friedrich Schlegel, Über die Unverständlichkeit. In: Athenaeum, Band 3, S. 358.

359 Schlegel, Fragmente. In: Athenaeum, Band 1, S. 309 f.

360 Schlegel, Ideen. In: Athenaeum, Band 3, S. 10.

361 Ebenda, S. 20 und 13.

362 Ebenda, S. 22 f.

363 Friedrich Schlegel, An die Deutschen. In: Athenaeum, Band 3, S. 168.

364 Schlegel, Ideen. In: Athenaeum, Band 3, S. 24 und 28 f.

365 Ebenda, S. 11, 8, 15, 6, 12 und 15.

366 Schlegel, Fragmente. In: Athenaeum, Band 1, S. 249.

367 Ebenda, S. 24 f. und 23.

368 Schlegel, Gespräch über die Poesie. In: Athenaeum, Band 3, S. 97.

369 Ebenda, S. 105.

370 Schlegel, Fragmente. In: Athenaeum, Band 1, S. 311.

371 Ebenda, S. 311 f.

372 Schlegel, Ideen. In: Athenaeum, Band 3, S. 32.

373 Jean Paul, Werke in zwei Bänden. Ausgewählt und eingeleitet von Wolfgang Hecht. 4. Aufl., Berlin und Weimar 1984, Band 1, S. 158 bis 161.

374 Börnes Werke in zwei Bänden. Ausgewählt und eingeleitet von Helmut Bock und Walter Dietze. 5. Aufl., Berlin und Weimar 1986, Band 1, S. 148, 149 und 152.

375 Heinrich Heine, Die romantische Schule. In: Heine, Werke und Briefe, Band 5, S. 126.

376 Schlegel, Gespräch über die Poesie. In: Athenaeum, Band 3, S. 114.

377 Ebenda, S. 121.

378 Hegel, Ästhetik, S. 565.

379 Jean Paul, Titan. 2 Bände. Hrsg. von Jochen Golz. Berlin und Weimar 1986, Band 2, S. 570–572.

380 Ebenda, S. 589.

Zu diesem Buch

Wolfgang Heises Interesse an Hölderlin, das einer spontanen Zuneigung für diesen Dichter entsprang, läßt sich bis in seine Jugend zurückverfolgen. Unter den nachgelassenen Manuskripten fand sich in einer Mappe mit frühesten Veröffentlichungen ein Exemplar des „Starts", einer in den ersten Nachkriegsjahren vielgelesenen Wochenzeitung „für die junge Generation", wie sie sich im Untertitel nannte. Auf der Feuilletonseite dieser Nummer vom 14. Februar 1947 ist unter der Überschrift „Hölderlin – unvollendetes Genie" ein mehrspaltiger Aufsatz von Wolfgang Heise abgedruckt. Der damals Einundzwanzigjährige hat im gleichen Blatt noch andere Kurzporträts bedeutender Gestalten der deutschen Literatur veröffentlicht, bei deren Auswahl er sich zweifellos von seinen ganz persönlichen Vorlieben leiten ließ. Zur selben Zeit hatte er bei Hermann Kunisch, dem damaligen Direktor des Germanistischen Instituts der Humboldt-Universität zu Berlin, an einem Hölderlin-Seminar teilgenommen und, stark beeindruckt, die Vorlesungen Wolfgang Schadewaldts zur Geschichte der griechischen Literatur gehört.

Der erste Grund zu seiner lebenslangen Faszination durch Hölderlin war jedoch noch eher gelegt worden. Unauslöschliche Erinnerungen, sehr persönliche Erfahrungen in den für ihn lebensentscheidenden letzten Monaten des zweiten Weltkrieges und des zusammenbrechenden Naziregimes haben ihren Anteil daran. In einem Zwangsarbeitslager bei Zerbst, wo der achtzehnjährige „jüdische Mischling" Wolfgang Heise 1944 zu Ausschachtungsarbeiten für den Bau eines Militärflugplatzes der faschistischen Wehrmacht kommandiert worden war, hatte es für ihn auch glückliche Augenblicke gegeben: In den wenigen

Arbeitspausen und Minuten ohne Aufsicht hatte er in einem kleinen Büchlein lesen können, das sich in der Hosentasche verstauen ließ. Es war Hölderlins „Hyperion", vermutlich in einer Taschenausgabe des Münchner Hyperionverlages.

„Wenige Dichter werden so geliebt wie Hölderlin (1770 bis 1843), wenige erscheinen so geheimnisvoll und dunkel, daß des Rätselns und der Deutungsversuche kein Ende ist." So lautet in dem erwähnten Porträt der einleitende Satz, und noch einmal bekräftigt es der letzte in geradezu beschwörend werbendem Ton: „Wir lieben ihn, auch wenn sein Weg in die Irre führen mußte." Zwischen diesen Sätzen Wolfgang Heises und seinem uns jetzt vorliegenden „Deutungsversuch" liegen Jahrzehnte eines erfüllten, tätigen Lebens, zugleich der stetigen, produktiven Aneignung weitgefächerten Wissensstoffes sowie der Ausbildung seiner in den Erfahrungen langjähriger Lehrtätigkeit reifenden historisch-materialistischen Methode zu dessen Weitervermittlung. Bei aller theoretischen Reflektiertheit seiner Beschäftigung mit den Künsten wurden sie, vor allem Dichtung, ihm nie zum bloßen Gegenstand wissenschaftlichen Interesses; sie blieben ein unversieglicher Quell, an dem sein Geist sich erquickte und labte, ausruhte und erfrischte.

Wolfgang Heise hat nicht selbst letzte Hand an die Textgestalt seines unvollendet gebliebenen Buches legen können. Mit aller gebotenen Zurückhaltung habe ich, vertraut mit dem Manuskript, der Diktion und Handschrift des Autors, die Schlußredaktion vorgenommen. Dabei wurden stilistische Sprödigkeiten, von ihm nicht mehr überprüfte Formulierungen und manche nicht zu klärende Sätze belassen, wenn eine Konjektur die Intentionen des Schreibers möglicherweise verfehlt hätte.

Für die Unterstützung von Kollegen und Freunden, auf die ich bei dieser Arbeit zurückgreifen konnte, sei an dieser Stelle gedankt. Besonders hervorheben möchte ich die Hilfe von Magdalena Frank, die als kenntnisreiche, verantwortungsvolle und engagierte Lektorin durch ihre über Jahre sich erstreckende Betreuung des Manuskripts verdienstvollen Anteil am Zustandekommen des Buches hat.

Um die Schwierigkeiten der Textherstellung, auch der Sichtung und Prüfung der beim Tode Wolfgang Heises noch nicht im Verlag befindlichen Manuskripte anzudeuten, ist ein Wort zur Arbeitsweise des Autors am Platze. Es war seine in langjähriger publizistischer und lehrender Tätigkeit ausgebildete Methode der Entwicklung eines Textes, daß er, ausgehend von der gezielt fragenden Aneignung des jeweiligen Gegenstandes über die in kurzen Notaten zur Selbstverständigung sich anschließende Kommentierung des Hauptgehalts oder ihm bemerkenswert erscheinender Details fortschritt bis zu ihrer eindringenden, klärenden, erläuternden, wertenden und differenzierenden Einordnung in den prozessierenden (ein Vorzugswort des Autors) gesellschaftlichen Gesamtzusammenhang.

Die Praxis dieser Arbeitsweise bestand darin, daß in der Regel zunächst hauptsächlich mit – manchmal von Fragen, Stichworten und Bemerkungen unterbrochenen – Exzerpten gefüllte Seiten entstanden. Ihnen folgten solche mit längeren, die Quellen unter verschiedenen Aspekten erörternden Kommentaren, deren Zahl im Maße der immer größeren Zusammenhänge und immer weiter verzweigten Beziehungen wuchs, in die der Gegenstand gestellt und von neu sich ergebenden Blickpunkten her befragt wurde. Der so entstandene Text, dessen strukturelle Ordnung nur dem Autor durchsichtig sein konnte, wurde schließlich auseinandergeschnitten und in der dem gedanklichen Nachvollzug seiner Logik am besten entsprechenden Ordnung aneinandergeklebt. Gleichzeitig wurden verlorengegangene Anschlüsse hergestellt und ergänzende Verbindungstexte eingearbeitet. Jetzt erst erfolgte, wenn überhaupt, die Paginierung. Arbeitsaufwand und Papierverschleiß solchen Vorgehens mögen als unrationell befremden; für Wolfgang Heise war es offenbar die einzig handhabbare Weise, die assoziative Fülle, das „Prozessierende" seines nie erlahmenden Be-Denkens in eine mitteilbare Darstellungsform zu zwingen. Freilich mußte dieser Form auch ihr „beschnittener" Charakter, als Ab-Schnitt nämlich eines nie zur Ruhe, zu einem „Fertigprodukt" kommenden Denk- und Überdenkprozesses, mehr oder minder anhaften. Auch Heises Vorlesungen lösten mit ihren erkennbaren, weil hier unkaschiert gebliebenen Schnitt- und Abrißstellen mitunter bei den Hörern freundliche Erheiterung aus. Sie fand in einem Gedicht ihren Niederschlag, dessen Refrainzeile in Abwandlungen lautet: „Davon sei abgesehen" – „Das sparen wir hier aus" – „Hier sei abgebrochen".

Der ursprüngliche Buchplan sah vor, eine Reihe großer Studien zu Problemen der deutschen klassischen Ästhetik im Zeitraum zwischen 1789 und 1815 unter dem Arbeitstitel „Kunst als Epochenspiegel" zu vereinigen. Es sind keine Angaben möglich, wie das diesem Gesamtkonzept entwachsene Hölderlin-Buch und der 1990 unter dem Titel „Die Wirklichkeit des Möglichen" erscheinende, die anderen Studien enthaltende Band ausgesehen hätten, wäre es dem Autor vergönnt gewesen, seinen Text fortzusetzen und abzuschließen. Vorgeschwebt hatte ihm zu Beginn seiner Arbeit, ausgehend von der Homer-Rezeption in Deutschland als einem Angelpunkt der Orientierung auf realistische Wirklichkeitsdarstellung, eine analytische Topographie der bedeutenden Dichtungen und ästhetisch-poetologischen Programme dieses Zeitraums im Kontext der gesellschaftlichen, historischen und politischen Voraussetzungen ihres Entstehens, ihres Wirkens und Fortwirkens oder auch Vergessenwerdens. Gesprächen in der ersten Arbeitsphase und frühen Gliederungsentwürfen zufolge sollte in diesem Aufriß Hegels These vom „Ende der Kunst" eine Art historischer und gedanklicher Koordinatenpunkt sein und Ästhetik als Organon geschichtsphilosophischer Ortsbestimmung, die Rolle poetischer Ein-Bildung der Wirklichkeit als Erkenntnisferment und -medium in Beispielen ihrer Evidenz erörtert werden. Solche Fragestellungen wiesen Hölderlin, namentlich dessen Vorstellung vom „stiftenden" Auftrag und Anspruch des Dichters im Vollendungsgange der Menschheit, durchaus einen Platz im Rahmen dieses Plans zu. Dessen Grenzlinien hatte Wolfgang Heise wohl schon vor dem Ausufern der Hölderlin-Studie weiter hinausgeschoben. Nicht ahnend, wie kurz die Frist bemessen war, die ihm zur Bewältigung seiner – im Fortgang der Arbeit mitwachsenden – Aufgabe noch blieb, zeigte er in der letzten Zeit spürbare Unlust, ihren thematischen Umfang eindeutig zu fixieren. Es gab Phasen, in denen er am letzten Kapitel zu arbeiten meinte,

bis ihn die Irritation durch eine neu auftauchende Frage zu weiteren Überlegungen herausforderte. Es ist nur verständlich, daß
sich sein nie als befriedigt empfundenes Bedürfnis, der Gedan-
ken- und Bildwelt großer Gestalten unserer Literatur und Philosophie bis auf ihren für uns Heutige fruchtbaren Grund zu
kommen, sich gerade bei Hölderlin gegen alle verlagsprakti-
schen Erfordernisse durchsetzte.

Von einer anfangs als knapper Exkurs gedachten Interpretation zweier Fassungen des Gedichts „An die klugen Ratgeber", die Hölderlins beginnende Lösung von seinem väterlichen
Leitbild Schiller erhellen sollte, hatte ihn seine immer tiefer in
des Dichters poetologische Anschauungen eindringende Beschäftigung zum „Hyperion", zu den frühen Hymnen und schließlich
den theoretischen Aufsätzen des Dichters geführt. Der hohe,
ja höchste Anspruch, den Hölderlin dem Dichter einräumt, das
eigentümliche Verhältnis seiner abstrakten Begrifflichkeit zur
Realität, das Gestalthafte seiner theoretischen Reflexion und
deren dialektisches Potential, seine in das Gewand eines poetologischen Ideals gehüllte Gemeinschaftsutopie und der mit ihr
korrespondierende Schönheitsbegriff – all dies berührte eine
zentrale Frage, die Wolfgang Heises forschendes Interesse seit
langem besonders fesselte: Kunst als Medium, Ferment und
Instrument der Theorie, ihr im poetischen Produktionsprozeß
wirksam werdendes, die begrifflich-theoretische Reflexion gleichsam überspringendes erkenntnistheoretisches Moment. In Hölderlins Werk trat es Wolfgang Heise entgegen: „. . . den Geist
des Unendlichrealen mit dem Individuellidealen als Sinnlichem,
Faßlichem zu vereinen, . . . ist die Hölderlin selbst gemäße Art
zu dichten. Das Unsinnliche ist nicht unreal, sondern das Realste: der gerade nicht in die Sinne fallende unendliche Zusammenhang, der nie unmittelbar erscheint oder ausgesprochen werden kann, der grundsätzlich nur vermittelt, und zwar über die
Negativität vermittelt, Erscheinung und Sprache wird. Der
Dichter produziert gemäß dem Verfahren, in dem die Welt
aller Welten sich darstellt, und ihr Sichdarstellen trägt die Züge
der ästhetischen Objektivierung im je anderen Stoff, im Gegenteil ihrer selbst – das sie jedoch selbst ist." (S. 365 f.)

Um die von ihm so charakterisierte, ihn faszinierende originelle dialektische Denkleistung Hölderlins noch deutlicher herauszuarbeiten, schienen ihm wiederum eingehende, bisweilen dem Anschein nach sich weit von Hölderlin entfernende Exkurse über verwandte wie entgegengesetzte zeitgenössische Konzepte unentbehrlich. So fügte er sich schließlich editorischer Räson und stimmte der vom Verlag vorgeschlagenen Herauslösung des Hölderlin-Komplexes aus dem Kontext des ursprünglich geplanten Buches zu.

Die unabsehbare Erweiterung des Hölderlin-Textes sprengte die alte Buchidee jedoch nicht nur quantitativ. Weit schwerwiegender war, daß die zentrale Position, die Hölderlin unterderhand für den Autor eingenommen hatte, eine einschneidende Revision der Strukturierung der gesamten, jetzt zwei Büchern zuzuordnenden Texte erforderte. Das zuletzt dem Verlag vorliegende Manuskript, aber auch die Dimensionen des übrigen Materials und letzte Notizen zu den Inhaltsverzeichnissen lassen erkennen, daß sich der Autor bis zu seinem Tode über diese Fragen noch nicht hatte schlüssig werden können. Ein Blick auf das Inhaltsverzeichnis des vorliegenden Bandes macht die Schwierigkeiten sichtbar, auch die besonders schmerzlichen Lücken in dem Komplex „Dialektik der Geschichte", von dem ganze Abschnitte unausgeführt blieben.

Nachdem die Teilung des Buches feststand, war es nur konsequent, daß sich der Autor – nach dem Exkurs „Romantische Alternative" – noch einmal Hölderlin zuwandte, seinem dramatischen Fragment „Tod des Empedokles", in dem Größe und Grenzen des geschichtsphilosophischen und poetologischen Denkens, nicht zuletzt auch die Sprachgewalt des Dichters fesselnd und hinreißend sich offenbaren. Den verschiedenen Fassungen des Tragödienfragments, Hölderlins Briefen aus der Entstehungszeit und seiner in schwieriger, an Kant, Fichte und Hegel geschulten Begrifflichkeit sich bewegenden Selbstverständigung über sein Vorhaben und die ihm zugrunde liegende Gemeinschaftsutopie galten die letzten Niederschriften des Autors. Sie waren in den Wochen vor seinem Tode zunehmender Erschöpfung abgetrotzt.

Beschriebene Blätter bedeckten seinen verlassenen Schreib-
tisch; unpaginierte oder mit nicht mehr zutreffenden Seitenzah-
len versehene Versionen einzelner Passagen und Abschnitte,
Verworfenes bzw. noch Einzuarbeitendes in zum Teil hand-
schriftlichen Notaten und Kapitelentwürfen – ein Material, von
dem ausgewählte Komplexe als „Nachtrag zu Hölderlin" in
den Band „Die Wirklichkeit des Möglichen" aufgenommen werden.

Heises Text vertraut auf einen Leser, der sich auf eine aus-
dauernde Anstrengung des Begriffs einläßt und bereit ist, dem
Autor auf seinen Gedanken-Gängen auch in unwegsame, ja
labyrinthische Regionen zu folgen. Wer seine Publikationen
kennt, weiß, daß leicht zu konsumierender Bescheid in gefäl-
ligen Merksätzen von ihm nicht zu haben ist. Gegen häufige Er-
müdung ankämpfend, „mit langsamer Liebe und Mühe", wie
Hölderlin in einem Brief an den Bruder über die Arbeit an seinem „Empedokles" berichtet, ist sein letztes Buch geschrieben;
beides setzt es auch bei seinen Lesern voraus.

Der Autor ist in dieser seiner letzten Arbeit wie in allen, die
ihr vorangingen, ein nachdrücklicher Verteidiger der unverzicht-
baren Dominanz der aufklärerischen Vernunft im Emanzipa-
tionsprozeß der Menschheit gegenüber allen alten und neuen
Versuchen, unverbindliches Geschwärme, ein von der Anstrengung des Begriffs quasi „befreites", aus der Verantwortung der
Vernunft entlassenes Gefühl auf den Schild zu heben und zu
fetischisieren, die menschliche Ratio mit dem Hinweis auf unser Jahrhundert und seine immer bedrohlicheren Debakel ver-
dächtig zu machen, ihr gar die Schuld daran zuzuschreiben. Die
Dialektik der „prozessierenden Einheit der Widersprüche", auf
deren Verdeutlichung alle seine Arbeiten gerichtet sind und
die ihnen als Denkprinzip zugrunde liegt, läßt ihn mit der gleichen Entschiedenheit, die er an Schillers Schlosser-Kritik hervorhebt, gegen „die scheinbare Unmittelbarkeit des Gefühls
mit Weltanschauungsanspruch" wie gegen Verdrängung, Verachtung und Abwertung des Gefühls, gegen die „einseitige Verstandesaufklärung" auftreten. Bei all seiner aus dem humanistischen Erkenntnisfundus vergangener Jahrhunderte geschöpf-

ten Bildungskultur zielt die Richtung seines Fragens letztlich immer in die Zukunft; sein Hauptinteresse gilt stets den „Elementen des Künftigen" im Vergangenen, ganz besonders in dem Bilde, das Dichter und Philosophen von kommenden Zeiten entwarfen. In ihren Entwürfen sah er eine Bestätigung seiner tiefsten Überzeugung: daß die historische Erblast gescheiterter Kämpfe um eine menschenwürdige Gesellschaft jenen Druck erzeugt, unter dem auch die Kräfte wachsen, Neues, Unerhörtes zu wagen. Seine Analyse des Schillerschen Aufsatzes „Über die ästhetische Erziehung des Menschen", sein Erschließen des utopischen Gehalts von Hölderlins Poetologie sind Beispiele für ein „Erben", das dem vergangenen, „aus dem Bunde des Notwendigen mit dem Möglichen" gebildeten Ideal sein zukunftstiftendes Potential abzugewinnen und begreifbar zu machen versteht. Heises vordringlichstes Interesse bei der Aneignung jenes Erbes an noch unentfalteten Keimen des Künftigen ist das an dessen vermittelnder Distribution zu produktiver Nutzung, wobei er nicht müde wird, wieder und wieder auf die offenen Rechnungen zu verweisen, welche große Kunst und Literatur der Vergangenheit immer neuen Generationen präsentieren und die so gern als beglichen ausgegeben werden. Die dem Lesenden vielleicht zu zahlreich oder zu lang erscheinenden Zitate unterstreichen dies; der Autor läßt sie gern für sich sprechen, ihrer Wirkung mehr vertrauend als seinem Argumentieren. Daneben mag der ihnen eingeräumte Platz auf eine gewisse pädagogisch werbende Absicht hindeuten: Er hatte als Lehrer oft genug die schmerzliche Erfahrung gemacht, wie wenig die bedeutenden Werke unserer klassischen Autoren wirklich noch gelesen werden.

Die Souveränität und der theoretische Scharfblick, mit denen Wolfgang Heise in seinen Untersuchungen marxistische Philosophie, Geschichte und Ästhetik wechselseitig zu erhellen und zu bereichern versteht, verleiten ihn nicht zur Zufriedenheit mit einmal erreichten Ergebnissen. Erarbeitete Einsichten werden gleich wieder relativiert, ihre Grenzen benannt, die immer „offen" sind: vorhanden und transzendierbar. (Die auffallend häufigen Gedankenstriche in seinen Texten erfüllen dabei eine

dienende Funktion: Relativierendes, Präzisierendes oder auch
Mitzudenkendes kann in sie eingeschlossen und so mehr Zusammenhänge in einem Satze untergebracht werden.)

Was für Hölderlin vornehmste Aufgabe der Poesie, Berufung
und Anspruch des Dichters ist, „das Ganze zu vermitteln" – fast
ist man versucht, es auch als Anliegen Wolfgang Heises zu sehen: die komplexe Dialektik des Zusammenhangs von Gesell-
schaftsprozeß, Weltanschauungsbildung, ästhetischer Programmatik und dichterischer Produktion als Totalität zu erfassen und
sich und seinen Lesern bis ins bedeutsame Detail durchschau-
bar zu machen. Das gleichsam Kreisende seines Forschens, die
Verschiebung der Perspektiven durch den Wechsel von direkt
ins Zentrum des Gegenstandes vorstoßender Annäherung und
dessen Befragung aus einer Distanz, die seinen Platz im sich
verändernden Beziehungsgeflecht der deutschen Geschichte
sichtbar, bestimmbar macht, gründet sich zweifellos auf diese
für den Leser nicht immer leicht nachzuvollziehende Bemühung um die dialektische Zusammenschau des „Ganzen". Sie
wirkte letztlich auch daran mit, den ursprünglichen Buchplan
zu seiner schließlich nicht mehr definitiv begrenzbaren Dimension anschwellen zu lassen. Es waren nicht nur die tief eingewur-
zelte Beziehung zu Hölderlin und die ihn erregenden Funde, die
er bei seiner Beschäftigung mit dessen Werk machte und ihn
daran festhielten; es war, so will mir scheinen, auch des Autors
unabweisbar gewordenes Bedürfnis, an der Schwelle des Alters
sich einmal der „Summa" seiner in jahrzehntelangem Selbstver-
ständigungs-, Lehr- und Lernprozeß akkumulierten Erkenntnisse
zu Geschichte, Philosophie und Ästhetik in Deutschland zu vergewissern, vor dem weiten Rundhorizont deutscher klassischer
Literatur- und Ideengeschichte deren historischen und zugleich
Zukunft enthaltenden, in doppeltem Sinne zeugenden, nämlich
be- und fortzeugenden Fundus sich und allen, die daraus schöpfen möchten, zu vergegenwärtigen.

Auch bei seiner intensiven Beschäftigung mit Hölderlins
Werk und dessen gesellschaftsutopischem Gehalt ging es ihm
nicht um monographische Vollständigkeit, nicht um ein „letztes
Wort", das diesem Dichter ein kodierbares Schließfach im Tre-

sor unseres klassischen Erbes anwiese, noch etwa um die Auseinandersetzung mit dem gegenwärtigen Stand der Hölderlin-Forschung oder der Klassikforschung allgemein. Es ging ihm um die möglichst vollständige Darstellung *seiner* Erkenntnisse und ihre überzeugende Vermittlung.

So stellt sich uns dieses Buch auch dar als ein sehr persönliches Dokument von Wolfgang Heises eigener weltanschaulicher Position: in Gestalt seines subjektiven Nachvollzugs, seiner gedanklichen Durchdringung, Ergründung und perspektivischen Weiterführung zukunftsträchtiger Denkansätze der deutschen Literatur und Philosophie, als ein tragisch abbrechender Selbstverständigungsprozeß, nicht unvergleichbar dem, den er in Hölderlins Fragment gebliebener Arbeit am „Empedokles" beobachtet hat und auf den der nunmehr letzte Satz des „Empedokles"-Kapitels Bezug nimmt: „Insofern ist die Arbeit am ‚Tod des Empedokles' für Hölderlin Arbeit an der Selbstaufklärung über sich als Dichter, über seine Möglichkeiten, auch über die Unvereinbarkeit des Erlöseranspruchs mit dem Wirken im Geschichtlich-Endlichen." (S. 351) Es war der letzte Satz, den Wolfgang Heise geschrieben hat.

Sein Buch ist ein „work in progress", Abschnitt eines Denkprozesses, Bestimmung der darin erreichten Stationen und Grundlage zum Weiterdenken in einem. In Heiner Müllers Abschiedsworten für Wolfgang Heise war von der „Notwendigkeit" gewisser Fragmente, der ihnen eignenden fortwirkenden Kraft die Rede. Der Autor hätte ihm da zugestimmt – mit der Einschränkung, daß diese ihre Kraft sich freilich nur entfalten kann, wenn sie gelesen, verstanden werden, wenn „mit langsamer Liebe und Mühe" an ihnen fortgearbeitet wird. Das ist die Aufforderung, die sein Buch an uns richtet.

9. Dezember 1987   Rosemarie Heise

Register der erwähnten und zitierten Werke Hölderlins

Personenregister

Inhalt

* Vom Autor nicht mehr fertiggestellt bzw. nur geplant.